Paris

„Hat man sich erst einmal zum Reisen entschlossen, ist das Wichtigste auch schon geschafft.

Also, los geht's!"

TONY WHEELER, GRÜNDER VON LONELY PLANET

Catherine Le Nevez,
Christopher Pitts, Nicola Williams

Inhalt

(links) Place de la Concorde (S. 98)

(oben) Jardin du Luxembourg (S. 246)

(rechts) Spiegelsaal im Château de Versailles (S. 289)

Willkommen in Paris

*Mit seinen architektonischen Wahr-
zeichen, der guten Küche, den schicken
Boutiquen und großartigen Kunst-
schätzen ist Paris zeitlos attraktiv.*

Ikonen der Architektur

Der schmiedeeiserne Eiffelturm, der
mächtige Arc de Triomphe, die prachtvollen Champs-Élysées, die Kathedrale
Notre-Dame mit ihren Wasserspeiern, die
Seine-Brücken im Schein der Laternen und
die Jugendstilcafés mit den Korbstühlen
auf der Straßenterrasse – an all das denken
Paris-Besucher automatisch, auch jene, die
(noch) nicht hier waren. Und doch gibt es
noch mehr: atemberaubende Zeichen der
Moderne und des Zeitgeists, vom Centre
Pompidou mit seiner industriellen, nach außen gekehrten Fassade bis zu der vertikalen
Pflanzenwand *(mur végétal)* am eindrucksvollen Musée du Quai Branly.

Phantastisches Essen

Auch die Restaurants von Paris sind legendär: Der Ruf der französischen Küche eilt
ihnen zu Recht voraus, ob typisches Bistro
oder Drei-Sterne-Tempel. Die Pariser Küchenchefs verarbeiten Qualitätserzeugnisse
und stehen für exquisite Zubereitung, die
sie stets mit dem passenden Wein servieren.
Konditoreien *(pâtisseries)*, Bäckereien *(boulangeries)*, Käseläden *(fromageries)* und
bunte Straßenmärkte sind perfekt, um sich
für ein Picknick im Park einzudecken. Und
es gibt ein vielfältiges Angebot an Kochkur-
sen, für jeden Anspruch und jedes Budget.

Stilvoll Shoppen

Paris, das bedeutet Stil – und Mode ist die
Stärke der Stadt. Sie steht nach wie vor an
der Spitze internationaler Trends. Das Stöbern in neu eröffneten Läden sowie in den
Boutiquen, Designerläden und Flagship-
stores der Haute Couture gehört zu jedem
Besuch. Zu entdecken gibt es auch trendige
Concept Stores, ausgefallene Haushalts-
warengeschäfte und prächtige Jugendstil-
kaufhäuser, Vintageläden und Flohmärkte,
außerdem stimmungsvolle Buchläden,
bezaubernde Adressen für Kinderkleidung
und Spielzeug, Kunst und Antiquitäten, traditionsreiche Geschäfte für Profikochs und
Delikatessenläden und Weinhandlungen.

Kunstschätze

Über die Jahre haben in Paris zahlreiche
Künstler von Rang und Namen gelebt und
gearbeitet – Renoir, Rodin, Picasso, Monet,
Manet, Dalí und van Gogh, um nur einige
zu nennen. Paris verfügt über eine der großartigsten Kunstsammlungen der Welt, mit
Schätzen seit der Antike. Allen Museen voran steht der Louvre, es folgen die impressio-
nistische Sammlung des Musée d'Orsay und
die moderne und zeitgenössische Kunst des
Centre Pompidou. Zahlreiche kleinere Museen und große Sonderausstellungen decken
jede erdenkliche Kunstrichtung ab.

Warum ich Paris liebe

Von Catherine Le Nevez, Autorin

Die Pariser Pracht ist beeindruckend, aber was ich an der Stadt am meisten mag, ist ihre Intimität. Die Stadtteile *(quartiers)* sind wie ein Flickenteppich aus Dörfern, und obwohl Paris zu den größten Metropolen der Welt gehört – mit all der Kultur und den Angeboten, die das mit sich bringt –, gibt es in den Läden, auf den Märkten und in den Cafés um die Ecke einen Gemeinschaftssinn, der sich seit meiner Kindheit nicht verändert hat. Weil jedes „Dorf" seinen eigenen Charakter hat und sich stetig fortentwickelt, entdecke ich ständig für mich neue Ecken der Stadt.

Mehr Infos über unsere Autoren gibt's auf S. 394.

Oben: Arc de Triomphe (S. 96)

Paris
Top 16

Eiffelturm (S. 82)

1 Heute könnte sich niemand mehr Paris ohne sein Wahrzeichen vorstellen. Aber Gustave Eiffel baute den grazilen Turm – damals mit 320 m der höchste der Welt – als temporäres Ausstellungsstück für die Weltausstellung 1889. Zum Glück sorgte die Beliebtheit des Turms dafür, dass er die Weltausstellung überlebte und sein elegantes Jugendstildesign zum bestimmenden Merkmal der Skyline der Stadt wurde. Die Abenddämmerung ist die beste Zeit, um die phantastische Aussicht auf die glitzernde Stadt zu genießen und in der prickelnden Champagnerbar auf die erklommene Höhe anzustoßen.

⊙ *Eiffelturm & westliches Paris*

Arc de Triomphe (S. 96)

2 Wenn irgendetwas mit dem Eiffelturm als Symbol für Paris konkurriert, so ist das dieses prunkvolle, 1836 gebaute Denkmal aus Stein. Es erinnert an Napoleons Sieg in Austerlitz 1805. Der Triumphbogen mit seinen kunstvollen Reliefs steht im Zentrum des *Étoile* (Stern) Wache, des größten Kreisverkehrs der Welt – als Fußgänger sollte man unbedingt den Tunnel benutzen! Von oben bietet sich in alle Richtungen ein toller Blick, so auch in die von Luxusgeschäften gesäumte Avenue des Champs-Élysées, die glamouröseste Straße von Paris.

⊙ *Champs-Élysées & Grands Boulevards*

PAWEL LIBERA / GETTY IMAGES ©

NAZRIE ABU SEMAN / GETTY IMAGES ©

3

4

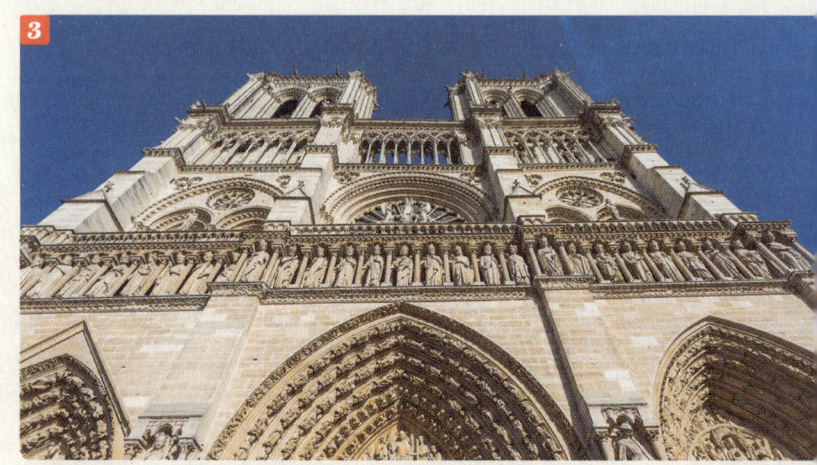

Notre-Dame (S. 212)

3 Ein Traum aus Buntglasfensterrosetten, Strebebögen und grimmigen Wasserspeiern – das ist die prächtige Kathedrale auf der größeren der beiden innerstädtischen Seine-Inseln. Sie ist das geografische und spirituelle Herz der Stadt. Der Bau des gotischen Wunderwerks dauerte fast 200 Jahre und es wäre wegen Schäden aus der Zeit der Französischen Revolution abgerissen worden, hätte nicht zur rechten Zeit der Erfolg des Romans *Der Glöckner von Notre-Dame* von Victor Hugo eine Petition zur Rettung ausgelöst. Die herrliche Aussicht vom Dach belohnt den Aufstieg über die mehr als 400 Stufen der Wendeltreppe.

◉ *Die Seine-Inseln*

Louvre (S. 111)

4 Die *Mona Lisa* und die *Venus von Milo* sind nur zwei der sagenhaften Schätze im ersten Nationalmuseum Frankreichs. Das riesige Museum an der Seine – zunächst Festung und später königliche Residenz – mag überwältigend wirken. Aber es gibt viele Möglichkeiten, es zu erleben, auch wenn man keine neun Monate Zeit hat, um jedes ausgestellte Werk zu betrachten. Eine der besten Arten, das Museum zu erobern, sind die thematischen Rundgänge – von der „Kunst des Essens" bis zu „Liebe im Louvre".

◉ *Louvre & Les Halles*

Tafeln in Paris
(S. 44)

5 Es gibt einen Grund, warum sich in Paris niemand die Reste einer Mahlzeit im Restaurant einpacken lässt: Egal, ob man in einem alteingesessenen Nachbarschaftslokal, einer schönen Jugendstil-Brasserie, einem munteren Neo-Bistro oder einem gefeierten Haute-Cuisine-Etablissement weilt, das Essen und das Esserlebnis werden als untrennbar betrachtet. In Frankreich wurde der bis heute einflussreichste Kochstil der westlichen Welt begründet und Paris ist sein Schaufenster. Man sollte es machen wie die Pariser und jeden kulinarischen Augenblick genießen. OBEN: LÄDEN UND BISTROS IN DER RUE MOUFFETARD (S. 232) IM QUARTIER LATIN

 Essen

Basilique du Sacré-Cœur *(S. 140)*

6 Sacré-Cœur ist in mehrfacher Hinsicht ein Wallfahrtsort. Efeuberankte Treppen (oder eine Standseilbahn) führen auf den Hügel des berühmten Künstlerviertels Montmartre hinauf, zu den weißen Kuppeln der Basilique du Sacré-Cœur (Basilika des Heiligen Herzens). Die kapellengesäumte Basilika – mit dem schimmernden *Majestas-Domini*-Mosaik in der Apsis – krönt den 130 m hohen Butte de Montmartre (Hügel von Montmartre). Die erhöhte Lage bietet atemberaubende Blicke über Paris vom Vorplatz der Kirche aus und, vor allem, von oben aus der Hauptkuppel.

👁 *Montmartre & nördliches Paris*

Musée d'Orsay *(S. 242)*

7 Auch wenn die berühmten Gemälde der impressionistischen und postimpressionistischen Meister wie Renoir, Gaugin, Cézanne, Sisley, Manet, Monet, Degas und Toulouse-Lautrec im Musée d'Orsay noch die gleichen sind, die hervorragende Renovierung des Museums lassen sie nun erscheinen, als würden sie in einem Privathaus hängen. Der stattliche ehemalige Bahnhof (Gare d'Orsay), der das Museum beherbergt, glänzt immer noch durch seine Jugendstilarchitektur, aber Frankreichs berühmte staatliche Sammlung von Meisterwerken aus den Jahren 1848 bis 1914 bleibt schlicht der Star der Show.

👁 *St-Germain & Invalides*

6

7

8

Musée Rodin *(S. 248)*

8 Das Musée Rodin ist das wohl romantischste Museum von Paris. Auguste Rodins ehemaliges Atelier, das 1730 gebaute Hôtel Biron, ist randvoll mit seinen Meisterwerken wie dem Marmordenkmal an die Liebe, *Der Kuss*, ebenso wie mit Arbeiten seiner Muse und Schülerin, der Bildhauerin Camille Claudel, sowie anderer Künstler, deren Werke Rodin sammelte, darunter van Gogh und Renoir. Höhepunkt ist der weitläufige, nach Rosen duftende Skulpturengarten der Villa, der eine hinreißende Kulisse für kontemplative Arbeiten wie *Der Denker* bildet.

LINKS: *DER KUSS* VON RODIN

🎯 **St-Germain & Invalides**

Canal St-Martin
(S. 147)

9 Der zauberhafte, 4,5 km lange Canal St-Martin mit seinen schattigen Treidelpfaden und eisernen Fußgängerbrücken sollte zubetoniert werden, als die Binnenschifffahrt an Boden verlor. Die Anwohner taten sich zusammen und retteten ihn. Die malerische Szenerie lockte Künstler, Designer und Studenten an, die Künstlerkollektive, Vintage- und Alternativboutiquen sowie eine ganze Reihe von Neo-Retro-Cafés und -Bars eröffneten. Zum erhaltenen Schifffahrtserbe gehören alte Drehbrücken, die um 90 Grad aufschwenken, wenn Boote die Doppelschleusen des Kanals passieren. Eine Kanalfahrt ist die beste Art, um diese weniger bekannten Wasserwege von Paris zu erleben.

◉ *Montmartre & nördliches Paris*

Die Seine *(S. 74)*

10 Die Seine, der allerschönste „Boulevard" der Stadt, fließt durch das Herz von Paris. Sie ist gesäumt von den Wahrzeichen wie Eiffelturm, Louvre und Notre-Dame. Eine Bootstour oder eine Fahrt mit der Batobus-Fähre ist eine idyllische Annäherung, sich mit der Stadt (wieder) vertraut zu machen. Die 37 Brücken und die Uferstraßen, die zum Weltkulturerbe der Unesco gehören, eignen sich wunderbar für einen Bummel, besonders am neuen autofreien Abschnitt Les Berges de Seine samt schwimmenden Gärten auf 1800 m² künstlichen Inseln. Für Vergnügen ist reichlich gesorgt – im Sommer gibt es sogar Strände.

◉ *Die Seine*

Schick einkaufen
(S. 60)

11 In Paris finden sich wie in jeder Großstadt internationale Ladenketten (darunter solche, die hier entstanden sind). Aber was Einkaufen in Paris zu etwas Besonderem macht, ist die unglaubliche Auswahl an Spezialgeschäften: Kerzen vom ältesten Kerzenmacher der Welt, Pigmente vom Künstlerbedarf, der das „Klein Blue" mit dem Künstler Yves Klein entwickelt hat, Lederhandtaschen aus dem hippen Marais, grüne Stände der *bouquinistes* (der Antiquariatsbuchhändler) am Seine-Ufer und Mode unter der Glaskuppel der *grande dame* der Kaufhäuser, der Galeries Lafayette. UNTEN RECHTS: GLASKUPPEL DER GALERIES LAFAYETTE (S. 107)

🔒 *Shoppen*

9

10

11

Centre Pompidou
(S. 119)

12 Das in Primärfarben gehaltene, von innen nach außen gekrempelte Gebäude von den Architekten Renzo Piano und Richard Rogers beherbergt Frankreichs Nationalmuseum für moderne und zeitgenössische Kunst, das Musée National d'Art Moderne (MNAM). Es zeigt Werke ab 1905 bis zur Gegenwart, darunter von Picasso, Matisse, Chagall und Kandinsky, aber auch von amerikanischen Künstlern wie Kahlo, Warhol und Pollock sowie experimentelle Installationen, Skulpturen und Videos. Zum innovativen Kulturangebot des Centre gehören Wechselausstellungen, eine Bibliothek, Kinos und Veranstaltungsräume. Gekrönt wird das Ganze vom spektakulären Panoramablick vom Dach.

🔾 *Louvre & Les Halles*

12

13

Jardin du Luxembourg *(S. 246)*

13 Der Jardin du Luxembourg gleicht einer Momentaufnahme des Pariser Lebens. Liebespaare schlendern durch die Kastanienhaine. Kinder treiben kleine Segelboote um den achteckigen Teich und lachen über die Späße bezaubernder Marionetten. Alte Männer spielen an verwitterten Tischen Blitzschach. Studenten stecken in den Vorlesungspausen ihren Kopf ins Buch. Büroangestellte faulenzen in salbeigrünen Metallstühlen und tanken Sonne. Musiker spielen im Pavillion auf. Jogger drehen ihre Runden um die würdevollen Statuen. Und alte Freunde treffen sich zufällig wieder.

⊙ *St-Germain & Invalides*

Cimetière du Père Lachaise *(S. 166)*

14 Paris ist eine Ansammlung von Dörfern, und auch dieses weite Gelände mit gepflasterten Wegen und kunstvollen Grabmälern, mit einer Bevölkerung (gewissermaßen) von über einer Million, ist wie ein Dorf. Der meistbesuchte Friedhof der Welt wurde 1804 angelegt und wegen der Entfernung zur Innenstadt zunächst wenig benutzt. Die Behörden ließen daher die sterblichen Überreste von Prominenten hierher umbetten. Der Cimetière du Père Lachaise gilt seitdem als eleganteste letzte Adresse von Paris.

⊙ *Marais, Ménilmontant & Belleville*

Straßenmärkte *(S. 199)*

15 Stände über Stände mit Käse, Schalen voller Himbeeren, mit gestapelten Baguettes, sonnengereiften Tomaten, frischen Schweinsfüßen, Pferde-salamis, Hähnchen vom Spieß, Gläsern mit Oliven und Olivenöl, Wachtel- und Enteneiern, Körbchen mit Pfifferlingen und knolligen Trüffeln, langscherigen Garnelen und stacheligen Seeigeln, gebettet auf Eis – daneben Gürtel, Stiefel, Geldbörsen, billige Socken, schicke Hüte, bunte Tücher, gestreifte T-Shirts, Weidenkörbe, Aufzieh-Spielzeug, Eimer voller Blumen ... Pariser Straßenmärkte wie etwa der wunderbare Marché Bastille sind ein Fest für die Sinne.

Bastille & östliches Paris

Versailles *(S. 289)*

16 Kein Wunder, dass Revolutionäre die Palastwache des Château de Versailles mas-sakrierten und letztendlich König Ludwig XVI. und seine Frau Marie Antoinette zurück nach Paris auf die Guillotine zerrten. Der monumentale 700-Zimmer-Palast in einem ausgedehnten Park mit Springbrunnen, Teichen und Kanälen hätte damals keinen stärkeren Kontrast zu den ärmlichen Lebensbedingungen der meisten Steuerzahler des Landes bilden können. Die Weltkulturerbestätte Versailles ist aus der Pariser Innenstadt leicht erreichbar; es lohnt sich, einen Besuch so zu legen, dass man eine musikalische Fontänenshow oder eine Dressurpferde-Vorführung miterlebt.

Ausflüge

Was gibt's Neues?

Legendäre Hotels

Zu den wichtigsten Hoteleröffnungen gehören Les Bains, einst Thermalbad, dann Erotikclub, sowie das Hôtel Molitor in einem ehemaligen Jugendstilschwimmbad. Wiedereröffnet werden 2015 das Hôtel de Crillon (www.crillon.com) mit zwei von Karl Lagerfeld gestalteten Suiten sowie das Ritz (www.ritzparis.com), das Prachtstück der Belle Époque, dann mit umfassend renovierten Zimmern, Bars, Restaurants, Gärten und der Kochschule Ritz Escoffier. (S. 305)

Gläsernes auf dem Eiffelturm

In der ersten Etage des Pariser Wahrzeichens werden nun in zwei Glaspavillons interaktive Geschichtsexponate ausgestellt; der Glasboden gibt den Blick nach unten frei. (S. 82)

Neubelebung des Flussufers

Frischen Wind bringt die ehemalige Hauptverkehrsstraße Les Berges de Seine, jetzt mit Fitnessbereichen, schwimmenden Gärten, Bars, Restaurants und Clubs, außerdem das ganze Jahr über Aktivitäten und Events. (S. 252)

Institut des Cultures d'Islam

Kunstausstellungen und ein Hamam sind die Highlights im neuen Institut der islamischen Kultur im Stadtteil Goutte d'Or im Norden von Paris. (S. 146)

Kaffeerevolution

Lokale Röstereien wie Belleville Brûlerie und Coutume und immer mehr Cafés in der ganzen Stadt servieren köstlichsten Spitzenkaffee. (S. 185)

Coole Hostels

Jahrelang waren die Herbergen von Paris so schlecht wie der Kaffee. Das hat sich mit der Eröffnung von supermodernen Hostels wie dem St Christopher's geändert. (S. 311)

Food Trucks

Rollende Imbisswagen mit Spezialitäten erobern die Straßen der Stadt im Sturm: Sie verkaufen französische Klassiker wie *tartiflette*, Gourmet-Hamburger oder originelle Eiscremesorten. (S. 52)

Visionäre Architektur

Das Gebäude der Fondation Louis Vuitton von Frank Gehry mit einer Dachkonstruktion aus 3600 Glasplatten, die zwölf gigantische „Segel" bilden, ist ebenso beachtlich wie die künstlerischen Kreationen im Gebäude selbst. (S. 89)

Ergreifende Sinfonien

Einen unvergessenen Abend bietet ein klassisches Konzert in der von Jean Nouvel entworfenen Philharmonie de Paris mit 2400 Sitzen. 2015 wird sie im Parc de la Villette eröffnet. (S. 142)

Auf Schatzsuche

Führungen mit Pfiff von THATLou schicken ihre großen und kleinen Teilnehmer auf thematische Schatzsuche in Museen und Stadtvierteln. (S. 376)

Nagelneues Forum

Ein vom Regenwald inspiriertes riesiges Glasdach und wiesenartige Gärten entstehen über dem umgestalteten unterirdischen Einkaufszentrum Forum des Halles. Die Arbeiten sollen 2016 abgeschlossen sein. Das Forum steht an der Stelle des alten Großmarkts von Paris. (S. 124)

Gut zu wissen

Mehr Infos unter Praktische Informationen (S. 371)

Währung
Euro (€)

Sprache
Französisch

Einreise
Für EU-Bürger und Schweizer genügt zur Einreise ein gültiger Personalausweis oder Reisepass.

Geld
Geldautomaten gibt es überall. Die meisten Hotels, Geschäfte und Restaurants akzeptieren Visa und MasterCard, manche auch American Express.

Handys
Mitgebrachte Handys vorab fürs internationale Roaming freischalten lassen. Für Handys ohne SIM-Lock ggf. eine französische SIM-Karte kaufen, mit der Inlandsgespräche billiger sind.

Zeit
MEZ (wie bei uns)

Touristeninformation
Die Hauptstelle des Office du Tourisme et des Congrès de Paris (www.parisinfo.com; 27 rue des Pyramides, 1er; ⊙Mai–Okt. 9–19 Uhr, Nov.–April 10–19 Uhr; ⓂPyramides) verkauft Tickets für Touren und einige Sehenswürdigkeiten sowie Museums- und Nahverkehrspässe und kann Unterkünfte vermitteln.

Tagesbudget

Budget: unter 100 €
➡ Schlafsaalbett 25–50 €
➡ Kaffee/Glas Wein/Cocktail/ demi (Bier 0,25 l) ab 2/3,50/ 8/3,50 €
➡ Geschäfte und Märkte für Selbstversorger
➡ Viele kostenlose Konzerte und Veranstaltungen
➡ Öffentlicher Nahverkehr, Last-Minute-Theaterkarten

Mittelklasse: 100–250 €
➡ Doppelzimmer 130–250 €
➡ 2-Gänge-Menü 20–40 €
➡ Museen von kostenlos bis ca. 12 €
➡ Clubeintritt von kostenlos bis ca. 20 €

Gehoben: über 250 €
➡ Historische Luxushotels
➡ Gourmetrestaurants
➡ Designerboutiquen
➡ Nach oben offen!

Vor der Reise

Zwei Monate vorher Jetzt reservieren: Unterkunft, Karten für Oper, Ballett oder Cabaret, Tische in besonders gefragten Restaurants.

Zwei Wochen vorher Zu einer kostenlosen Führung anmelden, Sightseeing-Ballonflug buchen, Lieblingsmuseen auswählen und Tickets am besten vorab online erwerben.

Zwei Tage vorher Bequeme Schuhe einpacken!

Websites

➡ **Lonely Planet** (www. lonelyplanet.com/paris) Infos, Buchungen, Traveller-Forum und mehr.

➡ **Paris Info** (www.parisinfo. com) Umfassende Website der Pariser Touristeninformation.

➡ **Secrets of Paris** (www. secretsofparis.com) Wertvolle Infos und Geheimtipps.

➡ **Paris by Mouth** (http:// parisbymouth.com) Alles, was Gourmets in Paris wissen müssen.

➡ **My Little Paris** (www. mylittleparis.com) Jede Menge tolle Insidertipps.

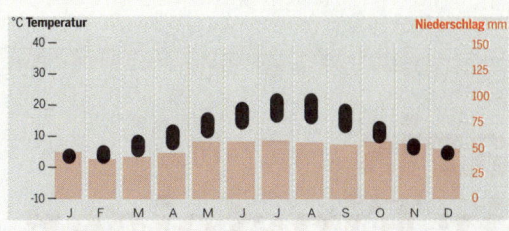

REISEZEIT

Frühling und Herbst sind ideal. Im Sommer ist Hauptsaison, aber viele Lokale und Läden haben im August zu. Im Winter ist es generell leerer und billiger.

Ankunft in Paris

Aéroport Charles de Gaulle Züge (RER), Busse und Nachtbusse ins Stadtzentrum 5,70–17,50 €; Taxi um 50–65 €.

Aéroport Orly Züge (Orlyval, dann RER), Busse und Nachtbusse ins Stadtzentrum 7,50–12,50 €; Straßenbahn T7 bis Villejuif-Louis Aragon, dann mit der Métro ins Zentrum (3,40 €); Taxi um 40–65 €.

Aéroport Paris-Beauvais Busse (17 €) bis Porte Maillot, dann Métro (1,70 €); Taxi mindestens 100 €.

Gare du Nord Großbahnhof in der Innenstadt mit Métroanschluss (1,70 €).

Mehr zum Thema **Anreise** S. 372.

Unterwegs vor Ort

Paris lässt sich sehr angenehm zu Fuß erkunden, hat aber auch eines der effizientesten und billigsten Nahverkehrsnetze der Welt.

➡ **Métro & RER** Die schnellsten Transportmittel. Die Bahnen verkehren je nach Linie etwa von 5.30 bis 0.35 bzw. 1.15 Uhr (freitag- und samstagnachts bis ca. 2.15 Uhr).

➡ **Fahrrad** Die spottbilligen Vélib'-Räder kann man bei über 1800 Stationen stadtweit ausleihen und wieder abstellen.

➡ **Bus** Praktisch für Eltern mit Kinderwagen und Besucher mit Gehbehinderung.

➡ **Fähre** Das Batobus-Boot lässt seine Passagiere an acht Seine-Stationen nach Belieben zu- und aussteigen.

Mehr zum Thema **Unterwegs vor Ort** S. 374.

Schlafen

Paris hat Unterkünfte in Hülle und Fülle, die aber oft weit im Voraus ausgebucht sind. Reservierung ist ganzjährig ratsam und in den wärmeren Monaten (April–Oktober), in den Schulferien und zu Feiertagen ein Muss. Außerhalb der Innenstadt wohnt man etwas billiger, aber die Fahrt ins Zentrum ist u. U. zeitraubend und teuer. Besser ist ein Quartier innerhalb der 20 *arrondissements* (Stadtbezirke), um ins Pariser Leben einzutauchen, sobald man aus der Tür tritt.

Websites

➡ **Lonely Planet** (www.lonelyplanet.com/france/paris/hotels) Unsere Top-Tipps.

➡ **Paris Hotel** (www.hotels-paris.fr) Gut organisierte Website mit vielen Bewertungen.

➡ **Paris Hotel Service** (www.parishotelservice.com) Auf Boutiquehotels spezialisiert.

➡ **Paris Hotels** (www.parishotels.com) Viele Adressen in jeder Lage.

➡ **Paris Attitude** (www.parisattitude.com) Tausende von Appartements zur Miete.

Mehr zum Thema **Schlafen** S. 305.

ARRONDISSEMENTS

Innerhalb des Périphérique (Ringautobahn) ist Paris in 20 *arrondissements* (Bezirke) unterteilt, die im Uhrzeigersinn spiralförmig um das Zentrum angeordnet sind. Die Nummer des Arrondissements (1er, 2e etc.) ist ein wichtiger Bestandteil jeder Pariser Adresse. Jedes Arrondissement hat einen eigenen Charakter. Seine dörfliche Atmosphäre verdankt Paris aber eher den kleineren *quartiers* (Vierteln).

Paris für Einsteiger

Mehr Infos unter Praktische Informationen (S. 371)

Checkliste

➡ Ist der Personalausweis/ Reisepass noch gültig?

➡ Reiseversicherung abschließen

➡ Ggf. über Gewichtsgrenzen für Fluggepäck informieren

➡ Unterkunft und Tische in beliebten Restaurants reservieren

➡ Tickets für Louvre, Eiffelturm etc. online kaufen

➡ Ggf. Handy fürs internationale Roaming freischalten lassen

Ins Gepäck gehören

➡ Bequeme Schuhe – Paris lässt sich am besten zu Fuß erkunden.

➡ Sprachführer – ein paar Brocken Französisch können Wunder wirken.

➡ Reiseadapter

➡ Fahrradhelm (zur Nutzung der Vélib-Leihräder)

➡ Taschenmesser mit Korkenzieher für die französischen Weine (Achtung: Nicht ins Flughandgepäck packen!)

➡ Waschlappen (werden im Hotel nicht gestellt)

Top-Tipps

➡ Für einen unvergesslichen ersten Eindruck von der Stadt sorgt eine Seine-Tour (oder eine Fahrt mit der Batobus-Fähre), vorbei an Pariser Wahrzeichen wie Eiffelturm, Louvre und Notre-Dame.

➡ Die Métro ist sicher, sauber und einfach zu nutzen. Bei einer Fahrt mit den städtischen Bussen sieht man aber mehr von der Stadt.

➡ Tickets für Sehenswürdigkeiten möglichst vorab online buchen, um die langen Warteschlangen zu umgehen.

➡ Den Terminplan nicht zu voll packen, sondern Zeit einplanen, um die Atmosphäre der Pariser Viertel zu genießen. Ausgedehnte Kaffeepausen auf den Caféterrassen und entspanntes Bummeln durch Seitensträßchen gehören unbedingt zum Paris-Besuch dazu.

Richtig angezogen

Paris ist die Wiege der *haute couture* und mit eleganter Kleidung (und Accessories) liegt man hier nie falsch. Schick gekleidete Besucher fallen auch den Taschendieben nicht gleich als Touristen auf. Für die „besseren" Restaurants, Clubs und Bars darf man sich ruhig etwas aufbrezeln – Jeans, Shorts oder Turnschuhe da nicht angesagt.

Solides Schuhwerk ist zu jeder Jahreszeit sinnvoll – Kopfsteinpflaster ist nichts für hohe Hacken oder dünne Sohlen.

Beim Besuch von Gotteshäusern wie Notre-Dame ist dezente Kleidung angemessen.

Aufgepasst!

➡ Viele Pariser Restaurants, Läden und Attraktionen schließen im August, wenn die Pariser Urlaub auf dem Land oder an der Küste machen. Ggf. vorab informieren, um Enttäuschungen zu vermeiden.

➡ Für eine Großstadt ist Paris außergewöhnlich sicher, aber Taschendiebe sind überall präsent, vor allem da, wo viele Touristen sind. Besucher müssen auf ihre Wertsachen permanent aufpassen.

➡ Pariser Hotelzimmer sind in der Regel klein und teuer. Durch Online-Preisvergleichsportale lässt sich eine Menge sparen. Auch ein Ferienappartement kann eine gute Alternative sein. Extras wie Klimaanlage oder Aufzug haben generell ihren Preis.

Geld

Visa und MasterCard sind die gebräuchlichsten Kreditkarten. American Express nehmen nur gehobene Etablissements wie internationale Hotelketten, Luxusboutiquen und Kaufhäuser.

Kartenzahlungen werden meist durch Eingabe der PIN-Nummer autorisiert. Geldautomaten *(points d'argent oder distributeurs automatiques de billets)* gibt es überall; für Barabhebungen mit einer ausländischen Karte fallen in der Regel Transaktionsgebühren an.

Bargeld und Reiseschecks kann man bei manchen Banken, Postämtern und *bureaux de change* (Wechselstuben) eintauschen. Viele Läden nehmen keine 200- und 500-Euro-Scheine an.

Mehr Infos s. S. 381.

Mehrwertsteuererstattung

Nicht-EU-Bürger können sich unter bestimmten Umständen die in den Ladenpreisen enthaltene TVA *(taxe sur la valeur ajoutée;* Mehrwertsteuer) erstatten lassen (s. S. 383).

Trinkgeld

➡ **Taxis** Viele Fahrgäste runden auf den nächsten Euro auf.

➡ **Restaurants** Die Rechnung enthält ein 15%iges Bedienungsgeld, viele Gäste geben aber noch ein paar Euro dazu.

➡ **Bars & Cafés** An der Theke ist kein Trinkgeld nötig; am Tisch wird so viel Trinkgeld gegeben wie im Restaurant.

➡ **Hotels** Die Pagen erwarten 1–2 € pro Gepäckstück.

Sprache

Zwar begegnet man in Paris inzwischen immer öfter Menschen, die Englisch sprechen, aber es kommt natürlich viel besser an, wenn man die Einheimischen auf Französisch anspricht. Mehr Infos zum Thema Sprache gibt es ab S. 387

1 Wie sind die Öffnungszeiten?
Quelles sont les heures d'ouverture?
kell ßong lee sör du·ver·tür

Die französischen Geschäftszeiten richten sich nach einem Wust von Vorschriften: Besser erst nachfragen, dann planen.

2 Ich nehme das Menü, bitte.
Je voudrais le menu, s'il vous plaît.
že wu·drä le me·nü ßil wu plä

In den meisten Restaurants ist das 2- oder 3-gängige Menü, das oft auf einer Kreidetafel steht, der beste Deal.

3 Welchen Wein empfehlen Sie?
Quel vin vous conseillez?
kell väng wu kong·ßä·jee

Wer kennt sich mit Wein besser aus als die Franzosen?

4 Darf ich Sie duzen?
Est-ce que je peux vous tutoyer?
eß·ke že pö wu tü·to·jee

Immer erst nachfragen, bevor man jemanden mit *tu* anredet.

5 Haben Sie heute Abend/morgen schon etwas vor?
Vous avez prévu quelque chose ce soir/demain?
wu sa·wee pre·wü kell·ke schoos ße ßoar/de·mäng

Wer sich verabreden will, ohne aufdringlich zu wirken, fragt Freunde lieber, ob sie Zeit haben, statt sie direkt einzuladen.

Etikette

➡ Der Umgang ist generell förmlich und reserviert, was aber nicht unfreundlich gemeint ist.

➡ Im Umgang mit Einheimischen, z. B. im Laden, immer mit „*bonjour*" (Guten Tag), abends mit „*bonsoir*" (Guten Abend) grüßen und mit „*au revoir*" (Auf Wiedersehen) verabschieden.

➡ Vor allem in kleineren Läden ist es oft nicht gern gesehen, wenn Kunden die Waren ungefragt anfassen oder Fotos machen.

➡ Die Pariser sprechen mit gedämpfter Lautstärke – am besten passt man sich ihrer Tonlage an.

➡ Nur sehr gute Bekannte, Kinder und Tiere werden geduzt *(tu)*. Alle anderen sollte man siezen *(vous)*, so lange man nicht ausdrücklich zum Du eingeladen wird.

➡ In der Öffentlichkeit über Geld (z. B. Gehälter oder Ausgaben) zu reden, gehört sich nicht.

➡ Die Bedienung im Lokal nie mit „*garçon*" (Junge oder Kellner) rufen, sondern höflich mit „*Monsieur*" bzw. „*Madame*".

Paris erleben

1. Tag

Louvre & Les Halles (S. 109)

 Der Tag beginnt mit einem Spaziergang durch den eleganten **Jardin des Tuileries** mit Zwischenstopps, um Monets riesige *Seerosen* im **Musée de l'Orangerie** und/oder eine Fotoausstellung im **Jeu de Paume** zu besuchen. Durch die Glaspyramide von I. M. Pei geht es dann ins Labyrinth des **Louvre**.

> **Mittagessen** Küchenkunst am Puls der Zeit im Racines 2 (S. 131).

Louvre & Les Halles (S. 109)

Das gewaltige Museum kann Besucher locker einen Tag beschäftigen. Wer nur die Highlights sehen möchte, stöbert danach vielleicht lieber noch durch die Geschäfte in den Arkaden rund um den lauschigen **Jardin du Palais Royal** und besucht die schöne **Église St-Eustache**. Seitenstraßen wie die **Rue Montorgueil**, ehemals Standort des Austernmarkts, erinnern noch an die Atmosphäre des einstigen Großmarkts Les Halles. Nach einer Erfrischung in der **Rue Montmartre** lockt das bis spätabends geöffnete **Centre Pompidou** mit moderner Kunst und überwältigender Aussicht von den oberen Stockwerken.

> **Abendessen** Bei Frenchie (S. 129) oder in der Weinbar von Verjus (S. 129).

Marais, Ménilmontant & Belleville (S. 164)

 Auch tagsüber gibt es im Marais eine Menge zu entdecken (**Musée Picasso**, **Musée Carnavalet**, **Musée des Arts et Métiers** …), aber erst zu später Stunde läuft das Viertel mit seinem Riesenangebot hipper Bars und Clubs zu ganz großer Form auf.

2. Tag

Champs-Élysées & Grands Boulevards (S. 94)

 Die Kletterpartie auf den **Arc de Triomphe** wird mit einem unglaublichen Paris-Panorama belohnt. Beim Bummel über die glanzvollste Prachtstraße von Paris, die **Champs-Élysées**, kann man im **Triangle d'Or**, in den **Galeries Lafayette** oder an der **Place de la Madeleine** einen Haufen Geld loswerden. Günstiger kommen die progressiven Kunstausstellungen der **Pinacothèque**.

> **Mittagessen** Café Branly (S. 92): lässige Eleganz mit 1a-Eiffelturm-Blick.

Eiffelturm & westliches Paris (S. 80)

Die moderne Architektur des **Musée du Quai Branly** ist ebenso sehenswert wie die exotische Kunst in seinem Inneren. Die kulturbeflissene Gegend beherbergt außerdem die größte Monet-Sammlung der Welt im **Musée Marmottan-Monet**, zeitgenössische Installationen im **Palais de Tokyo** und asiatische Schätze im **Musée Guimet**. Gegen Abend geht es dann auf den **Eiffelturm**, um zuerst den genialen Ausblick bei Tageslicht und dann die glitzernde *ville lumière* (Stadt der Lichter) bei Nacht zu bestaunen.

> **Abendessen** Modern, französisch, genial: Le Casse Noix (S. 276).

Montparnasse & südliches Paris (S. 269)

 Erst zum Drink in eine historische Brasserie in Montparnasse, wie **Le Select**, oder gleich zur Seine, um in schwimmenden Clubs wie **Le Batofar** zu feiern.

3. Tag

Die Seine-Inseln (S. 210)

 Erster Programmpunkt ist **Notre-Dame**, die meistbesuchte Sehenswürdigkeit von Paris, um dem Besucheransturm zuvorzukommen. Zusätzlich zum Rundgang ist etwa eine Stunde für die Turmbesteigung und eine weitere für die **Krypta** einzuplanen. Noch mehr herrliche Glasmalerei wartet in der nahen **Sainte-Chapelle**. Der **Pont St-Louis** führt hinüber zu **Berthillons** unwiderstehlicher Eiscreme und zu den bezaubernden Boutiquen der Île St-Louis.

> **Mittagessen** Typisches Pariser Stammlokal: Café Saint Régis (S. 219).

St-Germain & Invalides (S. 239)

 Von den impressionistischen Meisterwerken des prachtvollen **Musée d'Orsay** geht es weiter zu den legendären Geschäften und Boutiquen in den Seitensträßchen von St-Germain und zum Kaffee auf der Terrasse eines Literatencafés wie **Les Deux Magots**. Zu guter Letzt lässt man im allseits beliebten Park **Jardin du Luxembourg** die Seele baumeln.

> **Abendessen** Klassisch im Jugendstilambiente von Bouillon Racine (S. 255).

Quartier Latin (S. 221)

In diversen Buchläden, wie dem sagenumwobenen **Shakespeare & Company**, kann man bis spätabends stöbern, um sich dann unter die Pariser Studenten und Akademiker in den Bars, Cafés und Kneipen der **Rue Mouffetard** zu mischen oder dem Jazzclub **Café Universel** einen Besuch abzustatten.

4. Tag

Montmartre & nördliches Paris (S. 138)

 Montmartre mit seinen steilen Sträßchen und Treppen zwischen efeuüberwucherten Altbauten ist am bezauberndsten frühmorgens, wenn es noch nicht von Touristen wimmelt. Nach dem Besuch der **Basilique du Sacré-Cœur** auf der Hügelkuppe gibt das **Musée de Montmartre** Einblick in die spannende Geschichte des Stadtteils.

> **Mittagessen** Der Insidertipp Le Miroir (S. 150) bietet tolle Mittagsmenüs.

Montmartre & nördliches Paris (S. 138)

Die schattigen Treidelpfade des von Cafés gesäumten **Canal St-Martin** verlocken zum beschaulichen Bummeln. Im futuristischen **Parc de la Villette** faszinieren das sehr kindertaugliche Museum **Cité des Sciences** und die **Cité de la Musique** mit der Instrumentensammlung des **Musée de la Musique**. Wer richtig plant, kann mit einer **Kanalkreuzfahrt** nach Bastille zurückschippern.

> **Abendessen** Himmlische Häppchenteller bei Le 6 Paul Bert (S. 201).

Bastille & östliches Paris (S. 195)

 Das Bastille-Viertel lädt zu einer Cafétour ein: Zu den zeitlosen Klassikern gehören das kirschrote **Le Pure Café** und das Absinthlokal **La Fée Verte**. Im altehrwürdigen Tanzschuppen **Le Balajo** (Jahrgang 1936) an der Partymeile **Rue de Lappe** gibt es Salsa, bis die Füße qualmen, im **Badaboum** dröhnen Electro, Funk und Hip-Hop ins Ohr.

Wie wär's mit …

Märkte

Marché Bastille Zweifellos der beste Markt der Stadt unter freiem Himmel. (S. 199)

Marché d'Aligre Wunderbar chaotischer Markt mit allem, was man für die französische Küche braucht. (S. 199)

Marché St-Quentin Markthalle von 1866. (S. 155)

Rue Montorgueil Straßenstände vor den Lebensmittelläden in der Fußgängerzone. (S. 128)

Marché aux Enfants Rouges Ein herrliches Labyrinth aus Imbissständen mit Speisen aus aller Welt. (S. 173)

Marché aux Fleurs Reine Elizabeth II Ein duftender Blumenmarkt. (S. 220)

Marché Raspail Besonders beliebt ist der fabelhafte Biomarkt am Sonntag. (S. 259)

Marché aux Puces de St-Ouen Mit über 2500 Ständen der größte Flohmarkt Europas. (S. 162)

Rue Mouffetard Stimmungsvolle Einkaufsstraße mit zahllosen Lebensmittelgeschäften und -ständen. (S. 232)

Marché de Belleville Seit 1860 in einem der heute angesagtesten Multikulti-Viertel der Stadt. (S. 178)

Kirchen

Église St-Eustache Erhebt die Seelen seit Jahrhunderten mit herrlicher Architektur und mächtigen Musikklängen. (S. 122)

Cathédrale Notre-Dame de Paris Das absolut unvergleichliche Gotteshaus von Paris. (S. 212)

Unterkapelle der Sainte-Chapelle (S. 217) im Palais de Justice (Justizpalast) auf der Île de la Cité

Basilique du Sacré-Cœur Das krönende Wahrzeichen von Montmartre. (S. 140)

Église de la Madeleine Klassizistisches Wahrzeichen mit herrlichen Konzerten. (S. 99)

Église St-Pierre de Mont-martre Die Wiege des Jesuitenordens. (S. 143)

Sainte-Chapelle Klassikkonzerte bieten die beste Gelegenheit, die Schönheit der Kapelle in Ruhe zu bewundern. (S. 217)

Basilique de St-Denis Das erste bedeutende Bauwerk der französischen Gotik ist auch eins der schönsten. (S. 144)

Église St-Germain des Prés Die älteste Kirche von Paris stammt aus dem 11. Jh. (S. 250)

Église St-Sulpice Fresken von Delacroix und Schauplatz im Kinofilm *Sakrileg*. (S. 249)

Cathédrale Notre-Dame in Chartres Berühmt für das leuchtende Blau ihrer Fenster. (S. 301)

Romantik

Jardin du Palais Royal Der eleganteste und romantischste Stadtpark, mit Arkaden und Kieswegen, umrahmt vom Palais Royal. (S. 124)

Le Grand Véfour Eins der schönsten Restaurants der Welt entzückt mit Pariser Romantik des 18. Jhs. (S. 130)

Die Seine-Inseln Die beiden Inseln verzaubern mit ihren romantischen Winkeln. (S.210)

Île aux Cygnes Die kaum bekannte dritte Insel bietet einen herrlichen Blick auf den Eiffelturm. (S. 274)

Eiffelturm Nicht ohne Grund werden auf der obersten Plattform bis zu drei Heiratsanträge pro Stunde gemacht. (S. 82)

Canal St-Martin Auf schattigen Uferwegen spazieren oder an der Kanalmauer sitzen und den Booten nachschauen. (S. 147)

Place St-Sulpice Der zauberhafte Platz vor der Église St-Sulpice lädt zur Pause ein. (S. 249)

Musée Rodin Vor Rodins marmornem *Kuss* dahinschmelzen und durch den rosenbestandenen Skulpturengarten schlendern. (S. 248)

Le Pradey Romantik pur bietet das Moulin-Rouge-Zimmer des Designhotels mit seinen dunkelroten Wänden, dem gerüschten Bettüberwurf und dem herzförmigen Türbogen. (S. 311)

Literatur

Maison de Victor Hugo Das elegante Wohnhaus des berühmten Schriftstellers und Dichters steht an einem der schönsten Plätzen von Paris. (S. 167)

Maison de Balzac In dem bezaubernden Haus lebte und arbeitete der Schriftsteller von 1840 bis 1847. (S. 87)

Literarische Adressen in St-Germain Für Literaturfans besonders spannend ist der Rundgang durch dieses berühmte Viertel der Rive Gauche. (S. 254)

Literarische Adressen im Quartier Latin Das Quartier Latin steckt voller bedeutender Schauplätze der Literatur. (S. 228)

Literarische Adressen am Montparnasse Zu Anfang des 20. Jhs. tummelten sich Schriftsteller, Künstler und politische Exilanten in den Brasserien von Montparnasse. (S. 283)

Shakespeare & Company Lesungen von Erfolgs- und Nachwuchsautoren, Bücher zum gemütlichen Schmökern

und viele Regalmeter Lesestoff. (S. 236)

Bibliothèque Nationale de France Die Nationalbibliothek veranstaltet häufig Literatur-Ausstellungen. (S. 274)

Aussichten

Eiffelturm Jede der drei Aussichtsplattformen eröffnet einen anderen Blickwinkel auf die Stadt. (S. 82)

Tour Montparnasse Das tolle Paris-Panorama ist der einzige Pluspunkt des seelenlosen Wolkenkratzers. (S. 272)

Galeries Lafayette Das Dach des Kaufhauses verspricht eines der besten Gratispanoramen der Stadt. (S. 107)

Le Printemps Das Dach des zweiten prachtvollen Kaufhauses bietet ebenfalls tolle Gratisaussichten. (S. 107)

Parc de Belleville Von der Hügelkuppe des wenig bekannten Parks genießt man einen 1a-Blick über Paris. (S. 167)

Arc de Triomphe Das Auge schweift rundherum, u. a. über die Champs-Élysées. (S. 96)

Centre Pompidou Auch wenn es nur sechs Stockwerke hat, ist die Aussicht vom Dach des Centre Pompidou phänomenal. (S. 119)

Le Ballon Air de Paris Im Heißluftballon schweben und bis zum Horizont schauen. (S. 273)

Weitere Highlights:
➡ Museen & Galerien (S. 40)
➡ Essen (S. 44)
➡ Ausgehen & Nachtleben (S. 54)
➡ Shoppen (S. 60)
➡ Unterhaltung (S. 65)

REISEPLANUNG WIE WÄR'S MIT …

Basilique du Sacré-Cœur Die herrliche Aussicht vom Vorplatz der Basilika wird noch getoppt durch die von oben aus der großen Kuppel. (S. 140)

Jugendstil (Art nouveau)

Eiffelturm Das elegante metallene Gitterwerk der „eisernen Dame" ist ein Paradebeispiel des Jugendstils. (S. 82)

Métroeingang Abbesses Hector Guimards schönster erhaltener Métroeingang mit Glasdach und zwei Laternen. (S.360)

Musée d'Orsay Schon der Bahnhofsbau von 1900, in dem das riesige Museum residiert, lohnt den Besuch. (S. 242)

Le Train Bleu Prachtvolles Restaurant in der Gare de Lyon. (S. 205)

Musée Carnavalet Ein Highlight des bedeutendsten Geschichtsmuseums von Paris ist Fouquets Jugendstil-Schmuckgeschäft aus der Rue Royale. (S. 170)

Galeries Lafayette Das glanzvolle Kaufhaus wird von einer spektakulären Buntglaskuppel gekrönt. (S. 107)

Le Carreau du Temple Die alte Markthalle im Marais wurde 2014 als hochmodernes Kultur- und Gemeindezentrum wiedereröffnet. (S. 187)

Bofinger In der ältesten Brasserie von Paris diniert man geschmackvoll zwischen Messing, Glas und Spiegeln im Jugendstil. (S. 181)

Moderne Architektur

Centre Pompidou In den 1970er-Jahren von Renzo Piano und Richard Rogers als „nach außen gestülpter" Bau konzipiert und immer noch das

bedeutendste innovative Kulturzentrum von Paris. (S. 119)

La Défense Die einzige Wolkenkratzer-Ballung der Stadt. (S. 87)

Musée du Quai Branly Augenfällige Architektur von Jean Nouvel am Seine-Ufer. (S. 84)

Institut du Monde Arabe Der Bau, mit dem sich Nouvel seinen Namen machte, verbindet moderne und traditionelle arabische mit westlichen Elementen. (S. 226)

Fondation Cartier pour l'Art Contemporain Dieser spektakuläre Bau von Nouvel zeigt zeitgenössische Kunst. (S. 273)

Fondation Louis Vuitton Frank Gehrys Konzept eines Kunstzentrums unter einer riesigen „Wolke" aus Glas. (S.89)

Louvre-Glaspyramide Die Erbauer der Pyramiden im alten Ägypten hätten Augen gemacht. (S. 111)

Bibliothèque Nationale de France Die vier Türme der Nationalbibliothek symbolisieren halb geöffnete Bücher. (S. 274)

Cité de l'Architecture et du Patrimoine Die Ausstellung im Palais du Chaillot (1937) veranschaulicht die architektonische Vergangenheit, Gegenwart und Zukunft von Paris. (S. 85)

Parks & Gärten

Jardin du Luxembourg Die beliebteste Innenstadtoase der Pariser. (S. 246)

Jardin des Tuileries Prächtige geometrische Parkanlage, mit Monet-Kunst als Dreingabe. (S. 121)

Promenade Plantée Der erste höhergelegte Park der Welt, auf einem ausgedienten Eisenbahnviadukt aus dem 19. Jh. (S. 197)

Maison et Jardins de Claude Monet Die Blumenbeete um das Wohnhaus von Monet sind im Frühling ein Farbenmeer. (S. 303)

Parc de la Villette 35 ha großer „Park der Zukunft" am Kanal voller Pavillons mit modernen Attraktionen für Groß und Klein. (S. 142)

Parc des Buttes-Chaumont Oase aus bewaldeten Hügeln im Pariser Norden. (S. 146)

Versailles Ein wahrhaft königlicher Schlosspark von André Le Nôtre. (S. 289)

Jardin des Plantes Der schöne botanische Garten der Stadt mit seltenen Pflanzen und Treibhäusern. (S. 225)

Bois de Vincennes Der Wald im Osten von Paris war einst königliches Jagdrevier. (S. 198)

Bois de Boulogne Der Wald im Westen von Paris lässt sich gut per Ruderboot oder Fahrrad erkunden. (S. 89)

Französische Revolution

Place de la Bastille Standort des einstigen Gefängnisses, mit dessen Erstürmung am 14. Juli 1789 die Revolution begann. (S. 197)

Versailles Der Marsch auf Versailles im Oktober 1789 zwang die königliche Familie, das Schloss zu verlassen. (S. 289)

Conciergerie Hier saß neben anderen Aristokraten auch Marie Antoinette ein. (S. 218)

Place de la Concorde An der Stelle, an der heute der Obelisk steht, wurden Ludwig XVI., Marie Antoinette und Tausende andere geköpft. (S.98)

Parc du Champ de Mars Auf dem ehemaligen Exerzierplatz feierte die Revolution ihre Siege. (S. 85)

(Oben) Obelisk, Place de la Concorde (S. 98)
(Unten) Jardin des Tuileries (S. 121)

Musée Carnavalet Das Geschichtsmuseum bietet einen umfassenden Überblick über diese epochale Phase der Stadtgeschichte. (S. 170)

Métrostation Concorde Die Wandkacheln geben die Grundideen der Französischen Revolution, den Text der „Erklärung der Menschen- und Bürgerrechte", wieder. (S. 360)

Caveau de la Huchette Der altgediente Jazzclub swingt in einem Keller, der zu Revolutionszeiten als Gerichts- und Folterkammer diente. (S. 235)

Mittelalter

Marais Die mittelalterlichen Sträßchen entgingen der Sanierungswut von Baron Haussmann. (S. 164)

Notre-Dame Ihr Bau dauerte von 1163 bis ins frühe 14. Jh. (S. 212)

Louvre Der mächtige Festungsbau und spätere Palast entstand zwischen 1190 und 1202. (S. 111)

Sainte-Chapelle Die Kirche wurde 1248 geweiht. (S. 217)

Sorbonne Die Universität wurde 1253 gegründet. (S. 224)

Musée National du Moyen Âge Das Museum residiert teilweise im Hôtel de Cluny (15. Jh.), dem schönsten mittelalterlichen Profanbau von Paris. (S. 224)

Basilique de St-Denis Der Baubeginn des gotischen Meisterwerks lag um 1136. (S. 144)

Cathédrale Notre-Dame de Chartres Die besterhaltene mittelalterliche Kathedrale Frankreichs stammt aus dem 13. Jh. (S. 301)

Château de Vincennes Das einzige mittelalterliche Schloss in Paris. (S. 198)

Monat für Monat

Januar

Der frostige Auftakt des Jahres ist nicht gerade der festlichste Monat in Paris, aber Modenschauen und der Winterschlussverkauf *(soldes)* hellen die Stimmung auf.

✯ Gedenkmesse für Ludwig XVI.

An dem Sonntag, der dem 21. Januar am nächsten liegt, feiern Royalisten und Traditionalisten in der Chapelle Expiatoire (www. monuments-nationaux.fr) eine Messe zur Erinnerung an die Hinrichtung König Ludwigs XVI. im Jahr 1793.

✯ Chinesisches Neujahr

Die größten Drachenumzüge und Laternenfestivitäten steigen Ende Januar oder Anfang Februar im größten Chinesenviertel von Paris, im 13. Arrondisse-ment. Paraden finden auch in Belleville und im Marais statt.

Februar

Die Zeit der Feste und Lustbarkeiten ist im Februar noch nicht in vollem Schwung, aber zum Valentinstag bieten die Restaurants spezielle Menüs an und noch mehr „Liebesschlösser" zieren (oder beschweren) die Brücken von Paris.

✯ Salon International de l'Agriculture

Eine appetitanregende, neuntägige Landwirtschaftsausstellung (www. salon-agriculture.com) von Ende Februar bis Anfang März im Parc des Expositions, Porte de Versailles, 15. Arrondissement mit leckeren (auch tierischen) Erzeugnissen aus ganz Frankreich.

März

Die Parks und Alleen ergrünen und auch die Festszene blüht auf. Die Tage werden länger – am letzten Sonntag im März beginnt die Sommerzeit.

☆ Banlieues Bleues

Das Jazz-, Blues- und R&B-Festival der „Blauen Vorstädte" (www. banlieuesbleues.org) lockt von Mitte März bis Mitte April bekannte Musiker in die nördlichen Stadtrandgebiete von Paris.

☆ Printemps du Cinéma

Um den 21. März ködern ausgewählte Kinos in ganz Paris Filmfans drei Tage lang mit sensationellen Kartenpreisen von 3,50 € (www.printempsducinema. com).

April

Nicht umsonst besang Frank Sinatra den April in Paris. Jetzt erreicht der Frühlingszauber seinen Höhepunkt, die Kastanien stehen in voller Blüte und auf den Caféterrassen herrscht reges Treiben.

✯ Foire du Trône

Der rund 1000 Jahre (!) alte Riesenjahrmarkt (www. foiredutrone.com) schlägt seine Zelte von Anfang April bis Anfang Juni auf der Pelouse de Reuilly im Bois de Vincennes auf.

🏃 Marathon International de Paris

Der internationale Paris-Marathon (www.paris marathon.com) führt meist am zweiten Sonntag im April von den Champs-Élysées im 8. zur Avenue Foch im 16. Arrondissement. Mehr als 40 000 Läufer aus über 100 Ländern rennen mit.

 Foire de Paris

Die gigantische Lifestyle-Messe (www.foiredeparis. fr) zelebriert von Ende April bis Anfang Mai technischen Schnickschnack, Essen und Wein im Parc des Expositions, Porte de Versailles, 15. Arrondissement.

Mai

Der Wonnemonat hat mehr Feiertage als jeder andere Monat des Jahres. Vor allem am 1. Mai bleiben viele Türen zu.

👁 La Nuit Européenne des Musées

Viele Pariser Museen haben zur „Europäischen Museumsnacht" (www.nuitdes musees.culture.fr) an einem Samstag Mitte Mai bis tief in die Nacht auf, meist bei freiem Eintritt.

👁 L'Olympiade des Garçons de Café

Anfang des 20. Jhs. rannten Kellner erstmals mit einem Tablett samt Glas und Flasche im Wettlauf durchs Pariser Zentrum.

👁 Portes Ouvertes des Ateliers d'Artistes de Belleville

In Belleville, 10. Arrondissement, öffnen Ende Mai über 250 Maler, Bildhauer und andere Künstler vier Tage lang (von Freitag bis Montag) ihre Ateliers (www.ateliers-artistes-belleville.org).

☆ French Open

Der Tenniszirkus gastiert zum Grand-Slam-Turnier Internationaux de France de Tennis von Ende Mai bis Anfang Juni im Stade Roland Garros (www. rolandgarros.com) im Bois de Boulogne.

Juni

An den langen, warmen Junitagen tobt in Paris das Leben. Erst gegen 23 Uhr senkt sich die Dunkelheit über die Stadt. Mittsommernächte zum Mitträumen.

☆ Festival de St-Denis

Den ganzen Monat laufen Klassikkonzerte in der Basilique de St-Denis (www. festival-saint-denis.com) und anderen Sälen in der Umgebung. Wer dabei sein will, muss früh reservieren.

☆ Fête de la Musique

Das landesweite Musikfestival (http://fetedelamusique. culture.fr) begrüßt den Sommer zur Sonnenwende am 21. Juni mit Jazz-, Reggae-, Klassik- und anderen Konzerten überall in Paris.

👁 Marche des Fiertés

An einem Samstagnachmittag Ende Juni zieht die bunte Parade zum Gay Pride Day (www.gaypride.fr) mit karnevalesken Festwagen und schrillen Kostümen durchs Marais zur Bastille.

☆ Paris Jazz Festival

Im Juni und Juli gibt es jeden Samstag- und Sonntagnachmittag kostenlose Jazzkonzerte im Parc Floral de Paris (www.parisjazz festival.paris.fr); Parkeintritt Erw./unter 25 J. 5,50/2,75 €.

☆ La Goutte d'Or en Fête

Rai, Reggae und Rap regieren bei diesem dreitägigen Weltmusik-Festival (www. gouttedorenfete.org) Ende Juni auf der Place Léon im Viertel Goutte d'Or, 18. Arrondissement.

Juli

Im Pariser Sommer säumen „Strände" das Seine-Ufer, samt Liegestühlen, Sonnenschirmen, Fontänen und Palmen, und Kauflustige stürzen sich auf den Sommerschlussverkauf.

☆ Paris Cinéma

Bei dem zwölftägigen Festival (www.pariscinema. org) in der ersten Julihälfte laufen selten gezeigte und restaurierte Filme in ausgewählten Kinos. Es gibt auch Premieren, einen internationalen Wettbewerb und Freiluftevents.

 Nationalfeiertag

Paris feiert am Vormittag des 14. Juli den Sturm auf die Bastille mit einer Militärparade auf der Avenue des Champs-Élysées, begleitet von Kampffliegern und Hubschraubern. Abends erleuchtet ein Feuerwerk *(feux d'artifice)* den Himmel über dem Champ de Mars.

Paris Plages

Von Mitte Juli bis Mitte August belegen die „Pariser Strände" das rechte Seine-Ufer vom Louvre im 1. bis zum Pont de Sully im 4. Arrondissement und das Ufer von der Rotonde de la Villette bis zur Rue de Crimée im 19. Arrondissement. Alle Strände sind von 8 bis 24 Uhr geöffnet.

☆ **Tour de France**

Die letzte von 21 Etappen des legendären, 3500 km langen Radrennens (www.letour.com) endet am dritten oder vierten Sonntag im Juli mit dem Endspurt auf der Avenue des Champs-Élysées.

August

Die Pariser fliehen in Scharen aus der Schwüle der Stadt und viele Läden und Lokale schließen trotz Touristenschwemme. Die verkehrsarme Zeit ist ideal für Radfahrer.

☆ **Rock en Seine**

Beliebtes dreitägiges Musikfestival (www.rockenseine.com) Ende August mit Starpräsenz; Domaine National de St-Cloud am Südwestrand von Paris.

September

Die Pariser kehren aus den Sommerferien zurück. Das Kulturleben läuft auf vollen Touren und das Wetter ist perfekt.

☆ **Jazz à La Villette**

Das geniale zweiwöchige Jazzfestival (www.jazzalavillette.com) in der ersten Septemberhälfte präsentiert sich im Parc de la

(Oben) Flugzeugparade zum Nationalfeiertag (S. 29)
(Unten) Paris Plages (S. 29)

CHRISTIAN LIEWIG / CORBIS ©

PAWEL LIBERA / GETTY IMAGES ©

Villette, in der Cité de la Musique und an anderen Veranstaltungsorten.

 ### Festival d'Automne

Beim altbewährten Herbstfest der Künste (www.festival-automne.com) gibt es von Mitte September bis Ende Dezember Malerei, Musik, Tanz und Theater an vielen Orten zu erleben.

 ### Journées Européennes du Patrimoine

Während des europäischen Denkmalschutztags (www.journeesdupatrimoine.culture.fr) am dritten Septemberwochenende öffnen viele Pariser Gebäude ihre sonst verschlossenen Pforten: Botschaften, Ministerien usw.

☆ Techno Parade

An einem Samstag Mitte September ziehen Umzugswagen mit Musikern und DJs dröhnend von der Place de la République bis zur Place d'Italie (www.technoparade.fr).

Oktober

Zum herbstlichen Farbenspektakel in den Parks gesellen sich frische Tage, kühle Nächte und ein ausgezeichnetes Kulturangebot. Die Sommerzeit endet am letzten Sonntag des Monats.

 ### Nuit Blanche

Für die Dauer einer „weißen" (sprich: schlaflosen) Nacht bleiben am ersten Samstag im Oktober die Museen und Freizeiteinrichtungen wie Schwimmbäder ebenso wie die Bars und Clubs bis in die frühen Morgenstunden geöffnet.

 ### Fête des Vendanges de Montmartre

Auf die Weinlese am Clos Montmartre Anfang Oktober folgt ein fünftägiges Weinfest mit Festzug (www.fetedesvendangesdemontmartre.com).

⊙ Foire Internationale d'Art Contemporain

Zig Galerien beteiligen sich an der Messe für zeitgenössische Kunst, der FIAC (www.fiac.com). Sie findet an vier Tagen Ende Oktober u. a. im Grand Palais statt.

November

Trübe, frostige Tage und lange, kalte Nächte: Da amüsieren sich die Pariser lieber drinnen, bei Oper und Ballett und in gemütlichen Bars und Bistros.

☆ Africolor

Das sechswöchige Festival der afrikanischen Musik (www.africolor.com) tobt sich von Mitte November bis Ende Dezember vornehmlich in Pariser Vorstädten wie St-Denis, St-Ouen und Montreuil aus.

 ### Beaujolais Nouveau

Ab Mitternacht am dritten Donnerstag (d. h. Mittwochabend) im November – so früh, wie es das französische Gesetz erlaubt – wird in den Weinbars von Paris das Entkorken der ersten Flaschen mit kirschrotem, sechs Wochen altem Beaujolais Nouveau gefeiert – und das den ganzen Tag.

Dezember

Glitzernde Weihnachtsbeleuchtung, prächtig geschmückte Christbäume und Schaufenster sowie künstliche Eisbahnen unter freiem Himmel machen einen Besuch in der Stadt des Lichts zu einem märchenhaften Erlebnis.

☆ Salon du Cheval de Paris

Zur Pariser Reitermesse (www.salon-cheval.com) von Ende November bis Anfang Dezember gehören Sportveranstaltungen und Wettkämpfe, darunter Spring- und Dressurreiten, sowie eine Reiterparade durch Paris.

 ### Christmette

Viele Pariser Kirchen feiern am Heiligabend um Mitternacht die Christmette, so auch Notre-Dame. Wer hier noch Platz finden will, sollte früh da sein.

 ### Le Festival du Merveilleux

Das rein private Musée des Arts Forains (www.arts-forains.com) mit Jahrmarkt-Attraktionen aus vergangener Zeit öffnet nur elf Tage lang von Ende Dezember bis Anfang Januar seine Pforten; zu erleben sind u. a. zauberhafte Karussells und Vorstellungen.

☆ Silvester

Der Boulevard St-Michel, die Place de la Bastille, der Eiffelturm und insbesondere die Avenue des Champs-Élysées sind die angesagtesten Orte, um in Paris das neue Jahr gebührend zu begrüßen.

Reisen mit Kindern

Paris ist außerordentlich kindertauglich. Hier gibt es ein überwältigendes Angebot an kreativen, lehrreichen und vergnüglichen Sehenswürdigkeiten, Aktivitäten und Erlebnissen. Infos zu Kursen wie Kochen oder Pétanque und Stadtführungen s. S. 378.

ESCUDERO PATRICK / GETTY IMAGES ©

Jardin des Plantes (S. 225)

Wissenschaftsmuseen

Cité des Sciences (S. 145)
Wer nur Zeit für ein Museum hat, sollte sich für dieses entscheiden. Sonderaktionen sind besser im Voraus zu buchen.

Palais de la Découverte (S. 99)
Das Museum zeigt eine ideale Mischung aus interaktiven und wissenschaftlichen Exponaten; herausragende Experimentier-Workshops für Kinder ab zehn Jahren.

Musée des Arts et Métiers (S. 171)
Die zahllosen Geräte und Maschinen im ältesten Wissenschafts- und Technologiemuseum Europas sind echt faszinierend, die Workshops spitzenmäßig.

Kunst für Kinder

Centre Pompidou (S. 119)
Moderne Kunst, großartige Ausstellungen, Workshops (3–12 J.) und Events für Teenager im Studio 13/16.

Musée en Herbe (S. 124)
Ein sorgfältig konzipiertes Kunstmuseum für Kinder mit hervorragendem Buchladen und Aktivitäten für Kids (2–12 J.).

Palais de Tokyo (S. 85)
Interaktive Installationen, Kunst-Workshops (6–12 J.) und Geschichtenerzählen (3–5 J.).

Schatzsuche mit THATLou (S. 376)
Kunst wird auf einer Schatzsuche mit THATLou im Louvre bzw. THATd'Or im Musée d'Orsay richtig spannend. Gespielt wird allein oder im Team. Ein toller Spaß für alle Altersgruppen.

Zum Mitmachen

Kreativevents im Musée du Quai Branly (S. 84)
Masken basteln, Bumerangs werfen und traditionelle Instrumente ausprobieren: Das Museum für außereuropäische Kunst und Kultur beflügelt die Kreativität mit einer Vielzahl von Workshops (3–12 J.).

Musik in der Cité de la Musique (S. 145)

Konzerte, Shows und Instrumenten-Workshops gehören zum Repertoire der „Musikstadt".

Taschenmalerei mit Kasia Dietz

Kinder und Teens können bei der in Paris lebenden New Yorkerin **Kasia Dietz** (www.kasiadietzworkshops.com) in einem halbtägigen Workshop (80 €) handbedruckte Stoffbeutel entwerfen und bemalen.

Modellbau in der Cité de l'Architecture et du Patrimoine (S. 85)

Kinder im Alter von fünf bis 16 Jahren können in Workshops des Pariser Architekturmuseums Art-déco-Häuser, Schlösser und Türme in Miniaturform bauen.

Begegnungen mit Tieren

Reittheater am Schloss Versailles (S. 289)

Die märchenhafte Vorführung ist Weltklasse, dazu ein Besuch der Stallungen.

Haie im Aquarium de Paris Cinéaqua (S. 87)

Es ist nicht das tollste Aquarium von Frankreich, aber das Cinéaqua hat ein Haifischbecken und über 500 Fischarten.

Ménagerie du Jardin des Plantes (S. 225)

Zum Tierbestand des Jardin des Plantes gehören Schneeleoparden und Pandas. Die Ménagerie lässt sich mit einem Besuch des Naturkundemuseums (S. 225) kombinieren.

Parc Zoologique de Paris (S. 198)

Löwen, Pumas, weiße Nashörner und eine Vielzahl anderer Tiere sind in diesem hochmodernen Zoo im Bois de Vincennes zu sehen.

Parks & Outdoorspaß

Segelboote im Jardin du Luxembourg (S. 246)

Spielplätze, Marionettentheater, Ponyreiten, Schachtische und ein altmodisches Karussell: Der legendäre Park ist seit jeher ein Wunderland für Pariser Kinder. Die traditionellen Modellboote segeln zu lassen, gehört zu den Highlights.

Jardin des Tuileries (S. 121)

Der Park an der Seine bietet mit seinen Kinderaktivitäten und einem sommerlichen Rummelplatz nach dem Besuch des benachbarten Louvre etwas Entspannung.

Parc Floral de Paris (S. 198)

Der beste Tummelplatz für Kinder ab acht: Open-Air-Konzerte, Puppentheater und riesige Kletternetze, 30 m hohe Rutschen, eine Seilrutsche und viele weitere Möglichkeiten, sich richtig auszutoben.

Jardin d'Acclimatation (S. 89)

Die ausgedehnte Grünanlage im Bois de Boulogne, mit Radwegen, Wald, Seen und Tümpeln, ist ein Muss für Familien. Bei warmem Wetter kann man hier Tret- oder Ruderboot fahren und picknicken; der Vergnügungspark bietet reichlich Action.

Schleusen am Canal St-Martin (S. 147)

Zuzuschauen, wie die Kanalboote die vielen Schleusen passieren, ist ein spannendes und kostenloses Schauspiel. Und im Sunken Chip (S. 154) gibt's dann Fish & Chips direkt am Kanal.

Spielen am Fluss an den Berges de Seine (S. 251)

Riesige Brettspiele, eine Kletterwand, eine 20 m lange Wandtafel zum Kritzeln, Indianerzelte und jede Menge Events.

Geheimnisse auf der Seine

Kleine und große Kinder lieben eine Bootstour auf der Seine mit **Bateaux-Mouches** (S. 378) oder **Bateaux Parisiens** (S. 378). Toll ist die einstündige Tour „Geheimnisse von Paris" von **Vedettes de Paris** (S. 378), die sich besonders an Kinder richtet.

Spaß mit Medien

Digitales in der Gaîté Lyrique (S. 187)

Digitale Ausstellungen, Videospiele für ältere Kinder und Teens, Laptops im vernetzten Café und eine Bibliothek mit

BRUNO DE HOGUES / GETTY IMAGES ©

Jardin du Luxembourg (S. 246)

entenförmigen Schreibtischen für Kinder unter fünf Jahren, die malen möchten, während die älteren Geschwister begeistert am Computer hocken.

Comic-Kunst im Art Ludique – Le Musée (S. 274)

Toll für Teens ist das erfrischend andere Kunstmuseum mit Comics, Videospielen, Animations- und Realfilmen.

Special-Effect-Filme in der Cité des Sciences (S. 145)

Zwei Special-Effect-Kinos: das Géode mit 3D-Filmen und das Cinéma Louis-Lumière mit Animations- und Kurzfilmen. Abgerundet wird das Kinoerlebnis mit einer filmischen Reise durch das Sonnensystem im Planetarium des Wissenschaftsmuseums.

Hinter den Kulissen im Grand Rex (S. 136)

Die rasanten Spezialeffekte während einer Führung in dem klassischen Kino aus den 1930er-Jahren sind einfach umwerfend. Die Teilnehmer werfen einen Blick hinter die große Leinwand und können im Tonstudio herumspielen.

Themenparks

Disneyland Resort Paris (S. 295), am besten geeignet für Kinder von vier bis zehn Jahren, ist natürlich das Highlight schlechthin. Der andere Knüller ist der **Parc Astérix** (www.parcasterix.fr; 30 km nördlich von Paris, Autobahn A1 zwischen Ausfahrt 7 & 8; Erw./Kind 3–11 J. 46/37 €, Parkplatz 10 €; ⏲ Juni 10–18 Uhr, Juli & Aug. 10–19 Uhr, Mai & Sept.–Anfang Okt. Mi, Sa & So 10–18 Uhr), ein Themenpark 30 km nördlich von Paris, der nicht nur den gallischen Comic-Helden feiert, sondern mit seinen sechs „Welten", aufregenden Attraktionen und Shows für alle Altersgruppen das ganze Programm von der Frühgeschichte bis zum 19. Jh. abdeckt.

Ein Nachmittag im Theater

Die breite Theaterszene der Stadt bietet viel für Kinder, teils auch auf Englisch. Das ganze Programm ist im wöchentlich erscheinenden Veranstaltungsmagazin *Pariscope* (0,50 €) zu finden, einschließlich Puppentheater für Kinder im Jardin du Luxembourg, Jardin d'Acclimation, Jardin des Tuileries, Parc Floral und Parc du Champ de Mars.

Kinderfreundliche Lokale

Pizzapicknick von Pink Flamingo (S. 182)

Wo sonst bekommt man bei der Bestellung einen rosa Ballon ausgehändigt? Kinder lieben den Pizzaimbiss Pink Flamingo mit Filialen am Canal St-Martin, im Bastille-Viertel und im Marais.

Handgemachte Nudeln im Les Pâtes Vivantes (S. 104)

Es ist faszinierend mitanzusehen, wie die fingerfertigen Köche bei **Les Pâtes Vivantes** die chinesischen Nudeln nach alter Tradition von Hand ziehen.

Le Jardin des Pâtes (S. 227)

Die Nudelgerichte dieses Lokals an der Rive Gauche nur ein paar Schritte vom Jardin des Plantes gehören zu den leckersten und kreativsten der Stadt.

Käsetauchen im Chalet Savoyard (S. 203)

Wer liebt ihn nicht, diesen Topf mit blubberndem Käse, in den man Brot mit einer Fonduegabel tief eintaucht, um es dann genüsslich zu verspeisen?

Die besten Crêpes der Stadt

Das Allerbeste am **Breizh Café** (S. 177) im Marais ist der bretonische Cidre, den die Eltern gern bestellen, während der Nachwuchs Crêpes schlemmt, die zu den besten in Paris gehören.

Drei-Gänge-Menüs

Historisch und medial im La Coupole (S. 278)

Das historische Ambiente von 1927 mag Kinder weniger beeindrucken als das üppige Kindermenü und die Notebooks mit Spielen.

Gourmet im Glou (S. 178)

Wie erfrischend, eine trendige Weinbar im Marais zu entdecken, die hervorragende Speisen und guten Wein (für die Eltern) serviert und gleichzeitig Kinder mit ihrem eigenen Gourmet-Menü, Buntstiften und Papier versorgt.

Au Moulin Vert (S. 281)

Ein reizendes Nachbarschaftslokal in Montparnasse mit einer kleinen, nachgebauten Windmühle am Eingang; hervorragendes Kindermenü.

Alle einsteigen in den Train Bleu (S. 205)

Nur wenige Restaurants haben so viel Atmosphäre wie der „Blaue Zug" aus der Belle Époque im Gare de Lyon – perfekt für angehende Lokführer.

Süßes im Dessance (S. 176)

Drei-Gänge-Menüs, die ausschließlich aus Süßem bestehen. Welches Kind kann da schon widerstehen?

Für Regentage

Winterzirkus

Clowns, Trapezkünstler und Akrobaten unterhalten seit 1852 Kinder jeden Alters im städtischen Zirkus **Cirque d'Hiver Bouglione** (☑01 47 00 28 81; www.cirque dhiver.com; 110 rue Amelot, 11e; ☉Okt.–März; Ⓜ Filles du Calvaire) im Marais. Saison ist von Oktober bis März; die Vorstellungen dauern etwa 2½ Stunden.

Musée des Égouts de Paris (S. 251)

Die Kanalisation durchstreifen, erfahren, was passiert, wenn man in Paris die Klospülung betätigt, und Ratten sichten – das ist ein echt cooles Abenteuer für Kids.

Les Catacombes (S. 271)

Teenager finden diese gruseligste Sehenswürdigkeit von Paris im Allgemeinen sehr spannend, aber Achtung: Die Führungen durch die mit unzähligen Schädeln vollgestopften Friedhofsgänge tief unter der Erde sind nichts für Zartbesaitete.

Muséum National d'Histoire Naturelle (S. 225)

Speziell für Kinder von sechs bis zwölf Jahren konzipiert ist die einfallsreiche Galerie des Enfants im erstklassigen Naturkundemuseum von Paris.

Musée de la Magie (S. 173)

Hier herrscht reinste Magie!

Wie die Einhei- mischen

Paris ist die meistbesuchte Stadt der Welt und gleichzeitig die am dichtesten bevölkerte Hauptstadt Europas. Die Pariser nutzen ihre Parks, Cafés und Restaurants wie Gärten, Wohn- und Esszimmer, Spezialitätenläden und Märkte sind ein wichtiger und fester Bestandteil ihres Alltags.

MATT MUNRO / LONELY PLANET ©

Pétanque-Spieler auf der Place Dauphine

Essen wie die Einheimischen

Die Pariser sind Fanatiker, was ihr Essen angeht. Sie verbringen viel Zeit damit, übers Essen zu reden, einzukaufen, es zuzubereiten und natürlich zu genießen. Dabei ist Qualität wichtiger als Quantität. Das sieht man auch daran, dass kleine spezialisierte Feinkostläden nicht nur überleben, sondern sogar florieren.

Am wichtigsten ist traditionell das sonntägliche Mittagessen, aber auch der Brunch am Sonntag (und oft am Samstag) von etwa 12 bis 16 Uhr hat sich mittlerweile als Wochenendtermin etabliert. Bei beliebten Lokalen ist Reservierung ratsam.

Tipps zum Essen in Paris siehe Essen & Trinken wie die Pariser (S. 47).

Ausgehen wie die Einheimischen

Weil Paris so dicht bewohnt ist, machen viele Bars und Cafés zugunsten der Nachtruhe gegen 2 Uhr morgens dicht und es gibt kaum Musikclubs im Zentrum.

Zum Essen wird hier meist Wein getrunken, aber auch dabei gilt „Qualität vor Quantität". Für die Pariser ist Alkohol ein Genuss-, kein Rauschmittel.

Pariser gehen am liebsten mit Freunden in die Bar, weshalb Auswärtige hier nicht ganz so leicht Anschluss finden.

Pariser Gespräche

Die Gespräche der Einheimischen kreisen außer ums Essen oft um Themen wie Philosophie, Kunst und Sport wie Rugby, Fußball, Radsport und Tennis. Gespräche über Geld (etwa, was jemand verdient oder was etwas gekostet hat) sind in der Öffentlichkeit tabu.

Diskussionskultur

Die Auseinandersetzung mit Themen wie Existenzialismus ist für Pariser Schüler Voraussetzung, um die Hochschulreife *(baccalauréat)* zu erwerben. Daher rührt ihre Vorliebe für Philosophiecafés *(philocafés)*, in denen knifflige Fragen wie „Was ist eine Tatsache?" diskutiert werden. Das erste seiner Art war das **Café des Phares** (www.

cafe-philo-des-phares.info) an der Place de la Bastille. Die meisten Diskussionen werden natürlich auf Französisch geführt. Eine beliebte englischsprachige Runde findet jeden ersten Mittwoch im Monat von 19 bis 21 Uhr im Café de Flore in St-Germain des Prés statt. Der Eintritt ist frei, bei einem Getränk Mindestverzehr. Anmeldung unter www.philosophy.meetup.com/274.

Pariser Schick

Es ist in dieser modebewussten Stadt fast unmöglich, sich *zu* schick anzuziehen. Die Pariser haben einen sechsten Sinn für Ästhetik und kümmern sich sorgfältig um ihre Erscheinung (man wird nie erleben, dass jemand mit noch duschfeuchtem Haar auf die Straße geht). Dabei ist ihnen Stil wichtiger als Mode. Viele kombinieren eine Grundgarderobe aus Ladenketten wie H&M mit Designerklamotten, Vintage-Fundstücken und auffälligen Accessoires. Selbst Hunde werden in speziellen Designerläden ausstaffiert.

Freizeit in Paris

Im Allgemeinen arbeiten die Pariser, um zu leben, nicht umgekehrt. Die reguläre 35-Stunden-Woche, lange Urlaubszeiten (bis zu neun Wochen) und jede Menge Feiertage bringen es mit sich, dass ohne den Druck, permanent Geld zu verdienen und auszugeben, Freunde, Familie und Freizeitaktivitäten einen hohen Stellenwert für die Lebensfreude *(joie de vivre)* der Pariser haben.

Die Leidenschaft der Menschen in dieser Stadt fürs Essen führt auch oft dazu, dass sie sich in Cafés, Bistros und Restaurants, beim Picknick oder (weniger häufig angesichts der beengten Wohnverhältnisse) mit Freunden beim Essen zu Hause entspannen. Kinos, Theater, Konzerte sowie Festivals und Events locken stets ein großes Publikum an.

Der Sonntag ist der wichtigste Ruhetag. Dann ist fast alles dicht (auch die meisten Läden) und die Pariser besuchen Museen, Parks und die Gemeinschaftsgärten *(jardins partagés)* – ein Verzeichnis und eine Karte der öffentlich zugänglichen Gärten sind auf www.paris.fr zu finden.

Das ganze Jahr über relaxen die Pariser am Ufer der Seine, ganz besonders gern an warmen Sommerabenden.

Unterwegs wie die Einheimischen

Orientierung

Ein paar Tipps, um sich zurechtzufinden: Hausnummern mit *bis* (zweimal), *ter* (dreimal) oder *quater* (viermal) entsprechen unserem a, b etc. Um ein Mehrparteienhaus zu betreten, braucht man normalerweise einen alphanumerischen *digicode*, um die Tür zu öffnen. Die Wohnungen sind selten mit Namen oder Nummern gekennzeichnet. Damit Besucher wissen, an welche Tür sie klopfen müssen, bekommen sie kryptische Anweisungen wie *cinquième étage, premier à gauche* (5. Stock, erste links) oder *troisième étage, droite droite* (3. Stock, zweimal rechts).

Verkehrsmittel

Pariser aller Gesellschaftsschichten nutzen die Métro. Wer eine Woche oder länger in Paris ist, sollte sich eine Navigo-Karte besorgen, um Geld zu sparen und die Drehkreuze zu passieren, ohne nach Tickets anstehen zu müssen.

Die fast kostenlosen Vélib'-Leihräder sind seit ihrer Einführung vor einigen Jahren ungeheuer populär und die Pariser flitzen überall auf den perlmuttgrauen Drahteseln herum. Nach dem Erfolg von Vélib' hat Paris Autolib' eingeführt, das erste Carsharing-Programm für Elektroautos. Aber die vielen Kreisverkehre ohne Spurmarkierung, Einbahnstraßen, Roller und Radfahrer, die wie aus dem Nichts auftauchen, machen das Autofahren für Ortsfremde zur Nervenprobe. Fußgänger sollten übrigens beim Überqueren von Straßen sehr achtsam sein, da die Pariser Autofahrer sich nicht immer darum scheren, ob die Fußgängerampel grün zeigt! Wer sich lieber chauffieren lässt, ist mit den Linienbussen besser bedient als mit Touristenbussen.

Dank des meist milden Wetters und größtenteils flachen Terrains sind viele Pariser und selbst die Polizei gern auf Inlinern unterwegs. In Paris findet auch die größte Skatenight der Welt statt, die Pari Roller.

Paris gratis

Obwohl Paris die Heimat der Haute Couture, der Haute Cuisine und historischer Luxushotels ist, muss man nicht erst im Lotto gewinnen, um die Stadt zu genießen. Es gibt genügend Möglichkeiten, Paris zum Nulltarif oder für ganz kleines Geld zu erleben.

MATT MUNRO / LONELY PLANET ©

Cathédrale Notre-Dame de Paris (S. 212)

Museen

Wer seinen Besuch auf den ersten Sonntag eines Monats legt, kann alle staatlichen Museen (www.rmn.fr) und einige Baudenkmäler (manche nur in bestimmten Monaten) kostenlos besuchen.

EU-Bürger unter 26 Jahren haben bei staatlichen Museen und Baudenkmälern freien Eintritt. Die Dauerausstellungen einiger *musées municipaux* (städtische Museen, www.paris.fr) sind immer kostenlos.

Für Sonderausstellungen der staatlichen und städtischen Museen ist ein zusätzliches Eintrittsgeld fällig. Bei manchen Museen ist der Eintritt an bestimmten Tagen oder zu bestimmten Tageszeiten günstiger.

Gratistage bei staatlichen Museen & Baudenkmälern

Bei folgenden Museen und Baudenkmälern ist der Eintritt am ersten Sonntag im Monat frei:

➡ Arc de Triomphe (November bis März)

➡ Basilique de St-Denis (November bis März)

➡ Château de Versailles (November bis März)

➡ Cité de l'Architecture et du Patrimoine

➡ Cité Nationale de l'Histoire de l'Immigration

➡ Conciergerie (November bis März)

➡ Musée de la Chasse et de la Nature

➡ Musée de l'Orangerie

➡ Musée des Arts et Métiers (freier Eintritt auch donnerstags ab 18 Uhr)

➡ Musée des Impressionnismes Giverny

➡ Musée d'Orsay

➡ Musée du Louvre (Oktober bis März)

➡ Musée du Quai Branly

➡ Musée Guimet des Arts Asiatiques

➡ Musée National d'Art Moderne (im Centre Pompidou)

➡ Musée National du Moyen Âge (bzw. Musée de Cluny)

➡ Musée National Eugène Delacroix

➡ Musée National Gustave Moreau

➡ Musée Picasso

➡ Musée Rodin

➡ Panthéon (November bis März)

➡ Sainte-Chapelle (November bis März)

➡ Tours de Notre-Dame (November bis März)

Weitere kostenlose Museen

Ganzjährig umsonst ist der Besuch im Stadtplanungs- und Architekturzentrum von Paris, dem Pavillon de l'Arsenal (www.pavillon-arsenal.com) im Marais sowie im Musée du Parfum. Die Maison Européenne de la Photographie ist jeden Mittwochabend ab 17 Uhr kostenlos zu besuchen.

Kirchen

Zu den großartigsten Bauwerken der Stadt gehören viele Kirchen und andere Gotteshäuser. Sie sind nicht nur architektonisch und historisch interessant, sondern hüten auch erlesene Kunstwerke und Kulturschätze. Der Zugang ist meist kostenlos.

Besucher sollten respektieren, dass Gotteshäuser nicht nur Touristenattraktionen sind, sondern die Gläubigen hier beten und religiöse Feste feiern. Deshalb ist es angebracht, sich leise zu verhalten, Regeln zum Fotografieren zu beachten, sich angemessen zu kleiden und während der Gottesdienste auf Sightseeing zu verzichten.

Friedhöfe

Zwischen den Gräbern großer Persönlichkeiten auf Friedhöfen wie Père Lachaise, Cimetière de Montmartre und Cimetière du Montparnasse darf jeder frei herumwandern.

Unterhaltung

Musik

Konzerte, DJ- und Club-Abende und andere musikalische Darbietungen sind an vielen Orten für lau oder zum Preis eines Getränks zu haben. Musiker und Künstler unterhalten die Passanten auf den Straßen und Plätzen und sogar in den Métrozügen.

Literatur-Events

Der ausgeprägte Pariser Sinn für Literatur zeigt sich in zahllosen Autorenlesungen, Signierstunden und Schreibwerkstätten.

Modenschauen

Wer rechtzeitig reserviert, kann die wöchentlichen Gratis-Modenschauen in den Galeries Lafayette besuchen und dabei eins der besten kostenlosen Paris-Panoramen vom Dach des Kaufhauses mitnehmen (vom Dach des benachbarten Kaufhauses Le Printemps eröffnen sich ebenfalls tolle und kostenlose Ausblicke).

Festivals

Paris hat viele kostenlose Feste und Veranstaltungen, etwa die Seine-Strände „Paris Plages" im Sommer.

Fortbewegung

Zu Fuß

Paris ist eine ideale Stadt für Fußgänger. Sie erfreut auf Schritt und Tritt mit schönen Parks, großartiger Architektur, faszinierenden Märkten und Geschäften. Bei Paris Greeters (S. 379) kann man kostenlose, individuelle Stadtführungen von Einheimischen buchen.

Mit dem Rad (fast umsonst)

Ein Tagesabo für das Vélib'-Leihradsystem gibt es zum Spottpreis und die Fahrradnutzung ist jeweils für die ersten 30 Minuten gratis.

Busse (spottbillig)

Stadtbusse sind empfehlenswerter als eine Busrundfahrt. Interessante Strecken befahren u. a. die Linien 21 und 27 (Opéra–Panthéon), Linie 29 (Opéra–Gare de Lyon), Linie 47 (Centre Pompidou–Gobelins), Linie 63 (Musée d'Orsay–Trocadéro), Linie 73 (Concorde–Arc de Triomphe) und Linie 82 (Montparnasse–Eiffelturm). Am besten ist eine Fahrt außerhalb des Berufsverkehrs.

REISEPLANUNG PARIS GRATIS

GUT ZU WISSEN

➡ Paris hat Hunderte kostenlose WLAN-Hotspots (S. 381), in Parks, Bibliotheken, Bezirksrathäusern und an Touristenattraktionen. Sie sind unter www.paris.fr aufgelistet.

➡ Zeitkarten (S. 380) oder Museumspässe (S. 375) können sich lohnen.

➡ Theaterkarten gibt es am Vorstellungstag zum halben Preis.

➡ Die Pariser Parks sind ideal für ein Picknick aus marktfrischen Zutaten.

Le 104 (S. 146)

Museen & Galerien

Wenn irgendetwas die Pariser fast so sehr begeistert wie das Essen, dann ist es die Kunst. Die Stadt ist mit über 200 Museen gepflastert. Ob man sich nun eher für die Klassiker im Louvre, die Impressionisten im Musée d'Orsay oder eine detailversessene Präsentation der französischen Militärgeschichte begeistert – um die nächste Ecke liegt ganz sicher schon wieder eine tolle Ausstellung.

Paris Museum Pass

Wer in Paris mehr als zwei oder drei Museen oder Baudenkmäler besuchen will, sollte sich einen Paris Museum Pass (S. 380) besorgen. Er gilt für 38 Einrichtungen in Paris, einschließlich Louvre, Centre Pompidou, Musée d'Orsay und Musée Rodin (allerdings nicht für den Eiffelturm). Dazu umfasst er 22 weitere Sehenswürdigkeiten außerhalb der Stadtgrenzen, wie die Schlösser von Versailles und Fontainebleau und die Basilique de St-Denis.

Ein Riesenvorteil des Passes ist, dass er die langen Warteschlangen vor den Hauptsehenswürdigkeiten erspart (aber nicht immer die für die Sicherheitskontrolle). Achtung: Der Pass gilt nur für eine bestimmte Anzahl von Tagen, nicht Stunden. Wer z. B. einen Zwei-Tages-Pass am späten Freitagnachmittag aktiviert, kann ihn nur noch am Samstag den ganzen Tag lang nutzen. Außerdem ist zu beachten, dass die meisten Museen entweder montags oder dienstags geschlossen sind. Deshalb ist es nicht unbedingt sinnvoll, den Pass am Sonntag zu aktivieren.

Der Paris Museum Pass ist online zu erwerben oder bei den teilnehmenden Museen, an Touristenschaltern im Flughafen, in Filialen des Office du Tourisme et des Congrès de Paris, in Fnac-Filialen (www.fnactickets.com) und in größeren Métrostationen. EU-Bürger unter 26 Jahren und alle Kinder unter 18 Jahren haben bei staatlichen Museen und Baudenkmälern freien Eintritt; für sie lohnt sich der Pass *nicht*.

Kostenlose Museen

Der Eintritt zu allen städtischen Museen (z. B. dem Musée Carnavalet) ist frei. Viele andere Museen haben einen eintrittsfreien Tag im Monat (meist den 1. Sonntag des Monats). Für Sonderausstellungen ist fast immer Eintritt fällig.

Veranstaltungen

In vielen Museen finden ausgezeichnete Konzerte und andere Veranstaltungen statt, normalerweise in der Zeit von September bis Anfang Juni. Einige der Top-Adressen:

➜ **Musée du Louvre** (S. 111) Mehrere klassische Mittags- und Abendkonzerte pro Woche.

➜ **Musée d'Orsay** (S. 242) Jeden Dienstag um 12.30 Uhr Kammermusik; außerdem diverse abendliche Klassikkonzerte.

➜ **Musée du Quai Branly** (S. 81) Theater-, Tanz- und Musikdarbietungen aus aller Welt.

➜ **Musée National du Moyen Âge** (S. 223) Zweimal wöchentlich mittelalterliche Musikklänge.

➜ **Centre Pompidou** (S. 119) Filmvorführungen, Tanz- und Musikaufführungen der Avantgarde.

➜ **Le 104** (S. 146) Ein Potpourri aus Zirkus und Zauberei bis zu nachmittäglichem Breakdance.

Workshops

Eine tolle Sache für Besucher mit Kindern sind die Workshops *(atéliers)* der Museen. Da es bei den meisten Aktivitäten ums kreative Selbermachen geht, können hier auch Kinder, die kein Französisch verstehen, durchaus ihren Spaß haben. Bei großen Museen wie dem Centre Pompidou ist es ratsam, sich rechtzeitig vorher anzumelden.

Museumsrestaurants & -cafés

Paris wimmelt von touristischen Selbstbedienungslokalen, aber die Restaurants und Cafés der Museen sind im Allgemeinen recht gut und teils schon um ihrer selbst willen einen Besuch wert. Ein paar lohnen-

GUT ZU WISSEN

Tickets

Möglichst online buchen, um die Warteschlangen zu umgehen (das geht z. B. beim Musée d'Orsay und Centre Pompidou); dafür muss man die Tickets allerdings ausdrucken. In einigen Fällen kann man sie auch auf ein Smartphone herunterladen. Vor dem Ticketkauf checken, ob das möglich ist und ggf. auch, ob man mehr als ein Ticket auf das Smartphone laden kann.

Wo keine Online-Buchung möglich ist, gibt es manchmal Ticketautomaten am Museumseingang. Die Warteschlangen vor den Automaten sind meist kürzer.

Der Eintritt zu städtischen Museen (z. B. Musée Carnavalet, Petit Palais, Musée Cognacq-Jay) ist kostenlos.

Für Sonderausstellungen ist fast immer Eintritt zu bezahlen, selbst bei sonst kostenlosen Museen.

Studenten, Senioren und Kinder bekommen normalerweise Ermäßigungen *(tarif réduit)* oder freien Eintritt.

Öffnungszeiten

➜ Die meisten Museen bleiben entweder montags oder dienstags geschlossen – vor der Tagesplanung unbedingt über die Öffnungszeiten informieren.

Im Allgemeinen sind die Museen von 10 bis 18 Uhr geöffnet. Letzter Einlass ist eine halbe oder ganze Stunde vorher. Wenn ein Museum also um 18 Uhr zumacht, sollte man vor 17 Uhr da sein.

Die großen Museen bleiben oft an ein oder zwei Tagen in der Woche bis spätabends geöffnet. Dann herrscht normalerweise weniger Andrang herrscht.

de Essadressen auch für Menschen, die nicht auf Museumstour sind:

➜ **Les Ombres** (S. 91) und **Café Branly** (S. 92) Die beiden Lokale im Musée du Quai Branly haben einen Logenblick auf den Eiffelturm.

➜ **Tokyo Eat** (S. 90) Trendige Fusionsküche im Palais de Tokyo.

➜ **Monsieur Bleu** (S. 90) Supercoole Einrichtung und ebensolche Gäste im neuesten Restaurant des Palais de Tokyo.

TIPPS FÜR DEN MUSEUMSMARATHON

➡ Bequeme Schuhe tragen und Ballast an der Garderobe abgeben.

➡ Möglichst oft hinsetzen; Stehen und langsames Gehen machen müde.

➡ Über das Gesehene nachzudenken, sorgt dafür, dass die Eindrücke vom Kurz- ins Langzeitgedächtnis wandern. So bleibt vom Besuch mehr hängen als nur ein visueller „Schnappschuss". Ein Audioguide ist oft hilfreich, um Zusammenhänge zu verstehen.

➡ Studien zeigen, dass Museumsbesucher im Schnitt jedes Exponat zehn Sekunden betrachten und weitere zehn Sekunden die Erklärungstafel lesen, um möglichst viel abzuarbeiten. Besser ist es, sich auf ein Thema oder eine Abteilung zu konzentrieren oder an einer Führung zu den Highlights teilzunehmen.

➡ **Mini Palais** (S. 102) Traum-Terrasse und moderne französische Küche im Grand Palais.

➡ **Musée Jacquemart-André** (S. 146) Der prächtige Speisesaal (19. Jh.) lädt zum stilvollen Mittagessen oder zum Nachmittagstee ein.

➡ **Le Bal Café** (S. 151) Britische Küche, erstklassiger Kaffee im kunstsinnigen Raum.

➡ **Le Saut du Loup** (S. 132) Hier dreht sich alles um den Blick auf Louvre und Eiffelturm.

➡ **Cristal Room** (S. 86) Im Nobelrestaurant des Galerie-Musée Baccarat trifft Kristallglas auf Philippe-Starck-Design.

Museen & Galerien nach Stadtvierteln

➡ **Eiffelturm & westliches Paris** (S. 80) Die höchste Museumsdichte in Paris, vom Quai Branly bis zum Musée Marmottan Monet.

➡ **Champs-Élysées & Grands Boulevards** (S. 94) Grand Palais, La Pinacothèque, Petit Palais u. a.

➡ **Louvre & Les Halles** (S. 109) Louvre, Centre Pompidou, Musée de l'Orangerie u. a.

➡ **Montmartre & nördliches Paris** (S. 138) Musée Jacquemart-André, Cité des Sciences, Le 104 u. a.

➡ **Marais, Ménilmontant & Belleville** (S. 164) Musée Picasso und Musée Carnavalet.

➡ **Bastille & östliches Paris** (S. 195) Cinémathèque Française u. a.

➡ **Quartier Latin** (S. 221) Musée National du Moyen Âge, Musée National d'Histoire Naturelle, Institut du Monde Arabe.

➡ **St-Germain & Invalides** (S. 239) Musée d'Orsay, Musée Rodin u. a.

➡ **Montparnasse & südliches Paris** (S. 269) Fondation Cartier u. a.

Kunst im öffentlichen Raum

Kunst ist in Paris nicht nur in Museen und Galerien zu finden. Tatsächlich ist Kunst überall – es gibt vertikale Gärten und umstrickte Verkehrspfosten, skurrile Kühe auf den Champs-Élysées und „Invader"-Tags (gekachelte Bilder aus dem Spiel *Space Invader*) an Straßenecken. Man muss nur die Augen offenhalten.

Neben diesen kleineren, teils anonymen Werke gibt es auch reichlich Installationen berühmter Künstler oder Kunstwerke, die zu einer eigenen Attraktion geworden sind. Der verspielte Strawinski-Brunnen von Niki de Saint Phalle und Jean Tinguely etwa – eine Gruppe aus 16 bunten, bildhaften Skulpturen, angelehnt an das Œuvre des Komponisten – steht neben dem Centre Pompidou. Daniel Burens zebragestreifte Säulen unterschiedlicher Höhe am Palais Royal sind ein weiteres beliebtes Kunstwerk; die Installation wurde anfangs spöttisch belächelt, ist aber heute ein fester Bestandteil des historischen Ortes. Im Jardin des Tuileries und im Jardin du Luxembourg stehen jeweils Dutzende Skulpturen aus dem 19. und 20. Jh. Im Jardin des Tuileries gibt es ein Areal mit zeitgenössischer Kunst von Meistern wie Lichtenstein und Magdalena Abakanowicz.

Interessanterweise ist eine der besten Gegenden, um zeitgenössische Kunst und Architektur im öffentlichen Raum zu entdecken, das Geschäftsviertel La Défense. Hier lassen sich die 60 Arbeiten von bekannten Künstlern wie Miró, Calder und Belmondo auf einem Spaziergang entdecken. Auch in Métrostationen gibt es Klassisches oder Ungewöhnliches von Kunstschaffenden zu sehen, wie die Jugendstileingänge von Hector Guimard oder die kronenförmigen Kuppeln am Métroeingang Palais Royal.

Top-Tipps

Musée du Louvre (S. 111) Das Museum, das jeder gesehen haben muss

Musée d'Orsay (S. 242) Monet, van Gogh & Co.

Centre Pompidou (S. 119) Eins der besten Museen für moderne Kunst in Europa

Musée Rodin (S. 248) Großartige Sammlung der Meisterwerke Rodins im privaten Ambiente

Musée Picasso (S. 167) Ein unvergleichlicher Überblick über Picassos Werk und Leben

Museen für moderne Kunst & Installationen

Centre Pompidou (S. 119) Große Sammlung moderner Kunst und Sonderausstellungen

Grand Palais (S. 98) Ausstellungen in einem hinreißenden Art-nouveau-Gebäude

Palais de Tokyo (S. 85) Interaktive Ausstellungen zeitgenössischer Kunst und Installationen in Räumen aus Beton und Stahl

Jeu de Paume (S. 121) Zeitgenössische Fotografie im Jardin des Tuileries

Weniger bekannte Museen

La Pinacothèque (S. 101) Bringt mit konträren Werken und vielfältigen Ausstellungen Leben in die Pariser Kunstszene

Cité de l'Architecture et du Patrimoine (S. 85) Herausragendes Museum zur französischen Architektur und Tradition

Musée Jacquemart-André (S. 146) Stadtvilla aus dem 19. Jh. mit Gemälden von Rembrandt, Botticelli und Tizian

Musée des Lettres et Manuscrits (S. 249) Handschriftliche Briefe und Werke von berühmten Schreibern

Historische Museen

Musée National du Moyen Âge (S. 223) Faszinierendes zur Geschichte des Mittelalters

Musée Carnavalet (S. 170) Eine Ode an die Pariser Stadtgeschichte in zwei bemerkenswerten *hôtels particuliers*

Musée de l'Armée (S. 241) Französische Militärgeschichte in der monumentalen Anlage des Hôtel des Invalides

Musée de Montmartre (S. 143) Erinnerung an die Zeit von Toulouse-Lautrec und Maurice Utrillo

Museen für außereuropäische Kunst

Musée du Quai Branly (S. 84) Überblick über ethnologische Kunst aus der ganzen Welt

Musée Guimet (S. 86) Frankreichs führendes Museum für asiatische Kunst

Musée du Louvre (S. 111) Mesopotamische, ägyptische und islamische Artefakte

Institut du Monde Arabe (S. 226) Kunst und Kunsthandwerk aus Nordafrika und dem Nahen Osten

Kleine Museen

Musée de l'Orangerie (S. 121) Ein Museum für Monets grandiosen *Seerosen*-Zyklus

Musée Maillol-Fondation Dina Vierny (S. 250) Großartiges Museum mit Schwerpunkt auf den Werken des Bildhauers Aristide Maillol

Cinémathèque Française (S. 197) Requisiten und Filmausschnitte erwecken Kinogeschichte zum Leben

Musée Marmottan Monet (S. 88) Die weltweit größte Monet-Sammlung

Musée de la Vie Romantique (S. 143) Ein Museum für zwei Künstler der Romantik

Wissenschaftsmuseen

Cité des Sciences (S. 145) Exzellente wissenschaftliche Exponate und Attraktionen

Muséum National d'Histoire Naturelle (S. 225) Dinosaurierskelette, ausgestopfte Elefanten und großartige Sonderausstellungen

Palais de la Découverte (S. 99) Wissenschaftsmuseum für Kinder im Grand Palais

Musée des Arts et Métiers (S. 171) Europas ältestes Wissenschafts- und Technologiemuseum

Museale Wohnhäuser

Musée National Eugène Delacroix (S. 249) Im Haus und Atelier des Künstlers sind viele kleinere Werke ausgestellt

Musée Cognacq-Jay (S. 171) Eine Schatzkammer voller Kunstwerke und *objets d'art*

Musée Nissim de Camondo (S. 144) Luxuriöse Villa mit einer privaten Kunst- und Möbelsammlung aus dem 19. Jh.

Musée Bourdelle (S. 273) Monumentale Bronzen im Haus und Atelier des Bildhauers Antoine Bourdelle

Maison de Victor Hugo (S. 167) Victor Hugos Wohnsitz am elegantesten Platz von Paris

Makronenzubereitung in der Kochschule La Cuisine Paris (S. 52)

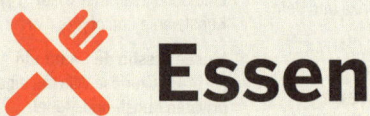

Essen

Manche Stadt eint die Treue zu ihrer lokalen Fußballmannschaft, aber in Paris ist der einigende Faktor ganz klar die Freude am Essen in allen Facetten. Pistazienmakronen, Tomaten-Consommé, perfektes Bœuf bourguignon, zum Zerfließen reifer Camembert: Essen dient hier nicht der Nahrungszufuhr, sondern ist die Ausdruck der Lebensfreude.

Gemüsekreation im Le Dauphin (S. 180)

Eine kulinarische Renaissance

Frankreich ist die Heimat einer der großen kulinarischen Traditionen der Welt. Es hat die westliche Kochkunst und die Vorstellung, was wirklich gutes Essen ist, seit Jahrhunderten beeinflusst – ob es sich nun um ein mehrgängiges Menü handelt oder um ein knuspriges Baguette. Angesichts einer fruchtbaren und vielfältigen Landschaft, einer starken regionalen Verbundenheit und einer Kultur der Lebensfreude auch im Alltag überrascht es nicht, dass französische Köche seit je ein Inbegriff kulinarischer Höchstleistung sind.

In den vergangenen Jahrzehnten jedoch ging es auch in Frankreich mit der Restaurantkultur bergab. Tiefgefrorene und industriell gefertigte Zutaten, lähmende Verordnungen und der bequeme Rückgriff auf allseits beliebte Rezepte führten zu einem Niedergang in Qualität und Innovation. In den vergangenen Jahren entwickelte dann eine nachgerückte Generation von Köchen eine neue Form der französischen Küche, marktfrisch und mit ideenreichen Variationen der traditionellen Gerichte. Michelin-Sterne und formelle Nobelrestaurants haben nur einen nachgeordneten Wert.

Der eigentliche und wichtigere Wandel in Paris ist jedoch, dass immer mehr Restaurants – und Gäste – sich kulinarischen Traditonen aus dem Ausland öffnen. Einige Köche haben ihr Handwerk außerhalb von Frankreich gelernt (der französische Koch Gregory Marchand kochte in Großbritannien für Jamie Oliver, woran der gallische Stolz wohl hart zu schlucken hatte). Andere wiederum stammen gar

GUT ZU WISSEN

Preiskategorien

Die Symbole gelten für ein Zwei-Gänge-Menü in den besprochenen Restaurants.

€	unter 20 €
€€	20–40 €
€€€	über 40 €

Öffnungszeiten

Restaurants sind in der Regel mittags von 12 bis 14 Uhr und abends von 19.30 bis 22.30 Uhr geöffnet. Die Pariser essen gern gegen 13 bzw. 21 Uhr.

Die meisten Restaurants haben einen Ruhetag (oft sonntags) und bleiben teils an einem weiteren Nachmittag zu. Im August sind viele Lokale geschlossen.

Reservierung

In Mittelklasserestaurants ist mittags leicht ein freier Tisch zu finden, insbesondere vor 12.30 Uhr. Wer in einem bestimmten Mittelklasserestaurant Abendessen möchte, sollte ein oder zwei Tage vorher reservieren. In Spitzenrestaurants sind Reservierungen zum Mittag- und Abendessen zwingend notwendig – manchmal bis zu ein oder zwei Monate im Voraus. Bei der telefonischen Reservierung sagt man: „*Je voudrais réserver une table pour une/deux/trois…personnes, s'il vous plaît.*" Nobelrestaurants verlangen manchmal eine erneute Bestätigung am Tag der Reservierung.

Trinkgeld

Ein Trinkgeld (*pourboire*) ist nicht notwendig, da in der Rechnung ein Bedienungsgeld enthalten ist. Aber es ist üblich, den Betrag aufzurunden, wenn man mit der Bedienung zufrieden war.

Bezahlen

Die Rechnung (*l'addition*) zu erhalten, kann zur Geduldsprobe werden. Es gilt als unhöflich, die Rechnung sofort zu bringen – man muss schon hartnäckig auf sich aufmerksam machen.

nicht aus Frankreich, sondern aus Japan, den USA oder anderen Ländern. Letztere

REISEPLANUNG ESSEN

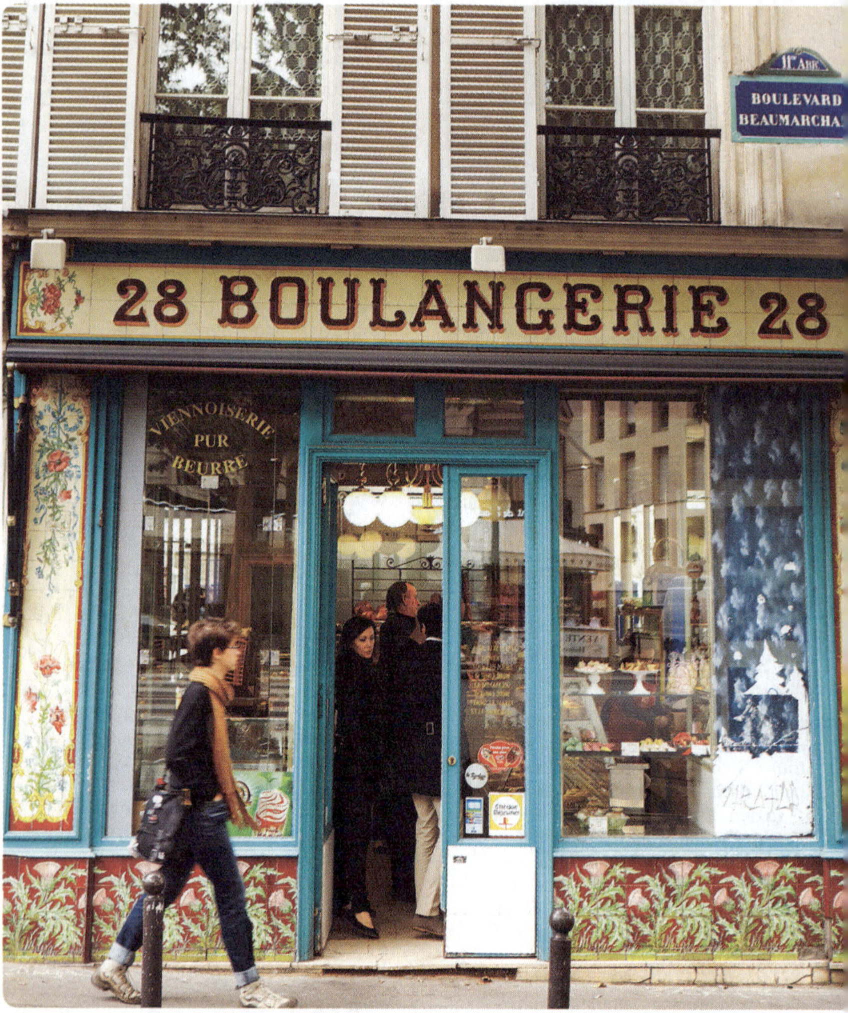

DAVID FREUND / GETTY IMAGES ©

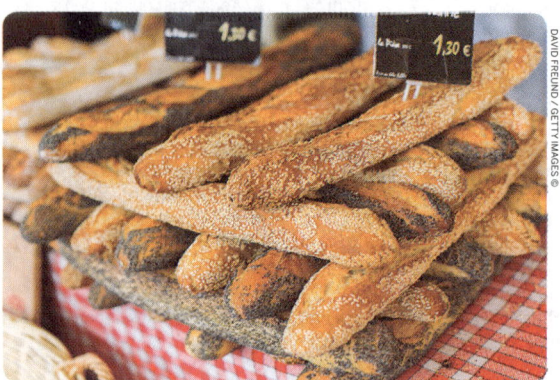

Oben: Klassische Pariser Bäckerei

Links: Frische Baguettes im Marché Bastille (S. 199)

Essen nach Stadtvierteln

Montmartre & nördliches Paris
Neo-Bistros, Weinbars und Weltküche
(S. 147)

Champs-Élysées & Grands Boulevards
Starköche und Hinterhof-Bistros
(S. 102)

Louvre & Les Halles
Szene-Restaurants auf dem Vormarsch (S. 125)

Marais, Ménilmontant & Belleville
Das Ziel für wahre Gourmets
(S. 173)

Eiffelturm & westliches Paris
Gastronomiepaläste und Museumsrestaurants
(S. 88)

Eiffelturm

St-Germain & Invalides
Schicke Cafés und Haute Cuisine (S. 252)

Die Seine-Inseln
Unspektakuläres Essen in phantastischer Umgebung (S. 218)

Quartier Latin
Günstiges Essen und Schätze der Rive Gauche
(S. 227)

Bastille & östliches Paris
Tradition und Innovation vereint
(S. 199)

Montparnasse & südliches Paris
Historische Brasserien und hippe Lokale
(S. 275)

kamen nach Paris, weil sie die französische Küche lieben; gleichzeitig brachten sie Konzepte oder Techniken aus ihrer Heimat mit. In der französischen Küche ist endlich angekommen, dass die Globalisierung nicht notwendigerweise der Verlust der eigenen Identität bedeutet – kunstvolle Törtchen und himmlisch vielfältiger Käse werden nicht verschwinden, weil etwas Neues entsteht.

Essen & Trinken wie die Pariser

Gutes Essen ist für die meisten Franzosen von höchster Bedeutung – sie verbringen unglaublich viel Zeit damit, über Essen und Wein nachzudenken, darüber zu diskutieren und es zu genießen. Dabei ist Essengehen nicht unbedingt eine förmliche Angelegenheit. Wer als Nichtfranzose Essen auch nur halb so enthusiastisch betrachtet, ist gern gesehen und wird außerordentlich gut verköstigt.

ESSENSZEITEN

➜ **Petit déjeuner (Frühstück)** Die Franzosen beginnen den Tag mit einer *tartine* (Baguette mit Butter und Marmelade) und *un café* (Espresso) oder – für Kinder – heißer Schokolade. Manche Pariser mögen vielleicht auf dem Weg zur Arbeit einen Kaffee und ein Croissant im Stehen gönnen, aber Croissants (nie mit Butter oder Marmelade gegessen) sind eher eine Wochenend- oder Nachmittagsleckerei, ebenso wie *pains au chocolat* (Schoko-Croissants) und andere *viennoiseries* (süße Stückchen).

➜ **Déjeuner (Mittagessen)** Die traditionelle Hauptmahlzeit besteht aus einer Vorspeise und einem Hauptgang mit Wein, gefolgt von einem kleinen, starken *café*. Unter der Woche findet das eher selten statt – dann kaufen sich viele nur ein Sandwich –, aber die übliche einstündige Mittagspause, die Festpreismenüs und *tickets restaurant* (betriebseigene Essensgutscheine) sorgen in Lokalen für volle Plätze zur Mittagszeit.

DIE FÜNF WICHTIGSTEN KÄSESORTEN

„Wie soll man ein Land regieren, das 246 verschiedene Käsesorten hat?", scherzte einst Charles de Gaulle. Eine relevantere Frage für Nichtfranzosen: Wie entscheide ich mich in einem Laden, der 246 Käsesorten verkauft? Die Auswahl in einer *fromagerie* (Käseladen) kann überwältigend sein, aber die Verkäufer lassen Kunden gern vor dem Kauf probieren und stehen mit Rat und Tat zur Seite. Die folgende Auflistung teilt französischen Käse in fünf Hauptgruppen auf – wie sie meist auch im Laden angeordnet sind.

→ **Fromage à pâte demi-dure** „Halbfester Käse" ist ein nicht erhitzter, gepresster Käse. Zu den besten zählen der Tomme de Savoie aus roher oder pasteurisierter Kuhmilch, der Cantal, ein Kuhmilchkäse aus der Auvergne, der ein bisschen wie Cheddar schmeckt, der St-Nectaire, ein gepresster Käse mit ausgeprägtem Geschmack, und der Ossau-Iraty, ein Schafskäse aus dem Baskenland.

→ **Fromage à pâte dure** „Hartkäse" wird immer erhitzt und dann gepresst. Zu den beliebtesten gehören der Beaufort, ein körniger Kuhmilchkäse mit einem leicht fruchtigen Geschmack aus der Region Rhône-Alpes, der Comté aus roher Kuhmilch aus der Region Franche-Comté, der Emmentaler, ein Kuhmilchkäse, der in ganz Frankreich hergestellt wird, und der Mimolette, ein tief orangefarbener Käse aus Lille, der ein bisschen an Edamer erinnert und bis zu 36 Monaten reifen kann.

→ **Fromage à pâte molle** „Weichkäse" wird mit Edelschimmel oder Rotschmiere behandelt. Camembert, ein klassischer Käse mit Schimmelrinde aus der Normandie, für viele ist der französische Käse schlechthin, und Brie de Meaux werden beide aus roher Kuhmilch hergestellt. Der Munster aus dem Elsass, der milde Chaource und der stark riechende Langres aus der Champagne sowie der stinkende Époisses de Bourgogne sind geschmeidige, mit Rotschmiere behandelte Käsesorten.

→ **Fromage à pâte persillée** „Blauschimmelkäse" erhielt seinen Namen, weil die Marmorierungen oft *persille* (Petersilie) ähneln. Der Roquefort ist ein Schimmelkäse aus Schafsmilch, er gilt als König unter den französischen Käsesorten. Der Fourme d'Ambert ist ein milder Käse aus Kuhmilch aus der Region Rhône-Alpes. Der Bleu du Haut Jura (auch Bleu de Gex genannt) ist ein milder, blauschimmeliger Bergkäse.

→ **Fromage de chèvre** „Ziegenkäse" ist meist cremig und, wenn frisch, mit süßem und leicht salzigem Geschmack, wird aber bei der Reifung hart und sehr viel salziger. Zu den besten Sorten gehören der Ste-Maure de Touraine, ein cremiger, milder Käse aus der Loire-Region, der Crottin de Chavignol, eine klassische, aber salzigere Variante aus Burgund, der Cabécou de Rocamadour aus der Region Midi-Pyrénées und der Chabichou, ein weicher, leicht gereifter Käse aus Poitou.

→ **Apéritif** Der Drink vor dem Abendessen, auch *apéro* genannt, ist heilig. Cafés und Bars füllen sich ab etwa 17 Uhr mit Menschen, die bei einem Glas Wein oder Bier den Arbeitstag abschließen.

→ **Diner (Abendessen)** Eine traditionell leichtere Mahlzeit als das Mittagessen, das sich aber mehr und mehr zur Hauptmahlzeit entwickelt. In Restaurants steht dann der Küchenchef meist persönlich am Herd, was beim Mittagessen nicht immer der Fall ist.

TIPPS FÜR DIE SPEISEKARTE

→ **Carte** Die Speisekarte listet die Gerichte in der Reihenfolge auf, wie sie gegessen werden: Vorspeise *(entrée)*, Hauptgerichte, Käse und Dessert.

→ **Menu** *Le menu* besteht aus zwei oder mehr Gängen zum festen Preis. Die meisten

Restaurants schreiben es auf der Kreidetafel an. In einigen Fällen, besonders in Neo-Bistros, gibt es keine *carte,* sondern nur ein Menü mit ein oder zwei Alternativen.

→ **À la carte** Freie Auswahl von allen Gerichten auf der Speisekarte, also kein Menü.

→ **Formule** *Une formule* ist ein preiswerteres Mittagsmenü, das aus Hauptgericht mit Vorspeise oder Dessert besteht. Wein oder Kaffee sind manchmal inklusive.

→ **Plat du jour** Preiswertes Tagesgericht.

→ **Menu enfant** Kindermenü (meist bis zum Alter von zwölf Jahren) mit zwei oder drei Gängen zum festen Preis; meist gehört ein Getränk dazu.

→ **Menu dégustation** Ein Probiermenü zum festen Preis, das in vielen Spitzenrestaurants

Oben: Handgemachte Käsesorten
Rechts: Weinangebot in der Rue Mouffetard (S. 232)

angeboten wird und aus fünf bis sieben Gängen mit jeweils eher kleinen Portionen besteht.

TIPPS BEIM ESSEN

→ **Brot** Kaum ist eine Mahlzeit bestellt, schon steht ein Korb mit frischem Brot auf dem Tisch. Butter wird selten dazu gereicht. Nur in Nobelrestaurants wird ein kleiner Teller gedeckt – das Brot legt man einfach auf den Tisch.

→ **Wasser** *Une carafe d'eau* (Krug Leitungswasser) zu bestellen, ist durchaus in Ordnung, allerdings nehmen einige Kellner an, dass ausländische Besucher das nicht wissen und bieten bezahltes Mineralwasser an. Wer Sprudel bevorzugt, bestellt *l'eau gazeuze*. Eiswürfel (*glaçons*) sind wenig verbreitet.

→ **Bedienung** Frankreich ist bekanntermaßen kein wirklich serviceorientiertes Land. Niemand arbeitet hier besonders zuvorkommend, nur um dann ein höheres Trinkgeld zu erhalten. Deshalb sollte man es wie die Pariser halten: Sie würdigen die Kompetenz der Bedienung, indem sie um Empfehlungen bitten (selbst wenn sie sie nicht wollen). Auch ein Wortwitz oder sogar Flirt gehören zum Spiel, das den Alltag erfreulicher gestaltet und wichtige Faktoren sind, um zu bekommen, was man will (die Rechnung zum Beispiel). Geistreich zu sein und Französisch mit Akzent zu sprechen ist der Sache oft dienlich.

→ **Kleidung** Sportlich-elegant ist am besten. Die Erscheinung ist sehr wichtig und Pariser schätzen persönlichen Stil mehr als alles andere. Der Besuch eines eleganten Restaurants bedeutet aber nicht, sich in Schlips und Anzug zu werfen – das gehört eher zu einem Geschäftsessen. Laufschuhe hingegen könnten etwas zu salopp sein, es sei denn natürlich, sie sind eher trendig statt praktisch; in dem Fall kann das durchaus passend sein.

Restaurantkategorien

→ **Bistro** (oder *bistrot*) Ein kleines, meist zwangloses Nachbarschaftsrestaurant, das französische Klassiker serviert (Entenconfit, *steak-frites*). Wer traditionelle französische Gerichte probieren will, ist hier grundsätzlich richtig, sollte aber nicht unbedingt Haute-Cuisine-Service erwarten. Die meisten Bistros haben gar nicht das Personal, um den Gästen jeden Wunsch von den Augen abzulesen.

→ **Brasserie** Praktisch ein Café, das warme Mahlzeiten, Getränke und Kaffee von morgens bis 23 Uhr oder länger serviert. Typische Gerichte sind u. a. *choucroute* (Sauerkraut) und Würstchen.

→ **Café** Viele Besucher zieht es wegen des reizenden Ambientes und der belebten,

Oben: Gäste in einem Pariser Café
Mitte: Süße Crêpes
Unten: Camion Qui Fume (S. 52), ein Pariser Food Truck

DAS TÄGLICHE BROT

Kaum etwas ist in Frankreich so verführerisch wie der Duft frisch gebackener butteriger Croissants, der aus den offenen Türen der *boulangeries* wabert. An den rund 1200 Bäckereien von Paris (11,5 pro km^2) kommt kaum jemand vorbei. Wie schon in den unwiderstehlichen Schaufensterauslagen zu sehen ist, gibt es hier viel mehr als nur Baguettes: Croissants, Schokoladen-Eclairs, Quiches, Pizzas und eine überwältigende Auswahl an Kuchen und Torten. Für einen billigen Mittagsimbiss oder ein Baguette-Sandwich für unterwegs ist die nächste Bäckerei genau richtig.

Wer bloß ein Brot kaufen will, sollte beim Anstehen schon mal das Angebot sichten – Baguette ist nicht gleich Baguette. Die meisten Pariser nehmen heutzutage ein *baguette tradition*, das viel leckerer ist als das normale Baguette. Weitere Brotsorten sind z. B. *boules* (runde Brote), *pavés* (abgeplattete rechteckige Laibe) und *ficelles* (knusperdünne Stangen, halb so schwer wie ein Baguette).

---

sonnigen Straßenterrassen in ein Café (die ab etwa 17 Uhr zu Bars werden). Die Mahlzeiten sind preiswert, bestehen aber oft aus vorgefertigtem Essen, das einfach nur aufgewärmt wird. Besser ist es, sich hier nur an die Getränke zu halten.

➤ **Crêperie** Ein typischer Pariser Imbiss ist die zum Dreieck gefaltete Nutella-Crêpe vom Straßenimbiss. Dabei können Crêpes so viel mehr sein, wie der Besuch einer authentischen *crêperie* offenbart. Herzhafte Crêpes, *galettes* genannt, werden aus Buchweizenmehl zubereitet, süße Crêpes aus Weizenmehl. Am besten ordert man von jeder Sorte einen und dazu einen Becher Cidre.

➤ **Gourmetrestaurant** Pierre Gagnaire, Alain Passard, Pascal Barbot ... in Paris drängelt sich so viel Kochprominenz wie an kaum einem anderen Ort der Welt. Viele dieser Restaurants sind ein einmaliges Erlebnis, selbst für Pariser. Das erfordert Vorausplanung und teils sehr frühzeitige Reservierung.

➤ **Markt** Phantastisch zum Stöbern: Hier sind alle kulinarischen Spezialitäten des Landes an einem Platz versammelt, außerdem Mahlzeiten und Imbisssnacks, die vor Ort zubereitet werden. Nach letzter Zählung gab es 82 Lebensmittelmärkte in Paris. Die meisten finden zweimal wöchentlich von 8.30 bis 13 Uhr statt. Die Markthallen richten sich nach den allgemeinen Ladenöffnungszeiten und machen nach einer Mittagspause meist um 16 Uhr wieder auf.

➤ **Neo-Bistro** Die generell kleinen und eher legeren Lokale werden von jungen, experimentierfreudigen Kochtalenten geführt. Verarbeitet werden möglichst marktfrische Zutaten. Daher beschränkt sich die Auswahl oft auf zwei bis drei Gerichte pro Gang.

➤ **Weinbar & Cave à Manger** Das Hauptaugenmerk gilt hier der Weinverkostung. Die dazu gebotene Küche ist ganz unterschiedlich, aber oft exzellent. Manche Lokale servieren nur Käse- und Aufschnittplatten (*saucisson, pâté*), andere sind echte Gourmetadressen mit talentierten Küchenchefs.

Vegetarier, Veganer & glutenfreies Essen

In einem Land, in dem Fleisch *(viande)* früher gleichbedeutend mit „Essen" war, sind Vegetarier und Veganer eine kleine und ziemlich vernachlässigte Minderheit. Vegetarische Restaurants sind in Paris dünn gesät und in manchen traditionellen Bistros wird der Wunsch nach vegetarischer Kost immer noch mit befremdeten Blicken quittiert. Aber immerhin setzen moderne Lokale zunehmend auch fleischlose Gerichte auf die Karte. Oder man hält sich gleich an nichtfranzösische Gastronomie. Gute Paris-Tipps für Vegetarier liefert www.happycow.net.

Glutenfreies Essen ist ebenfalls nicht einfach zu bekommen. Ein paar Möglichkeiten sind Noglu (S. 128) und Helmut Newcake (S. 154), aber ansonsten sollte man sich im Voraus informieren.

Kochkurse

Wo könnte man sich besser in die Geheimnisse der *cuisine française* einweihen lassen als in Paris, der Hauptstadt der Gastronomie? Es gibt hier Kurse ganz unterschiedlicher Art und Dauer; siehe folgende Websites.

Cook'n With Class (www.cooknwithclass.com) Kleingruppen-Kurse in Montmartre unter der Leitung von neun internationalen Köchen.

École Le Cordon Bleu (www.cordonbleu.edu) Eine der führenden Kochakademien der Welt.

Kunstvolles Brot aus der Bäckerei Poilâne (S. 253)

La Cuisine Paris (http://lacuisineparis.com) Diverse Kurse von Brot, Croissants und Makronen bis zu Marktbesuchen und Gourmet-Touren.

Le Foodist (www.lefoodist.com) Kochkurse, Wein-Pairing und privates Abendessen im Quartier Latin.

Patricia Wells (www.patriciawells.com) Fünf-tägige Koch- und Schlemmerorgien unter Leitung der bekannten amerikanischen Restaurantkritike-rin und Kochbuch-Autorin.

Food Trucks (mobile Imbisswagen)

Paris hat einen neuen (internationalen) Trend: Food Trucks oder fahrende Imbiss-wagen. Die aktuellen Standorte sind online oder über Twitter und Facebook zu finden.

Camion Qui Fume (www.lecamionquifume. com; Hamburger & Pommes 10,50 €) Der „rauchende Imbisswagen", mit dem alles begann, verkauft Gourmet-Hamburger, gegrillt von der südkalifornischen Köchin Kristin Frederick. Auf Twitter @lecamionquifume.

Cantine California (www.cantinecalifornia. com; Hamburger & Pommes 11 €) Biohamburger

und -tacos und hausgemachte Desserts von Jordan Feilders aus San Francisco. Auf Twitter @CantineCali.

Mes Bocaux (www.mesbocaux.fr; 37 rue Marceau, 8e; 2-/3-Gänge-Menü 11/13,50 €; Ⓜ Alma-Marceau) Savoyard-Koch Marc Veyrat brachte den Imbiss auf ein höheres Niveau, als er seine kleine Flotte aus schwarzen Imbisswagen auf die Straße schickte. Feinschmecker-Sand-wiches und Hauptgerichte werden vor 12 Uhr online bestellt und dann am Wagen abgeholt; der nächstgelegene Standort beim Eiffelturm ist der vor der Apotheke in der Rue Marceau 37, Ecke Rue de Chaillot. Die Gerichte haben jenes kreative Flair, das von einem ehemaligen Koch mit Mi-chelin-Stern zu erwarten ist – das Sandwich „21. Jahrhundert" ist mit Schinken, geraspelter Möhre, Kreuzkümmel, Parmesan und einer Schokoladen-scheibe belegt.

Kulinarische Blogs & Websites

Paris by Mouth (www.parisbymouth. com) Essen und Ausgehen in der Hauptstadt; gute Entscheidungshilfe bei der Auswahl von Restaurants.

Top-Tipps

Le 6 Paul Bert (S. 201) Phantastische, täglich neue Gerichte

Restaurant David Toutain (S. 260) Verkostungsmenü aus der kreativen Spitzenküche

Le Pantruche (S. 148) Moderne französische Küche zu tollen Preisen

Bones (S. 201) Kleine Teller oder mehrgängige Menüs in minimalistischem Ambiente

Hugo Desnoyer (S. 90) Der berühmteste Metzger von Paris

Preiskategorien

€

La Pointe du Groin (S. 153) Schräger Humor und köstliche bretonische Tapas

CheZaline (S. 199) Gourmet-Sandwiches und andere hinreißende Kreationen

Au Pied de Fouet (S. 252) Bistro-Klassiker zum erstaunlich guten Preis in dem 150 Jahre alten zauberhaften Lokal

Candelaria (S. 173) Unter Hipstern beliebte Taqueria

Les Deux Abeilles (S. 88) Altmodisches Lokal fürs Mittagessen

€€

Frenchie Bar à Vins (S. 129) Keinen Tisch im Frenchie gekriegt? Die Weinbar tut's auch

Bistrot La Bruyère (S. 104) Einfaches, aber tolles kleines Bistro des angehenden Starkochs Loïc Buisson

Verjus Bar à Vins (S. 129) Ein oft übersehenes Kleinod am Palais Royal

Le Casse Noix (S. 276) Gemütliche, altmodische Einrichtung, günstige Preise und herausragende Küche

Dessance (S. 176) Das erste Dessert-Restaurant von Paris

Blue Valentine (S. 179) Modernes Bistro mit trendigen Gästen im 11. Arrondissement

€€€

Septime (S. 204) Leuchtturm der modernen Küche

Yam'Tcha (S. 132) Michelin-besternte, französisch-kantonesische Kreationen von Adeline Grattard

Le Grand Véfour (S. 130) Das ultimative Haute-Cuisine-Erlebnis in einem Wahrzeichen des 18. Jhs.

Chez Françoise (S. 260) Austernspezialist der alten Schule im Gebäude der Air France

Le Jules Verne (S. 91) Zauberhafte, Michelin-besternte Adresse im Eiffelturm

Traditionell französisch

Philou (S. 156) Französische Hausmannskost mit Speisen nach Saison

À la Biche au Bois (S. 202) Wild ist die Spezialität im ländlichen „Reh des Waldes".

Le Miroir (S.150) Exzellente französische Klassiker in dem beliebten Montmartre-Restaurant

Bouillon Racine (S. 255) Ein Kleinod des Art nouveau mit traditionellen, nach uralten Rezepten zubereiteten Speisen

Robert et Louise (S. 174) „Landgasthaus" mit roten Karogardinen und Fleisch vom offenen Feuer

Neo-Bistros

Pirouette (S. 131) Neuinterpretation der französischen Kochkunst von Tomy Gousset

Le Chateaubriand (S. 180) Eleganter Art-nouveau-Raum mit phantasievoller Küche

Richer (S. 104) Feine Atmosphäre und geniale Geschmackskombinationen; keine Reservierungen

Abri (S. 156) Einfacher Tempel der kulinarischen Zauberei

Semilla (S. 255) Trendige, moderne Gerichte aus der offenen Küche im Fabrikhallenambiente

Felicity Lemon (S. 179) Restaurant in Belleville mit kreativen Tapas-Gerichten

Weinbars

Le Verre Volé (S. 156) Exzellente Weine, sachverständige Beratung und deftige *plats du jour*

Vivant (S. 157) Wo sonst gibt es feine Küche und Weine in einem jahrhundertealten Geschäft für exotische Vögel?

Les Pipos (S. 228) Ein Fest für alle Sinne

Floquifil (S. 104) Ein Esserlebnis, wie man es sich in einer versteckten Pariser Weinbar vorstellt

La Grande Crèmerie (S. 255) Rustikales Lokal mit bodenständiger französischer Landküche

Boulangeries

Poilâne (S. 276) Backt seit 1932 runde Sauerteigbrote im Holzofen

Besnier (S. 259) Durch das Sichtfenster kann man zusehen, wie Baguettes gemacht werden

Du Pain et des Idées (S. 152) Natursäuertes Brot und eine kleine, aber feine Kuchenauswahl

Au 140 (S. 179) Perfekt knusprige Baguettes und Gourmetbrote aus dem Holzofen

Rosa Champagne

Ausgehen & Nachtleben

Für die Pariser gehören Essen und Trinken zusammen wie Wein und Käse.
Entsprechend unscharf sind die Grenzen zwischen Café, Salon de thé, Bistro,
Brasserie, Bar und Bar à vins (Weinbar). Auch die Grenze zwischen Café,
Bar und Club ist oft fließend – was nachmittags noch ein ruhiges Café ist,
kann am Abend zum DJ-Club mit dröhnenden Dancebeats mutieren.

afé Le Saut du Loup (S. 132) im Kunstgewerbemuseum

Ausgehen

Ausgehen wie die Pariser kann heißen: einen Kaffee an der Theke mit den Einheimischen trinken, einen Tee in einem schicken *Salon de thé* schlürfen, sich auf *un verre* (ein Glas) mit Freunden treffen, eine Käse- oder Wurstplatte im Straßencafé verzehren, bei einem frühabendlichen *apéro* (Aperitif) in Literatencafés über Existenzialismus diskutieren, zu Jazzklängen Martinis zischen oder in schwimmenden Clubs auf der Seine tanzen … und noch viel mehr.

KAFFEE, TEE & HEISSE SCHOKOLADE

Kaffee ist traditionell der bevorzugte morgendliche Wachmacher der Pariser. Insofern verwundert es, dass der Pariser Kaffee mit verbrannten, minderwertigen Bohnen und schludriger Zubereitung weit unter Weltniveau liegt. Doch in der Stadt macht sich eine Kaffeerevolution bemerkbar, seit einheimische Röstereien wie Belleville Brûlerie und Coutume Cafés vormachen, wie professionelle Baristas herausragenden Kaffee oft mit hochmodernen Brühmethoden zubereiten. Koffeinsüchtige haben nun die Qual der Wahl und auch wenn es noch reichlich minderwertigen Kaffee in Paris gibt, winken zum Glück jetzt Alternativen.

Auch Tee, meist mit Frankreichs westlichen Nachbarn Großbritannien und Irland assoziiert, ist in Paris extrem beliebt. Teesalons bieten unzählige Sorten; über die Geschichte des Tees informiert das Teemuseum im Hauptgeschäft von Mariage Frères (S. 185) im Marais.

Geradezu unanständig leckeren Kakao serviert der alteingesessene Teesalon Angelina (S. 131) mit zwei Filialen in Versailles.

GUT ZU WISSEN

Preisstaffelung

Wer in Paris ausgeht, bezahlt für den Standort: am Tisch mehr als an der Theke, auf der Terrasse mehr als drinnen, an einem mondänen Platz mehr als in einem Seitensträßchen und im 8. mehr als im 18. Arrondissement.

Durchschnittspreise

Ein Kaffee kostet ab 2 €, ein Glas Wein ab etwa 3,50 €, Cocktails meist 8 bis 15 €, ein *demi bière* (250 ml) zwischen 3,50 und 7 €. In Clubs und schickeren Bars zahlt man leicht das Doppelte. Die Eintrittspreise der Clubs reichen von null bis 20 €; vor 1 Uhr ist es oft billiger.

Happy Hour

Die meisten Mainstream-Bars und auf internationales Publikum ausgerichtete Kneipen haben irgendwann zwischen 17 und 21 Uhr eine zwei- bis dreistündige „Happy Hour" mit verbilligten Drinks.

Öffnungszeiten

Die meisten Cafés und Bars schließen gegen 2 Uhr, einige Ausnahmen später. Die Öffnungszeiten der Clubs variieren je nach Lokal, Tag und Veranstaltung.

Top-Tipps

➡ Früh da sein: Ab 22 Uhr gilt in vielen Lokalen ein teurerer Nachttarif.

➡ Die meisten Lokale servieren kleine Gerichte (oft auch ganze Menüs). Es ist okay, nur einen Kaffee oder ein Getränk zu ordern, ohne etwas zu essen.

➡ Franzosen besaufen sich selten sinnlos und schätzen das auch bei anderen nicht.

Kaffee-Vokabular

➡ **Un café** Ein kleiner Espresso

➡ **Un café allongé** Espresso, mit heißem Wasser gestreckt (das meist, aber nicht immer separat gereicht wird)

➡ **Un café au lait** Milchkaffee

➡ **Un café crème** Espresso mit aufgeschäumter Milch (wie Caffè latte)

➡ **Un double** Ein doppelter Espresso

➡ **Une noisette** Ein kleiner Espresso mit einem Schuss Milch

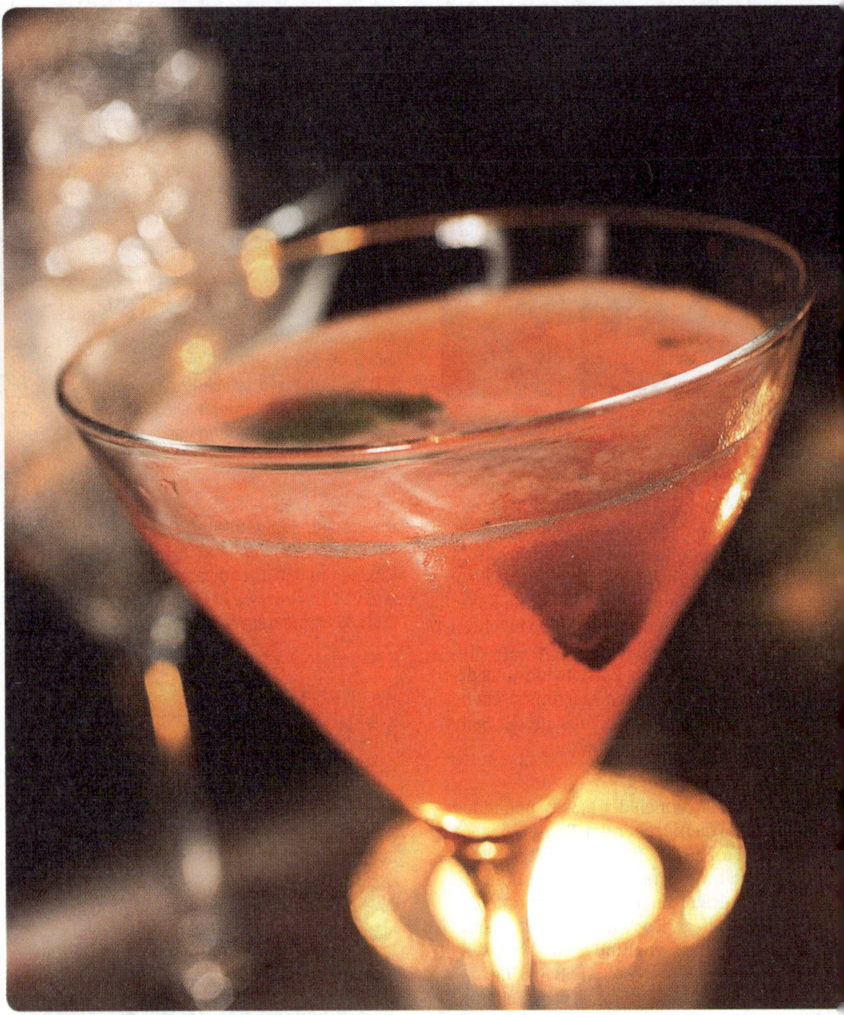

IMAGEBROKER / ALAMY ©

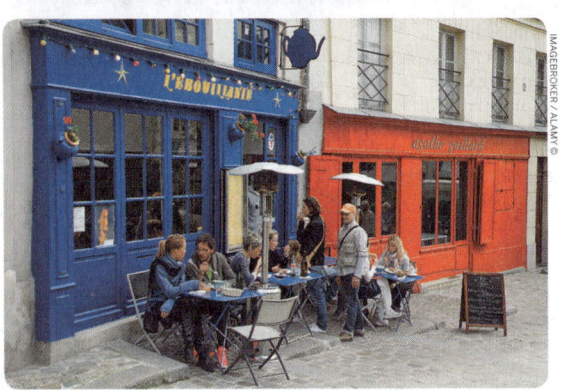

Oben: Cocktail im Experimental Cocktail Club (S. 133) in Les Halles

Links: L'Ebouillanté (S. 181)

Ausgehen nach Stadtvierteln

Montmartre & nördliches Paris
Zu den Perlen des Viertels gehören die Cafés am Kanal (S.158)

Champs-Élysées & Grands Boulevards
Elegante Hotelbars und schicke Clubs (S.105)

Louvre & Les Halles
Vielseitige Mischung aus Bars und Clubs (S.132)

Marais Ménilmontant & Belleville
Hippe Bars und Nachtlokale (S.180)

Eiffelturm & westliches Paris
Noble Bars und Cocktail-Lounges (S.92)

St-Germain & Invalides
Historische Literatencafés und stilvolle Bars (S.260)

Die Seine-Inselns
Urige Teestuben und Weinbars (S.220)

Bastille & östliches Paris
Reichlich lebhafte Clubs und Bars (S.205)

Quartier Latin
Muntere Studentenkneipen und -bars (S.232)

Montparnasse & südliches Paris
Brasserien am Boulevard und Cafés in den Seitenstraßen (S.282)

WEIN

Wein ist das mit Abstand beliebteste Getränk in Paris und Hauswein ist generell günstiger als Mineralwasser. Frankreich hat Dutzende von Weinbaugebieten. Die bedeutendsten sind Burgund, Bordeaux, Rhone- und Loiretal, Champagne, Languedoc, Provence und Elsass.

Die Weine werden im Allgemeinen nach Herkunft und nicht nach Rebsorte gekennzeichnet. Die besten Weine tragen eine Appellation d'Origine Contrôlée (AOC) und unterliegen strikten gesetzlichen Vorschriften über Herkunft, Anbau, Herstellung und Abfüllung.

BIER

Bier spielt traditonell keine große Rolle in Frankreich. Das geläufigste französische Bier ist das massenproduzierte helle Kronenbourg 1664 (5,5 %) aus Straßburg.

Eine Handvoll Pariser Kneipen braut eigenes Bier. Es gibt sogar eine zaghafte Craft-Bierszene *(bière artisanale)* mit Cafés, die mittlerweile Bier aus limitierter Produktion vom Fass und in der Flasche anbieten – La Fût Gueuze (S. 284) ist gut. Das erste Craft-Bierfest der Stadt, La Paris Beer Week (http://laparisbeerweek.com), fand Ende Mai bis Anfang Juni 2014 in Brasserien, Bars und Fachgeschäften statt und soll in Zukunft jährlich veranstaltet werden.

COCKTAILS

In den vergangenen Jahren erlebten Cocktailbars in der ganzen Stadt eine Renaissance, von altehrwürdigen Etablissements wie Harry's New York Bar, dem ursprünglichen Erfinder der Bloody Mary, bis zu glamourösen Bars und supercoolen wie unscheinbaren Kneipen, die unglaublich einfallsreiche Kreationen mixen.

Nachtleben

Da die Pariser Innenstadt so dicht bewohnt ist, sind Clubs nicht gerade an jeder Ecke zu finden. Mangels Mainstream-Szene tendiert die Stadt eher zum mobilen Underground-Clubbing. Angesagte DJs geben kurze Gastspiele in bestimmten Lokalitäten, um dann mit ihren Fangemeinden weiterzuziehen. Die hippsten *soirées clubbing* (Clubnächte) finden mal hier, mal dort statt – zum Beispiel in den vielen tanzfreudigen Bars von Paris.

Aber satte Beats gibt es genug. Die Elektronikmusik der Pariser Clubs ist vom Feinsten, mit hochkarätigem House und Techno aus heimischer Produktion. Funk und Groove kratzen an der Vorherrschaft von Dark- und Minimal-Klängen und Salsa- und Latino-Nächte füllen in vielen Clubs die Tanzflächen. *Sono mondiale* (Weltmusik) hat eine große Fangemeinde in Paris, wo eigentlich alles in Clubs gespielt wird, ob algerischer *raï* und andere nordafrikanische Musik oder senegalesisches *mbalax* und westindisches *zouk*. Viele Locations bieten auch Salsa-Kurse an. R&B und Hip-Hop sind anständig vertreten, wenn auch nicht so stark wie in anderen europäischen Hauptstädten.

Teedosen im Mariage Frères (S. 185)

VOR-, ZWISCHEN- UND NACHSPIEL

Gestandene Pariser Clubgänger gliedern ihre Nacht gern in drei Akte. Zuerst kommt *la before* (das Vorspiel): Drinks in einer DJ-Bar. Es folgt *la soirée*, die Clubnacht, die selten vor 1 oder 2 Uhr startet. Für *l'after* (das Nachspiel) sorgen Partys, die um 5 Uhr noch in vollem Gang sind (oder auch gerade erst anfangen) und bis gegen Mittag weitergehen. Mangels klarer Trennung zwischen den Pariser Bars und Clubs können „Vorher" und „Nachher" auch ohne „Dazwischen" nahtlos ineinander übergehen. Beim *After d'afters* am Sonntagnachmittag oder -abend mischen sich in den Bars und Clubs dann zugedröhnte Hardcore-Clubber mit Leuten, die eine Party feiern wollen, die nicht erst mitten in der Nacht loslegt.

CLUBBING-WEBSITES

Die folgenden Links wissen genau, wann die nächste angesagte *soirée* abgeht:

➔ **Paris DJs** (www.parisdjs.com) Kostenlose Downloads zum Einstimmen

➔ **Paris Bouge** (www.parisbouge.com) Umfassendes Programmverzeichnis

➔ **Parissi** (www.parissi.com) Erst Datum eingeben, dann *la before*, *la soirée* und *l'after*

➔ **Tribu de Nuit** (www.tribudenuit.com) Massenhaft Partys, Clubevents und Konzerte

NATURWEIN

Der jüngste Weintrend, *les vins naturels* (Naturweine), ist ein verschwommener Begriff. Im Allgemeinen bedeutet es, dass diese Weine mit so wenigen Eingriffen durch den Menschen wie möglich hergestellt werden. Im Klartext: Naturweine enthalten wenig oder gar keine Sulfite, die den meisten Weinen als Konservierungsmittel beigefügt werden. Gut daran ist, dass dies den Naturweinen einen ausgeprägten Charakter verleiht *(terroir)*; allerdings sind die Weine auch launenhafter. Einzelheiten stehen auf der Website www.morethanorganic.com.

Top-Tipps

Le Mary Céleste (S. 180) Kaum ein Lokal ist angesagter als diese angesagte Cocktailbar im Marais

Le Baron Rouge (S. 205) Wunderbar gesellige Weinbar voller Fässer

Experimental Cocktail Club (S. 133) Pariser Stil trifft auf New Yorker Coolness

Holybelly (S. 159) Speerspitze der neuen Café-Kultur am Canal St-Martin

Le Batofar (S. 282) Schleppschiff aus rotem Metall mit Deck-Bar und einem Club mit Bullaugen unter Deck

Kaffeegenuss

Belleville Brûlerie (S. 185) Innovative Rösterei mit Verkostungen am Samstagmorgen

Coutume (S. 263) Mikro-Rösterei von hochwertigen Bohnen mit einem klasse Café

La Caféothèque (S. 185) Ein labyrinthisches Café mit tollen Kaffee-Geschmacksnoten und einer Einrichtung, die zum stundenlangen Bleiben einlädt

Tuck Shop (S. 159) Erstklassiger Kaffee in der vegetarischen Kneipe eines Australiers

Telescope (S. 132) Klein, aber fein

Fondation Café (S. 185) Winziges Café mit exzellentem Kaffee aus Bohnen von einer Rösterei in Belleville

Teesalons

Le Loir dans La Théière (S.185) Schmackhafter Tee in einem zauberhaften Bilderbuchambiente

Mosquée de Paris (S. 225) Minztee und süßes Gebäck in einer friedlichen Oase

Zen Zoo (S. 132) Taiwanesischer Schaumtee in der Stadt des Lichts

Mariage Frères (S. 185) Ältester und schönster Teesalon von Paris, 1854 gegründet

Cocktails

Le Mary Céleste (S. 180) Supercoole Cocktailbar mit ebenso phantastischen Cocktails und Gourmet-Tapas

Experimental Cocktail Club (S. 133) Fabelhafte Cocktails in einem Ambiente, das Esprit und Herz verströmt

Blue Valentine (S. 190) Wunderbar komponierte Cocktails zu ebenfalls wunderbarer Küche

Candelaria (S. 173) Stammgäste dieser Taqueria schwören auf die coolen Bloody Marys und den Brunch mit reichlich Cocktails am Wochenende

Artisan (S. 158) Anspruchsvolle Bar zu Füßen des Montmartre

Le Coq (S. 160) Hauseigene Cocktails aus althergebrachten französischen Likören

Clubs

ShowCase (S. 106) Riesiger Schuppen unter dem Pont Alexandre III

Le Rex Club (S. 132) Phantastischer House- und Technoclub mit phänomenaler Soundanlage

Rosa Bonheur (S. 161) Altmodisches Tanzlokal im Parc des Buttes-Chaumont

Weinbars

Le Garde Robe (S. 133) Bezahlbare Naturweine und zwanglose Atmosphäre

Chapeau Melon (S. 186) Stilvoll cooler Weinkeller, bekannt für seine französischen Naturweine

Le Barav (S. 182) Hippe *bar à vins* in einer der trendigsten Straßen des Haut Marais

Straßencafés

Les Deux Magots (S. 261) Das Literaturcafé der Rive Gauche schlechthin

Chez Prune (S. 159) Das Szenecafé, das den Trend am Canal St-Martin auslöste

Le Saut du Loup (S. 132) Große Sommerterrasse mit Blick auf den Jardin du Carrousel und den Louvre

Le Cap Horn (S. 181) Lässige chilenische Bar mit belebten Straßentischen und feurigen Cocktails

L'Ebouillanté (S. 181) Nur ein paar Schritte von der Seine

Café Saint Régis (S. 219) Gegenüber von Notre-Dame

Traditionelle Nachbarschaftscafés

Le Petit Fer à Cheval (S. 181) Winzige Café-Bar mit einem Zinktresen von 1903 und lebhaften Stammgästen

Aux Deux Amis (S. 186) Berühmt für sein Pferdefleisch, das freitags serviert wird

La Fée Verte (S. 205) Spezialist für Absinth

Le Progrès (S. 158) Althergebrachtes Montmartre-Café voller Atmosphäre

Le Verre à Pied (S. 232) Ein kleines Schmuckstück, in dem sich seit 1870 wenig verändert hat

Pariser sind für ihre Stilsicherheit selbst im Alltag bekannt

Shoppen

Paris bietet das ganze Spektrum der Shopping-Erlebnisse: breite Boulevards mit internationalen Ladenketten, prächtige Avenuen mit Designermode, berühmte Kaufhäuser und bunte Märkte. Dem wahren Charme begegnen Besucher eher beim Flanieren in den Seitenstraßen. Hier verkaufen winzige Fachgeschäfte und schräge Boutiquen zwischen Cafés, Galerien und Kirchen alles – von Gummistiefeln mit Erdbeerduft bis zu himmlischen Kerzen.

aufhaus Galeries Lafayette (S. 107)

Mode

Mode ist das A und O in Paris. Dabei legen die Pariser mehr Wert auf Stil und Qualität als auf Status oder Marken. Einen guten Überblick über die Pariser Mode bieten die berühmten Kaufhäuser *(grands magasins)* wie Le Bon Marché (S. 264), Galeries Lafayette (S. 107) und Le Printemps (S. 107).

MODENSCHAUEN

Tickets für die prominenten Modenschauen der Haute Couture und Prêt-à-Porter sind kaum zu ergattern. Wer Laufsteg-Atmosphäre schnuppern will, reserviert einen Platz bei den kostenlosen wöchentlichen Modenschauen der Galeries Lafayette.

SCHICKE SCHNÄPPCHEN

Hier muss sich niemand für Mode in den Ruin stürzen: Dafür sorgen Secondhand- und Vintage-Boutiquen mit Schnäppchen (je schicker die Gegend, desto edler die ausrangierten Klamotten) und Outlets mit Vorjahrs-Kollektionen, Restbeständen und Designerstücken zweiter Wahl.

Passagen

Die glasüberdachten Einkaufspassagen *(passages couverts)* aus dem 19. Jh. mit bezaubernden kleinen Geschäften sind wahre Fundgruben. Ein Spaziergang (S. 126) führt durch einige der besterhaltenen Passagen am rechten Seine-Ufer.

Märkte

Nirgends ist die dörfliche Atmosphäre der Stadt besser spürbar als auf ihren Märkten. Sie sind nicht nur Einkaufsmöglichkeit,

GUT ZU WISSEN

Öffnungszeiten

Geschäfte sind meist montags bis samstags von 10 bis 19 Uhr geöffnet. Viele kleinere Läden haben montags zu und/oder schließen zwischen 12 und 14 Uhr. Viele große Geschäfte haben einmal pro Woche, meist (aber nicht immer) donnerstags, einen langen Abend *(nocturne)* bis ca. 22 Uhr. Sonntags sind fast alle Läden dicht, außer vielleicht auf den Champs-Élysées, in Montmartre und im Marais.

Schlussverkauf

Zweimal pro Jahr – ab Mitte Januar und ab Mitte Juni – finden etwa fünf Wochen lang Schlussverkäufe *(soldes)* statt.

Mehrwertsteuer-Erstattung

Nicht-EU-Bürger können sich u. U. die TVA (MwSt) erstatten lassen (S. 383).

Top-Tipps für Shopper

➜ Bei den exklusivsten Designerboutiquen muss man klingeln, um reinzukommen – bloß nicht schüchtern sein!

➜ Vor allem in kleineren Läden ist es nicht gern gesehen, unaufgefordert die Ware zu berühren.

➜ Die Kleidergröße in einer Anprobekabine *(cabine d'essayage)* prüfen oder unter www.onlineconversion.com/clothing checken.

➜ Wer sich nur mal umschaut, erklärt dem Verkaufspersonal „Je regarde".

➜ Praktisch alle Geschäfte bieten auf Wunsch kostenlos Geschenkverpackung an – nach *un paquet cadeau* fragen.

➜ Rückgabe oder Umtausch (innerhalb eines Monats) sind nur mit Kassenbon *(ticket de caisse)* möglich.

➜ Gefeilscht wird nur auf Flohmärkten.

Souvenirs aus Paris

Authentische, ungewöhnliche oder nostalgische Souvenirs gibt es im Laden Paris Rendez-Vous (S. 188) der City of Paris oder über das Internetgeschäft http://boutique.paris.fr mit weltweitem Versand.

sondern geselliger Treffpunkt der umliegenden Nachbarschaft. Ein Marktbesuch vermittelt ein echtes Stück Pariser Leben.

HEMIS / ALAMY ®

Oben: In Paris gibt es viele Straßenmärkte wie diesen Kunstmarkt, nicht
weit vom Montparnasse

Links: Der Konzeptladen L'Éclaireur
(S. 192) verkauft Tafelgeschirr, Wohnaccessoires und Kleidung

Shoppen nach Stadtvierteln

Montmartre & nördliches Paris
Delikatessenläden, Kunst, typische Pariser Souvenirs (S. 163)

Champs-Élysées & Grands Boulevards
Haute Couture und berühmte Kaufhäuser (S. 107)

Louvre & Les Halles
Küchenbedarf, Modeketten und überdachte Arkaden (S. 135)

Marais, Ménilmontant & Belleville
Urige Haushaltswaren, Galerien, aufstrebende Designer (S. 194)

Eiffelturm

St-Germain & Invalides
Kunst, Antiquitäten und schicke Designerboutiquen (S. 264)

Die Seine-Inseln
Entzückende Geschenkartikel und Gourmetgeschäfte (S. 220)

Quartier Latin
Buch- und Musikläden mit späten Öffnungszeiten (S. 236)

Bastille & östliches Paris
Tolle Märkte, Ateliers des Viaduc des Arts (S. 208)

Montparnasse & südliches Paris
Discount-Modeoutlets und asiatische Lebensmittel (S. 286)

Fast jedes Viertel hat mindestens einmal pro Woche (niemals montags) einen eigenen Straßenmarkt, auf dem sich Tische unter Bergen frischer und fertig zubereiteter Köstlichkeiten biegen. Außerdem sprießen immer mehr Biomärkte *(marchés biologiques)* aus dem Boden. Viele Straßenmärkte verkaufen auch Kleidung, Accessoires, Haushaltswaren u. a. Die Märkte in den eher mulitkulturellen Stadtteilen von Paris verströmen Flair und Duft ferner Kontinente.

Auf den Pariser Flohmärkten werden Krimskrams, Antiquitäten, Secondhandmode, Schmuck, billige Markenklamotten, Schuhe, afrikanische Schnitzereien, DVDs, Elektronik und vieles mehr verhökert. Vorsicht vor Taschendieben!

Die Website www.paris.fr listet alle Märkte nach Arrondissements, auch Spezialmärkte wie die Blumenmärkte. Ein Verzeichnis einiger der schönsten Märkte von Paris steht auf S. 24.

Kulinaria

Besonders verführerisch sind Feinkost-, Wein- und Teeläden. Es gibt Leckereien, die es auch bis nach Hause schaffen, wie luftig-leichte Makronen, Pralinen, Konfitüren, Eingemachtes, Foies gras und natürlich wunderbarer französischer Käse (vakuumverpackt).

Kunst, Antiquitäten & Wohnaccessoires

Von alteingesessenen Antiquitätenhändlern bis zu Avantgarde-Galerien gibt es viele Gelegenheiten, Kunstwerke und Sammlerstücke zu erwerben. Außerdem gibt es zahlreiche Geschäfte für Wohnaccessoires mit bunten, ausgefallenen Neuheiten, um das Wohn- oder Jobumfeld aufzupeppen.

Top-Tipps

Gab & Jo (S. 264) Pionier der Konzeptläden mit ausschließlich Waren aus französischer Produktion

Didier Ludot (S. 135) Couture-Klassiker wie das zeitlose kleine Schwarze

E Dehillerin (S. 135) Pariser Kochprofis rüsten sich hier seit 1820 mit Küchenutensilien aus

La Grande Épicerie de Paris (S. 164) Grandioses Lebensmittel-Kaufhaus

Adam Montparnasse (S. 285) Das historische Künstlerbedarfsgeschäft führt Farben, Leinwände und Zubehör

Shakespeare & Company (S. 236) Von Henry Miller als „Wunderland der Bücher" gepriesen

Concept Stores

Gab & Jo (S. 264) Geschenkartikel französischer Designer

Merci (S. 189) Sehr angesagt: Alle Gewinne gehen an ein Kinderhilfswerk in Madagaskar

Colette (S. 135) Supercoole Designermode und eine Wasserbar im Untergeschoss

L'Éclaireur (S. 192) Galerie, Lounge und dekonstruktivisches Fashion-Statement; für Männer und Frauen

Hermès (S. 265) In einem ehemaligen Art-déco-Schwimmbad

Mode

Boutiquen

La Citadelle (S. 162) Laden mit mehreren Designern in Montmartre

Andrea Crews (S. 191) Kollektiv für gewagte Kunst und Mode

La Boutique Extraordinaire (S. 191) Exquisite handgestrickte Kleidungsstücke

Antoine et Lili (S. 162) Alle Farben des Regenbogens

Triangle d'Or (S. 108) Im „Goldenen Dreieck" haben sich die Modehäuser niedergelassen

ERES (S. 108) Badekleidung und Dessous

Accessoires & Taschen

JB Guanti (S. 267) Tolle Handschuhe

A La Recherche De Jane (S. 267) Handgefertigte Hüte

Gérard Durand (S. 268) Knallige Strumpfhosen und Strümpfe

Alexandra Sojfer (S. 266) Handgefertigte Regenschirme

Jamin Puech (S. 136) Handtaschen-Unikate

Secondhand- & Vintageläden

L'Habilleur (S. 192) Ermäßigte Designerklamotten

Frivoli (S. 152) Restbestände von Markenkleidung am Canal St-Martin

Kiliwatch (S. 137) Neue und gebrauchte Streetwear; Vintage-Hüte und -Stiefel

Chercheminippes (S. 266) Sechs Fachgeschäfte in einer Straße

Rue d'Alésia (S. 285) Restbestände und Vorsaison-Ware

Für Gourmets

Place de la Madeleine (S. 103) Fachgeschäfte und berühmte Warenhäuser

La Manufacture de Chocolat (S. 208) Schokoladenmanufaktur von Alain Ducasse

Fromagerie Goncourt (S. 193) Moderne, wie eine Boutique gestylte *fromagerie*

L'Éclair de Génie (S. 188) Süße Eclairs, wie Kunst präsentiert

Comptoir de la Gastronomie (S. 136) Foie gras und andere kulinarische Köstlichkeiten

Fromagerie Laurent Dubois (S. 119) Paradies für Käsefreunde im Quartier Latin

Für Kinder

Chez Hélène (S. 189) Ein altmodischer Laden für *bonbons*

Bonton (S. 189) Klassisch inspirierte Mode, Wohnaccessoires und mehr für Kinder jeden Alters

Le Petit Bazar (S. 286) Umweltfreundliches Warenhaus für Spielsachen, Kleidung, Accessoires – Bio, recycelt oder von lokalen Kunsthandwerkern

Boîtes à Musique Anna Joliet (S. 137) Entzückende Spieldosen im Palais Royale

Album (S. 236) Comics *(bandes desinées)* und Sammlerstücke

Petit Pan Bébé (S. 192) Kleidung für Babys und Kinder

Kunst & Antiquitäten

Marché aux Puces de St-Ouen (S. 162) 2500 Stände, einer der größten Flohmärkte Europas

Carré Rive Gauche (S. 265) Über 120 Fachgeschäfte

Hôtel Drouot (S. 108) Berühmtes Auktionshaus

La Maison de Poupée (S. 265) Bezaubernde antike Puppen

Deyrolle (S. 266) Legendärer Tierpräparator

Point Éphémère (S. 161)

Unterhaltung

Ein Live-Programm in Paris ist immer ein besonderes Erlebnis. Auf den weltberühmten Bühnen der Stadt treten französische und internationale Opern-, Ballett- und Theaterstars und natürlich die berühmten Varieté-tänzerinnen auf. Darüber hinaus prägen ganze Scharen von jungen, enga-gierten und extrem kreativen Musikern, Schauspielern und Künstlern eine bunte alternative Kulturszene.

REISEPLANUNG UNTERHALTUNG

GUT ZU WISSEN

Veranstaltungshinweise

Die beiden wichtigsten Veranstaltungs-
bibeln von Paris, *Pariscope* (0,50 €) und
L'Officiel des Spectacles (www.offi.fr;
0,50 €), beide auf Fanzösisch, aber leicht
zu überblicken, veröffenlichen Infos über
alles, was in der Stadt los ist. Sie sind ab
mittwochs an jedem Kiosk erhältlich.
Hilfreiche Websites:

➡ **LYLO** (www.lylo.fr) Kurz für *Les Yeux,
Les Oreilles* („Augen und Ohren"); Infor-
mationen zur Livemusik-, Konzert- und
Clubszene.

➡ **Le Figaro Scope** (www.figaroscope.fr)
Hat ein großartiges Suchprogramm für
Konzerte, nach Arrondissements sor-
tiert – einfach auf die Karte klicken.

➡ **Paris Nightlife** (www.parisnightlife.
fr) Umfassendes Veranstaltungspro-
gramm.

Tickets

Am praktischsten ist der Kauf von Karten
für Konzert-, Theater- und andere Kultur-
und Sportveranstaltungen über **Fnac**
(☎ 08 92 68 36 22; www.fnactickets.com), das
gigantische Kaufhaus für Unterhaltungs-
elektronik – ob persönlich bei den Karten-
schaltern *(billeteries)*, telefonisch oder
online. Filialen gibt es in ganz Paris, z. B. im
Forum des Halles.
Rückgabe von Karten oder Umtausch
ist generell nur möglich, wenn eine Vorstellung ausfällt.

Ermäßigte Tickets

Jeweils am Vorstellungstag gibt es am
zentral gelegenen Kiosque Théâtre
Madeleine (S. 107) Theater-, Opern- und
Ballettkarten zum halben Preis (plus 3 €
Vorverkaufsgebühr).

Varieté

Wie eh und je schwingen Reihen spärlich
bekleideter Tänzerinnen ihre Beine und
Federboas in berühmten Varietés wie dem
Moulin Rouge, wo der Cancan erfunden
wurde. Die Pariser selbst können diesen
Spektakeln wenig abgewinnen, aber die
glamourösen Kulissen, Kostüme und Tanz-

Moulin Rouge (S. 160)

choreografien stehen eben für ein typisches
Pariser Abendamüsement (es gibt auch
Matineen).
Die Karten kosten ab etwa 90 € (ab
130 € inkl. Mittagessen, ab 150 € inkl.
Abendessen); normalerweise ist eine halbe
Flasche Champagner inbegriffen. Reservie-
rung ist ein Muss.

Livemusik

Bei den vielen Festivals für alle erdenklichen Musikgattungen kommt jeder auf
seine Kosten. Die Stadt wimmelt von
Straßenmusikern. Im Sommer bereichern
große Open-Air-Konzerte an der Seine und
in den Parks die ganzjährige Pariser Klang-
kulisse der Akkordeonspieler.

JAZZ & BLUES

Nach dem Zweiten Weltkrieg wurde Paris
zur europäischen Hauptstadt des Jazz und
die besten Jazzclubs und -keller der Stadt
locken bis heute Stars von Weltrang an.
Je nach Musiker, Zeit und Ort variieren
die Eintrittspreise von null bis etwa 30 €.
Podcasts, Musik, Konzertinfos und dergleichen mehr können vom Pariser Jazz-
Radiosender **TSF** (89.9 MHz FM; www.tsfjazz.
com) heruntergeladen werden.

CHANSONS

Chanson heißt auf Französisch schlicht
„Lied", bezeichnet aber besonders den
schmelzenden, textbetonten Gesangsstil
von Édith Piaf, Maurice Chevalier, Charles
Aznavour & Co. In verschiedenen traditionellen Musiklokalen gibt es gefühlvolle
Cover-Versionen ihrer berühmtesten Lieder
live zu hören. Auch kleinere Varietétheater

Opéra Bastille (S. 197), entworfen von dem Architekten Carlos Ott

wie Au Lapin Agile (S. 160) in Montmartre pflegen die Chanson-Tradition. In der modernen Musikszene werden die bekannten Chanson-Melodien mit aktuellen Dancebeats kombiniert.

Die Eintrittspreise variieren je nach Künstler, Zeit und Ort von null bis ca. 30 €.

ROCK, POP & INDIE

Palais Omnisports de Paris-Bercy, Stade de France (S. 163) und Le Zénith im Parc de la Villette sind die größten, aber auch unpersönlichsten Konzertsäle. Die meisten Musikfans bevorzugen kleinere Säle mit historischem Charme. Konzerttipps unter http://gigsinparis.com.

KLASSISCHE MUSIK

In Paris finden wöchentlich Dutzende von Orchester-, Orgel- und Kammermusikkonzerten statt. Außer den Theater- und Konzertsälen dienen auch die schönen alten Kirchen mit ihrer hervorragenden Akustik als stimmungsvoller Rahmen für Klassikkonzerte. Außen angeschlagene Plakate informieren über anstehende Konzerte und Ticketpreise. Online-Reservierungen sind unter www.ampconcerts.com möglich. Die Tickets kosten etwa 20 bis 30 €.

Der von Jean Nouvel entworfene Konzertsaal der Philharmonie de Paris mit 2400 Sitzplätzen soll 2015 im Parc de la Villette (S. 142) eröffnen.

Kino

Paris besitzt einige wunderschöne Lichtspielhäuser, in denen neben aktuellen Kinostreifen auch Avantgardefilme und unvergessliche Klassiker laufen.

Ausländische Filme in Originalsprache mit französischen Untertiteln sind mit „VO" *(version originale)* gekennzeichnet, Filme mit der Kennzeichnung „VF" (*version française*) sind französisch synchronisiert.

Das komplette Pariser Kinoprogramm ist in *Pariscope* und *L'Officiel des Spectacles* aufgelistet. Online gibt es Infos für Kinogänger unter http://cinema.leparisien.fr.

Kinokarten kosten um 11 € für Erwachsene (13 € für 3D-Versionen). Studenten, Kinder unter 18 und Senioren über 60 Jahre zahlen zu bestimmten Zeiten weniger (um 7,70 € für normale Filme und 9,70 € für 3D).

In den meisten Kinos gibt's Rabatt für alle Besucher für Vormittagsvorstellungen.

Oper & Ballett

Die Opéra National de Paris und das Ballet de l'Opéra National de Paris treten in den beiden Opernhäusern der Stadt, dem Palais Garnier und der Opéra Bastille, auf. Die Spielzeit geht von September bis Juli.

Theater

Die meisten Pariser Theaterproduktionen, auch von ausländischen Stücken, werden natürlich auf Französisch aufgeführt. Nur vereinzelt werden auf kleineren Bühnen fremdsprachige Stücke im Original gespielt. Mehr Infos dazu liefern *Pariscope* oder *L'Officiel des Spectacles*.

Straßenmusiker

Horden von Clowns, Pantomimen, lebenden Statuen, Akrobaten, Inlineskatern, Straßenmusikern und sonstigen Unterhaltungskünstlern sorgen auf den Straßen von Paris für Spaß und Spannung, die viel billiger kommt als eine Theaterkarte (ein paar Münzen im Hut sind immer gern gesehen). Einige Musiker spielen in den langen, hallenden Gängen der Métro, ein Privileg, für das sie zuerst vorspielen müssen! Draußen winken an folgenden Orten die besten Shows:

➤ **Place Georges Pompidou, 4e** Der große Platz vor dem Centre Pompidou.

➤ **Pont St-Louis, 4e** Die Brücke zwischen den beiden Seine-Inseln von Paris (dazu gehört eine Portion Berthillon-Eiscreme auf die Hand).

➤ **Pont au Double, 4e** Die Fußgängerbrücke von Notre-Dame zum linken Seine-Ufer.

➤ **Place Joachim du Bellay, 1er** Musiker und Feuerschlucker nahe der Fontaine des Innocents.

➤ **Parc de la Villette, 19e** Afrikanische Trommler am Wochenende.

➤ **Place du Tertre, Montmartre, 18e** Der Dorfplatz von Montmartre ist die betriebsamste Straßenkunstbühne von Paris.

Unterhaltung nach Stadtvierteln

➤ **Eiffelturm & westliches Paris** In der noblen Wohngegend gibt es wenig Kulturangebot.

➤ **Champs-Élysées & Grands Boulevards** Berühmte Revuen und das prunkvolle Opernhaus von 1875.

➤ **Louvre & Les Halles** Swingende Jazzclubs, traditionsreiche Theater und Kinos bestehen neben wummernden Clubs.

➤ **Montmartre & nördliches Paris** In den nördlichen Vierteln von Paris liegen populäre Varietés, legendäre Konzertsäle und progressive Kulturzentren verteilt.

➤ **Marais, Ménilmontant & Belleville** Rockige Livemusik-Schuppen, Schwulen- und Lesbenclubs, DJ-Bars und traditionelle Chanson-Lokale.

➤ **Bastille & östliches Paris** Hier locken vor allem Salsa, Tanztees und die staatliche Cinemathek.

➤ **Seine-Inseln** Das Unterhaltungsangebot der Pariser Inseln beschränkt sich auf Kirchenkonzerte und Straßenkünstler.

➤ **Quartier Latin** Das Quartier Latin unterhält u. a. mit Swingbands, Kino-Retrospektiven und Jamsessions.

➤ **St-Germain & Invalides** Der schicke, kultivierte Stadtteil beherbergt stimmungsvolle Kinos, Kulturzentren und Theaterbühnen.

➤ **Montparnasse & südliches Paris** Einige der angesagtesten Locations dieser Gegend liegen auf der Seine vertäut.

Top-Tipps

Palais Garnier (S. 106) Das führende Opernhaus von Paris ist künstlerisch herausragend

Point Éphémère (S. 161) Supercooles Kulturzentrum am Canal St-Martin

Moulin Rouge (S. 160) Die Wiege des Cancan verführt mit spektakulären Kulissen, Kostümen und Choreografien

Le 104 (S. 146) Kulturelle Highlights in einem ehemaligen Bestattungsinstitut

La Flèche d'Or (S. 207) Der Club in einem ehemaligen Bahnhof ist dafür bekannt, dass er neue Talente auftut

Café Universel (S. 235) Dieser Jazzclub präsentiert verschiedenste Stilrichtungen

Kinos

Cinéma La Pagode (S. 264) Das ungewöhnlichste Kino von Paris befindet sich in einer umgebauten japanischen Pagode aus dem 19. Jh.

Cinémathèque Française (S. 197) Das nationale Filminstitut mit zahlreichen cineastischen Angeboten

Le Champo (S. 235) Heißgeliebter Art-déco-Klassiker mit Independent-Filmen

Forum des Images (S. 135) Pariser Filmarchiv

Le Grand Rex (S. 136) Art-déco-Wahrzeichen aus den 1930er-Jahren

Livemusik

Jazz

Café Universel (S. 235) Intimer Club mit lockerer Atmosphäre und freiem Eintritt

New Morning (S. 161) Solides und vielfältiges Programm von Post-Bop bis Latin und Reggae

Le Baiser Salé (S. 134) Renommierter Laden mit Schwerpunkt auf karibische und lateinamerikanische Musik

Sunset & Sunside (S. 134) Blues, Fusion und Weltmusik sowie konventioneller Jazz

Caveau de la Huchette (S. 235) Fröhlicher Keller im Quartier Latin mit Swing-Tanz und einer bunt gemischten Szene

La Java (S. 187) Salsa-, Rock- und Weltmusikkonzerte; hier feierte Édith Piaf ihren ersten Erfolg

Rock, Pop & Indie

Le Trianon (S. 160) Altes Theater in Montmartre mit super Bands und intimem Ambiente

Le Divan du Monde (S. 160) Tolle Indie-Shows in Pigalle

Cabaret Sauvage (S. 161) Riesige Jurte mit Hip-Hop-, Funk- und Weltmusikkonzerten

Bus Palladium (S. 160) Durchmischter Rockschuppen

La Maroquinerie (S. 187) Winziger, trendiger Laden in Ménilmontant mit wirklich topaktuellen Gigs

Le Nouveau Casino (S. 187) Underground und neueste Gigs

Chansons

Au Limonaire (S. 106) Chanson-Abende und französische Liedermacher – in einer Weinbar

Au Lapin Agile (S. 160) Legendäres Varieté am Montmartre

Chez Louisette (S. 156) Klassische Chansons in Flohmarktnähe

Le Vieux Belleville (S. 188) Altmodisches Bistro und Tanzlokal *(musette)* im Parc de Belleville

Klassik

Salle Pleyel (S. 107) Renommierte Konzerthalle aus den 1920er-Jahren

Église St-Eustache (S. 122) Orgelkonzerte am Sonntagnachmittag

Église de la Madeleine (S. 99) Unvergessliche Orgelkonzerte

Kulturzentren

Centre Pompidou (S. 119) Eine unwiderstehliche Auswahl an innovativen Aufführungen

Gaîté Lyrique (S. 187) Ungewöhnliches und Aufregendes in dem dynamischen Kulturzentrum im Marais

Le Carreau du Temple (S. 187) Die ehemalige Markthalle und heutiges Kulturzentrum lohnt allein einen Blick wegen der hinreißenden Art-nouveau-Elemente aus Schmiedeeisen

L'Entrepôt (S. 284) Hier gibt's alles, von Filmvorführungen über Poetry Slams bis zu Kunstausstellungen

Le Lucernaire (S. 263) Dichtes Kulturprogramm, darunter auch die beliebten Sonntagskonzerte

Theater, Oper & Tanz

Palais Garnier (S. 106) Legendärer Schauplatz des *Phantoms der Oper*, der ein unvergessliches Erlebnis bietet

Opéra Bastille (S. 197) Wichtigstes modernes Opernhaus von Paris mit 3400 Sitzplätzen

Cité de la Musique (S. 145) Alle denkbaren Variationen von Musik und Tanz

Théâtre du Châtelet (S. 134) Oper, Ballet, klassische Konzerte und Musicals

Paris für Schwule & Lesben

Pariser begegnen Homosexuellen so aufgeschlossen, dass es hier gar keine klar abgegrenzte „Szene" gibt wie in anderen Städten, wo sich das Geschehen eher abseits der Hotspots abspielt. Das Zentrum des schwulen und lesbischen Nachtlebens ist das Marais, aber darüber hinaus liegen überall in der Stadt Lokale, die ein gemischtes Publikum anziehen.

Hintergrund

Paris war die erste europäische Hauptstadt, die einen offen schwulen Bürgermeister hatte (Bertrand Delanoë wurde im März 2001 gewählt) und auch die Stadt selbst ist sehr aufgeschlossen – gleichgeschlechtliche Paare tauschen häufig in der Öffentlichkeit Zärtlichkeiten aus und niemand runzelt die Stirn, wenn sie sich ein Hotelzimmer nehmen. Das einzige Problem ist tatsächlich, Schwule und Heterosexuelle zu unterscheiden, da alle in der Stadt so stilvoll und sexy gekleidet sind.

2013 wurde Frankreich das 13. Land der Welt, das gleichgeschlechtliche Ehen und Adoptionen durch gleichgeschlechtliche Paare legalisierte. Zwar kam es zu Protesten von Gegnern aus Politik und Öffentlichkeit, aber Umfragen ergaben, dass die Mehrheit der französischen Bürger Gleichstellung in der Ehe befürworten. In der Regel muss mindestens ein Partner in Paris wohnhaft sein, um hier heiraten zu können. Und natürlich gibt es endlos viele romantische Orte für einen Heiratsantrag.

Ausgehen & Nachtleben

Das Epizentrum des schwulen Nachtlebens von Paris ist seit rund drei Jahrzehnten das Marais, vor allem die Gegend rund um die Kreuzung der Rue Ste-Croix de la Bretonnerie und Rue des Archives sowie weiter ostwärts zur Rue Vieille du Temple. Dazu gibt es noch ein paar Bars und Clubs in der Umgebung des Boulevard de Sébastopol. Die lesbische Szene – längst nicht so auffällig wie die Schwulenszene – dreht sich um einige Cafés und Bars im Marais, besonders in der Rue des Écouffes. Generell sind alle Bars und Clubs schwulen- und lesbenfreundlich.

Events

Bei Weitem das größte Event in der Schwulen- und Lesbenszene ist der Gay Pride Day Ende Juni, wenn die jährliche *marche des fiertés* (Schwulenparade; www.gaypride.fr) als farbenprächtiges Spektakel durch das Marais zur Bastille zieht und zahllose Partys stattfinden.

Infos zu Events das ganze Jahr über sind über schwule und lesbische Websites oder in Schwulenbars und anderen Lokalen zu erfahren.

Organisationen & Informationen

Centre Gai et Lesbien de Paris Île de France (CGL; ☎01 43 57 21 47; www.centrelgbt paris.org; 63 rue Beaubourg, 3e; ⊙Zentrum & Bar Mo–Fr 15.30–20, Sa 13–19 Uhr, Bibliothek Mo–Mi 18–20, Fr 15.30–18, Sa 17–19 Uhr; Ⓜ Rambuteau oder Arts et Métiers) Die beste Informationsquelle für schwule und lesbische Reisende in Paris, mit einer großen Bibliothek und einer geselligen Bar. Auch nähere Informationen zu Hotlines, schwuler und schwulenfreundlicher medizinischer Versorgung und politisch orientierten Aktivistengruppen.

Top-Tipps

Open Café (S. 184) Die große Terrasse ist ideal, um das Angebot zu sichten

Scream Club (S. 186) Samstagabends steigt hier die „Größte Gay-Party von Paris"

La Champmeslé (S. 132) Varietéabende, Weissagerinnen und Kunstausstellungen für ein reiferes lesbisches Publikum

Queen (S. 106) Die Disko-Nacht ist unschlagbar!

Ein Wochenende im Marais

Loustic (S. 185) Serviert einen der besten Kaffees (in schönstem Espresso-Bar-Ambiente) der Stadt

Place des Vosges (S. 315) Bezaubernder Platz

Broken Arm (S. 176) Hipster-Café mit frischen Säften und Salaten neben einem irrsinnig coolen Konzeptladen

Cimetière du Père Lachaise (S. 166) Ein Highlight ist das engelgeschmückte Grab von Oscar Wilde

La Belle Hortense (S. 183) Kreative Weinbar mit modischem, durchmischtem Publikum und Regalen voller Bücher

Derrière (S. 177) In dem schrillen Restaurant kann man zwischen Vor- und Hauptspeise eine Runde Tischtennis spielen

Shoppen

Samuel Coraux (S. 190) Toller und manchmal irrwitzig kitschiger Schmuck für Jungs und Mädels von einem der abgefahrensten Schmuckdesigner in Paris

État Libre d'Orange (S. 190) Absolute Hipster-Parfümerie im Marais mit Düften, die Namen wie Fat Electrician, Jasmin et Cigarette oder Delicious Closet Queen tragen

L'Éclaireur (S. 192) Teils Kunstgalerie, teils Lounge und teils dekonstruktivistisches Fashion-Statement; Mode für Männer und Frauen

Apéros

L'Étoile Manquante (S. 184) Trendige, schwulenfreundliche Bar mit Retro-Einrichtung und fabelhafter Straßenterrasse für den üblichen Feierabenddrink

Open Café (S. 184) Bei einer vierstündigen Happy Hour täglich ab 18 Uhr kann ja wohl nichts mehr schiefgehen

Schwulentreffs

Le Cox (S. 184) Treffpunkt ab Einbruch der Dunkelheit für interessante (und interessierte), kontakfreudige Leute

Lesbentreffs

3w Kafé (S. 184) Repräsentativste Cocktailbar-Kneipe in einer Straße mit mehreren Lesbenbars; es gibt Themenabende und am Wochenende wird unten getanzt

Les Jacasses (S. 184) Sanfte Musik, knallharte Abende und eine Happy Hour über vier Stunden

Clubs

Open Café (S. 184) Der einzige Club, wo es samstags erst spät losgeht

Le Tango (S. 184) Tanzsaal aus den 1930er-Jahren mit einer gemischten und kosmopolitischen Schwulen- und Lesbenszene

GUT ZU WISSEN

Websites

➜ **Paris-Gay.com** (www.paris-gay.com) Topaktuelle Website mit Bars, Restaurants, Läden, Clubs, Partys und anderen Events.

➜ **Spartacus International Gay Guide** (www.spartacusworld.com) Reiseführer für Schwule mit guten Tipps, vor allem für schwulenfreundliche Unterkünfte.

➜ **CitéGay** (www.citegay.com) Eine der besten und umfassendsten Seiten, mit deutlich politischer Ausrichtung.

➜ **La France Gaie & Lesbienne** (www.france.qrd.org) „Schwules Branchenverzeichnis" für Kino, Musik, Kunst und noch viel mehr.

Publikationen

Viele Schwulen- und Lesbenmagazine wurden eingestellt, aber Männer können sich am Zeitungskiosk *Têtu* besorgen, eine beliebte Monatszeitschrift.

Partyszene außerhalb des Marais

Ménilmontant (S. 186) Kultig und cool

Pigalle (S. 158) Montmartres sexy Nachbar im Süden

Champs-Élysées (S. 105) Mondäne Bars und Clubs

Bastille (S. 205) Highlife mit Lokalkolorit

Canal St-Martin (S. 159) Szenige Lokale

Belleville (S. 186) Zunehmend angesagtes Multikultiviertel

Parks & Aktivitäten

Lust auf Erholung nach Pariser Art? Dann nichts wie raus aus dem Beton-
dschungel und hin zu den grünen Oasen für eine Runde Tennis, einen
gepflegten Spaziergang, ein bisschen Kunst oder für ein Gläschen Wein
mit Käse. Und ganz auf französische Art ist alles sehr entspannt und
unangestrengt.

Parks

➔ **Jardin du Luxembourg** (S. 246) Die berühm-
teste Grünanlage von Paris, in der man zwischen
Statuen bummeln und Tennis spielen kann und die
Kinder ihren Spaßen haben.

➔ **Jardin des Tuileries** (S. 121) Grüne Oase an
der Seine, perfekt für Picknicks und zum Joggen,
mit sommerlichem Rummelplatz und unglaublich
tollen Aussichten.

➔ **Bois de Vincennes** (S. 198) Einstiges königliches Jagdrevier östlich von Paris. Heute gibt's
hier einen Zoo, den bei Kids beliebten Park Floral
und Möglichkeiten zum Kicken.

➔ **Bois de Boulogne** (S. 89) Haussmanns Oase
im Westen, ideal zum Radfahren, Rudern, für
Spaziergänge, einen Besuch im Vergnügungspark
oder eines Hindernisrennens auf der Pferderennbahn.

➔ **Jardin des Plantes** (S. 225)
Naturkundemuseum, botanischer Garten und
Picknicks abseits der Sprinkleranlagen.

➔ **Parc des Buttes-Chaumont** (S. 146) In
der eigenwilligen, ebenfalls von Haussmann
angelegten Grünanlage gibt es einen nachgebauten griechischen Tempel, eine stillgelegte
Bahntrasse, Tanzlokale und einen Hauch
Tai Chi.

Zuschauersport

In Paris finden übers Jahr alle möglichen
Sportveranstaltungen statt, von den French
Open (www.rolandgarros.com) und den
BNP Parisbas Masters (www.atpworldtour.

com) bis zu regionalen Fußballspielen. Es
gibt mehrere Sportstadien in der Stadt und
Umgebung. Aktuelle Infos bekommt man auf
der Website http://de.parisinfo.com, unter
dem Punkt „Ausgehen/Sports und Spiel".
Wer genug Französisch versteht, findet in der
Sporttageszeitung **L'Équipe** (www.lequipe.fr)
noch sehr viel detailliertere Ankündigungen
und Berichte. Zu den Mannschaften der Stadt
gehören das Fußballteam Paris Saint-Ger-
main (www.psg.fr) und das rosa gewandete
Rugbyteam Stade Français Paris (www.stade.
fr). Frankreichs Fußballnationalmannschaft
„Les Bleus" spielt im Stade de France.

Ein Besuch einer der drei Pferderenn-
bahnen in der Stadt kann sehr spannend sein.
Das Hippodrome d'Auteuil und das Hippodrome de Longchamp (www.france-galop.
com) befinden sich im Bois de Boulogne, das
Hippodrome de Paris-Vincennes (www.letrot.
com) im Bois de Vincennes.

Im Hippodrome de Longchamp findet
jeden Oktober der Prix de l'Arc de Triomphe
(www.prixarcdetriomphe.com) statt, das renommierteste Pferderennen Europas.

Radfahren

Ende Juli preschen die Teilnehmer der Tour
de France die Champs-Élysées hinauf, aber
auch ohne die stählernen Beinmuskeln von
Vincenzo Nibali (Sieger 2014) lässt sich Paris prima auf dem Fahrrad erobern. Dafür
sorgen schon das städtische Leihradsystem
Vélib' (S. 376) und ein mehrere Hundert
Kilometer langes Radwegenetz. Wahlweise

kann man sich auch zu einer der tollen Stadtrundfahrten per Drahtesel (S. 378) anmelden oder einfach Räder bei einem Fahrradverleih (S. 376) mieten. Manche Straßen werden sogar sonntags für den motorisierten Verkehr gesperrt – das ist die Gelegenheit für Radfahrer. Eigenen Helm mitbringen!

Inlineskaten & Eislaufen

Fast so beliebt wie das Radfahren sind Inlineskaten und Schlittschuhlaufen. Wer ein Paar Inliner bei Nomades (S. 194) ausleiht, kann z. B. freitagabends mit der Pari-Roller-Tour (S. 286) durch die Straßen flitzen oder sonntagnachmittags bei der gemächlicheren Rollers & Coquillages mitrollen.

Im Winter werden an verschiedenen Orten der Stadt Schlittschuhbahnen unter freiem Himmel eingerichtet. Am berühmtesten sind die vor dem Hôtel de Ville und auf der ersten Ebene des Eiffelturms. Weitere Orte unter www.paris.fr.

Hamams & Spas

Mit den Stars in einem *spa de luxe* relaxen oder zum *savon-noir*-Peeling (mit schwarzer Seife) in den Hamam um die Ecke – Paris bietet wohlige Entspannung für jeden Geschmack.

Ein Hamam kostet meist Eintritt für die Benutzung von Dampfbad und Sauna. Sonderwünsche – Peelings, Orangenblütenmassagen sowie Minztee und nordafrikanisches Gebäck – werden extra berechnet (lohnen sich aber!). Die meisten Hamams sind in erster Linie nur für Frauen; falls Männer zugelassen sind, dann meist ein- oder zweimal pro Woche und nur selten zur gleichen Zeit wie Frauen.

Schwimmen

Wer in einen Hotelpool oder in ein Schwimmbad eintauchen will, braucht eine Badekappe *(bonnet de bain)* – ganz gleich, ob er Haare auf dem Kopf hat oder nicht. Die Kappen müssen nicht zuvor besorgt

GUT ZU WISSEN

Infos

Die beste Informationsquelle für Aktivsportler ist die Website www.paris.fr der Stadt Paris. Das Menü „Paris Loisirs" bietet unter dem Link „Practiquer un sport" Infos über Sportarten von Inlinern und Badminton bis zu Stadien und Ausrüstungsverleih. Die Rathäuser *(mairies)* der Arrondissements informieren über Sportmöglichkeiten in ihrem Bezirk. Auf de.parisinfo.com gibt es Wellness-Infos unter „Entdecken/Themenführer".

Tickets

Tickets für große Sportveranstaltungen sind normalerweise über die Website des Veranstaltungsorts zu erwerben. In der Regel muss man sie frühzeitig reservieren, am besten schon vor der Abreise von daheim. Ansonsten kann man sich am Ticketschalter des nächstgelegenen Fnac-Geschäfts (www.fnac.com; die Filialen sind unter „Magasins" zu finden) ein Programm mit aktuellen Veranstaltungsterminen besorgen.

werden, es gibt sie meist vor Ort zu kaufen. Männer müssen hautenge Badehosen tragen; lose sitzende Bermuda-Shorts sind nicht erlaubt.

Boule

Überall, wo es ebene, schattige Kiesflächen gibt, ob im Jardin du Luxembourg und in anderen Parks oder auf den Plätzen der Stadt, sieht man Gruppen ernsthafter Pariser ins Boulespiel vertieft. Es ist Frankreichs beliebtestes traditionelles Spiel. Das *boulodrome* Arènes de Lutèce in einem römischen Amphitheater aus dem 2. Jh. im Quartier Latin ist ein wunderbarer Ort, um das Spiel und die Spieler zu beobachten. Auch an den Paris Plages gibt es normalerweise Plätze für eine Partie Boule.

Ausflugsboote auf der Seine

Die Seine

Die Seine, die Lebensader von Paris, fließt von 37 Brücken überspannt mitten durch die Stadt. Die Ufer zählen zum Weltkulturerbe der Unesco und sind gesäumt von malerischen Promenaden und Parks. Hier finden viele Aktivitäten und Events statt, darunter im Sommer die Sandstrände der Paris Plages. Abends tanzen auf den Wellen des Flusses die Lichter der Stadt und der Touristenboote. Das ist das wahre Paris.

Neues am Ufer

Das Flussufer von Paris erhielt mit den Berges de Seine neues Leben: Am rechten Seine-Ufer östlich des Hôtel de Ville wurden 1,5 km einer ehemaligen Hauptverkehrsstraße zu Geh- und Radwegen umgebaut. Noch revolutionärer ist der völlig autofreie 2,3 km lange Abschnitt am linken Seine-Ufer zwischen Pont de l'Alma und Musée d'Orsay (von dem jetzt eine prächtige Treppe zum Ufer hinabführt, die auch als Sitzfläche wie in einem Amphitheater dient).

Die neuartige Promenade ist seit der Eröffnung 2013 ein durchschlagender Erfolg. Sie ist gesäumt von Restaurants und Bars (einige auf Booten), Schachtischen, Hüpfekästchen, Ballspielplätzen, einer Skateboard-Rampe, einer Kletterwand für Kinder, einer 100 m langen Laufbahn und schwimmenden Gärten auf 1800 m² künstlichen Inselchen samt Hängematten aus geknüpften Seilen – so lässt sich die neue Gelassenheit am Fluss genießen.

Les Berges de Seine bieten zu jeder Jahreszeit vereinzelte Events und Aktivitäten, wie Filmvorführungen oder Strickworkshops, und im Winter sogar Curling auf dem Eis.

Seine-Spaziergänge

Das Seine-Ufer ist für Pariser ein Tummelplatz zum Radfahren, Joggen, Inlineskaten und Flanieren. An den Ufern führen Treppen hinab zum Fluss.

Zu den besonders malerischen Ecken für einen Flussspaziergang gehört die Gegend um die beiden innerstädtischen Inseln, die Île de la Cité und die Île Saint-Louis. Die Uferwege sind gesäumt von den typischen grünen Ständen der *bouquinistes*, die antiquarische Bücher verkaufen. Eine weniger bekannte Insel ist die künstliche Île aux Cygnes mit ihrem baumbeschatteten Weg, der Allée des Cygnes (beim Bummel von Westen nach Osten bietet sie einen hinreißenden Blick auf den Eiffelturm).

Der Fluss dient auch als großes Wohnzimmer für Pariser, die in kleinen Wohnungen leben. Am ganzen Ufer sind Einheimische beim Lesen, Picknicken, Knutschen oder einfach nur beim Sonnenbad zu sehen. Eine der beliebtesten Ecken ist die winzige, dreieckige Grünanlage Square du Vert Galant unter dem Pont Neuf.

Sommerstrände

Die Paris Plages (Pariser Strände) entstanden schon vor den Berges de Seine, dieser jüngsten Aktion zur Verkehrsberuhigung. Statt Autos gibt es Palmen, Bars, Cafés, Liegestühle, Sonnenschirme, Wasserfontänen und Sand, der von Lastkähnen herangekarrt wird und von Mitte Juli bis Mitte August die Ufer säumt.

Die Paris Plages entstanden 2002. Die Strände erstrecken sich in der Ferienzeit nun über 5 km abschnittsweise an beiden Ufern und bieten auch Aktivitäten wie *pétanque* (ähnlich wie Boule) sowie Konzerte.

Unterhaltung am und auf dem Fluss

Vergnügungen bieten neben den Berges de Seine u. a. auch schwimmende Clubs auf Booten, die im südlichen Paris vertäut liegen, wie das rote, metallene Schleppschiff

REISEPLANUNG DIE SEINE

GUT ZU WISSEN

Das Seine-Ufer ist zu jeder Tages- und Nachtzeit zugänglich, aber einige Sicherheitstipps sollten beachtet werden:

➡ Direkt am Ufer gibt es keine Zäune oder andere Abgrenzungen. Wer mit kleinen Kindern unterwegs ist, sollte unbedingt aufpassen, dass sie nicht ins Wasser fallen.

➡ Schwimmen im Fluss ist selbst während der Paris Plages wegen des Bootsverkehrs und der Gesundheitsgefahr durch mangelnde Wasserqualität streng verboten – auch wenn Letztere sich enorm verbessert hat: Sogar der Atlantische Lachs kehrte in die Seine zurück.

➡ Die Treppen, die hinab zum Wasser führen, können nach Regenfällen sehr rutschig sein.

Le Batofar, und sogar ein schwimmender Swimmingpool, die Piscine Joséphine Baker.

Am Ufer locken die Docks en Seine mit dem französischen Modeinstitut, dem Institut Français de la Mode, sowie großen Freilufterrassen, supercoolen Bars, Clubs, Restaurants und einem Museum für Unterhaltungskunst (Trickfilme, Comics, Videospiele uvm.).

Bootsfahrten & -touren

Die Seine lässt sich natürlich am besten mit dem Boot erkunden. Unzählige Unternehmen bieten tagsüber und abends Bootstouren (S. 378) an, die meist etwa eine Stunde dauern und in mehreren Sprachen kommentiert werden. Es gibt auch viele Bootsfahrten mit Brunch, Mittagessen oder Abendessen, wobei der Standard der Gerichte generell hoch ist (man ist ja schließlich in Paris).

Eine Alternative zu den traditionellen Bootstouren ist der Batobus, ein praktisches Hop-on-Hop-off-Boot, das an acht klassischen Pariser Attraktionen anlegt: Eiffelturm, Champs-Élysées, Musée d'Orsay, Musée du Louvre, St-Germain des Prés, Hôtel de Ville, Notre-Dame und Jardin des Plantes. Tages- und Mehrtageskarten ermöglichen es, sich die Sehenswürdigkeiten zwischen den Haltepunkten beliebig lange anzuschauen.

Paris erkunden

PARIS
HIGHLIGHTS

Stadtviertel im Überblick

❶ Eiffelturm & westliches Paris S. 80

In dieser vornehmen Wohngegend der *sehr* betuchten Pariser ist das berühmteste Wahrzeichen der Stadt, der Eiffelturm, aus der Nähe zu bestaunen. Einen Gegenpol bildet die moderne Architektur des Büroviertels La Défense jenseits des *périphérique* (Autobahnring) um die Innenstadt.

❷ Champs-Élysées & Grands Boulevards S. 94

Baron Haussmann revolutionierte das Stadtbild rund um den Arc de Triomphe, von dem zwölf Avenuen ausstrahlen. Eine davon ist die prächtige Champs-Élysées. Weiter östlich locken die Feinkostläden der Place de la Madeleine, das Opernhaus Palais Garnier und die Kaufhäuser der Grands Boulevards.

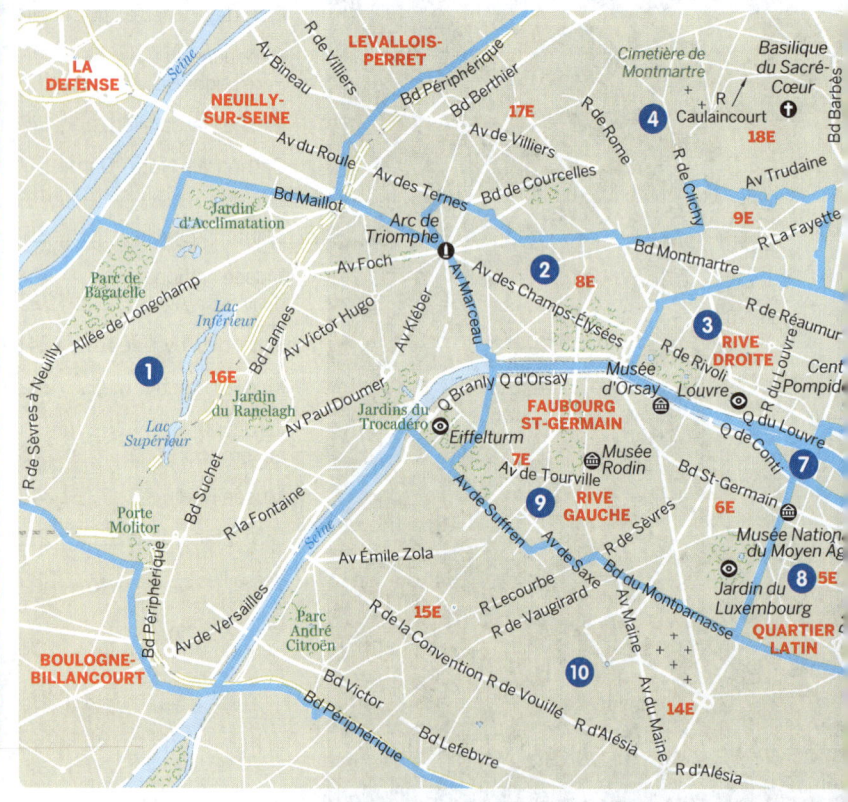

❸ Louvre & Les Halles S. 109

Die *axe historique* mit ihrer Aneinander-reihung prachtvoller Denkmäler verläuft durch den Jardin des Tuileries, bevor sie die Glaspyramide von Ieoh Ming Pei am Eingang zum Louvre, dem größten Muse-um der Welt, erreicht. Das nahe Einkaufs-zentrum Forum des Halles bekommt gera-de ein längst überfälliges Facelifting.

❹ Montmartre & nördliches Paris S. 138

Mit seinen Ausblicken, dem Weinberg und den Dorfplätzen übt Montmartre seit dem 19. Jh. eine große Anziehung auf Maler aus. Gekrönt von der Basilika Sacré-Cœur haf-tet dem höchstgelegenen *quartier* von Paris mit seinen steilen Gassen und windschie-fen, efeubewachsenen Häusern etwas Ver-wunschenes an. Die Stadtteile Pigalle und Canal St-Martin sprudeln vor Kreativität.

❺ Le Marais, Ménilmontant & Belleville S. 164

In den mittelalterlichen Gassen des Marais drängen sich hippe Bars und Restaurants, Boutiquen junger Designer, Schwulenszene und jüdische Gemeinde. Im benachbar-ten Ménilmontant tobt das angesagteste Nachtleben, während Belleville sich gerade zum Szeneviertel entwickelt.

❻ Bastille & östliches Paris S. 195

Hier gibt es viel zu entdecken: phantasti-sche Märkte, lauschige Bistros, eine Eisen-bahnbrücke aus dem 19. Jh. mit Handwer-kerateliers in den Bögen und einer Grünan-lage (Promenade Plantée) in luftiger Höhe.

❼ Die Seine-Inseln S. 210

Das geografische und historische Herz von Paris liegt mitten in der Seine. Auf der grö-ßeren der beiden Inseln, der Île de la Cité, thront Notre-Dame. Die ruhige Île St-Louis besticht mit eleganten Appartements und Hotels, reizenden Lokalen und Geschäften.

❽ Quartier Latin S. 221

Der Nabel des akademischen Lebens von Paris ist das Quartier Latin mit dem Haupt-campus der Sorbonne, einigen schönen Mu-seen und Kirchen, der prächtigen Zentral-moschee und dem botanischen Garten.

❾ St-Germain & Invalides S. 239

Literaturkenner, Antiquitätensammler und Modefreaks zieht es in diese sagenumwo-bene Ecke von Paris, wo einst Schriftsteller wie Sartre, de Beauvoir und Hemingway debattierten und es heute von schicken Boutiquen wimmelt.

❿ Montparnasse & südliches Paris S. 269

Montparnasse hat noch Brasserien aus sei-ner Glanzzeit um die Mitte des 20. Jhs., neu belebte Seitenstraßen mit viel Lokalkolorit und die größte Chinatown von Paris – voller Asialäden und -lokale.

Eiffelturm & westliches Paris

EIFFELTURM & 16. ARRONDISSEMENT | LA DÉFENSE

Highlights

❶ Bei Sonnenuntergang vom **Eiffelturm** (S. 83) aus zusehen, wie in Paris die Lichter angehen.

❷ Im **Musée du Quai Branly** (S. 84) traditionelle Kunst aus aller Welt kennenlernen.

❸ In der **Cité de l'Architecture et du Patrimoine** (S. 85) zwischen Kirchenportalen, Wasserspeiern und Architekturmodellen wandeln.

❹ Im **Bois de Boulogne** (S. 89) Rad fahren, rudern, zum Pferderennen oder in den Vergnügungspark gehen, den vor allem die Kleinen lieben.

❺ **Musée Marmottan Monet** (S. 88): Die weltweit größte Monet-Sammlung ist einen Abstecher wert.

Details s. Karte S. 410 ➡

Rundgang: Eiffelturm & westliches Paris

Das berühmte Wahrzeichen der Stadt belebt die abendliche Skyline mit seiner stündlichen Lightshow und eröffnet von den Plattformen Panoramablicke über ganz Paris. Am anderen Seine-Ufer erstreckt sich das vornehme Viertel Passy (16. Arrondissement) nach Westen. Im 18. und 19. Jh. wohnten dort Berühmtheiten wie Benjamin Franklin und Balzac. Typisch für Passy sind die klassizistisch-eleganten Bauten im Haussmann-Stil.

Heute reißt Passy Besucher wohl nicht mehr zu Begeisterungsstürmen hin (eine Fahrt zur Spitze des Eiffelturms ist sicher spannender), sie bietet mit ihren fabelhaften Museen dennoch großes Potenzial für Kulturfans. Da wären das Musée Marmottan Monet mit der weltgrößten Sammlung von Monet-Gemälden, das hippe Palais de Tokyo mit modernen Kunstinstallationen, das Musée Guimet, Frankreichs führendes Museum für asiatische Kunst, die Cité de l'Architecture et du Patrimoine mit Skulpturen und Wandbildern sowie diverse kleinere Sammlungen zu Themen wie Mode, Kristallglas, Wein und afrikanische Kunst. Am linken Ufer zeigt das herausragende Musée du Quai Branly außereuropäische Kunst und Kultur. Am westlichen Stadtrand lockt die grüne Oase des Bois de Boulogne. Noch weiter draußen recken sich die Bürohochhäuser von La Défense in den Himmel.

Lokalkolorit

➜ **Museumsmarathon** Hier locken vor allem die exzellenten Museen.

➜ **Grüne Oase** Im Bois de Boulogne erholen sich die Städter, ob auf dem Fahrrad, auf Inlineskates oder beim *footing* (Joggen).

➜ **Pendlerziel** Morgens zwängen sich über 150 000 Menschen in die Métro mit dem Ziel La Défense; in dem Geschäftsviertel führen Hochhäuser und Kunst eine friedliche Koexistenz.

Anfahrt

➜ **Métro** Linie 6 fährt von Charles de Gaulle–Étoile am Eiffelturm vorbei nach Süden, Linie 9 von Champs-Élysées nach Südwesten.

➜ **RER** RER-Linie A fährt westwärts nach La Défense, RER-Linie C am linken Seine-Ufer entlang, mit Halt am Eiffelturm.

➜ **Bus** Top für Touristen ist die Linie 69; sie fährt vom Eiffelturm am linken Ufer entlang, quert die Seine beim Louvre und fährt dann ostwärts zum Père Lachaise.

➜ **Fahrrad** Vélib'-Stationen befinden sich an der Avenue Octave Creard Nr. 2 und Avenue Bosquet Nr. 3.

➜ **Boot** Eiffelturm

Top-Tipp

Im 16. Arrondissement gibt es exzellente Nobelrestaurants, wesentlich günstiger (und im Sommer eine tolle Sache) ist ein Picknick. In den *boulangeries* und Delikatessenläden gibt's süße und herzhafte Leckerbissen für ein kleines Festmahl. Alternativ bestellt man etwas zum Mitnehmen oder holt sich eine Gourmetmahlzeit an Marc Veyrats „Food Truck".

✕ Gut essen

➜ Traiteur Jegado (S. 91)
➜ Hugo Desnoyer (S. 90)
➜ Monsieur Bleu (S. 90)
➜ Les Ombres (S. 91)
➜ 58 Tour Eiffel (S. 90)

Mehr dazu S. 88 ➜

⊙ Schön picknicken

➜ Am Musée du Quai Branly (S. 84)
➜ Parc du Champ de Mars (S. 85)
➜ Place des États-Unis, gegenüber Galerie-Musée Baccarat (S. 86)
➜ Bois de Boulogne (S. 89)

Mehr dazu S. 85 ➜

⊙ Die besten Museen

➜ Musée du Quai Branly (S. 84)
➜ Cité de l'Architecture et du Patrimoine (S. 85)
➜ Musée Marmottan Monet (S. 88)
➜ Musée Guimet des Arts Asiatiques (S. 86)
➜ Musée Dapper (S. 85)

Mehr dazu S. 85 ➜

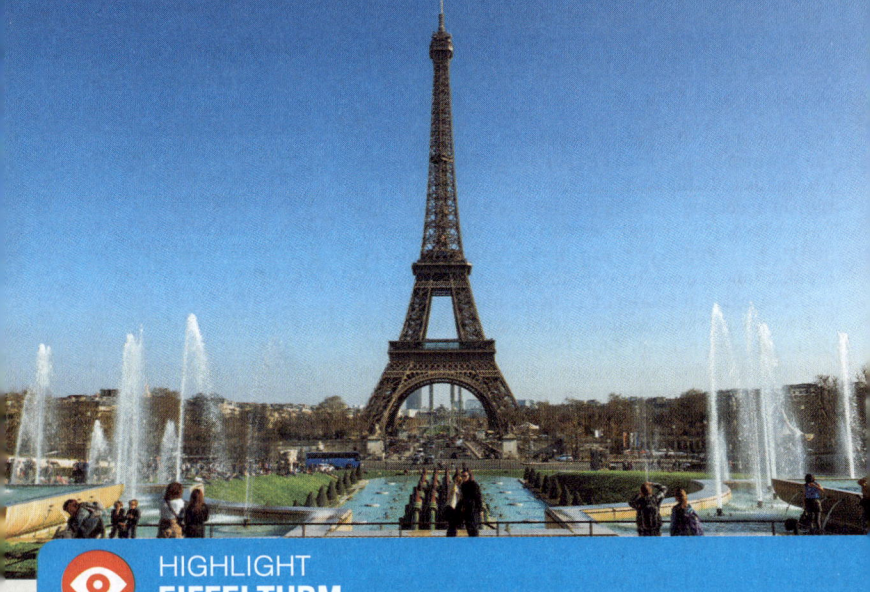

HIGHLIGHT
EIFFELTURM

Es gibt viele Möglichkeiten, den Eiffelturm zu erleben: von einer abendlichen Auffahrt im Lichtermeer bis zu einer Mahlzeit in einem der beiden Restaurants. Obwohl jährlich rund 6,7 Mio. Menschen den Turm besichtigen, ist jeder Besuch eine einzigartige Erfahrung und gehört zum Pflichtprogramm für Paris-Besucher.

Metallspargel

Der nach seinem Konstrukteur Gustave Eiffel benannte Turm wurde für die Weltausstellung 1889 gebaut. 300 Arbeiter schufteten zwei Jahre lang an der Konstruktion, für die 2,5 Mio. Nieten verbaut wurden. Bei seiner Fertigstellung war der Turm das höchste Bauwerk der Welt (324 m). Erst 1930 musste er diesen Rang an das Chrysler Building in New York abtreten. Als Symbol der Moderne stieß er bei der Kunst- und Literaturelite von Paris auf heftigen Widerstand, wurde als „Metallspargel" verunglimpft und sollte eigentlich 1909 wieder abgerissen werden. Letztlich durfte er stehenbleiben, weil er sich als Antennenmast für die neue Funktechnik anbot.

1. Etage

Die 1. Etage befindet sich in einer Höhe von 57 m. Die Aussicht ist nicht so gut wie auf den beiden oberen Etagen, dafür weist sie die größte Fläche auf und ist aufgebaut wie ein Museum. In zwei Glaspavillons, dem **Pavillon Ferrié** und der **Salle Gustave Eiffel** (seit Sommer 2014 geöffnet), sind interaktive geschichtliche Exponate, ein Film und mehr zur Architektur des Turms zu sehen. Durch die Glasböden kann man beobachten, wie sich die Ameisenstraße

NICHT VERSÄUMEN

➜ Pavillon Ferrié auf der 1. Etage
➜ Blick von der 2. Etage
➜ Champagner-Bar ganz oben

PRAKTISCH & KONKRET

➜ Karte S. 410
➜ ☎ 08 92 70 12 39
➜ www.tour-eiffel.fr
➜ Champ de Mars, 5 av. Anatole France, 7e
➜ Aufzug zur Spitze Erw./Kind 15/10,50 €, Aufzug zur 2. Etage 9/4,50 €, Treppe zur 2. Etage 5/3 €, Aufzug von der 2. Etage nach ganz oben 6 €
➜ ⊙ Aufzüge & Treppe Mitte Juni–Aug. 9–0 Uhr, Sept.–Mitte Juni Aufzüge 9.30–23, Treppe 9.30–18.30 Uhr
➜ Ⓜ Bir Hakeim oder RER-Haltestelle Champ de Mars–Tour Eiffel

aus Touristen weit, weit unterhalb zu den Aufzügen und der Treppe vorschiebt.

Das Restaurant auf dieser Ebene namens 58 Tour Eiffel ist bezahlbar.

Nicht alle Aufzüge halten in der 1. Etage. Wer ungewollt auf der 2. Etage landet, kann leicht in die 1. Etage hinabsteigen.

2. Etage

Am besten ist wohl die Aussicht von der 2. Etage, mit 115 m eine eindrucksvolle Höhe, aber noch nah genug, um die Details der Stadt auszumachen. Teleskope und Panoramatafeln helfen, Sehenswürdigkeiten zu identifizieren. Schaukästen geben u. a. Einblick in die Aufzugsmechanik und durch den verglasten Sichtschacht können Besucher in die Tiefe gucken. Ebenfalls auf dieser Ebene: Toiletten, ein Andenkenladen und das Sternerestaurant Jules Verne.

Ganz oben

Auf der 3. Etage (276 m) pfeift einem der Wind um die Ohren. An klaren Tagen reicht der Blick bis zu 60 km weit – beeindruckend, ja, aber wer Details erkennen möchte, ist zu weit weg. Die „Bezwingung" des Eiffelturms lässt sich mit einem Gläschen Sekt (12–21 €) von der Champagner-Bar feiern (12–22 Uhr geöffnet). In dem nachgebauten Arbeitszimmer von Gustave Eiffel sind Wachsfiguren des Ingenieurs und seiner Tochter im Plausch mit Thomas Edison zu sehen.

Ein separater Aufzug legt die Strecke von der 2. zur 3. Etage zurück (bei Windböen geschlossen).

Tipps zum Ticketkauf & Anstehen

Hat man es bis zur 2. Etage geschafft (zu Fuß oder mit dem Lift), gibt es nur eine Option für diejenigen, die ganz nach oben wollen: den Aufzug. In den Aufzügen müssen Kinderwagen zusammengeklappt werden und Taschen und Rucksäcke dürfen nicht größer sein als das Handgepäck im Flugzeug.

Wer Tickets online besorgt, spart sich gewöhnlich das Anstehen in den kolossal langen Schlangen – einfach ausdrucken bzw. auf dem Smartphone vorzeigen. Ansonsten sollte man sich in der Hauptsaison auf Wartezeiten von weit über einer Stunde einstellen.

Karten für die Treppe können nicht online reserviert werden. Der Ticketverkauf erfolgt am Südpfeiler; dort befindet sich auch der Aufgang. Bis zur 1. Etage sind es 360 Stufen und dann noch einmal 360 Stufen bis zur 2. Etage.

Übrigens: Wer eine Reservierung für eins der Restaurants hat, darf direkt in den Aufzug steigen.

LICHTSPEKTAKEL

Nachts glitzert der Turm immer zur vollen Stunde fünf Minuten im Schein von 20 000 Lämpchen. Die Lichtanlage wurde ursprünglich zur Feier des Jahres 2000 installiert. 25 Bergkletterer brauchten dazu fünf Monate und 40 km Kabel. Der beste Blick auf die Lightshow bietet sich von den Jardins du Trocadéro am anderen Seine-Ufer.

Den Turm neu anzustreichen ist ein Mammutprojekt, das 25 Arbeiter 18 Monate beschäftigt. Alle sieben Jahre werden insgesamt 60 Tonnen Farbe aufgetragen. Seit 1968 erstrahlt der Turm in Rot und Bronze, er hatte aber bereits sechs unterschiedliche Farben, sogar gelb!

DRAHTSEILAKT

Zur Feier des 200. Geburtstags der Französischen Republik überquerte der Seiltänzer Philippe Petit 1989 vor 250 000 Zuschauern die Seine auf einem 700 m langen Drahtseil, das vom Palais de Chaillot zur 2. Etage des Eiffelturms hinaufführte.

HIGHLIGHT
MUSÉE DU QUAI BRANLY

Kein anderes Museum in Paris ist eine ähnliche Inspiration für Reisende, Hobby-Anthropologen und all jene, die die Schönheit traditionellen Kunsthandwerks zu würdigen wissen. Als Hymne auf die unglaubliche kulturelle Vielfalt der Menschheit präsentiert das Musée du Quai Branly indigene und volkstümliche Kunst aus aller Welt. Die vier Hauptabteilungen des Museums zeigen eine eindrucksvolle Sammlung von Masken, Schnitzereien, Waffen, Schmuck und vielem mehr.

Ozeanien & Asien

In der ozeanischen Abteilung gibt es schöne Schnitzereien aus Papua-Neuguinea und von den umliegenden Inseln zu sehen, u. a. Masken, Dolche, Schmuck und Ahnenschädel. Auch Kulturen wie die der Maori und der australischen Aborigines sind gut vertreten.

Kleidung, Schmuck und Textilien ethnischer Minderheiten von Indien bis Vietnam bilden das Gerüst der asiatischen Sammlung. Eins der spektakulärsten Exponate ist eine ewenkische Schamanentracht aus Ostsibirien.

Afrika & Amerika

Ein Schwerpunkt der Afrikasammlung sind Musikinstrumente und Masken, aber sie umfasst auch ausgefallene Stücke wie eine lebensgroße Zwitterfigur aus dem 11. Jh. (Mali), die die Besucher mit erhobenem Arm begrüßt. Besonders interessant ist ebenso eine Krou-Maske von der Elfenbeinküste, die Picasso inspiriert haben soll.

Die Amerikasammlung stellt nicht nur Highlights aus großen Kulturen wie denen der Maya, Azteken und Inka vor, sondern auch Objekte weniger bekannter Völker wie einen Grizzly-Totempfahl der Tsimshian oder ausdrucksstarke Kiiappaat-Masken aus Grönland.

NICHT VERSÄUMEN

➡ Papua-Neuguinea-Sammlung, Ozeanien
➡ Ewenkische Schamanentracht, Asien
➡ Zwitterskulptur der Soninke, Afrika
➡ Grizzly-Totempfahl, Amerika

PRAKTISCH & KONKRET

➡ Karte S. 410
➡ www.quaibranly.fr
➡ 37 quai Branly, 7e
➡ Erw./Kind 8,50 €/frei
➡ Di, Mi & So 11–19, Do–Sa 11–21 Uhr
➡ Ⓜ Alma Marceau oder RER-Haltestelle Pont de l'Alma

👁 **SEHENSWERTES**

👁 **Eiffelturm & 16. Arrondissement**

EIFFELTURM
WAHRZEICHEN
Siehe S. 82

MUSÉE DU QUAI BRANLY
MUSEUM
Siehe S. 84

PARC DU CHAMP DE MARS
PARK
Karte S. 410 (Champ de Mars, 7e; Champ de Mars–Tour Eiffel oder École Militaire) Die Grünanlage des „Marsfelds", die sich vom Eiffelturm nach Südosten erstreckt, ist ein idealer Ort zum Picknicken. Sie diente im 18. Jh. als Exerzierplatz für die Kadetten der **École Militaire**. Zu den Absolventen der Akademie in dem imposanten klassizistischen Gebäude am Südostende des Parks zählte kein Geringerer als Napoleon Bonaparte. Clara Halter schuf das eindrucksvolle Denkmal **Mur pour la Paix** (Mauer für den Frieden; 2000) aus Stahl und graviertem Glas.

MUSÉE DAPPER
KUNSTMUSEUM
Karte S. 410 (www.dapper.com.fr; 35 rue Paul Valéry, 16e; Erw./Kind 6 €/frei; ⊘Mi & Fr–Mo 11–19 Uhr; MVictor Hugo) Das phantastische Museum für afrikanische und karibische Kunst lässt Paris für ein, zwei Stunden vergessen. Es zeigt wechselnde Ausstellungen, aber auch die ständige Sammlung mit rituellen Masken, Trachten und begleitenden Videopräsentationen ist hervorragend. Im Auditorium finden Kulturveranstaltungen statt, wie Konzerte, Lesungen und Filmvorführungen.

PALAIS DE TOKYO
KUNSTMUSEUM
Karte S. 410 (www.palaisdetokyo.com; 13 av. du Président Wilson, 16e; Erw./Kind 10 €/frei; ⊘Mi–Mo 12–24 Uhr; MIéna) Das Gebäude, das zur Weltausstellung 1937 entstand, beherbergt keine ständige Sammlung. Der Innenraum aus Beton und Stahl dient vielmehr als nüchterne Kulisse für wechselnde interaktive Installationen und Ausstellungen zeitgenössischer Kunst. Der Buchladen ist eine wunderbare Fundgrube für Kunst- und Designmagazine und es gibt fabelhafte Gelegenheiten, etwas zu essen und zu trinken.

EIFFELTURM & WESTLICHES PARIS SEHENSWERTES

👁 HIGHLIGHT **CITÉ DE L'ARCHITECTURE ET DU PATRIMOINE**

Im Ostflügel des Palais de Chaillot, direkt gegenüber dem Eiffelturm, widmet sich das herausragende Museum der Architektur und dem Kulturerbe des Landes. In lichtdurchfluteten Sälen sind vor tiefroten Wänden 350 Gipsabgüsse der bedeutendsten französischen Denkmäler ausgestellt. Der Keim der Sammlung wurde nach der Verwüstung vieler Gebäude während der Französischen Revolution gelegt.

Einige Originalvorlagen der Abgüsse, wie etwa Skulpturen aus der Kathedrale von Reims, wurden in späteren Kriegen zerstört. Ein Rundgang durch die wunderbare Sammlung von Kirchenportalen, Wasserspeiern, Heiligen und Sündern aus ganz Frankreich ist ein unvergessliches Erlebnis für alle, die sich für die Geschichten interessieren, die Künstler und Handwerker hier in Stein gebannt haben.

In den oberen Geschossen sind Reproduktionen von Fresken und Glasmalereien aus einigen der wichtigsten Baudenkmäler Frankreichs zu einem faszinierenden Labyrinth angeordnet. Zu den schönsten Reproduktionen gehört die Kuppel der Kathedrale St-Etienne.

NICHT VERSÄUMEN

➡ Galerie der Abgüsse

➡ Galerie der Wandmalereien und Glasfenster

➡ Kuppel der Kathedrale St-Étienne

PRAKTISCH & KONKRET

➡ Karte S. 410

➡ www.citechaillot.fr

➡ 1 place du Trocadéro et du 11 Novembre, 16e

➡ Erw./Kind 8 €/frei

➡ ⊘Mi & Fr–Mo 11–19, Do bis 21 Uhr

➡ MTrocadéro

HIGHLIGHT
MUSÉE GUIMET DES ARTS ASIATIQUES

Das Guimet-Museum hütet Frankreichs bedeutendste Sammlung asiatischer Kunst mit Skulpturen, Gemälden, Kunst- und Kultgegenständen aus der riesigen Region von Afghanistan bis nach Japan. An manchen Exponaten lässt sich die Ausbreitung des Buddhismus und verschiedener Kunststile entlang der Seidenstraße verfolgen, von den Gandhara-Buddhas des 1. Jhs. aus Afghanistan und Pakistan bis zu späteren buddhistischen Kunstwerken aus Zentralasien, China und Japan.

Weitere Schwerpunkte sind z. B. die südostasiatischen Plastiken im Erdgeschoss (mit der weltgrößten Sammlung von Khmer-Kunst außerhalb Kambodschas), die nepalesischen und tibetischen Bronzen und Mandalas und die umfangreiche China-Sammlung – von Tuschezeichnungen und Kalligrafie bis zu Grabfiguren und frühen Bronzen.

Ein Teil der Sammlung, der vor allem aus buddhistischen Gemälden und Skulpturen besteht, ist in dem nahen **Panthéon Bouddhique** (Karte S. 410; 19 av. d'Iéna, 16e; ⊙Mi–Mo 10–17.45, Garten bis 17 Uhr) GRATIS untergebracht. Dort gibt es auch einen unbedingt sehenswerten japanischen Garten.

NICHT VERSÄUMEN

- ➜ Afghanistan-Sammlung
- ➜ Südostasiatische Plastiken
- ➜ China-Sammlung
- ➜ Galeries du Panthéon Bouddhique

PRAKTISCH & KONKRET

- ➜ Karte S. 410
- ➜ www.museeguimet.fr
- ➜ 6 place d'Iéna, 16e
- ➜ Erw./Kind 7,50 €/frei
- ➜ ⊙Mi–Mo 10–18 Uhr
- ➜ Ⓜ Iéna

MUSÉE D'ART MODERNE DE LA VILLE DE PARIS
KUNSTMUSEUM

Karte S. 410 (www.mam.paris.fr; 11 av. du Président Wilson, 16e; ⊙Di, Mi, Fr–So 10–18, Do 10–22 Uhr; Ⓜ Iéna) GRATIS Die Dauerausstellung der städtischen Museums für moderne Kunst umfasst Werke aus nahezu jeder wichtigen Kunstströmung des 20. und des beginnenden 21. Jhs.: Modigliani, Matisse, Braque und Soutine sind u. a. vertreten. Das Highlight ist der Raum mit Bildern von Dufy und Bonnard. Sehenswert sind auch die innovativen Wechselausstellungen (Eintritt).

FONDATION PIERRE BERGÉ-YVES SAINT LAURENT
MUSEUM

Karte S. 410 (www.fondation-pb-ysl.net; 3 rue Léonce Reynaud, 16e; Erw./Kind 7/5 €; ⊙Di–So 11–18 Uhr; Ⓜ Alma Marceau) Die Stiftung, die Andenken und Werk des legendären Couturiers bewahrt, richtet Sonderausstellungen zu Mode- und Kunstthemen aus.

MUSÉE DE LA MODE DE LA VILLE DE PARIS
MUSEUM

Karte S. 410 (www.galliera.paris.fr; 10 av. Pierre 1er de Serbie, 16e; Erw./Kind 8 €/frei; ⊙Di, Mi, Fr–So 10–18, Do 10–21 Uhr; Ⓜ Iéna) Das Modemuseum der Stadt Paris im Palais Gallie-

ra aus dem 19. Jh. verwahrt rund 100 000 Kleidungsstücke und Accessoires wie Spazierstöcke, Schirme, Fächer und Handschuhe aus der Zeit des 18. Jhs. bis heute. Schon das prächtige Gebäude im italienischen Stil und die Gartenanlage aus der Mitte des 19. Jhs. lohnen den Besuch. Die Wechselausstellungen sind immer hochkarätig.

GALERIE-MUSÉE BACCARAT
MUSEUM

Karte S. 410 (www.baccarat.com; 11 place des États-Unis, 16e; Erw./Kind 7 €/frei; ⊙Mo & Mi–Sa 10–18 Uhr; Ⓜ Boissière oder Kléber) Das Interieur des glamourösen Museums wurde von Philippe Starck im Rokokostil gestaltet. Es zeigt 1000 phänomenale Kristallglasarbeiten, von denen viele im Auftrag von Fürsten und Diktatoren ehemaliger Kolonien angefertigt wurden. Außerdem beherbergt es ein hervorragendes Restaurant namens – wer hätte es gedacht? – Le Cristal Room.

LA FLAMME DE LA LIBERTÉ
DENKMAL

Karte S. 410 (place de l'Alma, 8e; Ⓜ Alma Marceau) Die Bronzeskulptur – eine Kopie der Flamme, welche die Fackel der New Yorker Freiheitsstatue krönt – wurde 1987 als Symbol der Freundschaft zwischen Frankreich und den USA aufgestellt. Noch bekannter als das Denkmal ist der Ort, an dem es steht: In dem Tunnel unter der Place d'Alma ereignete sich am 31. August 1997 der Verkehrsunfall, bei dem Prinzessin Diana ums Leben kam. Zahlreiche Graffitis erinnern an „Lady Di".

MUSÉE DE LA MARINE   SCHIFFFAHRTSMUSEUM
Karte S. 410 (Marinemuseum; www.musee-marine.fr; 17 place du Trocadéro et du 11 Novembre, 16e; Erw./Kind 8,50 €/frei; ⊘Mi–Mo 11–18, Sa–So bis 19 Uhr; MTrocadéro) Das Schifffahrtsmuseum im Westflügel des Palais de Chaillot informiert über die Geschichte der französischen Seefahrt vom 17. Jh. bis heute und besitzt eine der tollsten Modellschiff-Sammlungen der Welt sowie alte Galionsfiguren, Kompasse, Sextanten, Fernrohre und Gemälde. Die Wanderausstellungen kosten extra.

MUSÉE DE L'HOMME   MUSEUM
Karte S. 410 (Museum der Menschheit; www.museedelhomme.fr; 17 place Trocadéro, 16e; MPassy oder léna) Auch dieses Museum befindet sich im Westflügel des Palais de Chaillot. Es wurde 1937 eröffnet und widmet sich der Entwicklung der Menschheit und der Anthropologie. Die abwechslungsreiche Sammlung umfasst alles von Cro-Magnon-Fossilien bis zur *Vénus de Lespugue,* einem der ältesten Kunstwerke des Paläolithikums. Unter dem erstaunlichen Dach aus Glas und Stahl von 1878 kommen die Exponate wunderbar zur Geltung. Derzeit wird renoviert; die Wiedereröffnung ist für Ende 2015 angesetzt.

AQUARIUM DE PARIS CINÉAQUA   AQUARIUM
Karte S. 410 (www.cineaqua.com; av. des Nations Unies, 16e; Erw./Kind 20,50/16 €; ⊘10–19 Uhr; MTrocadéro) An Regentagen ein brauchbares Ziel für einen Familienausflug! Das Aquarium von Paris liegt im östlichen Teil der Jardins du Trocadéro. Außer einem Haifischbecken und rund 500 Fischarten gibt es hier drei Kinos, in denen Filme in französischer Sprache mit Untertiteln gezeigt werden. Manche haben einen Bezug zum Thema Meer. Wer die Eintrittskarte des nahe gelegenen Musée de la Marine vorzeigt, kommt günstiger ins Aquarium (Erw./Kind 16,40/10,40 €).

MAISON DE BALZAC   MUSEUM
Karte S. 410 (www.balzac.paris.fr; 47 rue Raynouard, 16e; ⊘Di–So 10–18 Uhr; MPassy oder Avenue Président Kennedy) GRATIS In dem hübschen dreistöckigen Bau lebte und wirkte Honoré de Balzac (1799–1850), der große französische Autor des Realismus, von 1840 bis 1847. Hier überarbeitete er seinen Romanzyklus *La Comédie Humaine*. Zu sehen sind eine Menge Erinnerungsstücke, Briefe, Kupferstiche und Porträts – ein Traum für eingefleischte Balzac-Fans.

MUSÉE DU VIN   MUSEUM
Karte S. 410 (☎01 45 25 63 26; www.museeduvinparis.com; 5 sq Charles Dickens, 16e; Erw./Kind 10 €/frei; ⊘Di–So 10–18 Uhr; MPassy) Das Weinmuseum ist zugleich Hauptsitz der renommierten Fédération Internationale des Confréreries Bachiques (Internationaler Verband der Weinbruderschaften). Es bietet anhand von Modellen und Geräten eine Einführung in die hohe Kunst der Weinherstellung. Zum Abschluss des Besuchs kann man sich ein Gläschen AOP-Wein (5 €) genehmigen oder an einem zweistündigen Verkostungsseminar (63 €) teilnehmen. Wer im angrenzenden Restaurant (Di–Sa 12–15 Uhr) zu Mittag isst, kommt umsonst ins Museum.

⊙ La Défense

Das Pariser Büroviertel in der westlichen Vorstadt ist ein faszinierendes Ziel für Architekturfans. Nirgendwo sonst in Paris wird man Hochhäuser zu sehen bekommen. Seit dem Baubeginn in den 1950er-Jahren sind hier einige außergewöhnliche Repräsentationsbauten entstanden.

GRANDE ARCHE DE LA DÉFENSE   WAHRZEICHEN
(1 Parvis de la Défense; MLa Défense) Das Wahrzeichen von La Défense ist der „Große Bogen" aus weißem Marmor, ein markanter Bau in Form eines ausgehöhlten Würfels. Das Bauwerk aus den 1980er-Jahren beherbergt heute Büros von Behörden, Unternehmen und Institutionen. Es bildet das westliche Ende der *axe historique* (historische Achse); allerdings hat der dänische Architekt Johan Otto von Spreckelsen den Bau absichtlich ein wenig aus der Fluchtlinie gedreht. Leider kann man weder hineingehen noch auf das Dach hinaufgelangen.

MUSÉE DE LA DÉFENSE   MUSEUM
(www.ladefense.fr; 15 place de la Défense; MLa Défense) GRATIS Das Museum informiert mit Zeichnungen, Bauplänen und maßstabs-

getreuen Modellen über die Entstehung des Stadtteils und seine Architektur. Die Renovierungsarbeiten sollen noch bis 2015 andauern.

 **ESSEN**

Neben den Lokalen im 16. Arrondissement sind auch die vielen Restaurants von Les Invalides und der quirlige Markt auf der Rue Cler im 7. Arrondissement nur einen kurzen Fußweg vom Eiffelturm entfernt. Lust auf ein Picknick? Immer dem Strom der Büroangestellten zur Rue de Chaillot folgen. Wenn es ein unvergessliches Erlebnis sein soll, speist man am besten in einem der Eiffelturm-Restaurants.

MARCHÉ PRÉSIDENT WILSON   MARKT €
Karte S. 410 (av. du Président Wilson, 16e; ⊗Mi & Sa 7–14.30 Uhr; Miéna oder Alma Marceau) Der Markt erstreckt sich gegenüber dem Palais de Tokyo unter freiem Himmel und ist der geeignetste im Viertel.

LES DEUX ABEILLES   TEESTUBE €
Karte S. 410 (⊠01 45 55 64 04; 189 rue de l'Université, 7e; Mittagsmenü 22 €, Salate 14–18 €; ⊗9–19 Uhr; MAlma oder Champ de Mars–Tour Eiffel) Es gibt kaum einen schöneren Zufluchtsort vor den Menschenmassen am Eiffelturm als diese altmodische, elegante Teestube. Das Mutter-Tochter-Gespann begrüßt die Stammgäste mit *bisous* (Küsschen) links und rechts. Abgesehen von selbstgebackenen Kuchen und Obsttorten sowie hausgemachter *citronnade* (Limonade) sorgen auch Quiches und Salate dafür, dass um 13 Uhr sämtliche Tische in den „Zwei Bienen" besetzt sind. Frühstück und Brunch werden ebenfalls serviert.

CHOUX D'ENFER   PATISSERIE €
Karte S. 458 (⊠01 47 83 26 67; Ecke rue Jean Rey & quai Branly, 15e; 1 Beutel süße/herzhafte choux (Brandteiggebäck) 5/7 €, mit Cremefüllung 6–17 €; ⊗10–20 Uhr; MBir-Hakeim oder RER-Haltestelle Champ de Mars–Tour Eiffel) Dieser Kiosk steht für eine Art Revolution des Straßensnacks. Er geht auf das Konto der Top-Köche Alain Ducasse und Christophe Michalak und versorgt die Kundschaft mit

---

 **HIGHLIGHT**
MUSÉE MARMOTTAN MONET

Das kleine Museum im ehemaligen Jagdhaus (oder eher Jagdschloss) des Duc de Valmy hütet die weltweit größte Gemälde- und Skizzensammlung von Claude Monet. Sie reicht von Gemälden wie *Impression, Soleil levant* (1873), das dem Impressionismus seinen Namen bescherte, und *Promenade près d'Argenteuil* (1875) über zahlreiche Seerosenstudien bis zum abstrakteren Spätwerk des beginnenden 19. Jhs. – ein spannender, wenn auch nicht erschöpfender Querschnitt seiner Arbeit. Einige besonders beachtenswerte Meisterwerke: *La Barque* (1887), *Cathédrale de Rouen* (1892), *Londres, le Parlement* (1901) und die diversen *Nymphéas* (Seerosenbilder). Viele der Letzteren waren kleinere Studien für Gemälde, die heute im Musée de l'Orangerie (S. 121) hängen.

Im Untergeschoss oder im 1. Obergeschoss werden oft ausgezeichnete Sonderausstellungen gezeigt, die im Eintrittspreis enthalten sind. Außerdem sind Gemälde von Renoir, Pissarro, Gauguin und Morisot sowie eine Sammlung hübscher Miniaturen aus dem 15. und 16. Jh. zu bewundern, die sich irgendwie hierher verirrt haben.

NICHT VERSÄUMEN

➜ *Impression, Soleil levant*
➜ *Promenade près d'Argenteuil*
➜ *Londres, le Parlement*
➜ Miniaturen-Sammlung

PRAKTISCH & KONKRET

➜ Karte S. 410
➜ ⊠01 44 96 50 33
➜ www.marmottan.com
➜ 2 rue Louis Boilly, 16e
➜ Erw./Kind 10/5 €
➜ ⊗Di–So 10–18, Do bis 20 Uhr
➜ MLa Muette

BOIS DE BOULOGNE

Der 845 ha große **Bois de Boulogne** (bd. Maillot; Ⓜ Porte Maillot) verdankt seinen naturnahen Charakter Baron Haussmann, der hier im 19. Jh. nach dem Vorbild des Londoner Hyde Park 400 000 Bäume pflanzen ließ. Neben mehreren Grünanlagen und weiteren Attraktionen bietet der Park auch 15 km Rad- und 28 km Reitwege, die durch 125 ha Waldgebiet führen.

Achtung: Nach Einbruch der Dunkelheit ist der Bois de Boulogne eine reine Erwachsenen-Spielwiese, vor allem entlang der Allée de Longchamp, die vom Étang des Réservoirs (Sammelteich) nach Nordosten verläuft. Hier gehen Prostituierte jeder Art auf Kundenfang.

Zum Bois de Boulogne fahren die Métrolinien 1 (Porte Maillot, Les Sablons), 2 (Porte Dauphine), 9 (Michel-Ange–Auteuil) und 10 (Michel-Ange–Auteuil, Porte d'Auteuil) sowie die RER-Linie C (Avenue Foch, Avenue Henri Martin). Es gibt Vélib'-Stationen in der Nähe der meisten Parkeingänge, aber nicht im Park selbst.

➜ **Jardin d'Acclimatation** (www.jardindacclimatation.fr; av. du Mahatma Gandhi) Familien lieben den Vergnügungspark am nördlichen Rand des Bois de Boulogne mit Blumen, Schaukeln, Karussells und Spielplätzen für alle Altersgruppen (im Eintritt inbegriffen). Außerdem werden (extra kostenpflichtig) Puppenspiele, Bootsfahrten und Ponyreiten geboten, es gibt verschiedene Fahrgeschäfte, einen kleinen Wasserpark und einen Touristenzug.

➜ **Le Chalet des Îles** (Karte S. 410; ☎ 01 42 88 04 69; Carrefour du Bout des Lacs; 30/60/90/120 Min. 6/10/15,50/19 €, plus 50 € Pfand; ☉ Mitte Feb.–Okt. Mo–Fr 12–17, Sa–So 10–18 Uhr; Ⓜ Av. Henri Martin) In einem altmodischen Ruderboot auf dem Lac Inférieur, dem größten See im Bois de Boulogne, zu treiben, ist sehr romantisch und wunderbar entspannend.

➜ **Parc et Château de Bagatelle** (rte. de Sèvres à Neuilly, 16e; Nov.–April frei, Juni–Okt. Erw./Kind 5/2 €; ☉ 9.30–20 Uhr, im Winter kürzere Öffnungszeiten; Ⓜ Porte Maillot) Die abgezäunte Gartenanlage, die aufgrund einer Wette zwischen Marie Antoinette und dem Comte d'Artois entstand, umgibt das **Château de Bagatelle** (rue de Sèvres à Neuilly; Erw./Kind 6 €/frei; ☉ April–Okt. Führungen Sa & So 15 Uhr) aus dem 18. Jh. Es wurde für den jüngeren Bruder von Ludwig XVI. errichtet. Im Mai blühen die Schwertlilien, von Juni bis Oktober die Rosen, aber am schönsten anzusehen sind wohl die Seerosen (Blüte im August).

➜ **Pré Catelan** (Katalanische Wiese; rte. de Suresnes, 16e; ☉ 9.30–20 Uhr, Jardin Shakespeare 14–16 Uhr, im Winter kürzere Öffnungszeiten; Ⓜ Ranelagh) `GRATIS` In diesem Parkbereich liegt u. a. der Jardin Shakespeare mit Blumen, Bäumen und anderen Pflanzen, die in Shakespeare-Stücken erwähnt werden. Ein netter Programmpunkt: die Vorführungen auf der kleinen Open-Air-Bühne (im Sommer).

➜ **Jardin des Serres d'Auteuil** (av. de la Porte d'Auteuil, 16é; ☉ im Sommer 8–20.30 Uhr, sonst kürzere Öffnungszeiten; Ⓜ Porte d'Auteuil) In der Südostecke des Bois de Boulogne befindet sich eine 1898 eröffnete Gartenanlage mit mehreren imposanten Treibhäusern, in denen zahlreiche Tropenpflanzen gedeihen.

➜ **Stade Roland Garros-Musée de la Fédération Française de Tennis** (www.fft.fr; 2 av. Gordon Bennett, 16e; Erw./Kind 10,50/8,50 €, mit Stadionbesuch 15,50/10,50 €; ☉ Mi, Fr–So 10–18 Uhr; Ⓜ Porte d'Auteuil) Das ungewöhnlichste Tennismuseum der Welt zeichnet die 500-jährige Geschichte des Sports anhand von Gemälden, Skulpturen und Plakaten nach. Stadionführungen um 11 und 15 Uhr auf Englisch, um 14 und 17 Uhr auf Französisch; Teilnahme nur nach Reservierung.

➜ **Fondation Louis Vuitton** (www.fondationlouisvuitton.fr; av. du Mahatma Gandhi, 16e) Ähnlich aufregend wie die hochkarätigen Werke, die in diesem umwerfenden Zentrum für moderne Kunst ausgestellt sind, ist die „Eisberg"-Architektur von Frank Gehry mit zwölf wogenden Segeln aus 3600 Glasplatten.

choux (Brandteiggebäck, wie Windbeutel) in braunen Papiertüten. Die herzhafte Version besteht aus neun *choux salées*, gewürzt mit Pfeffer, Curry oder Kreuzkümmel. Wer es gern süß hat, kann sich *chouquettes* mit Mandeln, Kakao, Kaffee, Zitrone oder Vanille (mit oder ohne Cremefüllung) bestellen.

LA MASCOTTE BRASSERIE €

Karte S. 410 (☎01 40 36 03 86; 4 av. du Président Wilson, 16e; Hauptgerichte 14–19 €; ☺7.30–24 Uhr; Ⓜ Alma Marceau) In einer Gegend, die nicht eben für ihre günstigen Restaurants bekannt ist, ist es kein Wunder, dass diese nette Eckbrasserie mit sonniger Terrasse brummt. In der Küche werden Salate zubereitet, die als Hauptgericht herhalten können, sowie Steaktartar und andere typische Kneipengerichte. Am frühen Abend fällt die Feierabendmeute ein. Das Zwischengeschoss ist mit seinen Sitzplätzen mit Kissen und den Bücherregalen besonders gemütlich.

★ HUGO DESNOYER METZGER €€

Karte S. 410 (☎01 46 47 83 00; www.hugo desnoyer.fr; 28 rue du Docteur Blanche, 16e; Menü 50 €, Hauptgerichte 16–32 €; ☺Di–Fr 7–20, Sa 7–19.30 Uhr; Ⓜ Jasmin) Hugo Desnoyer ist der berühmteste Metzger der Stadt. Die „Reise" zu seinem Geschäft im 16. Arrondissement lohnt sich! Entweder schafft man es bis 12 Uhr hierhin oder man reserviert einen Tisch, um ein wahres *table d'hôte*-Fest-

---

INSIDERWISSEN

KUNST IN LA DÉFENSE

La Défense ist nicht nur ein Büroviertel, sondern auch eine Art Kunstgalerie unter freiem Himmel. Calder, Miró, Agam, César, Torricini und andere Künstler und Künstlerinnen aus aller Welt schufen die bunten, oft verblüffenden Skulpturen und Wandbilder entlang der 1 km langen Hauptpromenade. Eine Karte und sehr gute Broschüren mit Spaziergängen zu den Kunstwerken und Grünflächen sind im *kiosque* **Info Défense** (☎01 47 74 84 24; www.ladefense.fr; place de la Défense; ☺Mo–Fr 9–18, Sa & So 10–17 Uhr; Ⓜ La Défense) erhältlich, neben dem bogenförmigen CNIT-Gebäude an der Hauptpromenade.

---

mahl mit selbstgemachten Terrinen, Quiches, Foie gras und Aufschnitt gefolgt von den feinsten Fleischgerichten, die Paris zu bieten hat, zu vertilgen. 2015 soll eine neue Dependance aufmachen.

LE PETIT RÉTRO BISTRO €€

Karte S. 410 (☎01 44 05 06 05; www.petit retro.fr; 5 rue Mesnil, 16e; Hauptgerichte 17–26 €, 2-/3-Gänge-Menüs 25/29 €; ☺Mo–Mi 12–14.30 & 19–22.30, Do–Sa bis 23 Uhr; Ⓜ Victor Hugo) Vom prächtigen „Petit Rétro"-Schriftzug der Theke bis zu den folkloristischen Jugendstilkacheln an der Wand ist das altmodische Bistro eine Augenweide. Die Küche ist klassisch französisch: Es gibt Blutwurst, *blanquette de veau* (Kalbsfrikassee) und *oreilles de cochon* (Schweineohren). Köstlich.

TOKYO EAT FUSIONSKÜCHE €€

Karte S. 410 (☎01 47 20 00 29; www.palaisde tokyo.com; Palais de Tokyo, 13 av. du Président Wilson, 16e; Hauptgerichte 15–28 €; ☺Mi–Di 12–2 Uhr; Ⓜ léna) Im Lokal des progressiven Kunstmuseums Palais de Tokyo regiert der Industriechic, mit knallbunten „Ufos" über den Tischen und wechselnden Kunstpräsentationen an den Wänden. Die Küche ist unberechenbar und spannend; geboten wird alles Mögliche von Hühnchencurry, auf einem Bananenblatt serviert, bis zu karamellisiertem Chicorée. Hin und wieder legen DJs auf.

MONSIEUR BLEU MODERN FRANZÖSISCH €€

Karte S. 410 (☎01 47 20 90 47; www.monsieur bleu.com; Palais de Tokyo, 20 av. de New York, 16e; Hauptgerichte 15–20 €; ☺12–2 Uhr; Ⓜ Alma Marceau) Seit der Eröffnung 2013 hat das coole, modebewusste Pariser Designervolk das Monsieur Bleu zu einem „In"-Lokal erkoren. Eine ganze Menge spricht für das niedliche Restaurant im Palais de Tokyo: Die Inneneinrichtung trägt den Stempel von Joseph Dirand, die Gerichte aus saisonalen Zutaten schmecken hervorragend und von der Sommerterrasse eröffnet sich ein Blick auf den Eiffelturm. Nur mit Reservierung.

58 TOUR EIFFEL BRASSERIE €€

Karte S. 410 (☎01 45 55 20 04; www.restaurants-toureiffel.com; 1. Etage, Eiffelturm, Champ de Mars, 7e; 2-/3-Gänge-Mittagsmenü 21/26 €, Menü abends 66/75 €; ☺11.30–16.30 & 18.30–23 Uhr; Ⓜ Bir Hakeim oder RER-Haltestelle Champ de Mars–Tour Eiffel) Wer unbedingt einmal im Eiffelturm speisen möchte, sollte einen

INSIDERWISSEN

RUE DE CHAILLOT: SANFT ZUM PORTEMONNAIE, PERFEKT FÜR PICKNICKER

In einem Teil der Stadt, in dem sich vor allem Bürogebäude befinden und die Ess-optionen ziemlich teuer sind, haben die Pariser einen preiswerten Plan B aufgetan: Mittags pilgern sie zur Rue de Chaillot, um sich dort köstliches Essen zum Mitnehmen einpacken zu lassen. Das ist genau richtig für ein Picknick, z. B. auf der von Kastanien bestandenen Place des États-Unis, an der Seine oder in der Grünanlage des Musée du Quai Branly.

Hier unsere drei Lieblingsadressen:

→ **Mes Bocaux** Karte S. 410 (www.mesbocaux.fr; 37 rue Marceau, 8e; MAlma Marceau) Chefkoch Marc Veyrat stammt aus Savoyen. Seitdem er seine kleine Flotte schicker, schwarzer Transporter auf die Straßen von Paris geschickt hat, ist das klassische „Gericht zum Mitnehmen" nicht mehr, was es mal war. Die Gourmetsandwiches und Hauptgerichte vor 12 Uhr online bestellen und dann am Wagen (Food Truck) abholen. Dem Eiffelturm am nächsten gelegen ist der Transporter vor der Apotheke in der 37 rue Marceau, Ecke Rue de Chaillot. Er steht ab 11.50 Uhr bereit. Das Essen ist genauso kreativ, wie man es von einem ehemaligen Michelin-Sternekoch erwartet. Veyrats Sandwich „21. Jahrhundert" ist ein kulinarisches Wunder mit Schinken, geriebener Karotte, Kreuzkümmel, Parmesan und einem hauchzarten Scheibchen Schokolade.

→ **Traiteur Jegado** Karte S. 410 (✆01 47 20 23 83; www.traiteur-jegado.fr; 45 rue de Chaillot, 16e; Salate & Vorspeisen 13–16 €/kg, Hauptgerichte 16–28 €/kg; ⏱Mo–Fr 12–14 Uhr; MAlma Marceau oder George V) Auf dem Schild des gut besuchten *traiteur* (Caterer) steht einfach nur *plats cuisinés* (warme Gerichte). Wie genial die sind, davon zeugt auch die Warteschlange, die sich zur Mittagszeit die halbe Straße hinunterwindet. Die köstlichen Salate, Vorspeisen und warmen Gerichte werden in der einfachen Küche zubereitet und dann zum Mitnehmen eingepackt. Wer nicht anstehen möchte, bestellt online vor.

→ **Malitourne** Karte S. 410 (✆01 47 20 52 26; www.patisserie-malitourne.com; 30 rue de Chaillot, 16e; ⏱Mo–Fr 7.30–19.30, Sa 8–13 Uhr; MAlma Marceau) Das Beste zum Schluss! Als Nachtisch gibt's was Süßes von diesem tollen kleinen *pâtissier, choco-latier* und *traiteur*, der seit 1976 sehr erfolgreich läuft. Ein besonderes Extra ist der Unterhaltungsfaktor: Durch das große Fenster der „Straßenküche" kann man den Schokoladenkünstlern bei der Arbeit zusehen.

Tisch im 58 Tour Eiffel reservieren. Auch wenn hier weder Kaviar noch schwarze Trüffeln kredenzt werden wie im Sterne-restaurant eine Etage höher, hat Alain Ducasse doch unträglich Spuren auf der Speisekarte hinterlassen. Definitiv besser als eine 08/15-Cafeteria.

LES OMBRES MODERN FRANZÖSISCH €€€
Karte S. 410 (✆01 47 53 68 00; www.lesombres-restaurant.com; 27 quai Branly, 7e; 2-/3-Gänge-Menü 32/42 €, Menü abends 68 €, Hauptgerichte 32–44 €; ⏱12–14.15 & 19–22.20 Uhr; Miéna oder RER-Haltestelle Pont de l'Alma) Die Sonnenstrahlen malen zackige Muster auf das verglaste Dachrestaurant im 5. Stock des Musée du Quai Branly, wenn sie durch die Gitterkonstruktion des Eiffelturms fallen – daher rührt der Name „Die Schat-

ten". Der tolle Blick auf das monumentale Bauwerk wird durch Leckerbissen wie Gambas mit schwarzem Reis und Fenchel oder Weinbergschnecken aus der Pfanne in Brunnenkressesoße ergänzt. Unbedingt reservieren.

LE JULES VERNE STERNEKÜCHE €€€
Karte S. 410 (✆01 45 55 61 44; www.lejules verne-paris.com; 2. Etage, Eiffelturm, Champ de Mars, 7e; Menü mittags/abends 98/185–230 €; ⏱12–13.30 & 19.30–21.30 Uhr; MChamp de Mars–Tour Eiffel oder Bir Hakeim) Wer in diesem Sternerestaurant speisen möchte, muss vorab reservieren (nur online möglich). Die schönste Aussicht auf Paris ist inklusive – die 2. Etage des Eiffelturms ist ein wahrhaft magischer Ort. Zu essen gibt es moderne Gerichte in Form eines fünf-

oder sechsgängigen „Erlebnis"-Menüs, das einem ermöglicht, das Beste aus der gastronomischen Trickkiste von Chefkoch Pascal Féraud zu probieren.

AUSGEHEN & NACHTLEBEN

Auch wenn der abends beleuchtete Eiffelturm ein echter Hingucker ist, ist das 16. Arrondissement in erster Linie ein Wohnviertel, sprich: Nach Einbruch der Dunkelheit steppt hier nicht gerade der Bär. Etwas mehr los ist rund um das Palais de Tokyo; die Bars und Cafés von St-Germain sind auch nur einen kurzen Fußmarsch entfernt.

⭐ **ST JAMES PARIS**   BAR

Karte S. 410 (☏01 44 05 81 81; www.saint-james-paris.com; 43 rue Bugeaud, 16e; Getränke 15–25 €, So Brunch 65 €; ☺19–23 Uhr; ☎; Ⓜ Porte Dauphine) Das St James ist „nur" eine Hotelbar, aber was für eine! Hinter einer Mauer mit Portal verbirgt sich ein Herrenhaus, dessen Bar auch Nichtgästen ab 19 Uhr (und zum Sonntagsbrunch) zugänglich ist. Das Ambiente ist höchst außergewöhnlich. Im Winter kehrt man in der Bibliothek ein, im Sommer in dem geradezu unfassbar romantischen Garten.

BÔ ZINC CAFÉ   CAFÉ, BAR

Karte S. 410 (☏01 42 24 69 05; 59 rue Mozart, 16e; ☺8–24 oder 2 Uhr; Ⓜ Ranelagh) Das Bô Zinc ist eins dieser phantastischen Mischwesen. Hinter der salbeigrünen Fassade oder auf der belebten Terrasse auf dem Gehsteig treffen sich die Einheimischen zu einem Kaffee, Tee oder Feierabend-Cocktail. Gesessen wird dabei auf Bistrostühlen oder in Sesseln, während Palmen drinnen wie draußen einen Hauch von Tropenflair schaffen. Überdies schmeckt das Essen (bis 23 Uhr) hervorragend!

CAFÉ BRANLY   CAFÉ

Karte S. 410 (27 quai Branly, 7e; ☺Di, Mi & So 9.30–18, Do, Fr & Sa bis 20 Uhr; Ⓜ Pont de l'Alma oder Iéna) Das zwanglosere Lokal des Musée du Quai Branly bietet einen grandiosen Nahblick auf den Eiffelturm und hochwertige Caféкost wie Salat mit Foie gras und *croque monsieur* in XL-Version, die man sich gut bei ein oder zwei Ge-

tränken zu Gemüte führen kann. Auch die Lage im modernistischen Museumsgarten ist genial.

UPPER CRÈMERIE   CAFÉ, BAR

Karte S. 410 (☏01 40 70 93 23; 71 av. Marceau, 16e; ☺12–1 Uhr; Ⓜ Kléber oder George V) Während der Mittagspause und nach Feierabend zieht es gut gekleidete Angestellte aus den umliegenden Bürogebäuden an die Tische auf dieser sonnengeküssten Terrasse. Die Mischung aus Café und Cocktailbar ist eine angesagte Adresse. Die Cocktails (und das Essen) sind makellos. Trendbewusste wird spätestens die Innenausstattung (blaue Sofas, Neonbeleuchtung) davon überzeugen, dass der Laden alles andere als traditionell pariserisch ist.

UNTERHALTUNG

YOYO   LIVEMUSIK, KINO

Karte S. 410 (www.yoyo-paris.com; Palais de Tokyo, 13 av. du Président Wilson, 16e; ☺variiert; Ⓜ Iéna oder Alma Marceau) Ein Garant für eine tolle Nacht. In einem modernen Ambiente im Palais de Tokyo finden Street-Art-Ausstellungen, Livekonzerte, Clubbing-Nächte und Filmvorführungen statt.

LES MARIONNETTES DU CHAMP DE MARS   PUPPENTHEATER

Karte S. 410 (☏01 48 56 01 44; http://guignol duchampdemars.centerblog.net; Allée du Général Margueritte, 7e; Eintritt 3,50 €; Ⓜ École Militaire) Ein klassisches französisches Vergnügungsangebot für Kinder ist das Marionettentheater des Champ de Mars. Die Vorführungen (gewöhnlich mittwochs, am Wochenende und während der Schulferien) sind auf Französisch, aber Spaß hat man auch, wenn man die Sprache nicht versteht. Die genauen Zeiten stehen auf der Webseite.

SHOPPEN

PATRICK ROGER   SCHOKOLADE

Karte S. 410 (☏01 45 01 66 71; www.patrick roger.com; 45 av. Victor Hugo, 16e; ☺Mo–Sa 10.30–19.30 Uhr; Ⓜ Kléber) Die „Schokoskulpturen" von Patrick Roger sind außergewöhnlich – und oft auch gewaltig (80 kg und schwerer)! Entsprechend groß werden die Augen, wenn man seinem schicken Laden einen Besuch abstattet. Bescheidenere Portionen, z. B. als Mitbringsel, mit Haps-großen Schokoladenstücken, Trüffeln, Früchten in Gelee oder Mandeln mit süßem Überzug in verschiedenen Geschmacksrichtungen (Vanille, Karamell, Whisky, korsische Orangen etc.) sind ebenfalls erhältlich und mindestens genauso hübsch anzusehen.

SPORT & AKTIVITÄTEN

STADE ROLAND GARROS   TENNIS
(www.billetterie.fft.fr; 2 av. Gordon Bennett, 16e, Bois de Boulogne; Ⓜ Porte d'Auteuil) Die French Open finden von Ende Mai bis Mitte Juni auf den Sandplätzen des Stade Roland Garros statt, das 16 500 Sitzplätze bietet.

HIPPODROME D'AUTEUIL   PFERDERENNEN
Karte S. 410 (www.france-galop.com; Champ de Courses d'Auteuil, 16e, Bois de Boulogne; Erw./ Kind 3 €/frei; Ⓜ Porte d'Auteuil) Auf der Pferderennbahn im Bois de Boulogne finden von März bis Juni und September bis Anfang Dezember Hindernisrennen statt.

PARC DES PRINCES   FUSSBALL
(www.leparcdesprinces.fr; 24 rue du Commandant Guilbaud, 16e; Ⓜ Porte de St-Cloud) Dies ist das Heimatstadion des Erstligisten Paris St-Germain.

Champs-Élysées & Grands Boulevards

CHAMPS-ÉLYSÉES | GRANDS BOULEVARDS

Highlights

❶ Den **Arc de Triomphe** (S. 96) erklimmen, um die *axe historique* vom Louvre bis nach La Défense zu überblicken.

❷ Im prächtigen Opernhaus **Palais Garnier** (S. 98) eine Vorstellung sehen oder eine Führung mitmachen.

❸ Eine kostenlose Modenschau im großartigen Art-nouveau-Kaufhaus **Galeries Lafayette** (S. 107) besuchen und die Aussicht vom Dach genießen.

❹ Bemerkenswerte Kunstausstellungen in Galerien wie dem **Grand Palais** (S. 98) anschauen.

❺ Über die **Champs-Élysées** (S. 98) bummeln – das gehört einfach zum Paris-Pflichtprogramm.

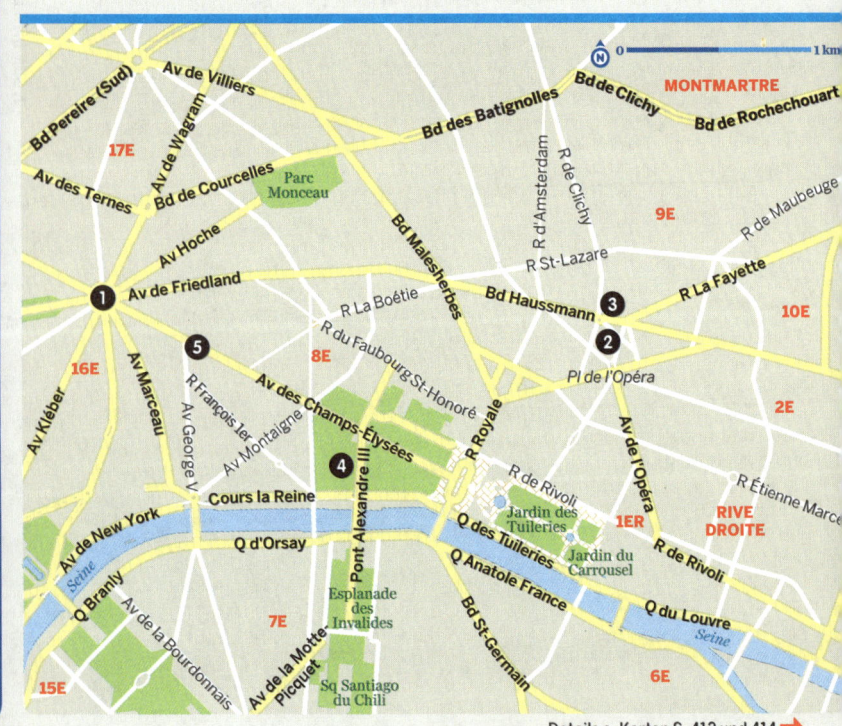

Details s. Karten S. 412 und 414

Rundgang: Champs-Élysées & Grands Boulevards

Die Champs-Élysées und die Grands Boulevards sind im geradezu bombastischen Maßstab angelegt. Die wichtigsten Besucherziele – Arc de Triomphe, Place de la Concorde, Place de la Madeleine und die Oper – sind durch majestätische Boulevards verbunden, an denen sich Bauten aus der Haussmann-Ära reihen.

Der monumentale Anblick mag zwar genug fürs Auge bieten, aber die wahre *raison d'être* des Bezirks sind die Edelboutiquen und eleganten Kaufhäuser. Dior, Chanel, Louis Vuitton – Fans der Haute Couture zieht es unwiderstehlich zum berühmten Triangle d'Or (Goldenes Dreieck) südlich der Champs-Élysées. Weiter östlich über die Grands Boulevards liegen die historischen *grands magasins* (Kaufhäuser) wie Le Printemps und Galeries Lafayette, die ein breiteres Sortiment an französischer Mode führen.

Die Gegend hat noch weit mehr zu bieten. Die Bauwerke der Weltausstellung von 1900 – zu denen außer dem Grand Palais und dem Petit Palais auch der Pont Alexandre III zählt – beherbergen heute eine Reihe ausgezeichneter Ausstellungen.

Traditionell gibt es auch ein gutes Unterhaltungsangebot, allen voran steht das berühmte Opernhaus aus dem 19. Jh., das Palais Garnier. Wer kein Französisch versteht, wird mit den renommierten Theatern nicht viel anfangen können. Dafür gibt es zahlreiche Konzertsäle – mit Programmen von Klassik bis Rock –, die von Musikfreunden aus aller Welt aufgesucht werden.

Lokalkolorit

➜ **Feinschmecker** Luxuswaren für Gourmets werden rund um die Place de la Madeleine (S. 103) verkauft.

➜ **Kunstgenuss** Die Pariser können nicht genug von Kunst kriegen und besuchen gern Museen wie die Pinacothèque (S. 101).

➜ **Parks** Beschaulichkeit bietet der winzige, versteckte Jardin de la Nouvelle France (S. 99).

Anfahrt

➜ **Métro & RER** Die Métrolinie 1 folgt dem Verlauf der Champs-Élysées, die Linien 8 und 9 fahren die Grands Boulevards an. Die RER-Linie A hält an den Stationen Auber (Opéra) und Charles de Gaulle–Étoile.

➜ **Fahrrad** Vélib'-Stationen gibt es in den Seitenstraßen der Champs-Élysées.

➜ **Boot** Die Haltestelle der Hop-on-Hop-off-Boote von Batobus an den Champs-Élysées befindet sich an der Ostseite des Pont Alexandre III.

Top-Tipp

Das allgemeine Preisniveau im 8. Arrondissement passt zur Haute Cuisine. Aber wer unter der Woche in einem der vornehmeren Restaurants zu Mittag isst, bekommt einen außergewöhnlichen Gaumenschmaus zum vergleichsweise günstigen Preis. Unbedingt reservieren.

 ### Gut essen

➜ Richer (S. 104)
➜ Le Hide (S. 102)
➜ Floquifil (S. 104)
➜ Bistrot La Bruyère (S. 104)
➜ Lasserre (S. 103)

Mehr dazu S. 102 ➜

 ### Gute Unterhaltung

➜ Palais Garnier (S. 106)
➜ Au Limonaire (S. 106)
➜ L'Olympia (S. 106)
➜ Salle Pleyel (S. 107)

Mehr dazu S. 106 ➜

 ### Schön shoppen

➜ Galeries Lafayette (S. 107)
➜ Le Printemps (S. 107)
➜ Triangle d'Or (S. 108)
➜ À la Mère de Famille (S. 107)
➜ Place de la Madeleine (S. 103)

Mehr dazu S. 107 ➜

ARC DE TRIOMPHE

Auch wenn Napoleons Truppen der Siegeszug durch den Arc de Triomphe versagt blieb, ist und bleibt der Triumphbogen das überragende Symbol des französischen Patriotismus. Das Grabmal des unbekannten Soldaten und die an den Innenwänden eingemeißelten Namen zahlreicher Generäle erinnern an jene, die ihr Leben für Frankreich ließen. Dass täglich so viele Besucher die schmale Wendeltreppe auf den Triumphbogen hinaufschnaufen, hat aber weniger mit Nationalbewusstsein als mit dem grandiosen Ausblick über die Dächer von Paris zu tun, der sich von der Aussichtsplattform bietet.

Napoleon gab das Bauwerk im Stil eines römischen Triumphbogens 1806 in Auftrag, dem Jahr nach seinem Sieg bei Austerlitz. Dieser Triumph schien die taktische Überlegenheit der französischen Streitmacht ein für alle Mal zu besiegeln. Doch nur ein knappes Jahrzehnt später war Napoleon entmachtet und sein Reich zerfallen. Der Bau des Arc de Triomphe wurde unterbrochen, aber nicht eingestellt. Immerhin hatte schon die Errichtung des Fundaments zwei Jahre gedauert. Nach einigem Hin und Her wurde der Bogen 1836 unter der wiederhergestellten Monarchie vollendet. Als Napoleons Leichnam 1840 nach Frankreich zurückkehrte, wurde er unter dem Triumphbogen hindurchgefahren, bevor man ihn im Invalidendom beisetzte.

Unter dem Bogen

Unterhalb des Bogens liegt das **Grabmal des unbekannten Soldaten**. Stellvertretend für 1,3 Mio. französische Soldaten, die im Ersten Weltkrieg ums Leben kamen, wurde er 1921 hier unter einer ewigen Flamme bestattet. Sie wird täglich um 18.30 Uhr neu entzündet.

NICHT VERSÄUMEN

➡ Grabmal des unbekannten Soldaten
➡ Multimedia-Ausstellung
➡ Aussichtsplattform

PRAKTISCH & KONKRET

➡ Karte S. 412
➡ www.monuments-nationaux.fr
➡ place Charles de Gaulle, 8e
➡ Erw./Kind 9,50 €/frei
➡ ⏰ April–Sept. 10–23 Uhr, Okt.–März bis 22.30 Uhr
➡ Ⓜ Charles de Gaulle–Étoile

Mehrere in den Boden eingelassene Bronzetafeln erinnern an bedeutende Momente der neueren französischen Geschichte, wie die Proklamation der Dritten Französischen Republik am 4. September 1870 oder die Rückkehr von Elsass-Lothringen unter französische Herrschaft am 11. November 1918. Am interessantesten ist die Tafel mit dem Text des berühmten Aufrufs zum Widerstand, den Charles de Gaulle am 18. Juni 1940 über die Londoner BBC an die Franzosen richtete: „Glaubt mir, der ich weiß, wovon ich spreche, und euch sage, dass Frankreich noch nicht verloren ist. Dieselben Mittel, mit denen wir besiegt wurden, können uns eines Tages den Sieg bringen. Denn Frankreich ist nicht allein!"

Reliefschmuck

Das Bauwerk ist mit vier Hochreliefgruppen, sechs Relieftafeln und einem umlaufenden Fries geschmückt. Sie wurden von verschiedenen Künstlern gestaltet. Am berühmtesten ist das von den Champs-Élysées aus gesehen rechte Hochrelief: *La Marseillaise* (Der Auszug der Freiwilligen 1792). Das Werk von François Rude zeigt Kämpfer jeden Alters, die sich unter den Flügeln der Siegesgöttin versammeln, um das Invasionsheer der Preußen und Österreicher zurückzuschlagen. Die Reliefs weiter oben illustrieren wichtige Siege der Revolutionsarmee und des kaiserlichen Heeres, von Ägypten bis Austerlitz. Der Fries gliedert sich in zwei Abschnitte: *Auszug der Armeen* und *Rückkehr der Armeen*. Sehenswert ist auch die Multimedia-Präsentation unterhalb der Aussichtsplattform mit Nahaufnahmen und historischen Details zu den Skulpturen.

Aussichtsplattform

Der Aufstieg über die 284 Stufen zur 50 m hohen Aussichtsplattform wird mit einem herrlichen Panoramablick über das westliche Paris belohnt. Von hier strahlen zwölf breite Prachtstraßen in alle Himmelsrichtungen aus. Viele von ihnen sind nach Siegen und berühmten Generälen der napoleonischen Armee benannt. Der Arc de Triomphe ist der höchste Punkt einer Linie von Baudenkmälern, die als *axe historique* (historische Achse) bezeichnet wird. Von ihm geht der Blick ostwärts die Champs-Élysées hinunter über den goldspitzigen Obelisken auf der Place de la Concorde bis zur Glaspyramide des Louvre und westwärts zum Hochhausviertel La Défense, wo die monumentale Grande Arche (Großer Bogen) den westlichen Abschluss der Achse bildet.

FLUGKÜNSTLER

Am 7. August 1919, drei Wochen nach der Siegesparade zum Ende des Ersten Weltkriegs, flog Charles Godefroy mit einem Doppeldecker durch die 14,5 m breite Bogenöffnung, um die französischen Kampfflieger zu ehren. Das war ein heikles Kunststück: Jean Navarre, der es ursprünglich ausführen sollte, stürzte bei einem Trainingsflug zu Tode.

Wem sein Leben lieb ist, sollte den unberechenbaren Kreisverkehr nicht überqueren! An der Nordseite der Champs-Élysées führen Treppen hinab zu Fußgängerunterführungen (nicht mit den Métrotunneln verbunden), die sicher und direkt zum Triumphbogen führen. Tickets für die Aussichtsplattform werden in der Unterführung verkauft.

PARADE ZUM NATIONAL-FEIERTAG

Die große Militärparade zum Nationalfeiertag (14. Juli) marschiert vom Arc de Triomphe los, der mit Trikoloren geschmückt wird.

⊙ SEHENSWERTES

⊙ Champs-Élysées

ARC DE TRIOMPHE
WAHRZEICHEN
Siehe S. 96

AVENUE DES CHAMPS-ÉLYSÉES
PRACHTSTRASSE

Karte S. 412 (8e; ⓜCharles de Gaulle–Étoile, George V, Franklin D Roosevelt oder Champs-Élysées–Clemenceau) Keine Reise nach Paris ist komplett ohne einen Bummel über diese breite, baumbestandene Avenue mit ihren Luxusgeschäften. Die Champs-Élysées, benannt nach den elysischen Gefilden (der „Himmel" in der griechischen Mythologie) wurden im 17. Jh. angelegt und gehören zur *axe historique,* die die Place de la Concorde mit dem Arc de Triomphe verbindet. Hier marschieren am Nationalfeiertag der Präsident und Soldaten entlang, hier hat die Tour de France ihre letzte Etappe und versammeln sich die Pariser zu organisierten oder spontanen Feiern.

PLACE DE LA CONCORDE
PLATZ

Karte S. 412 (8e; ⓜConcorde) Der größte Platz der Stadt ist das Zentrum von Paris, mit Blick auf den Eiffelturm, die Seine und über die Champs-Élysées. Der 3300 Jahre alte Obelisk aus rosa Granit war ein Geschenk Ägyptens 1831. Der Platz wurde 1755 angelegt und ursprünglich nach Ludwig XV. benannt. Aber diese königliche Verbindung führte auch zu der zentralen Rolle, die der Platz während der Revolution spielte – Ludwig XVI. war der Erste, der hier 1793 geköpft wurde.

Innerhalb von zwei Jahren verloren auf dem Platz weitere 1343 Menschen den Kopf, u. a. Marie Antoinette, Danton und Robespierre. Nach der Schreckensherrschaft bekam der Platz seinen heutigen Namen (Platz der Eintracht) in der Hoffnung, er werde zukünftig ein Ort des Friedens und der Harmonie sein. Die acht Frauenstatuen an den Platzecken verkörpern die ehemals größten Städte von Frankreich.

GRAND PALAIS
KUNSTMUSEUM

Karte S. 412 (www.grandpalais.fr; 3 av du Général Eisenhower, 8e; Erw./Kind 13/9 €; ⊙Di–Sa

---

⊙ HIGHLIGHT
PALAIS GARNIER

Von den Ballettbildern eines Edgar Degas über Gaston Leroux' *Phantom der Oper* bis zu Chagalls Deckengemälde haben im Lauf der Jahre viele Künstler und Geschichtenerzähler das Ihre zur dramatischen Aura des prunkvollen Opernhauses beigetragen. Es wurde 1860 von Charles Garnier entworfen, der damals noch ein unbekannter Architekt von 35 Jahren war. Der Bau war Teil des ehrgeizigen Stadtsanierungsprojekts von Baron Haussmann.

Tagsüber ist das Opernhaus für Besucher geöffnet. Ein Rundgang durch die Räume ist ein faszinierendes Erlebnis, sofern man nicht ohnehin eine Vorstellung hier besucht. Zu den Highlights gehören die Prunktreppe, das Bibliotheksmuseum und der hufeisenförmige Zuschauersaal mit den vergoldeten Schnörkeln und roten Samtsesseln. Über dem riesigen Kronleuchter illustriert das hinreißende Deckengemälde von Chagall (1964) Szenen aus 14 Opern.

Besucher können auf eigene Faust durch die Oper wandern oder an einer Führung teilnehmen, die an drei Tagen pro Woche auch auf Englisch angeboten wird. Das Personal rät, mindestens 30 Minuten vorher einzutreffen. Die aktuellen Zeiten sind der Webseite zu entnehmen.

NICHT VERSÄUMEN

➜ Prunktreppe
➜ Bibliotheksmuseum
➜ Deckengemälde von Chagall

PRAKTISCH & KONKRET

➜ Karte S. 414
➜ ☏08 25 05 44 05
➜ www.operadeparis.fr
➜ Ecke rue Scribe & rue Auber, 9e
➜ Ohne Führung Erw./Kind 10/6 €, mit Führung 14/12,50 €
➜ ⊙ohne Führung 10–17, bis 13 Uhr bei Matinéen, Führung nach Anmeldung
➜ ⓜOpéra

10–22, So & Mo bis 20 Uhr; ⓂChamps-Élysées-Clemenceau) Das Grand Palais wurde für die Weltausstellung 1900 erbaut. Heute beherbergt es unter seinem 8,5 t schweren Art-nouveau-Glasdach mehrere Ausstellungsbereiche. In den Galeries Nationales finden einige der größten Pariser Kunstausstellungen statt (z. B. zu Renoir, Chagall, Turner), die in der Regel drei bis vier Monate dauern. Die Öffnungszeiten, Eintrittspreise und Ausstellungstermine variieren von einer Galerie zur anderen. Die hier aufgeführten gelten im Allgemeinen für die Galeries Nationales, aber es ist immer ratsam, aktuelle Infos auf der Webseite nachzulesen. Tickets für Ausstellungen unbedingt rechtzeitig online reservieren.

Weitere Ausstellungsbereiche sind die Nef (Längsschiff), in der Konzerte, Kunstinstallationen, Kirmes- und Reitveranstaltungen stattfinden, und mehrere kleinere Galerien. Zurzeit werden bei laufendem Betrieb Renovierungen und Arbeiten zur Vergrößerung der Ausstellungsfläche durchgeführt. Großartig ist auch das Restaurant Mini Palais (S. 102).

PETIT PALAIS
KUNSTMUSEUM

Karte S. 412 (www.petitpalais.paris.fr; av Winston Churchill, 8e; Dauerausstellungen frei; ⏱Di–So 10–18 Uhr; ⓂChamps-Élysées-Clemenceau) `GRATIS` Wie das Grand Palais gegenüber wurde auch dieses architektonische Schmuckstück für die Weltausstellung 1900 gebaut. Heute ist hier das städtische Museum der schönen Künste untergebracht, das Musée des Beaux-Arts de la Ville de Paris. Es ist spezialisiert auf Kunstgegenstände des Mittelalters und der Renaissance, wie Porzellan, Uhren, Tapisserien und Zeichnungen, sowie französische Malerei und Bildhauerkunst des 19. Jhs. Außerdem gehören zur Sammlung Gemälde von u. a. Rembrandt, Colbert, Cézanne, Monet, Gauguin und Delacroix.

PALAIS DE LA DÉCOUVERTE
WISSENSCHAFTSMUSEUM

Karte S. 412 (www.palais-decouverte.fr; av Franklin D Roosevelt, 8e; Erw./Kind 9/6 €; ⏱Di–Sa 9.30–18, So 10–19 Uhr; ⓂChamps-Élysées-Clemenceau) Das Wissenschaftsmuseum für Kinder im Westflügel des Grand Palais präsentiert phantastische Wechselausstellungen (z. B. mit bewegten Dinosauriern in Lebensgröße) und eine interaktive Dauerausstellung zu Themen der Astronomie, Biologie, Physik u. a. Einige der älteren Exponate sind nur auf Französisch be-

EINE VERSTECKTE OASE

An der weißen Marmorstatue von Alfred de Musset in der Avenue F D Roosevelt sowie an der oberen Grünanlage am Cours la Reine führen holprige Treppen hinab zum winzigen, 0,7 ha großen **Jardin de la Nouvelle France** (Karte S. 414; Ecke av Franklin D Roosevelt & cours la Reine, 8e; ⏱24 Std.; ⓂFranklin D Roosevelt). Das unerwartete Paradies aus Flieder, Ahorn, Trauerbuchen, Zitronen- und Orangenbäumen, einem Teich und Wasserfall, einer hölzernen Fußgängerbrücke und Bänken lässt sich ganz in Ruhe genießen.

schriftet, aber im Großen und Ganzen ist das Museum ein prima Ziel für einen Familienausflug.

MUSÉE MAXIM'S
MUSEUM

Karte S. 412 (☎01 42 65 30 47; www.maxims-musee-artnouveau.com; 3 rue Royale, 8e; Eintritt 15 €; ⏱Führungen Mi–So 14, 15.15 & 16 Uhr; ⓂConcorde) In der Belle Époque war das Maxim's das glamouröseste Restaurant der Hauptstadt. Diesen Rang hat es mittlerweile an andere abgetreten (das Essen ist aber immer noch exzellent). Dennoch: Art-nouveau-Fans werden vom Museum im Stockwerk über dem Restaurant begeistert sein. Der Besitzer des Maxim's und Modedesigner Pierre Cardin hat es mit 550 Kunstwerken, Kunstobjekten und Möbeln aus dem Art nouveau bestückt, die auf 40-minütigen Führungen erläutert werden (auf Wunsch auch auf Englisch).

LOUIS VUITTON ESPACE CULTUREL
GALERIE

Karte S. 412 (☎01 53 57 52 03; www.louisvuitton-espaceculturel.com; 60 rue de Bassano, 8e; ⏱Mo–Sa 12–19, So 11–19 Uhr; ⓂGeorge V) `GRATIS` Die Galerie für zeitgenössische Kunst mit wechselnden Ausstellungen befindet sich oben im Hauptgeschäft von Louis Vuitton. Zu erreichen ist sie durch den riesigen Laden, der natürlich auch sehr sehenswert ist.

⊙ Grands Boulevards

ÉGLISE DE LA MADELEINE
KIRCHE

Karte S. 414 (www.eglise-lamadeleine.com; place de la Madeleine, 8e; ⏱9.30–19 Uhr; ⓂMadeleine) Die Place de la Madeleine verdankt ih-

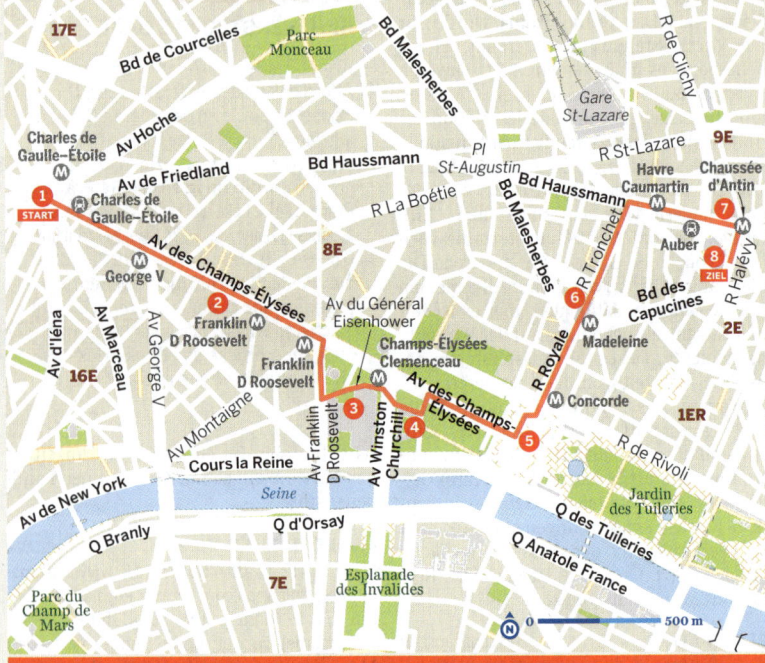

Spaziergang
Arc de Triomphe bis Palais Garnier

START ARC DE TRIOMPHE
ZIEL PALAIS GARNIER
LÄNGE 3,5 KM; 2 STUNDEN

Äußerst prunkvoll beginnt die Tour am mächtigen **❶ Arc de Triomphe** (S. 96, Fußgängerunterführung benutzen!).

Zwölf Straßen gehen von der Place Charles-de-Gaulle (Étoile) in alle Richtungen ab, darunter für einen längeren Bummel die unvergleichliche **❷ Avenue des Champs-Élysées** (S. 98).

Vor den Grünanlagen zweigt die Avenue F D Roosevelt rechts ab. Dann geht es links in die Avenue du Général Eisenhower zum glasüberdachten **❸ Grand Palais** (S. 98), das für die Weltausstellung von 1900 gebaut wurde.

Weiter Richtung Süden gelangt man zum kleineren Art-nouveau-Gebäude des **❹ Petit Palais** (S. 99), ebenfalls von 1900. Heute ist dort das Musée des Beaux-Arts de la Ville de Paris untergebracht.

Hinter dem Petit Palais links abbiegen auf die Avenue Dutuit und zurück zu den Champs-Élysées bis zur **❺ Place de la Concorde** (S. 98). Der Obelisk im Zentrum des Platzes steht an der selben Stelle wie die Guillotine während der Französischen Revolution.

Links führt die Rue Royale zur Place de la Madeleine. Die **❻ Église de la Madeleine** (S. 99) im Stil eines griechischen Tempels thront im Mittelpunkt des Platzes. Die besten Gourmetläden der Stadt befinden sich hier, außerdem auch der seit 1832 stattfindende Blumenmarkt Marché aux Fleurs Madeleine.

Der Weg führt weiter über die Rue Tronchet bis zum Boulevard Haussmann. Hier sind die *grands magasins* (Kaufhäuser) Le Printemps und die **❼ Galeries Lafayette** (S. 107) mit ihrer Kuppel aus Buntglas. Vom Dach der Galeries Lafayette eröffnet sich ein grandioses (kostenloses) Panorama über Paris.

Ist man nach rechts in die Rue Halévy abgebogen, steht man vor dem prachtvollen Pariser Opernhaus **❽ Palais Garnier** (S. 98).

DIE UNBEKANNTEN MUSEEN VON PARIS

Marc Restellini, der Direktor der ausgezeichneten Pinacothèque, verrät uns seine Lieblingskunstmuseen in Paris.

➜ **Musée d'Art Moderne de la Ville de Paris** (S. 86) Ein intelligentes Museum mit hochkarätigen Originalen, das seinen Auftrag als Museum für moderne Kunst mutig wahrnimmt.

➜ **Musée Dapper** (S. 85) Die weltweit großartigste Sammlung afrikanischer Kunst in einem wunderbaren Rahmen. Trotz der geringen Größe entführt das Museum seine Besucher auf eine unglaubliche Reise.

➜ **Musée Jacquemart-André** (S. 146) Das zweite große Pariser Privatmuseum neben der Pinacothèque inszeniert Ausstellungen als kühne Streifzüge durch die Kunstgeschichte.

ren Namen der Église de la Madeleine, der klassizistischen Kirche aus dem 19. Jh., die mitten auf dem Platz steht. „La Madeleine" wurde nach dem Vorbild eines riesigen griechischen Tempels erbaut und 1842 nach beinahe einem Jahrhundert der Entwurfsänderungen und Bauverzögerungen eingeweiht.

Heute ist die Kirche ein beliebter Veranstaltungsort für (teils kostenlose) Klassikkonzerte; die Termine sind den außen angeschlagenen Plakaten oder der Webseite zu entnehmen.

Von der großen Freitreppe an ihrer Südseite bietet sich ein absolut klassisches Paris-Panorama: Von hier schweift der Blick die Rue Royale hinunter zur Place de la Concorde mit ihrem Obelisken und über die Seine hinweg bis zur Assemblée Nationale. Im Hintergrund blitzt die goldene Kuppel des Invalidendoms auf.

LA PINACOTHÈQUE   KUNSTMUSEUM

Karte S. 414 (www.pinacotheque.com; 28 place de la Madeleine, 8e; Erw./Kind ab 12,30/10,80 €; ⊙Sa–Di & Do 10.30–18, Mi & Fr bis 21 Uhr; ⓂMadeleine) Die Pinacothèque, das bedeutendste privat geführte Museum von Paris, richtet pro Jahr drei bis vier große Ausstellungen aus. Ihr unverkrampfter Umgang mit der Kunstgeschichte, von Maya-Masken bis zu Retrospektiven mit Künstlern wie Edvard Munch, hat die verknöcherte Pariser Kunstwelt aufgemischt und auch Museumsgänger, die an die traditionelleren Präsentationen anderer Häuser gewöhnt waren, zu treuen Fans gemacht.

Auch wenn der Schwerpunkt hier auf den Sonderausstellungen liegt, sollte man sich die ständige Sammlung nicht entgehen lassen. Sie ist nach Themen gegliedert und

präsentiert Kunstwerke, wie man sie in anderen Museen selten nebeneinander zu sehen bekommt.

MUSÉE NATIONAL GUSTAVE MOREAU   KUNSTMUSEUM

Karte S. 414 (www.musee-moreau.fr; 14 rue de la Rochefoucauld, 9e; Erw./Kind 5 €/frei; ⊙Mo, Mi & Do 10–12.45 & 14–17.15, Fr–So 10–17.15 Uhr; ⓂTrinité) Das ehemalige Atelier des symbolistischen Malers Gustave Moreau ist vollgepackt mit 4800 seiner Gemälde, Zeichnungen und Skizzen – allerdings fand der Symbolismus in Frankreich größere Beachtung in der Literatur (Baudelaire, Verlaine, Rimbaud). Ein besonderes Highlight ist *La Licorne* (Das Einhorn), das von dem Tapisseriezyklus *La Dame à la Licorne* (Die Dame mit dem Einhorn) im Musée National du Moyen Âge inspiriert ist. Mit einer Eintrittskarte des Palais Garnier oder des Musée d'Orsay kommt man ermäßigt hinein.

MUSÉE DU PARFUM   MUSEUM

Karte S. 414 (www.fragonard.com; 9 rue Scribe, 9e; ⊙Mo–Sa 9–18, So bis 17 Uhr; ⓂOpéra) GRATIS Wer sich für die Kunst der Parfümherstellung interessiert, kann hier eine Sammlung kupferner Destillierkessel und antiker Flakons besichtigen und seine Nase an grundlegenden Duftnoten testen. Die Parfümerie Fragonard betreibt das Museum in einem schönen alten *hôtel particulier* (Stadthaus) und bietet kostenlose Führungen in verschiedenen Sprachen an. Eine Zweigstelle befindet sich einen Katzensprung weiter südlich in einem Theater aus dem 20. Jh., dem **Théâtre-Musée des Capucines** (Karte S. 414; 39 bd des Capucines, 2e; ⊙Mo–Sa 9–18 Uhr; ⓂOpéra). Im Mittelpunkt stehen hier Abfüllung und Verpackung der Parfüms.

MUSÉE GRÉVIN
MUSEUM

Karte S. 414 (www.grevin.com; 10 bd Montmartre, 9e; Erw./Kind 23,50/16,50 €; ⏱10–18.30 Uhr; Ⓜ Grands Boulevards) Das große (und teure) Wachsfigurenkabinett in der Passage Jouffroy besitzt um die 300 Wachsfiguren. Die meisten wirken allerdings nicht sehr lebensecht, sondern eher wie Karikaturen. Aber wo sonst kann man schon Marilyn Monroe, Charles de Gaulle und Spiderman Auge in Auge gegenüberstehen oder die Original-Totenmasken von Anführern der Französischen Revolution begutachten?

ESSEN

Die Umgebung der Champs-Élysées ist das Revier von Starköchen wie Alain Ducasse und Pierre Gagnaire, und Gourmettempeln wie Taillevent. Es gibt aber auch bescheidenere Restaurants für die ganz normalen Pariser, die in der Gegend wohnen und arbeiten. Gute Restaurants sind auch im Publicis Drugstore (S. 107) zu finden. Gesunde und preisgünstige Kost bieten u. a. die Filialen der Pariser Sandwichkette Cojean. Wer mehr Abwechslung sucht, findet im Bereich der Grands Boulevards alles: von winzigen Weinbars bis zu Bio-Cafés.

Champs-Élysées

★ LADURÉE
PATISSERIE €

Karte S. 412 (www.laduree.com; 75 av des Champs-Élysées, 8e; Gebäck ab 1,50 €; ⏱Mo–Fr 7.30–23.30, Sa 8.30–0.30, So 8.30–23.30 Uhr; Ⓜ George V) Ladurée geht auf das Jahr 1862 zurück und ist damit eine der ältesten Patisserien von Paris. Die Feinbäckerei gilt als Erfinderin des luftig-leichten *macaron*. Ihr Teesalon ist die eleganteste Adresse für Schleckermäuler auf den Champs-Élysées. Es gibt die himmlischen Leckereien, egal ob Croissants oder *macarons*, auch zum Mitnehmen.

AUBRAC CORNER
DELIKATESSEN €

Karte S. 412 (www.maison-aubrac.com/aubrac-corner; 37 rue Marbeuf, 8e; Sandwiches ab 5 €, Hamburger 9–11 €; ⏱Mo–Fr 7.45–18.30, Sa 11–18 Uhr; Ⓜ Franklin D Roosevelt) In dem Feinkostladen des berühmten Steakhauses Maison Aubrac werden die Hamburger mit Pommes frites oder *aligot* (Kartoffelbrei

mit Käse) gereicht; wer will, nimmt das Ganze mit nach unten in den versteckten Weinkeller, der willkommene Zuflucht vor dem hektischen Trubel draußen bietet. Im Laden selbst wird der Laguiole verkauft, der spezielle Käse für *aligot*.

RAOUL MAEDER
BOULANGERIE, PATISSERIE €

Karte S. 412 (www.raoulmaeder.fr; 111 bd Haussmann, 8e; ⏱Mo–Fr 7–19.30, Sa 7.30–19 Uhr; Ⓜ St-Augustin) Zu den Spezialitäten des viel gepriesenen elsässischen *boulanger-pâtissier* gehören Blätterteigbretzeln, süßer oder gesalzener *kougelhopf* (Gugelhupf), Linzer Torte, Mürbeteiggebäck sowie preisgekrönte Brote.

LE HIDE
FRANZÖSISCH €€

Karte S. 412 (📞01 45 74 15 81; www.lehide.fr; 10 rue du Général Lanrezac, 17e; 2-/3-Gänge-Menüs 25/34 €; ⏱Mo–Fr 12–14 & Mo–Sa 19–22 Uhr; Ⓜ Charles de Gaulle–Étoile) Das seit jeher beliebte, winzige Bistro serviert traditionelle französische Gerichte wie Schnecken, Lammschulter aus dem Ofen mit Kürbispüree oder Seeteufel in Zitronenbutter. Kein Wunder, dass sich das Lokal in der Nähe des Arc de Triomphe so schnell füllt, dass man kaum zusehen kann – also unbedingt frühzeitig reservieren.

PHILIPPE & JEAN-PIERRE
TRADITIONELL FRANZÖSISCH €€

Karte S. 412 (📞01 47 23 57 80; www.philippeetjeanpierre.fr; 7 rue de Boccador, 8e; 4-/5-Gänge-Menüs 40/50 €, Hauptgerichte 24–26 €; ⏱Mo–Sa 12–14.15 & 19.15–22.45 Uhr; Ⓜ Alma Marceau) Der liebenswürdige Philippe kümmert sich um den eleganten Gastraum mit Parkettboden und weiß gedeckten Tischen, während Mitbesitzer Jean-Pierre für die Küche zuständig ist. Zu den Menüs nach Saison gehören Gerichte wie Blumenkohlcremesuppe mit Pilzen und Trüffel, gebratene Jakobsmuscheln mit Lauch und Granny-Smith-Sauce und schmelzend zarter *moelleux au chocolat* (Schokocremetorte). Angesichts des Services, der Qualität und der erstklassigen Lage im Triangle d'Or sind die Preise wirklich human.

MINI PALAIS
MODERN FRANZÖSISCH €€

Karte S. 412 (📞01 42 56 42 42; www.minipalais.com; av Winston Churchill, 8e; Mittagmenüs 28 €, Hauptgerichte 22–45 €; ⏱10–2 Uhr, Küche bis 24 Uhr; Ⓜ Champs-Élysées–Clemenceau oder Invalides) Das Restaurant des sagenhaften Grand Palais wirkt ein bisschen wie ein

GOURMETGESCHÄFTE

Die **Place de la Madeleine** (Karte S. 414; Ⓜ Madeleine) ist umgeben von noblen Gourmetläden, von denen viele auch Essen servieren. Namhaft sind vor allem die Trüffelhandlung **La Maison de la Truffe** (Karte S. 414; ☎ 01 42 65 53 22; www.maison-de-la-truffe.com; 19 place de la Madeleine, 8e; ⊙ Mo–Sa 10–22 Uhr; Ⓜ Madeleine), der Nobelfeinkostladen **Hédiard** (Karte S. 414; www.hediard.fr; 21 place de la Madeleine, 8e; ⊙ Mo–Sa 9–20 Uhr; Ⓜ Madeleine), das Senffachgeschäft **Boutique Maille** (Karte S. 414; ☎ 01 40 15 06 00; www.maille.com; 6 place de la Madeleine, 8e; ⊙ Mo–Sa 10–19 Uhr; Ⓜ Madeleine) und der berühmteste Lebensmittelladen **Fauchon** (Karte S. 414; ☎ 01 70 39 38 00; www.fauchon.fr; 26 & 30 place de la Madeleine, 8e; ⊙ Mo–Sa 8.30–20.30 Uhr; Ⓜ Madeleine), der unglaublich köstliche Delikatessen verkauft, z. B. Foie gras, Konfitüren, Pralinen und Gebäck. Nebenan befindet sich das „Honighaus", **La Maison du Miel** (Karte S. 414; ☎ 01 47 42 26 70; www.maisondumiel.com; 24 rue Vignon, 9e; ⊙ Mo–Sa 9.30–19 Uhr; Ⓜ Madeleine).

überdimensioniertes Künstleratelier – mit blanken Holzdielen, von den Deckenbalken baumelnden Industrieleuchten und einer Handvoll Gipsabgüsse als Deko. Die Gäste des Erfolgslokals sind aber keine unkonventionellen Künstlertypen – für eine Kostprobe der hochgelobten modernen Küche sollte man sich schon in Schale werfen.

PAD THAI — THAILÄNDISCH €€
Karte S. 412 (☎ 01 43 80 20 52; www.padthai.fr; 32 rue Brey, 17e; ⊙ 2-/3-Gänge-Mittagsmenüs 14,50/17,50 €, 3-Gänge-Abendmenüs 20,50 €, Hauptgerichte 12–20 €; Ⓜ Ternes) Der namensgebende Thai-Klassiker *pad thai* (gebratene Reisnudeln mit Garnelen, Eiern, Tamarinde, Fischsauce, Chilis und Palmzucker, abgerundet mit Limette und Erdnüssen) ist das Markengericht des Restaurants. Zu den weiteren kunstvoll angerichteten Variationen thailändischer Straßenküche gehören *massaman*-Curry mit Huhn sowie Fisch mit *pla yang* (Chilipaste).

LE BOUDOIR — FRANZÖSISCH €€
Karte S. 412 (☎ 01 43 59 25 29; www.boudoir paris.fr; 25 rue du Colisée, 8e; 2-/3-Gänge-Mittagsmenüs 30/33 €, Hauptgerichte 26–30 €; ⊙ Mo–Fr 12.30–15.30, Mo–Sa 19.30–23.30 Uhr; Ⓜ St-Philippe du Roule oder Franklin D Roosevelt) Die eigenwilligen Salons – Marie Antoinette, Palme d'Or, le Fumoir – auf den zwei Etagen des Lokals sind wie Kunstwerke im Stil des jeweiligen Namens gestaltet. Serviert wird gehobene Bistro-Küche (Wachteln mit einer Füllung aus Trockenobst und Foie gras, Chateaubriand mit Maronenpüree) des Kochs Arnaud Nicolas, der als Meilleur Ouvrier de France ausgezeichnet wurde, die höchste kulinarische Ehre Frankreichs.

LASSERRE — STERNEKÜCHE €€€
Karte S. 412 (☎ 01 43 59 02 13; www.restaurant-lasserre.com; 17 av Franklin Roosevelt, 8e; Mittagsmenüs 90–120 €, Verkostungsmenü 220 €, Hauptgerichte 82–125 €; ⊙ Do & Fr 12–14, Di–Sa 19–22 Uhr; Ⓜ Franklin D Roosevelt) Seit 1942 wird das außerordentlich elegante, mit zwei Michelin-Sternen ausgezeichnete Restaurant im Triangle d'Or von Stilikonen wie einst Audrey Hepburn besucht und ist noch heute eine exzellente Wahl für ein unvergessliches Essen. Ein Aufzug mit Page, eine weiß-goldene Einrichtung samt Kronleuchtern, ein großartiges einziehbares Dach und makelloser Service bilden das Ambiente für die genialen Kreationen des Chefkochs Christophe Moret und der Konditorin Claire Heitzer. Elegante Kleidung erwünscht.

MAKOTO AOKI — TRADITIONELL FRANZÖSISCH €€€
Karte S. 412 (☎ 01 43 59 29 24; 19 rue Jean Mermoz, 8e; Mittagsmenüs 22 €, Hauptgerichte 34–38 €; ⊙ Mo–Fr 12–14, Di–Sa 19.30–21.30 Uhr; Ⓜ Franklin D Roosevelt) In einem Arrondissement voller bombastischer Etablissements und Starköche – die meist abwesend sind – ist dieses behagliche Restaurant eine echte Entdeckung. Der japanische Chefkoch ist ein Perfektionist der französischen Haute Cuisine; mittags gibt es z. B. extravagante Brioche mit Speck und Morcheln, abends Risotto mit Petersfisch oder Trüffeln.

✖ Grands Boulevards

LE VALENTIN — TEESALON €
Karte S. 414 (www.le-valentin.fr; 30–32 passage Jouffroy, 9e; Gerichte 4–14 €; ⊙ Mo–Sa 8.30–19.30, So 10–19 Uhr; Ⓜ Grands Boulevards)

Der zauberhafte, zweistöckige *salon de thé* mit Patisserie und chocolaterie in der wunderschönen überdachten Passage Jouffroy ist wunderbar für ein Frühstück oder für einen leichten Mittagsimbiss wie Quiches, Salate, *feuilletés* (herzhaft gefüllte Blätterteigtaschen) und *brochettes* (Grillspieße). Es gibt außerdem Dutzende Teesorten zu vorzüglichen *tartelettes* und Kuchen.

STANZ · BAGELS €

Karte S. 414 (http://stanzbagel.com; 56 rue La Fayette, 9e; Bagels 3,80–8,50 €; ⊘Mo–Sa 10–20.30, So 11–17 Uhr; ⓂCadet) Handgemachte Bio-Bagels in klassischer und kleiner Größe werden hier nach Pariser Art zubereitet. Belegt werden sie mit geräuchertem Schinken und Honigsenf, Rucola und Gürkchen oder mit Huhn und eingemachter Zitrone. Die süßen Varianten kommen mit rosa Nougat oder Schokoladenkastanie.

CHEZ PLUME · ROTISSERIE €

Karte S. 414 (www.chezplume.fr; 6 rue des Martyrs, 9e; Gerichte 3,50–8,50 €; ⊘Mo–Fr 10.15–14.45, Di–Fr 17–20, Sa 9.30–20.30, So 9.30–15 Uhr; ⓂNotre-Dame-de-Lorette) Die Spezialität des Grilllokals ist Huhn aus südwestfranzösischer Freilandhaltung, das auf verschiedenste Art zubereitet wird: als Brathähnchen, überbacken, als Quiche oder fürs Sandwich. Hier geht es herrlich zwanglos zu: Wer will, bestellt ein oder zwei Beilagen (Kartoffeln, Polenta, Gemüse der Saison) und lässt sich an der Theke nieder.

LE ZINC DES CAVISTES · WEINBAR €

Karte S. 414 (☎01 47 70 88 64; 5 rue du Faubourg Montmartre, 9e; Mittagsmenüs 15,50 €, Hauptgerichte 13,50–18 €; ⊘Küche 12–23 Uhr; ⓂGrands Boulevards) Den Massen, die brav in der Schlange vor dem klassisch-altmodischen Chartier anstehen, sollte man besser nicht verraten, dass es gleich nebenan ein viel besseres Restaurant gibt. Der Geheimtipp Le Zinc des Cavistes ist für eine volle Mahlzeit (Enten-Confit mit Kartoffelbrei, Hühnerfrikassee mit Stampfkartoffeln) ebenso gut wie für eine kleine Weinprobe.

SUPERNATURE · BIO €

Karte S. 414 (☎01 47 70 21 03; www.super-nature.fr; 12 rue de Trévise, 9e; 2-/3-Gänge-Menü 17/20 €; ⊘Mo–Fr 12–14.30, So 11.30–15.30 Uhr; ⓂCadet oder Grands Boulevards) 🖉 Zu den raffinierten vegetarischen Kreationen in dem flippigen Öko-Café gehören Curry-Erbsensuppe oder Salat mit Cantaloupe-Melone,

Kürbiskernen und Feta. Aber auch Fleischesser kommen nicht zu kurz – wir sind ja schließlich in Frankreich: Wie wär's mit einem deftigen Cheeseburger mit gesunden Sprossen? Die Takeaway-Filiale zwei Häuser weiter (8 rue de Trévise, 9e) verkauft Sandwiches, Salate und Quiche mit Süßkartoffel und Gorgonzola.

LES PÂTES VIVANTES · CHINESISCH €

Karte S. 414 (www.lespatesvivantes.net; 46 du Faubourg Montmartre, 9e; Nudeln 9,50–12 €; ⊘Mo–Fr 12–15, Sa & So 12–15.30, tgl. 19–23 Uhr; ⓂLe Peletier) Eines der ganz wenigen Lokale in Paris, in denen *là miàn* (gezogene Nudeln) noch nach uralter nordchinesischer Tradition frisch von Hand gezogen werden. Das Restaurant ist immer gut besucht; wer einen Tisch im Erdgeschoss ergattern will, um dem geschickten Nudelkünstler bei der Arbeit zuzusehen, muss früh genug da sein.

★RICHER · NEO-BISTRO €€

Karte S. 414 (2 rue Richer, 9e; Hauptgerichte 16–25 €; ⊘Küche 12–14.30 & 19.30–22.30 Uhr; ⓂPoissonière oder Bonne Nouvelle) Das Richer wird von den gleichen Machern wie dem benachbarten L'Office betrieben. Im zurückhaltenden, schicken Ambiente mit Sichtmauerwerk werden geniale Kreationen wie Forellentatar mit Blumenkohl und Tomaten-Zitronencreme und zum Nachtisch Quitten- und Limettenkäsekuchen serviert – und das phantastisch preisgünstig. Reservierungen werden nicht angenommen, aber wenn es voll ist, hängt das Lokal eine Liste von Alternativen in der Umgebung aus.

FLOQUIFIL · TRADITIONELL FRANZÖSISCH €€

Karte S. 414 (☎01 84 19 42 12; www.floqifil.fr; 17 rue de Montyon, 9e; Hauptgerichte 14–25 €; ⊘Mo–Fr 11–24, Sa ab 18.30 Uhr; ⓂGrands Boulevards) Eine altmodische Pariser Weinbar ist genau das, was das Floqifil verkörpert: viele Tische auf der Terrasse, dunkle Holzmöbel, aquamarinfarbene Wände und unzählige Flaschen. Der Wein ist schon spitzenmäßig, aber wer hier nicht isst (Lammbraten mit Rosmarin und Ratatouille oder zumindest eine Wurstplatte), verpasst echt etwas.

BISTROT LA BRUYÈRE · BISTRO €€

Karte S. 414 (☎09 81 22 20 56; 31 rue la Bruyère, 9e; 2-/3-Gänge-Mittagsmenüs 18/21 €, Abendmenüs 28/35 €; ⊘Mo–Sa 12–14.30 & 19.30–

22.30 Uhr; MSt-Georges) Der Nachwuchs-koch Loïc Buisson ist das Wunderkind in dem bescheidenen, aber großartigen Bistro. Er zaubert überzeugende Gerich-te auf den Tisch wie Tomaten-Gazpacho, Schweinsfußpfannkuchen mit frittierten Apfelscheiben, Thunfisch mit gebratenem Lauch oder Rindfleisch vom berühmten Metzger Hugo Desnoyer. Man wird noch von ihm hören.

CAILLEBOTTE MODERN FRANZÖSISCH €€

Karte S. 414 (☑01 53 20 88 70; 8 rue Hippo-lyte Lebas, 9e; 2-Gänge-Mittagsmenü 19 €, 3-/5-Gänge-Abendmenüs 35/49 €; ⊙Mo–Fr 12–14.30 & 19.30–22.30 Uhr; MNotre-Dame-de-Lo-rette) Das Restaurant, von den gleichen Leuten betrieben wie Le Pantruche (S. 148), wurde zwar nach dem impressionistischen Maler Gustave Caillebotte benannt, aber die nüchterne Einrichtung – Schieferboden, helles Holz und dicht gedrängte Marmor-tische – machen es nicht gerade ideal für ein romantisches Essen. Dafür gibt es hier erstaunliche Geschmackskombinationen wie Jakobsmuscheln mit sahnigem Fenchel oder Kaffeepüree und Seeigelschaum.

L'OFFICE MODERN FRANZÖSISCH €€

Karte S. 414 (☑01 47 70 67 31; 3 rue Richer, 9e; 2-/3-Gänge-Mittagsmenüs 22/27 €, Abendmenüs 28/34 €; ⊙Mo–Fr 12–14.30 & 19.30–22.30 Uhr; MPoissonière oder Bonne Nouvelle) Die einfa-chen Beschreibungen auf der Kreidetafel („Rindfleisch/Polenta") sollten nicht über die reichhaltigen und komplexen Gerichte hinwegtäuschen. Das marktfrische Spei-senangebot ist zum Glück klein – es gibt mittags nur zwei Alternativen –, aber her-ausragend. Eine andere Möglichkeit ist das neuere, schickere Schwesterlokal Richer gegenüber.

LES COULISSES VINTAGE BISTRO €€

Karte S. 414 (☑01 45 26 46 46; www.restoles coulisses.fr; 19 rue Notre-Dame de Lorette, 9e; 2-Gänge-Mittagsmenü 16 €, 2-/3-Gänge-Abend-menü 32,50/39,50 €; ⊙Mo–Fr 12–14.30, Mo–Sa 19–23 Uhr; MSt-Georges) Les Coulisses Vin-tage mit den roten, von goldenen Quasten zurückgehaltenen Vorhängen im Raum hat wegen seiner exzellenten und preiswerten Gerichte eine treue Stammkundschaft. Die Speisen verbinden traditionelle mit moder-ner Küche – Foie gras in Lebkuchenbrösel, gebratener Kabeljau mit Steinpilzen und zum Dessert Schokoladensoufflé oder köst-licher Käse.

LE J'GO SÜDFRANZÖSISCH €€

Karte S. 414 (☑01 40 22 09 09; www.lejgo.com; 4 rue Drouot, 9e; 2/3-Gänge-Menüs 16/22 €, Haupt-gerichte 13,50 €; ⊙Di–Sa 12–15 & 18–23.30 Uhr; MRichelieu Drouot) Das moderne Bistro ent-führt seine Gäste in den sonnigen Südwes-ten (eine tolle Idee für graue Pariser Regen-tage). Zwischen sonnengelben Wänden und Stierkampfplakaten gibt es Grillgerichte und andere Spezialitäten der Gascogne wie *cassoulet* (Bohneneintopf) und Foie gras. Das Grillen dauert mindestens 20 Minuten, die sich gut mit Kostproben diverser son-nenverwöhnter Weine überbrücken lassen.

NOUVEAU PARIS-DAKAR SENEGALESISCH €€

Karte S. 414 (☑01 42 46 12 30; www.lenouveau parisdakar.com; 11 rue de Montyon, 9e; Hauptge-richte 14–18 €, Mittagsmenü 10,90 €, Menüs 25–36 €; ⊙12–15 & 19–1 Uhr; MGrands Boulevards) Zu den Spezialitäten in diesem kleinen Stück Senegal gehören *yassa* (Huhn oder Fisch, in Limettensaft und Zwiebelsauce mariniert) und *maffé Cap Vert* (Lamm in Erdnusssauce). Abends gibt's manchmal afrikanische Livemusik.

BISTROT DU SOMMELIER BISTRO €€€

Karte S. 412 (☑01 42 65 24 85; www.bistrotdu sommelier.com; 97 bd Haussmann; Mittagsme-nüs 34–55 €, Abendmenüs 70–118 €; ⊙Mo–Fr 12–14.30 & 19–22.30 Uhr; MSt-Augustin) Wer Haute Cuisine zum Wein schätzt (statt an-dersherum), erhält in dem frisch renovier-ten Lokal des Star-Sommeliers Philippe Faure-Brac hervorragende Verkostungsme-nüs mit passenden Weinen. An Freitagen wird traditionell ein dreigängiges Mittags-menü samt Wein für 55 € und ein fünfgän-giges Abendmenü samt Wein für 75 € gebo-ten (Reservierung zwingend).

⬛ AUSGEHEN & NACHTLEBEN

♟ Champs-Élysées

AUTOUR D'UN VERRE WEINBAR

Karte S. 414 (☑01 48 24 43 74; 21 rue de Trévise, 9e; ⊙Di–Sa 10.30–22.30 Uhr; MCadet oder Grands Boulevards) Fast könnte man meinen, das Autour d'un Verre sei ein Pop-up: Es scheint, dass es seit den 1950er-Jahren nicht mehr renoviert wurde. Aber das trägt alles nur zu seinem urigen Charme bei – und nach ein paar Gläschen Clos du Tue-Boeuf ist einem das Drumherum sowieso schnuppe.

CHARLIE BIRDY KNEIPE
Karte S. 412 (www.charliebirdy.com; 124 rue de la Boétie, 8e; 12–5 Uhr; Franklin D Roosevelt) Der relaxte Laden mit Backsteinwänden in einer Seitenstraße der Champs-Élysées ist die bei Weitem einladendste Kneipe in der Gegend. Als Trinkgrundlage gibt's die übliche Auswahl an Kneipenkost (Hamburger, Hot Dogs, noch mehr Hamburger). Am Wochenende legen abends DJs auf.

LE MADAM CLUB
Karte S. 412 (http://lemadam.com; 128 rue de la Boétie, 8e; Fr & Sa 23.45–7 Uhr; St-Philippe du Roule) Rein ins Gewühl auf der Tanzfläche in dem Laden mit Platz für 300 Leute und reichlich Tischen zum Verschnaufen. Meist kostet es keinen Eintritt, aufgepeppte Gäste werden bevorzugt.

QUEEN CLUB
Karte S. 412 (01 53 89 08 90; www.queen.fr; 102 av des Champs-Élysées, 8e; 23.30–6.30am; George V) Der Club ist mittlerweile ebenso beliebt bei Heteros wie bei der alteingesessenen Schwulengemeinde, aber die montäglichen Diskonächte gehören immer noch den „Queens". Der Club liegt zwar direkt an den Champs-Élysées, ist aber längst nicht so abgehoben wie andere Clubs in der Gegend.

SHOWCASE CLUB
Karte S. 412 (www.showcase.fr; Port des Champs-Élysées, 8e; Do–Sa 23.30–6 Uhr; Invalides oder Champs-Élysées–Clemenceau) Der gigantische Electroschuppen hat die Lärmproblematik, mit der sich viele Pariser Clubs plagen, elegant gelöst, indem er sich unter dem Pont Alexandre III am Seine-Ufer niedergelassen hat. Im Gegensatz zu anderen Nobelclubs in den Seitenstraßen der Champs-Élysées bietet das Showcase richtig viel Platz (für bis zu 1500 Clubber) und betreibt auch keine so pingelige Gästeauslese – aber es schadet trotzdem nicht, sich wie ein Star aufzubrezeln.

Grands Boulevards

LE FORUM COCKTAILBAR
Karte S. 414 (www.bar-le-forum.com; 4 bd Malesherbes, 8e; Mo 18–1, Di–Do 12–1, Fr 12–2, Sa 19–2 Uhr; Madeleine) Über 80 Cocktails stehen auf der Karte der eleganten, in dunklem Holz getäfelten Cocktailbar ein paar Schritte von der Place de la Madeleine. Alle Drinks werden exakt nach Wunsch gemixt und sind in dieser Gegend natürlich nicht billig. Aber sie lohnen die Geduld und das Geld.

AU GÉNÉRAL LA FAYETTE BRASSERIE
Karte S. 414 (52 rue la Fayette, 9e; Mo–Sa 10–3, So bis 2 Uhr; Le Peletier) Die altmodische Brasserie bietet mit ihrer Belle-Époque-Einrichtung (Messing, lackiertes Holz, große Wandbilder) und der guten Weinauswahl ein stimmungsvolles Ambiente für einen nachmittäglichen Kaffee oder einen abendlichen Drink.

 UNTERHALTUNG

PALAIS GARNIER OPER
Karte S. 414 (08 92 89 90 90; www.operadeparis.fr; place de l'Opéra, 9e; Opéra) Das erste Opernhaus der Stadt ist kleiner als die moderne Opéra Bastille, trumpft aber mit perfekter Akustik. Baubedingt haben einige Sitzplätze schlechte oder gar keine Bühnensicht – also Vorsicht bei der Platzauswahl. Kartenpreise und Verkaufsbedingungen (wie Last-Minute-Rabatte) sind am **Kartenschalter** (Karte S. 414; Ecke rue Scribe & rue Auber; Mo–Sa 11–18.30 Uhr) zu erfragen.

AU LIMONAIRE LIVEMUSIK
Karte S. 414 (01 45 23 33 33; http://limonaire.free.fr; 18 cité Bergère, 9e; Di–Sa 18–2, So & Mo ab 19 Uhr; Grands Boulevards) Die perfekte kleine Weinbar ist eine der besten Adressen, um traditionelle französische Chansons und heimische Liedermacher live zu hören. Konzertbeginn ist dienstags bis samstags um 22 Uhr, sonntags um 19 Uhr. Der Eintritt ist frei. Wer etwas essen will, sollte rechtzeitig reservieren.

L'OLYMPIA LIVEMUSIK
Karte S. 414 (08 92 68 33 68; www.olympiahall.com; 28 bd des Capucines, 9e; Opéra) Das Olympia wurde 1888 vom Gründer des Moulin Rouge eröffnet und war im Lauf der Zeit Bühne für alle Größen der Musikszene, von Édith Piaf über Jimi Hendrix bis zu Jeff Buckley. Es ist dennoch klein genug, um den Konzerten einen persönlichen Rahmen zu geben.

SALLE PLEYEL
KLASSISCHE MUSIK

Karte S. 412 (☏01 42 56 13 13; www.sallepleyel.
fr; 252 rue du Faubourg St-Honoré, 8e; ☺Karten-
schalter Mo–Sa 12–19, am Konzerttag bis 20 Uhr,
So ab 11 bis 2 Std. vor Konzertbeginn; Ⓜ Ternes)
In dem renommierten Konzertsaal aus den
1920er-Jahren finden viele hochkarätige
Konzerte klassischer Musik statt.

FOLIES-BERGÈRE
LIVEMUSIK

Karte S. 414 (www.foliesbergere.com; 32 rue Richer, 9e; Ⓜ Cadet) In dem legendären Etab-
lissement betraten in einer Nacht im Jahr
1911 Charlie Chaplin, W. C. Fields und Stan
Laurel gemeinsam die Bühne und Josephine Baker bezauberte nur in Stöckelschu-
hen und im Bananenröckchen mit ihrem
Geparden in glitzerndem Halsband das
Publikum (darunter Hemingway). Heute
gibt's hier Vorstellungen von Solisten wie
Ben Harper, Musicals uvm.

KIOSQUE THÉÂTRE
MADELEINE
LAST-MINUTE-KARTEN

Karte S. 414 (gegenüber 15 place de la Madeleine,
8e; ☺Di–Sa 12.30–20, So bis 16 Uhr; Ⓜ Madeleine) Der Kiosk verkauft am jeweiligen Ver-
anstaltungstag Ballett-, Opern- und Kon-
zertkarten zum halben Preis.

 SHOPPEN

**Filialen internationaler Ladenketten säu-
men die Champs-Élysées; großartiger
sind die luxuriösen Modehäuser im Triangle d'Or. In der Gegend um die Opéra
und die Grands Boulevards dominieren
wiederum die Hauptfilialen der *grands
magasins* (Kaufhäuser).**

PUBLICIS DRUGSTORE
CONCEPT STORE

Karte S. 412 (www.publicisdrugstore.com; 133
av des Champs-Élysées, 8e; ☺Mo–Fr 8–2, Sa &
So 10–2 Uhr; Ⓜ Charles de Gaulle–Étoile) Das
Publicis ist seit 1958 eine Institution, ein
Komplex mit Kinos und Geschäften, die
bis in die Nacht geöffnet sind, darunter
eine *épicerie* (Feinkostgeschäft), Apotheke,
Kosmetikabteilung, ein internationaler Zei-
tungsladen, eine *cave* (Weinkellerei) und
eine Zigarrenbar. Im Erdgeschoss gibt es
zudem eine Brasserie und ein Steakhaus,
aber das neueste und schickste Restaurant
befindet sich unten, die ganz in Schwarz
und Rot gehaltene Filiale von L'Atelier de
Joël Robuchon.

GALERIES LAFAYETTE
KAUFHAUS

Karte S. 414 (http://haussmann.galerieslafayette.
com; 40 bd Haussmann, 9e; ☺Mo–Sa 9.30–20,
Do bis 21 Uhr; Ⓜ Auber oder Chaussée d'Antin)
Die *grande dame* aller Kaufhäuser, die Galeries Lafayette, besteht aus dem Stammhaus, dessen prachtvolles Kuppeldach aus
Buntglas über 100 Jahre alt ist, dem Haus
für **Herrenbekleidung** (Karte S. 414) und
dem für **Wohndesign** (Karte S. 414) sowie
einem Gourmetgeschäft. Kultur bieten die
Galerie (Karte S. 414; www.galeriedesgaleries.
com; 1. Stock; ☺Di–Sa 11–19 Uhr) GRATIS und die
Modenschauen (☏Reservierung 01 42 82 30
25; ☺März–Juli & Sept.–Dez. Fr 15 Uhr). Hinzu
kommen ein kostenloser Panoramablick
vom Dach und Erfrischung in einem der 19
Restaurants und Cafés.

LE PRINTEMPS
KAUFHAUS

Karte S. 414 (www.printemps.com; 64 bd Haussmann, 9e; ☺Mo–Mi, Fr & Sa 9.35–20, Do bis
22 Uhr; ☏; Ⓜ Havre Caumartin) Das berühmte Kaufhaus Le Printemps umfasst das
Printemps de la Mode (Damenmode), das
Printemps de l'Homme (Karte S. 414; Herren-
mode), beide mit traditioneller und aktueller Designermode, und Le Printemps de
la Beauté et Maison (Kosmetik und Innenausstattung) mit einem überwältigenden
Angebot an Parfüm, Kosmetik und Accessoires. Die Dachterrasse ist frei zugänglich,
zu den hauseigenen Luxusrestaurants gehört das Ladurée.

À LA MÈRE DE FAMILLE
LEBENSMITTEL

Karte S. 414 (www.lameredefamille.com; 35 rue
du Faubourg Montmartre, 9e; ☺Mo–Sa 9.30–20,
So 10–13 Uhr; Ⓜ Le Peletier) Hier entstand 1761
die älteste Schokoladenmanufaktur von
Paris. Die schöne Belle-Époque-Fassade ist
ebenso bezaubernd wie das bunte Angebot
an Bonbons, Karamell und Schokoladen.

GUERLAIN
PARFÜM

Karte S. 412 (☏spa 01 45 62 11 21; www.guerlain.
com; 68 av des Champs-Élysées, 8e; ☺Mo–Sa
10.30–20, So 12–19 Uhr; Ⓜ Franklin D Roosevelt)
Guerlain ist die berühmteste Parfumerie
von Paris und ihr Geschäft von 1912 gehört
zu den schönsten der Stadt. Die glanzvolle Art-déco-Einrichtung mit Spiegeln und
Marmor erinnert an die entschwundene
Pracht der Champs-Élysées.

CHLOÉ
MODE

Karte S. 412 (www.chloe.com; 44 av Montaigne,
8e; ☺Mo–Sa 10.30–19 Uhr; Ⓜ Franklin D Roose-

DIE KLASSISCHE HAUTE COUTURE

Das legendäre **Triangle d'Or** (zwischen den Avenuen Georges V, Champs-Élysées und Montaigne, 8e) ist gewissermaßen die Ruhmesmeile der französischen Edelmode. Hier befinden sich die großen Modehäuser Frankreichs mit internationalen Topdesignern:

➜ **Chanel** (Karte S. 412; www.chanel.com; 42 av Montaigne, 8e; ⊙Mo-Sa 10–19 Uhr; Ⓜ George V) Kastige Jäckchen und das „kleine Schwarze" sind seit ihrer Erfindung in den 1920er-Jahren zeitlos modern.

➜ **Christian Dior** (Karte S. 412; www.dior.com; 30 av Montaigne, 8e; ⊙Mo-Sa 10–19 Uhr; Ⓜ George V) Diors Nachkriegskreationen setzten Maßstäbe und etablierten Paris wieder als Welthauptstadt der Mode

➜ **Givenchy** (Karte S. 412; www.givenchy.com; 3 av George V, 8e; ⊙Mo-Sa 10–19 Uhr; Ⓜ George V) Präsentierte die erste Prêt-à-porter-Damenkollektion der Luxusklasse.

➜ **Hermès** (Karte S. 412; www.hermes.com; 24 rue du Faubourg St-Honoré, 8e; ⊙Mo-Sa 10.30–18.30 Uhr; Ⓜ Concorde) 1837 von einem Sattelmacher gegründet. Die berühmten Tücher des Hauses sind heute das Modeaccessoire schlechthin.

➜ **Jean-Paul Gaultier** (Karte S. 412; www.jeanpaulgaultier.com; 44 av George V, 8e; ⊙Mo-Sa 10.30–19 Uhr; Ⓜ George V) Vom schüchternen Jungen aus der Pariser-Vorstadt mauserte sich JPG mit Omas Korsetts, Männerröcken und Madonnas Kegel-BH zum Enfant terrible der Modewelt.

➜ **Lanvin** (Karte S. 412; www.lanvin.com; 22 rue du Faubourg St Honoré, 8e; ⊙Mo-Sa 10.30–19 Uhr; Ⓜ Concorde) Eins der ältesten Modehäuser von Paris, gegründet 1909.

➜ **Louis Vuitton** (Karte S. 412; www.louisvuitton.com; 101 av des Champs-Élysées, 8e; ⊙Mo-Sa 10–20, So 11–19 Uhr; Ⓜ George V) Begehrtes Souvenir: die legendären Canvas-Taschen mit „LV"-Monogramm.

➜ **Yves Saint Laurent** (Karte S. 412; www.ysl.com; 38 rue du Faubourg St-Honoré, 8e; ⊙Mo 11–19, Di–Sa 10.30–19 Uhr; Ⓜ Concorde) YSL, ab den 1960er-Jahren einer der führenden Pariser Modedesigner, griff in seinen Entwürfen als Erster auf außereuropäische Einflüsse zurück.

velt) Kühne Muster, flippiger Lagenlook und asymmetrische Säume haben diesem Pariser Label aus den 1950er-Jahren zum Erfolg verholfen.

LANCEL ACCESSOIRES
Karte S. 412 (www.lancel.com; 127 av des Champs-Élysées, 8e; ⊙Mo-Sa 10–20, So bis 19 Uhr; Ⓜ Charles de Gaulle–Étoile) In den mondänen Räumen dieses Designer-Lederwarengeschäfts sind edle Handtaschen in großzügigen Regalen ausgestellt.

ERES MODE, ACCESSOIRES
Karte S. 414 (www.eresparis.com; 2 rue Tronchet, 8e; ⊙Mo-Sa 10–19 Uhr; Ⓜ Madeleine) Alle, die es bislang schwierig fanden, die passende Badebekleidung zu finden, werden verstehen, warum dieser Laden die letzte Rettung ist. Die hinreißende Bademode ist in schmeichelnden Schnitten für jede Figur erhältlich, bei den Bikinis auch Slip und Oberteil separat.

HÔTEL DROUOT KUNST, ANTQUITÄTEN
Karte S. 414 (www.drouot.com; 7-9 rue Drouot, 9e; ⊙meist 11–18 Uhr; Ⓜ Richelieu Drouot) Das renommierteste Auktionshaus versteigert seit über einem Jahrhundert Antiquitäten und Schmuck, seltene Bücher und Kunst. Die Auktionsware ist jeweils am Vortag von 11 bis 18 Uhr und am Vormittag des Auktionstags von 11 bis 12 Uhr zu besichtigen. Der freitags erscheinende Katalog *Gazette de l'Hôtel Drouot* ist im Haus und an Zeitungskiosken erhältlich.

Louvre & Les Halles

LOUVRE | LES HALLES

Highlights

❶ In der Mutter aller Museen, dem glanzvollen **Musée du Louvre** (S. 111), die Zeit vergessen.

❷ Zeitgenössische Kunst und Architektur im **Centre Pompidou** (S. 119) betrachten.

❸ Die Kunst Monets und den symmetrisch angelegten **Jardin des Tuileries** (S. 121) erleben.

❹ In der **Église St-Eustache** (S. 122) wunderbare Sakralkunst und erhebende Musik genießen.

❺ In den Arkaden um den **Jardin du Palais Royal** (S. 124) in Designerboutiquen stöbern.

Details s. Karten S. 416 und S. 420

Top-Tipp

Hier befinden sich einige der Spitzenrestaurants von Paris, aber ein Tisch muss frühzeitig reserviert werden: zwei Monate im Voraus bei **Frenchie** (S. 127) und **Yam'Tcha** (S. 132) und bis zu einen Monat im Voraus bei **Spring** (S. 132) und **Verjus** (S. 129). Frenchie und Verjus haben Weinbars nebenan, wo Gäste ohne Reservierung auf einen freien Hocker warten und leichtere Kreationen der gleichen Spitzenköche genießen können.

Gut essen

➜ Frenchie (S. 127)
➜ Yam'Tcha (S. 132)
➜ Verjus (S. 129)
➜ Spring (S. 132)
➜ Pirouette (S. 131)

Mehr dazu S. 125

Schön ausgehen

➜ Experimental Cocktail Club (S. 133)
➜ Jefrey's (S. 133)
➜ Telescope (S. 132)
➜ Le Garde Robe (S. 133)
➜ Zen Zoo (S. 132)

Mehr dazu S. 132

 Gute Unterhaltung

➜ Le Grand Rex (S. 136)
➜ Comédie Française (S. 134)
➜ Louvre Auditorium (S. 134)
➜ Le Baiser Salé (S. 134)

Mehr dazu S. 134

Rundgang: Louvre & Les Halles

Ein schöner Ausgangspunkt ist das Seine-Ufer. Ein interessanter Weg führt vorbei an den Skulpturen und Rasenflächen, Wasserbecken und Springbrunnen des Jardin des Tuileries zum Musée de l'Orangerie und Jeu de Paume. Von hier geht es weiter nordwärts zur eleganten Place Vendôme und über die Shoppingmeile Rue St-Honoré wieder ostwärts zum Palais Royal.

Für den Louvre ist mindestens ein halber Tag einzuplanen. Am besten kombiniert man den Museumsmarathon mit einem Mittagessen beim Picknick und einem Streifzug durch die Designerarkaden und Grünanlagen des Jardin du Palais Royal. Für Kunstliebhaber lohnt sich ein weiterer halber Tag im Centre Pompidou mit der größten Sammlung moderner Kunst Europas.

Nach Überquerung der Rue du Louvre ins Quartier Les Halles weicht das elegante Louvre-Flair. Stattdessen tauchen helle Lichter, drängelnde Menschen, geschminkte Damen und die swingenden Jazzclubs der Rue des Lombards auf. Die verkehrsberuhigte Zone zwischen Centre Pompidou und Forum des Halles strotzt Tag und Nacht vor Leben, wie schon in den über 850 Jahren, als hier noch die größte Pariser Markthalle stand.

Lokalkolorit

➜ **Feierabend-Drink** Neben den Café-Bars der Rue Montorgueil sind die Cocktailclubs (S. 133) der Rue St-Saveur und die hippen Bars der Rue Montmartre die Adressen zum *apéro* (Aperitif).

➜ **Museen** Dienstags haben Louvre (S. 111) und Centre Pompidou (S. 119) zu; ideal für einen Besuch sind die (ruhigeren) langen Museumsabende oder Sonderveranstaltungen.

➜ **Japantown** Die belebte Rue St-Anne westlich des Jardin du Palais Royal ist voller asiatischer Restaurants; die besten sind in den Seitenstraßen zu finden.

Anfahrt

➜ **Métro & RER** Der Louvre hat zwei Métrostationen: Palais Royal-Musée du Louvre (Linien 1 und 7) und Louvre-Rivoli (Linie 1). Viele Métro- und RER-Linien treffen sich am Hauptknoten Châtelet-Les Halles.

➜ **Bus** Wichtige Buslinien sind Nr. 27 von der Rue de Rivoli über Boulevard St-Michel zur Place d'Italie und Nr. 69, die nahe der Métrostation Louvre-Rivoli hält und Richtung Invalides und Eiffelturm verkehrt.

➜ **Fahrrad** Die Stationen 1 Place Ste-Marguerite de Navarre und 2 rue de Turbigo liegen günstig zum Métro-/RER-Knoten Châtelet-Les Halles; beim Louvre strampelt man am besten ab 165 rue St-Honoré los.

➜ **Boot** Das Batobus-Boot (S. 377) legt am Louvre an.

 HIGHLIGHT
LOUVRE

NEALE CLARK / GETTY IMAGES ©

Nur wenige Kunstgalerien sind so berühmt und überwältigend wie das Musée du Louvre, das Kronjuwel von Paris. Kein Erstbesucher der Stadt kommt daran vorbei. Da es neun Monate brauchen würde, alle 35 000 Kunstwerke anzuschauen, ist Vorausplanung ein Muss.

Die Dauerausstellung umfasst Kunst aus Europa – eine faszinierende Präsentation der Entwicklung westlicher Kunst bis zur Mitte des 19. Jhs. –, außerdem Sammlungen mesopotamischer, ägyptischer, griechischer, römischer und islamischer Kunst und Altertümer.

Palais du Louvre

Die Schätze des Louvre verteilen sich auf vier Etagen und drei Flügel: Der **Sully-Flügel** umgibt die **Cour Carrée** (den „quadratischen Hof") am Ostende; der südliche **Denon-Flügel** erstreckt sich 800 m an der Seine entlang; der nördliche **Richelieu-Flügel** säumt die Rue de Rivoli. Das Gebäude wurde ursprünglich von Philipp August im 12. Jh. als Festung errichtet – mittelalterliche Reste sind noch im unteren Erdgeschoss (Sully) zu sehen. Im 16. Jh. wurde es zur königlichen Residenz ausgebaut und 1793 in ein Nationalmuseum verwandelt. Damals gehörten 2500 Gemälde und Kunstobjekte zum Bestand.

Nachfolgende französische Regierungen häuften eine gigantische Sammlung von Gemälden, Skulpturen und sonstigen Exponaten an. Das Projekt „Grand Louvre", das Staatspräsident Mitterrand 1989 einleitete, verdoppelte die Ausstellungsfläche. Seither wurden neue und renovierte Galerien eröffnet, darunter die hochmoderne **Abteilung für islamische Kunst** (unteres EG, Denon-Flügel) in der hinreißenden Cour Visconti.

NICHT VERSÄUMEN

➡ Mesopotamische und Ägyptische Sammlung

➡ Denon-Flügel im 1. Stock

➡ Mona Lisa

PRAKTISCH & KONKRET

➡ Karte S. 416

➡ ☎ 01 40 20 53 17

➡ www.louvre.fr

➡ rue de Rivoli & quai des Tuileries, 1er

➡ Erw./Kind 12 €/frei

➡ ⏰ Mo, Do, Sa & So 9–18, Mi & Fr bis 21.45 Uhr

➡ Ⓜ Palais Royal–Musée du Louvre

MITTAGSPAUSE

Die Eintrittskarten zum Louvre gelten für den ganzen Tag, Besucher können also eine Mittagspause außerhalb einlegen. Wer es schnell mag, kauft sich ein Sandwich in der Bäckerei Paul (Hall Napoléon) und verspeist es königlich im Jardin des Tuileries. Fünf Minuten zu Fuß entfernt finden sich guter Wein und feine Küche im Racines 2 (S. 127) und Garde Robe (S. 133), eine Pariser Traumaussicht im Saut du Loup (S. 132) und preisgünstiges Essen im Cojean (S. 130) und Sanukiya (S. 127).

Zweimal heißt es Schlangestehen: einmal für die Sicherheitskontrolle und einmal für die Eintrittskarte. Die längsten Schlangen bilden sich vor der Grande Pyramide; besser sind die Eingänge Carrousel du Louvre (99 Rue de Rivoli oder direkt von der Métro) oder Porte de Lions (mittwochs und freitags geschlossen). Ein Museumspass verschafft Vortritt, auch der Kauf eines Online-Tickets beschleunigt den Prozess.

Unschätzbare Altertümer

Was immer auch das persönliche Interesse ist, die Louvre-Schätze aus dem Altertum sollte man sehen: **Mesopotamien** (EG, Richelieu-Flügel) und **Ägypten** (EG und 1. Stock, Sully-Flügel) sind sehr gut vertreten, z. B. mit der *Stele des Hammurabi* (Saal 3, EG, Richelieu-Flügel) und dem *Sitzenden Schreiber* (Saal 22, 1. Stock, Sully-Flügel). Im Saal 12 (EG, Sackler-Flügel) sind beeindruckende Friese und eine enorme Säule mit einem doppelköpfigen Stierkapitell aus dem Darius-Palast im antiken Persien ausgestellt. Das Highlight im Tempelsaal (Saal 12, Sully-Flügel) ist eine riesige Statue des sitzenden Pharaos Ramses II.

Lohnenswert sind auch die Mosaiken und Figurinen aus dem Byzantinischen Reich (unteres EG, Denon-Flügel) und die griechischen Plastiken, deren Glanzlichter die beiden berühmtesten armlosen Statuen der Welt sind: die **Venus von Milo** (Saal 16, EG, Sully-Flügel) und die **Nike von Samothrake** (oben auf der Daru-Treppe, 1. Stock, Denon-Flügel, bis 2015 wegen Renovierung nicht zugänglich).

Mona Lisa

Das berühmteste Gemälde nicht nur des Louvre, sondern wohl der ganzen Welt, ist die unergründlich lächelnde Mona Lisa (Saal 6, 1. Stock, Denon-Flügel) von Leonardo da Vinci. Sie heißt bei den Franzosen La Joconde. Seit Jahrhunderten spekulieren ihre Bewunderer darüber, ob sie den Tod eines Nahestehenden betrauert oder ob sie vielleicht in den Porträtisten verliebt war (gar mit ihm eine Affäre hatte).

Mona (italienisch *monna*) ist eine Kurzform von *madonna*, Gioconda die weibliche Form des Nachnamens Giocondo. Kanadische Experten haben die Farbschichten mit Infrarot-Technik durchleuchtet, um zu bestätigen, dass es sich um Lisa Gherardini (1479–1542) handelt, die Frau des florentinischen Kaufmanns Francesco de Giocondo. Dabei entdeckten sie auch einen durchsichtigen Schleier über ihrem Kleid, wie er im frühen 16. Jh. in Italien von Schwangeren oder frisch Entbundenen getragen wurde. Man vermutet, dass das Bild um 1503 anlässlich der Geburt ihres zweiten Sohns gemalt wurde, als sie ungefähr 24 Jahre alt war.

Französische & italienische Meisterwerke

Der 1. Stock des Denon-Flügels, wo sich auch die *Mona Lisa* befindet, ist der beliebteste Teil des Louvre. In den Sälen 75 bis 77 hängen monumentale französische und weltberühmte Gemälde. Besonders bemerkenswert: *Die Krönung Kaiser Napoleons I.* (David), *Das Floß der Medusa* (Géricault) und *Die große Odaliske* (Ingres).

LOUVRE

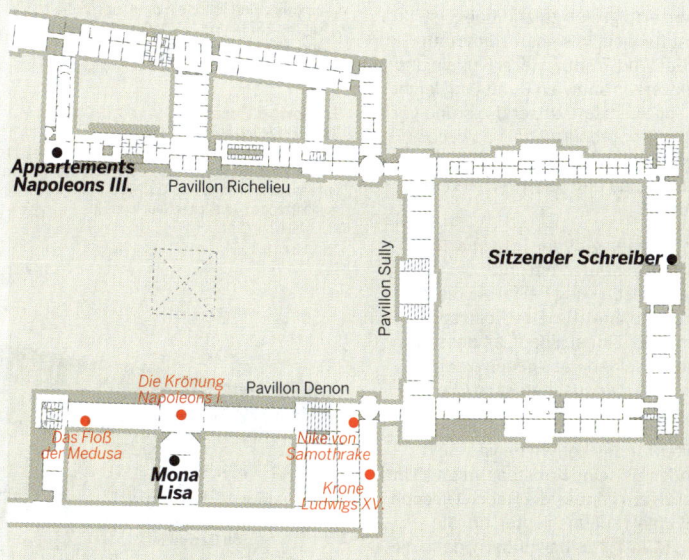

Appartements Napoleons III.
Pavillon Richelieu

Pavillon Sully

Sitzender Schreiber ●

Die Krönung Napoleons I.
Pavillon Denon

Das Floß der Medusa

Mona Lisa

Nike von Samothrake

Krone Ludwigs XV.

Erster Stock

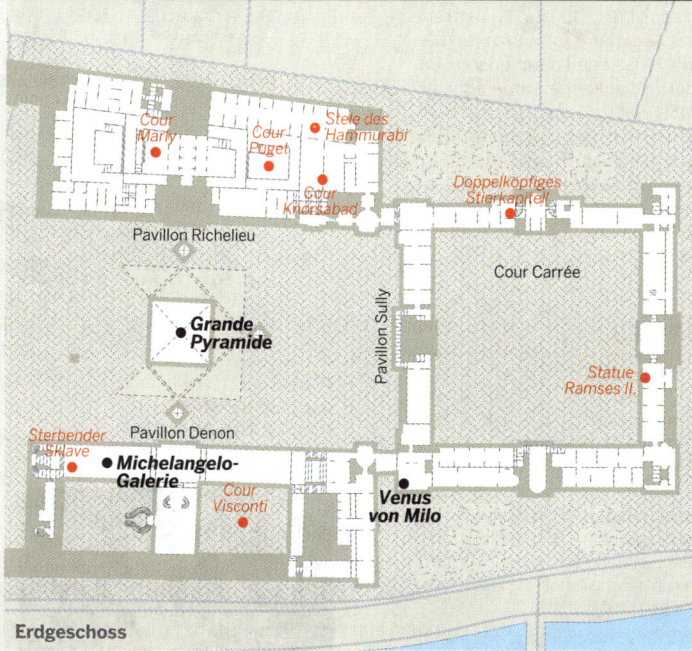

Cour Marly

Cour Puget

Stele des Hammurabi

Cour Khorsabad

Doppelköpfiges Stierkapitell

Pavillon Richelieu

Cour Carrée

Pavillon Sully

Grande Pyramide

Statue Ramses II.

Sterbender Slave
Pavillon Denon

Michelangelo-Galerie

Cour Visconti

Venus von Milo

Erdgeschoss

Louvre

EIN HALBTÄGIGER RUNDGANG

Den Louvre erfolgreich zu erkunden, ist eine Kunst für sich. In seinem Labyrinth aus Galerien und Treppen, drei Flügeln und vier Stockwerken kann ein Rundgang leicht zur Odyssee ausarten. Unser dreistündiger Besichtigungsvorschlag ist ein abwechslungsreicher Mix aus Pflichtklassikern wie der *Mona Lisa* und überraschenden Abstechern.

Am Haupteingang gibt der **Informationsschalter** ❶ im Souterrain unter der Glaspyramide von Ieoh Ming Pei farbkodierte Orientierungspläne aus. Eine Rolltreppe fährt zum Sully-Flügel hinauf, an dessen Eingang man seinen Pass gegen einen Multimedia-Guide tauschen kann (die Exponate sind sparsam beschriftet).

Die Architektur des Louvre beeindruckt nicht minder als seine Kunstsammlung. Um sie zu würdigen, geht es die Henri-II-Treppe im Sully-Flügel rauf und runter, um die **Venus de Milo** ❷ zu bewundern, dann die Henri-IV-Treppe hoch zur **Cour Khorsabad** ❸. Quer durch Raum 1 erreicht man die Rolltreppe ins 1. OG, zur „Kunsttreppe" **L'Esprit d'Escalier** ❹. Dann muss man insgesamt 25 Galerien durchqueren, um das moderne **Deckengemälde** ❺ von Cy Twombly zu bestaunen. Die nur zwei Räume entfernte **Nike von Samothrake** ❻ will von allen Seiten bewundert werden. Den krönenden Abschluss bilden die berühmten Topattraktionen **Floß der Medusa** ❼, **Mona Lisa** ❽ sowie **Madonna mit Kind** ❾.

TOP-TIPPS

» **Museumsplan** Niemand sollte sich ohne die Broschüre *Plan/Information Louvre* ins Labyrinth des Louvre wagen. Sie ist kostenlos am Informationsschalter in der Hall Napoléon erhältlich (auch auf Deutsch)

» **Massen meiden** Der rappelvolle Denon-Flügel ist am späten Mittwoch- oder Freitagabend am leersten. Oder in den ruhigeren Richelieu-Flügel ausweichen.

» **2. OG** Diese Abteilungen hebt man sich besser für einen Folgebesuch auf.

MISSION MONA LISA

Wer nur die berühmteste Dame des Louvre anstaunen will, sollte den Eingang Porte des Lions (Di & Fr geschl.) nehmen. Von dort sind es bloß fünf Minuten: eine Treppe hinauf, durch die Räume 26, 14 und 13 zur Grande Galerie und dann in den benachbarten Raum 6.

L'Esprit d'Escalier

Escalier Lefuel, Richelieu-Flügel
Die moderne Glaskunst von François Morellet wirft in dem Treppenhaus, entworfen von Hector Lefuel, ein neues Licht auf das alte Gemäuer. **ABSTECHER»** In die überwältigenden goldblitzenden Gemächer Napoleons III.

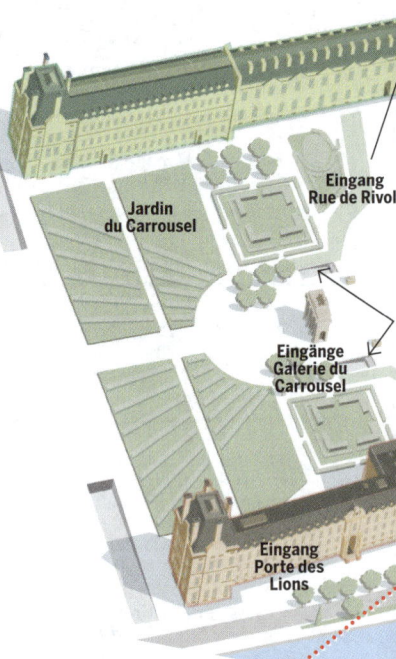

Eingang
Rue de Rivoli

Jardin
du Carrousel

Eingänge
Galerie du
Carrousel

Eingang
Porte des
Lions

Das Floß der Medusa

Raum 77, 1. Stock, Denon-Flügel
Französische Romantik mit politischem Anliegen: Das *Floß der Medusa* von Théodore Géricault.

DEA/G.DAGLI ORTI/GETTY IMAGES ©

Cour Khorsabad
Erdgeschoss, Richelieu-Flügel
Geflügelte Stiere mit Menschenköpfen entführen auf eine Zeitreise ins uralte Mesopotamien. **ABSTECHER»** Statuen in der Cour Puget.

Venus von Milo
Raum 16, Erdgeschoss, Sully-Flügel
Ein großes Meisterwerk der hellenistischen Kunst, auch wenn keiner weiß, wer die lebensechte Verführerin aus der griechischen Antike schuf.

Deckengemälde
Raum 32, 1. OG, Sully-Flügel
Ein blaues Wunder und gewagtes modernes Kunstexperiment ist das 400 m² große Deckengemälde von Cy Twombly. **ABSTECHER»** Braque-Deckengemälde, Raum 33.

Cour Khorsabad

③

④ **Cour Marly** **Cour Puget**

Cour Carrée

SULLY-FLÜGEL

RICHELIEU-FLÜGEL

Cour Napoléon

①

⑤

②

Haupteingang mit Pyramide

⑥

Umgedrehte Pyramide

⑦ ⑧ **Cour Visconti**

DENON-FLÜGEL

⑨

Pont des Arts

Pont du Carrousel

Mona Lisa
Raum 6, 1. OG, Denon-Flügel
Das unergründlichste Lächeln der Welt: Da Vincis kleinformatige *La Joconde* hängt vis-à-vis vom größten Schinken des Louvre – der *Hochzeit zu Kanaan* vom italienischen Renaissancekollegen Paolo Veronese.

Madonna mit Kind
Raum 5, Grande Galerie, 1. OG, Denon-Flügel
Als würdiger Abschluss warten in der berühmtesten Galerie des Louvre diverse Madonnendarstellungen mit Kind u.a. von Raffael, Domenico Ghirlandaio, Giovanni Bellini und Francesco Botticini.

Nike von Samothrake
Escalier Daru, 1. OG, Sully-Flügel
Die kopf- und armlose griechische Siegesgöttin beeindruckt durch ihre aggressive Dynamik. **ABSTECHER»** Zu den blendenden Kronjuwelen in der Galerie d'Apollon.

PETER WILLI / GETTY IMAGES ©

1. Sitzender Schreiber
Eines der berühmtesten ägyptischen Altertümer des Louvre

2. Die Krönung Napoleons I.
Ein phantastisches Gemälde von Jean-Louis David, das die Kaiserkrönung Napoleons darstellt.

3. Sterbender Sklave
Michelangelos Marmorstatue aus der Renaissance

4. Mona Lisa
Louvre-Besucher stehen Schlange, um das berühmteste Bild der Welt zu sehen: Leonardo da Vincis *La Joconde* (im Deutschen besser bekannt als *Mona Lisa*).

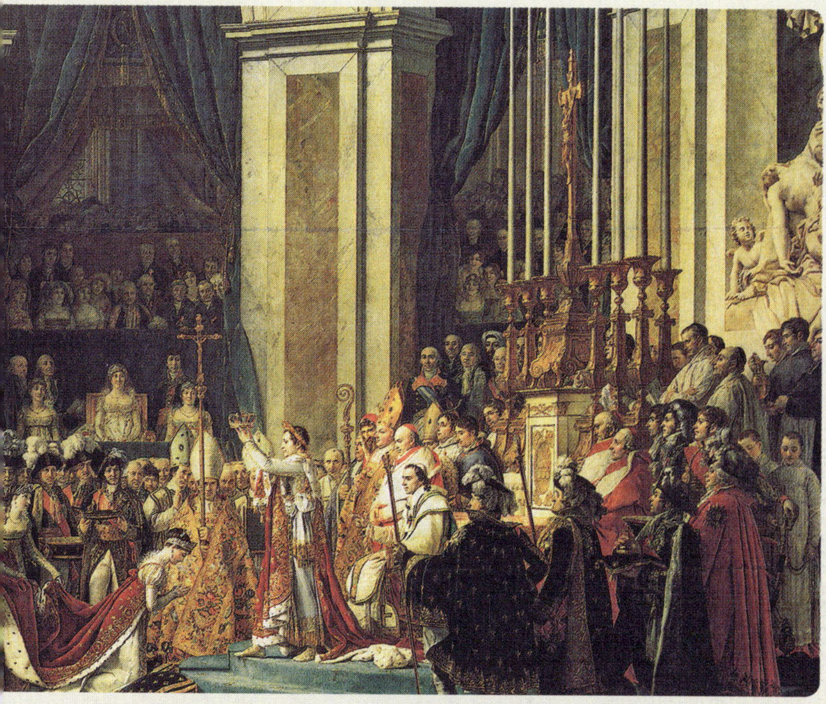

FINE ART IMAGES / GETTY IMAGES ©

BUENA VISTA IMAGES / GETTY IMAGES ©

3

CORBIS ©

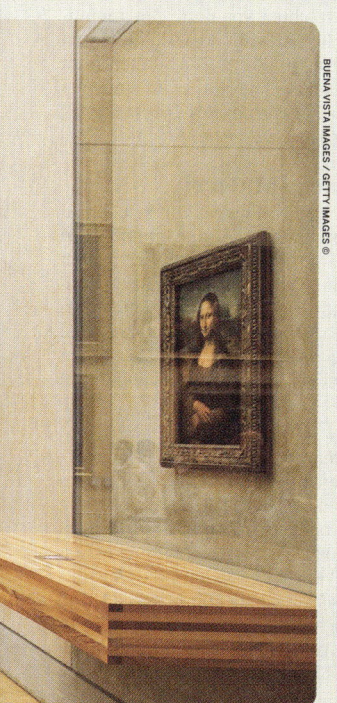

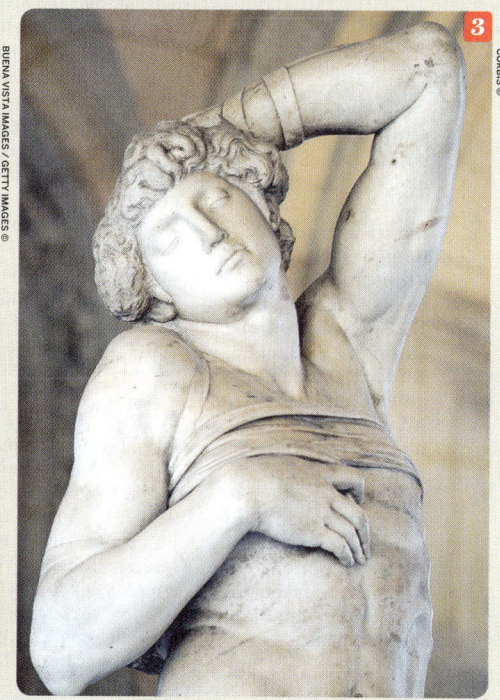

DIE PYRAMIDE

Fast ebenso umwerfend wie die Meisterwerke drinnen ist die 21 m hohe Pyramide des amerikanischen Architekten I. M. Pei. Sie überdacht den Haupteingang des Louvre. Unter der Grande Pyramide befindet sich die Eingangshalle **Hall Napoléon** mit Informationsstand, einem Saal für Wechselausstellungen, Buch- und Souvenirladen, Café und Vortragssälen. Eine weitere Pyramide von Pei, die gläserne Pyramide Inversée (umgekehrte Pyramide), ist das Herzstück des **Carrousel du Louvre** (Karte S. 416; www.carrouselduvoure.com; 99 rue de Rivoli; ☺8–23 Uhr, Läden 10–20 Uhr; ☎; Ⓜ Palais Royal–Musée du Louvre). Das unterirdische Einkaufszentrum erstreckt sich von der Grande Pyramide bis zum Arc de Triomphe du Carrousel (S. 123).

Die französischen Könige trugen ihre Krone nur ein Mal – bei der Krönung. Die 1722 gefertigte Krone Ludwigs XV. (Saal 66, 1. Stock, Denon-Flügel) ist mit besticker Atlasseide ausgefüttert und mit durchbrochenen Bögen und einer Bourbonenlilie geschmückt. Sie war ursprünglich mit Perlen, Saphiren, Rubinen, Topasen, Smaragden und Diamanten besetzt.

Ancient Greek sculptures at the Louvre

Ein Muss sind auch die Säle 1, 3, 5 und 8. Dort hängen klassische Werke von Meistern der **Renaissance** – Raffael, Tizian, Uccello, Botticini – mit massivem Andrang vor der *Mona Lisa*. Aber es gibt noch reichlich mehr zu betrachten, von Botticellis anmutigen Fresken (Saal 1) bis zur wunderbar detailreichen *Hochzeit zu Kana* (Saal 6). Etwas Zeit verdienen im Erdgeschoss des Denon-Flügels die italienischen Skulpturen, darunter Michelangelos *Der sterbende Sklave* und Canovas *Amor und Psyche* (Saal 4).

Mitteleuropäische Malerei

Der 2. Stock des Richelieu-Flügels, direkt über all dem Gold und Kristall der **Appartements von Napoleon III.** (1. Stock), bietet einen ruhigeren Rundgang durch die Sammlung deutscher, flämischer und niederländischer Gemälde, darunter Werke von Peter Paul Rubens und Pieter Bruegel d. Ä. Vermeers *Spitzenklöpplerin* hängt in Saal 38, der Saal 31 ist hauptsächlich Rembrandt gewidmet.

Rundgänge & Führungen

Es gibt diverse thematische Rundgänge in Eigenregie, von „Meisterwerke des Louvre" bis „Kunst des Essens" und Themen für Familien. Die Broschüren kann man vorab von der Website herunterladen. Eine andere gute Möglichkeit ist der Multimediaführer **Nintendo 3DS** (Verleih Erw./Kind 5/3 €; Ausweis erforderlich). Englischsprachige **Führungen** (☎01 40 20 51 77; ☺11 & 14 Uhr außer 1. So im Monat) starten von der Hall Napoléon; Anmeldung bis zu 14 Tage im Voraus oder spätestens bei Ankunft im Museum.

HIGHLIGHT
CENTRE POMPIDOU

Das Centre Pompidou verblüfft und begeistert seit seiner Eröffnung 1977 mit seiner radikalen Architektur, entworfen von Renzo Piano und Richard Rogers, sowie mit seiner herausragenden Sammlung moderner Kunst. Das Angebot des pulsierenden Kunst- und Kulturzentrums umfasst Galerien und Ausstellungen, Workshops, Tanzperformances, Buchläden und Designboutiquen, Kinos und weitere Unterhaltungsangebote.

Musée National d'Art Moderne

Die lichten und gut ausgeleuchteten Säle des Musée National d'Art Moderne breiten sich über zwei Etagen im Centre Pompidou aus. Hier befindet sich die größte Sammlung moderner Kunst in Europa. Für Kunstliebhaber ist es eines der Glanzstücke von Paris. Ebenso hochkarätig wie die ständige Sammlung sind die **Sonderausstellungen** in zwei Sälen (im EG/UG und im obersten Stock), in denen oft Publikumsrenner präsentiert werden. Ebenfalls großartig ist die **Kindergalerie** im 1. Stock.

Die ständige Sammlung rotiert alle zwei Jahre, aber die grundlegende Anordnung bleibt im Prinzip die gleiche. Im 5. Stock ist Kunst aus den Jahren 1905 bis 1970 (plus/minus ein Jahrzehnt) ausgestellt, der 4. Stock widmet sich zeitgenössischen Werken, etwa ab den 1980er-Jahren.

Der jüngste Aufbau im 5. Stock war eine erfreuliche Abkehr vom alten eurozentrischen Modell. Die dynamische Präsentation ist eine Mischung aus Werken von Picasso, Matisse, Chagall und Kandinsky mit weniger bekannten Zeitgenossen u. a. aus Brasilien und China sowie mit amerikanischen Künstlern wie Rivera, Kahlo, Warhol, Pollock und Rothko.

Im 4. Stock stehen Monumentalgemälde, Installationen, Skulpturen und Videos im Mittelpunkt. Hier befindet sich auch der **Espace des Collections Nouveaux Médias et**

NICHT VERSÄUMEN

→ Musée National d'Art Moderne

→ Innovative Sonderausstellungen

→ Der weite Blick über Paris vom 6. Stock

PRAKTISCH & KONKRET

→ Karte S. 420

→ ☎ 01 44 78 12 33

→ www.centrepompidou.fr

→ place Georges Pompidou, 4e

→ Museum, Ausstellungen & Aussicht Erw./Kind 13 €/frei

→ ⏰ Mi–Mo 11–21 Uhr

→ Ⓜ Rambuteau

MITTAGSPAUSE

Die Terrasse des Georges im 6. Stock ist wunderbar, um etwas zu trinken, weniger jedoch für ein Essen. Das preisgünstige Café im 1. Stock ist auch nicht der Rede wert. Besser ist das Café La Fusée (S. 133) oder Dame Tartine (S. 130), die in fußläufiger Entfernung erschwingliches Essen oder den verdienten Aperitif nach dem Museumsmarathon servieren.

Das Centre selbst ist faszinierend, aber auch die Umgebung mit Menschengewimmel und Souvenirläden lohnt eine Erkundung. Auf der Place Georges Pompidou westlich des Gebäudes und in den benachbarten Fußgängerzonen tummeln sich Straßenmusikanten, Jongleure und Pantomimen. Äußerst sehenswert ist auf der Place Igor Stravinsky der bunte Brunnen von Jean Tinguely und Niki de St-Phalle mit bewegten Metallkonstruktionen, Herzen, Notenschlüsseln und riesigen roten Lippen.

Film, wo die Neuen Medien im Mittelpunkt stehen und ein Überblick über 40 Jahre audiovisueller Experimente gegeben wird.

Architektur & Panoramablick

Der ehemalige Präsident Georges Pompidou wollte ein supermodernes Kunstzentrum – und das bekam er auch. Die Gewinner des Architektenwettbewerbs, Renzo Piano und Richard Rogers, entwarfen ein „nach außen gestülptes" Gebäude, bei dem Versorgungsleitungen wie Wasser- und Abwasserrohre, Lüftungsschächte und Stromleitungen auf die Fassade verlegt wurden. 1977 war der Bau fertig.

Aus der Entfernung betrachtet (etwa von Sacré-Coeur), wirkt der bunte Kasten im eleganten, grauen Häusermeer wie eine Konstruktion aus dem Metallbaukasten eines Kindes. Obwohl das Centre Pompidou nur sechs Etagen hat, genießt man vom Dach einen atemberaubenden Blick über die Stadtlandschaft von Paris. Der Zugang zum Dach (über Außenaufzüge) ist im Eintrittspreis für Museum und Sonderausstellungen enthalten. Alternativ gibt es ein **Panoramaticket** (3 €; ⊙ Mi–Mo 11–23 Uhr) fürs Dach zu kaufen.

Atelier Brancusi

Das **Atelier** (Karte S. 420; 55 rue Rambuteau, 4e; ⊙ Mi–Mo 14–18 Uhr; M Rambuteau) GRATIS des aus Rumänien stammenden Bildhauers Constantin Brancusi ist westlich des Centre Pompidou. Es enthält bekannte Werke wie *Der Kuss* und *Vogel im Raum* sowie weitere über 100 Stein- und Holzskulpturen, Zeichnungen und Fotoplatten.

Führungen & Multimedia-Guides

Führungen gibt es nur auf Französisch (Infos beim Schalter der Haupthalle im EG). Dafür entschädigen ausgezeichnete **Multimedia-Guides** (Erw./unter 13 J. 5/3 €) für einen 1½-stündigen Rundgang. Sie erklären 62 Kunstwerke des Musée National d'Art Moderne detailliert. Multimedia-Guides gibt es auch für alle Sonderausstellungen, zur Architektur des Centre Pompidou und für Besucher mit Kindern (von acht bis zwölf Jahren).

HIGHLIGHT
JARDIN DES TUILERIES

Der typische Pariser Park mit Brunnen, klassischen Skulpturen und großartigen Rundblicken wurde 1664 von André Le Nôtre angelegt, dem Architekten der Gärten von Versailles.

Das Palais des Tuileries (Residenz u. a. von Napoleon) aus dem 16. Jh. stand am westlichen Ende des Parks, bis es 1871 während der Aufstände der Pariser Kommune zerstört wurde. Vom Palais sind nur noch die ehemalige Orangerie und das Jeu de Paume übrig. Im Juli und August findet hier das Volksfest **Fête des Tuileries** statt.

Musée de l'Orangerie

Das **Musée de l'Orangerie** (www.musee-orangerie.fr; Erw./Kind 9/6,50 €; ☉ Mi–Mo 9–18 Uhr) ist ein wahres Kleinod. Der Bau wurde im 19. Jh. für die Überwinterung der Orangenbäume des Parks errichtet. Die beiden ovalen Räume in der oberen Etage sind der Knüller: Dort hängen in natürlichem Licht der riesige *Seerosen*-Gemälde von Monet.

Unten ist die Privatsammlung des Kunsthändlers **Paul Guillaume** (1891–1934) ausgestellt. Sie enthält alle großen Namen der frühen Moderne: Cézanne, Matisse, Picasso, Renoir, Modigliani, Soutine und Utrillo. Spannend sind u. a. das Bild *Mademoiselle Coco Chanel* von Marie Laurencin und das verstörende Gemälde *La Noce* von Rousseau.

Lange Schlangen gibt's hier immer, frühe Ankunft ist also ratsam. Ein Kombiticket mit dem Musée d'Orsay kostet 16 €.

Musée du Jeu de Paume

Die wunderbar luftige **Galerie** (www.jeudepaume.org; Erw./Kind 8,50 €/frei; ☉ Di 11–21, Mi–So bis 19 Uhr) ist im einstigen jeu de paume (königlicher Federballplatz) des Palais des Tuileries untergebracht. Sie zeigt innovative Fotoausstellungen.

NICHT VERSÄUMEN

➡ Monets *Seerosen*
➡ Sammlung Paul Guillaume
➡ Picknick oder Spaziergang im Park

PRAKTISCH & KONKRET

➡ Karte S. 416
➡ Garten Eintritt frei
➡ ☉ Juni–Aug. 7–23 Uhr, sonst kürzere Zeiten
➡ Ⓜ Tuileries oder Concorde

HIGHLIGHT
ÉGLISE ST-EUSTACHE

Dicht an den alten Markthallen der Stadt, heute das Forum des Halles, steht eine der schönsten Kirchen von Paris. Seit Jahrhunderten erhebt St-Eustache die Seelen und Herzen der Menschen mit majestätischer Architektur und mitreißender Musik.

Glanzvolle Historie gibt es reichlich. Richelieu und Molière wurden in der Kirche getauft, Molière heiratete hier später auch. Ludwig XIV. feierte in dem Gotteshaus seine Erstkommunion und Colbert wurde hier bestattet. Mozart ließ in St-Eustache die Totenmesse für seine Mutter halten und 1855 wurde hier *Te Deum* von Berlioz uraufgeführt – die Akustik in der Kirche ist herausragend.

Kunst & Architektur
Die Kirche wurde zwischen 1532 und 1637 im gotischen Stil erbaut. Die klassizistische Westfassade kam Mitte des 18. Jhs. hinzu. Viele Buntglasfenster und Gemälde wurden von Gilden und Kaufleuten aus den benachbarten Markthallen gestiftet. Zu den Highlights gehören ein Gemälde von Rubens und das farbenfrohe Halbrelief Pariser Markthelfer des britischen Bildhauers Raymond Mason (1969) in den Seitenkapellen. Vor der Kirche liegt eine **gewaltige Skulptur** von Kopf und Hand eines Riesen mit dem Titel *L'Écoute* (Zuhören; 1986) von Henri de Miller.

Die Orgel
Über dem Westportal hängt die größte Orgel des Landes von 1854, mit 101 Registern und 8000 Pfeifen. Ein Genuss sind die **Orgelkonzerte** sonntags um 17.30 Uhr und das **Festival des 36 Heures de St-Eustache** im Juni – 36 Stunden Musik aller Gattungen, u. a. Weltmusik, Chormusik und Jazz.

NICHT VERSÄUMEN

➡ Die Skulptur *L'Écoute*
➡ Kostenlose Orgelkonzerte am Sonntagnachmittag
➡ Kunstwerke in den Seitenkapellen

PRAKTISCH & KONKRET

➡ Karte S. 420
➡ www.st-eustache.org
➡ 2 impasse St-Eustache, 1er
➡ ⊙ Mo–Fr 9.30–19, Sa & So 9–19 Uhr
➡ Ⓜ Les Halles

⊙ SEHENSWERTES

Am Seine-Ufer im 1. Arrondissement treffen Geschichte und Kultur aufeinander. Der Bezirk birgt einige der Hauptattraktionen der Stadt, wie den weltberühmten Louvre und das Centre Pompidou. Außerdem siedelte Ludwig VI. hier 1137 den zentralen Marktplatz von Paris an, auf dem später die *halles* (Markthallen) errichtet wurden. Sie waren über 800 Jahre lang der „Bauch von Paris", wie der Schriftsteller Émile Zola es ausdrückte. Erst 1971 zogen die Großhändler mit Sack, Pack und Salat in die Vorstadt um.

MUSÉE DU LOUVRE   MUSEUM
Siehe S. 111

CENTRE POMPIDOU   MUSEUM
Siehe S. 119

JARDIN DES TUILERIES   PARK
Siehe S. 121

ÉGLISE ST-EUSTACHE   KIRCHE
Siehe S. 122

LES ARTS DÉCORATIFS   KUNSTMUSEUM
Karte S. 416 (www.lesartsdecoratifs.fr; 107 rue de Rivoli, 1er; Erw./Kind 11 €/frei; ⊙Di–So 11–18, Do bis 21 Uhr; ⓂPalais Royal–Musée du Louvre) Im Rohan-Flügel des Palais du Louvre sind drei privat verwaltete Sammlungen untergebracht: Kunstgewerbe, Werbung und Mode & Textilien – unter der Bezeichnung dekorative Kunst zusammengefasst. Der Eintritt gilt für alle drei Ausstellungen. Ein Kombiticket, das auch das Musée Nissim de Camondo (S. 144) im 8. Arrondissement einschließt, kostet 2 € mehr.

Die Abteilung **Arts Décoratifs** (Kunstgewerbe) nimmt den größten Teil ein und zeigt Möbel, Schmuck und Kunstgegenstände wie Keramiken und Glas aus dem Mittelalter, der Renaissance, des Art nouveau und Art déco bis zur heutigen Zeit. Die Sammlungen stammen aus Europa bis Ostasien.

An der anderen Seite des Gebäudes befindet sich das kleinere **Musée de la Publicité** (Museum der Werbung) mit über 100 000 Plakaten, die bis ins 13. Jh. zurückgehen, und zahllosen Werbematerialien. Ein Großteil der Räumlichkeiten wird für Sonderausstellungen genutzt.

Im **Musée de la Mode et du Textile** (Museum für Mode & Textilien) gibt es u. a.

Haute-Couture-Kreationen von Chanel, Jean-Paul Gaultier und Co. zu bewundern. Es hütet rund 16 000 Kleidungsstücke aus der Zeit vom 16. Jh. bis zur Gegenwart. Das meiste davon wird nur im Rahmen regelmäßiger Sonderausstellungen gezeigt.

ÉGLISE ST-GERMAIN L'AUXERROIS   KIRCHE
Karte S. 420 (www.saintgermainauxerrois.cef.fr; 2 place du Louvre, 1er; ⊙Mo–Sa 8–19, So 9–20 Uhr; ⓂLouvre Rivoli oder Pont Neuf) GRATIS Die ehemalige königliche Pfarrkirche wurde zwischen dem 13. und 16. Jh. in einem Stilmix aus Gotik und Renaissance erbaut. Abmessungen und Grundriss haben Ähnlichkeit mit Notre-Dame. Sie steht am östlichen Ende des Louvre auf einem Platz, der schon seit 500 n. Chr. zur christlichen Andacht genutzt wurde.

Das Bauwerk wurde im 18. Jh. durch „Modernisierungen" verändert und während der Revolution ziemlich stark ramponiert. Mitte des 19. Jhs. hat es Eugène Viollet-le-Duc, ein Anhänger der Neugotik, restauriert. Ein Blick ins Innere lohnt schon wegen der schönen Kirchenfenster aus der Renaissance.

ARC DE TRIOMPHE DU CARROUSEL   BAUWERK
Karte S. 416 (place du Carrousel, 1er; ⓂPalais Royal–Musée du Louvre) Der stattliche Triumphbogen, den Napoleon zur Erinnerung an seine Siege von 1805 errichten ließ, steht mitten im **Jardin du Carrousel**, der Grünanlage direkt neben dem Louvre. Dieses östliche Gegenstück zum anderen Triumphbogen (dem berühmteren) steht auf der *axe historique* (historische Achse), die mit der Statue von Ludwig XIV. neben der Pyramide du Louvre endet.

PLACE VENDÔME   PLATZ
Karte S. 416 (ⓂTuileries oder Opéra) Die achteckige Place Vendôme ist von Gebäuden mit Bogengängen umgeben, die zwischen 1687 und 1721 errichtet wurden. Im Gebäude Nr. 3 heiratete Napoleon im März 1796 Josephine, die Vicomtesse de Beauharnais. Heute beherbergen die Gebäude um den Platz das noble Hôtel Ritz Paris und einige der schicksten Boutiquen der Stadt.

Die 43,5 m hohe **Colonne Vendôme** (Vendôme-Säule; Karte S. 416) in der Platzmitte besteht aus einem Steinkern, um den sich eine 160 m lange Bronzespirale windet. Sie wurde aus Hunderten österreichischer und russischer Kanonen gegossen, die Napoleon

KÜNSTLERHAUS: 59 RUE DE RIVOLI

59 Rivoli (Karte S. 420; http://59rivoli-eng.org; 59 rue de Rivoli, 1er; ⊙13–20 Uhr; Ⓜ Louvre-Rivoli) GRATIS bringt frischen, unbürgerlichen Wind in diesen vornehmen Stadtteil von Paris, der von eleganter historischer Architektur strotzt. In 30 Ateliers können Besucher den Künstlern bei ihrer Arbeit zusehen. Sie verteilen sich auf sechs Stockwerke eines lange verwaisten und dann besetzten Bankgebäudes. Inzwischen werkeln hier sehr kreative Talente ganz legal, wohnen aber nicht mehr im Haus. Die Galerie im Erdgeschoss richtet alle zwei Wochen eine neue Ausstellung und an den meisten Wochenenden gut besuchte, kostenlose Konzerte und andere Veranstaltungen aus. Ein Kunstwerk ist auch die Fassade, die mit Bannern und recycelten Rohren über den Läden alternativ-künstlerisch gestaltet ist.

1805 in der Schlacht bei Austerlitz erbeutete. Die Statue auf der Spitze zeigt Napoleon in römischer Toga.

JARDIN DU PALAIS ROYAL   GARTEN

Karte S. 416 (2 place Colette, 1er; ⊙April & Mai 7–22.15 Uhr, Juni–Aug. bis 23 Uhr, Rest des Jahres kürzer; Ⓜ Palais Royal–Musée du Louvre) GRATIS Der Jardin du Palais Royal ist ein ideales Plätzchen, um zwischen Buchsbaumhecken zu verschnaufen, zu picknicken oder in den drei Einkaufspassagen, die den Park so hübsch umrahmen, einzukaufen: in der Galerie de Valois (Osten), der Galerie de Montpensier (Westen) und der Galerie Beaujolais. Interessant ist der südliche Teil der Anlage, der von den 260 schwarz-weiß gestreiften Säulen des Bildhauers Daniel Buren geprägt ist.

Die elegante Grünanlage gehört zum klassizistischen **Palais Royal** (für die Öffentlichkeit nicht zugänglich). Der Bau wurde 1633 unter Kardinal Richelieu begonnen, aber der größte Teil stammt aus dem späten 18. Jh. Ludwig XIV. lebte hier in den 1640er-Jahren. Heute ist das Gebäude Sitz des Conseil d'État (Staatsrat; Karte S. 416).

Die **Galerie de Valois** ist die nobelste Einkaufspassage. Hier residieren exklusive Designerboutiquen wie Stella McCartney,

Pierre Hardy und Didier Ludot (S. 135). Im Ladengeschäft Nr. 151–154 ist seit 1785 der Wappengraveur Guillaumot ansässig. Im Café du Foy in der **Galerie de Montpensier** gegenüber brach an einem warmen Julitag, drei Jahre nach ihrer Eröffnung, die Revolution aus. Die winzige **Galerie Beaujolais** liegt an der **Passage du Perron**, einem überdachten Ladengäßchen, über dem die Schriftstellerin Colette (1873–1954) die letzten 16 Jahre ihres Lebens wohnte.

FORUM DES HALLES   EINKAUFSZENTRUM

Karte S. 420 (www.forumdeshalles.com; 1 rue Pierre Lescot, 1er; ⊙Geschäfte Mo–Sa 10–20 Uhr; Ⓜ Châtelet–Les Halles) Fast 800 Jahre lang stand hier der wichtigste Pariser Lebensmittel-Großmarkt, bevor er 1971 durch das unterirdische Einkaufszentrum ersetzt wurde. Über vier Stockwerke bis hinab zum verkehrsreichsten Métro-Knotenpunkt reichen die Ladenzeilen. Derzeit wird ein gigantischer Umbau – mit einer riesigen, goldfarbenen, durchsichtigen Überdachung als Mittelstück – durchgeführt, der 2016 abgeschlossen sein soll.

Um das gekrümmte, blattartige Dach werden sich neue, vom Landschaftsarchitekten David Mangin entworfene Gärten mit Pétanque-Platz und Schachtischen, ein zentraler Innenhof und Gehwege ausbreiten. Das Projekt wird auch das Einkaufszentrum offener gestalten und somit mehr natürliches Licht einlassen.

Der Umbau wird in Abschnitten vorgenommen; der Betrieb dürfte also mehr oder weniger ungestört weiterlaufen. Das Projekt ist unter www.parisleshalles.fr zu verfolgen oder vor Ort beim Informationszentrum auf der **Place Joachim du Bellay**, ein hübscher Platz mit der Fontaine des Innocents (1549). Der mehrstufige Renaissancebrunnen verdankt seinen Namen dem Cimetière des Innocents (Friedhof der Unschuldigen), der früher an dieser Stelle lag. Nach der Revolution wurden hier etwa 2 Mio. Skelette ausgegraben und in die Katakomben umgebettet.

MUSÉE EN HERBE   KUNSTMUSEUM

Karte S. 420 (☎01 40 67 97 66; www.musee-en-herbe.com; 21 rue Hérold, 1er; Eintritt 6 €; ⊙Fr–Mi 10–19, Do bis 21 Uhr; 🚻; Ⓜ Les Halles) Zu den unbekannteren Juwelen der Stadt gehört dieses Kindermuseum, eigentlich eine tolle Überraschung für Kunstfreunde jeden Alters. Es zeigt jeweils ab März eine einjährige Dauerausstellung, die den Besuchern das

Werk eines Künstlers oder ein Thema durch interaktive Präsentationen nahebringt.

Die Exponate sind auf Französisch und Englisch beschriftet; die Kinder bekommen als Orientierungshilfe und Anregung ein *jeu de piste* (Anleitung zur Schnitzeljagd) ausgehändigt. Kunst-Workshops und Führungen für Kinder und Erwachsene, z. B. mit Nachmittagstee, frühabendlichem Aperitif usw. (6–10 €, vorab reservieren), runden das spielerische Kunsterlebnis ab.

BOURSE DE COMMERCE · BAUWERK

Karte S. 420 (2 rue de Viarmes, 1er; ⊙Mo–Fr 9–18 Uhr; MLes Halles) GRATIS Der Rundbau der Warenbörse, der ursprünglich den Getreidemarkt der Stadt beherbergte, bekam 1811 eine Kupferkuppel aufgesetzt. Die Wandbilder im Inneren wurden 1889 von fünf verschiedenen Künstlern geschaffen und 1998 restauriert. Sie zeigen Frankreichs Handel und Industrie im Wandel der Zeit.

TOUR JEAN SANS PEUR · TURM

Karte S. 420 (Turm des Johann Ohnefurcht; www.tourjeansanspeur.com; 20 rue Étienne Marcel, 2e; Erw./7–18 J. 5/3 €; ⊙April–Anfang Nov. Mi–So 13.30–18 Uhr, Anfang Nov.–März Mi, Sa & So 13.30–18 Uhr; MÉtienne Marcel) Den 29 m hohen gotischen Turm ließ der Herzog von Burgund während des Hundertjährigen Kriegs als Zuflucht vor seinen Feinden errichten – nämlich vor den Anhängern des Herzogs von Orléans, den er hatte ermorden lassen. Der Turm wurde im frühen 15. Jh. als Teil eines hochherrschaftlichen Hauses gebaut und ist einer der wenigen Wehrbauten aus der Feudalzeit, die in Paris noch erhalten sind. Besucher können die 140 Stufen der Wendeltreppe bis zur Spitze hinaufsteigen (keine Aussicht).

TOUR ST-JACQUES · TURM

Karte S. 420 (39 rue de Rivoli, 4e; Erw./erm. 8/6 €; ⊙Fr–So 10–17 Uhr, Führung stündl.; MChâtelet) Der 54 m hohe Turm im gotischen Flamboyantstil gleich nördlich der Place du Châtelet ist alles, was von der Église St-Jacques la Boucherie übrig blieb. Die mächtige Zunft der Fleischer baute die Kirche 1523 als Ausgangspunkt für die Pilger, die zum Schrein des heiligen Jakobus im spanischen Santiago de Compostela aufbrachen. Der Turm wurde jüngst restauriert. Die Besucher steigen 300 Treppen zur Spitze hinauf, wo sie einen weiten Panoramablick genießen können.

 **ESSEN**

 Louvre

CLAUS · FRÜHSTÜCK €

Karte S. 420 (☎01 42 33 55 10; www.claus paris.com; 14 rue Jean-Jacques Rousseau, 1er; Frühstück 13–18 €, Tagesgericht 13 €; ⊙Mo–Fr 8–17, Sa & So 9.30–17 Uhr; MÉtienne Marcel) Die geniale *épicerie du petit-dejeuner*, die unter Pariser Feinschmeckern als „Haute-Couture-Frühstücksspezialist" bekannt ist, verkauft alles Erdenkliche für das absolute Gourmetfrühstück – Biomüslis und Getreideflocken, Fruchtsäfte, Konfitüren, Honig usw.

Die Kunden können vor Ort frühstücken oder brunchen, für den heimischen Frühstücksschmaus einkaufen oder sich einen Luxus-Frühstückskorb nach Hause liefern lassen. Auch sehr lecker: das mittägliche Angebot an Salaten, Suppen und Quiches.

LE BOUGAINVILLE · TRADITIONELL FRANZÖSISCH €

Karte S. 416 (5 rue de la Banque, 2e; 2-Gänge-Menüs 17,50 €; ⊙Di–Sa bis 24 Uhr; MBourse) Das einfache Bougainville mit deckenhohen Fenstern und Blick auf die verbliebene Pracht der Galerie Vivienne ist zur Mittagszeit proppenvoll mit Stammgästen. Die deftigen französischen Speisen – *gratin dauphinois* (Kartoffel-Gratin mit Sahne), gebratenes Perlhuhn – sind nicht gerade die raffiniertesten, aber hungrig geht hier keiner raus.

CRÊPE DENTELLE · CRÊPERIE €

Karte S. 420 (☎01 40 41 04 23; 10 rue Léopold Bellan, 2e; Crêpes 4,90–14,60 €, Mittagsmenüs 11,20 €; ⊙Mo–Fr 12–15 & 19.30–23 Uhr; ▣; MSentier) Das Lokal, nach einer Crêpe-Art benannt, die so zart wie feine Spitze *(dentelle)* ist, empfiehlt sich nicht bei großem Hunger. Es ist aber bestens geeignet für einen leichten, günstigen Mittagsimbiss und sicherlich die beste Wahl für Crêpes in Louvre-Nähe. Nach 12.15 Uhr ist nur schwer ein Platz zu kriegen.

KUNITORAYA 1 · JAPANISCH €

Karte S. 416 (www.kunitoraya.com; 1 rue Villedo, 1er; Nudeln 10–22 €; ⊙Do–Di 12–14.30 & 19–22.30 Uhr; MPyramides) Das geschäftige Lokal serviert einige der besten *udon* (dicke japanische Nudeln) von Paris. An den großen Tischen lassen sich die jungen Köche beobachten, wie sie ihr Können über

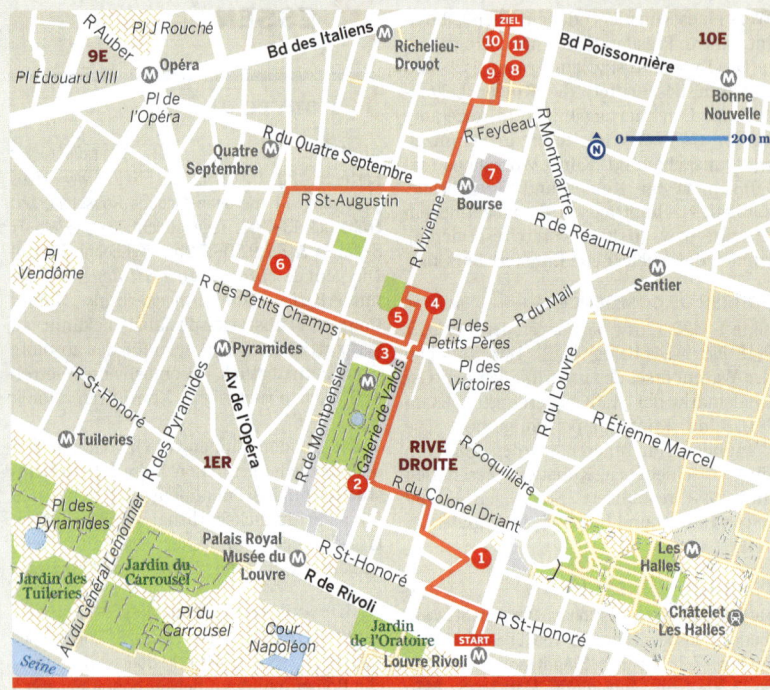

🏃 Spaziergang
Streifzug durchs Paris des 19. Jhs.

START MÉTRO LOUVRE RIVOLI
ZIEL MÉTRO LE PELETIER
LÄNGE 3 KM; 2 STUNDEN

Die wundervollen *passages couverts* (Ladenpassagen) zeigen das Paris des 19. Jhs. (außer sonntags) besonders gut.

Von der Metro geht's auf der Rue du Louvre nach Norden, links in die Rue St-Honoré, dann rechts in die Rue Jean-Jacques Rousseau. Bei Nr. 19 ist der Eingang zur **1 Galerie Véro Dodat** (1823) mit Oberlichtern, Deckengemälden, Säulen und Gaslaternen. Hinter den reizenden Ladenfassaden warten Kunstgalerien, Boutiquen und ein Musikladen.

Der westliche Ausgang führt zur Rue du Bouloi und Rue Croix des Petits Champs. Nordwärts gelangt man zur Rue du Colonel Driant, dann geht's links zur Rue de Valois. Bei Nr. 5 ist ein Eingang zum **2 Jardin du Palais Royal** (S. 124) und seinen Arkaden. Durch die **3 Passage des Deux Pavillons** erreicht man die Rue des Petits

Champs. Der Weg nach rechts führt zur Nr. 4 in die **4 Galerie Vivienne** von 1826 mit Basreliefs von Schlangen (das bedeutet Vorsicht), Waagen (Gerechtigkeit), Ankern (Hoffnung), Lauten (Harmonie) und Hähnen (Wachsamkeit). In dieser nobelsten Passage von Paris gibt es noch einen alten Buchladen, den Colette sehr mochte.

Vom Ausgang 6 Rue Vivienne wendet man sich nach links, um bei Nr. 2 in die **5 Galerie Colbert** von 1826 zu gelangen. Sie gehört heute zur Universität Paris. Vom Ausgang 6 Rue des Petits Champs geht's nach Westen in die heute verwaiste **6 Passage Choiseul** (1824), wo einst Paul Verlain (1844–1896) dem Absinth huldigte.

Vom Ausgang 23 Rue St-Augustin gelangt man ostwärts zur Rue du Quatre Septembre.Der Bau auf der anderen Platzseite ist die **7 Bourse de Commerce** (S. 125). Nun geht's links in die Rue Vivienne, dann rechts in die Rue St-Marc zur **8 Passage des Panoramas** (S. 135). Essen gibt's im **9 Coinstot Vino** (S. 127), **10 Racines** (S. 127) oder **11 Noglu** (S. 128).

dampfenden Schüsseln mit panierten und frittierten Garnelen, süßer Ente und Curry zeigen. Wer nicht vor 13 Uhr (bzw. 20 Uhr) eintrifft, wird wohl kein Glück haben. Nur Barzahlung, keine Reservierung und kein Schild.

SANUKIYA · JAPANISCH €

Karte S. 416 (9 rue d'Argenteuil, 1er; Nudeln 9–18 €; ⊙11.30–22.30 Uhr; ⓜPyramides oder Palais Royal–Musée du Louvre) Das Lieblingshemd sollte man besser nicht in dem beliebten japanischen Lokal tragen, da es ganz sicher beim Schlürfen aus einer Schüssel mit frischen *udon*-Nudeln bekleckert wird. Die Gerichte werden auf vier Arten serviert: klassisch (in Brühe), *bukkake* (die heiße Brühe gießt der Gast selbst über die Nudeln), *hiyashi* (mit kalter Brühe, vom Gast selbst hinzufügt) und *zaru* (kalte Nudeln mit Tunke). *Itadakimasu!*

STUBE · DEUTSCH €

Karte S. 416 (www.lestube.fr; 31 rue de Richelieu, 1er; Mahlzeiten 11,50–16,50 €; ⊙Mo 10–15.30, Di–Sa bis 22 Uhr; 🛈; ⓜPyramides) Der Spezialist für Currywurst (5 €) macht den ganzen Tag über ein gutes Geschäft. Die Leute stehen bis draußen Schlange nach Rindswürstchen, Heringsstip, Sauerkraut und köstlichen, frisch gebackenen süßen Teigwaren. Ein Tisch ist nur schwer zu kriegen, aber im Palais Royal gleich gegenüber stehen Parkbänke. Beck's gibt's vom Fass.

FRENCHIE TO GO · FAST FOOD €

Karte S. 420 (www.frenchietogo.com; 9 rue du Nil, 2e; Sandwiches 8–14 €; ⊙Mo–Fr 8.30–16.30, Sa & So 9.30–17.30 Uhr; ☎; ⓜSentier) Trotz der Nachteile – kaum Tische, unglaublich teure Doughnuts – ist die Fast-Food-Filiale der expandierenden Kette Frenchie (S. 127) irrsinnig beliebt. Die zweisprachigen Angestellten verwandeln erstklassige Zutaten (z. B. Fleisch von der Ginger-Pig-Farm in Yorkshire) in amerikanische Klassiker, wie Braten- und Pastrami-Sandwiches, dazu Pommes frites, Krautsalat und eingelegtes Gemüse.

RACINES · WEINBAR €€

Karte S. 416 (☎01 40 13 06 41; 8 Passage des Panoramas, 2e; Hauptgerichte 23–30 €; ⊙Mo–Fr 12–14.30 & 19.30–22.30 Uhr; ⓜGrands Boulevards oder Richelieu-Drouot) Das Racines (dt. Wurzeln) residiert stilvoll in einer Weinhandlung aus dem 19. Jh. (auf den schönen alten Schriftzug Marchand de Vin über der Tür achten) und ist Paris, wie es leibt und lebt. Die Fenster sind mit Flaschenregalen verbarrikadiert, der alte, gemusterte Fußboden kündet von Generationen fröhlicher Schlemmereien und auf der *ardoise* (Schiefertafel) stehen unkomplizierte Gerichte.

Es ist in erster Linie eine Weinbar; die Auswahl an Bio- und Naturweinen ist hervorragend.

KUNITORAYA 2 · JAPANISCH €€

Karte S. 416 (☎01 47 03 07 74; www.kunitoraya.com; 5 rue Villedo, 1er; mittags 21–46 €, abends 70 €; ⊙Di–So 12–14.30 & 19.30–22.30 Uhr; ⓜPyramides) Die schicke Version des Kunitoraya 1 (S. 125). Die Einrichtung mit Stuck und Spiegel erinnert an das Frankreich der Belle Époque. Sie bietet einen ausgefallenen Kontrast zu den wunderbar einfachen japanischen Speisen. Mittags gibt es *udon*-Nudeln mit *onigiri* (gefüllte Reistaschen), Sushi oder Verschiedenes für eine *bento* (Lunchbox).

Das Abendessen ist teurer, z. B. ein festes Probiermenü mit sieben Gerichten. Sonntagnachmittags gibt's Gypsy-Jazz live.

JUVENILES · WEINBAR €€

Karte S. 416 (☎01 42 97 46 49; 47 rue de Richelieu, 1er; Hauptgerichte 17–18 €, Mittagsmenüs 16,50 €; ⊙Mo 19.30–22.30, Di–Sa 12–14.30 & 19.30–22.30 Uhr; ⓜPyramides) Die einfache Weinbar ist ein geheiligtes Refugium am Palais Royal und wohl der einzige Ort in Paris, wo Haggis 2.0 auf der Karte steht. Keine Bange, wenn Schafsinnereien nicht begeistern, bieten Wirtin Margaux und Koch Romain auch andere, gefälligere Gerichte, wie Kürbis-Gnocchi oder *magret de canard* (Entenbrust) mit Süßkartoffeln. Die Weinkarte ist ungewöhnlich und vielfältig.

COINSTOT VINO · TRADITIONELL FRANZÖSISCH €€

Karte S. 416 (☎01 44 82 08 54; http://coinstot-vino.com; 26bis Passage des Panoramas, 2e; Hauptgerichte 15–25 €, Mittagsmenüs 16 €; ⊙Mo–Fr 8.30–24, Sa 18–24 Uhr; ⓜRichelieu-Drouot oder Grands Boulevards) Das simple Bistro in der ohnehin restaurantreichen Passage des Panoramas serviert bodenständige französische Speisen (Kalbsragout, Seeigel, Fischrogensalat) und leckere Pizzas. Aber die Stammgäste kommen hauptsächlich wegen des tollen Weinangebots und der freundlichen Services. Hier wird bis in die Nacht über Leben, Liebe und den Mangel an bezahlbaren Immobilien diskutiert.

INSIDERWISSEN

RUE MONTORGUEIL

Die Rue Montorgueil ist noch ein Stück der historischen Halles; sie war einst der Austernmarkt. Der faszinierende Straßenzug, in Balzacs *Die menschliche Komödie* unsterblich geworden, lockt noch immer die Pariser zum Essen und Einkaufen an. Er ist gesäumt von Käsegeschäften, Cafés und Straßenständen, die Obst, Gemüse und andere Lebensmittel verkaufen.

➡ **Aux Tonneaux des Halles** (Karte S. 420; 28 rue Montorgueil, 1er; ◷Mo–Sa 12–23 Uhr; Ⓜ Les Halles) Das ursprüngliche Hotel Aux Tonneaux wurde erst in den 1920er-Jahren zum Café und ist damit ein relativer Neuzugang im Vergleich zu anderen Adressen in der Straße. Es bietet großartigen Wein und eine schöne Straßenterrasse sowie klassische Bistrogerichte wie *steak-frites*.

➡ **Charles Chocolatier** (Karte S. 420; 15 rue Montorgueil, 1er; ◷Di–Sa 10–19.45 Uhr; Ⓜ Les Halles) Köstliche, handgefertigte Schokoladen aus 100 % Kakaobutter (keine Milch, Butter oder Sahne). Bei kaltem Wetter wärmt eine Tasse heiße Schokolade zum Mitnehmen.

➡ **Caldo Freddo** (Karte S. 420; 34 rue Montorgueil, 1er; Pizzastück 4,90 €; ◷12–23 Uhr; ⓘ; Ⓜ Les Halles) Ganze Pizzas und Stücke (mit Trüffelbelag!) neben *arancini* (frittierte Reisbällchen), Antipasti und *panini*.

➡ **Stohrer** (Karte S. 420; www.stohrer.fr; 51 rue Montorgueil, 2e; ◷7.30–20.30 Uhr; Ⓜ Les Halles) Die Bäckerei wurde 1730 von dem polnischen Konditor von Marie Leczinska (Gemahlin Ludwigs XV.) eröffnet. Zu den Spezialitäten gehören sein ureigenster *baba au rhum* (Napfkuchen mit Rumsirup) und *puits d'amour* (Blätterteig gefüllt mit Vanillecreme und Karamell).

➡ **Au Rocher de Cancale** (Karte S. 420; ☎01 42 33 50 29; www.aurocherdecancale.fr; 78 rue Montorgueil, 2e; Hauptgerichte 10,50–22 €; ◷8–2 Uhr; Ⓜ Sentier oder Les Halles) Das mit Holz ausgekleidete Restaurant aus dem 19. Jh. (erstmals 1804 in Nr. 59 eröffnet) ist die letzte Hinterlassenschaft des alten Austernmarkts. Serviert werden Austern und Meeresfrüchte aus Cancale (Bretagne) sowie weitere *plats du jour*.

➡ **À La Mère de Famille** (Karte S. 420; www.lameredefamille.com; 82 rue Montorgueil, 2e; ◷Mo–Sa 10–20, So bis 13 Uhr; Ⓜ Sentier oder Les Halles) Älteste Zuckerbäckerei in Paris, die seit 250 Jahren Pralinen, Bonbons und andere süße Versuchungen herstellt.

➡ **La Fermette** (Karte S. 420; www.lafermettemontorgueil.com; 86 rue Montorgueil, 2e; ◷Mo 16–20, Di–Sa 7.30–20.30, So 7.30–14 Uhr; Ⓜ Sentier oder Les Halles) Nicht die schickste *fromagerie* der Stadt, aber immer mit tollen Sonderangeboten von fertigen Käseplatten für unter 10 €.

➡ **Nysa** (Karte S. 420; www.nysa.fr; 94 rue de Montorgueil, 2e; ◷Mi–Mo 10.30–14 & 16–21, Di 16–21 Uhr; Ⓜ Sentier) Das schlichte Weingeschäft fördert unabhängige Weingüter und verkauft ein interessantes Sortiment von Flaschen unter 15 €.

NOGLU   MODERN FRANZÖSISCH €€
Karte S. 416 (☎01 40 26 41 24; www.noglu.fr; 16 Passage des Panoramas, 2e; Hauptgerichte 16–20 €, Menüs 24 €; ◷Mo–Sa 12–14.30, Di–Sa 19.30–22.30 Uhr; ☑; Ⓜ Richelieu-Drouot oder Grands Boulevards) Glutenfreie Kost ist in Frankreich nur schwer zu finden, aber das ist nur einer der Gründe, warum das Noglu außergewöhnlich ist: Das schicke Lokal hält sich an französische Tradition *(bœuf bourguignon)* und bezieht gleichzeitig neuere kulinarische Trends aus Amerika ein. So entstehen sündhaft leckeres Gebäck, vegetarische Gerichte und hervorragende Pizzas und Salate. Nicht die Schoko-Passionsfrucht-Torte versäumen – und einen Tisch reservieren!

LA MAUVAISE RÉPUTATION   MODERN FRANZÖSISCH €€
Karte S. 420 (☎01 42 36 92 44; www.lamauvaisereputation.fr; 28 rue Léopold-Bellan, 2e; 2-/3-Gänge-Mittagsmenüs 18/22 €, Abendmenüs 28/35 €; ◷Mo–Fr 12–14.30, Di–Sa 19.30–22.30 Uhr; Ⓜ Sentier) Schon der Name – „Übler Ruf" (was übrigens auch der Titel eines Al-

129

bums von Georges Brassens ist) – weckt Lust nachzuschauen, was da so abgeht hinter der austerngrauen Fassade mit der knallorangefarbenen Markise nur ein paar Schritte von der betriebsamen Rue Montorgueil. Die Antwort: Tolle Bistroküche und liebenswürdige Bedienung im eigenwillig gestylten Ambiente mit getupften Wänden und frischen Blumen auf jedem Tisch.

L'ARDOISE — BISTRO €€

Karte S. 416 (☑01 42 96 28 18; www.lardoise-pa ris.com; 28 rue du Mont Thabor, 1er; Menüs 38 €; ⏱Mo–Sa 12–14.30, tgl. 19.30–22.30 Uhr; ⓂConcorde oder Tuileries) Das sympathische kleine Bistro hat keine richtige Karte, sondern nur die namengebende *ardoise* (Schiefertafel). Die Kreationen von Pierre Jay (ehemals Tour d'Argent) – Frikassee von Maispoularde mit Morcheln, Schweinebäckchen in Ingwer, Hasenpfeffer – sind jedenfalls erstklassig.

AUX LYONNAIS — LYONER KÜCHE €€

Karte S. 416 (☑01 58 00 22 06; www.auxlyon nais.com; 32 rue St-Marc, 2e; Mittagsmenüs 32 €, Hauptgerichte 26–33 €; ⏱Di–Fr 12–14.30, Di–Sa 19.30–22.30 Uhr; ⓂRichelieu-Drouot) Hier machen der Starkoch Alain Ducasse und seine Anhänger mal auf „einfach". Das Lokal ist ein Art-nouveau-Meisterwerk, das echter als eine Filmkulisse wirkt. Das Essen besteht aus perfekt modernisierten Lyoner Klassikern, wie *quenelles* (Fisch- oder Fleischklößchen) und Blutwurst.

LE GRAND COLBERT — TRADITIONELL FRANZÖSISCH €€

Karte S. 416 (☑01 42 86 87 88; www.legrand colbert.fr; 2–4 rue Vivienne, 2e; 2-/3-Gänge-Mittagsmenü 29/36 €, Abendmenü 46/54 €; ⏱12–1 Uhr; ☎; ⓂPyramides) Die ehemalige Arbeiterkantine ist heute ein Fin-de-Siècle-Schmuckstück, aber es geht hier immer noch viel relaxter zu als in vielen ähnlich aufwendig renovierten Restaurants. Dank der preiswerten *formule ardoise* (Tagesmenü für 17 €) ist dies eine gute Anlaufstelle zum Mittagessen nach einem Bummel durch die benachbarten Ladenpassagen, aber auch ein netter Stärkungsstopp für Nachtschwärmer (letzte Bestellungen um Mitternacht). Kulinarische Wunder sind hier nicht zu erwarten (trotz Diane Keatons Behauptung in *Was das Herz begehrt*), aber die Portionen sind üppig und die Bedienungen freundlich. Das Sonntagsmenü ist teurer (42 €).

★FRENCHIE — BISTRO €€€

Karte S. 420 (☑01 40 39 96 19; www.frenchie-re staurant.com; 5–6 rue du Nil, 2e; Menüs 48 €; ⏱Mo–Fr 19–23 Uhr; ⓂSentier) Das gemütliche Bistro mit Holztischen zwischen alten Steinmauern versteckt sich in einem Gässchen, in das sich normalerweise kein Tourist verirren würde. Aus gutem Grund ist es immer voll: Der französische Küchenchef Gregory Marchand zaubert moderne Gerichte mit dem richtigen Schuss Kreativität, aber ohne Wichtigtuerei – und das zu sehr günstigen Preisen. Die täglich wechselnde Karte mit einer Auswahl von zwei Gerichten pro Gang richtet sich nach dem jeweiligen Marktangebot.

Der einzige Haken: Es ist ganz schön schwierig, einen Tisch zu erobern. Man kann entweder zwei Monate im Voraus für 19 oder 21.30 Uhr reservieren oder um 19 Uhr aufkreuzen und beten, dass jemand abgesagt hat (passiert schon mal). Oder man tröstet sich in der **Frenchie Bar à Vins** (⏱Mo–Fr 19–23 Uhr) gegenüber mit kleinen Gerichten nach Tapas-Art. Hier gibt es keine Reservierungen – die Gäste schreiben ihren Namen auf den draußen ausgehängten Zettel und lungern vor der Tür herum, bis sie aufgerufen werden.

★VERJUS — MODERN AMERIKANISCH €€€

Karte S. 416 (☑01 42 97 54 40; www.verjusparis. com; 52 rue de Richelieu, 1er; Menü 60 €; ⏱Mo–Fr 19–22 Uhr; ⓂBourse oder Palais Royal–Musée du Louvre) Das von den beiden Amerikanern Braden Perkins und Laura Adrian eröffnete Verjus entstand aus einem sehr erfolgreichen geheimen Supper Club namens „Hidden Kitchen". Das Restaurant knüpft an diese Tradition an und serviert in einem zwanglosen Ambiente exzellente, kreative Gerichte (Gnocchi mit Shiitake-Relish und Parmesan, Wildschwein-Confit mit Kirschkompott). Das Probiermenü besteht aus mehreren kleinen Speisen mit Zutaten direkt vom Erzeuger.

Reservierung ist ratsam, aber manchmal ergattern auch spontane Gäste einen Tisch, besonders wenn es ihnen nichts ausmacht, auch spät zu essen. Wer nur einen Aperitif oder einen Auftakt zum Abendessen will, bekommt in der **Verjus Bar à Vins** (47 rue de Montpensier, 1er; ⏱Di–Fr 12.30–14, Mo–Fr 18–23 Uhr) unter anderen Kleinigkeiten gebratene Buttermilch-Hühnerschenkel (10 €), die von Feinschmeckern zu Recht als beste der Stadt gerühmt werden. Mittags gibt es

LOUVRE & LES HALLES ESSEN

auch Gourmet-Sandwiches. Keine Reservierung; frühes Eintreffen ist also ratsam, um einen der zehn Barhocker zu erwischen.

PASSAGE 53 — MODERN FRANZÖSISCH €€€

Karte S. 416 (📞01 42 33 04 35; www.passage53.com; 53 Passage des Panoramas, 2e; Mittags-/Abendmenüs 60/130 €; ⊙Di–Sa 12–14.30 & 19.30–22.30 Uhr; ⓂGrands Boulevards oder Bourse) Keine Adresse in der Passage des Panoramas kontrastiert krasser mit dem hektischen Trubel der Straßen draußen als das elegante Restaurant in Nr. 53. Diese Oase der Ruhe ist eine Ode an die besten kulinarischen Produkte Frankreichs, die der japanische Küchenchef Shinichi Sato zu einer Abfolge erlesener Probiergänge verarbeitet. Reservierung ist ratsam.

LE GRAND VÉFOUR — TRAD. FRANZÖSISCH €€€

Karte S. 416 (📞01 42 96 56 27; www.grand-vefour.com; 17 rue de Beaujolais, 1er; Mittags-/Abendmenü 98/298 €; ⊙Mo–Fr 12–14.30 & 19.30–22.30 Uhr; ⓂPyramides) Das Juwel aus dem 18. Jh. am Nordrand des Jardin du Palais Royal ist seit 1784 ein Lieblingslokal der Pariser Elite, von Napoleon über Victor Hugo bis zu Colette (die gleich nebenan wohnte). Es gehört zu den schönsten Restaurants der Welt und lädt seine Gäste wie eh und je mit hervorragenden kulinarischen Kreationen zu einer wunderbaren Entdeckungsreise ein.

RESTAURANT DU PALAIS ROYAL — TRADITIONELL FRANZÖSISCH €€€

Karte S. 416 (📞01 40 20 00 27; www.restaurantdupalaisroyal.com; 110 Galerie de Valois, 1er; Hauptgerichte 40–60 €; ⊙Mitte April–Mitte Sept. 12–14.30 & 19–22.30 Uhr, restliches Jahr Di–Sa; ⓂPalais Royal–Musée du Louvre) Die Terrasse des Pariser Klassikers mit Blick auf das Palais Royal ist bei schönem Wetter höchst begehrt. In der kälteren Jahreszeit bietet der traditionelle Speiseraum ein behagliches und stilvolles Ambiente für klassische französische Gerichte des Kochs Eric Fontanini – z. B. Flunder *façon Richelieu* (eine Anspielung auf die Ursprünge des Palais Royal) oder Kalbfleisch mit geräucherten Endivien und Kartoffelbrei mit Trüffeln.

✗ Les Halles

LE BIO D'ADAM ET EVE — VEGETARISCH €

Karte S. 420 (www.lebiodadameteve.com; 41 rue St Honoré, 1er; Mahlzeiten ab 7,60 €; ⊙Mo–Sa 11.30–20 Uhr; 🖋; ⓂChâtelet) 🚬 Wer Probleme

hat, ein Restaurant zu finden, das über die engen Grenzen traditioneller französischer Küche hinausgeht (z. B. glutenfrei, lactosefrei), ist mit diesem veganerfreundlichen Laden gut bedient. Er bietet eine kreative Auswahl an gesunden, biologischen Smoothies, Suppen, Salaten und Sandwiches. Ein Büfett mit frisch gekochten Gerichten (um die 8 €) steht mittags und am frühen Abend zur Verfügung.

DAME TARTINE — CAFÉ €

Karte S. 420 (2 rue Brisemiche, 4e; Butterbrote 8,90–11,20 €; ⊙9–23.30 Uhr; ⓂHôtel de Ville) Eines der wenigen bezahlbaren Speiselokale in der Nähe des Centre Pompidou macht das Beste aus seiner belebten Lage gegenüber dem abgefahrenen Strawinski-Brunnen. Kulinarische Wunder sind nicht zu erwarten, aber die Hausspezialität – *tartines* (belegte Brote) – ist genau richtig nach einem Vormittag im Museum.

LA BAGUE DE KENZA — PATISSERIE €

Karte S. 420 (www.labaguedekenza.com; 136 rue St-Honoré, 1er; Tajines 15,30–18,90 €; ⊙Mo–Mi 11–21, Do–Sa bis 22, So bis 20 Uhr; ⓂLouvre Rivoli) Das Beste an dieser Patisserie mit Teesalon und Restaurant darüber ist das köstliche und verführerisch süße algerische Gebäck. Mittags serviert es auch Tajines.

LINA'S BEAUTIFUL SANDWICH — SANDWICHES, SALATE €

Karte S. 420 (www.linasparis.com; 50 rue Étienne Marcel, 2e; Sandwiches 4,50–6,80 €; ⊙Mo–Fr 8.30–18, Sa 9–18.30 Uhr; 📞; ⓂSentier oder Bourse) *Die* Topadresse für nach Wunsch zusammengestellte Sandwiches aus fünf verschiedenen Brotsorten und unzähligen Belags- und Dressingvarianten ist diese große, moderne Sandwichbar mit gemütlichen Sitzplätzen in Hülle und Fülle. Als Sahnehäubchen gibt's Gratis-WLAN dazu.

COJEAN — SANDWICHES, SALATE €

Karte S. 420 (www.cojean.fr; 3 place du Louvre, 1er; Sandwiches 5,30–6,80 €; ⊙Mo–Fr 10–16, Sa 11–18 Uhr; 📞; ⓂPalais Royal–Musée du Louvre) Die schicke Sandwich- und Salatbar gegenüber dem Louvre lädt zum schnellen Mittagsschmaus für unter 10 € unter einer prachtvollen alten Stuckdecke ein.

SAVEURS VÉGÉT'HALLES — VEGETARISCH €

Karte S. 420 (📞01 40 41 93 95; www.saveursvegethalles.fr; 41 rue des Bourdonnais, 1er; Hauptgerichte 13,10–13,90 €; ⊙Mo–Sa 12–14.30 & 19–

DIE BERÜHMTESTE HEISSE SCHOKOLADE VON PARIS

Damen der besseren Gesellschaft mit perfekt frisierten Pudeln und die halbe Studentenschaft der Universität Tokio drängen sich bei **Angelina** (226 rue de Rivoli, 1er; ⊙Mo–Fr 8–19, Sa & So 9–19 Uhr). Die *grande dame* der Teesalons von 1903 ziert ein Fresko von Nizza aus der Belle Époque. Hier wird sündhaft leckeres Gebäck kredenzt. Dass hier dauernd Hoffnungsvolle nach einem Tisch anstehen, hat aber vor allem mit der dickflüssigen, geradezu unverschämt leckeren „afrikanischen" heißen Schokolade zu tun, die mit einem Schälchen Schlagsahne und einer Karaffe Wasser gereicht wird.

22.30 Uhr; ✍; MChâtelet) Das alkoholfreie Veganerparadies tischt u. a. Gerichte wie *poulet végétal aux champignons* (pflanzliches „Hühnchen" mit Pilzen) auf.

★PIROUETTE   NEO-BISTRO €€

Karte S. 420 (✎01 40 26 47 81; 5 rue Mondétour, 1er; Mittagsmenüs 18 €, 3-/6-Gänge-Abendmenüs 40/60 €; ⊙Mo–Sa 12–14.30 & 19.30–22.30 Uhr; MLes Halles) Das Team von Chefkoch Tomy Gousset wirkt in einem der besten Restaurants nahe den Hallen. Es zaubert in dem coolen, loftartigen Lokal betörende Kreationen wie gebratene Ente, Spargel und Zitronatzitrone oder *baba au rhum* (Rum-Napfkuchen) mit Crème Chantilly und Limone. Einige ungewöhnliche Zutaten und neuer Pfiff für die französische Küche.

LA TOUR DE MONTLHÉRY –
CHEZ DENISE   TRADITIONELL FRANZÖSISCH €€

Karte S. 420 (✎01 42 36 21 82; 5 rue des Prouvaires, 1er; Hauptgerichte 23–28 €; ⊙Mo–Fr 12–14.30 & 19.30–5 Uhr; MChâtelet) Das lärmende alte Bistro mit rotkarierten Tischdecken ist das traditionellste Lokal in der Nähe von Les Halles und wird seit über 30 Jahren vom gleichen Team betrieben. Wer die französischen Klassiker – Schnecken in Knoblauchsauce, Tatarbeefsteak, geschmorte Rinderbacke und hausgemachte Pâtés – genießen möchte, sollte reservieren. Geöffnet ist bis zum Morgengrauen.

BEEF CLUB   STEAK €€

Karte S. 420 (✎09 54 37 13 65; www.eccbeefclub.com; 58 rue Jean-Jacques Rousseau, 1er; Hauptgerichte 25–38 €; ⊙abends; MLes Halles) Kein Steakhaus ist schicker und angesagter als der Beef Club mit seinem hippen New Yorker Flair. Seit es im Frühjahr 2012 sein erstes T-Bone-Steak auf den Grill warf, dreht sich hier alles um gut abgelagertes und zart zubereitetes Steak. Die Kellerbar Ballroom du Beef Club mixt klasse Cocktails nach Rezepten der coolen Typen vom Experimental Cocktail Club (S. 133).

Fischliebhaber mögen den absolut schicken **Fish Club** (Karte S. 420; ✎01 40 26 68 75; 58 rue Jean-Jacques Rousseau, 1er; Tapas 7–22 €; ⊙Di–Fr 12–15 & 20–22.15, Sa 8–22.15 Uhr; MLes Halles) bevorzugen. Die *ceviches* (marinierter roher Fisch), *tiraditos* (dünne Scheiben vom rohen Fisch) und der Pisco Sour verströmen ein peruanisches Flair.

RACINES 2   MODERN FRANZÖSISCH €€

Karte S. 420 (✎01 42 60 77 34; 39 rue de l'Arbre Sec, 1er; 2-Gänge-Mittagsmenü 18,50 €, Hauptgerichte 28–31 €; ⊙Mo–Fr 12–14.30 & 19.30–22.30 Uhr; MLouvre Rivoli) Das „R2" ist ein Ableger des Racines in der Passage des Panoramas, aber von Familienähnlichkeit ist keine Spur. Numero Zwo ist ein topmodernes großstädtisches Bistro im Philippe-Starck-Design mit offener Edelstahl-Küche, wo man den hippen jungen Köchen in Schwarz, mit Tattoos und so weiter, bei ihrem Werk zuschauen kann. Was sie brutzeln – nur zwei oder drei Alternativen pro Gang –, ist auf einer Tafel angeschrieben. Das Lokal liegt praktischerweise beim Louvre gleich um die Ecke.

DJAKARTA BALI   INDONESISCH €€

Karte S. 420 (✎01 45 08 83 11; www.djakarta-bali.com; 9 rue Vauvilliers, 1er; mittags 14,50–18,50 €; abends 25–55 €; ⊙Mi–So 12–14.30, Di–So 19.30–22.30 Uhr; MLouvre Rivoli) Der Laden sieht mit seiner balinesischen Folklore-Deko ein bisschen wie die Hollywood-Version eines indonesischen Restaurants aus, ist aber absolut authentisch. Er wird vom Abkömmling eines indonesischen Diplomaten geführt, der nach Präsident Sukarnos Sturz 1967 ins Exil gehen musste. Wer richtig Hunger hat, bestellt eine der vier *rijstafels* („Reistafel" auf Niederländisch) – ein unüberschaubares Festgelage aus sieben bis zehn Gängen. Vorsicht bei Nussallergie: In vielen Gerichten sind Erdnüsse verarbeitet.

SPRING
MODERN FRANZÖSISCH €€€

Karte S. 420 (☑01 45 96 05 72; www.spring
paris.fr; 6 rue Bailleul, 1er; Menüs 84 €; ☺Di–Sa
abends; Ⓜ Palais Royal–Musée du Louvre) Eine
der aktuell angesagtesten Adressen rechts
der Seine, in deren Küche der aus Chicago
stammende Daniel Rose umwerfende Köstlichkeiten in der offenen Küche kreiert. Es
gibt keine gedruckte Karte: Die Feinschme-
ckergäste vertrauen auf den Küchenchef
und lassen sich von den mehrsprachigen
Bedienungen erläutern, was ihnen da gerade vorgesetzt wird. Ein Tisch muss Monate
im Voraus reserviert werden.

YAM'TCHA
FUSIONSKÜCHE €€€

Karte S. 420 (☑01 40 26 08 07; www.yamtcha.
com; 4 rue Sauval, 1er; Menüs 100 €; ☺Mi–Sa 12–
14.30, Di–Sa 19.30–22.30 Uhr; Ⓜ Louvre Rivoli)
Die geniale Kombination französischer und
kantonesischer Aromen haben der Chefkö-
chin Adeline Grattard reichlich Kritikerlob
eingebracht. Zu den häufig wechselnden
Gerichten wird der passende Wein oder
Tee gereicht. Ein besonderes Mittagsmenü
(60 €) wird mittwochs bis freitags serviert.
Reservierung bis zu zwei Monate im Voraus
ist erforderlich.

AUSGEHEN &
NACHTLEBEN

Louvre

TELESCOPE
CAFÉ

Karte S. 416 (www.telescopecafe.com; 5 rue Villedo, 1er; ☺Mo–Fr 8.30–17, Sa 9.30–18.30 Uhr;
Ⓜ Pyramides) Der Barista in dem minimalistischen Café versteht sein Geschäft. Hier
gibt's schaumigen Cappuccino und süße
Stückchen.

LOCKWOOD
CAFÉ

Karte S. 420 (73 rue d'Aboukir, 2e; ☺Mo–Sa
8–2 Uhr; Ⓜ Sentier) Praktische Adresse für
coole Kaffeefans. Tagsüber gibt's Bohnen
aus der Belleville Brûlerie und abends gut
gemixte Cocktails bei Kerzenlicht in der
unterirdischen cave (Weinkeller).

ZEN ZOO
TEESALON

Karte S. 416 (www.zen-zoo.com; 13 rue Chabanais,
2e; ☺Mo–Sa 12–19 Uhr; Ⓜ Quatre Septembre)
Der herrlich unwiderstehliche Bubble Tea
(zhēnzhū nǎichá) aus Taiwan ist endlich in
Paris angekommen. Das Getränk besteht
aus süßem Milchtee und weichen Tapio-
kakügelchen und wird durch einen ungewöhnlich dicken Strohhalm getrunken.
Wer es nicht kennt, sollte sich unbedingt
das Zen Zoo am rechten Seine-Ufer aufs
Programm schreiben, ob am Nachmittag
(zum dim sum) oder für ein leckeres chinesisches Mittagessen (10 €).

LE SAUT DU LOUP
CAFÉ

Karte S. 416 (☑01 42 25 49 55; 107 rue de Rivoli,
1er; ☺10–14 Uhr; ☎; Ⓜ Louvre Rivoli) Dass das
Lokal im Musée des Arts Décoratifs un-
tadelig durchgestylt ist, versteht sich von
selbst. Aber seine eigentliche Attraktion ist
die weitläufige Sommerterrasse mit knir-
schendem Kies und Blick über die Rasenflächen des Jardin du Carrousel.

LA CHAMPMESLÉ
BAR

Karte S. 416 (www.lachampmesle.com; 4 rue Chabanais, 2e; ☺Mo–Sa 16 Uhr bis Morgengrauen;
Ⓜ Pyramides) Die Grande Dame der Pariser
Lesbenbars ist hier schon seit 1979 ansässig. Die gemütliche, zwanglose Bar zieht ein
reiferes Publikum an (ungefähr 75 % Lesben; der Rest vorwiegend schwule Männer).
Geboten werden Varietéabende, Tarot-Kar-
tenlegen, Wahrsagerei und Kunstausstellungen.

LE REX CLUB
CLUB

(www.rexclub.com; 5 bd Poissonnière, 2e; ☺Do–Sa
24–7 Uhr; Ⓜ Bonne Nouvelle) Der Club im Untergeschoss des Art-déco-Kinos Grand Rex
ist die führende House- und Techno-Loca-
tion von Paris. Einige der angesagtesten DJs
der Welt beschallen das Publikum über ein
Soundsystem mit 70 Lautsprechern.

SOCIAL CLUB
CLUB

Karte S. 416 (www.parissocialclub.com; 142 rue
Montmartre, 2e; ☺Di–Sa 23–6 Uhr; Ⓜ Grands
Boulevards) Die Kellerräume, in denen Electro, Hip-Hop, Funk und Livebands dröhnen, sind ein Lieblingsziel für Clubber,
die Musik wirklich wichtig nehmen. Haus
Nr. 146 gegenüber ist das Café, in dem 1914
der französische Sozialist Jean Jaurès erschossen wurde.

SILENCIO
CLUB

Karte S. 416 (http://silencio-club.com; 142 rue
Montmartre, 2e; ☺Di–Sa 18–4 Uhr; Ⓜ Bourse)
Die von David Lynch gestaltete Einrich-
tung verleiht dem Silencio eine Aura von

RUE D'ARGOUT & RUE MONTMARTRE

Die Rue d'Argout ist ein Sträßchen aus dem 13. Jh. und aktuell ein besonders angesagter Tummelplatz der Pariser Hipster. Schon morgen oder kommende Woche oder spätestens nächsten Monat dürfte hier wieder ein Trendsetter aus dem Boden sprießen.

Ein Paradebeispiel ist **Blend** (Karte S. 420; www.blendhamburger.com; 44 rue d'Argout, 2e; Hamburger & Pommes frites 14 €; ⏱12–23 Uhr; Ⓜ Sentier), ein Gourmetimbiss im Westentaschenformat, seit seiner Eröffnung 2012 ein Erfolg. Man erkennt ihn an der Horde Hungriger, die draußen auf einen Tisch wartet. Im schicken Ambiente aus hellem Holz mit schwarzen Akzenten werden kleine, aber feine Hamburger aus selbst gebackenen Brötchen und Fleisch von Starmetzger Yves-Marie Le Bourdonnec serviert.

Ein Stück weiter ist das farbenfrohe und stets gut gefüllte **Fée Nature** (Karte S. 420; 67 rue d'Argout, 2e; Tagesgericht 8,50 €; ⏱Mo–Sa 12–16 Uhr; ☎; Ⓜ Sentier) mit seinen kreativen Gerichten, die gänzlich „bio et sain" (biologisch und gesund) sind – es gibt sogar glutenfreie Angebote.

In der Rue Montmartre gleich dahinter reihen sich zahlreiche Bars für einen Kaffee oder Cocktail. Zwei der ältesten sind **Le Cœur Fou** (Karte S. 420; 55 rue Montmartre, 2e; ⏱17–2 Uhr; Ⓜ Étienne Marcel), eine winzige Galerie-Bar mit Kerzen an den weißen Wänden, und ein paar Häuser weiter **Le Tambour** (Karte S. 420; ☏01 42 33 06 90; 41 rue Montmartre, 2e; ⏱8–6 Uhr; Ⓜ Étienne Marcel or Sentier), dank seiner langen Öffnungszeiten (Essen bis 3.30 Uhr oder 4 Uhr), trendigen recycelten Straßentischen und alten Métropläne ein altes Mekka Pariser Nachtschwärmer.

Glamour und Geheimnis. Der Club ist nur für Mitglieder, aber Nichtmitglieder (oder deren Begleitung), die wie Supermodels aussehen, können theoretisch nach Mitternacht die Samtabsperrung überwinden.

🍷 Les Halles

EXPERIMENTAL COCKTAIL CLUB
COCKTAILBAR

Karte S. 420 (www.experimentalcocktailclub.com; 37 rue St-Saveur, 2e; ⏱19–2 Uhr; Ⓜ Réaumur-Sébastopol) Insider nennen die unangestrengt hippe Flüsterkneipe mit grauer Fassade und altehrwürdiger Balkendecke kurz ECC. Das seelen- und charaktervolle Lokal im Retroschick des Innenarchitekten Cuoco Black hat Schwesterbars in London und New York und verkauft sich als raffinierte Rückblende auf die années folles (wilden Jahre) der amerikanischen Prohibitionszeit.

Die Cocktails (12–15 €) sind famos und phantasievoll; am Wochenende sorgen DJs bis in die Morgenstunden für Partystimmung.

JEFREY'S
COCKTAILBAR

Karte S. 420 (www.jefreys.fr; 14 rue St-Saveur, 2e; ⏱Di–Sa 19–2 Uhr; Ⓜ Réaumur-Sébastopol) Der superschicke Salon mit Holzverkleidung, Chesterfield-Sesseln und Grammofon erinnert an einen Herrenclub, mixt seine kreativen Cocktails aber für Sie und Ihn – besonders dynamisch während der Happy Hour (Di & Do 19–22.30 Uhr).

Lieblingsdrinks sind I Wanna be This Drink (Rum, Erdbeersaft, frische Himbeeren und Balsamico-Karamell) und der Cucumber Cooler mit Gurke und Grand Marnier.

LE GARDE ROBE
WEINBAR

Karte S. 420 (41 rue de l'Arbre Sec, 1er; ⏱Mo–Fr 12.30–14.30 & 19.30–23 Uhr; Ⓜ Louvre Rivoli) Das Garde Robe ist vielleicht die einzige Bar der Welt, die neben Alkohol auch ein „Detox-Menü" anbietet. Es kommt wohl kaum jemand wegen des kompletten Entgiftungsprogramms hierher, aber sicherlich wegen der exzellenten, erschwinglichen Weine, der zwanglosen Atmosphäre und der verschiedenen Knabbereien, von den üblichen Käse- und Wurstplatten bis zu gewagteren vegetarischen Optionen.

CAFÉ LA FUSÉE
BAR

Karte S. 420 (168 rue St-Martin, 3e; ⏱8–2 Uhr; Ⓜ Rambuteau oder Étienne Marcel) „Die Rakete", nur einen kurzen Bummel vom Pompidou, ist eine lebhafte, lockere Szenekneipe: draußen rot-weiß gestreifte Markise mit Lichterketten, drinnen tabakfarbene Wände mit abblätternder Farbe. Es gibt einfache Mahlzeiten (8–13 €) und ein gutes Angebot offener Weine.

DEPUR   BAR
Karte S. 420 (4bis rue St-Saveur, 2e; ⊘9–23 Uhr; MÉtienne Marcel oder Sentier) Für die glamouröse Bar darf man sich abends schon ein bisschen schick machen. Der absolute Renner ist das Bar-Restaurants ist die Hofterrasse – im Winter überdacht, im Sommer offen unterm Sternenzelt. Ab 17 Uhr werden hier die Cocktails geschüttelt.

KONG   BAR
Karte S. 420 (www.kong.fr; 1 rue du Pont Neuf, 1er; ⊘12.15–23.30 Uhr; MPont Neuf) Spätabends stürmt die junge Schickeria von Paris diese Philippe-Starck-Komposition aus champagnerfarbenen Kunstleder-Sitznischen, japanischen Cartoon-Bildern und Gartenzwerghockern, um Dom Pérignon zu kippen, Häppchen nach Tapas-Art zu knabbern (Hauptgerichte 20–40 €) und in ihren Designerklamotten auf den Tischen zu tanzen.

Am verlockendsten ist natürlich ein Platz *à l'étage* (oben) in der teils glasüberdachten Terrassen-Galerie mit einer riesigen Geisha an der Decke und Seine-Blick zum Dahinschmelzen (vor allem bei Sonnenuntergang).

Ô CHATEAU   WEINBAR
Karte S. 420 (www.o-chateau.com; 68 rue Jean-Jacques Rousseau, 1er; ⊘Mo–Sa 16–24 Uhr; ☎; MLes Halles oder Étienne Marcel) Der jun-

---

JAZZDUO

Die Rue des Lombards ist das Ziel für Liebhaber von Livejazz.
➜ **Le Baiser Salé** (Karte S. 420; www.lebaisersale.com; 58 rue des Lombards, 1er; ⊘tgl.; MChâtelet) Der „Salzige Kuss", für Afro- und Latinjazz sowie Jazzfusion bekannt, präsentiert seinen Mix aus prominenten Musikern und Newcomern in relaxter Atmosphäre; die Sessions starten um 19.30 und 21.30 Uhr.
➜ **Sunset & Sunside** (Karte S. 420; www.sunset-sunside.com; 60 rue des Lombards, 1er; ⊘tgl.; MChâtelet) Der renommierte Club besteht eigentlich aus zwei Locations: Unten gibt's Electric Jazz, Fusion und gelegentliche Salsasessions, eine Treppe höher Akustikjazz und Jazzkonzerte.

---

gen, kosmopolitischen *bar à vins* gebührt ein Dankeschön dafür, dass sie erschwingliche Weinverkostungen nach Paris gebracht hat. Weinfreunde können an der langen, trendigen Theke eine Auswahl von rund 40 offenen *grands vins* (und 500 Flaschenweinen!) durchprobieren oder nach Voranmeldung an einer Einführung zu französischen Weinen (30 €) im Gewölbekeller oder an einer englischsprachigen Weinprobe beim Mittagessen (75 €) oder Abendessen (100 €) teilnehmen.

LE FUMOIR   COCKTAILBAR
Karte S. 420 (www.lefumoir.com; 6 rue de l'Amiral de Coligny, 1er; ⊘11–2 Uhr; MLouvre Rivoli) Das Bar-Restaurant im Kolonialstil ist ein eleganter Ort, um an der antiken Mahagoni-Bar erstklassigen Gin aus edlen Gläsern zu schlürfen und dazu ein paar Oliven zu knabbern oder während der Happy Hour (18–20 Uhr) mit Freunden neue Cocktails zu testen. Unter der Woche begießt hier das Bürovolk den Feierabend. Der Restaurantbetrieb startet zu den Mahlzeiten. Die begehrtesten Plätze sind die in der „Bibliothek" und auf der Straßenterrasse.

⭐ UNTERHALTUNG

COMÉDIE FRANÇAISE   THEATER
Karte S. 416 (www.comedie-francaise.fr; place Colette, 1er; MPalais Royal–Musée du Louvre) Das 1680 unter Ludwig XIV. gegründete Staatstheater führt vor allem Werke klassischer französischer Dramatiker auf. Das Theater geht auf eine von Molière geleitete Schauspieltruppe im Palais Royal zurück. Der französische Bühnenautor und Schauspieler erlitt 1673 bei der vierten Aufführung des Eingebildeten Kranken einen Schwächeanfall und starb kurz darauf in seinem Wohnhaus in der nahen Rue de Richelieu.

THÉÂTRE DU CHÂTELET   BÜHNE
Karte S. 420 (www.chatelet-theatre.com; 1 place du Châtelet, 1er; MChâtelet) In diesem Saal finden Konzerte, Opern, Musicals, Theater- und Ballettvorstellungen statt. Sehr beliebt sind die regelmäßigen Konzerte am Sonntagvormittag.

LOUVRE AUDITORIUM   MUSIK
Karte S. 416 (☎01 40 20 55 00; www.louvre.fr/musiques; Hall Napoléon, Louvre, 1er; MPalais Royal–Musée du Louvre) Mehrmals pro Woche

DAS PARISER FILMARCHIV

Das Pariser Filmarchiv **Forum des Images** (www.forumdesimages.fr; 1 Grande Galerie, Porte St-Eustache; ☺Di–Fr 13–22, Sa & So ab 14 Uhr) hütet als Kernstück seiner Sammlung vor allem Filme, die in Paris spielen. Die Institution wurde 1988 gegründet, um eine „audiovisuelle Datenbank der Stadt Paris" anzulegen, und vor Kurzem in markanter Farbgebung (Pink, Grau und Schwarz) renoviert. Das Zentrum hat fünf Kinosäle, eine neue Bibliothek und ein Archiv mit Wochenschauen, Dokumentationen und Werbefilmen. Sein Programm, samt Themenreihen und zahlreichen Festivals und Veranstaltungen, ist online abrufbar.

werden im Louvre Auditorium (hinter der Eingangshalle) exzellente klassische Konzerte gegeben. Empfehlenswert sind die Mittagskonzerte am Donnerstag, die nur 6 bis 12 € kosten. Saison ist von September bis April oder Mai, je nach Konzertreihe.

THÉÂTRE DE LA VILLE TANZ
Karte S. 420 (www.theatredelaville-paris.com; 2 place du Châtelet, 4e; MChâtelet) Das Haus hat Theater und Musik auf dem Programm, ist aber vor allem für seine modernen Tanzaufführungen bekannt.

OPÉRA COMIQUE OPER
Karte S. 416 (www.opera-comique.com; 1 place Boïeldieu, 2e; MRichelieu Drouot) In dem über hundertjährigen Saal feierte so manche berühmte französische Oper ihre Premiere. Bis heute werden hier viele große und auch weniger bekannte Werke gespielt.

SHOPPEN

Im 1. und 2. Arrondissement regiert überwiegend die Mode. Das Viertel Sentier ist ein Zentrum der Textilbranche, Rue Étienne Marcel, Place des Victoires und Rue du Jour punkten mit prominenten Labels und Schuhläden. In der nahen Rue Montmartre und Rue Tiquetonne gibt es Streetwear und Avantgardedesign, im östlichen Teil des 1. Arrondissements um das Palais Royal ausgefallene Vintage-Mode und konservative Modelabels.

★DIDIER LUDOT MODE
Karte S. 416 (www.didierludot.fr; 19-20 & 23-24 Galerie de Montpensier, 1er; ☺Mo–Sa 10.30–19 Uhr; MPalais Royal–Musée du Louvre) Der Sammler Didier Ludot ist schon seit 1975 im Modegeschäft und verkauft in seinen beiden exklusiven Boutiquen edle Vintage-Couture. Außerdem veranstaltet er Ausstellungen und hat ein Buch über die Entwicklung des „kleinen Schwarzen" herausgebracht, dem sich auch sein Laden exklusiv widmet, **La Petite Robe Noire** (Karte S. 416; 125 Galerie de Valois, 1er; ☺Mo–Sa 11–19 Uhr; MPalais Royal–Musée du Louvre).

E DEHILLERIN HAUSHALTSWAREN
Karte S. 420 (www.dehillerin.fr; 18-20 rue Coquillière, 1er; ☺Mo 9–12.30 & 14–18, Di–Sa 9–18 Uhr; MLes Halles) Dehillerin – mehr altmodisches Kaufhaus als schicke neue Einkaufswelt – bietet seit 1820 auf zwei Etagen eine unglaubliche Auswahl an Profikochwerkzeug (*matériel de cuisine*). Geflügelscheren, Steinbuttpfannen, professionelle Kupfertöpfe oder Eiffelturm-Kuchenformen – es gibt nichts, was es hier nicht gibt.

MORA HAUSHALTSWAREN
Karte S. 420 (13 rue Montmartre, 1er; ☺Mo–Fr 9–18.15, Sa 10–13 & 13.45–18.30 Uhr; MLes Halles) Mora hat für Hobby- und Profikonditoren alle möglichen Küchenutensilien, ob ungewöhnliche Kuchen- und Gebäckformen, Makronenbleche, Nudelmaschinen, Spritztüten oder Sahnekapseln (falls jemand daheim frische Éclair backen will).

COLETTE CONCEPT STORE
Karte S. 416 (www.colette.fr; 213 rue St-Honoré, 1er; ☺Mo–Sa 11–19 Uhr; MTuileries) „Megahip" wäre noch untertrieben. Im Obergeschoss gibt es Designermode, im Erdgeschoss Streetwear, Turnschuhe in limitierter Auflage, Kunstbücher, Musik, technischen Schnickschnack und allerlei einfallsreichen und/oder kuriosen Kram. Zum Abschluss winkt eine Erfrischung in der „Wasserbar" im Untergeschoss und am Ausgang kann man sich dann noch schnell mit kostenlosen Designmagazinen und Flyern für die hippsten Happenings der Stadt eindecken.

PASSAGE DES PANORAMAS EINKAUFSPASSAGE
Karte S. 416 (10 rue St-Marc, 2e; ☺6–24 Uhr; MBourse) Die älteste überdachte Einkaufspassage der Stadt entstand 1800 und be-

BLICK HINTER DIE LEINWAND

Ein Besuch des Art-déco-Kultkinos **Le Grand Rex** (www.legrandrex.com; 1 bd Poissonnière, 2e; Führungen Erw./Kind 11/9 €; ☉Führungen Mi–So 10–19 Uhr; ⓂBonne Nouvelle) von 1932 ist kein normales Kinoerlebnis. Außer dem eigentlichen Kinobetrieb bietet das Lichtspielhaus 50-minütige interaktive Entdeckertouren hinter seine Kulissen an (auch auf Englisch), bei denen die Besucher per Panoramalift hinter der riesigen Leinwand hochfahren, eine Tonbühne erkunden und sich in einem Aufnahmestudio amüsieren können. Unterwegs sorgen Special Effects für Nervenkitzel bei großen und kleinen Besuchern.

kam 1817 als erste Passage Gasbeleuchtung. Heute wirkt sie etwas vom Zahn der Zeit angeknabbert, bewahrt sich aber den Charme des vorletzten Jahrhunderts mit mehreren hervorragenden Esslokalen, einem Theater, dessen Publikum früher in der Pause schnell eine Runde shoppen ging, und dem Autografenhändler Arnaud Magistry (in Nr. 60).

ROOM SERVICE   MODE
Karte S. 420 (www.roomservice.fr; 52 rue d'Argout, 2e; ☉Mo–Sa 11–19.30 Uhr; ⓂLes Halles) „Atelier Vintage" ist der Tenor der schicken Boutique, die Vintage-Mode neu erfindet. Überall sind Halstücher, Kopfbedeckungen, Pailletten, Armreifen und Perlenketten als Deko drapiert. Das Resultat verströmt die feminine Raffinesse eines Pariser Boudoirs der guten alten Zeit.

GALIGNANI   BÜCHER
Karte S. 416 (http://galignani.com; 224 rue de Rivoli, 1er; ☉Mo–Sa 10–19 Uhr; ⓂConcorde) Der Literaturtempel preist sich stolz als „älteste englische Buchhandlung auf dem Kontinent" an. Er führt französischen und englischen Lesestoff und ist die beste Adresse in Paris, um frisch erschienene Titel zu erstehen.

ANTOINE   MODE
Karte S. 416 (10 av de l'Opéra, 1er; ☉Mo–Sa 10.30–13 & 14–18.30 Uhr; ⓂPyramides oder Palais Royal–Musée du Louvre) Schon seit 1745 die

Pariser Adresse für maßgefertigte Spazierstöcke, Regenschirme, Fächer und Handschuhe.

JAMIN PUECH   MODE
Karte S. 416 (www.jamin-puech.com; 26 rue Cambon, 1er; ☉Di 12–19, Mi–Sa 11–19 Uhr; ⓂConcorde) Eines der kreativsten Handtaschen-Labels von Paris. Jamin Puech ist bekannt für gewagte Kombinationen von Farben, Stoffen, Ledern und Texturen, unter großzügigem Einsatz von Perlen, Bommeln, Muscheln, Federn usw. Die Cocotte-Handtasche hatte sogar einen Auftritt in *Sex and the City 2*.

COMPTOIR DE LA GASTRONOMIE   ESSEN & TRINKEN
Karte S. 420 (www.comptoirdelagastronomie.com; 34 rue Montmartre, 1er; ☉Di–Sa 6–20, Mo 9–20 Uhr; ⓂLes Halles) Die elegante *épicerie fine* (Feinkosthandlung) führt eine unwiderstehliche Auswahl an Leckereien zum Mitnehmen (besonders in der Foie-gras-Abteilung) und betreibt ein angrenzendes Art-nouveau-Restaurant von 1894.

LIBRAIRIE GOURMANDE   BÜCHER
Karte S. 420 (www.librairie-gourmande.fr; 92 rue Montmartre, 1er; ☉Mo–Sa 11–19 Uhr; ⓂSentier) Der führende Buchladen der Stadt für alle kulinarischen Themen.

WH SMITH   BÜCHER
Karte S. 416 (www.whsmith.fr; 248 rue de Rivoli, 1er; ☉Mo–Sa 9–19, So 12.30–19 Uhr; ⓂConcorde) Der Ableger einer britischen Kette ist angeblich der größte Pariser Buchladen für englischsprachige Bücher.

ALLSAINTS SPITALFIELDS   MODE
Karte S. 420 (www.allsaints.com; 49 rue Étienne Marcel, 4e; ☉Mo–Sa 10.30–19.30 Uhr; ⓂSentier) Die Einrichtung des britischen Modehauses strotzt vor urigem Industriecharme: Im Schaufenster stehen Hunderte altertümlicher Nähmaschinen und drinnen sind die Klamotten auf alten Maschinenteilen arrangiert.

AESOP   KOSMETIK
Karte S. 416 (www.aesop.com; 256 rue St-Honoré, 1er; ☉Mo–Do 11–19, Fr & Sa bis 19.30 Uhr; ⓂPalais Royal–Musée du Louvre) Das moderne Einrichtungskonzept der Filiale eines australischen Kosmetikherstellers ist ebenso faszinierend wie die Zutatenlisten seiner exklusiven Haar- und Hautpflegeprodukte

aus Lavendelstängeln, Kamillenblüten, Rosen, Petersiliensamen und vielen anderen Pflanzenteilen.

KABUKI FEMME   MODE

Karte S. 420 (www.barbarabui.com; 25 rue Étienne Marcel, 2e; ⊙ Mo–Sa 11–19 Uhr; Ⓜ Étienne Marcel) Mit dieser Boutique wurde Barbara Bui vor über 20 Jahren international bekannt. Gleich nebenan befindet sich ihr eigener Barbara-Bui-Shop, zwei Häuser weiter Kabuki Homme mit Männermode. Außer Bui-Entwürfen führt die Boutique auch ausgewählte Modelle anderer Marken wie Prada, Balenciaga, Stella McCartney, Yves Saint Laurent und Dior.

KILIWATCH   MODE

Karte S. 420 (http://espacekiliwatch.fr; 64 rue Tiquetonne, 2e; ⊙ Mo 10.30–19, Di–Sa bis 19.30 Uhr; Ⓜ Étienne Marcel) Eine Pariser Institution: Hier wimmelt es von hippen Typen und Mädels, die sich durch Kleiderständer mit neuer und gebrauchter Streetwear wühlen. Dazu gibt's ein umwerfendes Second-hand-Angebot an Kopfbedeckungen und Schuhen, außerdem Kunst- und Fotobücher, Brillen und die aktuellsten Sneakers.

LAVINIA   ESSEN & TRINKEN

Karte S. 416 (www.lavinia.com; 3 bd de la Madeleine, 1er; ⊙ Mo–Sa 10–20 Uhr; Ⓜ Madeleine) Einer der größten und exklusivsten Wein- und Spirituosenläden der Stadt mit einem spitzenmäßigen Sortiment an *eaux-de-vie* (Obstbrände).

LEGRAND FILLES & FILS   ESSEN & TRINKEN

Karte S. 416 (www.caves-legrand.com; 1 rue de la Banque, 2e; ⊙ Mo–Sa 12–19.30 Uhr; Ⓜ Pyramides) Der Laden, der seit 1880 in der Galerie Vivienne residiert, verkauft nicht nur edle Weine, sondern auch das ganze Drum und Dran: Korkenzieher, Verkostungsgläser, Dekanter usw. Außerdem hat er eine schicke Weinbar, eine *école du vin* (Weinschule) und einen *éspace dégustation* (Verkostungsraum) mit mehreren Weinproben im Monat; nähere Infos gibt's auf der Website.

BOÎTES À MUSIQUE
ANNA JOLIET   SOUVENIRS

Karte S. 416 (Passage du Perron, 1er; ⊙ Di–Sa 12–19 Uhr; Ⓜ Pyramides) Das wunderbare Läden am Nordende des Jardin du Palais Royal ist auf neue und alte Spieldosen aus der Schweiz spezialisiert.

LOUVRE & LES HALLES SHOPPEN

Montmartre & nördliches Paris

MONTMARTRE & PIGALLE | CLICHY | GARE DU NORD & CANAL ST-MARTIN

Highlights

❶ Die Treppe zur **Basilique du Sacré-Cœur** (S. 140) hochsteigen, draußen den Panoramablick und drinnen das prächtige Mosaik bewundern.

❷ Einen Event oder eine Ausstellung auf der größten kulturellen Spielwiese der Stadt, im **Parc de la Villette** (S. 142), erleben.

❸ Sich im eleganten **Museum Jacquemart-André** (S. 146) vom Prunk und Pomp des 19. Jhs. verzaubern lassen.

❹ In der **Kirche St-Denis** (S. 144) die Gräber französischer Könige besuchen.

❺ Mit den Kids einen Tag in der **Cité des Sciences** (S. 145) verbringen.

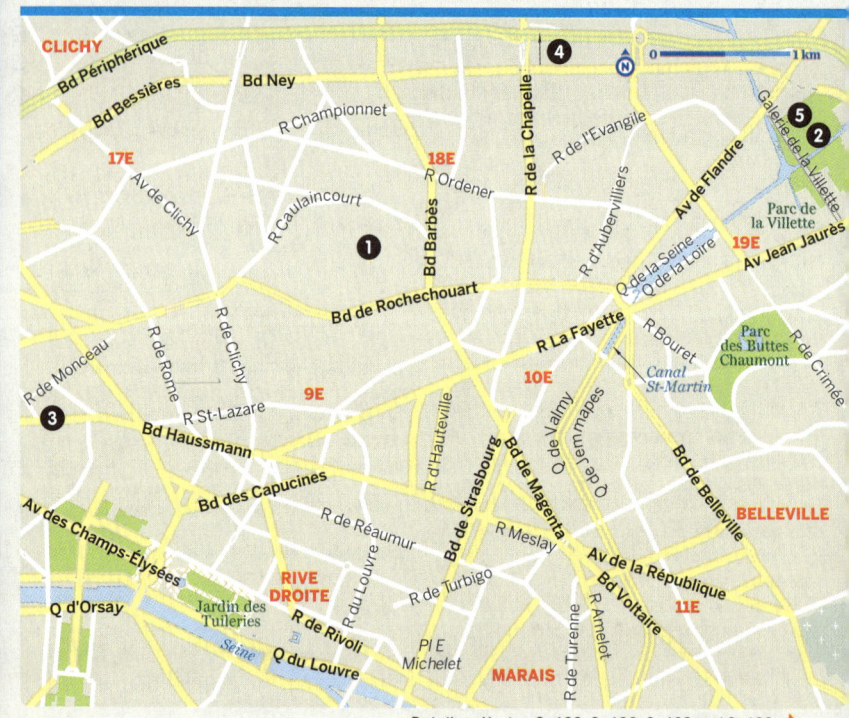

Details s. Karten S. 422, S. 426, S. 428 und S. 429

Rundgang: Montmartre & nördliches Paris

Montmartre war schon immer etwas ganz Besonderes. Seine Geschichte ist geprägt von Bohemiens, Revolutionären, Künstlern, halbseidenen Mädchen und kopflosen Märtyrern. Die Hauptstadt hat sich das Viertel zwar längst einverleibt, aber die steilen Sträßchen mit von Efeu überwucherten Häusern erinnern noch an das Dorf von früher. Für die traditionellen Gegensätze und Konflikte stehen die weißen Kuppeln von Sacré-Cœur und das Rotlichtviertel Pigalle.

Mit seinen Attraktionen, der guten Küche, den interessanten Läden und vielen Ausgehmöglichkeiten bietet sich Montmartre als Paris-Programmpunkt regelrecht an. Die meisten Besucher kommen für einen halben Tag (oder auch länger), um durch die zahllosen Gassen zu schlendern, die zu Sacré-Cœur hochführen, immer auf der Suche nach dem perfekten Blick auf die Hauptstadt.

Trotz der Touristenmassen gibt's noch viel Typisches zu entdecken, ob in der quirligen Fressmeile südlich von Pigalle oder auf der selten besuchten Rückseite der *butte* (wie der Hügel von Sacré-Cœur genannt wird).

Im Westen, hinter der Place de Clichy, liegen verschiedene interessante Museen. Das Flair der heutigen Bohemiens, der *bobos*, zeigt sich weiter östlich in Richtung Canal St-Martin. Seine Umgebung hat in den letzten zehn Jahren eine Renaissance erfahren und gilt mittlerweile als eines der angesagtesten Szeneviertel von Paris. Ob moderne Bistros, Drinks zu vorgerückter Stunde, Einkaufsbummel oder entspannte Spaziergänge, der Kanal kann mit allem dienen.

Lokalkolorit

→ **Neo-Bistros** Am Canal St-Martin und in der Gegend südlich von Pigalle gibt's viele spannende Lokale.

→ **Uferbummel** Bei schönem Wetter zieht es alle ins Freie ans Wasser. Picknickplätze, Radwege und autofreie Zonen sind sonntags beliebte Treffpunkte.

→ **Zusammensitzen** Die bodenständigen Cafés und Bars am Canal St-Martin und in der Rue St-Denis stehen bei Hipstern wie Weinfreunden hoch im Kurs.

Anfahrt

→ **Métro** Die Linien 2 und 12 fahren zum Montmartre, die Linien 5 und 7 in den Nordosten von Paris (Canal St-Martin und La Villette). Zu den Museen weiter westlich in Clichy geht's ebenfalls mit der Linie 2.

→ **RER** RER B verbindet Gare du Nord und Zentrum.

→ **Fahrrad** Am Canal St-Martin gibt es mehrere Stationen, u. a. an der Place République und in der 8 Place Jacques Bonsergent.

Top-Tipp

Die Viertel im Norden und Nordosten von Paris sind zwar etwas heruntergekommen, aber trotzdem für eine Großstadt ziemlich sicher. Lediglich am Fuß des Hügels von Sacré-Cœur ist Vorsicht geboten: Taschendiebe und Pseudokünstler nutzen den Massenandrang schamlos aus.

 ### Gut essen

→ Le Pantruche (S. 148)
→ Chez Michel (S. 156)
→ Abri (S. 156)
→ Le Verre Volé (S. 156)
→ Le Miroir (S. 150)

Mehr dazu S. 147 →

 ### Schön ausgehen

→ Artisan (S. 158)
→ Holybelly (S. 159)
→ La Fourmi (S. 158)
→ Chez Prune (S. 159)
→ Cave des Abbesses (S. 158)

Mehr dazu S. 158 →

 ### Gute Unterhaltung

→ Parc de la Villette (S. 142)
→ Point Éphémère (S. 160)
→ Rosa Bonheur (S. 160)
→ Le 104 (S. 160)
→ Moulin Rouge (S. 160)

Mehr dazu S. 160 →

HIGHLIGHT
BASILIQUE DU SACRÉ-CŒUR

Manche mögen Sacré-Cœur als kitschig belächeln, aber der Blick vom *parvis* (Kirchenvorplatz) auf die Stadt ist die perfekte Postkartenansicht. Sacré-Cœur ist weit mehr als eine Kirche: Auf der Treppe spielen Straßenmusiker, der Rasen lädt zum Picknicken ein. Touristisch? Klar. Und dennoch ist dieser Ort einfach unschlagbar!

Geschichte

Sacré-Cœur wirkt wie ein Hort der Andacht und Stille, hat aber ziemlich blutige Ursprünge. Bei Baubeginn 1875 steckte Frankreich die demütigende Niederlage gegen Preußen noch in den Knochen. Nachdem Napoleon III. im September 1870 kapituliert hatte, leisteten zornige Stadtbewohner mithilfe der Nationalgarde weiter erbitterten Widerstand gegen die preußischen Streitkräfte. Die Belagerung dauerte vier lange Wintermonate. Als Anfang 1871 ein Waffenstillstand ausgehandelt wurde, war die Kluft zwischen den Radikalen der Pariser Arbeiterklasse (unterstützt von der Nationalgarde) und der konservativen Regierung (unterstützt von der französischen Armee) unüberbrückbar geworden.

In den folgenden Monaten gelang es den Rebellen der sogenannten Pariser Kommune die Regierung zu stürzen und die Stadt unter ihre Kontrolle zu bringen. Diese chaotische Zeit war gekennzeichnet von Massenhinrichtungen auf beiden Seiten und einer Welle der Zerstörung, die ganz Paris erschütterte. Montmartre war eine der Hauptbastionen der Kommunarden. Da, wo die Rebellen ihren ersten Sieg errangen, sollte später die Kirche Sacré-Cœur stehen. Deshalb war dies auch das erste Viertel, das die französische Armee nach ihrer Rückkehr im Mai 1871 ins Visier nahm.

NICHT VERSÄUMEN

➤ Ausblick vom Vorplatz
➤ Christusmosaik in der Apsis
➤ Kuppel

PRAKTISCH & KONKRET

➤ Karte S. 422
➤ www.sacre-coeur-montmartre.com
➤ place du parvis du Sacré-Cœur
➤ Kuppel Erw./Kind 6/4 €, nur Barzahlung
➤ ⊙6–22.30 Uhr, Kuppel April–Sept. 9–19 Uhr, Okt.–März bis 17.30 Uhr
➤ Ⓜ Anvers

Viele Mitglieder der Pariser Kommune wurden in den Gipsminen unter der *butte* (Anhöhe) lebendig begraben.

Basilika

In dieser bewegten Zeit sollte der Bau der beeindruckenden Basilika wie eine Friedensgeste und Wiedergutmachung für die durchlebten Gräuel verstanden werden. Die 7 Mio. Francs für das Kirchenfundament wurden ausschließlich aus Spenden der hier ansässigen Katholiken finanziert. Dass die Wahl des Standorts ausgerechnet auf Montmartre fiel, war kein Zufall: In der revolutionären Hochburg wollten die Konservativen ein Zeichen ihrer Macht setzen. Doch der Kampf zwischen den beiden Lagern – Katholiken gegen Freidenker, Royalisten gegen Republikaner – tobte weiter. 1882 stimmte der Stadtrat gegen den Bau der Basilika mit der Begründung, dass sie weiteren Zündstoff für den Bürgerkrieg liefern würde. Zuletzt konnte das Votum nur durch eine Formalität gekippt werden.

Nacheinander beaufsichtigten sechs Architekten den Bau der romanisch-byzantinischen Kirche, die erst 1919 geweiht werden konnte und auch da noch in krassem Gegensatz zur Boheme stand, die das Leben am Montmartre prägte.

Kritiker mögen sich über die Architektur und den weißen Travertin aufregen (ein Schriftsteller bezeichnete Sacré-Cœur als „riesengroße Babyflasche für Engel"). Aber das Christusmosaik in der Apsis, das Luc-Olivier Merson 1922 schuf, ist eine Augenweide und eines der größten Mosaike weltweit.

Kuppel & Krypta

Eine Wendeltreppe mit 234 Stufen führt zur Kuppel der Basilika. Von hier eröffnet sich einer der spektakulärsten Blicke über Paris; an klaren Tagen soll der Blick 30 km weit reichen. Die 19 t schwere Glocke „La Savoyarde" im Turm darüber ist die größte des Landes. Die von Kapellen gesäumte Krypta, die für zusätzliche 2 € in Verbindung mit der Kuppel besichtigt werden kann, ist riesig, aber nicht besonders interessant.

Wer keine Lust hat, den Hügel hinaufzukeuchen, kann mit einem normalen Métroticket die **Standseilbahn** (*funiculaire*; ☺6–24 Uhr) nehmen oder sich in die **Touristenbahn** (6 € pro Pers.; ☺April–Sept. 10–24 Uhr, Okt.–März bis 18 Uhr) setzen, die an der Place Pigalle abfährt.

In gewisser Weise wird hier immer noch Buße getan: Das „ewige" Gebet, das 1885, noch vor Fertigstellung der Kirche, begann, dauert bis heute an und immer murmelt irgendeine gläubige Seele vor dem Heiligen Sakrament in der Monstranz über dem Hochaltar ihre Litaneien herunter. Dass die Kirche trotz Verwitterung und Luftverschmutzung strahlend weiß bleibt, liegt am Baumaterial: Der Travertin sondert Calcit ab.

1944 warf die deutsche Luftwaffe 13 Bomben über dem Montmartre ab, die gleich neben Sacré-Cœur einschlugen. Die Druckwellen brachten zwar die Buntglasfenster zum Bersten, aber ansonsten blieb die Basilika wundersamerweise von Schäden verschont. Es gab hier auch keine Todesopfer.

HIGHLIGHT
PARC DE LA VILLETTE

Der Parc de la Villette ist der größte Park von Paris und Kulturzentrum, Kinderspielplatz und moderne Grünanlage in einem. Seine Gestaltung ist vom französischen Hang zu geometrischen Formen geprägt – davon zeugen die riesige Spiegelkugel des Imax-Kinos La Géode, die mehrere Hundert Meter langen, z. T. gewellten Stahldachgalerien und die vielgestaltigen knallroten *folies* (Pavillons). Der Zusammenfluss der Kanäle Ourcq und St-Denis bringt das beliebteste und natürlichste Element des Parks ins Spiel: das Wasser. Der ziemlich weite Weg vom Stadtzentrum lohnt sich, um eine der vielen Veranstaltungen zu besuchen (Weltmusik, Rock, Klassik, Kunst, Freiluftkino, Zirkus, moderner Tanz etc.) oder um seinen Kindern etwas Besonderes zu bieten.

Das ganze Jahr über finden in der wunderschönen alten Grande Halle, im Le Zénith, im Cabaret Sauvage (S. 161) und in der Cité de la Musique (S. 145) Veranstaltungen statt. Die neue Pariser Philharmonie soll 2015 ihre Tore öffnen.

Karten gibt's in dem Informationszentrum am südlichen Ende des Parks.

Bei schönem Wetter haben Kinder wie Erwachsene Spaß an den zahlreichen Themengärten; die schönsten sind gleichzeitig auch Spielplätze. Dazu gehören der Jardin du Dragon (Drachengarten) mit einer gewaltigen Drachenrutsche zwischen der Géode und der darauf folgenden Brücke, der Jardin des Dunes (Dünengarten) und der Jardin des Miroirs (Spiegelgarten).

Die tollste Attraktion für Kids ist die Cité des Sciences mit den dazugehörigen Kinos. Den größten Zulauf hat wohl die einfallsreich gestaltete Cité des Enfants mit Baustelle, Fernsehstudio, Robotern und einem Bereich für physikalische Experimente mit Wasser.

NICHT VERSÄUMEN

➡ Abendveranstaltungen
➡ Themengärten
➡ Cité des Sciences (S. 145)

PRAKTISCH & KONKRET

➡ Karte S. 428
➡ www.villette.com
➡ Ⓜ Porte de la Villette oder Porte de Pantin

👁 SEHENSWERTES

👁 Montmartre & Pigalle

BASILIQUE DU SACRÉ-CŒUR   BASILIKA
Siehe S. 140.

PLACE DU TERTRE   PLATZ
Karte S. 422 (Ⓜ Abbesses) Die Place du Tertre zu übersehen, ist fast unmöglich. Bis heute gilt sie als einer der größten Touristenmagnete und entsprechend dicht ist das Gewimmel von Besuchern, Straßenhändlern und Porträtmalern. Seit Montmartre von Paris einverleibt wurde, muss sich das ehemalige Dorfzentrum allerdings mit einer Randlage begnügen.

Das Restaurant La Mère Catherine in der Hausnr. 6 hat stark zur Mythenbildung um Montmartre beigetragen: Angeblich prägten Kosaken hier 1814 den Ausdruck *bistro* (russisch für „schnell"). Einen weiteren historischen Moment erlebte der Platz am Heiligen Abend 1898, als Louis Renaults erstes Auto die *butte* hinauf und zur Place du Tertre rumpelte und damit den Startschuss für die französische Autoindustrie gab.

ÉGLISE ST-PIERRE DE MONTMARTRE   KIRCHE
Karte S. 422 (Ⓜ Abbesses) Das Einzige, was von der Benediktinerabtei von Montmartre übrig blieb, ist diese Kirche. Sie stammt aus dem 12. Jh. und ist damit eine der ältesten der Stadt, wurde aber mehrfach restauriert. Die altehrwürdigen, auf den Resten eines römischen Marstempels ruhenden Mauern haben einiges miterlebt: 1534 rief Ignatius von Loyola in der Krypta seine Anhänger zusammen, um den Jesuitenorden zu gründen.

Es gibt Verfechter der Theorie, der Name Montmartre sei eine Ableitung von „Mons Martis" (Lateinisch für „Hügel des Mars"). Andere sehen die Ursprünge im christlichen „Mont Martyr" („Hügel des Märtyrers") und denken dabei an den Heiligen Dionysius (französisch: Saint Denis), der im 3. Jh. von Römern auf dem Montmartre-Hügel enthauptet worden und kopflos bis zu der Stelle getaumelt sein soll, wo heute die Kathedrale St-Denis steht.

MUSÉE DE MONTMARTRE   MUSEUM
Karte S. 422 (www.museedemontmartre.fr; 12 rue Cortot, 18e; Erw./Kind 9/5 €; ⊙ 10–18 Uhr; Ⓜ Lamarck–Caulaincourt) Das Montmartre-Museum zeigt Gemälde, Lithografien und Dokumente, die fast durchweg an die Ära der Rebellen und Bohemiens erinnern. In dem Herrenhaus aus dem 17. Jh., einem der ältesten Gebäude am Montmartre, haben schon über ein Dutzend Künstler gewohnt, darunter Utrillo und Renoir. Bei unserem Besuch stand die Eröffnung des restaurierten Ateliers von Suzanne Valadon bevor. Zum Angebot des gut bestückten Museumsladens gehören auch kleine Flaschen mit Wein, der aus den Reben des Clos Montmartre gekeltert wurde.

MUSÉE DE LA HALLE ST-PIERRE   KUNSTMUSEUM
Karte S. 422 (www.hallesaintpierre.org; 2 rue Ronsard, 18e; Erw./Sen. & unter 26 J. 8/6,50 €; ⊙ Mo–Fr 11–18, Sa 11–19, So 12–18 Uhr; Ⓜ Anvers) Das 1986 eröffnete Museum mit Kunstgalerie ist in der hübschen alten Markthalle St-Pierre untergeschlüpft. Es konzentriert sich auf Art Brut und die Primitiven, hat aber keine eigene Sammlung, sondern organisiert jedes Jahr drei Sonderausstellungen. Weiterer Pluspunkt: das einladende Museumscafé.

DALÍ ESPACE MONTMARTRE   KUNSTMUSEUM
Karte S. 422 (www.daliparis.com; 11 rue Poulbot, 18e; Erw./8–25 J. 11,50/6,50 €; ⊙ 10–18 Uhr, Juli & Aug. bis 20 Uhr; Ⓜ Abbesses) Über 300 Werke des exzentrischen Katalanen Salvador Dalí (1904–1989) – Surrealist, Grafiker, Maler, Bildhauer und begnadeter Selbstvermarkter – sind in diesem surrealistisch anmutenden Kellermuseum westlich der Place du Tertre ausgestellt. Die Sammlung umfasst schräge Skulpturen (größtenteils Reproduktionen), Lithografien sowie viele Illustrationen und Möbel, darunter das berühmte „Lippen-Sofa", für das Mae West Modell stand.

MUSÉE DE LA VIE ROMANTIQUE   MUSEUM
Karte S. 422 (www.vie-romantique.paris.fr; 16 rue Chaptal, 9e; ⊙ Di–So 10–18 Uhr; Ⓜ Blanche oder St-Georges) GRATIS Das kleine Museum widmet sich zwei Künstlern der Romantik: der Schriftstellerin George Sand und dem Maler Ary Scheffer. Die Villa am Ende eines verträumten Pflastergässchens erinnert an eine Filmkulisse und gehörte der Familie Scheffer. Hier trafen sich seinerzeit so berühmte Künstler wie Delacroix, Liszt und Chopin (der ein Verhältnis mit George Sand hatte).

Das Erdgeschoss ist George Sand gewidmet und beherbergt Gemälde, Kunstgegenstände und persönliche Objekte. Im ersten Stock werden Porträts von Scheffer gezeigt.

CIMETIÈRE DE MONTMARTRE FRIEDHOF

Karte S. 422 (🕐Mo–Fr 8–17.30, Sa ab 8.30, So ab 9 Uhr; Ⓜ️Place de Clichy) Der 11 ha große Friedhof, der 1789 eröffnet wurde, ist nach dem Friedhof Père Lachaise (S. 166) wohl die berühmteste Totenstadt von Paris. Hier befinden sich u. a. die Gräber der Schriftsteller Émile Zola (dessen Asche inzwischen im Panthéon verwahrt wird), Alexandre Dumas d. J. und Stendhal, der Komponisten Jacques Offenbach und Hector Berlioz, des Malers Edgar Degas, des Regisseurs François Truffaut und des Tänzers Vaslav Nijinski.

Vom Montmartre-Hügel aus ist der nächstgelegene Eingang am Ende der Avenue Rachel, abgehend vom Boulevard de Clichy, bzw. am Fuß der Treppe neben Haus Nr. 10, Rue Caulaincourt.

Einen kostenlosen Lageplan der Gräber gibt es beim **Büro des Denkmalpflegeamts** (Karte S. 422; 20 av Rachel, 18e) am Friedhofseingang.

MUSÉE DE L'ÉROTISME KUNSTMUSEUM

Karte S. 422 (www.musee-erotisme.com; 72 bd de Clichy, 18e; Eintritt 10 €; 🕐10–2 Uhr; Ⓜ️Blanche) Das Museum mit mehreren Stockwerken voll antiker und moderner erotischer Kunst von vier Kontinenten und reichlich anschaulichem Informationsmaterial versucht, seine rund 2000 gewagten Skulpturen, stimulierenden Sexhilfsmittel und Fetischartikel auf eine höhere Ebene zu heben. Einige der Exponate sind, gelinde gesagt, atemberaubend.

◉ Clichy

MUSÉE NISSIM DE CAMONDO MUSEUM

Karte S. 429 (www.lesartsdecoratifs.fr; 63 rue de Monceau, 8e; Erw./18–25 J./unter 18 J. 9/6,50 €/frei; 🕐Di, Mi & Fr–So 11–18, Do bis 21 Uhr; Ⓜ️Monceau oder Villiers) Das Museum Nissim de Camondo liegt in einem herrschaftlichen Stadtpalais, das dem Petit Trianon in Versailles nachempfunden ist. Die Sammlung umfasst Möbel, Wandteppiche, Porzellan und andere Kunstgegenstände aus dem 18. Jh. Sie wurde von Graf Moïse de Camondo zusammengetragen, einem jüdi-

HIGHLIGHT
BASILIQUE DE ST-DENIS

Die Kathedrale galt einst als eine der heiligsten Stätten des Landes. Sie steht auf dem Grab des Märtyrers Dionysius, der nach der Legende im 3. Jh. zum ersten Bischof von Paris geweiht und von römischen Priestern enthauptet wurde. Der Pilgerort wurde im 6. Jh. königliche Grablege: Fast alle gekrönten Häupter Frankreichs, von Dagobert I. (reg. 629–639) bis Ludwig XVIII. (reg. 1814–1824), wurden hier beerdigt. Summa summarum ruhen hier die sterblichen Überreste von 42 Königen und 32 Königinnen.

Bei Baubeginn um 1136 war die eintürmige Kathedrale das erste Großprojekt Frankreichs im gotischen Stil. Sie diente als Modell für viele weitere Kirchenbauten des 12. Jhs., z. B. für die Kathedrale von Chartres. Die Übergänge von der Romanik zur Gotik werden im Chor und im doppelten Chorumgang deutlich. Die Buntglasfenster aus dem 12. Jh. sind eine wahre Augenweide.

Der Hauptbesuchermagnet ist die Krypta mit der größten Ansammlung von Grabkunst in Europa. Die nach 1285 angefertigten Liegefiguren (*gisants*) wurden anhand von Totenmasken gemeißelt und sind daher relativ realistisch, während die Skulpturen aus der Zeit davor eher das Wunschbild des jeweiligen Herrschers widergeben.

NICHT VERSÄUMEN

➜ Buntglasfenster
➜ Königliche Gräber

PRAKTISCH & KONKRET

➜ www.monuments-nationaux.fr
➜ 1 rue de la Légion d'Honneur
➜ Gräber Erw./Sen. & 18–25 J. 7,50/4,50 €, Basilika frei
➜ 🕐April–Sept. Mo–Sa 10–18.15, So ab 12 Uhr, Okt.–März bis 17 Uhr
➜ Ⓜ️Basilique de St-Denis

MUSÉE D'ART ET D'HISTOIRE

Südwestlich der Kathedrale von St-Denis liegt das **Museum für Kunst und Geschichte** (www.musee-saint-denis.fr; 22bis rue Gabriel Péri, St-Denis; Erw./Stud. & Sen. 5/3 €; ☺Mo, Mi & Fr 10–17.30, Do bis 20, Sa & So 14–18.30 Uhr; MSt-Denis–Porte de Paris). Das restaurierte Gebäude gehörte einst einem Karmeliterorden, der 1625 gegründet worden war und später von Louise de France, der jüngsten Tochter Ludwigs XV., übernommen wurde. Sehenswert sind die Nachbauten von Mönchszellen, eine Apotheke aus dem 18. Jh. und Objekte, die bei Ausgrabungen rund um die Basilika gefunden wurden (in der archäologischen Abteilung).

Die Abteilung für moderne Kunst enthält eine Sammlung von Werken des Surrealisten Paul Éluard (1895–1952), der von hier stammte, sowie eine große Anzahl politischer Plakate, Cartoons, Lithografien und Gemälde aus der Zeit der Pariser Kommune (1871).

schen Bankier, der im späten 19. Jh. von Konstantinopel nach Paris übersiedelte. Er vermachte die Villa und seine Sammlung dem französischen Staat, mit der Auflage, dass ein Museum eröffnet und nach seinem Sohn Nissim (1892–1917) benannt würde, der als Pilot im Ersten Weltkrieg gefallen war. Das Museum gehört zu Les Arts Décoratifs, dem Museumstrio im Rohan-Flügel des Louvre.

MUSÉE CERNUSCHI KUNSTMUSEUM

Karte S. 429 (www.cernuschi.paris.fr; 7 av Vélasquez, 8e; ☺Di–So 10–18 Uhr; MVilliers) GRATIS Die Spezialität des Cernuschi-Museums ist eine ausgezeichnete Sammlung seltener antiker chinesischer Kunst (Grabstatuen, Bronzen und Keramiken), viele davon aus der Tang-Dynastie (618–907). Dazu gesellen sich einige Kunstwerke aus Japan. Der Bankier und Philanthrop Henri Cernuschi (1821–1896), der vor der nationalen Einigung Italiens von Mailand nach Paris emigrierte, hat die Sammlung auf seiner Weltreise von 1871 bis 1873 zusammengetragen.

LE BAL FOTOGRAFIE

Karte S. 429 (www.le-bal.fr; 6 impasse de la Défense, 18e; Erw./12–25 J. 5/4 €; ☺Mi–So 12–20, Do bis 22 Uhr; MPlace de Clichy) Die zweigeschossige Kunstgalerie ist auf moderne Fotografie spezialisiert und hat Verbindungen zu Magnum Photos. Sie liegt nicht eben zentral, aber der Buchladen und das Café (S. 151) vor Ort sind exzellent.

⊙ Gare du Nord & Canal St-Martin

PARC DE LA VILLETTE PARK

Siehe S. 142.

CITÉ DES SCIENCES WISSENSCHAFTSMUSEUM

Karte S. 428 (☏01 56 43 20 20; www.cite-sciences.fr; Parc de la Villette, 19e; Erw./unter 26 J. 9/6 €; ☺Di–Sa 10–18, So bis 19 Uhr; MPorte de la Villette) Kein Museum der Stadt ist für Kinder so attraktiv wie dieses: Auf drei Etagen warten interaktive Angebote, an denen oft schon Zweijährige ihren Spaß haben. Dazu kommen zwei Kinos mit Spezialeffekten, ein Planetarium sowie ein ausrangiertes U-Boot. Einziger Nachteil: Jede Ausstellungseinheit kostet extra Eintritt (es gibt aber diverse Kombi-Tickets). Es empfiehlt sich, vorab zu recherchieren, was infrage kommt. Für Besuche an einem Wochenende oder in den Schulferien sollten Tickets auf jeden Fall im Internet reserviert werden. Und einen Picknickkorb mitzunehmen, ist auch keine schlechte Idee. Alternativ bietet das neue Einkaufszentrum, **Vill'up**, neben Vertikalwindtunnel und Kino auch mehrere Restaurantketten.

CITÉ DE LA MUSIQUE MUSEUM

Karte S. 428 (www.cite-musique.fr; 221 av Jean Jaurès, 19e; ☺Di–Sa 12–18, So 10–18 Uhr; MPorte de Pantin) Die Cité de la Musique am Südrand des Parc de la Villette ist eine kühn konzipierte, dreieckige Konzerthalle, die den Parisern Musik aus aller Welt nahebringt. Im **Musée de la Musique** (Musikmuseum; Karte S. 428; Erw./Kind 7 €/frei; MPorte de Pantin) gibt's rund 900 seltene Musikinstrumente zu bestaunen; viele Hörbeispiele erklingen auf dem Audioguide.

Nebenan entsteht die neue Pariser Philharmonie (die 2015 eröffnet werden soll). Ein weiterer Nachbar ist das angesehene Conservatoire National Supérieur de Musique et de Danse, eine Eliteschule für klassische Musik und Tanz.

PARC DES BUTTES-CHAUMONT PARK

Karte S. 428 (rue Manin & rue Botzaris, 19e; ⌚Mai–Sept. 7–22 Uhr, Okt.–April bis 20 Uhr; ⓂButtes-Chaumont oder Botzaris) Der originelle Park ist eine der größten Pariser Grünanlagen. Zwischen den bewaldeten Hängen verbergen sich Grotten, Wasserfälle und sogar ein See mit einer Insel, die von einem Sibyllentempel gekrönt wird. Das Gelände diente früher als Steinbruch und Müllkippe, bis Baron Haussmann den Park für die Weltausstellung 1867 in seiner heutigen Form anlegen ließ.

Die Pariser pilgern hierher, um sich bei Tai-Chi zu entspannen oder ihre Kinder ins Marionettentheater auszuführen oder einfach um ausgedehnt mit Wein und Brot auf der Wiese zu picknicken. Die Gleise sind Überreste einer stillgelegten Bahnlinie, La Petite Ceinture, die im 19. Jh. um Paris herumführte.

LE 104 KUNSTMUSEUM

(www.104.fr; 104 rue d'Aubervilliers oder 5 rue Curial, 19e; ⌚Di–Fr 12–19, Sa & So 11–19 Uhr; ⓂStalingrad oder Crimée) GRATIS Die von der Stadt finanzierte Kultureinrichtung in einem ehemaligen Bestattungsinstitut könnte zur Frischzellenkur für die ansonsten heruntergekommene Gegend werden. In dem Komplex mit eindrucksvollen 39 000 m² Fläche brummt es nur so vor Aktivitäten, und beim Bummel durch den öffentlichen Teil lassen sich Breakdancer, schräge Kunstinstallationen und Schauspieler beim Proben bewundern.

Wer möglichst viel mitkriegen will, sollte in den Veranstaltungskalender schauen: Von Zirkus über Theater, Musik und monatliche Bälle bis hin zu Zaubershows wird alles geboten, oft sogar gratis. Für den kleinen Hunger gibt's einen Pizzastand, ein Café und ein Bar-Restaurant.

INSTITUT DES CULTURES D'ISLAM KULTURZENTRUM

Karte S. 426 (www.institut-cultures-islam.org; 19 rue Léon, 18e; ⌚Di–Sa 10–20 Uhr; ⓂChâteau Rouge) GRATIS Das islamische Kulturinstitut steht mitten im Stadtteil Goutte d'Or und

HIGHLIGHT
MUSÉE JACQUEMART-ANDRÉ

Hier wünscht man sich, zur Pariser Schickeria Ende des 19. Jhs. gehört zu haben! Dann wäre einem sicher eine Einladung ins Haus geflattert, um an einer der eleganten Abendgesellschaften teilzunehmen, die an diesem Ort häufig stattfanden. Die prächtige Residenz der Kunstsammler Nélie Jacquemart und Édouard André ist ein Paradebeispiel für den damals angesagten eklektischen Stil, der sich bei allen Genres bedient und hier mit Objekten aus der griechischen und römischen Antike, ägyptischen Kunstgegenständen, Stilmöbeln diverser Epochen und Porträts niederländischer Meister glänzt.

Der Gang durch die 16 Räume lässt Trends und Lifestyle der Pariser High Society wieder aufleben: In der Bibliothek hängen Gemälde von Rembrandt und van Dyck, der luxuriöse Jardin d'Hiver mit seiner Doppelwendeltreppe lässt jeden heutigen Wintergarten alt aussehen. Im Obergeschoss wartet eine beeindruckende Sammlung italienischer Renaissancekunst mit Werken von Botticelli, Donatello, Tizian und anderen Koryphäen.

Fast hätte der Architekt der Residenz, Henri Parent, auch den Auftrag für das noch prächtigere Pariser Opernhaus, das Palais Garnier (S. 106), bekommen – aber den schnappte ihm der damals noch unbekannte Charles Garnier weg. Als stilvoller Abschluss des Besuchs bietet sich der **Salon de thé** (📞11.45–17.30 Uhr) an, dessen Patisserie der Einrichtung in puncto Extravaganz in nichts nachsteht.

NICHT VERSÄUMEN

➡ Bibliothek
➡ Jardin d'Hiver
➡ Sammlung italienischer Kunst
➡ Teesalon

PRAKTISCH & KONKRET

➡ Karte S. 429
➡ www.musee-jacquemart-andre.com
➡ 158 bd Haussmann, 8e
➡ Erw./Kind 11/9,50 €
➡ ⌚10–18 Uhr, bei Wechselausstellungen Mo & Sa bis 21.30 Uhr
➡ ⓂMiromesnil

ist ein vielseitiger Veranstaltungsort. Konzerte, Lesungen, Filme und Kunstausstellungen sorgen für ein buntes Programm. Meist besteht ein thematischer Bezug zu Nordafrika oder zum Nahen Osten. In dem Gebäude befindet sich ein einladendes Café und in der nahe gelegenen **Zweigstelle** (56 rue Stephenson, 18e; ⊙Di–Sa 10–21, Fr ab 16, So 12–19 Uhr) ist weiterer Platz für wechselnde Ausstellungen. Außerdem gibt es dort ein Hamam (S. 163).

CANAL ST-MARTIN   PROMENADE

Karte S. 426 (ⓂRépublique, Jaurès oder Jacques Bonsergent) Der ruhige, 4,5 km lange Canal St-Martin wurde 1825 als Wasserstraße von der Seine zu den Pariser Vororten im Nordosten eingeweiht. Nicht weit von der Place République taucht er aus dem Untergrund auf und seine schattigen Treidelpfade sind ideal, um an Schleusen und Brücken vorbei durch ursprüngliche Wohnviertel zu schlendern oder zu radeln.

Einige Bistros entlang der Strecke haben sonntags und montags Ruhetag bzw. kürzere Öffnungszeiten als an den übrigen Tagen.

MUSÉE DE L'ÉVANTAIL   MUSEUM

Karte S. 426 (www.annehoguet.fr; 2 bd de Strasbourg, 10e; Erw. 6,50 €; ⊙Mo–Mi 14–18 Uhr, Aug. geschl.; ⓂStrasbourg–St-Denis) Die rund 900 ausgestellten Fächer verschafften z. T. schon vor 250 Jahren Kühlung. Sie sind in einer ehemals berühmten Fächermanufaktur untergebracht und der original erhaltene Verkaufsraum von 1893 ist ein echter Hingucker.

PORTE ST-DENIS   BAUDENKMAL

Karte S. 426 (Ecke rue du Faubourg St-Denis & bd St-Denis, 10e; ⓂStrasbourg–St-Denis) Die Porte St-Denis und die nahe gelegene **Porte St-Martin** (Karte S. 426; ⓂStrasbourg-St-Denis) wurden Ende des 17. Jhs. zu Ehren der siegreichen Armeen Ludwigs XIV. errichtet. Die Triumphbögen ersetzten zwei mittelalterliche Tore in der Pariser Stadtmauer.

✖ ESSEN

Die Gastroszene im Pariser Westen hält sich eisern an Altbewährtes. Doch irgendwo mitten im 9. Arrondissement verläuft eine unsichtbare Grenze und jenseits davon tun sich neue Welten auf. In den Vierteln südlich von Pigalle und entlang dem Canal St-Martin tauchen ständig neue Lokale auf, in denen junge, ambitionierte Köche zeigen, wie spannend Essengehen in Paris sein kann.

✖ Montmartre & Pigalle

LE PETIT TRIANON   CAFÉ €

Karte S. 422 (☏01 44 92 78 08; 80 bd de Rochechouart, 18e; Hauptgerichte 7,50–13,50 €; ⊙8–14 Uhr; ⓂAnvers) Mit den großen Fenstern und ein paar ausgesuchten Antiquitäten wirkt das kürzlich renovierte Café im Stil der Belle Époque so zeitlos wie die *butte* selbst. Das Gebäude von 1894 lehnt sich an das ebenso alte Theater Le Trianon und man kann sich gut vorstellen, wie sich Theaterbesucher und Künstler wie Toulouse-Lautrec hier abends trafen.

Die Küche ist durchgehend geöffnet und serviert gut gemachte Standardgerichte wie Hacksteak und gegrillten Schwertfisch. Auch wer nur etwas trinken möchte, ist willkommen.

LE COQUELICOT   BOULANGERIE €

Karte S. 422 (www.coquelicot-montmartre.com; 24 rue des Abbesses, 18e; Omelettes 6,80 €, Quiche mit Salat 4,40 €; ⊙7.30–20 Uhr; ⓥ; ⓂAbbesses) Die Bäckerei ist zwar nicht überwältigend, aber ideal für einen Snack. Zur Wahl stehen Omelettes, Quiches und leckeres Gebäck. Die Tische draußen sind ein prima Beobachtungsposten für alles, was in der Rue des Abbesses läuft. Es gibt auch Frühstück.

LE GRENIER À PAIN   BOULANGERIE €

Karte S. 422 (38 rue des Abbesses, 18e; ⊙Do–Mo 7.30–20 Uhr; ⓂAbbesses) Diese Bäckerei hat schon den Preis für das „beste Baguette" in ganz Paris gewonnen, dabei könnte man auch denken, dass die herzhaften *fougasses* (Focaccias) und Minibrote mit verführerischen Belägen (Ziegenkäse und Feigen, Speck und Oliven) die eigentliche Spezialität des Hauses sind.

ARNAUD DELMONTEL   BOULANGERIE €

Karte S. 422 (39 rue des Martyrs, 9e; ⊙Mi–Mo 7–20.30 Uhr; ⓂPigalle) Delmontel gehört zu den vielen Bäckereien in Montmartre, die in den letzten Jahren den Preis für das „beste Baguette" ergattern konnten. Aber auch das Kleingebäck, die Kuchen und diversen anderen Brotsorten sind ausgesprochen lecker.

SOUL KITCHEN
VEGETARISCH €

Karte S. 422 (33 rue Lamarck, 18e; Menü 13,50 €; Di–Fr 8.30–18.30, Sa & So 10–19 Uhr; 🖥🗒; M Lamarck Caulincourt) Wer wissen möchte, wie ein typisches Wohnviertel in Montmartre aussieht, sollte sich die Rückseite des Hügels ansehen. Dort gibt es einiges zu entdecken, u. a. dieses einladende vegetarische Restaurant. Hier befand sich früher ein Café. Aus Zutaten vom Markt werden täglich andere Gerichte zubereitet: leckere Suppen, Quiches, Lasagne und mehr.

AFGHANI
AFGHANISCH €

Karte S. 422 (🗒 01 42 51 08 72; 16 rue Paul Albert, 18e; Hauptgerichte 11–14 €; Mo–Sa 19–22.30, Do–Sa auch 12–14.30 Uhr; M Château Rouge oder Anvers) Um dem hektischen Straßenverkehr eine Weile zu entfliehen und bei einer ruhigen Mahlzeit die Batterien wieder aufzuladen, kommt das einladende afghanische Restaurant gerade recht. Neben saftigen Lammkebabs und Fladenbrot werden verschiedene vegetarische Gerichte wie Frühlingszwiebelklößchen mit Curry und Joghurt aufgetischt. Für abends besser reservieren.

CRÊPERIE PEN-TY
CRÊPERIE €

Karte S. 422 (🗒 01 48 74 18 49; 65 rue de Douai, 9e; Galettes 3–9,80 €, Crêpes 3,90–8,80 €; Mo–Sa 12–14.30 & 19.30–23 Uhr; M Place de Clichy) Das Pen-Ty wird als die beste *Crêperie* im nördlichen Paris gehandelt und ist einen Umweg wert. Unbedingt daran denken, einen Tisch zu reservieren! Eine *galette* besteht übrigens aus Buchweizenmehl und ist pikant, ein Crêpe wird mit Weizenmehl gemacht und süß serviert.

Sind alle Tische besetzt, kann man auch etwas zum Mitnehmen bestellen.

LE RELAIS GASCON
GASCOGNE-KÜCHE €

Karte S. 422 (🗒 01 42 58 58 22; www.lerelais gascon.fr; 6 rue des Abbesses, 18e; Hauptgerichte 11,50–16,50 €, Menü mittags/abends 17,50/27,50 €; 10–2 Uhr; M Abbesses) Nur ein paar Schritte von der Place de des Abbesses entfernt bietet das Lokal authentische Regionalküche in relaxter Atmosphäre zu sehr anständigen Preisen. Die riesigen Salate und das *confit de canard* sind echte Magenfüller und das traditionelle *cassoulet* (Eintopf mit Bohnen, Schwein und Entenfleisch) sowie die *tartiflette* (Kartoffelauflauf mit Käse und Speck) schmecken einfach göttlich. Eine **Filiale** (Karte S. 422; 🗒 01 42 52 11 11; 13 rue Joseph de Maistre; M Abbesses) liegt am Ende der Straße. Im Hauptrestaurant werden keine Kreditkarten akzeptiert.

L'ÉPICERIE
ITALIENISCH €

Karte S. 422 (51 rue des Martyrs, 9e; Gerichte 10–17 €; 12–22 Uhr; M Pigalle) Der quirlige Italiener bringt alles auf den Tisch, was die Landesküche ausmacht: cremiges Risotto (mit Artischocken, Paprika und Oliven), Pasta, gefülltes Gemüse, Cannelloni usw. Die Essenszeiten werden hier eher locker gesehen und für ein spontanes Picknick gibt's die ganzen Köstlichkeiten auch zum Mitnehmen.

LE MONO
AFRIKANISCH €

Karte S. 422 (🗒 01 46 06 99 20; 40 rue Véron, 18e; Hauptgerichte 11–18 €; Do–Di 19.30–1 Uhr; M Abbesses oder Blanche) Im Le Mono bietet eine muntere Familie aus Togo westafrikanische Spezialitäten an wie *lélé* (flache, gedämpfte Küchlein mit weißen Bohnen und Krabben), *azidessi* (Rind- oder Geflügelfleisch mit Erdnusssauce), *gbekui* (Ragout mit Spinat, Zwiebeln, Rindfleisch, Fisch und Krabben) und *djenkoumé* (gegrilltes Hähnchen mit Nudeln aus Weizengrieß). Die auf Rum basierenden Cocktails sind perfekt als Aperitif.

L'ÉTÉ EN PENTE DOUCE
CAFÉ €

Karte S. 422 (🗒 01 42 64 02 67; 23 rue Muller, 18e; Hauptgerichte 10,50–18,20 €; 12–24 Uhr; M Anvers) Eine bessere Terrasse hat Paris kaum zu bieten: Der abgeschiedene Platz ist zwischen zwei steile Treppen auf der Rückseite von Montmartre gequetscht. Auf der Karte stehen u. a. Quiches, riesige Salate und Gemüse *à la niçoise*.

⭐ LE PANTRUCHE
BISTRO €€

Karte S. 422 (🗒 01 48 78 55 60; www.lepan truche.com; 3 rue Victor Massé, 9e; Menü mittags/abends 19/35 €; Mo–Fr 12.30–14.30 & 19.30–22.30 Uhr; M Pigalle) Seinen Namen hat sich das schicke Pantruche von dem nahe gelegenen Theater aus dem 19. Jh. geborgt. Trotz starker Konkurrenz im südlichen Pigalle mangelt es nicht an Gästen. Kein Wunder, denn das Konzept trifft ins Schwarze: saisonale Bistro-Küche, gemütliches Ambiente und vernünftige Preise. Auf der Karte stehen Klassiker wie Steak mit Sauce Béarnaise neben gewagteren Kreationen wie Jakobsmuscheln im Parmesansud mit Blumenkohlcreme. Frühzeitige Reservierung empfohlen.

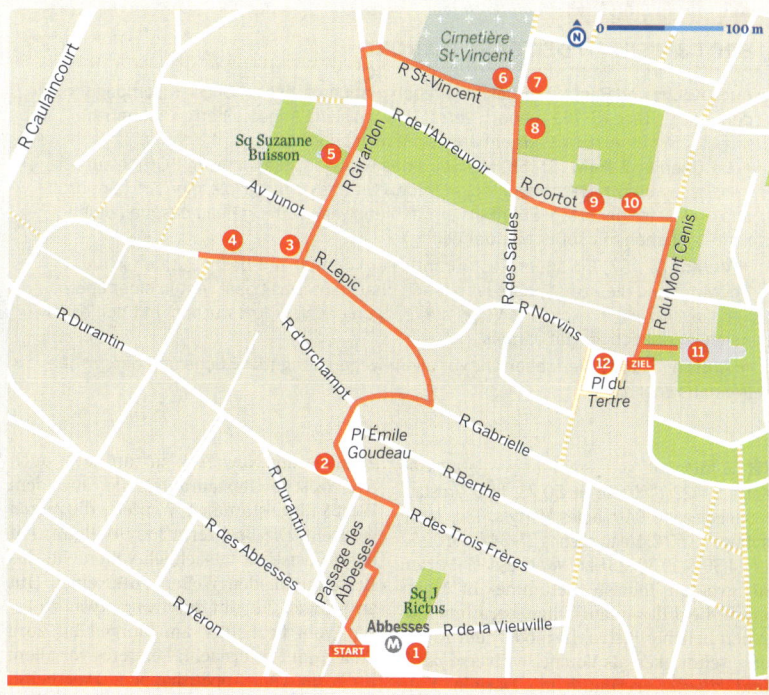

Spaziergang:
Zauberhaftes Montmartre

START MÉTROSTATION ABBESSES
ZIEL PLACE DU TERTRE
LÄNGE 1 KM; 1 STUNDE

An der ❶ **Place des Abbesses** befindet sich der berühmte Métroeingang, den Hector Guimard 1900 im Art-nouveau-Stil entwarf. Er führt hinunter in eine der tiefstgelegenen Métrostationen von Paris.

Über die Passage des Abbesses gelangt man zum nächsten Platz, der Place Émile Goudeau. Die Hausnr. 11bis gehört dem ❷ **Bateau Lavoir**, wo Max Jacob, Amedeo Modigliani und Pablo Picasso wohnten – Letzterer malte hier seine berühmten *Demoiselles d'Avignon* (1907).

Der Weg führt die Rue Lepic hoch zu den letzten beiden Windmühlen von Montmartre, der ❸ **Moulin Radet** (heute ein Restaurant) und der ❹ **Moulin Blute-Fin** 100 m westlich. Im 19. Jh. wurde sie zu einem Freiluft-Tanzlokal, Le Moulin de la Galette, umfunktioniert und von Renoir durch sein Gemälde *Le Bal du Moulin de la Galette* (1876; Musée d'Orsay) unsterblich gemacht.

Nördlich der Windmühlen liegt der Square Suzanne Buisson mit der ❺ **Statue des hl. Dionysius**, dem Schutzpatron Frankreichs.

Vorbei am ❻ **Cimetière St-Vincent**, wo der von hier stammende Maler Maurice Utrillo begraben liegt, geht es weiter zum berühmten Cabaret ❼ **Au Lapin Agile** (S. 160). Gegenüber liegt der ❽ **Clos Montmartre**, ein kleiner, 1933 angelegter Rebgarten, dessen 2000 Rebstöcke jedes Jahr im Oktober Wein für rund 800 Flaschen produzieren.

Auf der Kuppe thront das älteste Gebäude von Montmartre, eine Villa aus dem 17. Jh. Einst wohnten hier die Maler Renoir, Utrillo und Raoul Dufy, heute ist dort das ❾ **Musée de Montmartre** (S. 143) zuhause. Nächste Station ist die Hausnr. 6, das ❿ **ehemalige Wohnhaus des Komponisten Eric Sati**. Dahinter geht's rechts ab in die Rue du Mont Cenis zur historischen ⓫ **Église St-Pierre de Montmartre** (S. 143). Der Spaziergang endet an der quirligen ⓬ **Place du Tertre** (S. 143), dem früheren Zentrum des Dorfes Montmartre.

BROT & WEIN AN DER GARE DU NORD

Auch Köche und Restaurantbesitzer gehen manchmal essen! Charles Compagnon, dem das L'Office (S. 105) gehört, verrät uns, wo seine Angestellten im kulinarisch angesagten 10. Arrondissement am liebsten hingehen.

➜ **Le Grenier à Pain** (S. 155) Hier wird das Brot gebacken, das im L'Office auf den Tisch kommt. Besonders lecker finden wir das *pain de trois*, eine Art Landbrot aus drei Getreidesorten. Ebenfalls empfehlenswert ist der *gâteau basque* (kleiner, runder Kuchen mit süßer Mandelfüllung).

➜ **Vivant** (S. 157) Ein super Restaurant! Hier kommen nur beste Zutaten in den Kochtopf und die Atmosphäre ist einfach charmant. Das Lokal liegt in einer ehemaligen *oisellerie* (wo exotische Vögel aufgezogen und verkauft wurden) mit den originalen Wandkacheln von damals.

➜ **Albion** (S. 157) Hier gehen wir vor allem wegen der guten Küche und der großen Weinauswahl hin.

★ LE MIROIR   BISTRO €€

Karte S. 422 (☎01 46 06 50 73; http://restaurantmiroir.com; 94 rue des Martyrs, 18e; Menü mittags 19,50 €, Menü abends 27–34 €; ◷Di–Sa 12–14.30 & 19.30–23 Uhr; ⓜAbbesses) Mitten im größten Touristengetümmel in Montmarte liegt das unauffällige, bei Einheimischen beliebte Bistro. In modernem Ambiente schmecken als Vorspeise diverse *pâtés* und *rillettes* (Perlhuhn mit Datteln, Ente mit Pilzen oder Schellfisch mit Zitrone) und danach perfekt zubereitete Klassiker wie gefüllte Lammschulter. Das Mittagsangebot beinhaltet ein Glas Wein, Dessert und Kaffee. Wer das Festmahl anschließend begießen will, schaut im Weinladen gegenüber vorbei.

LE GARDE TEMPS   MODERN FRANZÖSISCH €€

Karte S. 422 (☎01 83 76 04 66; www.restaurant-legardetemps.fr; 19bis rue Pierre Fontaine, 9e; Menü mittags 17 €, 2-/3-Gänge-Menü abends 26/33 €; ◷Mo–Fr 12–14 & 19–22.30, Sa 19–22.30 Uhr; ⓜPigalle) So kunstvoll wie die auf Schiefertafeln notierten Menüs, die gerahmt an der Wand hängen, kommen auch die Gerichte daher: Statt alter Bistro-Zöpfe werden phantasievolle Kreationen wie Wachtelconfit auf Fondant von Rotkohl serviert. Nur in einem Punkt gibt sich das Garde Temps seinem Namen entsprechend konservativ: Die Preise sind kaum höher als im öden Café um die Ecke.

BUVETTE GASTROTHÈQUE   NEO-BISTRO €€

Karte S. 422 (☎01 44 63 41 71; http://buvette gastrotheque.com; 28 rue Henry Monnier, 9e; kl. Gerichte 5–10 €; ◷Di–So 8.30–24 Uhr; ✐; ⓜPigalle) Die Pariser lieben alles, was irgendwie mit New York zu tun hat – auch französische Restaurants, die aus dem West Village stammen. Wer jetzt die Augen verdreht: Die Besitzerin Jody Williams hat das Kunststück tatsächlich vollbracht, das Beste aus beiden Welten unter einen Hut zu bringen. Es gibt durchweg etwas zu essen, vom Frühstück am Morgen bis zum Snack um Mitternacht, Letzteres vor allem in Form von Appetithappen. Das heißt, dass man viele verschiedene Dinge kosten kann: Coq au vin z. B. oder geschmorten Ochsenschwanz, gebratenes Knochenmark, Honig-Haselnuss-*financiers* (Teegebäck) und eine gute Auswahl an vegetarischen Gerichten (was immer noch eine Art Kuriosität in Frankreich ist!). Die Wein- und Cocktailkarte sieht auch ziemlich gut aus. Leider kann man nicht reservieren.

CHEZ TOINETTE   TRADITIONELL FRANZÖSISCH €€

Karte S. 422 (☎01 42 54 44 36; 20 rue Germain Pilon, 18e; Hauptgerichte 19–24 €; ◷Mo–Sa 19–23.30 Uhr; ⓜAbbesses) Die Atmosphäre des gemütlichen Lokals wird einzig von dem großartigen Essen übertroffen: Lust auf sautierte Ente mit Honig oder Wild mit Foie gras? Mitten in der touristischsten Gegend der Hauptstadt wird hier die kulinarische Tradition „Montmartre – einfach und gut" aufrechterhalten. Eine Top-Anlaufstelle für eine traditionell französische Mahlzeit.

CUL DE POULE   MODERN FRANZÖSISCH €€

Karte S. 422 (☎01 53 16 13 07; 53 rue des Martyrs, 9e; 2-/3-Gänge-Menü mittags 16/19 €, abends 24/29 €; ◷Mo–Sa 12–14.30 & 20–23 Uhr; ⓜPigalle) Wer sich nicht von den orangefarbenen Plastikstühlen draußen und dem an der Wand hängenden Hühnerpopo drinnen abschrecken lässt, wird belohnt: Hier verwöhnt eine der preiswertesten Top-Küchen von Pigalle mit exzellenter, neu interpretierter Bistro-Kost. Dafür werden erstklassige Zutaten frisch vom Land verarbeitet.

LE CAFÉ QUI PARLE
MODERN FRANZÖSISCH €€

Karte S. 422 (📱01 46 06 06 88; 24 rue Caulaincourt, 18e; 2-/3-Gänge-Menü mittags 12,50/17 €, Hauptgerichte 18–26 €; ⊗Mo–Sa 8.30–23, So 9–16.30 Uhr; ☎; Ⓜ Lamarck Caulaincourt oder Blanche) Das „sprechende Café" verdeutlicht, wohin der Trend geht: Eigentümer und Koch Damien Mœuf bietet kreative Gerichte zu akzeptablen Preisen in ansprechendem Ambiente. Den Stammkunden gefällt die moderne Kunst an den Wänden – die Tresore darunter sind eine Hinterlassenschaft der Bank, die hier früher untergebracht war. Der Wochenend-Brunch ist beliebt, hat aber gemischte Bewertungen erhalten.

JEANNE B
DELIKATESSEN €€

Karte S. 422 (61 rue Lepic, 18e; 2-/3-Gänge-Menü mittags 19/23 €, abends 23/27 €; ⊗9.30–22.30 Uhr; Ⓜ Abbesses oder Lamarck Caulincourt) In dem Gourmetimbiss mit Sitzplätzen haben die Gäste die Wahl zwischen hausgemachten Terrinen, gefülltem Gemüse, Salaten, Fleischpasteten, gebratenem Lamm und Hühnchen. Die Atmosphäre ist nicht übertrieben etepetete und die Gerichte lassen keine Wünsche offen (auch wenn die Preise nicht wirklich günstig sind).

HÔTEL AMOUR
BISTRO €€

Karte S. 422 (📱01 48 78 31 80; www.hotelamourparis.fr; 8 rue Navarin, 9e; Hauptgerichte 10–28 €; ⊗8–24 Uhr; ☎; Ⓜ St-Georges oder Pigalle) Das angesagte Lokal gehört zum künstlerisch angehauchten Hotel gleichen Namens und bietet eine Mischung aus American Diner und hipper Bistro-Küche. Croque Monsieur und Bacon-Cheeseburger sind sicherlich keine Haute Cuisine, kommen aber nonstop bis Mitternacht auf den Tisch. Eine nützliche Adresse, wenn der Magen mal außerhalb der regulären Essenszeiten knurrt. Es gibt auch Tische in einem wunderschönen Garten – nur leider oft besetzt.

CHEZ PLUMEAU
FRANZÖSISCH €€

Karte S. 422 (📱01 46 06 26 29; 4 place du Calvaire, 18e; Hauptgerichte 15–26 €; ⊗April–Sept. 11–24 Uhr, Okt.–März Do–Mo 12–14.30 & 19–22.30 Uhr; ✍; Ⓜ Abbesses) „Beim Staubwe-

del" kümmert sich vor allem um Touristen, die gerade von einer Porträtsitzung auf der Place du Tertre kommen – aber das gar nicht mal schlecht (es gibt auch vegetarische Angebote). An schönen Frühlings- und Sommertagen ist die Terrasse hinten raus ein Genuss.

LA MASCOTTE
FISCH & MEERESFRÜCHTE, CAFÉ €€€

Karte S. 422 (📱01 46 06 28 15; www.la-mascotte-montmartre.com; 52 rue des Abbesses, 18e; Menü mittags/abends 29/45 €, Hauptgerichte 23–39 €; ⊗8–23.30 Uhr; Ⓜ Abbesses) Seit 1889 verwöhnt die unspektakuläre und gerade deshalb authentische Bar mit Austern, Hummer, Jakobsmuscheln usw. von bester Qualität. Außerdem gibt's Regionalgerichte wie Würste aus der Auvergne. Barhocker laden dazu ein, sich einfach nur ein Gläschen Wein und eine Aufschnittplatte am Tresen zu gönnen.

LE COQ RICO
FRANZÖSISCH €€€

Karte S. 422 (📱01 42 59 82 89; www.lecoqrico.com; 98 rue Lepic, 18e; Hauptgerichte 22–39 €, ganzes Brathähnchen 95 €; ⊗12–14 & 19–23 Uhr; Ⓜ Abbesses) Seit Jahren hat in Montmartre kein neues Edelrestaurant aufgemacht – dann kam Le Coq Rico mit seinen Geflügelspezialitäten. Mit Geflügel sind hier handverlesene Vögel gemeint, die in luxuriösen Fünfsterneställen aufgezogen wurden.

Eier, Innereien und Kraftbrühen in allen möglichen Variationen oder mit Foie gras gefüllte Ravioli machen Lust auf die Hauptattraktion: ein ganzes, auf den Punkt gegrilltes Bresse- oder Perlhuhn, das – je nach Hunger – für bis zu vier Personen reichen kann.

✖ Clichy

MARCHÉ BATIGNOLLES-CLICHY
MARKT €

Karte S. 429 (bd des Batignolles, 8e & 17e; ⊗Sa 9–14 Uhr; Ⓜ Place de Clichy) Der Markt nicht weit von der Place de Clichy bietet eine tolle Auswahl an *produits biologiques* (Bioprodukten).

LE BAL CAFÉ
CAFÉ €€

Karte S. 429 (📱01 44 70 75 51; www.le-bal.fr; 6 impasse de la Défense, 18e; 2-/3-Gänge-Menü mittags 20/24 €; ⊗Mi–So 12–20, Do bis 23 Uhr; ☎; Ⓜ Place de Clichy) Das Café Le Bal ist ziemlich weit ab vom Schuss; die „Reise" hierhin lohnt sich nicht unbedingt nur fürs Mittagessen. Nimmt man aber eine Foto-

Lokalkolorit
Rund um den Canal St-Martin

Schattige Treidelpfade säumen den Canal St-Martin. Er windet sich, von Fußgängerbrücken überspannt, durch die nördlichen Stadtteile. Die jungen Pariser lieben die coolen Cafés, alternativen Boutiquen und hippen Restaurants.

❶ Mode Marke Rock 'n' Roll

Als Auftakt bieten sich die Boutiquen in der Rue Beaurepaire an. Eine der ersten Designerinnen der Gegend war **Liza Korn** (Karte S. 426; 19 rue Beaurepaire, 10e; ⏱ Mo–Sa 11.30–19.30 Uhr; Ⓜ Jacques Bonsergent). Ihr winziger Laden ist ein Reich der Phantasie.

❷ We love Retro

Im **Frivoli** (26 rue Beaurepaire, 10e; ⏱ Mo–Fr 11–19, Sa & So 14–19 Uhr) gibt's ständerweise ausrangierte Markenklamotten. Nirgendwo im Viertel bekommt man bessere Retroschnäppchen.

❸ Für Kulturjunkies

Die **Espace Beaurepaire** (Karte S. 426; www.espacebeaurepaire.com; 28 rue Beaurepaire, 10e; ⏱ variieren; Ⓜ Jacques Bonsergent) GRATIS ist Galerie, Kulturzentrum, Veranstaltungsort von Lesungen, Tanzperformances u. Ä.

❹ Cafés mit Kanalblick

Vom Chez Prune (S. 159) aus hat man die vorbeifahrenden Boote im Blick. Das Café hat den Canal St-Martin erst bekannt gemacht.

❺ Alternative „Médecine"

In der Einkaufsstraße Rue de Marseille hat sich ein berühmtes Pariser Markendreigestirn niedergelassen: Maje, Agnès B und APC. Bei **Médecine Douce** (Karte S. 426; www.bijouxmedecinedouce.com; 14 rue de Marseille, 10e; ⏱ Di–Sa 11–19, Mo 14–19 Uhr; Ⓜ République oder Jacques Bonsergent), Atelier und Showroom zugleich, ist bildschöner, handgefertigter Schmuck zu sehen.

❻ L'Heure du Gôuter

Wenn die Zeit für eine Zwischenmahlzeit (*l'heure du gôuter*) gekommen ist, wimmelt es in der Belle-Époque-Bäckerei **Du Pain et Des Idées** (S. 152) nur so von Schulkindern. Besonders beliebt: die Zitronen- und Brombeer-*escargots* (süße Schnecken), Croissants und Brot.

❼ Sag „Cheese"!

Wer noch etwas für das ultimative Picknick am Kanal braucht, wird in **La Crèmerie**

Canal St-Martin (S. 147)

(Karte S. 426; 41 rue de Lancry, 10e; ⊙Mo 9.30–13, Di–Sa 9.30–13.30 & 16–20 Uhr; Ⓜ Jacques Bonsergent) fündig. Käse, geräucherter Schinken, *saucissons* (getrocknete Räucherwurst) und hausgemachte Marmeladen – einfach himmlisch.

8 Design-Bücher & mehr

Artazart (Karte S. 426; www.artazart.com; 83 quai de Valmy, 10e; ⊙Mo–Sa 10.30–19.30, So 13–19.30 Uhr; Ⓜ République oder Jacques Bonsergent) ist der beste Design-Buchladen der Stadt. Er führt eine phantastische Auswahl an Titeln zum Thema Design und Fotografie (Franz. und Engl.), außerdem ausgefallene Sammlerstücke wie Lochkameras und edle Küchenutensilien.

9 Historisches Hotel & Café

Das **Hôtel du Nord** (Karte S. 426; www.hoteldunord.org; 102 quai de Jemmapes, 10e; ⊙9–1.30 Uhr; ☎; Ⓜ Jacques Bonsergent) war Schauplatz von Marcel Carnés gleichnamigem Film (1938, S. 365). Die Handlung basiert auf den Erzählungen von Eugène Dabit, der einst hier wohnte. Das Hotel ist heute ein Café voll mit Büchern.

grafie-Ausstellung in der angrenzenden Galerie (S. 145) ist, kann man ein wunderbares, wenig bekanntes Pariser Highlight von der To-do-Liste streichen. Auf der Karte steht moderne britische Küche: Rindfleisch-und-Guinness-Pastete, Cheesecake mit Chutney etc. Auch der Kaffee ist gut.

BISTRO DES DAMES   BISTRO €€

Karte S. 429 (☎01 45 22 13 42; 18 rue des Dames, 17e; Hauptgerichte 15–21 €; ⊙12–14 & 19–22.30 Uhr; Ⓜ Place de Clichy) Das charmante, kleine Bistro gefällt den Fans von einfachen, authentischen Gerichte wie deftigen Salaten, Tortillas und tollen Wurstplatten mit *pâté de campagne* und hauchdünn geschnittenem Serrano-Schinken. Vom schönen Speisesaal geht der Blick auf die Straße, aber in den schwülen Pariser Sommern lockt vor allem der kühle und ruhige kleine Garten hinter dem Restaurant.

CHARLOT, ROI DES COQUILLAGES   FRANZÖSISCH, FISCH & MEERESFRÜCHTE €€€

Karte S. 429 (☎01 53 20 48 00; www.charlot-paris.com; 12 place de Clichy, 9e; Menü mittags 22,50–29,90 €, Menü abends 48 €; Ⓜ Place de Clichy) Den Art-déco-Palast von „Charlot, dem König der Krustentiere" halten viele Pariser für die beste Adresse für Austern und andere Meeresfrüchte. Wunderbar sind auch die Fischsuppe und Hauptgerichte wie gegrillte Sardinen, *sole meunière* (in Butter gebratene Seezunge) und Bouillabaisse.

✖ Gare du Nord & Canal St-Martin

LA POINTE DU GROIN   BRETONISCHE KÜCHE €

Karte S. 426 (8 Rue de Belzunce, 10e; Sandwiches & Tapas ab 4 €; ⊙Mo–Fr 8–24 Uhr; Ⓜ Gare du Nord) Chefkoch Thierry Breton aus dem Chez Michel (S. 156) hat diesen Laden mit dem charmanten Namen aufgemacht (La Pointe du Grouin ist eine Landzunge in der Bretagne, groin bedeutet auf Französisch außerdem „Schweinerüssel"). Er ist auf hochwertige Tapas nach bretonischer Art spezialisiert. Die Gäste bestellen Edelsandwiches zum Mitnehmen (das Brot ist phantastisch!) oder laben sich an Austern, Pasteten mit Chèvre und Lauch, *galette saucisse* (ein Würstchen in einem Crêpe) und *far Breton* (Pflaumen-Flan). Das Philomenn (handwerklich gebrautes bretonisches Bier) und der gute Wein sind bezahlbar.

Natürlich gibt es an der Sache einen Haken: das bizarre Zahlungssystem. An einem „Münzspender" erhält man die hier gültige Währung, *le groin* (Zahlung mit Kreditkarte oder bar). 1 Euro entspricht einem *groin*, es müssen mindestens 10 € getauscht werden. Also vorher gut rechnen!

DU PAIN ET DES IDÉES   BOULANGERIE €
Karte S. 426 (34 rue Yves Toudic, 10e; ☉Mo–Fr 7–20 Uhr; Ⓜ Jacques Bonsergent) Eine wunderbare traditionelle Bäckerei, die Sauerteigbrot, Brioches mit Orangenblütenaroma und *escargots* (Zimtschnecken) in vier Geschmacksrichtungen führt: lieber Pistazie oder Schokolade? Der Betrieb brummt seit 1889.

LA CANTINE DE QUENTIN   TRADITIONELL FRANZÖSISCH €
Karte S. 426 (☎ 01 42 02 40 32; 52 rue Bichat, 10e; Menü mittags 16,50 €; ☉Di–So 12–14.30 Uhr, Geschäft 10–19.30 Uhr; Ⓜ Jacques Bonsergent oder Gare de l'Est) Die Cantine de Quentin ist eine verführerische Kombination aus Feinkostgeschäft mit Qualitätsprodukten vom Land (*cassoulet*, *charcuterie*, Wein, Tapenade, Essig, Pilze) und Mittagsbistro, in dem viele dieser Leckereien verarbeitet werden. Wer hier rausgeht, hat nicht nur den Magen, sondern auch die Einkaufstüte gefüllt.

KRISHNA BHAVAN   INDISCH, VEGETARISCH €
Karte S. 426 (☎ 01 42 05 78 43; www.krishna-bhavan.com; 24 rue Cail, 10e; Thali 10–12 €, Gerichte 4,50–6 €; ☉11–22.30 Uhr; ☍; Ⓜ La Chapelle) Einen authentischeren Inder gibt's in ganz Paris nicht. Wer nicht weiß, was er bestellen soll, nimmt ein Thali. Als Getränk zu dem runden Edelstahltablett mit Samosas, Dosas und anderen Teigtaschen passt Lassi. Das Joghurtgetränk wird in fünf Geschmacksrichtungen angeboten, darunter Mango und Rose. Weitere Sitzplätze auf der anderen Straßenseite.

SÉSAME   CAFÉ €
Karte S. 426 (☎ 01 42 49 03 21; www.au-sesame.com; 51 Quai de Valmy, 10e; Gerichte 8–13,50 €; ☉Mo–Fr 9–24, Sa & So ab 10 Uhr; ☎; Ⓜ République oder Jacques Bonsergent) Ob man ein ausgefallenes Ambiente am Kanal sucht oder sich etwas für ein Picknick besorgen möchte – das pinkfarbene Café bietet alles, was das Herz begehrt: psychedelisch bunte Cupcakes, belegte Bagels, Suppen und Salate (z. B. mit gepökelter Ente) und Brownies, nach deren Genuss ein Schokoladenkoma droht.

PINK FLAMINGO   PIZZERIA €
Karte S. 426 (☎ 01 42 02 31 70; www.pinkflamingopizza.com; 67 rue Bichat, 10e; Pizzas 11,50–17 €; ☉Mo–Do 19–23.30, Fr–So 12–15 & 19–23.30 Uhr; ☍; Ⓜ Jacques Bonsergent) Schon wieder eine Pizzeria? *Mais non, chéri(e)!* Sobald es wärmer wird, zeigt das Flamingo seine Geheimwaffe: pinke Heliumballons, die das Picknickplätzchen von dem anzeigen, der die Pizza bestellt hat! Wer eine Poulidor (mit Ente, Äpfeln und Ziegenkäse) oder Basquiat (mit Gorgonzola, Feigen und Schinken) bestellt und sich im Le Verre Volé am gegenüberliegenden Kanalufer den passenden Wein dazu besorgt, kann genüsslich schlemmen.

BOB'S JUICE BAR   VEGETARISCH €
Karte S. 426 (☎ 09 50 06 36 18; www.bobsjuicebar.com; 15 rue Lucien Sampaix, 10e; Säfte 4–6,50 €, Sandwiches 6,50 €; ☉Mo–Fr 7.30–15, Sa 8.30–16 Uhr; Ⓜ Jacques Bonsergent) Eine Vitamin-C-Spritze gefällig? Oder eine Suppe aus Süßkartoffeln? Die winzige Enklave (und wir meinen *wirklich* winzig) mit Reismehl- und Leinsamensäcken als Wanddeko verwöhnt mit himmlischen Smoothies, frisch gepresstem Orangensaft, veganem Frühstück, Hummus-Sandwich und sonstigen gesunden Dingen, die in Paris eher rar sind.

SUNKEN CHIP   FAST FOOD €
Karte S. 426 (www.thesunkenchip.com; 39 Rue des Vinaigriers, 10e; Fish & Chips 12–14 €; ☉Mi–So 12–14.30 & 19–22.30 Uhr; ☍; Ⓜ Jacques Bonsergent) Schwer vorstellbar, dass irgendjemand nach Paris reist, um dort Fish and Chips (Fisch mit Pommes frites) zu essen. Aber an den köstlich panierten und frittierten Kalorienbömbchen, die in diesem sehr günstig gelegenen Imbiss zubereitet werden, gibt es schlechtweg nichts zu bemängeln. Tiefkühlkost? Fehlanzeige. Der Fisch kommt frisch aus der Bretagne (drei verschiedene Arten pro Tag) und wird mit ebenfalls frisch zubereiteten fingerdicken Fritten, Malzessig und wunderbar weichen Erbsen serviert.

HELMUT NEWCAKE   CAFÉ €
Karte S. 426 (www.helmutnewcake.com; 36 rue Bichat, 10e; Hauptgerichte 7,80–9,80 €; ☉Di–Sa 12–19.30, So bis 18 Uhr; Ⓜ Goncourt) Das Café bringt französische Konditorkunst und zu 100 % glutenfreie Rezepte zusammen. Keine Frage, dies ist eine jener Pariser Adressen, die mit Desserts wie Éclairs, Fondants,

HÔTEL DU NORD

Wer eine Ahnung davon bekommen will, wie das Leben entlang des Kanals aussah, bevor er zum angesagten Treffpunkt wurde, sollte sich Marcel Carnés Film *Hôtel du Nord* (1938) anschauen. Hauptpersonen sind die Hotelgäste, darunter ein Kanalarbeiter, eine Hure, ein abdriftender Kleinkrimineller und ein Mädchen mit Liebeskummer. Die ziemlich dramatische Geschichte beginnt mit einem verunglückten zweifachen Selbstmord und endet mit einem Mord. Das eigentliche Highlight des Films sind die Dialoge: Es macht einfach Spaß, den altmodischen Pariser Slang zu hören (der viel witziger ist als das Französisch von heute). Arletty (die die Hure spielt) sagt einen dieser unvergessenen Sätze der französischen Filmgeschichte: Als ihr ein Freier eine „erstickende Atmosphäre" vorwirft, antwortet sie: *„Atmosphère? Atmosphère?! Est-ce que j'ai une gueule d'atmosphère?!"* (Atmosphäre? Atmosphäre?! Du meine Fresse, sehe ich aus wie eine Atmosphäre?!). Bis heute erinnern ein Hotel, ein Restaurant und ein Café am Canal St-Martin an diesen Film.

Käsekuchen und *tartes* süchtig machen, aber auch mittags gibt's leckere Gerichte (Salate, Quiches, Suppen, Pizzas) mit Zutaten frisch vom Markt.

LE GRENIER À PAIN BOULANGERIE €
Karte S. 414 (91 rue Faubourg Poissonnière, 9e; ⊙Do–Di 7.30–20, So bis 13.30 Uhr; ⓂPoissonnière) Michel Galloyer ist der Gründer dieser Kette handwerklicher Bäckereien, deren Filiale in Montmartre (S. 147) schon Preise gewonnen hat.

LE RÉVEIL DU XE TRADITIONELL FRANZÖSISCH €
Karte S. 426 (🖉01 42 41 77 59; 35 rue du Château d'Eau, 10e; Hauptgerichte 11,50–18 €; ⊙Mo–Fr 12–14.30 & 19.30–22.30, Sa 12–14.30 Uhr; ⓂChâteau d'Eau) Die Eckkneipe liegt etwas abseits, aber wer sich gern unter Einheimische mischt, nimmt den Umweg in Kauf. Platten mit *charcuterie* (Würste, *rillettes, pâté*) und Käse aus der Auvergne (Cantal, St-Nectaire, Bleu) ergänzen das klassische Bistro-Angebot. Für Fans von Rohkost gibt's auch gemischte Salate.

LE CAMBODGE KAMBODSCHANISCH €
Karte S. 426 (🖉01 44 84 37 70; www.lecambodge.fr; 10 av Richerand, 10e; Gerichte 10–13,50 €; ⊙Mo–Sa 12–14.30 & 19–23 Uhr; ⓂGoncourt) Ziemlich versteckt in einer ruhigen Straße zwischen dem riesigen Krankenhauskomplex St-Louis und dem Canal St-Martin liegt das alteingesessene beliebte Lokal. Die Frühlingsrollen sind riesig und das *pique-nique Angkorien* (Reisnudeln und kurz gebratenes Rindfleisch, in Salatblätter gewickelt) ist ein Dauerbrenner. Alles schmeckt wie hausgemacht, wenn auch nicht unbedingt authentisch.

Gerade die vegetarischen Angebote sind superlecker.

Wem die Warterei auf einen Tisch zu viel wird (kommt öfter vor, man kann nämlich nicht reservieren), könnte es in der moderneren **Niederlassung** (Karte S. 426; 20 Rue Alibert, 10e; Gerichte 10–13 €; ⊙12–23 Uhr; ☏; ⓂGoncourt) die Straße hinunter versuchen.

SOL SEMILLA VEGETARISCH €
Karte S. 426 (www.sol-semilla.fr; 23 Rue des Vinaigriers, 10e; Menü 14,50 €; ⊙Di–So 12–16 Uhr; 🖉; ⓂJacques Bonsergent oder Gare de l'Est) 🍃 Das Sol Semilla ist Drogerie und Mittagskantine in einem. Es gibt Biosuppen (belebend, entgiftend), vegane Salate der Saison und Pfannengerührtes, Smoothies aus Açaí-Beeren und Nachtisch aus unbehandeltem Kakao. Der Laden und die „Smoothie-Station" sind bis 19 Uhr geöffnet.

MARCHÉ ST-QUENTIN MARKT €
Karte S. 426 (85bis bd de Magenta, 10e; ⊙Di–Sa 8–20, So bis 13.30 Uhr; ⓂGare de l'Est) In der Markthalle, einer Eisen-Glas-Konstruktion von 1866, werden die üblichen französischen Spezialitäten angeboten. Dazu gibt's Stände mit preiswerten Mittagsgerichten (auch afrikanisch und libanesisch).

EL NOPAL MEXIKANISCH €
Karte S. 426 (3 Rue Eugène Varlin, 10e; 3 Tacos 7,70 €; ⊙Di–Fr mittags & abends, Sa 13–23, So 13–21 Uhr; ⓂChâteau Landon) Hunger auf *chicharrón* (Schweinebraten) und Tacos? Gewöhnlich ist man damit nicht allein: Die Schlangen beim bunten, kleinen Mexikaner stehen bis auf die Straße. Sitzplätze gibt es nicht. Stattdessen bietet sich bei gutem Wetter ein Picknick am Kanal an.

ABSTECHER

CHEZ LOUISETTE

Das seit 1967 hier angesiedelte Bistro **Chez Louisette** (⊙Sa–Mo 8–18 Uhr) ist ein Highlight bei jedem Besuch auf dem größten Pariser Flohmarkt, dem Marché aux Puces de St-Ouen. Essen und Service kann man hier vergessen; die Gäste kommen her, um alternden Sängern und Sängerinnen zuzuhören, die nostalgische Chansons von Edith Piaf & Co. zum Besten geben.

LA MÔME   NORDAFRIKANISCH €

Karte S. 426 (☎01 42 23 35 64; 16 rue Stephenson, 18e; Tajine 13–17 €; ⊙Mo–Sa 12–15 & 19–22.30 Uhr; ⓂLa Chapelle oder Barbès Rochechouart) Angesichts der vielfältigen marokkanischen Tajinen (z. B. mit Hühnchen und Birnen oder mit Ente, Kirschen und Pistazien) und *pastillas* (süße und herzhafte Fleischpasteten) wird einem das Wasser im Munde zusammenlaufen. Das unauffällige Café im quirligen Stadtteil Goutte d'Or im Pariser Norden besticht durch Bruchsteinfliesen auf dem Boden und eine gemütliche Einrichtung.

★LE VERRE VOLÉ   BISTRO €€

Karte S. 426 (☎01 48 03 17 34; 67 rue de Lancry, 10e; Hauptgerichte mittags 15–17 €, abends 15–26 €; ⊙12–14.30 & 19–22.30 Uhr; ⓂJacques Bonsergent) Mit seiner Handvoll Tische ist das winzige Lokal eine typische Pariser Weinbar, wo es auch einfache, herzhafte Tagesgerichte gibt. Die Weine sind exquisit, die fachmännischen Ratschläge dazu gratis. Wer dort essen will, sollte reservieren. Ansonsten einfach hereinschauen, um einen guten Tropfen zu probieren.

★ABRI   NEO-BISTRO €€

Karte S. 426 (☎01 83 97 00 00; 92 rue du Faubourg Poissonnière, 9e; Menü mittags/abends 25/43 €; ⊙Mo 12–14.30, Di–Sa 12–14.30 & 19.30–22 Uhr; ⓂPoissonnière) Das Abri ist gefühlt nicht viel größer als ein Schuhkarton und verfügt über wenig bis gar kein Dekor, doch seine Fans schwärmen, dass gerade das einen Teil seines Charmes ausmacht. Und warum sind alle so verrückt nach diesem Laden? Katsuaki Okiyama ist ein ausgesprochen begabter Koch mit künstlerischem Talent und seine Probiermenüs (mittags 3, abends 6 Gänge) sind wirklich preiswert.

Montags und samstags gibt's mittags nur einen Riesensandwich (13 €, inkl. Getränk). Weit im Voraus reservieren.

★CHEZ MICHEL   BRETONISCH, FISCH & MEERESFRÜCHTE €€

Karte S. 426 (☎01 44 53 06 20; 10 rue Belzunce, 10e; Menü mittags 29/35 €; ⊙Mo 19–24, Di–Fr 12–14.30 & 19–24 Uhr; ⓂGare du Nord) Für alle, denen bei bretonischer Küche nur Crêpes und Cidre einfallen, ist dieses Lokal ein Muss! Es gibt nur ein Viergängemenü, das vor allem durch Fisch und Meeresfrüchte (Tartar von Jakobsmuscheln, Seehecht mit bretonischen weißen Bohnen etc.) und viele Leckereien dieser Region wie *kig ha farz* (bretonischer Eintopf), *keuz breizh* (bretonische Käse) und *kouign aman* (Kuchen mit viel Butter) glänzt. Bei einigen Gerichten ist ein Zuschlag zu zahlen.

Zwei Türen weiter verwöhnt der kleine Bruder **Chez Casimir** (6 rue Belzunce, 10e; Menü 24–32 €; ⊙Mo–Fr mittags & abends, Sa & So 10–19 Uhr; ⓂGare du Nord) die Gäste mit guter Bistro-Küche und gleich nebenan befindet sich das liebenswert schräge Pointe du Groin (S. 153).

PHILOU   BISTRO €€

Karte S. 426 (☎01 42 38 00 13; 12 av Richerand, 10e; 2-/3-Gänge-Menü 27/34 €; ⊙Mo–Fr 12–14.30 & 18–22.30 Uhr; ⓂJacques Bonsergent) Die Wände des angesagten neuen Bistros verschwinden fast unter den Schiefertafeln mit dem Tagesangebot. Das jüngste Kind des erfahrenen Küchenchefs Philippe Damas (der auch das Le Square Trousseau, S. 203, konzipierte) kümmert sich nicht um Trends, sondern konzentriert sich auf Schmackhaftes nach französischem Rezept, für die nur allerbeste Zutaten in den Kochtopf wandern.

LES VINAIGRIERS   MODERN FRANZÖSISCH €€

Karte S. 426 (☎01 46 07 97 12; 42 Rue des Vinaigriers, 10e; Menü mittags 19 €, Hauptgerichte abends 21–23 €; ⊙Di–Sa 12–15 & 19.30–22.30 Uhr; ⓂJacques Bonsergent oder Gare de l'Est) Besonders schön und preiswert direkt am Kanal zu Mittag essen kann man in diesem unfassbar niedlichen Restaurant. Hingucker sind die altmodische Wendeltreppe hinten und die offene Küche zur Straße hin. Dort wird modernes französisches Essen zubereitet, das ganz hervorragend schmeckt. Die Kürbissuppe mit Minze und Ziegenkäse-Emulsion ist hauchzart, auch die Orecchiette-Nudeln mit sahniger

Hühnchencreme auf Weißweinbasis sind sehr zu empfehlen. Nur mit Reservierung.

maten-Sauce), Bouillabaisse oder *daube de sanglier* (Wildschweinragout).

ALBION
NEO-BISTRO €€

Karte S. 426 (📄01 42 46 02 44; 80 rue du Faubourg Poissonnière, 10e; Hauptgerichte 21–28 €; ⊗Di–Sa 12–14 & 19–22.30 Uhr; MPoissonnière) Albion ist der alte griechische Name für England und dass das Lokal keine fünf Minuten von der Gare du Nord entfernt liegt (von wo der Eurostar-Zug nach England abfährt), ist auch kein Zufall: Die beiden Betreiber sind englische Muttersprachler. Aber alles andere ist typisch pariserisch und die vielen Flaschen in den Wandregalen warten nur darauf, als Begleiter zu der modernen Bistro-Küche zu glänzen.

BISTRO BELLET
NEO-BISTRO €€

Karte S. 426 (📄01 45 23 42 06; 84 Rue du Faubourg Saint-Denis, 10e; 2-/3-Gänge-Menü 28/36 €; ⊗Di–Sa 18.30–24 Uhr; MChâteau d'Eau) Das moderne Bistro hat ordentlich Pfeffer, bleibt mit Gerichten wie Steak à la Béarnaise, gebratenem Dorsch und Spargel kulinarisch aber den französischen Klassikern treu. Wobei – minimale Abweichungen vom Traditionellen, etwa die exzellenten Naturweine, die netten Cocktails und die Öffnungszeiten (für Früh- und Spätesser), haben ihm sehr viel Lob von Kennern der Szene eingetragen.

LA MARINE
CAFÉ €€

Karte S. 426 (📄01 42 39 69 81; 55bis quai de Valmy, 10e; Menü mittags 15 €; Hauptgerichte 16–22 €; ⊗Mo–Fr 7.30–2, Sa & So ab 8.30 Uhr; ☎; MRépublique) Das geräumige, helle Lokal mit Blick auf den Canal St-Martin ist ein echtes Multitalent: Als Café, Restaurant und Bar dient es den Bewohnern des Viertels seit Langem als beliebter Treffpunkt.

LE CHANSONNIER
TRAD. FRANZÖSISCH €€

Karte S. 426 (📄01 42 09 40 58; www.lechansonnier.com; 14 rue Eugène Varlin, 10e; Menü mittags/abends 12,20/26 €; ⊗Mo–Fr mittags & abends, Sa & So abends; MChâteau Landon oder Louis Blanc) Der „Sänger" (benannt nach dem sozialistischen Chansonnier Pierre Dupont aus dem Lyon des 19. Jhs.) ist ein erfrischend unmodernes Lokal. Es würde sich mit seiner geschwungenen Theke und den Art-nouveau-Elementen auch sehr gut als Filmkulisse machen. Das Essen ist traditionell Französisch und schön deftig. Als Hauptgang empfehlen sich *noix de St-Jacques provençale* (Jakobsmuscheln an Kräuter-To-

JAMBO
AFRIKANISCH €€

Karte S. 426 (📄01 42 45 46 55; 23 rue Ste-Marthe, 10e; 3-Gänge-Menü 28 €; ⊗19.30–22.30 Uhr; MBelleville) Das bezaubernde, mit afrikanischen Masken und Schildern dekorierte Lokal gehört einem ehemaligen Entwicklungshelfer und seiner ruandischen Frau. Die Speisen sind von der zentralafrikanischen Küche inspiriert. Viele Zutaten lassen sich die beiden direkt aus Kigali, der Hauptstadt Ruandas, schicken.

LA ROTONDE
BRASSERIE €€

Karte S. 426 (📄01 80 48 33 40; www.larotonde.com; 6–8 place de la Bataille de Stalingrad, 19e; Hauptgerichte 14–22 €, Bar-Snacks ab 3,50 €; ⊗Mo–Sa 10–2, So 11–20 Uhr; ☎; MStalingrad) Nach seiner Vergangenheit als Zollstation, Polizeibaracke und Salzlager hat sich das Gebäude mit Blick auf das Bassin de la Villette Ende 2011 in eine trendige Brasserie verwandelt. Das lichtdurchflutete, runde Atrium ist schlichtweg atemberaubend, aber die meisten Gäste kommen her wegen der preiswerten Küche in der relaxten Café-Bar (ab 18 Uhr geöffnet).

TERMINUS NORD
BRASSERIE €€

Karte S. 426 (📄01 42 85 05 15; 23 rue de Dunkerque, 10e; Hauptgerichte 18,50–35,50 €, Menü 28 € & 34,50 €; ⊗7.30–24 Uhr; MGare du Nord) Direkt gegenüber der Gare du Nord wartet diese Brasserie, ein echtes Wahrzeichen, mit Kupfertresen, weiß gekleideten Kellnern, Messingarmaturen und Spiegeln – wahrscheinlich noch im gleichen Outfit wie bei der Eröffnung 1925. Frühstück gibt's von 7.30 bis 10.30 Uhr.

VIVANT
MODERN FRANZÖSISCH €€€

Karte S. 426 (📄01 42 46 43 55; http://vivant paris.com; 43 rue des Petites Écuries, 10e; Hauptgerichte 23–29 €; ⊗Mo–Fr 12–14.30 & 19–22.30 Uhr; MBonne Nouvelle) Pierre Jancou, der Erfinder von Bioweinbars wie Racines (S. 127) und La Crèmerie, hat sich in ein neues Abenteuer gestürzt. In einem hundert Jahre alten Laden für exotische Vögel bietet er jetzt einfache, aber gekonnt gemachte Gerichte an. Cremige *burrata* (italienischer, Mozzarella-ähnlicher Käse), knusprige Entenbeine mit Kartoffelpüree, Foie gras mit Röstzwiebeln oder die italienische Käseplatte beweisen, dass hier nur Produkte allererster Qualität auf den

Tisch kommen. Jancou ist Schweizer und ein eifriger Verfechter von Biowein. Darum sollte jeder mindestens ein Glas bestellen, das ist gewissermaßen Pflicht (aber man sei gewarnt: Billig ist es nicht!). Nebenan ist die gleichermaßen betörende Weinbar **Vivant Cave** (⊙17–24 Uhr), in der man ein Glas Wein, eine ganze Flasche oder eine Mahlzeit in lockerer Atmosphäre zu sich nehmen kann. Nur mit Reservierung.

AUSGEHEN & NACHTLEBEN

Um die Place Pigalle am Fuß des Montmartre drängt sich eine Vielzahl von Ausgehmöglichkeiten – typische Cafés, Hipster-Lokale, Clubs oder Animierkneipen. Im Gegensatz dazu dominieren am Canal St-Martin die Barista-Cafés. An warmen Tagen und in lauen Sommernächten pilgern die Pariser gern mit Decken, Baguettes und Weinflaschen ausgerüstet zum Kanalufer.

Montmartre & Pigalle

ARTISAN
COCKTAILBAR

Karte S. 422 (14 rue Bochart de Saron, 9e; ⊙Di–Sa 19–2, So 12–16 Uhr; Ⓜ Anvers) In Pigalle gibt es nicht viele gediegene Ausgeh-Adressen. Das Artisan bildet die Ausnahme. Die Wände sind weiß gestrichen, die kleinen Gerichte und offenen Weine schmecken köstlich und die Cocktails werden akkurat gemixt.

LA FOURMI
BAR

Karte S. 422 (74 rue des Martyrs, 18e; ⊙Mo–Do 8–1, Fr & Sa bis 3, So 10–1 Uhr; Ⓜ Pigalle) „Die Ameise" ist ein Dauerbrenner in Pigalle und besticht mit hohen Decken, langem Tresen und lockeren Vibes. Livemusik und Club-Nächte laden zum Abtanzen ein, Essen und Getränke machen keinen arm.

LE PROGRÈS
BAR

Karte S. 422 (7 rue des Trois Frères, 18e; ⊙9–2 Uhr; Ⓜ Abbesses) Das Progrès ist ein typisches Pariser Café. In einem Eckhaus mitten im Herzen von Abbesses lockt es mit riesigen Fenstern und einfachen Sitzplätzen eine relaxte und bunt gemischte Community aus lokalen Künstlern, Verkäufern, Schriftstellern und Herumtreibern an. Perfekt für einen geselligen Kneipenabend,

aber auch eine gute Anlaufstelle für einen Kaffee oder ein günstiges Essen.

CAVE DES ABBESSES
WEINBAR

Karte S. 422 (43 rue des Abbesses, 18e; Käse und kalte Platten 7–13 €; ⊙Di–So 17–21.30 Uhr; Ⓜ Abbesses) Wer durch die Tür ganz hinten im Weinladen Cave des Abbesses geht, landet nicht in einem Flaschenlager und auch nicht in einer anderen Dimension, sondern in einer genialen kleinen Bar. So ein Ort, den eigentlich nur Einheimische kennen können – und wer sich hier ganz cool einen Käseteller und ein Glas Corbières bestellt, wird sich sofort wie ein solcher fühlen.

KB CAFE
CAFÉ

Karte S. 422 (53 av Trudaine, 9e; ⊙Mo–Fr 7.30–18.30, Sa & So 9–18.30 Uhr; ☎; Ⓜ Pigalle) Zum Glück für all diejenigen, die ihrem Magen nicht noch einen lieblos gebrauten Kaffee zumuten möchten, gibt es das KB (Kooka Boora): Die Profis hinter der Theke servieren die geheiligte Bohne in allen erdenklichen Varianten und dazu noch frisch gepresste Säfte und Leckereien aus dem Backofen. Herrlich zum Frühstück oder als Mittagessen.

GLASS
BAR

Karte S. 422 (7 rue Frochot, 9e; ⊙19–2 Uhr; Ⓜ Pigalle) In der ehemaligen Hostess-Bar mit den getönten Fensterscheiben bekommt man Brooklyn Brewery- und Demory-Biere vom Fass sowie Hotdogs aus Rindfleisch. Aus den Boxen plärrt Punk-Rock. Klingt nach billiger Spelunke, ist es aber nicht: Ein halbes Pint kostet stolze 4 €.

DIRTY DICK
BAR

Karte S. 422 (10 rue Frochot, 9e; ⊙18–2 Uhr; Ⓜ Pigalle) Auch dies war früher mal ein Animierschuppen (sieht man auf den ersten Blick). Die neuen Besitzer haben ihm eine Dosis Hipster-Schick verpasst und herausgekommen ist die beste Tiki-Bar der Stadt. Wobei sich die Gäste ein Lächeln von Seiten der Kellner natürlich etwas härter erarbeiten müssen als auf Hawaii – wir sind hier schließlich immer noch in Paris.

LE SANCERRE
BAR

Karte S. 422 (35 rue des Abbesses, 18e; ⊙7–2 Uhr; ☎; Ⓜ Abbesses) Le Sancerre ist eine beliebte Bistro-Bar und abends meist brechend voll, besonders samstags. Das klassische Bistro-Mobiliar wirkt leicht abgewetzt, aber hübsch, es herrscht hippes Lokalkolorit.

Die herrliche Terrasse liegt am späten Vormittag in der Sonne.

AU P'TIT DOUAI   BAR

Karte S. 422 (92 rue Blanche, 9e; ⊙Sa 8–2, So 11–20 Uhr; ☎; Ⓜ Blanche) Das farbenfrohe Café liegt nur wenige Meter vom Moulin Rouge entfernt, wirkt aber, als lägen Lichtjahre dazwischen. Den Trubel draußen tauscht man hier drinnen ein gegen beschauliche Stimmung bei einem Kaffee, einem Glas offenen Wein oder traditioneller Pariser Küche.

AU RENDEZ-VOUS DES AMIS   BAR

Karte S. 422 (23 rue Gabrielle, 18e; ⊙8–2 Uhr; Ⓜ Abbesses) Wer auf dem langen Weg über die Treppen am Montmartre eine Pause braucht, ist in diesem Café mit Bar an der richtigen Adresse. Espresso und Bier vom Fass kosten nicht die Welt, Sandwiches oder Snacks werden im Hell's Kitchen zubereitet.

LE CARMEN   CLUB

Karte S. 422 (www.le-carmen.fr; 34 rue Duperré, 9e; ⊙24–18 Uhr; Ⓜ Pigalle oder Blanche) Der Club heißt Carmen, weil Bizet eben hier seine berühmte Oper schrieb. Das Dekor ist passend opulent. Viele extravagante zeitgenössische Extras sind erhalten und antike Möbel runden das Bild ab. Im Erdgeschoss ist eine Bar untergebracht (die Cocktails sind aber nur so lala) und im Kellergeschoss befindet sich ein Tanzclub.

LA MACHINE DU MOULIN ROUGE   CLUB

Karte S. 422 (90 bd de Clichy, 18e; ⊙variierende Öffnungszeiten; Ⓜ Blanche) Diese Abteilung (na ja, der Heizraum) des echten Moulin Rouge fungiert am Wochenende als hipper Club mit Dancefloor, Konzertsaal, Sektbar und Terrasse.

🍷 Gare du Nord & Canal St-Martin

★ HOLYBELLY   CAFÉ

Karte S. 426 (http://holybel.ly; 19 rue Lucien Sampaix, 10e; ⊙Do–Mo 9–18, Sa & So ab 10 Uhr; Ⓜ Jacques Bonsergent) Der größte und lebendigste der neuen Barista-Coffeeshops von Paris hat viel Persönlichkeit und besticht durch seine nüchterne Aufmachung. Aus der exzellenten Küche kommen Frühstücke und Mittagessen, das verfügbare Obst

und Gemüse der Saison wird auf eine Tafel in dem Raum mit den Ziegelsteinwänden (hinten durch) geschrieben. Wer mag, kann eine Runde flippern.

TUCK SHOP   CAFÉ

Karte S. 426 (13 rue Lucien Sampaix, 10e; ⊙Di–Fr 10–17, Sa & So 11–18 Uhr; Ⓜ Jacques Bonsergent) In dem vegetarischen Café in australischem Besitz wird erstklassiger Kaffee und für Pariser Verhältnisse unschlagbar günstiges Essen serviert (10 € oder weniger für eine vollständige Mahlzeit). Einziges Manko: Der Laden ist klein. Einen Sitzplatz zu ergattern, erfordert möglicherweise einiges an Geduld.

CHEZ PRUNE   BAR

Karte S. 426 (71 quai de Valmy, 10e; ⊙Mo–Sa 8–2, So 10–2 Uhr; Ⓜ République) Dass der Canal St-Martin seit einem Jahrzehnt als relaxte Ausgehszene gilt, liegt vor allem an diesem Lokal mit seinem abgewetzten Look und der genialen Atmosphäre. Gute Nachricht für alle Fans des Chez Prune: Es hat noch nichts von seinem Charme eingebüßt.

L'ATMOSPHÈRE   BAR

Karte S. 426 (49 rue Lucien Sampaix, 10e; ⊙Mo–Sa 9.30–1.45, So bis 24 Uhr; Ⓜ Jacques Bonsergent oder Gare de l'Est) Eine Hommage an den Film *Hôtel du Nord* von 1938: Das mit viel Holz und Fliesen eingerichtete Café am Kanal verströmt eine künstlerisch-intellektuelle Atmosphäre. Die Getränke sind preiswert und das Essen ist passabel.

CHEZ JEANNETTE   BAR

Karte S. 426 (www.chezjeannette.com; 47 rue du Faubourg St-Denis, 10e; ⊙8–2 Uhr; Ⓜ Château d'Eau) Mit seinen gesprungenen Bodenfliesen und der Einrichtung aus den 1950er-Jahren wurde das Chez Jeanette zu einer der angesagtesten Adressen im 10. Arrondissement. Tagsüber trudeln die Stammgäste aus der Nachbarschaft ein, abends herrscht Kneipenatmosphäre und die Küche liefert preiswertes Essen rund um die Uhr.

CAFÉ CHÉRI(E)   BAR

Karte S. 426 (44 bd de la Villette, 19e; ⊙12–1 Uhr; Ⓜ Belleville) Mit ihren verhängnisvollen Mojitos und Caipirinhas sowie dem exzellenten Soundtrack hat sich die kreative, farbenfrohe Bar (Markenzeichen: rote Beleuchtung) eine große lokale Fangemeinde erobert. Von Donnerstag bis Samstag bringen DJs das angenehm ungestylte Publikum mit Electro in Stimmung.

CORK & CAVAN   PUB

Karte S. 426 (70 quai de Jemmapes, 10e; ⊙Mo–Fr 15–2, Sa & So ab 13 Uhr; ☎; Ⓜ République oder Goncourt) Vor allem die Lage spricht für das Cork & Cavan. Der Laden brummt tagein, tagaus, das Guinness „to go" ist erschwinglich und bei schönem Wetter schwärmen die Gäste bis ans Ufer aus.

LE COQ   COCKTAILBAR

Karte S. 426 (12 rue du Château d'Eau, 10e; ⊙18–2 Uhr; Ⓜ République oder Jacques Bonsergent) 🎵 Pop-Art und Betonwände sind die Markenzeichen der trendigen Cocktailbar im 10. Arrondissement. Die Auswahl an Vorzeigedrinks („Les Fleurs du Mal" aus Absinth und Wodka mit Rosengeschmack oder „Initials BB" mit Bénédictine und Bourbon) ist klein und exquisit. Sie werden vielfach mit französischen Spirituosen zubereitet.

DELAVILLE CAFÉ   BAR

Karte S. 426 (34 bd de Bonne Nouvelle, 10e; ⊙11–2.30 Uhr; Ⓜ Bonne Nouvelle) Das ehemalige Bordell besticht durch einen unkonventionellen Mix aus renoviertem Altbau und modernem Industrie-Schick. Ob im Restaurant mit hoher Decke, auf einer der schönsten Terrassen der Grands Boulevards oder in den diversen Bars und Lounges, hier findet jeder sein Plätzchen zum Relaxen.

⭐ UNTERHALTUNG

⭐ Montmartre & Pigalle

MOULIN ROUGE   CABARET

Karte S. 422 (📞01 53 09 82 82; www.moulin rouge.fr; 82 bd de Clichy, 18e; Ⓜ Blanche) Die Poster von Toulouse-Lautrec und später der Film von Baz Luhrmann haben das Moulin Rouge unsterblich gemacht. Seit das Rotlicht zwischen den Flügeln der 1925 nachgebauten roten Windmühle blinkt, brummt es hier vor Touristen. Aber trotzdem: Vom ersten Ton an bis zum Schlussapplaus ist die Show ein Rausch von phantastischen Kostümen, Kulissen und Choreografien, so prickelnd wie der Schampus im Glas! Reservierung empfohlen.

LE TRIANON   LIVEMUSIK

Karte S. 422 (📞01 44 92 78 00; www.letrianon.fr; 80 bd de Rochechouart, 18e; Ⓜ Anvers) Ein Jahrhundert hat diese Konzerthalle mit zwei verschiedenen Sitzrängen und Stehplätzen auf dem Buckel – eine lauschig kleine Location für eine hochkarätige Show mit Stars wie Dr. John, John Butler und – Achtung, Flashback! – Tower of Power.

LA CIGALE   LIVEMUSIK

Karte S. 422 (📞01 49 25 89 99; www.lacigale.fr; 120 bd de Rochecouart, 18e; Eintritt 25–60 €; Ⓜ Anvers oder Pigalle) Der Konzertsaal in einem denkmalgeschützten Gebäude von 1887 wurde zu seinem 100. Geburtstag von Philippe Starck umgestaltet. Auf der Bühne stehen Größen wie Rufus Wainwright, Ryan Adams und Ibrahim Maalouf.

LE DIVAN DU MONDE   LIVEMUSIK

Karte S. 422 (📞01 40 05 06 99; www.divandu monde.com; 75 rue des Martyrs, 18e; ⊙variierende Öffnungszeiten; Ⓜ Pigalle) Ob Kino oder Gypsy-Events, neue französische Chansons, Soul- und Funksessions oder Battles mit der Luftgitarre und Rockpartys im Stil von Arctic Monkeys, The Killers und The Libertines – das „Weltsofa" hat Platz für alle Richtungen! Ein wirklich außergewöhnlicher, genre- und kulturübergreifender, innovativer Veranstaltungsort in Pigalle.

BUS PALLADIUM   LIVEMUSIK

Karte S. 422 (www.lebuspalladium.com; 6 rue Pierre Fontaine, 9e; ⊙variierende Öffnungszeiten; Ⓜ Blanche) Früher wurden hier die Sixties gefeiert, heute legen funkige DJs auf und der Bus-Betrieb geht mit einer Wundertüte voller Gigs mit Indie- und Popbands weiter.

AU LAPIN AGILE   CABARET

Karte S. 422 (📞01 46 06 85 87; www.au-la-pin-agile.com; 22 rue des Saules, 18e; Erw. 28 €, Stud. (außer Sa) 20 €; ⊙Di–So 21–1 Uhr; Ⓜ Lamarck-Caulaincourt) Das rustikale Kabarett war Anfang der 1920er-Jahre bei Künstlern und Intellektuellen beliebt. Bis heute wird hier das traditionelle Chanson hochgehalten. Die vierstündige Show beginnt um 21.30 Uhr und bietet viel Gesang und Poesie – was nicht jedermanns Sache ist, aber es gibt ausgesprochene Fans. Der Name, ein Wortspiel, geht auf Le Lapin à Gill zurück, das aus einem Kochtopf hüpfende Kaninchen des Karikaturisten André Gill. Das Wandgemälde kann außen an der Westfassade bewundert werden.

✪ Gare du Nord & Canal St-Martin

POINT ÉPHÉMÈRE   LIVEMUSIK

Karte S. 426 (www.pointephemere.org; 200 quai de Valmy, 10e; ☺Mo–Sa 12.30–2, So 12.30–23 Uhr; ☎; Ⓜ Louis Blanc) Ein Veranstaltungsort für Kunst und Musik am Canal St-Martin, wo sich die Alternativszene von mittags bis weit nach Mitternacht herumtreibt. Neben Essen & Trinken werden hier heiße Partynächte, Konzerte und Kunstaustellungen geboten. Zur Zeit der Recherche machten drei verschiedene mobile Gourmet-Trucks dreimal in der Woche nach 19 Uhr hier Station.

ROSA BONHEUR   TANZBAR

Karte S. 428 (www.rosabonheur.fr; Parc des Buttes-Chaumont, 19e; ☺Mi–So 12–24 Uhr; Ⓜ Botzaris) Das auf *guinguette* (altmodische Tanzbar) gestylte Lokal gibt sich tagsüber als Freiluftcafé, verwandelt sich aber nachts in einen Tanzschuppen, wo der Bär steppt. Durch die Lage im Parc des Buttes-Chaumont wirkt der Laden wie eine ländlich-rustikale Oase inmitten der hektischen Großstadt. Die Tapas reißen zwar keinen vom Hocker, aber die Atmosphäre ist unschlagbar. Eingang über 7 Rue Botzaris, wenn der Park geschlossen ist.

LE 104   THEATER

(www.le104.fr; 104 rue d'Aubervilliers oder 5 rue Curial, 19e; ☺Di–Fr 12–19, Sa & So 11–19 Uhr; ☎ Ⓜ Stalingrad oder Crimée) Zirkus, Theater, Konzerte, monatliche Bälle, Zaubershows und sogar die Maker Faire Paris bietet dieses städtische Kulturzentrum (S. 146), das in einem ehemaligen Beerdigungsinstitut untergebracht ist. Manche Events sind gratis.

CABARET SAUVAGE   WELTMUSIK

Karte S. 428 (www.cabaretsauvage.com; 221 av Jean Jaurès, 19e; ☺variierende Öffnungszeiten; Ⓜ Porte de la Villette) Was wie eine riesige Jurte aussieht, ist ein angesagte Location für Reggae, Raï und afrikanische Musik im Parc de la Villette. Ab und zu treten auch Indie- und Hip-Hop-Bands auf oder DJs beschallen die Tanzfläche bis zum Morgengrauen.

CITÉ DE LA MUSIQUE   WELTMUSIK

Karte S. 428 (www.citedelamusique.fr; 221 av Jean Jaurès, 19e; ☺Kartenverkauf Di–Sa 12–18, So 10–18 Uhr; Ⓜ Porte de Pantin) Hier bekommt jede nur vorstellbare Art von Musik und

KANALFAHRTEN

Sich die Seine rauf- und runterschippern zu lassen, gehört zum touristischen Standardprogramm. Eine Kanalfahrt dagegen ist schon etwas Besonderes. Zwei Anbieter haben 2½-stündige Bootstouren auf dem Canal St-Martin zwischen Paris-Zentrum und dem Parc de la Villette im Programm. In gemächlichem Tempo passieren die Kähne vier Schleusen und einen unterirdischen Abschnitt, der durch eine Kunstinstallation aufgepeppt wird.

➜ **Canauxrama** (www.canauxrama. com; Erw./Stud. & Sen./Kind 4–12 J. 16/12/8,50 €) Abfahrt 9.45 und 14.30 Uhr am Port de l'Arsenal an der Bastille und im Parc de la Villette. Von Mai bis September werden freitags und samstags auch Nachtfahrten angeboten.

➜ **Paris Canal Croisières** (☎ 01 42 40 96 97; www.pariscanal.com; Erw./Sen. & 12–25 J./Kind 4–11 J. 19/16/12 €; ☺Mitte März–Mitte Nov.) Abfahrt in der Nähe des Musée d'Orsay (Quai Anatole France) um 9.30 Uhr, im Parc de la Villette um 14.30 Uhr.

Tanz eine Bühne, von traditionell-nordafrikanisch bis japanisch. Der große Saal hat 1200 Plätze, kleinere Veranstaltungen finden im Amphithéâtre du Musée de la Musique statt.

ALHAMBRA   LIVEMUSIK

Karte S. 426 (www.alhambra-paris.com; 21 rue Yves Toudic, 10e; ☺variierende Öffnungszeiten; Ⓜ République oder Jacques Bonsergent) The Subways und Tom Odell standen bereits auf der Playlist des Kinopalasts aus den 1930er-Jahren, in dem jetzt Pop-, Rock- und Soulkonzerte stattfinden.

NEW MORNING   JAZZ, BLUES

Karte S. 426 (www.newmorning.com; 7–9 rue des Petites Écuries, 10e; ☺variierende Öffnungszeiten; Ⓜ Château d'Eau) Mit seiner ausgezeichneten Akustik konnte das New Morning schon einige Top-Acts aus der Jazzszene (Ravi Coltrane, Lake Street Dive) auf die Bühne holen. Auch Fans von Blues, Rock, Funk, Salsa, afrokubanischer und brasilianischer Musik finden hier gute Gigs vor.

MARCHÉ AUX PUCES DE ST-OUEN

Der riesige Flohmarkt **Marché aux Puces de St-Ouen** (⊙Sa 9–18, So 10–18, Mo 11–17 Uhr; Ⓜ Porte de Clignancourt) existiert seit Ende des 19. Jhs. und gilt als der größte Europas. Er besteht aus rund 2500 Ständen, die zu einem Dutzend Bereichen mit bestimmten Richtungen gruppiert sind (z. B. Paul Bert für Möbel aus dem 17. Jh., Malik für Klamotten, Biron für asiatische Kunst). Hier gibt es kilometerweise Stände – wer also etwas Bestimmtes sucht oder auch nur stöbern will, sollte viel Zeit mitbringen.

LE REGARD DU CYGNE — TANZ

(www.leregarducygne.com; 210 rue de Belleville, 20e; Ⓜ Place des Fêtes) Le Regard du Cygne rühmt sich selbst als unabhängige, alternative Bühne und liegt im 20. Arrondissement, wo die Konzentration ambitionierter Nachwuchskünstler der Sparten Musik, Theater und Tanz besonders dicht ist.

SHOPPEN

Die besten Anlaufstellen für Fashion Victims sind die Rue Beaurepaire und die Rue de Marseille, beide in der Nähe des Canal St-Martin. Immer mehr Boutiquen lassen sich auch in Pigalle nieder.

Montmartre & Pigalle

LA CITADELLE — MODE, ACCESSOIRES

Karte S. 422 (1 rue des Trois Frères, 18e; ⊙10–19 Uhr; Ⓜ Abbesses) Der Discounter für Designerware versteckt sich in Montmartre und bietet neue französische, italienische und japanische Labels zu Schnäppchenpreisen an, z. B. Les Chemins Blancs und Yoshi Kondo.

ANTOINE ET LILI — MODE, HAUSHALTSWAREN

Karte S. 422 (90 rue des Martyrs, 18e; ⊙Mo–Sa 11–20, So 10–20 Uhr; Ⓜ Abbesses) Mode des Labels Canal St-Martin (s. u.).

TATI — KAUFHAUS

Karte S. 422 (4 bd de Rochechouart, 18e; ⊙Mo–Fr 10–19, Sa 9.30–19 Uhr; Ⓜ Barbès–Rochechouart)

In dem schmucklosen, lagerhallenartigen Kaufhaus verlieren modebewusste Pariser alle Hemmungen – und nicht nur sie!

Clichy

LES CAVES AUGÉ — LEBENSMITTEL & WEIN

Karte S. 412 (www.cavesauge.com; 116 bd Haussmann, 8e; ⊙Mo–Sa 10–19.30 Uhr; Ⓜ St-Augustin) Der phantastische Weinladen besteht seit 1850. In jedem Winkel stapeln sich Flaschen. Kein Geringerer als Marcel Proust pflegte hier einzukaufen. Jeden zweiten Samstag findet eine Weinprobe mit Winzern aus verschiedenen Regionen statt (Webseite konsultieren).

FROMAGERIE ALLÉOSSE — KÄSE

Karte S. 429 (www.alleosse.com; 13 rue Poncelet, 17e; ⊙Di–Do 9–13 & 16–19, Fr & Sa 9–13 & 15.30–19, So 9–13 Uhr; Ⓜ Ternes) Käseläden gibt's zwar überall in Paris, aber für diesen hier lohnt es sich tatsächlich, quer durch die Stadt zu pilgern. Das Angebot ist in fünf Kategorien unterteilt: *fromage de chèvre* (Ziegenkäse), *fromage à pâte persillée* (Blauschimmelkäse), *fromage à pâte molle* (Weichkäse), *fromage à pâte demi-dure* (halbfester Schnittkäse) und *fromage à pâte dure* (Hartkäse). Alle Sorten sind auf den Punkt gereift.

Gare du Nord & Canal St-Martin

ANTOINE ET LILI — MODE, HAUSHALTSWAREN

Karte S. 426 (95 quai de Valmy, 10e; ⊙Di–Fr 11–20, So & Mo bis 19 Uhr; Ⓜ Jacques Bonsergent oder Gare de l'Est) Alle Regenbogenfarben und alle Muster der Welt treffen sich in diesem wunderbaren Laden, der längst eine Pariser Institution geworden ist. In der rosa Abteilung warten Designerklamotten für Damen, in der grünen Abteilung für Kinder und in der gelben Abteilung gibt's hippe Wohnaccessoires.

IDÉCO — HAUSHALTSWAREN

Karte S. 426 (19 rue Beaurepaire, 10e; ⊙Mo–Sa 11.30–19.30, So 14–19 Uhr; Ⓜ République oder Jacques Bonsergent) Der Dekoladen steckt voller Ideen und ist die richtige Adresse, wenn man gern ausgefallenen Krimskrams und witzige Souvenirs kaufen möchte wie z. B. französische Kochbücher, Eiffelturm-Briefbeschwerer, japanische Tabletts und „Schmuck" aus Bonbons. Die Kreationen reichen von schräg bis schön.

BAZAR ÉTHIC — MODE, HAUSHALTSWAREN
Karte S. 426 (25 rue Beaurepaire, 10e; Mo–Sa 11–19.30, So 14.30–19 Uhr; République oder Jacques Bonsergent) Eine echte Fundgrube zum Stöbern, mit Bio- und Fair-Trade-Produkten. Im Angebot sind schicke Klamotten (Jeans aus Bio-Baumwolle, Kinderkleidung) und Kunstgewerbe für die Wohnung, z. B. lackierte Bambusschalen.

MAJE — MODE, ACCESSOIRES
Karte S. 426 (6 rue de Marseille, 10e; Mo–Sa 11-20, So 13.30–19.30 Uhr; Jacques Bonsergent) Als Pariser Prêt-à-porter-Label, das regelmäßig in Zeitschriften wie *Elle, Glamour* und *Marie Claire* auftaucht, ist Maje nicht billig – aber Insider wissen, dass es diesen Outlet Store gibt, wo die meisten Artikel mit 30 % Rabatt verkauft werden.

SPORT & AKTIVITÄTEN

HAMMAM MEDINA — SPA
Karte S. 428 (01 42 02 31 05; www.hammam-medina.com; 43–45 rue Petit, 19e; Mo–Fr 11–22, Sa 10–21, So 9–19 Uhr; Laumière) Die rhythmisch zischenden, nach Eukalyptus duftenden Dampfwolken versetzen Leib und Seele in Minutenschnelle in einen schwerelosen Zustand. Dazu kommen Peelings, die zwar etwas hart, aber sehr effektiv sind. Mandelölmassage und Minztee kosten extra, erhöhen aber den Wohlfühlfaktor ungemein. Samstags können sich Männer und Frauen verwöhnen lassen, alle anderen Tage sind Frauen vorbehalten.

AZHAR HAMMAM — SPA
Karte S. 426 (01 42 58 02 02; www.azharspa.fr; 56 rue Stéphenson, 18e; Frauen Di–Do & Sa 10–21, Männer Fr 16–21 & So 12–19 Uhr; Marx Dormoy oder Château Rouge) Das neue Hamam & Spa gehört zum Institut des Cultures d'Islam (S. 146). Bei einem Dampfbad, einem Peeling und einer Massage ist es leicht loszulassen.

STADE DE FRANCE — STADION
(www.stadefrance.com; rue Francis de Pressensé, St-Denis la Plaine; Führungen Erw./Kind 15/10 €; 11–16 Uhr; St-Denis–Porte de Paris oder La Plaine Stade de France) Das Stadion mit 80 000 Plätzen wurde für die Fußballweltmeisterschaft 1998 gebaut, die Frankreich durch seinen magischen 3:0-Sieg im Finale gegen Brasilien gewann. Heute finden hier neben Fußballspielen auch Rugby-Begegnungen, große Gymnastikveranstaltungen und sogar (teure) Megakonzerte statt.

Marais, Ménilmontant & Belleville

Highlights

1 Im **Hôtel de Ville** (S. 171), einem Bau der Neorenaissance, eine hochkarätige, aber kostenlose Kunstausstellung besuchen und anschließend im Winter ein paar Runden auf der Schlittschuhbahn drehen oder im Sommer an einem Seine-Strand die Sonne genießen.

2 In den beiden opulent möblierten Villen (16. und 17. Jh.) des **Musée Carnavalet** (S. 170) einen Spaziergang quer durch die Stadtgeschichte unternehmen.

3 Den Reichen, Berühmten und Berühmt-Berüchtigten auf dem **Cimetière du Père Lachaise** (S. 166) einen Besuch abstatten.

4 Die **Place des Vosges** (S. 167), ein Glanzstück architektonischer Symmetrie und des dezenten *bon goût*, auf sich wirken lassen.

5 Sich im **Mémorial de la Shoah** (S. 172) über die Zeit der deutschen Besatzung und den Horror des Holocaust informieren.

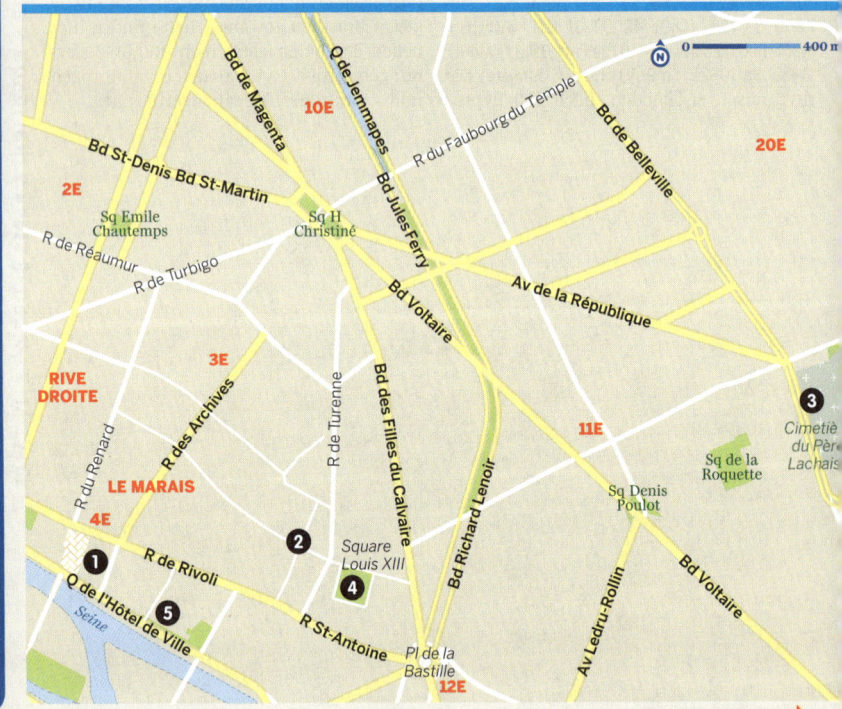

Details s. Karten S. 430 und S. 434

Rundgang: Marais, Ménilmontant & Belleville

Die Place des Vosges ist der ideale Ausgangspunkt für einen Streifzug. Ein Bummel entlang der Rue de Rivoli oder der Rue du Roi de Sicile gen Westen führt zu Geschäften, Cafés und Bars. Ein Muss für Geschichtsinteressierte ist das Mémorial de la Shoah. Nur zwei Minuten entfernt gibt's den besten Kaffee der Stadt in La Caféothèque. Weiter nördlich regiert das „Hipstertum": Tolle Anlaufstellen für einen Drink oder ein Abendessen findet man an der Rue Vieille du Temple, der Rue du Bourg Tibourg und der Rue des Rosiers im Herzen des alten jüdischen Viertels. Vom Haut Marais führen die von Bars gesäumte Rue Oberkampf und die Rue Jean-Pierre Timbaud nach Osten ins Arbeiterviertel Ménilmontant und weiter nach Belleville, ein zunehmend attraktives, multikulturelles *quartier*. Für ein Päuschen bieten sich die sandigen Ufer der Seine gleich westlich des Pont de Sully an. Dort steigt im Juli und August die Strandparty Paris Plages.

Lokalkolorit

➡ **Leckerer Kaffee** Für Kaffeeliebhaber ist die Wahl nicht leicht: ins Fondation Café (S. 185), Boot Café (S. 185) oder doch in die Belleville Brûlerie (S. 193)?

➡ **Belleville** Das quirlige Arbeiterviertel ist wunderbar multikulti und hat einen ausgeprägten Dorfcharakter. Es ist der neue Liebling der Pariser Trendsetter.

➡ **Mittagessen auf dem Markt** Auf dem Marché aux Enfants Rouges (S. 173) verspeist man mittags mit Einheimischen an Gemeinschaftstischen Couscous o. Ä.

➡ **Pariser Picknick** Proviant besorgen und ihn im Garten des Musée des Archives Nationales (S. 171), an der Seine oder auf einer Sonnenterrasse zwischen Pont d'Arcole und Pont Louis-Philippe verputzen.

Anfahrt

➡ **Métro** Haltestellen im „unteren" Marais sind Chemin Vert, Hôtel de Ville und St-Paul (Linie 1), Rambuteau (Linie 11) oder Filles du Calvaire und St-Sébastien–Froissart (Linie 8). In den Haut Marais fährt Linie 3 bis Temple; in Ménilmontant bieten sich die Stationen Belleville (Linien 2 und 11), Couronnes oder Ménilmontant (Linie 2) bzw. Oberkampf (Linie 5) an.

➡ **Bus** Mit der Linie 29 geht's von der Rue des Francs Bourgeois zur Bastille und zur Gare de Lyon, Nr. 76 fährt von der Rue de Rivoli ins 20. Arrondissement und bis zur Porte de Bagnolet.

➡ **Fahrrad** Vélib'-Stationen: 7 place de l'Hôtel de Ville, 49 rue Rambuteau und Place Pasdeloup (neben Filles du Calvaire). In Ménilmontant: 81bis rue Jean-Pierre Timbaud oder 137 boulevard Ménilmontant.

Top-Tipp

Die Gentrifizierung des hippen Haut Marais geht weiter: Am Westrand des Viertels, traditionell die Heimat der Handtaschengroßhändler, die aber langsam in die nordöstlichen Vorort Aubervilliers abwandern, gibt es immer wieder coole Neueröffnungen. Genial sind z. B. die zu einem Club umgebauten Thermalbäder **Les Bains** (S. 194). Vielversprechend sind auch die Rue Chapon und ihre Parallelstraßen Rue Reslay, Rue Notre-Dame de Nazareth und Rue du Verbois.

 Gut essen

➡ Candelaria (S. 173)

➡ Blue Valentine (S. 179)

➡ Broken Arm (S. 176)

➡ Dessance (S. 176)

➡ Le Petit Marché (S. 176)

➡ Felicity Lemon (S. 179)

Mehr dazu S. 173

🍷 Schön ausgehen

➡ Le Mary Céleste (S. 180)

➡ Le Cap Horn (S. 181)

➡ Loustic (S. 185)

➡ Chapeau Melon (S. 186)

Mehr dazu S. 180

Lecker brunchen am Wochenende

➡ Derrière (S. 177)

➡ Candelaria (S. 173)

➡ La Bellevilloise (S. 187)

➡ Soya (S. 180)

➡ Paperboy (S. 173)

Mehr dazu S. 173 ➡

CIMETIÈRE DU PÈRE LACHAISE

Der meistbesuchte Friedhof der Welt öffnete 1804 seine Pforten. Auf dem 44 ha großen Gelände befinden sich über 70 000 reich verzierte Grabsteine – man könnte meinen, durch einen Skulpturengarten zu spazieren. Père Lachaise wurde angelegt, als kein Platz mehr auf den übrigen Friedhöfen war. Für die Stadtbewohner war es geradezu revolutionär, außerhalb ihres angestammten Viertels begraben zu werden.

Wer auf dem Cimetière du Père Lachaise die letzte Ruhestätte finden wollte, brauchte nur seinen Wohnsitz in Paris nachweisen, und so ist die „Belegschaft" des Friedhofs recht kosmopolitisch. Zu den etwa 800 000 hier bestatteten Menschen gehören der Komponist Chopin, der Dramatiker Molière, der Dichter Apollinaire, die Schriftsteller Balzac, Proust, Gertrude Stein und Colette, die Schauspieler Simone Signoret, Sarah Bernhardt und Yves Montand, die Maler Pissarro, Seurat, Modigliani und Delacroix, die Sängerin Édith Piaf sowie die Tänzerin Isadora Duncan.

Am meisten Besuch erhält der irische Bühnenautor und Humorist **Oscar Wilde** (1854–1900) in Division 89 (davon zeugt die Glaswand, die zum Schutz um seinen Grabstein errichtet wurde), dicht gefolgt von Rockstar **Jim Morrison** (1943–1971) in Division 6, dessen Grabstätte ebenfalls abgeschirmt ist. Er starb im Marais (Karte S. 430).

In Division 92 bewirkten Proteste, dass die Absperrung um das Grab von **Monsieur Noir** alias Yvan Salman (1848–1870) wieder entfernt wurde. Der Journalist starb im Alter von nur 22 Jahren. Er wurde von Pierre Bonaparte, dem Großneffen Napoleons, erschossen. Es heißt, es wirke sich positiv auf das Sexleben und die Fruchtbarkeit von Frauen aus, wenn sie über den üppig ausgebeulten Schritt von Monsieur Noirs Bronzebildnis streichen.

Denkmäler zu Ehren der Gefallenen aus so ziemlich allen Kriegen der jüngeren Geschichte säumen die Gasse neben der **Mur des Fédérés**, einer unauffälligen Ziegelmauer, an der aufständische Kommunarden 1871 standrechtlich erschossen und anschließend in Massengräbern verscharrt wurden.

NICHT VERSÄUMEN

➜ Jim Morrison
➜ Édith Piaf
➜ Oscar Wilde
➜ Monsieur Noir
➜ Mur des Fédérés und Kriegsdenkmäler

PRAKTISCH & KONKRET

➜ ☏ 01 43 70 70 33
➜ www.pere-lachaise.com
➜ 16 rue du Repos & bd de Ménilmontant, 20e
➜ ⊙ Mo–Fr 8–18, Sa 8.30–18, So 9–18 Uhr
➜ Ⓜ Père Lachaise oder Gambetta

● SEHENSWERTES

Marais bedeutet so viel wie „Moor" oder „Sumpf" und war genau das – ein Sumpfgebiet –, bis es im 13. Jh. in Ackerland umgewandelt wurde. Im frühen 17. Jh. begann Heinrich IV. mit der Bebauung der Place Royale (heute Place des Vosges) und die Gegend avancierte zur schicksten Wohnadresse von Paris. Als der Adel aus Paris nach Versailles und Faubourg St-Germain umzog, fielen die Stadthäuser des Marais den bürgerlichen Parisern in die Hände. In den späten 1960er- und frühen 1970er-Jahren wurde das 110 ha große Areal einem gründlichen „Facelifting" unterzogen. Heute ist es eins der begehrtesten Viertel der Stadt.

CIMETIÈRE DU PÈRE LACHAISE   FRIEDHOF
Siehe S. 166 u. S. 168.

MUSÉE CARNAVALET   MUSEUM
Siehe S. 170.

MUSÉE PICASSO   KUNSTMUSEUM
Karte S. 430 (☎01 42 71 25 21; www.musee picassoparis.fr; 5 rue de Thorigny, 3e; Eintritt 11 €; ☺Di–So 11.30–18, 3. Sa im Monat bis 21 Uhr; Ⓜ St-Paul oder Chemin Vert) Das heiß geliebte Musée Picasso wurde Ende 2014 nach einer grundlegenden Generalüberholung, begleitet von allerlei Kontroversen, wieder eröffnet. Es ist im umwerfenden Hôtel Salé (erb. Mitte 17. Jh.) untergebracht. Die außergewöhnliche Sammlung umfasst 5000 Zeichnungen, Stiche, Gemälde, Keramikarbeiten und Skulpturen des grand maître Pablo Picasso (1881–1973), die seine Erben der französischen Regierung zur Begleichung der Erbschaftssteuer übereigneten.

PLACE DES VOSGES   PLATZ
Karte S. 430 (place des Vosges, 4e; Ⓜ St-Paul oder Bastille) Die 1612 als Place Royale eingeweihte Place des Vosges ist der älteste Platz der Stadt, ein auffallend elegantes Ensemble aus 36 symmetrischen Häusern mit Arkaden im Erdgeschoss, steilen Schieferdächern und großen Gaubenfenstern. Sie sind rund um eine große Rasenfläche mit vier symmetrischen Wasserfontänen und der Nachbildung eines Reiterdenkmals von Ludwig XIII. von 1829 angeordnet. Der Platz erhielt seinen gegenwärtigen Namen 1800 zur Ehre des Departements Vosges (Vogesen), das als erstes seine Steuern an die Revolutionsregierung bezahlte. In Paris bestanden nur die frühesten Häuser aus Ziegeln. Um Zeit zu sparen, wurden die übrigen in Fachwerkbauweise gezimmert, verputzt und später so bemalt, dass sie Ziegelmauern vortäuschen.

MAISON DE VICTOR HUGO   MUSEUM
Karte S. 430 (www.musee-hugo.paris.fr; 6 place des Vosges, 4e; ☺Di–So 10–18 Uhr; Ⓜ St-Paul oder Bastille) GRATIS Der Schriftsteller Victor Hugo lebte von 1832 bis 1848 in einem Appartement im 3. Stock des Hôtel de Rohan-Guéménée. Er zog ein Jahr nach der Veröffentlichung seines Romans Notre-Dame de Paris (Der Glöckner von Notre-Dame) her und vollendete hier das Drama Ruy Blas. Die Maison de Victor Hugo ist heute ein kleines Museum, das sich Leben und Werk des gefeierten Romanciers und Dichters widmet. Zu sehen ist eine eindrucksvolle Sammlung seiner persönlichen Zeichnungen und Porträts.

HÔTEL DE SULLY   HISTORISCHES GEBÄUDE
Karte S. 430 (62 rue St-Antoine, 4e; Ⓜ St-Paul oder Bastille) An der südwestlichen Ecke der Place des Vosges stößt man auf den Hintereingang dieses aristokratischen Herrenhauses. Es entstand 1625 als Hauptsitz des Centre des Monuments Nationaux. Es verwaltet zahlreiche Baudenkmäler im ganzen Land. Wer vom Platz kommend unter dem Bogen durchtaucht, wird sogleich zwei Höfe aus der späten Renaissance entdecken, wunderschön gestaltet mit Reliefs, die die Jahreszeiten und Elemente darstellen. An der Südseite des nördlichen Hofs sind Frühling (Blumen und ein Vogel in der Hand) und Sommer (Weizengarben) zu

---

INSIDERWISSEN

SCHÖNE AUSSICHTEN

Ein paar Querstraßen östlich des Boulevard de Belleville erstreckt sich der hübsche, aber unbekannte **Parc de Belleville** (Karte S. 434; Ⓜ Couronnes). Inmitten der 4,5 ha großen Grünanlage erhebt sich ein fast 200 m hoher Hügel, der einen phänomenalen Blick auf die Stadt bietet. Besonders gewiefte Touristen bringen sich ein Picknick mit; die leckersten Zutaten dafür gibt's in Belleville bei Au 140 (S. 179) oder in der Fromagerie Beaufils (S. 194).

Cimetière du Père Lachaise

HALBTAGESTOUR

Es kann romantisch sein, sich im legendären Gräberdschungel des Friedhofs Père Lachaise zu verlaufen. Aber es macht keinen Spaß, auf dem 44 ha großen Totenacker ein bestimmtes Grab unter 70 000 zu suchen – da hilft dieser Routenplaner.

Vom Haupteingang am Boulevard de Ménilmontant (Métro Père Lachaise oder Philippe Auguste) der Avenue Principale folgen und rechts in die Avenue du Puits einbiegen, um bei den **Bureaux de la Conservation** ❶ einen Lageplan zu besorgen.

Zurück auf die Avenue du Puits, rechts auf die Avenue Latérale du Sud, die Treppe hinauf und rechts über den Chemin Denon zu Objektkünstler **Arman** ❷, Regisseur **Claude Chabrol** ❸ und **Chopin** ❹.

Den Chemin Méhul nehmen, die Avenue Casimir Périer queren und dem Chemin Serré folgen. Den zweiten Weg links (Chemin Lebrun – unmarkiert) nehmen und kurz vor der Kuppe verlassen, um sich zwischen den Gräbern rechts zu Rockstar **Jim Morrison** ❺ durchzuschlängeln. Der Chemin Lauriston führt hangaufwärts zum **Rond-Point Casimir Périer** ❻.

An der Avenue de la Chapelle ist die Grabkunst von Fotograf **André Chabot** ❼ sehenswert, weiter oben das Paris-Panorama von den Stufen der **Kapelle** ❽. Im Zickzack geht es zu **Molière & La Fontaine** ❾ am Chemin Molière.

Auf dem Weg zur Avenue Transversale 1 nach den Kartoffeln auf dem Grab von **Parmentier** ❿ Ausschau halten. Über die Avenue Greffülhe links auf die Avenue Transversale 2, um das bronzene Gemächt von **Monsieur Noir** ⓫ zu tätscheln.

Weiterhin warten **Édith Piaf** ⓬, die **Mur des Fédérés** ⓭ und das mit Lippenstiftküssen übersäte Grab von **Oscar Wilde** ⓮.

TOP-TIPPS

» **Bitte recht freundlich!** Am fotogensten ist der Père Lachaise an einem sonnigen Herbstmorgen nach einem Regenguss.

» **Führungen** Eine schöne Sache für Friedhoffans sind die unterhaltsamen Themenführungen (2 Std.) des Friedhofhistorikers Thierry le Roi (www.necro-romantiques.com).

BRUNO DE HOGUES / GETTY IMAGES ©

Chopin, Division 11
Verehrer legen laufend Blumen und Briefe am Grab des polnischen Komponisten und Pianisten Frédéric Chopin (1810–1849) ab, der sein kurzes Erwachsenenleben in Paris verbrachte. Sein Herz liegt in Warschau begraben.

Monuments aux Morts

Haupteingang

av. Principale

av. du Puits

av. Latérale du Sud

chemin Denon

chemin Méhul

Bureaux de la Conservation

Porte du Repos

av. Casimir Périer

chem Maiso

chemin

Jim Morrison, Division 6
Irgendwer hat die Büste vom verwahrlosten Grab des Doors-Sängers Jim Morrison (1943–1971) geklaut. Wer der Rocklegende die letzte Ehre erweisen will, sollte das ohne Kaugummis und Vorhängeschlösser tun.

NICOLA WILLIAMS ©

André Chabot, Division 20

Der auf Grabkunst spezialisierte Fotograf André Chabot (geb. 1941) hat als letzte Ruhestatt für sich eine hübsche Kapelle aus dem 19. Jh. schon mal vorab mit einer Riesenkamera aus Granit und QR-Code ausstaffiert.

BRUNO DE HOGUES / GETTY IMAGES ©

Molière & La Fontaine, Division 25

Weil die Pariser den abgelegenen Père Lachaise boykottierten, ließ man 1817 den Dramatiker Molière (1622–1673) und den Fabeldichter Jean de la Fontaine (1621–1695) hierher umbetten. Der Trick funktionierte.

Oscar Wilde, Division 89

Der homosexuelle irische Schriftsteller Oscar Wilde (1854–1900) war eine notorische Skandalnudel: Selbst die Grabfigur, die Jacob Epstein elf Jahre nach seinem Tod schuf, schockte mit ihren stattlichen Genitalien.

BRUNO DE HOGUES / GETTY IMAGES ©

BRUNO DE HOGUES / GETTY IMAGES ©

Monsieur Noir, Division 92

Die Bronzefigur des Journalisten Victor Noir (1848–1870), der von einem Neffen Napoleons III. erschossen wurde, soll der Legende nach gegen Unfruchtbarkeit helfen, wenn man über ihr Gemächt streicht.

Édith Piaf, Division 97

Auch wenn der Pariser Erzbischof dem „Spatz von Paris", Édith Piaf (1915–1963), eine katholische Begräbnisfeier verwehrte, kamen über 100 000 Trauergäste zur Beisetzung auf dem Père Lachaise.

Mur des Fédérés, Division 76

1871 wurden an dieser schlichten Backsteinmauer 147 Aufständische der Pariser Kommune aufgereiht und erschossen. Sehr bewegend sind auch die Kriegsmahnmale, die das Massengrab umgeben.

NICOLA WILLIAMS ©

Kapelle

av. des Combattants Étrangers morts pour la France

Eingang Porte Gambetta

av. Circulaire

Krematorium

av. Tranversale 3

84

88

89

14

51   50

av. Tranversale 2

av. Tranversale 1

av. de Saint Morys

chemin Berthollé

24

chemin Molière   25

20

9

26

10

6

Rond-Point Casimir Périer

39

chemin Lauriston

5

6

chemin Lebrun

la Chapelle

21

7

42

41

av. Greffülhe

11

92

93

94

95

av. Pacthod

Kriegsmahnmale

12   97   13

96

76

av. Circulaire

Porte de la Réunion

Monsieur Noir, Division 92

HIGHLIGHT
MUSÉE CARNAVALET

Eine Ode an die Stadtgeschichte und ist dieses außergewöhnliche historische Museum, das sich über zwei *hôtels particuliers* (Stadtvillen) erstreckt. In dem Labyrinth aus zeitgenössisch eingerichteten Zimmern (mehr als 100 insgesamt) wird die Vergangenheit der Stadt von der Frühgeschichte bis heute anhand von 600 000 Exponaten beleuchtet – ein wahres Fest aus Kunst und Artefakten. Hier erfährt man gleichermaßen viel über die Geschichte der Innenarchitektur und kann problemlos einen halben Tag damit zubringen, die ständige Sammlung (gratis) und die gelegentlichen Wechselausstellungen (mit Eintritt) zu besichtigen.

Hôtel Carnavalet

Die Briefeschreiberin Madame de Sévigné bewohnte die vornehme Renaissance-Villa von 1677 bis 1696. Ein paar ihrer Besitztümer sind im 1. Stock neben Portraits prominenter Literaten wie Molière und Jean de la Fontaine zu sehen, zusammen mit anderen Kunstwerken und Gegenständen, die das Paris des 17. und 18. Jhs. wieder lebendig werden lassen. Nicht verpassen: Den *chat noir* (schwarze Katze) von Montmartre und die Werkzeuge, die für verschiedene Handwerkszünfte stehen.

Hôtel Le Peletier

Eine überdachte Galerie im 1. Stockwerk verbindet das Hôtel Carnavalet mit dem Hôtel Le Peletier de St-Fargeau aus dem 17. Jh. Die Orangerie im Erdgeschoss beherbergt die archäologische Sammlung aus der frühgeschichtlichen und gallo-römischen Periode (sehr sehenswert!). In der zweiten Etage finden sich wichtige Dokumente, Gemälde und Objekte der Französischen Revolution (Räume 100–113). Zu den Highlights im 1. Stock zählen Fouquets Jugendstil-Juwelierladen aus der Rue Royale und Marcel Prousts Schlafzimmer aus seiner Wohnung am Boulevard Haussmann (Raum 147), in dem er den Großteil des literarischen Zyklus *À la Recherche du Temps perdu* (Auf der Suche nach der verlorenen Zeit) verfasste.

NICHT VERSÄUMEN

- ➡ Marcel Prousts Schlafzimmer
- ➡ Fouquets Jugendstilgeschäft
- ➡ Paul Signacs *Le Pont des Arts* (1928)

PRAKTISCH & KONKRET

- ➡ Karte S. 430
- ➡ www.carnavalet.paris.fr
- ➡ 23 rue de Sévigné, 3e
- ➡ Di–So 10–18 Uhr
- ➡ M St-Paul, Chemin Vert oder Rambuteau

sehen, an der Nordseite des südlichen Hofs wird der Herbst durch Trauben symbolisiert, während die Darstellung des Winters sowohl das Ende des Jahres als auch den Tod repräsentiert. Im zweiten Hof findet man Symbole für die Elemente: An der Westseite ist links die „Luft" dargestellt und rechts das „Feuer", an der Ostseite sind die „Erde" (links) und daneben das „Wasser" (rechts) verewigt.

HÔTEL DE VILLE RATHAUS

Karte S. 430 (www.paris.fr; place de l'Hôtel de Ville, 4e; M Hôtel de Ville) GRATIS Nachdem das Pariser Rathaus zu Zeiten der Pariser Kommune 1871 ausgebrannt war, wurde es von 1874 bis 1882 im luxuriösen Neorenaissancestil wieder aufgebaut. Die reich verzierte Fassade ist mit 108 Statuen bemerkenswerter Pariser Bürger geschmückt und drinnen, in der **Salle St-Jean**, werden herausragende Wechselausstellungen gezeigt (kostenlos), die üblicherweise Paris zum Thema haben. Von Dezember bis Anfang März kann man auf der Schlittschuhbahn vor dem wunderschönen Bauwerk seine Bahnen drehen – ein Anblick wie aus dem Bilderbuch!

MUSÉE COGNACQ-JAY KUNSTMUSEUM

Karte S. 430 (www.cognacq-jay.paris.fr; 8 rue Elzévir, 3e; Di–So 10–18 Uhr; M St-Paul oder Chemin Vert) GRATIS Das Museum im Hôtel de Donon vereinigt Ölgemälde, Pastellmalerei, Skulpturen, Kunstgegenstände, Schmuck, Porzellan und Möbel des 18. Jhs. Gesammelt wurden die Stücke von Ernest Cognacq (1839–1928), dem Gründer des Kaufhauses La Samaritaine, und seiner Frau Louise Jay. Cognacq selbst hatte wenig für seine Sammlung übrig und brüstete sich bei jeder Gelegenheit damit, nie einen Fuß in den Louvre gesetzt zu haben und seine Sammlungen nur zu repräsentativen Zwecken zu erwerben. Die Kunstwerke vermitteln einen sehr guten Eindruck vom Geschmack der Oberschicht im Zeitalter der Aufklärung.

★ MUSÉE DES ARTS ET MÉTIERS MUSEUM

Karte S. 430 (www.arts-et-metiers.net; 60 rue de Réaumur, 3e; Erw./Kind 6,50 €/frei; Di, Mi & Fr–So 10–18, Do bis 21.30 Uhr; M Arts et Métiers) Das älteste Museum der Wissenschaft und Technik in Europa (erb. 1794) ist ein Muss für jeden, der Kinder hat bzw. wissen will, wie die Dinge funktionieren. Auf drei Etagen der Priorei St-Martin des Champs aus dem 18. Jh. sind 3000 Instrumente, Maschinen und technische Modelle vom 18. bis zum 20. Jh. ausgestellt. Ehrenplätze in der dazugehörigen Kirche St-Martin des Champs haben das Originalpendel von Foucault, das er 1855 auf der Weltausstellung in Paris vorstellte, und das Eindeckerflugzeug von Louis Blériot aus dem Jahr 1909. Führungen werden nur auf Französisch angeboten, doch der englischsprachige Audioguide (5 €) ist eine hervorragende Alternative.

MUSÉE DES ARCHIVES NATIONALES MUSEUM

Karte S. 430 (60 rue des Francs Bourgeois, 3e; Erw./Kind 3 €/frei; Mo & Mi–Fr 10–17.30, Sa & So 14–17.30 Uhr; M Rambuteau oder St-Paul) Das Reizvollste an den Nationalarchiven mit dem dazugehörigen kleinen Museum sind die beiden traumhaften *hôtels particuliers*, in denen sie untergebracht sind – und natürlich die umgebenden Gärten. Das Hôtel de Rohan und das Hôtel de Soubise stammen aus dem frühen 18. Jh. Decken und Wände der Innenräume sind extravagant im Stil des Rokoko bemalt und vergoldet. Antikes Mobiliar und Gemälde (18. Jh.) bilden die Kulisse für eine eher trockene Sammlung von Dokumenten (die interes-

INSIDERWISSEN

STRASSENKUNST IN BELLEVILLE

Von der Métrohaltestelle Belleville führt die Rue de Belleville bergauf nach Osten, irgendwann sind die roten Neonlichter des **Aux Folies** (Karte S. 434; 8 rue de Belleville, 19e; M Belleville) zu erspähen. Hier zwitscherte einst der Spatz von Paris, Edith Piaf. Rechts ab geht es in die **Rue Dénoyez, 20e**. Die kleine Fußgängerstraße ist eine wahre Schatzkiste voller Straßenkunst: Alles von Blumentöpfen über Laternenpfosten bis hin zu Fensterläden, ja, selbst die Mülltonnen, sind mit knallbunten Graffiti bedeckt. Hier drängen sich Künstlerateliers dicht an dicht, kleine Zinedine Zidanes spielen Fußball und an schwül-heißen Sommerabenden kommt es schon mal zu spontanen Kunstaktionen. Für einen Drink empfiehlt sich das Le Barbouquin (S. 186), bei Felicity Lemon (S. 179) gibt's leckeres Mittagessen.

santesten und kostbarsten sind in den Archiven verborgen).

MUSÉE DE LA CHASSE
ET DE LA NATURE MUSEUM

Karte S. 430 (www.chassenature.org; 62 rue des Archives, 3e; Erw./Kind 8 €/frei; ⊙Di–So 11–18 Uhr; MRambuteau oder Hôtel de Ville) Das Jagd- und Naturmuseum im bezaubernden Hôtel Guénégaud von 1651 ist vollgestopft mit Waffen, Gemälden, Skulpturen und Kunstgegenständen, die sich auf die Jagd beziehen. Und es gibt – natürlich – massenweise Trophäen: Tierhörner, -geweihe und sogar ganze -köpfe. Besonders gut sind die Natur-Workshops für Kinder.

MUSÉE DE LA POUPÉE MUSEUM

Karte S. 430 (www.museedelapoupeeparis.com; impasse Berthaud, 3e; Erw./Kind 8/4 €; ⊙Di–Sa 13–18 Uhr; MRambuteau) All die starren Knopfaugen und zu stummen Schreien geöffneten Münder ... manche finden das gruselig, andere ganz entzückend. Das Puppenmuseum ist auf jeden Fall auch für Erwachsene geeignet. Um die 500 Puppen von 1800 sind zu sehen, arrangiert zu Szenen der Pariser Geschichte im Wechsel der Jahrhunderte. Sehr zu empfehlen sind die kreativen einstündigen Workshops für Kinder (10–14 €).

MAISON EUROPÉENNE
DE LA PHOTOGRAPHIE FOTOGRAFIEMUSEUM

Karte S. 430 (www.mep-fr.org; 5–7 rue de Fourcy, 4e; Erw./Kind 8/4,50 €; ⊙Mi–So 11–19.45 Uhr; MSt-Paul oder Pont Marie) Das Europäische Haus der Fotografie hat seinen Sitz in dem etwas zu gründlich renovierten Hôtel Hénault de Cantorbe (man glaubt kaum, dass es aus dem frühen 18. Jh. stammt). Es bietet top-aktuelle Wechselausstellungen (meist Retrospektiven einzelner Fotografen) und eine riesige Dauersammlung, die die Geschichte der Fotografie dokumentiert. An Wochenendnachmittagen werden oft Kurz- und Dokumentarfilme gezeigt. Am Eingang befindet sich ein entzückender japanischer Garten.

MUSÉE ÉDITH PIAF MUSEUM

Karte S. 434 (☎01 43 55 52 72; 5 rue Crespin du Gast, 11e; Erw./Kind 4 €/frei; ⊙nach vorheriger Vereinbarung Mo–Mi 13–18 Uhr; MMénilmontant) GRATIS Das Privatmuseum in Ménilmontant liegt nur 1,5 km vom Geburtshaus der legendären Sängerin entfernt – und ihrer letzten Ruhestätte auf dem Père Lachaise sogar noch näher. Anhand von Erinnerungsstücken, Tonaufnahmen, persönlichen Gegenständen, Briefen und anderen Dokumenten zeichnet es das Leben und die Karriere des „Spatzen von Paris" nach. Den

HIGHLIGHT
MÉMORIAL DE LA SHOAH

Keine Pariser Sehenswürdigkeit ist ähnlich umfassend und emotional aufreibend wie das 1956 errichtete Mahnmal für den unbekannten jüdischen Märtyrer. Es ist mittlerweile eins der bedeutendsten Holocaust-Museen und Dokumentationszentren Europas. Die riesige Dauerausstellung und die durchdachten Wechselausstellungen widmen sich dem Holocaust und der deutschen Besatzung von Teilen Frankreichs und von Paris im 2. Weltkrieg.

Den Opfern der Shoah (das hebräische Wort für „Katastrophe" wird in Frankreich synonym für „Holocaust" verwendet) wird am Eingang des Mémorial de la Shoah mit der **Mur des Noms** von 2006 gedacht. Auf der Mauer stehen die Namen von 76 000 Juden, darunter 11 000 Kinder, die von den Nazis aus Frankreich in die Vernichtungslager deportiert wurden. In der Krypta, einem düsteren Gebäude, das an einen Bunker erinnert, liegt das **Grabmal für den unbekannten jüdischen Märtyrer**: jene 6 Mio. Juden, die kein eigenes Grab haben.

NICHT VERSÄUMEN

➡ Mur des Noms
➡ Krypta
➡ Führungen auf Englisch am 2. Sonntag im Monat um 15 Uhr

PRAKTISCH & KONKRET

➡ Karte S. 430
➡ www.memorial delashoah.org
➡ 17 rue Geoffroy l'Asnier, 4e
➡ ⊙So–Mi & Fr 10–18, Do bis 22 Uhr
➡ MSt-Paul

Besuchstermin mindestens eine Woche im Voraus reservieren.

MUSÉE DE LA MAGIE
MUSEUM

Karte S. 430 (www.museedelamagie.com; 11 rue St-Paul, 4e; Erw./Kind 9/7 €; ⊘Mi, Sa & So 14–19 Uhr; MSt-Paul) Das „Zaubermuseum" in den Kellerräumen (caves) im Hause des Marquis de Sade (erb. 16. Jh.) beschäftigt sich mit den alten Künsten der Magie, der optischen Täuschung und der Taschenspielerei. Eine Zaubervorführung ist im Eintritt inbegriffen. Außerdem gibt es ein Kombiticket für 12/9 €, interessant für diejenigen, die auch die alten Aufziehspielzeuge im angrenzenden **Musée des Automates** ansehen möchten.

MUSÉE D'ART ET D'HISTOIRE DU JUDAÏSME
MUSEUM

Karte S. 430 (www.mahj.org; 71 rue du Temple, 4e; Erw./Kind 8 €/frei; ⊘Mo–Fr 11–18, So 10–18 Uhr; MRambuteau) Wer die Geschichte der alteingesessenen jüdischen Gemeinde des Pletzl (vom jüdischen Begriff für „kleiner Platz") kennenlernen will, sollte dieses faszinierende Museum im Hôtel de St-Aignan (erb. 1650) besuchen. Hier wird die Entwicklung jüdischer Gemeinden vom Mittelalter bis heute nachgezeichnet. Dabei liegt der Schwerpunkt auf der Geschichte der Juden in Frankreich. Highlights sind Dokumente zur Dreyfus-Affäre und Arbeiten von Chagall, Modigliani und Soutine. Neben exzellenten Wechselausstellungen wird ein kreatives Programm für Kinder, Erwachsene und Familien angeboten.

ART NOUVEAU SYNAGOGUE
SYNAGOGE

Karte S. 430 (10 rue Pavée, 4e) Das bunte jüdische Viertel Pletzl erstreckt sich von der Rue des Rosiers entlang der Rue Ste-Croix de la Bretonnerie bis zur Rue du Temple. Sein Herzstück bildet die 1913 von Hector Guilard entworfene Jugendstil-Synagoge. Die berühmten Métroeingänge von Paris gehen übrigens auch auf Guilards Konto.

✕ ESSEN

Das Marais strotzt vor Restaurants und Bistros jeglicher Art und ist somit eines der besten Ausgehviertel von Paris. In vielen Lokalen geht an den Wochenenden leider nichts ohne Reservierung. Weiter östlich befindet sich eine der angesagtesten Adressen der gesamten Stadt, das Yard (S. 202), Tür an Tür mit dem Cimitière du Père Lachaise – sehr praktisch, wenn einem nach der „Grabpflege" der Magen knurrt.

✕ Marais

★ CANDELARIA
TAQUERIA €

Karte S. 430 (www.candelariaparis.com; 52 rue Saintonge; Tacos 3,20–3,75 €, Quesadillas & Tostadas 3,50 €, Menü mittags 11,50 €; ⊘Do–Sa 12–24, So–Mi bis 23 Uhr; ✖; MFilles du Calvaire) Diese coole, versteckt gelegene Taqueria kann man nicht ohne Anleitung finden. Sie verströmt pures, unverfälschtes Trendbewusstsein in jener nonchalanten Manier, die so typisch für Paris ist. In einem entspannten Ambiente werden leckere hausgemachte Tacos, Quesadillas und Tostadas serviert, entweder vorn an der Bar oder hinten an einem der Gemeinschaftstische mit Barhockern bzw. an den niedrigen Couchtischen.

Wenn es dunkel wird, ist Partytime: Manchmal legen DJs auf, es werden Verkostungen und Drinks nach Vernissagen organisiert und die hiesigen Cocktails zählen zu den besten der Stadt. Stammgäste schwören auf die Bloody Mary und die Wochenendbrunches (natürlich auch mit Cocktail-Begleitung!).

MARCHÉ AUX ENFANTS ROUGES
MARKT €

Karte S. 430 (39 rue de Bretagne, 3e; ⊘Di–Fr 8.30–13 & 14–19.30, Sa 16–20, So 8.30–14 Uhr; MFilles du Calvaire) Der älteste überdachte Markt von Paris wurde 1615 errichtet. Versteckt hinter einem unscheinbaren grünen Metalltor findet man ein grandioses Labyrinth aus etwa 20 Ständen, an denen Gerichte aus aller Welt zum Verzehr über die Theke gehen. Ein toller Ort zum Bummeln und Schlemmen an großen Tischen, zusammen mit echten Parisern. Wie wär's z. B. mit einem Karibikteller oder marokkanischem Couscous?

PAPERBOY
CAFÉ €

Karte S. 430 (☎01 43 38 12 13; www.paper-boy.fr; 137 rue Amelot, 11e; Sandwiches 10–13 €, Brunch 23 €; ⊘Di–Fr 9–19.30, Sa & So 10–19.30 Uhr; MOberkampf) Das „Baby" von Jeanne und James, ein modernes Café, ist eine Huldigung an regionale, handwerklich hergestellte Produkte der Saison. Davon zeugen schon die Kisten mit Obst und Gemüse im Fenster. Brot, Bagels, Pastrami, Holunderlimo usw. stammen allesamt aus traditioneller Herstellung. Zu den kreativen Sandwiches werden riesige Salate serviert und an den Wochenenden bleibt kein Stuhl frei, wenn drei Sorten Brunch zubereitet werden.

NANASHI — FUSIONSKÜCHE €

Karte S. 430 (📞09 60 00 25 59; www.nanashi. fr; 57 rue Charlot, 3e; Salate 6–7 €, Bento-Menüs 14–16 €; ☺Mo–Sa 12–24, So bis 18 Uhr; Ⓜ Filles du Calvaire) Zwischen den Boutiquen des Haut Marais stellt das hippe Lokal mit dem Industriedesign, dem Betonboden und den großen Fenstern zur Straße hin eine mehr als schicke Adresse fürs Mittag- oder Abendessen dar. Das Essen ist supergesund und dazu sehr preiswert. Die Speisen (kreative Salate, Suppen und Bentos) werden mit Kreide an die Tafel geschrieben. Es gibt immer eine Option mit Fleisch, eine mit Fisch und eine vegetarische. Auf keinen Fall verpassen darf man den frisch gepressten Saft aus Apfel, Möhre und Ingwer.

ROBERT ET LOUISE — TRAD. FRANZÖSISCH €

Karte S. 430 (📞01 42 78 55 89; http://robertet louise.com; 64 rue Vieille du Temple, 4e; Mittagsmenü 13 €, Hauptgerichte 12,50–20 €; ☺Do–So 12–14, Di–So 19.30–22.30 Uhr; Ⓜ St-Sébastien Froissart) In dem „Landgasthof" mit den rot-weiß-karierten Vorhängen werden die Gäste mit einfacher, preiswerter französischer Kost versorgt, darunter *côte de bœuf* (Rinderkotletts für 2 oder 3 Pers.), die über einem offenen Feuer gegart werden. Tipp: Der frühe Vogel schnappt sich einen rustikalen Tisch gleich neben dem Kamin und die Basis für einen tollen Abend in bester Rabelais-Manier ist geschaffen.

CANTINE MERCI — SALATE, PASTETEN €

Karte S. 430 (www.merci-merci.com; 111 bd Beaumarchais, 3e; Suppen 8 €, Salate 10–15 €, Pasteten 16 €; ☺Mo–Sa 10–19 Uhr; Ⓜ St-Sébastien Froissart) Die Kellerkantine hat ein genauso einfallsreiches Konzept wie der Laden (S. 189) im selben Gebäude mit den eleganten Badezimmerapparaturen und der Designer-Küchenausstattung. Beste Freundinnen kommen (in Scharen) zum Lunch her (wird bis 15.30 Uhr serviert), um pikante Salate, Suppen und herzhafte Pasteten zu verdrücken – ein kreatives Gemüsefeuerwerk.

CHEZ NÉNESSE — BISTRO €

Karte S. 430 (📞01 42 78 46 49; 17 rue Saintonge, 3e; Hauptgerichte 19 €; ☺Mo–Fr mittags &

abends; Ⓜ Filles du Calvaire) Das winzige Bistro erinnert mit den Spitzenvorhängen an längst vergangene Zeiten. In der hochkarätigen Küche werden französische Rezepte zubereitet, die es schon seit Jahrhunderten gibt. Der *salade de canard au vinaigre d'hydromel* (Salat mit Ente in Honigessig) und die süßen *medallions de veau au miel* (in Honig gebratene Kalbsmedaillons aus der Pfanne) sind nicht zu verachten.

CAFÉ MARAIS — MODERN FRANZÖSISCH €

Karte S. 430 (📞01 42 71 61 46; 10 rue des Haudriettes, 3e; Menü mittags/abends 12,90/15,90 €; ☺Mi–Mo 12–15.30 & 19–23 Uhr; Ⓜ Arts et Métiers) Unverputzte Steinwände, eine Balkendecke und Schwarz-Weiß-Stummfilme mit Charlie Chaplin, die an eine Wand projiziert werden, schaffen ein anheimelndes Vintage-Flair in dem kleinen, exzellenten Bistro, einem der preiswertesten Restaurants im Marais. Ob gerösteter Camembert mit Honig, hausgemachtes Zucchinigratin oder Crème brûlée mit Parmesan, alles schmeckt ganz ausgezeichnet.

CAFFÈ MARCOVALDO — CAFÉ €

Karte S. 430 (📞09 80 44 86 89; www.marco valdo.fr; 61 rue Charlot, 3e; Brunch 21 €; ☺Di–Sa 11–23, So 11–19 Uhr; Ⓜ Oberkampf) An einer der hipsten Straßen voller Boutiquen stößt man auf dieses nette italienische Café samt Buchladen. Bücherregale vom Boden bis unter die Decke sind entlang der Wände aufgereiht und die Ausstattung verströmt Vintage-Charme pur – der perfekte Ort zum Verweilen. Sandwiches und Salate mit Zutaten wie 18 Monate lang gereiftem AOP-Parmesan und andere Qualitätsprodukte aus Italien garantieren ein köstliches, leichtes Mittagessen.

BOBOLI — ITALIENISCH €

Karte S. 430 (📞01 42 77 89 27; www.caffeboboli. com; 13 rue du Roi de Sicile, 4e; Pasta-Gerichte 12–14 €, Hauptgerichte 14–16 €; ☺Di–So 12–15, Mo–Sa 19–23 Uhr; Ⓜ St-Paul) Die erschwingliche, kreative italienische Küche ist ein guter Grund für ein Essen in diesem kleinen, eleganten Restaurant. Es wird von zwei jungen Florentinern betrieben, daher der Name (in Florenz befindet sich der gleichnamige Garten). Dezente Beleuchtung, dunkle Holztische und eine Karte, die klein, aber oho ist. Unser Tipp: Parmaschinken mit weichem Mozzarella in gegrillten Zucchinistreifen. Mmmm.

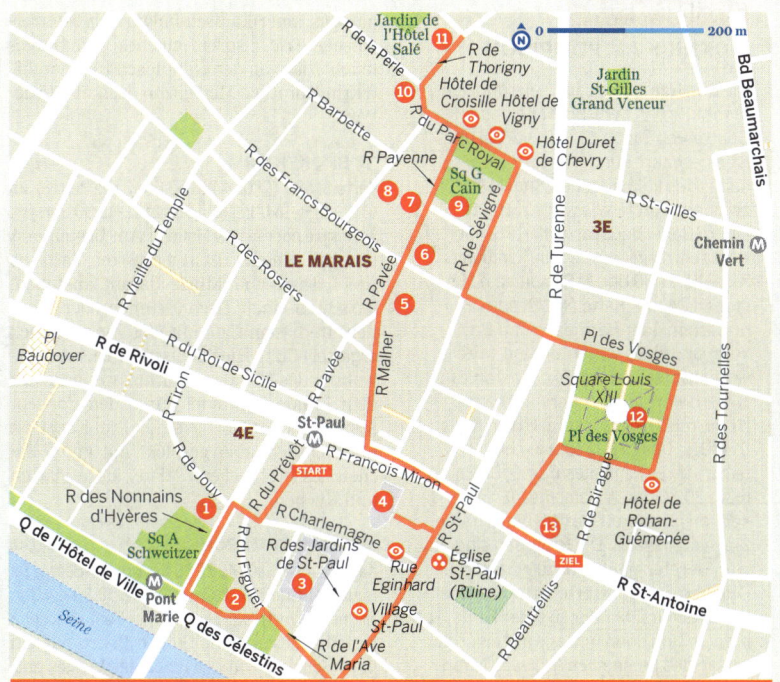

🏃 Spaziergänge
Wandeln auf mittelalterlichen Pfaden

START MÉTRO ST-PAUL
ZIEL HÔTEL DE SULLY
LÄNGE 2 KM; 1½ STUNDEN

Während Heinrich IV. sich dem Bau der Place Royale (Place des Vosges) widmete, gaben die Aristokraten *hôtels particuliers* aus goldenem Backstein in Auftrag. Die Renaissancebauten verliehen dem Marais eine ganz besondere architektonische Harmonie.

Von der Rue François Miron der Rue du Prévôt südwärts bis zur Rue Charlemagne folgen. Rechts steht in der Rue de Jouy Nr. 7 das **1** **Hôtel d'Aumont** (1650). Weiter gen Süden geht's auf der Rue des Nonnains d'Hyères, dann links in die Rue de l'Hôtel de Ville. In der Rue du Figuier Nr. 1 steht das **2** **Hôtel de Sens**, die älteste Villa des Marais. Sie wurde ab 1475 für den Erzbischof von Sens gebaut und 1911 restauriert.

Weiter geht's südostwärts durch die Rue de l'Ave Maria, dann nordostwärts durch die Rue des Jardins de St-Paul. Die zwei verkürzten Türme zur Linken sind die einzigen Überreste der **3** **Stadtmauer** von Philipp II. (1190). Jenseits der Rue Charlemagne

geht's in die Rue Eginhard, über die man zur Rue St-Paul und zur **4** **Église St-Paul St-Louis** (1641) gelangt. Am Ende der Rue St-Paul biegt man links ab und spaziert über Rue Malher und Rue Pavée nach Norden; die Rue Pavée war die erste gepflasterte Straße in Paris. Das Haus Nr. 24 ist das **5** **Hôtel Lamoignon** aus der Spätrenaissance.

Weiter nördlich in der Rue Payenne passiert man die Rückseite des **6** **Musée Carnavalet** (S. 170); die **7** **Chapelle de l'Humanité**, der „Tempel der Vernunft" aus der Revolutionszeit, hat die Nr. 5 und auch das **8** **Musée Cognacq-Jay** (S. 171) sieht man von hinten. Nordwestlich der **9** **Square George Cain** gegenüber der Rue Payenne Nr. 11 erheben sich weitere *hôtels particuliers* des 17. Jhs.: **10** **Hôtel de Libéral Bruant** in der Rue de la Perle Nr. 1 und **11** **Hôtel Salé** in der Rue de Thorigny Nr. 5, das ganz im Zeichen des Malers Picasso steht.

Von hier kehrt man zur Rue du Parc Royal zurück, schlendert auf der Rue de Sévigné südwärts und folgt dann der Rue des Francs Bourgeois gen Osten, um sich die traumhafte **12** **Place des Vosges** (S. 167) und das **13** **Hôtel de Sully** (S. 167) anzusehen.

INSIDERWISSEN

PICKNICK AM POMPIDOU

Die Rue Rambuteau im 3. Arrondissement führt an der Rückseite des Centre Pompidou (S. 119) vorbei und ist eine wahre Fundgrube für Liebhaber des kulinarischen Snacks für zwischendurch. Wie wär's z. B. mit einem Bagel bei **Stanz** (Karte S. 430; www.stanzbagel.com; 25 rue Rambuteau, 3e; ⊙10–21.30 Uhr; MRambuteau)? Es stehen 24 herzhafte (mit Sesam, Kürbiskernen oder Parmesan und Basilikum) und süße Varianten (mit Nutella, Granatapfel oder Schoko-Kastanie) zur Auswahl. Eine super Alternative ist die moderne Bäckerei **Huré** (Karte S. 430; ☎01 42 72 32 18; www.hure-crea teur.fr; 18 rue Rambuteau, 3e; ⊙Di–Sa 6.30–20.30 Uhr; MRambuteau), zu erkennen an der mit Graffiti besprühten Ziegelsteinwand. Die Brötchen sind bis zum Bersten gefüllt, dazu gibt's üppige Quiches und Obsttörtchen sowie knallbunte Éclairs. Mit der „Beute" kann man es sich dann mittags auf einer der Bänke des Musée des Archives Nationales (S. 171) gemütlich machen.

100 % BIO   BIO €

Karte S. 430 (6 rue du Farez, 3e; Mittagsmenü 16,50 & 19,50 €, Tagesgericht 10–12 €; ⊙Mo–Sa 10–22 Uhr; MFilles du Calvaire) *Cuisine bio et haute vitalité* (Bioküche und Vitalität) werden in dem kleinen, gemütlichen Café gegenüber vom Nanashi großgeschrieben und ausgesprochen erfolgreich umgesetzt. Die Speisekarte wechselt täglich. Typische Gerichte sind z. B. Süßkartoffel-Falafel, Couscous mit Kürbis, bunte Salate und weitere Speisen aus frischen Zutaten vom Markt. Um der durchgestylten „Mittagsmeute" zuvorzukommen, sollte man gegen 12 Uhr hier aufschlagen.

RACHEL'S CAKES   INTERNATIONAL, CAFÉ €

Karte S. 430 (www.rachelscakes.fr; rue du Pont aux Choux, 3e; ⊙9–23 Uhr; MSt-Sébastien Froissart) Wer sich mit der aufkeimenden Pariser Cafészene auskennt, hat den Namen Rachel's Cakes sicher schon einmal gehört und vermutlich auch bereits einen von Rachels köstlichen Käsekuchen, ein Stück *gateau* oder eine *tarte* verspeist, denn sie und ihre Partner Maria und Birke beliefern eine ganze Reihe von Cafés in der Stadt. Jetzt

hat das amerikanisch-bulgarisch-österreichische Trio also ein eigenes Café aufgemacht, das von der grandiosen Innenarchitektin Dorothée Meilichzon designt wurde. Wow.

★ BROKEN ARM   CAFÉ €€

Karte S. 430 (☎01 44 61 53 60; 2 rue Perrée, 3e; ⊙Di–Sa 9–18 Uhr, Mittagessen 12–15.30 Uhr; 🛜; MTemple oder Arts & Metiers) Am besten erst mal mit einem frisch gepressten Saft aus Apfel, Kiwi und Minze darauf anstoßen, dass man einen Tisch (drinnen oder draußen) in diesem Café mit viel Hipsterschick ergattert hat. Hier speisen stilsichere Bewohner des Marais zu Mittag, wenn sie mit dem Einkaufsbummel durch den Concept Store nebenan fertig sind. Die Karte ist übersichtlich, aber gespickt mit guten Sachen: Es gibt leckere Salate, kalte Platten und Kuchen.

★ LE PETIT MARCHÉ   BISTRO €€

Karte S. 430 (☎01 42 72 06 67; 9 rue de Béarn, 3e; Hauptgerichte 18–26 €; ⊙12–16 & 19.30–24 Uhr; MChemin Vert) Ein Hauch von Fusionsküche verleiht diesem gemütlichen Bistro nur ein paar Schritte von der Place des Vosges entfernt das gewisse Etwas. In Sesam gewälzter roher Thunfisch und karamellisierte Entenbrust mit gebratenen Bananen verpassen der ansonsten sehr französischen Speisekarte mit altvertrauten Bistro-Gerichten, die es schon seit Jahrhunderten gibt, einen kreativen asiatischen Kick. Im Sommer lockt die Terrasse auf dem Bürgersteig.

★ DESSANCE   DESSERTS €€

Karte S. 430 (☎01 42 77 23 62; www.dessance. fr; 74 rue des Archives, 3e; Desserts à la carte 19 €, Nachspeisenmenü mit 4 Gängen 36–44 €; ⊙Mi–Fr 15–23, Sa & So 12–24 Uhr; 🛜; MArts et Métiers) Das Dessance bietet ein einmaliges Esserlebnis, denn hier wird ausschließlich Nachtisch serviert – und das mit einem erstaunlichen Sinn fürs Detail und dem kreativen Ehrgeiz, überraschende Zutaten zusammenzubringen (Dinge wie Broccoli, Rote Beete und Rucola mit Schokolade und Karamell). Ob man nun das 4-Gänge-Menü oder à la carte bestellt, ein süßes *amuse-bouche* (Appetithäppchen) passt auf jeden Fall, genauso wie ein paar *gourmandises* (Naschereien) zum Abschluss.

Zu den einzelnen Desserts gibt es immer eine Getränkeempfehlung (mit oder ohne Alkohol).

AU PASSAGE
BISTRO €€

Karte S. 430 (☏01 43 55 07 52; www.restaurant-aupassage.fr; 1bis passage de St-Sébastien, 11e; kleine Gerichte 4–15 €; ⏱Do & Fr 12–15, Mo–Sa 19.30–1.30 Uhr; ☒St-Sébastien Froissart) Diese *petit bar de quartier* wird nach wie vor in den höchsten Tönen gelobt. Sie geht auf das Konto des talentierten australischen Chefkochs James Henry, der inzwischen noch ein Restaurant eröffnet hat, das Bones (S. 201). Die Gäste können zwischen unkomplizierten *petites assiettes* (kleine Portionen zum Teilen) zu fairen Preisen wählen. Die Speisen bestehen aus Zutaten vom Markt: Aufschnitt, roher und gekochter Fisch, Gemüse usw. Ohne Reservierung geht hier nichts.

DERRIÈRE
MODERN FRANZÖSISCH €€

Karte S. 430 (☏01 44 61 91 95; www.derriere-resto.com; 69 rue des Gravilliers, 3e; Mittagsmenü 25 €, Hauptgerichte 17–24 €; ⏱Mo–Sa 12–14.30 & 20–23, So 12–16.30 Uhr; ☒Arts et Métiers) Tischtennis spielen, auf dem Bett hocken und ein Glas Champagner trinken oder zwischen Bücherregalen sitzen – so ungefähr läuft das in diesem Restaurant mit Sitzplätzen im Hof. Das trendig-gechillte Flair Marke „Schuhe ausziehen und Füße hochlegen" gilt aber nicht für die Küche, denn wenn's ums Essen geht, ist das Derrière ein Ausbund an Seriosität. Die klassischen französischen Bistro-Gerichte und anderen, phantasievollen Kreationen sind hervorragend. Dasselbe gilt für den Sonntagsbrunch.

CHEZ MARIANNE
JÜDISCH €€

Karte S. 430 (2 rue des Hospitalières St-Gervais, 4e; Hauptgerichte 18–25 €; ⏱12–24 Uhr; ☒St-Paul) Brechend voll zur Mittagszeit ist es bei Marianne. Dann sitzt man beim Essen fast auf dem Schoß des Nachbarn und macht sich unter uralten Balken über großzügige Portionen mit Falafeln, Hummus, Auberginenpüree sowie etwa 25 weiteren *zakouski* (Hors d'œuvres; 14/16/18 € für eine Platte mit 4/5/6 Stück) her. Das Essen ist eher sephardisch als aschkenasisch wie in den meisten anderen Restaurants im Pletzl-Bezirk und nicht zu 100 % koscher. An einem kleinen Fenster werden Pita-Falafel (7 €) zum Mitnehmen verkauft.

PIERRE SANG BOYER
MODERN FRANZÖSISCH €€

Karte S. 434 (http://pierresangboyer.com; 55 rue Oberkamfp, 11e; Mittagsmenü 2/3/4 Gänge 20/25/35 €, Abendessen 4/6 Gänge 35/50 €; ⏱Di–Sa 12–14.30 & 19–22.30 Uhr; ☒Oberkampf) Hier ist Pierre Sang Boyer „zu Hause". Er war Finalist in der TV-Show *Top Chef*. In seinem Restaurant nehmen Feinschmecker auf Barhockern Platz, um dem französisch-südkoreanischen Koch bei der Arbeit zuzusehen. Er zaubert moderne französische Küche mit deutlich internationalem Einschlag. Die Atmosphäre ist locker und ungezwungen. Man muss nicht reservieren, es gibt kein Telefon und das Abendessen hat vier oder sechs Gänge, je nachdem, wann die Gäste eintrudeln.

CRÊPES, PFANNKUCHEN & TARTINES

Im Marais haben sich ein paar geniale Crêperien und Pfannkuchenbäcker angesiedelt, die ideale Anlaufstelle sind für ein günstiges Mittagessen, einen süßen Imbiss zwischendurch oder wenn einen spät abends noch mal der Heißhunger überfällt.

➜ **Breizh Café** (Karte S. 430; www.breizhcafe.com; 109 rue Vieille du Temple, 3e; Crêpes & Galettes 4–12 €; ⏱Mi–Sa 11.30–23, So bis 22 Uhr; ☒St-Sébastien Froissart) Alles in diesem bretonischen Café (*breizh* bedeutet „bretonisch" auf Bretonisch) ist zu 100 % echt, die Cancale-Austern ebenso wie die 20 Cidre-Sorten oder die virtuos zubereiteten Crêpes aus Biomehl.

➜ **Bob's Kitchen** (Karte S. 430; 74 rue des Gravilliers, 11e; Pfannkuchen 5–10 €; ⏱Mo–Fr 11.30a–15, Sa & So 10.30–16 Uhr; ☏; ☒Arts et Métiers) Wer Pfannkuchen im *American style* liebt, liegt bei Bob genau richtig, wobei man die Ellbogen einsetzen muss, um in diesen winzigen Laden zu kommen oder gar einen Sitzplatz zu ergattern. Zur Auswahl stehen süße und herzhafte Pfannkuchen, ohne Milch und Gluten, und wohl eins der kreativsten vegetarischen Mittagsmenüs der Stadt; es wechselt täglich und deckt sämtliche Küchen der Welt ab.

➜ **Cuisine de Bar** (Karte S. 430; 38 rue Debelleyme, 3e; Tartines 9,80–12,50 €, Sandwiches 6,40–14.40 €; ⏱Di–Fr 10–17.30, Sa & So 9–16.30 Uhr; ☒Filles du Calvaire) Der berühmteste Brotbäcker der Stadt, Poilâne, zaubert auch im Marais herzhafte und süße *tartines* (belegte Brote). Eine weitere Filiale (S. 253) findet man in St-Germain.

FAST FOOD

Unschlagbar für einen Happen „auf die Hand" sind diese drei:

➜ **Blend** (Karte S. 430; www.blendhamburger.com; 1 bd des Filles du Calvaire, 3e; Burger 10 €, Mittagsmenü 15 €; ⊙12–23 Uhr; Ⓜ St-Sébastien Froissart) Das kleine Blend ist eine Gourmetburger-Bar. Die erste Filiale machte im 2. Arrondissement auf, mittlerweile gibt es aber auch eine sehr erfolgreiche Adresse im Marais, leicht zu erkennen an den Massen an hungrigen Menschen vor der Tür, die auf einen Tisch warten oder etwas zum Mitnehmen bestellen wollen. Die Ausstattung ist schick (Schwarz, Holz), die winzigen Burger sind die besten der Stadt. Das Fleisch kommt vom Meister-Metzger Yves-Marie Le Bourdonnec.

➜ **L'As du Fallafel** (Karte S. 430; 34 rue des Rosiers, 4e; Gerichte zum Mitnehmen 5,50–8,50 €; ⊙So–Do 12–24, Fr bis 17 Uhr; Ⓜ St-Paul) Alteingesessener Laden. Vor allem das koschere Mittagessen ist sehr beliebt. Großartig: die Falafeln und Schawarma-Sandwiches mit Pute oder Lamm.

➜ **Pozzetto** (Karte S. 430; www.pozzetto.biz; 16 rue Vieille du Temple, 4e; Waffel oder Becher 4–5,90 €; ⊙Mo–Do 11.30–21, Fr–So bis 23.30 Uhr; Ⓜ St-Paul) ... und zum Abschluss gibt es ein Eis wie in Italien. Zu den zwölf mit dem Spatel (nicht mit dem Kugelformer) aufgehäuften Sorten gehören *gianduia* (Haselnussnougat aus Turin) und *zabaione* aus Eigelb, Zucker und süßem Marsala-Wein. Auch der italienische Kaffee ist klasse.

GLOU
MODERN FRANZÖSISCH €€

Karte S. 430 (☏01 42 74 44 32; www.glou-resto.com; 101 rue Vieille du Temple, 3e; Mittagsmenü 17 & 21 €, Hauptgerichte 20–25 €; ⊙Mo–Fr 12–14.30 & 19.30–23, Sa & So 12–17 & 19.30–23.30 Uhr; ♿; Ⓜ St-Sébastien Froissart) Praktisch gelegen für alle, die gerade aus dem Musée de Picasso oder den Modeboutiquen entlang der Rue Vieille du Temple kommen. Die moderne französische Küche hat das gewisse Extra, eine willkommene Abwechslung. Zum Auftakt bietet sich die Linsensuppe mit geräucherten Schellfischflocken an, gefolgt von dem wahrscheinlich saftigsten Stück Kalbsbraten, das man je gegessen hat. Das Glou ist sehr familienfreundlich, auch wenn die stylische Aufmachung das kaum vermuten lässt. Für die Kleinen stehen Malstifte bereit und es gibt ein preisgünstiges Kindermenü *(menu enfant)* für 15 €.

LE TAXI JAUNE
TRADITIONELL FRANZÖSISCH €€

Karte S. 430 (☏01 42 76 00 40; 13 rue Chapon, 3e; Mittagsmenü 19 €, Hauptgerichte 20 €; ⊙Mo–Fr 12–15 & 20.30–22.30 Uhr; Ⓜ Rambuteau) Schmecken, was das Besondere an der traditionellen französischen Bistroküche ist ... Ein Abendessen im „gelben Taxi" ist nichts für diejenigen, die aufs Geld achten müssen, das Mittagsmenü hingegen schon. Es besteht aus einer kleinen, aber feinen Auswahl an Fleisch- und Fischgerichten. Und wer sich in den Wein verliebt hat, den es zum Essen gab, sollte in dem kleinen Laden gegenüber vorbeischauen, L'Épicerie (S. 264). Er gehört zum Restaurant.

CHEZ JANOU
PROVENZALISCH €€

Karte S. 430 (☏01 42 72 28 41; www.chezjanou.com; 2 rue Roger Verlomme, 3e; Hauptgerichte 15–25 €; ⊙mittags & abends; Ⓜ Chemin Vert) Man bahne sich einen Weg hinein, bestelle einen Kir oder eine von 80 unterschiedlichen Pastis-Sorten an der überfüllten Bar, während man auf einen Tisch wartet, und lasse die kribbelig-aufgeladene Atmosphäre dieses geschäftigen Lokals auf sich wirken. Serviert wird provenzalische Cuisine (mehr Provence geht zumindest in Paris nicht) mit allen Leibgerichten aus dem Süden, z. B. *brandade de morue* (Stockfischpüree mit Kartoffeln), Ratatouille und *crème brulée* mit Lavendelaroma. Wer unter Klaustrophobie leidet, sollte Chez Janou lieber meiden, es sei denn, es ist Sommer und man schafft es, ein Plätzchen auf der Terrasse zu ergattern. Nur mit Reservierung.

🍴 Ménilmontant & Belleville

MARCHÉ DE BELLEVILLE
MARKT €

Karte S. 434 (bd de Belleville, 11e & 20e; ⊙Di & Fr 7–14.30 Uhr; Ⓜ Belleville) Der Markt von Belleville sorgt seit 1860 dafür, dass auf dem stark befahrenen Boulevard de Belleville immer dienstags und freitags Obst-, Ge müse- und andere Stände aufgebaut werden. Besucher können nicht nur einkaufen, sondern sich auch einen ersten Eindruck von dem riesigen, bunten Schmelztiegel Belleville verschaffen, in dem Künstler, Studenten und Immigranten aus Afrika, Asien und dem Nahen Osten leben.

AU 140
BOULANGERIE €

(www.au140.com; 140 rue de Belleville, 20e; Di–Fr 7–20, Sa 7.30–20, So 7–19 Uhr; MJoudain) Nirgendwo werden bessere Picknickzutaten verkauft als in dieser phantastischen *boulangerie* (Bäckerei). Sie ist berühmt für ihre akkurat knusprigen Baguettes (0,95 €) und Feinschmeckerbrote aus dem Holzofen, die mit Nüssen, Honig, Mandeln, Käse und anderen Leckereien bedeckt und/oder gespickt sind. Die Minipizzas, Quiches und Baguette-Sandwiches sind großzügig belegt (3 €) – das ideale Mittagessen – und können z. B. im Parc de Belleville bei Panoramablick über die Stadt verspeist werden.

FELICITY LEMON
NEO-BISTRO €

Karte S. 434 (01 71 32 71 11; www.felicitylemon.com; 4 rue Lemon, 20e; kleine Gerichte 4–15 €; Mi–Sa 12–14.30, Di–Sa 19–22.30 Uhr; MBelleville) Die gute Musik, die geschmackvolle Einrichtung mit alten Tischen und Stühlen und die moderne Kunst (käuflich) verleihen der kleinen *cantine de quartier* ein unwiderstehliches Sex Appeal. Wem sagt der Name etwas? Genau! Felicity war die Privatsekretärin von Agatha Christies Hercule Poirot. Die Karte mit tapasähnlichen Speisen umfasst kreative Gerichte zum Teilen, darunter süße Entenbrust mit Mango, gebratene Birnen und Spargel, Gurke-Feta-Salat u. Ä. Auf der Facebook-Seite steht mehr über Events und Veranstaltungen.

DONG HUONG
VIETNAMESISCH €

Karte S. 434 (01 43 57 42 81; 14 rue Louis Bonnet, 11e; Gerichte 7–12 €; Mi–Mo mittags & abends; MBelleville) Trotz des Namens, der an einen gewissen spanischen Schürzenjäger erinnert, handelt es sich hier um ein schlichtes, vietnamesisches Restaurant – eine echte Institution in Belleville. Die Schüsseln mit wunderbarer *pho* (Nudelsuppe) sorgen für eine volle (und laute) Hütte. Die vielen glücklichen Stammgäste sprechen für sich. Das Essen ist im Handumdrehen fertig und für die nicht asiatischen Fans gibt es eine superpraktische bebilderte Speisekarte.

TAI YIEN
CHINESISCH €

Karte S. 434 (01 42 41 44 16; 5 rue de Belleville, 11e; Nudeln 5,80–9,20 €, Hauptgerichte 9,20–12,50 €; mittags & abends; MBelleville) Die authentische Hongkonger „Dampfküche" platzt mittags aus allen Nähten und ist ein echtes Erlebnis: Es gibt keine bessere Adresse für eine Portion Reis oder Nudeln, insbesondere zu vorgerückter Stunde, und es ist kaum vorstellbar, dass außerhalb von Chinatown leckereres *char siu* (gegrilltes Schwein) zubereitet wird.

★ BLUE VALENTINE
MODERN FRANZÖSISCH €€

Karte S. 434 (01 43 38 34 72; http://bluevalentine-restaurant.com; 13 rue de la Pierre Levée, 11e; 2-/3-Gänge-Menü 29/36 €, 8-Gänge-Probiermenü 54 €; Mi–So 12–14.30 & 19.30–23, Bar 19–2 Uhr; MRépublique) Ein sehr modernes Bistro mit Retro-Dekor. Seine Erfolgsgeschichte begann mit dem Moment seiner Eröffnung Ende 2013. Es liegt im 11. Arrondissement, dem aufstrebenden „Gourmet-Viertel", und zieht ein trendbewusstes Publikum an, denn die Cocktails sind formvollendet gemixt und der japanische Chefkoch Saito Terumitsu bereitet exquisite Speisen mit essbaren Blüten und reichlich Kräutern zu. Das Angebot ist übersichtlich (pro Gang gerade mal drei Gerichte), aber unvergesslich.

MON ONCLE LE VIGNERON
FRANZÖSISCH €€

(01 42 00 43 30; 71 rue de Rébeval, 19e; Abendessen mit Wein 30–40 €; Mo–Sa 20.30–23.30 Uhr; MBelleville) Schon der Name ist zauberhaft: Mein Onkel, der Winzer. Der kleine Weinkeller ist altmodisch aufgemacht und die *épicierie fine* (Feinkostladen) sieht aus wie eine altmodische Küche – und das nicht ohne Grund. Abend für Abend streift sich diese kulinarische Büchse der Pandora in Belleville die *table d'hôte*-Schürze über. Dann sitzen die Gäste

MARAIS, MÉNILMONTANT & BELLEVILLE ESSEN

an einem großen Tisch zusammen, allerdings nur, wenn sie vorab reserviert haben.

LE DAUPHIN
BISTRO €€

Karte S. 434 (📞01 55 28 78 88; 131 av. Parmentier, 11e; Mittagsmenü 2/3 Gänge 23/27 €, Hauptgerichte 15–20 €; ⏱Di–Fr 12.30–14.30, Di–Sa 19.30–23.30 Uhr; MGoncourt) Dieses Bistro brummt. Ohne Reservierung hat man entsprechend keine Chance auf einen Sitzplatz in diesem Tempel des guten Geschmacks mit Marmorboden, Marmorbar, Marmordecke und Marmorwänden, alles Weiß in Weiß und mit dem einen oder anderen Spiegel versehen. Mittags hat man die Wahl zwischen zwei Vorspeisen und zwei Hauptgerichten (eins mit Fisch, das andere mit Fleisch), die wie kleine Kunstwerke auf (vorhersehbar!) weißem Porzellan angerichtet werden. Das Abendessen ist ausschließlich à la carte.

CHATOMAT
MODERN FRANZÖSISCH €€

Karte S. 434 (📞01 47 97 25 77; 6 rue Victor Letalle, 20e; Hauptgerichte 15–20 €; ⏱Di–Sa & 1. So im Monat 19.30–22.30 Uhr; MMénilmontant, Couronnes oder Père Lachaise) Kein anderes Restaurant rechtfertigt den Weg nach Belleville mehr als dieses moderne Bistro, das früher mal ein Geschäft war. Seine Markenzeichen sind die schlichten weißen Wände, das Quentchen postindustrielles Flair und die Gourmets, die sich die Klinke in die Hand geben. In der Küche schwingen Alice und Victor den Kochlöffel und bereiten allabendlich gerade mal drei Vorspeisen, drei Hauptgerichte und drei Desserts zu – und nichts davon wird eine Enttäuschung sein. Mindestens ein paar Tage im Voraus reservieren.

SOYA
VEGETARISCH €€

Karte S. 434 (📞01 48 06 33 02; 20 rue de la Pierre Levée, 11e; Mittagsmenü 16–20 €, Brunch 25 €; ⏱Mo–Fr 12–15.30 & 19–23, Sa 11.30–23, So 11.30–16 Uhr; 🍴; MGoncourt oder République) Sehr beliebt wegen der tollen Location in einem alten Industrie-*atelier* (Zement, Metallsäulen, große Fenster) ist das Soya, eine rigoros ökologisch-biologische *cantine*. Ringsum erstreckt sich ein ehemaliges Arbeiterviertel. Die Gerichte, viele auf Tofubasis, sind vegetarisch und das Brunchbuffet am Wochenende ist eine wunderbar entschleunigte, ja, träge Angelegenheit.

LE BARATIN
BISTRO €€

Karte S. 434 (📞01 43 49 39 70; 3 rue Jouye-Rouve, 20e; Hauptgerichte 20–30 €, Menü mittags/abends 19/35–52 €; ⏱Di–Fr 12–14.30, Di–

Sa 19.30–23.15 Uhr; MPyrénées oder Belleville) *Baratin* (Geplauder) reimt sich mit *bar à vin* (Weinbar) und beides passt perfekt zu diesem lebhaften Lokal in der Nähe des quirligen Viertels Belleville. Dazu stehen auf der Schiefertafel ständig wechselnde, erstaunlich preiswerte Gerichte, die zum Besten gehören, was das 20. Arrondissement zu bieten hat. Ausgesuchte Weine, auch biologische, werden in der Karaffe und glasweise angeboten.

LE CHATEAUBRIAND
NEO-BISTRO €€€

Karte S. 434 (📞01 43 57 45 95; 129 av. Parmentier, 11e; Menü 60–120 €; ⏱Di–Sa 19.30–22.30 Uhr; MGoncourt) Ein typisches Beispiel für ein *neobistro*: einfach, aber mit eleganten Artdéco-Fliesen und einer inspirierten Küche, die in Paris ihresgleichen sucht. Der baskische Chefkoch Iñaki Aizpitarte ist weit herumgekommen und das zeigt sich in seinen unkonventionellen Kombinationen wie Makrele mit Wassermelone oder Milchkalb mit Langusten und Trüffeln. Nur mit Reservierung; wer keine hat, kann sein Glück nach 21.30 Uhr (und nicht früher) versuchen.

🍷 AUSGEHEN & NACHTLEBEN

Der Marais ist die Adresse zum Ausgehen. Das bunte Nachtleben umfasst alles von schwulen- und lesbenfreundlichen Lokalen und solchen, die „gay only" sind, über alternative Künstlercafés und gediegene Bars bis hin zu rustikal-raubeinigen Pubs. Die Rue Oberkampf und die parallel dazu verlaufende Rue Jean-Pierre Timbaud sind die Lebensadern von Ménilmontant, die Kneipenszene setzt sich aber munter fort bis ins kosmopolitische Belleville.

🍷 Marais

⭐LE MARY CÉLESTE
COCKTAILBAR

Karte S. 430 (www.lemaryceleste.com; 1 rue Commines, 3e; Cocktails 12–13 €, Tapas 8–12 €; ⏱18–2 Uhr; MFilles du Calvaire) Diese obercoole, schicke Cocktailbar im Marais hat ein spezielles nautisches Flair. Wer fürchtet, keinen Platz an der runden Bar in der Mitte zu ergattern, geht auf Nummer sicher und kümmert sich vorab um eine Reservierung (online), denn es gibt gerade mal eine

HISTORISCHES AMBIENTE

Je nachdem, wo man is(s)t, gibt's in Paris zum Gaumenschmaus eine Vintage-Augenweide gratis dazu.

➜ **Bofinger** (Karte S. 430; 5–7 rue de la Bastille, 4e; ⏱12–15 & 18.30–24 Uhr) Umgeben von Jugendstilelementen aus Messing, Glas und Spiegeln werden den Gästen in der ältesten Brasserie von Paris (erb. 1864) *choucroute* (Sauerkraut mit gemischten Fleischsorten), Meeresfrüchte und andere typische Brasserie-Gerichte vorgesetzt. Am besten nach einem Tisch unten fragen, unter der *coupole* (Kuppel aus Buntglass).

➜ **Le Dôme du Marais** (Karte S. 430; ☏01 42 74 54 17; www.ledomedumarais.fr; 53bis rue des Francs Bourgeois, 4e; Mittagsmenü 2/3 Gänge 25/29 €, Hauptgerichte 21–33 €; ⏱12–1 Uhr; Ⓜ Rambuteau) Typisch französische Gerichte gibt's in diesem noblen Bauwerk aus der Zeit vor der Revolution, das früher für Auktionen genutzt wurde. Der Hof ist verglast und der achteckige Speisesaal ist einfach umwerfend. Beim Brunch (30 €) ist Selbstbedienung angesagt, und zwar so viel und so lange man kann.

➜ **Chez Jenny** (Karte S. 430; ☏01 44 54 39 00; www.chezjenny.com; 39 bd du Temple, 3e; Mittagsmenü 19,80 €, Hauptgerichte 20–30 €; ⏱So–Do 12–24, Fr & Sa bis 1 Uhr; Ⓜ République) Bei Jenny, einer verwinkelten Brasserie von 1932, labt man sich an großen Portionen von elsässischem *choucroute garnie* (Sauerkraut mit geräuchertem oder gesalzenem Schweinefleisch, Frankfurter Würstchen und Kartoffeln) und *baeckeoffe* (Elsässer Fleisch- und Gemüse-Eintopf) und kann dabei die Intarsien von Charles Spindler im 1. Stock betrachten.

Handvoll Tische. Die Cocktails sind phantasievoll und schmecken gut zu einem Dutzend Austern oder den kleinen Gerichten im Tapas-Stil.

⭐ **LE CAP HORN**   BAR
Karte S. 430 (8 rue de Birague, 4e; ⏱10–1 Uhr; Ⓜ St-Paul oder Chemin Vert) An Sommerabenden ist die Atmosphäre in dieser entspannten chilenischen Bar unweit der Place des Vosges wie elektrisch aufgeladen. Dann ergießen sich die Massen der Gäste auf den Gehsteig und die parkenden Autos werden kurzerhand in Tische umfunktioniert, auf denen Piña Coladas, Punch Cocos und Pisco-Cocktails abgestellt werden.

LE PETIT FER À CHEVAL   CAFÉ, BAR
Karte S. 430 (30 rue Vieille du Temple, 4e; ⏱tgl.; Ⓜ Hôtel de Ville oder St-Paul) Eine echte Institution im Marais ist „das kleine Hufeisen", eine winzige Café-Bar mit einem hufeisenförmigen Zinktresen von 1903. Die Stammgäste geben sich von morgens bis abends die Klinke in die Hand. Eine super Adresse für einen *apéro*. Und auch das WC ist klasse: Die Toiletten aus rostfreiem Stahl scheinen aus einem Flash-Gordon-Film zu stammen. Der Designer hat sich tatsächlich vom Inneren der *Nautilus* aus Jules Vernes *20 000 Meilen unter dem Meer* inspirieren lassen.

L'ÉBOUILLANTÉ   CAFÉ
Karte S. 430 (http://ebouillante.pagesperso-orange.fr; 6 rue des Barres, 4e; ⏱Sommer 12–22 Uhr, Winter bis 19 Uhr; Ⓜ Hôtel de Ville) Ein Traum an Sommertagen: Die Terrasse sucht wahrhaft ihresgleichen. Zudem liegt das L'Ébouillanté nur wenige Schritte von der Seine entfernt an einer Fußgängerstraße. Der Laden brummt: Pariser nippen an der erfrischenden hausgemachten *citronnade* (Zitronenlimo), an Wasser mit Hibiskusblütensirup und Kräutertees. Die umfangreiche Getränkeliste wird durch leckere Kuchen, große Salate, herzhafte Crêpes und einen Sonntagsbrunch (21 €) ergänzt.

CAFÉ CHARLOT   CAFÉ
Karte S. 430 (www.cafecharlotparis.com; 38 rue de Bretagne, 3e; ⏱7–2 Uhr; Ⓜ Filles du Calvaire) Gegenüber vom Marché aux Enfants Rouges lockt ein weiteres gut besuchtes Café, eine ehemalige Bäckerei mit weißen Retro-Fliesen. Auf der Terrasse auf dem Bürgersteig bekommt man das Flair des Haut Marais aus nächster Nähe mit.

CINÉMA CAFÉ MERCI   CAFÉ
Karte S. 430 (www.merci-merci.com; 111 bd Beaumarchais, 3e; ⏱Mo–Sa 10–18.30 Uhr; Ⓜ St-Sébastien Froissart) Dieser Laden besticht durch seine Retro-Ausstattung und huldigt der siebten Kunst, der Kinematografie.

PIZZA-HITPARADE

➡ **Pink Flamingo** (Karte S. 430; ☎01 42 71 28 20; www.pinkflamingopizza.com; 105 rue Vieille du Temple, 3e; Pizza 11,50–17 €; ⊙12–15 & 19–23.30 Uhr; Ⓜ St-Sébastien Froissart) Die phantasievollste und, wenn man das sagen darf, romantischste Pizzeria von Paris am Canal St-Martin (S. 154) hat jetzt auch einen Ableger im Marais. Juchhuh!

➡ **Al Taglio** (Karte S. 434; 2bis rue Neuve Popincourt, 11e; Pizza 26,30–36,40 € pro kg; ⊙Mo–Fr 12–23, Sa & So bis 24 Uhr; Ⓜ St-Sébastien-Froissart) Pizza *au poids* (nach Gewicht) wie in Rom ist das Markenzeichen dieser modernen Pizzeria mit drei hohen Tischen und Barhockern, an denen man mit anderen zusammensitzt, sowie mit ein paar normalen Tischen an einer Seitengasse. Die **zweite Filiale** (Karte S. 430; 27 rue de Saintonge, 3e; Pizza 26,30–36,40 € pro kg; ⊙Mo–Fr 12–23, Sa & So bis 24 Uhr; Ⓜ Filles-du-Calvaire) im 3. Arrondissement ist noch überlaufener.

➡ **La Briciola** (Karte S. 430; ☎01 42 77 34 10; 64 rue Charlot, 3e; Pizza 9,50–15 €; ⊙Mo–Sa 12–14.30 & 19.30–24 Uhr; Ⓜ Oberkampf) Exzellente Pizzas, Salate und Weine bietet dieser nette Italiener im nördlichen Marais.

➡ **Grazie** (Karte S. 430; ☎01 42 78 11 96; 91 bd Beaumarchais, 3e; Pizza 10–20 €; ⊙12.30–15 & 19.30–23.30 Uhr; Ⓜ Filles du Calvaire) Schick ist das Credo dieser *bobo-(bohemien bourgeois)*-Pizzeria und -Cocktailbar, die wie ein Loft in New York gestaltet ist und wo bildschöne Menschen quasi dazugehören.

So zieren Schwarz-Weiß-Aufnahmen von Filmstars die Wände. Die Sitzgelegenheiten sind aus Banketttischen, niedrigen Kaffeetischchen und Ähnlichem zusammengewürfelt. Die Retro-*citronnade maison* – extra saure, hausgemachte Limonde – und die frisch gepressten Obstsäfte sind jeden einzelnen Cent wert. Mittags gibt es leckere Salate (8–10 €) und kalte Platten mit Käse/Aufschnitt (16 €).

LE BARAV
WEINBAR
Karte S. 430 (☎01 48 04 57 59; www.lebarav.fr; 6 rue Charles-François Dupuis, 3e; ⊙Mo–Fr 12–15, Di–Sa 18–0.30 Uhr; Ⓜ Temple) Diese *bar à vin* ist ein Hipster-Treff im angesagten Haut Marais. Sie strotzt geradezu vor Atmosphäre und brüstet sich obendrein mit einer der hübschesten Terrassen der Stadt. Die umfangreiche Weinkarte wird durch leckeres Essen ergänzt.

PANIC ROOM
BAR
Karte S. 430 (www.panicroomparis.com; 101 rue Amelot, 11e; ⊙Mo–Sa 18.30–2 Uhr; Ⓜ St-Sébastien Froissart) Die unverschämt ausgeflippte Bar ist nicht ganz so beengt wie der Name denken lässt. Hier verwöhnt man die Geschmacksknospen mit exotischen Cocktails wie Gin mit Erdbeeren oder Basilikum oder einer Kreation auf Cognac-Basis mit Gurke, Koriander und Ingwer, insbesondere während der Happy Hour (18.30–20.30 Uhr). Auf der Website stehen Infos zu DJ-Auftritten, Gigs und anderen Veranstaltungen.

LE TRINQUETTE
WEINBAR
Karte S. 430 (67 rue des Gravilliers, 3e; ⊙Mo–Mi 19–24, Do–Sa 19–2 Uhr; Ⓜ Arts et Metiers) Diese atmosphärische *bar à vins* mit *cave* nimmt eine alte Gehstock- und Schirmfabrik ein. Die knallgrüne Fassade mit dem altmodischen goldenen Schriftzug über der Tür fällt sofort ins Auge. Das Vintage-Thema setzt sich drinnen aber nicht fort; dort ist alles sehr modern und stilvoll-entspannt auf rustikal getrimmt (Marke „von der Wand blätternde Farbe" und „Weinfässer als Tische" etc.).

LA MANGERIE
TAPASBAR
Karte S. 430 (☎01 42 77 49 35; http://la-mangerie.com; 7 rue de Jarente, 4e; ⊙Mo–Fr 18–23, Sa 18–23.30 Uhr; Ⓜ St-Paul) Der Inbegriff einer Bar für Drinks nach Feierabend (insbesondere im Winter). Aus der Küche kommt eine bunte Vielfalt Tapas nach spanischem Vorbild – einfach Stift und Papier schnappen und ankreuzen, was einem zusagt (9–16 €). Auch die Auswahl an offenen Weinen ist gut. Das eigentliche Highlight ist aber die fröhliche, quirlige Atmosphäre, die das „Gesicht" der Bar, Serge, absolut perfekt kultiviert.

ZÉRO ZÉRO
BAR
Karte S. 430 (www.radiozerozero.com; 89 rue Amelot, 11e; ⊙Mo–Sa 19.30–24 Uhr; Ⓜ St-Sébastien Froissart) Das Zéro Zéro würde mit den Sitzbänken und den Tags an Wänden, Fenstern, Decke und Bar auch gut nach Berlin

passen. Aus den Boxen kommen Electro und House und der Cocktail des Hauses, eine hochprozentige Mischung aus Rum und Ingwer, sorgt für eine ausgelassene Partystimmung.

LA BELLE HORTENSE
WEINBAR

Karte S. 430 (www.cafeine.com; 31 rue Vieille du Temple, 4e; ⏰17–2 Uhr; Ⓜ Hôtel de Ville oder St-Paul) Noch ein kreatives Lokal ist diese „literarische Weinbar", die nach einem Roman von Jacques Roubaud benannt ist. Regale voller guter Bücher, eine ebenfalls gute Weinkarte und wöchentlich stattfindende Lesungen, Autogrammstunden und Kunstveranstaltungen ergeben ein stimmiges Ganzes. Der Zinktresen und die Originaldecke aus dem 19. Jh. sind das passende Rahmen dafür.

ANDY WAHLOO
COCKTAILBAR

Karte S. 430 (http://andywahloo-bar.com; 69 rue des Gravilliers, 3e; ⏰Di–Sa 19–1.45 Uhr; Ⓜ Arts et Métiers) Casablanca trifft auf Andy Warhol in dieser coolen Cocktaillounge, die früher als *fabrique de chemises* (Hemdenfabrik) diente. Der klug gewählte Name bedeutet auf Arabisch „Ich habe nichts", aber das säuregelbe Dekor, die süßen Cocktails, die übereifrigen Bedienungen und die laute House-Musik sprechen eine andere Sprache. Happy Hour ist von 17 bis 20 Uhr, dann wird ein für 5 € wirklich günstiger *cocktail du jour* gemixt. Der Hof ist ein Paradies für Raucher und Aufreißer.

LE PICK-CLOPS
BAR

Karte S. 430 (16 rue Vieille du Temple, 4e; ⏰Mo–So 8–2 Uhr; ☎; Ⓜ Hôtel de Ville oder St-Paul) In dieser geschäftigen Café-Bar findet man Gelb in allen Schattierungen, Neonlicht, Resopaltische, alte Barstühle und jede Menge Spiegel. Inmitten einer gut gelaunten Schar von Einheimischen und Laufkundschaft schmeckt der Morgen- oder Nachmittagskaffee besonders gut, aber auch der Absacker allein oder mit Freunden vor dem Schlafengehen.

LA PERLE
CAFÉ, BAR

Karte S. 430 (http://cafelaperle.com; 8 rue Vieille du Temple, 3e; ⏰9–2 Uhr; Ⓜ St-Paul oder Chemin Vert) Hier stapeln die „Bobos" *(bohémiens bourgeoises)* bei einem *rouge* (Rotwein) tief, bis der DJ ordentlich einheizt. Uns gefällt der (echte) schäbige Look des Lokals und die Modelllokomotive über der Bar.

LE CLOWN BAR
WEINBAR

Karte S. 430 (☎01 43 55 87 35; 114 rue Amelot, 11e; Ⓜ Filles du Calvaire) Gleich neben dem Cirque d'Hiver von 1852 befindet sich diese einmalige Weinbar, die mit ihren bemalten Decken, den Mosaiken an der Wand, dem Zinktresen und dem puristischen Jugendstildekor glatt als Museum durchgehen würde. Bis die legendäre Clown Bar Anfang 2014 von dem Koch-und-Sommelier-Gespann Sven Chartier und Ewen Lemoigne übernommen wurde, war sie jahrzehntelang ein Restaurant.

LES ÉTAGES
BAR

Karte S. 430 (35 rue Vieille du Temple, 4e; ⏰14–2 Uhr; ☎; Ⓜ Hôtel de Ville oder St-Paul) Für Studenten und Exilpariser ist dieser dreistöckige Laden mit der verblassenden salbeigrünen Fassade eine willkommene Alternative zu dem Kneipen-Einerlei im Marais, deshalb strömen sie mit Begeisterung in die aufgemotzten Lounge-Bereiche im Obergeschoss.

POP IN
BAR

Karte S. 430 (http://popin.fr; 105 rue Amelot, 4e; ⏰18.30–1.30 Uhr; Ⓜ St-Sébastien Froissart) Trotz Röhrenhosen und nonchalantem Pop-Rock-Flair hat es das Pop In irgendwie auf die Hitliste der Szenegänger geschafft. Die Stimmung ist entspannt und es kommen noch immer alte Stammgäste. Pariser und ausländische Studenten starten hier gern in den Abend, die Drinks sind preislich okay. Beim Verlassen der Bar auf Flüsterlautstärke umschalten: Der Laden hatte schon oft Probleme mit lärmempfindlichen Nachbarn.

CAFÉ SUÉDOIS
CAFÉ

Karte S. 430 (https://paris.si.se; 11 rue Payenne, 3e; ⏰Di–So 12–18 Uhr; ☎; Ⓜ Chemin Vert) Dieses bildschöne Café im schwedischen Kulturinstitut ist im Hôtel de Marle (16. Jh.) untergebracht und lockt die Pariser mit einem ruhigen gepflasterten Hof. Die Suppen, Sandwiches und Kuchen sind köstlich.

CAFÉ MARTINI
BAR

Karte S. 430 (www.cafemartini.fr; 9 rue du Pas de la Mule, 4e; ⏰18–24 Uhr; Ⓜ Chemin Vert) Um die Café-Bars an der Place des Vosges kann man getrost einen Bogen machen und stattdessen in dieser gemütlichen Bar um die Ecke einkehren. Unter der Balkendecke tummeln sich nach Feierabend jede Menge Leute – das durchgesessene Sofa ist besonders heiß begehrt! Wie wär's mit einem Smoothie oder einem *chocolat chaud à l'ancienne*, Käse en masse und kalten Aufschnittplatten sowie Happy-Hour-Cocktails?

(A)PPAREMMENT CAFÉ   CAFÉ
Karte S. 430 (18 rue des Coutures St-Gervais, 3e; ⏱11–24 Uhr; Ⓜ St-Sébastien Froissart) Eine Art zweites Wohnzimmer ist diese geschmackvolle Oase hinterm Musée Picasso. Die Wände sind mit Holz verkleidet, es gibt Ledersofas, Gesellschaftsspiele und Bücher mit Eselsohren zum Lesen sowie Salate zum Selbstzusammenstellen und sonntags wird ein Brunch angeboten (Hauptgerichte 13–15 €).

LA TARTINE   WEINBAR
Karte S. 430 (24 rue de Rivoli & 17 rue du Roi de Sicile, 11e; ⏱7.30–2 Uhr; Ⓜ St-Paul) In diesem gut besuchten Weinlokal hat sich seit Gaslichtzeiten wenig geändert. Im Angebot sind 15 ausgewählte Rot-, Weiß- und Roséweine im Krug (0,46 l). Die köstlichen *tartines* (belegtes Brot von Poilâne; 5,80–9,90 €) machen sich wunderbar als Mittagssnack.

BESPOKE   COCKTAILBAR
Karte S. 430 (3 rue Oberkampf, 11e; ⏱Di–So 12–2 Uhr; Ⓜ Filles du Calvaire) Superpraktisch gelegen für die Gäste des Hôtel Beaumarchais (gleich nebenan). Diese Designer-Bar ist eine Top-Anlaufstelle für einen Drink zu vorgerückter Stunde. Der Name („maßgeschneidert") lässt bereits erahnen, dass die Cocktails sehr fachmännisch gemixt werden. Dazu passen die kleinen Gerichte zum Teilen (6–9 €) ganz hervorragend, vielleicht auch die Pommes aus Süßkartoffeln (3,50 €). Nicht verpassen: die Ledergürtelwand.

L'ÉTOILE MANQUANTE   CAFÉ, BAR
Karte S. 430 (34 rue Vieille du Temple, 4e; ⏱9–2 Uhr; Ⓜ Hôtel de Ville oder St-Paul) Das Markenzeichen des „Fehlenden Sterns", einer trendigen, schwulenfreundlichen Bar mit Retro-Ausstattung, ist eine geniale Terrasse an der Rue Ste-Croix de la Bretonnerie.

OPEN CAFÉ   CAFÉ, SCHWUL-LESBISCH
Karte S. 430 (www.opencafe.fr; 17 rue des Archives, 4e; ⏱11–2 Uhr; Ⓜ Hôtel de Ville) Ein Treffpunkt für Schwule und Lesben jeglicher Couleur ist dieses geräumige Bar-Café, an dessen Decke glitzernde Discokugeln hängen. Eine Menge Dinge sprechen für diesen Laden, nicht zuletzt die große Terrasse, das Frühstück (8,70 €) und die *tartines* (den ganzen Tag über; 6,7o €) sowie die Happy Hour von 18 bis 22 Uhr.

LE COX   BAR, SCHWUL
Karte S. 430 (www.coxbar.fr; 15 rue des Archives, 4e; ⏱17–2 Uhr; Ⓜ Hôtel de Ville) Die kleine Schwulenbar mit regelmäßig wechselndem Dekor wird vom frühen Abend an von einer interessanten (und neugierigen) Klientel frequentiert. Gut, der Name ist ein bisschen zu viel des Guten, aber was will man(n) machen? Die Happy Hour geht täglich von 18 bis 22 Uhr.

QUETZAL   BAR, SCHWUL
Karte S. 430 (10 rue de la Verrerie, 4e; ⏱17–2 Uhr; Ⓜ Hôtel de Ville) Ein Klassiker unter den Schwulenbars befindet sich gegenüber der Rue des Mauvais Garçons (die „Böse-Jungen-Straße"); sie ist nach den Banditen benannt, die sich hier 1540 versammelten. Im Quetzal ist immer der Teufel los. Abends werden House und andere Dance Beats gespielt, die Atmosphäre ist entspannt. Praktisch: Durch die Glasscheibe kann man Neuankömmlinge unverhohlen in Augenschein nehmen.

3W KAFÉ   BAR, LESBISCH
Karte S. 430 (8 rue des Écouffes, 4e; ⏱Mi–Do 20–3, Fr & Sa bis 5.30 Uhr; Ⓜ St-Paul) Diese Cocktailbar liegt an einer Straße mit mehreren Frauenkneipen. 3w steht für „Women with Women", eindeutiger geht's wohl nicht. Dennoch ist die Stimmung locker und Männer haben Zutritt, sofern sie in weiblicher Begleitung unterwegs sind. An den Wochenenden wird im Untergeschoss zu DJ-Tunes getanzt und es finden regelmäßig Mottoabende statt. Am besten einen Blick auf die Facebook-Seite werfen.

LES JACASSES   BAR, LESBISCH
Karte S. 430 (5 rue des Écouffes, 4e; ⏱Mi–So 17–2 Uhr; Ⓜ St-Paul) Frauen werden die „Schwesterbar" des 3W lieben! Sie sieht aus, als wäre sie direkt aus der Normandie hierhin verpflanzt worden. Die Musik ist sanfter, aber die Nächte sind mitunter hardcore und die Happy Hour währt vier Stunden (ab 17 Uhr).

LE TANGO   CLUB
Karte S. 430 (www.boiteafrissons.fr; 13 rue au Maire, 3e; Eintritt 6–9 €; ⏱Fr & Sa 22.30–5, So

KAFFEE & TEE

Für wahre Kaffee- und Teekenner hält Paris eine Handvoll denkwürdiger Lokale bereit. Manche davon organisieren sogar *ateliers de dégustation* (Verkostungen).

→ **Belleville Brûlerie** (S. 193) Samstags kann man in der Rösterei Kaffee kaufen oder an einstündigen Kaffeeseminaren teilnehmen (20 €; online buchen), bei denen verschiedene Sorten probiert werden und ein Paket Bohnen für zu Hause dazuge-hört.

→ **La Caféothèque** (Karte S. 430; www.lacafeotheque.com; 52 rue de l'Hôtel de Ville, 4e; 9.30–19.30 Uhr; St-Paul oder Hôtel de Ville) Von der Industriekaffeemühle an der Tür bis zu den aufwendigen Beschreibungen in der Karte – hier zeigt sich in allem, dass die Caféothèque Kaffeegenuss ernst nimmt. Einfach eine Bank suchen und eine Bohne und die Zubereitungsart (Espresso, Ristretto, Latte etc.) wählen. Der Kaffee des Tages (3 €) hält auch alte Kaffeetrinkerhasen auf Trab. Tolle Idee: die *dégustation* (Kaffeeprobe mit Sorten; 10 €).

→ **Fondation Café** (Karte S. 430; 16 rue Dupetit Thoars, 3e; Mo–Fr 8–18, Sa & So 9–18 Uhr; Temple) Das Fondation ist das wahrscheinlich kleinste Café der Stadt (nur drei winzige Tische drinnen, vier draußen, keine Toilette), das hält die interna-tionale Gemeinde der Stadt aber nicht davon ab, in Horden einzufallen. Die Bohnen, mit denen der phantastische Kaffee gemacht wird, werden in Belleville geröstet. Dazu eine warme Scheibe Bananenbrot mit Butter und man ist im Himmel!

→ **Boot Café** (Karte S. 430; 19 rue du Pont aux Choux, 3e; Di–Fr 8.30–19.30, Sa 10–18 Uhr; Filles du Calvaire) Die blau getünchte Originalfassade des Cafés mit gerade mal drei Tischen ist ein echter Hingucker. Selbst der alte Schriftzug „Cordonnerie" (Schuster) des ehemaligen Besitzers ist noch erhalten, genauso wie das Schild mit dem roten Stiefel darüber. Davon abgesehen ist der Kaffee (in Paris geröstet) ganz exzellent. Auch zum Mitnehmen.

→ **Loustic** (Karte S. 430; 40 rue Chapon, 3e; Mo–Fr 8–18, Sa 10–17, So 11–18 Uhr; Arts et Metiers oder Rambuteau) Noch eine winzige Espressobar mit cleverer Auf-machung von niemand Geringerem als der Pariser Stardesignerin Dorothée Meilich-zon. Hier hört alles auf das Kommando der Londonerin Channa. Die Gäste sitzen bei einer leckeren Tasse Kaffee (in Belgien geröstet und vor Ort gemahlen mithilfe einer florentinischen Marzocco-Mühle), einem gemütlichen Frühstück (10,50–12 €) oder einem Chai-Latte-Muntermacher zusammen.

→ **Le Loir dans La Théière** (Karte S. 430; 3 rue des Rosiers, 4e; 9–19.30 Uhr; St-Paul) Dem ach-so-niedlichen Namen (Der Siebenschläfer in der Teekanne) zum Trotz ist dies eine wirklich wunderbare alte Teestube, vollgestopft mit Retro-Spiel-zeugen, gemütlichen Sofas und Szenen aus *Alice hinter den Spiegeln* an den Wänden. Die Leute stehen bis auf die Straße Schlange, um die Dutzend unter-schiedlichen Teesorten 1-a-Törtchen und Crumbles zu genießen. Frühstück (12 €) und Brunch (19,50 €) sind ebenfalls im Angebot.

→ **Mariage Frères** (Karte S. 430; www.mariagefreres.com; 30, 32 & 35 rue du Bourg Tibourg, 4e; Kanne Tee 10 €, Brunch 32–55 €, Hauptgerichte 24–27 €; tgl.; Hôtel de Ville) Dies ist der erste und wohl feinste Teesalon (1854) von Paris samt Laden, in dem über 500 Teesorten aus etwa 35 Ländern zur Auswahl stehen. Der samstag-morgendliche Tea Club bietet 1½-stündige Verkostungen an (65 €). Im Teesalon werden auch Brunch (32–55 €), Mittagessen (Hauptgerichte 24–27 €) und eine „Kaffeestunde" mit Sandwiches und Kuchen am Nachmittag (23–38 €) zubereitet.

18–23 Uhr; Arts et Métiers) Die selbsterklärte *boîte à frissons* („Schauder-Disco") vereint eine bunte, kosmopolitische, schwul-lesbi-sche Truppe in einem historischen Ballsaal aus den 1930er-Jahren. Atmosphäre und Stil sind retro und gesellig, und sobald die Pforten öffnen, werden flotte Sohlen aufs Parkett gelegt (Walzer, Salsa und Tango). Ab 0.30 Uhr legen dann DJs auf. Der Sonn-tagstanz zur Teestunde ist legendär.

🍷 Ménilmontant & Belleville

★ LE BARBOUQUIN CAFÉ

Karte S. 434 (www.lebarbouquin.fr; 3 rue Ram-poneau, 20e; ⏱Di–Sa 10.30–18 Uhr; ⓂBelleville) Es gibt keinen schöneren Ort, um nach einem hektischen Morgen auf dem Markt von Belleville gemütlich einen Becher Bio-tee oder einen frisch gepressten Saft aus Möhren und Äpfeln in einem altmodischen Armsessel zu trinken. Die Schmöker aus zweiter Hand an der Bücherwand können ausgeliehen, getauscht oder gekauft werden. Draußen stehen Terrassentische an der für ihre großartigen Graffiti bekannten Rue Dénoyez. Zu essen gibt's Frühstück und einen Wochenendbrunch.

CHAPEAU MELON WEINBAR

(☎01 42 02 68 60; 92 rue Rébeval, 19e; ⏱Mi–Sa 11–14 & 16–23, So 17–23 Uhr; ⓂPyrénées) Eine echte Insider-Adresse. Der stilvolle Weinkeller ist ein ehrfurchtgebietendes Flaschenlabyrinth und die Nummer eins in der Umgebung für ein Glas unbehandelten französischen Wein, begleitet von perfekt gereiftem Käse, einer gemischten Aufschnittplatte oder einer kleinen Portion phantastischer Hausmannskost. Besser reservieren.

AUX DEUX AMIS CAFÉ, BAR

Karte S. 434 (☎01 58 30 38 13; 45 rue Oberkampf, 11e; ⏱Di–Sa 8–2 Uhr; ⓂOberkampf) Wenn es so etwas wie die ultimative Pariser Bar gibt, dann ist es das Aux Deux Amis mit dem abgewetzten Fliesenboden. Die Tageskarte wird auf den altmodischen Spiegel hinter der Bar geschrieben (Mittagsmenü mit 2/3 Gängen 18/22 €). Die Gäste kommen gern auf einen Kaffee vorbei (den ganzen Tag über) oder bestellen sich ein paar Tapas (abends). Freitagabends wird die Spezialität des Hauses, *tartare de cheval* (Pferdefleisch mit einer geheimen Kräutermischung), angerichtet

LA CARAVANE BAR

Karte S. 434 (www.lacaravane.eu; 35 rue de la Fontaine au Roi, 11e; ⏱11–2 Uhr; ☎; ⓂGoncourt) Die fetzige, muntere Bar ist ein kleines Juwel, das sich zwischen Avenue de la République und Rue Oberkampf versteckt. Erkennungsmerkmal ist das kleine Wohnmobil auf dem Bürgersteig davor. Rund um die Bar tummeln sich kitschig-bunte Einrichtungsgegenstände, sowohl die Leute vor als auch hinter der Bar sind freundlich und entspannt.

CAFÉ CHARBON BAR

Karte S. 434 (www.lecafecharbon.com; 109 rue Oberkampf, 11e; ⏱9–2 Uhr; ☎; ⓂParmentier) Das Café mit dem postindustriellen Belle-Époque-Ambiente war das erste hippe Café in Ménilmontant, das so richtig durchstartete. Es ist immer brechend voll und die schräge Einrichtung mit hohen Decken, Kerzenleuchtern und einer Empore für den DJ ist durchaus sehenswert.

BLOODIES WEINBAR

Karte S. 434 (52 av. de la République, 11e; ⓂSt-Maur) Das Bloodies ist verwinkelt und geräumig, hat hohe Decken, sehr große Fenster zur Straße und eine Terrasse auf dem Gehweg. Hinten geht's auf einen begrünten Hof. Die Speisekarte ist sehr fleischlastig, die Weinauswahl umfassend.

SCREAM CLUB CLUB

Karte S. 430 (www.scream-paris.com; 18 rue du Faubourg du Temple, 11e; Eintritt 15 €; ⏱Sa 0–7 Uhr; ⓂBelleville oder Goncourt) Was als Sommerparty-Location begann, hat sich mittlerweile zu einem festen Bestandteil der Pariser Schwulenszene gemausert – der Scream Club wird sogar als größte Gay Party von Paris vermarktet. Bei der *soirée gay* am Samstagabend knubbeln sich die Clubgänger auf zwei Tanzflächen (auf einer wird Popmusik gespielt, auf der anderen treten internationale DJs auf) und es gibt eine *espace cruising*. Oh la la!

INSIDERWISSEN

SONNENUNTERGANG

Wenn es am frühen Abend Zeit für den obligatorischen *apéro* wird, gibt es kaum einen schöneren Platz als die **Place du Marché Ste-Catherine** im 4. Arrondissement (Métro St-Paul). Sie ist baumbestanden und wird auf drei Seiten von hübschen Terrassencafés begrenzt, auf denen man unter funkelnden, kleinen Lichtern sitzen und die Atmosphäre aufsaugen kann. Dazu eine *pression* (Bier vom Fass) oder einen Kir (Weißwein mit Cassis) bestellen.

⭐ UNTERHALTUNG

GAÎTÉ LYRIQUE · KULTURZENTRUM

Karte S. 430 (☎01 53 01 52 00; www.gaite-lyrique.net; 3bis rue Papin, 3e; Ausstellungen 5–7 €, Konzerte unterschiedl.; ◷Di–Sa 14–20, So 12–18 Uhr; MArts et Metiers oder Réaumur–Sébastopol) Einzigartige, faszinierende Ausstellungen, vornehmlich mit Kunstwerken und Installationen, sind das Aushängeschild des Kulturzentrums im Marais. Vor allem Familien mit Kindern im Teenageralter werden es hier mögen. Nach dem Besuch unbedingt im Videospieleraum und der Bücherei vorbeischauen!

LE CARREAU DU TEMPLE · KULTURZENTRUM

Karte S. 430 (☎01 83 81 93 30; www.lecarreaudutemple.eu; 4 rue Eugène Spuller, 3e; ◷Kartenschalter Mo–Sa 14–18 Uhr; MTemple) Der alte überdachte Markt mit den unfassbar schönen Metallverstrebungen im Art-nouveau-Stil ist mittlerweile das architektonisch reizvollste Zentrum für Kultur und Unterhaltung der Stadt. Wo im 19. Jh. noch Seide, Spitze, Leder und andere Materialien verkauft wurden, ist heute reichlich Platz für Ausstellungen, Konzerte, Sportunterricht und Theatervorführungen. Das Programm ist online zu finden.

LA BELLEVILLOISE · KULTURZENTRUM

(☎01 46 36 07 07; www.labellevilloise.com; 19–21 rue Boyer, 20e; ◷Mi & Do 19–1, Fr 19–2, Sa 18–2, So 11.30–24 Uhr; MMénilmontant) Gigs, Konzerte, Theatervorführungen, Ausstellungen, Lesungen, Tanzunterricht und Seminare ... Das Kunstzentrum La Bellevilloise ist das Epizentrum nächtlicher Aktivität in Ménilmontant. Der sonntägliche Jazzbrunch (Erw./Kind 29/13 €) – genau, Essen und Livejazz – im coolen Café-Restaurant sorgt immer für ein volles Haus. Besonders schön sitzt man hier im Sommer, an Tischen im Sonnenlicht zwischen 100 Jahre alten Olivenbäumen. Besser reservieren

LA MAROQUINERIE · LIVEMUSIK

(☎01 40 33 64 85; http://lamaroquinerie.fr; 23 rue Boyer, 20e; ◷19.30–23.30 Uhr; MMénilmontant) Winziger, trendiger Schuppen in Ménilmontant mit vielen treuen Stammgästen, in dem wirklich bahnbrechende Gigs stattfinden. Viele Bands eröffnen hier ihre Europatouren. Der Hof unter freiem Himmel und das Restaurant sorgen zusätzlich dafür, dass man La Maroquinerie kaum widerstehen kann. Wer sich selbst einen Eindruck verschaffen möchte, geht auf der Rue Ménilmontant nach Osten und biegt an der zweiten Kreuzung hinter der Place de Ménilmontant rechts ab.

LE NOUVEAU CASINO · LIVEMUSIK

Karte S. 434 (www.nouveaucasino.net; 109 rue Oberkampf, 11e; ◷Di–So; MParmentier) Der Anbau des Café Charbon (S. 186) zählt mittlerweile zu den bekannteren Bars auf der Rue Oberkampf, da Livekonzerte (gewöhnlich dienstags, donnerstags und freitags) und Clubbing (am Wochenende) geboten werden. Electro, Pop, Deep House, Rock ... das Programm ist abwechslungsreich, keinesfalls Mainstream und immer brandaktuell. Auf der Internetseite stehen weitere Infos.

THÉÂTRE LE POINT VIRGULE · COMEDY

Karte S. 430 (www.lepointvirgule.com; 7 rue Ste-Croix de la Bretonnerie, 4e; MHôtel de Ville) Diese winzige und sympathische Comedy-Adresse im Marais läuft seit über einem halben Jahrhundert bombig. Geboten wird Bühnenkomik vom Allerfeinsten: Stand-up-Comedy und musikalischer Nonsens strapazieren die Lachmuskeln. Die Qualität ist durchwachsen, dafür schafften hier schon viele junge Talente den Durchbruch.

LA FAVELA CHIC · WELTMUSIK

Karte S. 430 (☎01 40 21 38 14; www.favelachic.com; 18 rue du Faubourg du Temple, 11e; ◷Di–Sa ab 19.30 Uhr; MRépublique) Das schicke, sympathische Restaurant verwandelt sich in einen im Caipirinha- und Mojito-Spirit stampfenden, dröhnenden Bagger- und Tanzschuppen (getanzt wird vor allem auf den langen Tischen). Die Musik setzt sich traditionell aus Bossa Nova, Samba, tanzbarem *baile*-Funk und brasilianischem Pop zusammen und es wird leicht sehr voll und brütend heiß.

LA JAVA · WELTMUSIK

Karte S. 434 (www.la-java.fr; 105 rue du Faubourg du Temple, 11e; MGoncourt) In diesem Tanzpalast von 1922 schaffte Édith Piaf ihren Durchbruch, heute hallt er von Live-Salsa, Rock und Weltmusik wider. Livekonzerte gibt es während der Woche ab 20 oder 21 Uhr und anschließend tanzt das feierfreudige Publikum weiter zu Electro-, House-, Disko- und Latinorhythmen ab, die von DJs aufgelegt werden.

LE BATACLAN   LIVEMUSIK

Karte S. 430 (www.bataclan.fr; 50 bd Voltaire, 11e; MOberkampf oder St-Ambroise) In der 1864 erbauten, exzellenten kleinen Konzerthalle gab Maurice Chevalier 1910 sein Debüt. Inzwischen treten hier auch große französische Namen und einige internationale Rock- und Poplegenden auf. Als Sinfonie aus grellroten, gelben und grünen Tönen fungiert das Bataclan auch als Theater und Dancehall.

SATELLIT CAFÉ   WELTMUSIK

Karte S. 434 (☏01 47 00 48 87; www.satellit-cafe.com; 44 rue de la Folie Méricourt, 11e; ⊗Di–So; MOberkampf oder St-Ambroise) Ein genialer Laden für Weltmusik und dabei lange nicht so bemüht trendy wie einige andere Pariser Lokale. Konzerte von Blues über Flamenco bis hin zu afrikanischen Rhythmen und Bollywoodmusik. Sonntags ist Salsa-Abend. Öffnungszeiten und Events auf der Facebook-Seite.

LE VIEUX BELLEVILLE   LIVEMUSIK

Karte S. 434 (www.le-vieux-belleville.com; 12 rue des Envierges, 20e; ⊗Mo–Fr 11–15, Do–Sa 20–2 Uhr; MPyrénées) Dieses altmodische Bistro ganz oben im Parc de Belleville bietet dreimal die Woche einen stimmungsvollen Rahmen für Chansondarbietungen mit Akkordeon und Mundorgel. Das Lokal ist sehr beliebt bei den Einheimischen, deshalb unbedingt reservieren.

L'ALIMENTATION GÉNÉRALE   LIVEMUSIK

Karte S. 434 (☏01 43 55 42 50; http://alimentation-generale.net; 64 rue Jean-Pierre Timbaud, 11e; Eintritt Fr & Sa 10 €; ⊗Mi, Do & So 19–2, Fr & Sa 19–5 Uhr; MParmentier) Der „Lebensmittelladen" ist ebenfalls ein Dauerbrenner auf der Rue Jean-Pierre Timbaud. Der riesige Raum ist im durchgeknallten Retro-Stil eingerichtet und hat sensationelle Toiletten. Musik spielt eine große Rolle. DJs rocken die Hütte am Wochenende voll.

CAFÉ DE LA GARE   THEATER, COMEDY

Karte S. 430 (☏01 42 78 52 51; www.cafe-de-la-gare.fr.st; 41 rue du Temple, 4e; MHôtel de Ville) Das „Bahnhofscafé" ist in den ehemaligen Stallungen eines hôtel particulier (Stadtvilla) mit einem bildschönen Innenhof untergebracht. Es ist eines der besten und innovativsten Café-Theater von Paris und hat neben Komödien auch Stand-up-Comedy und neu aufgelegte Klassiker zu bieten.

SHOPPEN

Das Marais trumpft mit exzellenten Fachgeschäften auf und etabliert sich zunehmend als Modemekka. Die hippen jungen Designer haben sich am oberen Ende des 3. Arrondissements breitgemacht, in Richtung Rue Charlot und Rue de Turenne. In der Rue des Francs Bourgeois und auf der anderen Seite Richtung Rue de Rivoli und Rue François Mirron im 4. Arrondissement sind noch alteingesessene Boutiquen für Kleidung, Hüte, Einrichtungsgegenstände und Schreibwaren angesiedelt. Die Place des Vosges ist mit Kunst- und Antiquitätengalerien gesäumt.

🏠 Marais

★PARIS RENDEZ-VOUS   CONCEPT STORE

Karte S. 430 (29 rue de Rivoli, 4e; ⊗Mo–Sa 10–19 Uhr; MHôtel de Ville) Paris ist wohl die einzige Stadt, die schick genug ist, um eine eigene Serie von Designersouvenirs zu rechtfertigen. Von Kleidung über Haushaltsartikel, Paris-Bücher und Spielzeugsegelboote bis hin zu den typischen Fermob-Stühlen aus dem Jardin du Luxembourg wird alles in einem eigenen supercoolen Concept Store im Hôtel de Ville verkauft. *Quel style!*

★FLEUX   DESIGN, HAUSHALTSWAREN

Karte S. 430 (www.fleux.com; 39 & 52 rue Sainte Croix de la Bretonnerie, 4e; ⊗Mo–Fr 10.45–19.30, Sa 10.30–20, So 13.30–19.30 Uhr; MHôtel de Ville) Innovative Designs von europäischen Designern für Zuhause sind das Markenzeichen dieses großen weißen Geschäfts. Die Haushaltswaren decken die gesamte Palette von kitschig über clever bis hin zu völlig verrückt ab. Die E-Boutique umfasst nur etwa 10 % dessen, was im Laden zum Verkauf steht, doch Fleux kann so ziemlich alles zu den Kunden nach Hause verschicken (das hat, *bien sûr*, seinen Preis).

★L'ÉCLAIR DE GÉNIE   GEBÄCK

Karte S. 430 (www.leclairdegenie.com; 14 rue Pavée, 4e; ⊗Mo–Fr 11–19, Sa & So 10–19.30 Uhr; MSt-Paul) Diese tolle Boutique ist eine wahre Ode an süßes Gebäck und Schokotrüffel. Die Éclairs von *pâtissier* Christophe Adam werden hinter Glas wirkungsvoll in Szene gesetzt – wie wertvolle Kunstwerke. Aus-

INSIDERWISSEN

VERSTECKTE SHOPPINGPARADIESE

Ein paar der niedlichsten Boutiquen des Marais liegen versteckt an friedlichen Gässchen oder in Höfen ohne motorisierten Verkehr, genau wie vor Jahrhunderten. Die **Rue du Trésor** (Karte S. 430; Ⓜ Hôtel de Ville oder St-Paul) ist z. B. eine Sackgasse für Fußgänger. Sie geht von der Rue Vieille du Temple ab und ist von einer Handvoll hipper Boutiquen wie dem **Trésor** (Karte S. 430; 5 rue du Trésor, 4e; Ⓜ Hôtel de Ville oder St-Paul) von Brigitte Masson gesäumt. Die Bohemien-Boutique mit der auffälligen lachsfarbenen Fassade besticht durch altmodische Lichterketten draußen und frische, individuelle Outfits für Frauen drinnen. Anschließend geht's auf einen Drink oder zum Mittagessen auf die quirlige Terrasse von **La Chaise au Plafond** (Karte S. 430; 10 rue du Trésor, 4e; ⊙ 9–2 Uhr; Ⓜ Hôtel de Ville oder St-Paul).

Montags bis freitags ist es in den gepflasterten Gassen meist mucksmäuschenstill, doch am Wochenende treffen die Trendsetter im **Village St-Paul** ((Karte S. 430; rue St-Paul, rue des Jardins St-Paul & rue Charlemagne, 4e; Ⓜ St-Paul) ein. Dabei handelt es sich um fünf Vintage-Höfe, die in den 1970er-Jahren aus den ummauerten Gärten von König Karl V. aus dem 14. Jh. entstanden sind. Beim Schlendern von Hof zu Hof, vorbei an alten Springbrunnen und winzigen Kunsthandwerksläden, Galerien, Antiquitätengeschäften und dem einen oder anderen altmodischen Teesalon, lässt sich leicht ein Samstagsnachmittag verbringen.

suchen, was man haben muss, im hinteren Teil der Boutique zahlen, die Tüte greifen und sich anschließend einmal fest in den Arm kneifen –man hat gerade allen Ernstes zwischen 5 und 7 € für einen Mininachtisch bezahlt! Aber er ist jeden Cent wert.

⭐ **CHEZ HÉLÈNE** SÜSSWAREN
Karte S. 430 (www.chezhelene-paris.com; 28 rue Saint-Gilles, 3e; ⊙ Mo-Sa 11.30–19.30, So 11–13 & 15–19 Uhr; Ⓜ Rambuteau) Hier werden Kinderträume wahr. In dem unwiderstehlichen Süßwarengeschäft geht es nur um eines: Genuss! Die Auswahl an hochwertigen *bonbons* und *gourmandises* (Nascherein) ist herausragend. Es gibt Toffees und Karamell wie früher, Fudge, Lakritz, Eiffelturm-Zuckerwürfel, Designer-Lollies, Marshmallows, provenzalische *calissons* (mit Zuckerguss überzogenes Mandelgebäck) und vieles mehr.

MERCI CONCEPT STORE
Karte S. 430 (www.merci-merci.com; 111 bd Beaumarchais, 3e; ⊙ Mo-Sa 10–19 Uhr; Ⓜ St-Sébastien Froissart) Den Eingang des einmaligen Concept Stores markiert ein Fiat Cinquecento. Wer Mode, Accessoires, Bettwäsche, Lampen und schicken Schnickschnack für Zuhause shoppt, tut gleichzeitig etwas Gutes, denn sämtliche Einnahmen gehen an eine Wohltätigkeitsorganisation für Kinder in Madagaskar. Wer möchte, gönnt sich noch einen Kaffee im Café plus Second-Hand-Buchladen oder ein Mittagessen im durchgestylten Untergeschoss.

BONTON KINDERMODE
Karte S. 430 (www.bonton.fr; 5 bd des Filles du Calvaire, 3e; ⊙ Mo-Sa 10–19 Uhr; Ⓜ Filles du Calvaire) Schick und mit Stil kommt dieser Concept Store daher, der ganz klar für Kinder gemacht wurde. Hier gibt's Kleidung im Vintage-Stil, Möbel und Kleinigkeiten für Babys und (Klein-)Kinder. Bevor man geht, sollte man unbedingt noch einen altmodischen Sonnenhut oder eine riesige Sonnenbrille aufsetzen und ein Foto im Retro-Fotoautomaten machen lassen! Eltern aufgemerkt: Unten gibt's eine Toilette und einen Wickeltisch.

JAMIN PUECH ACCESSOIRES
Karte S. 430 (www.jamin-puech.com; 68 rue Vieille du Temple, 4e; ⊙ Mo & Mi-Sa 11–19, Di 12–19 Uhr; Ⓜ St-Sébastian Froissart) In *bobo*-Kreisen gilt das Jamin Puech als Liebling der weiblichen Shoppingriege. Das Pariser Designerhaus ist bekannt für wunderschöne Handtaschen aus unterschiedlichen Materialien in knallig bunten Farben. Hinter dem Namen (und den auffallenden, urbanen Ethno-Looks) stehen Isabelle Puech und Benoît Jamin. Auf der Suche nach Vintage aus den 1990er-Jahren? Das Paar unterhält auch noch eine weitere Boutique in der Rue d'Hauteville Nr. 61 im 10. Arrondissement.

WERKSTATT-HOPPING

Besonders viel Spaß macht es, bei einem Streifzug im Marais urplötzlich kleine *ateliers* (Werkstätten) und Boutiquen zu entdecken, in denen man jungen Talenten und aufstrebenden Designern bei der Arbeit über die Schulter gucken darf.

→ **Moon Young Hee** (Karte S. 430; 62 rue Charlot, 3e; ✿Mo–Sa 11–19 Uhr; MFilles du Calvaire) Alte Holzbalken, unverputzte Steinwände und große Fenster zur Straße, so sieht das Studio der koreanischen Designerin Moon Young Hee aus. Dort schneidet sie ihre phantasievollen „Origami"-Kreationen von Hand zu.

→ **Valentine Gauthier** (Karte S. 430; www.valentinegauthier.com; 58 rue Charlot, 3e; ✿Mo–Sa 9.30–19.30 Uhr; MFilles du Calvaire) Genau das Richtige für umweltbewusste Shopper: Jacken, Pantoletten, Cowboystiefel und andere romantische, natürliche, urbane Kreationen einer der talentiertesten „grünen" Designerinnen der Stadt.

→ **Anne Elisabeth** (Karte S. 430; www.anne-elisabeth.com; 50 rue des Francs Bourgeois, 4e; ✿Mo–Sa 11–19.30, So 13.30–19 Uhr; MSt-Paul) Sämtliche Kreationen von Anne Elisabeth sind nach einem Fluss, einer Stadt oder einer Figur aus einem Roman benannt – oder einfach nach einer anderen Inspirationsquelle dieser weitgereisten und angesagten Pariser Designerin. Freche Farben, bedruckte Hauskleider und weite Hosen sind die Markenzeichen ihrer „arty-couture"-Kollektion, die von der Mode der 1950er- und 1960er-Jahre beeinflusst ist.

→ **Kate Mack** (Karte S. 430; www.kate-mack.com; 15 rue Oberkampf, 11e; ✿Di–Sa 12–14 & 15–20 Uhr; MOberkampf) Um herauszufinden, was gerade „in" ist in Paris, ist diese Adresse goldrichtig. Die Mischung aus Werkstatt und Boutique ist ein echtes Vergnügen. Mannequins mit silberner Haut tragen durch und durch feminine *femme fatale*-Kreationen, sehr funky!

→ **Le Boudoir 26** (Karte S. 430; www.johannabraitbart.com; 26 rue des Blancs Manteaux, 4e; ✿Mo–Sa 11–20 Uhr; MSt-Sébastian Froissart) Die außergewöhnlichen handgefertigten Hüte sind fast zu schön zum Tragen. Johanna Braitbart stellt sie mit viel Liebe und krativem Talent in ihrem kleinen Atelier im Marais her.

SAMUEL CORAUX SCHMUCK

Karte S. 430 (www.coraux.book.fr; 18 rue Ste-Anastase, 3e; ✿Mo–Fr 10–18 Uhr) Die schwarze Fassade dieser Mischung aus Boutique und Atelier steht farblich in extremem Kontrast zu den herrlich farbenfrohen, modernen Kreationen des Schmuckdesigners Samuel Coraux. Er verwendet die unterschiedlichsten Materialien, aber glänzendes Plastik scheint er besonders gern zu verarbeiten.

NATHALIE SEVIKÏAN SCHMUCK

Karte S. 430 (www.nathaliesevikian.com; 13 rue Froissart, 3e; ✿Mo–Sa 10–19 Uhr; MSt-Sébastien Froissart) Es ist offensichtlich, dass sich Nathalie Sevikïan, eine Gemmologin aus der Provence, intensiv mit jedem einzelnen ihrer Stücke auseinandersetzt. Sie sind frech, modern und „spirituell aufgeladen".

VIRGINIE MONROE ACCESSOIRES, SCHMUCK

Karte S. 430 (www.virginiemonroe.com; 24 rue de Poltou, 3e; ✿Mo–Sa 11–19 Uhr; MSt-Sébastien Froissart) Die kreative Karriere dieser Schmuckdesignerin begann in Brasilien. Mittlerweile hat Monroe Boutiquen in Paris, Marseille und Lille eröffnet. Zierliche Ketten, Armbänder fein wie Spitze und anderer farbenprächtiger Schmuck aus Perlchen und Kügelchen sind ihr Markenzeichen.

ÉTAT LIBRE D'ORANGE PARFUM

Karte S. 430 (www.etatlibredorange.com; 69 rue des Archives, 3e; ✿Di–Sa 12–19.30 Uhr; MArts et Métiers) Diese Parfümerie muss speziell für die Hipster des Marais geschaffen worden sein und Düfte mit Namen wie Fat Electrician, Jasmin et Cigarette, Malaise of the 1970s und Delicious Closet Queen versprechen olfaktorische Offenbarungen für jeden Geschmack.

LE LABO PARFUM

Karte S. 430 (www.lelabofragrances.com; 7 rue Froissart, 3e; ✿Mo–Sa 11–19 Uhr; MSt-Sébastien Froissart) Die 14 Düfte hat ein feines Näschen in Grasse (Südfrankreich) komponiert. Fröhlich losschnüffeln und bestellen.

FRAGONARD
PARFÜM, HAUSHALTSWAREN

Karte S. 430 (www.fragonard.com; 51 rue des Francs Bourgeois, 4e; ⊘Mo–Fr 10.30–19.30, Sa 12–19 Uhr; MSt-Paul) Der Pariser Parfümhersteller führt verlockende Naturdüfte in eleganten Flaschen, Kerzen, Duftöle und Seifen. Neben diesen wunderbaren Wohlgerüchen gibt es eine kleine, teure und sehr geschmackvolle Auswahl an Mode, handgenähten Leinenservietten und Schmuck.

ANDREA CREWS
MODE

Karte S. 430 (www.andreacrews.com; 83 rue de Turenne, 3e; ⊘Mo–Fr 11–19, Sa 12.30–19.30 Uhr; MSt-Sébastien Froissart) Das unerschrockene Künstler- und Modedesigner-Kollektiv modelliert, näht, recycelt und kreiert aus abgelegter Kleidung, Elektroteilen und allerlei Haushaltskram eine wirklich außergewöhnliche Mode. In der Boutique steigen auch immer wieder Veranstaltungen.

OFR. LIBRAIRIE
BÜCHER

Karte S. 430 (20 rue Dupetit Thouars, 3e; ⊘Mo–Fr 10–20, Sa & So 8–19 Uhr; MTemple) Kunst- und Designbücher sowie Geschichtsbücher und -magazine, viele davon über Paris, sind das Aushängeschild des trendigen Buchladens im Marais. Hinten befindet sich eine kleine Galerie (nur ein Zimmer). Ebenfalls erhältlich sind brandheiße Taschen, z. B. von Kasia Dietz, T-Shirts und mehr.

LOSCO
ACCESSOIRES

Karte S. 430 (www.losco.fr; 20 rue de Sévigné, 4e; ⊘Mi–Fr 11–13, So–Fr 14–19, Sa 11–19 Uhr; MSt-Paul) Dieser *ceinturier* (Gürtelmacher) verkörpert all das, was Shopping in Paris so attraktiv macht: Beim Bummel entdeckt man erlesene Ateliers und Werkstätten, in denen nur ein einziges Produkt verkauft wird, dafür aber in zig unterschiedlichen, hochwertigen Ausführungen. In diesem Fall handelt es sich um *ceintures* (Gürtel) und man kann Leder (Eidechse, Python, Kroko usw.), Länge und Schnalle nach Belieben zusammenstellen. Dafür wird man aber auch mindestens 160 € los!

LA BOUTIQUE EXTRAORDINAIRE
MODE

Karte S. 430 (67 rue Charlot, 3e; ⊘Di–Sa 11–20, So 15–19 Uhr; MFilles du Calvaire) Mohair, Seide und andere natürliche, organische und moralisch vertretbare Materialien werden in dieser ungewöhnlichen, faszinierenden Boutique im Haut Marais von Hand zu exquisiten Kleidungsstücken verarbeitet, die fast zu kostbar sind, um getragen zu werden.

ISABEL MARANT
MODE

Karte S. 430 (www.isabelmarant.fr; 47 rue Saintonge, 3e; ⊘Mo 11–19, Di–Sa 10.30–19.30 Uhr; MFilles du Calvaire) Hier gibt's jede Menge Designs von Isabel Marant. Das historische Ambiente – ein altes *atelier* (Werkstatt) mit verblichenem Goldschriftzug über der Tür – macht den Besuch in dieser Boutique im Haut Marais zu einem noch genialeren Einkaufserlebnis.

PAULINE PIN
ACCESSOIRES

Karte S. 430 (www.paulinepin.com; 51 rue Charlot, 3e; ⊘Di–Sa 11–19.30 Uhr; MFilles du Calvaire) Clarisse stellt in ihrem Atelier im Marais superweiche, stylische Handtaschen her. Mittlerweile besitzt sie eine Handvoll Filialen in Frankreich und darüber hinaus.

K JACQUES
SCHUHE

Karte S. 430 (www.kjacques.fr; 6 rue Pavée, 4e; ⊘Mo–Sa 11–19 Uhr; MSt-Paul) Die Spezialität des Schuhmachers aus St-Tropez sind traditionelle Riemchensandalen. Es heißt, dass das Design auf ein schlichtes Paar Lederschuhe zurückgeht, das die Schriftstellerin Colette aus Griechenland mitgebracht hatte und ihrem Schuster zeigte. Zu den Kunden gehör(t)en auch Berühmtheiten wie Picasso, Brigitte Bardot und die Hippie-Generation.

ROUGIER & PLÉ
KÜNSTLERBEDARF

Karte S. 430 (www.rougier-ple.fr; 13 bd des Filles du Calvaire, 3e; ⊘Di–Sa 11–19, So & Mo 14.30–19 Uhr; MFilles du Calvaire) Den ältesten Laden für *beaux arts* (Schöne Künste) von ganz Paris gibt es schon seit 1854. Außer Papier und Stiften werden Utensilien für (Hobby-)Künstler und Kunsthandwerker verkauft, so ziemlich alles, was man fürs Kreativsein braucht.

TUMBLEWEED
SPIELZEUG, MODE

Karte S. 430 (www.tumbleweedparis.com; 19 rue de Turenne, 4e; ⊘11–19 Uhr; MSt-Paul oder Chemin Vert) Das kleine Geschäft ist auf Lederslipper für Kinder und *l'artisanat d'art ludique* (das Handwerk der Spielkunst) spezialisiert. Zum Sortiment gehören z. B. selbst gemachte Holzspielzeuge und ganz besondere Denkaufgaben und Puzzles für Erwachsene.

PETIT PAN
HAUSHALTSWAREN, MODE

Karte S. 430 (www.petitpan.com; 76 rue François Miron, 4e; ⊘10.30–19.30 Uhr; MSt-Paul) Wenige Boutiquen sind so betörend und erstaunlich wie das Petit Pan, eine Art Büchse der Pandora, aus der wunderschöne Stoffe, Knöpfe und Garne in allen Regenbogenfarben hervorgezaubert werden. Ein zweiter Laden, das **Petit Pan Bébé** (Karte S. 430; 39 rue François Miron, 4e; Ⓜ St-Paul) mit Kleidung für Babys und Kinder, befindet sich gegenüber. Dort setzt sich das umwerfende Farb- und Musterkonzept des Mutterladens fort.

AZAG   HAUSHALTSWAREN

Karte S. 430 (www.azag.fr; 9 rue François Miron, 4e; Ⓣ Mo–Fr 11–19, Sa 10.30–19.30, So 14.30–18.30 Uhr; Ⓜ St-Paul) „Stil und Accessoires, Home und Design", auch gern im Pariser Einschlag, sind das, was diese phantastische kleine Boutique ausmachen. Eine ideale Adresse, wenn man noch ein paar ausgefallene, einzigartige Mitbringsel oder Geschenke braucht.

CSAO   SOUVENIRS

Karte S. 430 (www.csao.fr; 9 & 9bis rue Elzévir, 4e; Ⓣ Di–Fr 11–19, Sa 11–19.30, So 12–19 Uhr; Ⓜ St-Paul oder Chemin Vert) Die wunderbare Galerie mit Laden wird von der gemeinnützigen Compagnie du Sénégal et de l'Afrique de l'Ouest (CSAO; Senegal- und Westafrikagesellschaft) betrieben und verkauft die Arbeiten afrikanischer Künstler und Kunsthandwerker. Die bunten Textilien und Webarbeiten sind bezaubernd; außerdem gibt es handgearbeitete Artikel aus recycelten Handtaschen, Tomatenmarkdosen und anderen Konservenbüchsen.

CHOCOLATERIE
JOSÉPHINE VANNIER   SCHOKOLADE

Karte S. 430 (www.chocolats-vannier.com; 4 rue du Pas de la Mule, 4e; Ⓣ Di–Sa 11–13 & 14–19, So 14.30–19 Uhr; Ⓜ Chemin Vert) Miniatur-Keyboards, Geigen, schicke Ballettschühchen oder Joggingschuhe – *chocolatier* Joséphine Vannier kann so ziemlich alles aus Schokolade modellieren. Ihr Geschäft ist nur wenige Schritte von der Place des Vosges entfernt.

MAISON GEORGES LARNICOL   SCHOKOLADE

Karte S. 430 (www.chocolaterielarnicol.fr; 14 rue de Rivoli, 4e; Ⓣ 10–22 Uhr; Ⓜ Chemin Vert) Kokos-Ingwer-Häppchen, buttriges Karamell und kleine Kunstwerke aus Schokolade sind nur ein paar der süßen Leckereien, die der Meister-Chocolatier und Konditor zaubert. Der Hauptgrund für einen Besuch sind aber die typisch bretonischen *kouignettes*. Die klebrigen Butterkuchen werden hier im ungewöhnlichen Miniformat und in verschiedenen Geschmacksrichtungen (2,50 € pro 100 g) zubereitet. Und natürlich die Gläser mit *caramel au beurre salé* (Karamell mit salziger Butter), komplett mit einem kleinen Löffelchen ...

L'ÉPICERIE   WEIN, GETRÄNKE

Karte S. 430 (gegenüber 13 rue Chapon, 3e; Ⓣ Mo–Fr 8.30–22 Uhr; Ⓜ Arts et Métiers) Dieser bildhübsche Laden versetzt die Geschmacksknospen in Schwingung und ist wie gemacht fürs Stöbern, Probieren und Gucken – man beachte die Kunst an der Decke. Die Weinauswahl von interessanten französischen Kleinwinzern ist erlesen. Dazu findet man besondere Weine, Liköre, Obstsäfte und Sirup.

VERT D'ABSINTHE   GETRÄNKE

Karte S. 430 (www.vertdabsinthe.com; 11 rue d'Ormesson, 4e; Ⓣ Di–Sa 12–19 Uhr; Ⓜ St-Paul) Ein Paradies für Anhänger der *fée verte* (grüne Fee), wie Absinth während der Belle Époque genannt wurde. Neben Flaschen besten Absinths gibt's das komplette Zubehör: Gläser, Wasserkaraffen und kleine Löffel für den unverzichtbaren Zuckerwürfel.

BHV   KAUFHAUS

Karte S. 430 (www.bhv.fr; 52 rue de Rivoli, 4e; Ⓣ Mo, Di & Do–Sa 9.30–20, Mi bis 21 Uhr; Ⓜ Hôtel de Ville) BHV (be-asch-we) ist ein ziemlich geradliniges, weitläufiges Kaufhaus. Hier gibt's neben Paris-Reiseführern alle erdenklichen Arten von Hämmern, Elektrowerkzeugen, Nägeln, Dübeln und Scharnieren.

L'ÉCLAIREUR   CONCEPT STORE

Karte S. 430 (www.leclaireur.com; 40 rue de Sévigné, 4e; Ⓣ Mo–Sa 11–19 Uhr; Ⓜ St-Paul) In diesem Damenbekleidungsgeschäft, einer Kreuzung aus Kunstausstellung, Lounge und dekonstruktivistischem Fashionstatement, hängt der nächste letzte Schrei erfahrungsgemäß als Erstes auf der Stange. Der **Herrenausstatter** (Karte S. 430; www.leclaireur.com; 12 rue Malher, 4e; Ⓜ St-Paul) auf der nahe gelegenen Rue Malher nimmt ein ähnlich umwerfendes altes Lagerhaus ein.

L'HABILLEUR   MODE, ACCESSOIRES

Karte S. 430 (www.lhabilleur.fr; 44 rue de Poitou, 4e; Ⓣ Mo–Sa 12–19.30 Uhr; Ⓜ St-Sébastien Froissart) In dieser alteingesessenen Boutique lockt Designermode (im Allgemeinen die Vorjahreskollektionen) zu Schleuderpreisen: 50 bis 70 % unter den Originalpreisen.

INSIDERWISSEN

VINTAGE-KRACHER

Fashionistas, die ein bisschen aufs Geld achten müssen, werden im Marais im siebten Himmel sein: In einer kleinen, aber feinen Auswahl an Boutiquen werden hochwertige Vintage-Stücke verkauft.

→ **Violette et Léonie** (Karte S. 430; www.violetteleonie.com; 114 rue de Turenne, 3e; ☺Mo 13–19.30, Di–Sa 11–19.30, So 14–19 Uhr; MFilles du Calvaire) Die erstklassige *dépôt-vente*-Boutique ist auf Vintage-Kleidung spezialisiert, die so schick und hochwertig ist, dass sie überhaupt nicht wie aus zweiter Hand wirkt. Shoppen kann man in dem angenehm großen Concept Store oder online.

→ **Odetta Vintage** (Karte S. 430; www.odettavintage.com; 76 rue des Tournelles, 3e; ☺Di–Sa 14–19.30, So 15–19 Uhr; MChemin Vert) Odetta ist auf Edel-Vintage von den 1960er- bis 1980er-Jahren spezialisiert. Wer scharf auf ein Outfit mit Laufsteghistorie ist (Schuhe, Accessoires und Kleidung für Frauen), hat hier gute Chancen, fündig zu werden. Außerdem gehört das eine oder andere bemerkenswerte Retro-Möbel zum Repertoire.

→ **Vintage Désir** (Karte S. 430; 32 rue des Rosiers, 4e; ☺11–19 Uhr; MSt-Paul) Der hübsche, winzige Laden an der hektischen Rue Rosiers ist immer bis unter die Decke vollgestopft mit Klamotten und Kunden. Eine erstklassige Adresse für qualitativ hochwertige Stücke, die einen aber nicht in den finanziellen Ruin treiben. Keine Kreditkartenzahlung möglich. Und ja, auf dem Schild draußen steht „Coiffeur", denn dies war früher mal ein Friseursalon.

SHINE — MODE
Karte S. 430 (15 rue de Poitou, 3e; ☺Mo–Sa 11–19.30 Uhr; MFilles du Calvaire) Noch eine kleine, aber feine Zusammenstellung von Designerklamotten. Mode für Frauen und klasse Schuhe und Handtaschen: eine Menge Marc Jacobs, See by Chloé, K by Karl Lagerfeld und Schmuck (Bijoux de Sophie).

SIC AMOR — MODE, ACCESSOIRES
Karte S. 430 (www.french-jewellery.fr; 20 rue du Pont Louis-Philippe, 4e; ☺Mo 14–19, Di–Sa 11–19 Uhr; MPont Marie) Auffälliger und bunter moderner Schmuck lokaler Designer ist das Aushängeschild von Sic Amor, direkt gegenüber vom Hauptquartier der Partie Communiste Française. Wem der Sinn nach frechen, protzigen, bildschönen oder auch einfach nur völlig schrägen Kopfbedeckungen oder Schals steht, dem wird die Schwesterboutique **Mi Amor** Karte S. 430; 10 rue du Pont Louis-Philippe, 4e; MPont Marie) gefallen; sie liegt an derselben Straße, ein Stück weiter südlich.

SURFACE TO AIR — MODE, ACCESSOIRES
Karte S. 430 (www.surfacetoair.com; 108 rue Vieille du Temple, 3e; ☺Mo–Sa 11.30–19.30, So 13.30–19.30 Uhr; MSt-Sébastien Froissart oder Filles du Calvaire) Der Laden führt kunstvolle Bücher, Accessoires und sehr progressive Mode. Neben der aktuellen Kollektion gewagter heimischer und internationaler Entwürfe gibt es hier auch regelmäßig Installationen und Events in Kooperation mit Künstlern.

🔒 Ménilmontant & Belleville

★ BELLEVILLE BRÛLERIE — KAFFEE
(☎09 83 75 60 80; http://cafesbelleville.com; 10 rue Pradier, 19e; 300-Gramm-Packung 13–16 €; ☺Sa 11.30–18.30 Uhr; MBelleville) An der unauffälligen stahlgrauen Fassade ist man schnell vorbeimarschiert, dabei ist diese Kaffeerösterei in Belleville eine Offenbarung. Sie versorgt ein paar der besten Cafés der Stadt mit ihren hervorragenden Bohnen. Es gibt einen Kaffee der Woche, man kann Geschmacksbeschreibungen vergleichen und natürlich ein oder zwei Pfund einkaufen – auch online.

★ FROMAGERIE GONCOURT — LEBENSMITTEL
Karte S. 434 (1 rue Abel Rabaud, 11e; ☺Di–Fr 9–13 & 16–20.30, Sa 9–20 Uhr; MGoncourt) Ein absolutes Muss. Die moderne *fromagerie* (Käsefachgeschäft) sieht aus wie eine Boutique. Clément Brossault hat seine Karriere als Banker an den Nagel gehängt, um *fromager* zu werden. Seine Auswahl an etwa 70 Käsesorten ist einfach phänomenal – die

mit dem Fahrradsymbol hat er während einer zweimonatigen „Tour de Fromage" durch Frankreich entdeckt; die Reise war Teil seiner Ausbildung.

★ FROMAGERIE BEAUFILS   LEBENSMITTEL

(www.fromagerie-beaufils.com; 118 rue de Belleville, 20e; ⊗Di–Sa 8–13 & 15.30–19.45, So 8.30–13 Uhr; MJourdain) Die Menschenschlange bis vor die Tür (besonders lang am Wochenende) spricht für sich. Die Fromagerie Beaufils, ein Familienbetrieb, zählt zu den besten der Stadt. Sie verfügt über Dutzende französische Sorten, die man vielleicht nur hier findet.

BY SOPHIE   KINDERMODE

Karte S. 434 (www.bysophie.fr; 50 rue Jean-Pierre Timbaud, 11e; ⊗Di–Fr 11–19 Uhr; MParmentier) Modebewusste Eltern, die ihre Kinder unbedingt in schicke Retro-Klamotten gewanden wollen, sollten einen Umweg zu dieser Boutique im Vintage-Stil machen. Dort gibt's Kleidung und Accessoires für Babys, Kleinkinder und die etwas Älteren. Bei Sophie werden auch hippe Strickkurse angeboten.

MADE BY MOI   MODE

Karte S. 434 (☎01 58 30 95 78; www.madeby moi.fr; 86 rue Oberkampf, 11e; ⊗Mo 14.30–20, Di–Sa 11–20 Uhr; MParmentier) Der Name – „von mir gemacht" – ist Programm in der hübschen Boutique an der trendigen Rue Oberkampf. Hier gibt's Mode für Frauen, Haushaltswaren und mehr.

PUZZLE MICHÈLE WILSON   SPIELE, HOBBYS

Karte S. 434 (www.puzzles-et-jeux.com; 39 rue de la Folie Méricourt, 11e; ⊗Di–Sa 10–19 Uhr; MSt-Ambroise) *Puzzleurs* und *puzzleuses* werden die handgefertigten Holzpuzzles lieben. Größe und der Schwierigkeitsgrad variieren von 80 bis 5000 Teilen, die Motive sind meist bekannte Kunstwerke – von Millet und Bosch bis hin zu den Impressionisten. Besonders eindrucksvoll sind Motive von mittelalterlichem Buntglas und Fächern aus dem 18. Jh. Es gibt noch zwei weitere Filialen in Paris.

BOUTIQUE OBUT   SPIELE, HOBBYS

Karte S. 434 (www.labouleobut.com; 60 av. de la République, 11e; ⊗Di–Sa 10–12 & 12.30–18.30 Uhr; MParmentier) Dies ist das Pariser Mekka für Freunde des *pétanque* und des ähnlichen (aber stärker reglementierten) *boules*, das mit schweren Stahlkugeln überall gespielt wird, wo sich eine ebene und schattige Fläche finden lässt. Die Boutique hat die nötige Ausrüstung und sogar Vereinstrikots.

🏃 SPORT & AKTIVITÄTEN

LES BAINS DU MARAIS   WELLNESS

Karte S. 430 (☎01 44 61 02 02; www.lesbainsdu marais.com; 31–33 rue des Blancs Manteaux, 4e; ⊗Di–Do & So 10–23, Fr & Sa 10–20 Uhr; MRambuteau oder Hôtel de Ville) Die Verkörperung von Luxus ist dieser Hamam (türkisches Dampfbad), der altmodische und moderne Extras vereint: Minztee, levantinisches Dekor und mehr Pflegebehandlungen zum Verwöhnen, als man Aufzählen kann. Männlein und Weiblein nutzen das Bad samstags und sonntags ganztägig sowie mittwochabends gemeinsam (nur mit Badebekleidung), zu anderen Zeiten herrscht strikte Geschlechtertrennung.

NOMADESHOP   INLINESKATEN

Karte S. 430 (☎01 44 54 07 44; www.nomade shop.com; 37 bd Bourdon, 4e; halber/ganzer Tag ab 5/8 €; ⊗Di–Fr 11–13.30 & 14.30–19.30, Sa 10–19, So 12–18 Uhr; MBastille) Das Pariser „Harrods für Skatewütige" verkauft und verleiht Ausrüstung und Zubehör, darunter Schuhe, Helme, Ellbogen- und Knieschützer. Sonntags startet hier um 14.30 Uhr die „Randonnée en Rollers" (Spaziergang auf Rädern) rund um Paris. Sie dauert drei Stunden und wird vom Skateclub **Rollers & Coquillages** (Karte S. 430; www.rollers-coquil lages.org) GRATIS organisiert.

Bastille & östliches Paris

Highlights

❶ Eine Vorstellung in der modernen **Opéra Bastille** (S. 197) besuchen.

❷ Filmklassiker in der **Cinémathèque Française** (S. 197) ansehen.

❸ Auf der begrünten alten Hochbahnlinie **Promenade Plantée** (S. 197) spazierengehen.

❹ Das einzige mittelalterliche Schloss der Stadt, das **Château de Vincennes** (S. 198), besichtigen.

❺ Den Löwen, Breitmaulnashörnern, Giraffen und Bärenmardern im neu eröffneten **Parc Zoologique de Paris** (S. 198) einen Besuch abstatten.

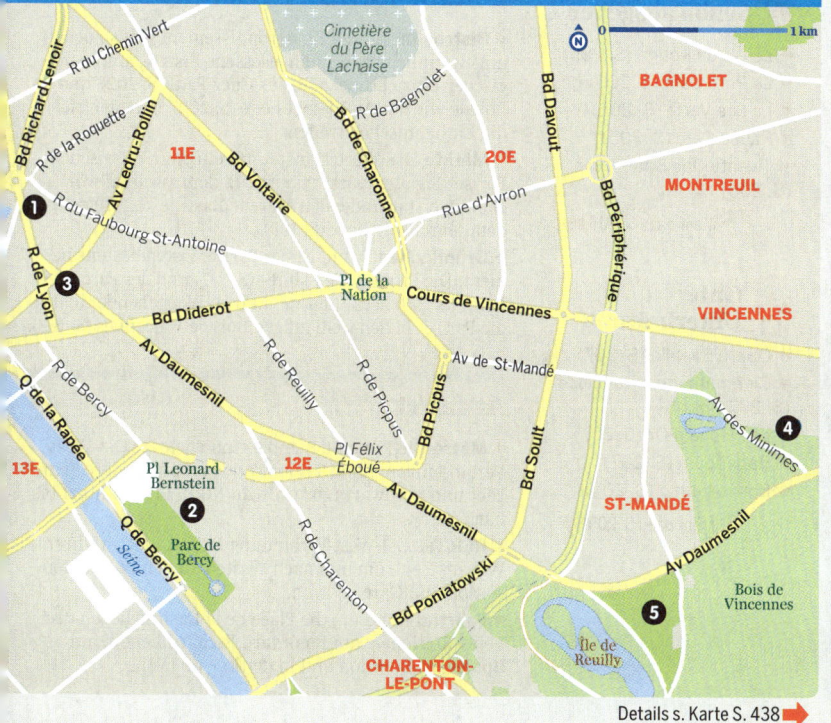

Details s. Karte S. 438 ➡

Top-Tipp

Die Lokale direkt an der Bastille sind relativ anonym und oft Kettenfilialen. Etwas weiter nördlich in der Rue de Charonne oder östlich in Richtung Métrostationen Ledru-Rollin und Faidherbe–Chaligny liegen viel interessantere Restaurants, nette, kleine Cafés und ausgefallene Läden, die den Reiz der Stadt ausmachen.

Gut essen

- ➡ Le 6 Paul Bert (S. 201)
- ➡ Bones (S. 201)
- ➡ Septime (S. 204)
- ➡ CheZaline (S. 199)
- ➡ À la Biche au Bois (S. 202)

Mehr dazu S. 199 ➡

Schön ausgehen

- ➡ Le Baron Rouge (S. 205)
- ➡ Le Pure Café (S. 205)
- ➡ La Fée Verte (S. 205)
- ➡ Pause Café (S. 205)
- ➡ Twenty One Sound Bar (S. 205)

Mehr dazu S. 205 ➡

Gute Unterhaltung

- ➡ Opéra Bastille (S. 207)
- ➡ Cinémathèque Française (S. 207)
- ➡ La Flèche d'Or (S. 207)
- ➡ Badaboum (S. 207)
- ➡ Barrio Latino (S. 207)

Mehr dazu S. 205 ➡

Rundgang: Bastille & östliches Paris

Wenn der Name „Bastille" fällt, denkt keiner an irgendwelche besonderen Sehenswürdigkeiten. Aber für Fußgänger hat die Gegend durchaus ihre Reize. Sie ist noch weitgehend Wohngebiet, sodass man bei einem Spaziergang Einblicke in den Alltag eines der dynamischsten Viertel der Stadt gewinnt. Wer gerne den Voyeur spielt, schlendert die begrünte Promenade Plantée entlang, um aus luftiger Höhe den einen oder anderen Blick in ein Pariser Wohnzimmer zu werfen.

Die eigentliche Faszination des ehemaligen Arbeiterviertels erschließt sich allerdings nicht durch ziellose *flânerie* (Bummeln), sondern durch den direkten Kontakt. Junge, aufgeweckte Köche geben der Gastroszene neue Impulse, in den unzähligen, preiswerten Bars und Cafés herrscht munteres Treiben und abends bietet sich eine bunte Palette von Ausgehmöglichkeiten, von der Avantgarde-Oper bis zum Indie-Rock.

Auch ein Ausflug in den Bois de Vincennes, den größten Park der Stadt, ist eine sichere Nummer. Ein Schloss und ein Zoo, Open-Air-Konzerte, Radtouren, Fußballspiele, Picknicks im Grünen – hier bieten sich vielfältige Möglichkeiten, die Großstadthektik vergessen.

Lokalkolorit

➡ **Bistros** Im 11. und 12. Arrondissement gibt's noch ungewöhnlich viele alteingesessene Bistros mit nostalgischer Einrichtung, z. B. das Chez Paul (S. 202), und Lokale wie das Au Vieux Chêne (S. 202), in denen sich die Einheimischen treffen.

➡ **Märkte** Das Viertel wartet mit ein paar klassischen Pariser Straßenmärkten auf, z. B. dem zweimal wöchentlich stattfindenden Marché Bastille (S. 199) oder dem Marché d'Aligre (S. 199).

➡ **Grünflächen** Damit ist der Pariser Osten bestens bedient: Die Promenade Plantée (S. 197) und der Parc de Bercy (S. 198) liegen zentral und am Wochenende zieht es die Pariser in den weitläufigen Bois de Vincennes (S. 198).

Anfahrt

➡ **Métro** Die Linien 1, 8 und 9 sind wichtige Ost-West-Verbindungen. Linie 5 führt südwärts ans andere Seine-Ufer und nordwärts zur Gare du Nord. Line 14 fährt bis nach Bercy.

➡ **RER** Die Ost-West-Verbindung RER A hält auf ihrem Weg ins Zentrum und nach Westen an den Bahnhöfen Nation und Gare de Lyon.

➡ **Fahrrad** Rund um die Place de la Bastille liegen drei Vélib'-Stationen: am Boulevard Richard Lenoir, am Boulevard Bourdon und in der Rue de Lyon.

⊙ SEHENSWERTES

PLACE DE LA BASTILLE   PLATZ

Karte S. 438 (Ⓜ Bastille) Die Bastille, eine im 14. Jh. errichtete Festung zum Schutz der Stadttore, existiert gar nicht mehr – ist aber trotzdem weltberühmt! Mit der Erstürmung des Gefängnisses, als das sie unter Kardinal Richelieu herhalten musste, begann am 14. Juli 1789 die Französische Revolution. Heute steht an dieser Stelle eine 52 m hohe, grün angelaufene Bronzesäule, gekrönt von der vergoldeten, geflügelten „Freiheit". Unter der Säule wurden Rebellen des Aufstands von 1830 begraben. Obwohl ringsum der Verkehr rauscht, ist die Place de la Bastille nach wie vor der symbolträchtigste Pariser Platz für politische Demonstrationen. Wer sich für die Fundamentreste der Bastille interessiert, kann zwischen dem Boulevard Henri IV und der Rue St-Antoine noch eine Dreierreihe von Pflastersteinen entdecken, die den Grundriss der Anlage nachzeichnet. In der Métrostation Bastille auf dem Bahnsteig der Linie 5 weisen Markierungen auf die Fundamente hin.

CINÉMATHÈQUE FRANÇAISE   MUSEUM

Karte S. 438 (www.cinematheque.fr; 51 rue de Bercy, 12e; Ausstellungen Erw./Kind 6/3 €; ⊙ Mo & Mi-Sa 12–19, So bis 20 Uhr; Ⓜ Bercy) Das kaum bekannte Juwel nicht weit vom Parc de Bercy wurde 1936 von dem Filmarchivar Henri Langlois ins Leben gerufen. Eines der beiden Museumsgebäude zeigt Wanderausstellungen (meist mit Hintergrundinformationen zu einem bestimmten Film), das andere widmet sich der Geschichte des Kinos, die mit Requisiten (z. B. aus dem Méliès-Klassiker *Die Reise zum Mond,* die auch in *Hugo Cabret* vorkommen), Apparaten von anno dazumal und diversen Clips berühmter Filme illustriert wird. Der Eingang befindet sich an der Place Léonard-Bernstein neben dem Park. Für Recherchen steht ein riesiges Filmarchiv zur Verfügung, im angeschlossenen Kino (S. 207) laufen täglich bis zu zehn verschiedene Streifen.

PROMENADE PLANTÉE   PARK

Karte S. 438 (12e; ⊙ Mai–Aug. 8–21.30, Sept.–April bis 17.30 Uhr; Ⓜ Bastille oder Gare de Lyon) Die stillgelegten Gleise der Vincennes-Linie (19. Jh.) wurden als erster erhöhter Park der Welt (mehrere Etagen über Straßenniveau) wiedergeboren und mit reichlich duftenden Kirsch- und Ahornbäumen, Rosenspalieren, Bambusalleen und Lavendel bepflanzt – und das Ergebnis ist begeistert angenommen worden. Hier oben eröffnet sich ein einzigartiger Blick auf die Architektur ringsum. Zugang hat man über mehrere Treppen (gewöhnlich eine pro Häuserblock) und Aufzüge (die sind aber nicht immer in Betrieb). Unten, auf Straßenniveau, erstrecken sich die Galerien und Ateliers des Viaduc des Arts (S. 208) längs der Avenue Daumesnil.

Ein Highlight unterwegs ist die Jugendstilpolizeiwache am Kopf der Rue de Rambouillet, zu erkennen an dem Dutzend riesiger identischer Marmorkaryatiden.

Die erhöhte Trasse hat nach 1,5 km im Jardin de Reuilly wieder Bodenhaftung, kann aber weiterverfolgt werden bis zum Bois de Vincennes. Dieser 3 km lange Abschnitt nennt sich Coulée Verte und ist auch für Radfahrer oder Inline-Skater attraktiv. Hinter den Tischtennisplatten am Square Charles Péguy erreicht man einen weiteren 200 m langen Abschnitt stillgelegter Gleise, der mittlerweile als Park dient, die Petite Ceinture (kleiner Gürtel). Hier wird sie als **Petite Ceinture du 12e** (PC 12; www.paris. fr; square Charles Péguy, 21 rue Rottembourg, 12e; ⊙ Mai–Aug. 9–20.30 Uhr, April & Sept. bis 19.30 Uhr, März bis 18 Uhr, Okt.–Feb. kürzere Öffnungszeiten; Ⓜ Michel Bizot) bezeichnet, zu der auch ein *jardin partagé* (Gemeinschaftsgarten) gehört.

OPÉRA BASTILLE   OPERNHAUS

Karte S. 438 (www.operadeparis.fr; 2–6 place de la Bastille, 12e; Führungen Erw./Kind 12/6 €; Ⓜ Bastille) Das Opernhaus war eines der letzten Prestige-Bauprojekte Mitterands. Es sollte mit 3400 Plätzen „Oper fürs Volk" bieten – dazu passte der Einweihungstermin am 13. Juli 1989, dem Vorabend des 200. Jahrestags des Sturms auf die Bastille.

Die 75-minütigen **Führungen** durch das Gebäude beginnen je nach Datum zu völlig unterschiedlichen Zeiten. Wann genau, stellt sich erst am **Ticketschalter** (Karte S. 438 ☎ 01 40 01 19 70; 130 rue de Lyon, 12e; ⊙ Mo–Sa 14.30–18.30 Uhr; Ⓜ Bastille) heraus, wo 10 Minuten vor Führungsbeginn Karten verkauft werden.

MAISON ROUGE   KUNSTMUSEUM

Karte S. 438 (www.lamaisonrouge.org; 10 bd de la Bastille; Erw./Kind 8/5,50 €; ⊙ Mi & Fr–So 11–19, Do bis 21 Uhr; Ⓜ Quai de la Rapée) Die avantgardistische Galerie, die im Andenken an

BOIS DE VINCENNES

Paris wird von zwei großen Parks flankiert: dem Bois de Boulogne im Westen und dem Bois de Vincennes auf der Ostseite. Der als königliches Jagdrevier dienende Bois de Vincennes wurde nach der Revolution von der Armee beschlagnahmt und schließlich 1860 von Napoleon III. an die Stadt übergeben. Er bietet nicht nur Erholung von der endlosen Pariser Betonwüste, sondern eine ganze Handvoll Attraktionen und ist zudem nicht weit von der Cité Nationale de l'Histoire de l'Immigration und dem Aquarium Tropical entfernt. Die Métrolinien 1 (St-Mandé, Château de Vincennes) und 8 (Porte Dorée, Porte de Charenton) haben Haltestellen am Ostrand des Parks. An der Rue de Midi, der Haupteinkaufsstraße von Vincennes, findet man alles, was man für ein Picknick braucht.

➜ **Château de Vincennes** (www.chateau-vincennes.fr; av. de Paris, Vincennes; Erw./Kind 8,50 €/frei; ◷Mitte Mai–Mitte Sept. 10–18 Uhr, Mitte Sept.–Mitte Mai bis 17 Uhr; ⓂChâteau de Vincennes) Das Schloss war im 12. Jh. nur eine biedere Jagdhütte, die im Laufe der Zeit ständig erweitert wurde und unter Ludwig XIV. ihre heutigen Ausmaße erreichte. Besonders der eindrucksvolle 52 m hohe Wachturm (1370) und die königliche Kapelle (1552) sind echte Hingucker und können besichtigt werden. Die Kapelle ist allerdings nur von 11 bis 12 Uhr und von 14.30 bis 16 Uhr geöffnet.

➜ **Parc Zoologique de Paris** (Zoo de Vincennes; http://parczoologiquedeparis.fr; Ecke Daumesnil & rte de la Ceinture du Lac, 12e; Erw./Kind 22/16,50 €; ◷Mitte März–Mitte Okt. Mo–Fr 10–18, Sa & So 9.30–19.30 Uhr, Mitte Okt.–Mitte März tgl. 10–17 Uhr; ⓂPorte Dorée) 2014 wurde der größte Zoo der Stadt nach langjähriger Renovierung und Modernisierung wiedereröffnet. Sein Hauptanliegen ist die Erhaltung von Arten und Lebensräumen und die Gäste betrachten die Tiere von getarnten Aussichtspunkten aus. Verschiedene Regionen der Erde sind vertreten: Patagonien mit Seelöwen und Pumas, die Savanne der Sahel-Zone mit Löwen, Breitmaulnashörnern und Giraffen, die Waldgebiete Europas mit Wölfen, Luchsen und Bärenmardern, der Regenwald von Guayana mit Jaguaren, Affen und Anacondas und Madagaskar, die Heimat der Lemuren. Weitere Highlights sind die australischen Beuteltiere und Manatis (Seekühe).

➜ **Parc Floral de Paris** (Erw./Kind 5,50/2,75 €; ◷April–Sept. 9.30–20 Uhr, während des Winterhalbjahrs kürzer) Der wunderbare botanische Garten ist ein Highlight des Bois de Vincennes. Hobbygärtner sind beeindruckt von der naturnahen Landschaftsgestaltung und der umfangreichen Pflanzensammlung. Der größte Pariser Spielplatz (mit riesigen Kletternetzen, Rutschbahnen, Spieltürmen, Sandkästen usw.) begeistert vor allem Familien. Da den ganzen Sommer über Open-Air-Konzerte stattfinden, ist der Park auch für Picknicks äußerst beliebt.

➜ **Lac Daumesnil** (ⓂPorte Dorée) Der größte See im Bois de Vincennes könnte Renoir als Vorlage für ein Gemälde gedient haben. In den warmen Monaten tummeln sich hier Wanderer und Ruderer (30 Min. ab 12 €). Ganz in der Nähe steht ein buddhistischer Tempel.

ihren Stifter den Beinamen „Fondation Antoine de Galbert" trägt, stellt zeitgenössische Kunst und selten gezeigte Werke aus Privatsammlungen aus. Achtung: Wenn gerade keine Ausstellung läuft, hat alles geschlossen.

PARC DE BERCY   PARK

(rue Paul Belmondo; ◷Mo–Fr 8 Uhr–Sonnenuntergang, Sa & So ab 9 Uhr; ⓂCour St-Émilion oder Bercy) Wo früher ein Weinlager stand, lädt nun dieser weitläufige, schön angelegte Park zum Picknicken und Herumtoben ein. Im 19. Jh. war Bercy als „internationaler Weinkeller" weltberühmt, denn dank seiner verkehrsgünstigen Lage an der Seine, aber außerhalb von Paris, konnte der Alkohol hier schnell und zollfrei angeliefert werden.

Mauerreste an der Cour St-Émilion, wo die Lagerhäuser einst standen, sowie alte Bahngleise, verwilderte Rebstöcke und andere Überbleibsel erinnern an die goldenen Zeiten.

CITÉ NATIONALE DE L'HISTOIRE DE L'IMMIGRATION
MUSEUM

(www.histoire-immigration.fr; 293 av. Daumesnil, 12e; Eintritt 4,50 €, inkl. Aquarium Tropical 8 €; ⊙Di–Fr 10–17.30, Sa & So bis 19 Uhr; ⓂPorte Dorée) Mit vielen nachdenklich Dokumenten und Objekten packt das nachdenklich machende Museum ein sensibles Thema an und behandelt dabei so unterschiedliche Gruppen wie Vietnamesen, Portugiesen, Juden und Russen. Die Multimedia-Ausstellung „Repères" (Bezugspunkte) sowie die Sammlung persönlicher Gegenstände, die von Privatleuten gespendet wurden, gehen unter die Haut. Untergebracht ist das Ganze im prächtigen Palais de la Porte Dorée von 1931, zusammen mit dem Aquarium Tropical. Bei Wechselausstellungen wird ein höherer Eintritt erhoben.

AQUARIUM TROPICAL
AQUARIUM

(www.aquarium-portedoree.fr; 293 av. Daumesnil, 12e; Eintritt 5 €, inkl. Cité Nationale de l'Histoire de l'Immigration 8 €; ⊙Di–Fr 10–17.30, Sa & So bis 19 Uhr; ⓂPorte Dorée) Dass das Aquarium schon etwas antiquiert ist, nehmen die Pariser Familien angesichts der niedrigen Eintrittspreise gerne in Kauf. Es liegt im Untergeschoss des Palais de la Porte Dorée, in dem auch das Museum für Immigration zu Hause ist.

LA MANUFACTURE 111
KULTURZENTRUM

(111 rue des Pyrénées, 20e; ⊙Fr 18–22, Sa 12–22, So 12–20 Uhr, können sich aber auch mal ändern!; ⓂMaraîchers) Das avantgardistische neue Kulturzentrum bietet viel Platz (1500 m²) für Street Art und Hip-Hop, die beiden Kernstücke der Ausstellungen. Darüber hinaus steht ein Food Truck bereit und es werden Konzerte und viele andere Veranstaltungen geboten. Aktuelle Infos auf der Facebook-Seite oder via Twitter.

 **ESSEN**

Die kulinarischen Erlebnisse im Viertel Bastille werden einerseits von einer Handvoll hochgelobter Nachwuchsköche geprägt, die die Pariser Gastroszene mit ihren hippen *néo-bistros* aufgemischt haben. Andererseits schwingen hier noch einige Traditionalisten den Kochlöffel, die auf ihre heiß geliebten französischen Klassiker schwören.

CHEZ ALINE
IMBISS €

Karte S. 438 (85 rue de la Roquette, 11e; Gerichte 6,50–9 €; ⊙Mo–Fr 11–17.30 Uhr; ⓂVoltaire) Die frühere Pferdeschlachterei (auf Franz. *chevaline,* deshalb auch das Wortspiel mit dem Namen) ist eine tolle Adresse für saisonal unterschiedlich belegte Baguettes mit Leckerbissen wie Schinken oder hausgemachtem Pesto. Ebenfalls köstlich sind die Salate und selbst gemachten Terrinen. Es gibt nur eine Handvoll Sitzplätze, aber reichlich Parks in der Nähe. Schlangestehen einplanen.

LE SIFFLEUR DE BALLONS
WEINLOKAL €

Karte S. 438 (www.lesiffleurdeballons.net; 34 rue de Citeaux, 12e; Menü mittags 14 €, Hauptgerichte 7–16 €; ⊙Di–Fr 10.30–15 & 17.30–23, Sa 10.30–23 Uhr; ⓂFaidherbe–Chaligny) Mit Tom Waits im Hintergrund und Kakteen an der Kasse wirkt das moderne Lokal wie ein Botschafter Kaliforniens. Aber die Weine sind alle französisch (und bio!) und werden von einer Auswahl kleiner, feiner Snacks ergänzt: *tartines* (belegte Brote), Suppen, Linsensalat mit Trüffelöl, Käseteller und iberische Wurstwaren. Für die wöchentlichen Weinproben mit Winzern kann man nicht reservieren, deshalb lieber nicht zu spät hereinschneien.

MARCHÉ BASTILLE
MARKT €

Karte S. 438 (bd Richard Lenoir, 11e; ⊙Do & So 7–14.30 Uhr; ⓂBastille oder Richard Lenoir) Wer nur einen Freiluft-Straßenmarkt in sein Paris-Programm einbauen kann, sollte sich diesen hier aussuchen. Er erstreckt sich zwischen den Métrostationen Bastille und Richard-Lenoir und ist nur schwer zu toppen.

MARCHÉ D'ALIGRE
MARKT €

Karte S. 438 (http://marchedaligre.free.fr; rue d'Aligre, 12e; ⊙Di–Sa 8–13 & 16–19.30 Uhr, So 8–13.30 Uhr; ⓂLedru-Rollin) Auf diesem chaotischen Markt sind alle Facetten der französischen Küche vertreten, von Käse über Kaffee, Schokolade, Wein und Wurstwaren bis hin zu tunesischem Gebäck. Der ideale Ort, um sich spontan ein Mittagspicknick zusammenzustellen, wobei das Angebot des überdachten **Marché Beauvau** im Zentrum der Place d'Aligre ein bisschen hochwertiger ist. Der morgendliche Flohmarkt **Marché aux Puces d'Aligre** (Karte S. 438; place d'Aligre, 12e; ⊙Di–So 8–13 Uhr; ⓂLedru-Rollin) findet hier statt.

Einen Abstecher wert sind auch das **Pink Flamingo** (Karte S. 438; www.pinkflamingo pizza.com; 23 rue de l'Aligre, 12e; Pizzas 11,50–17€; ⊙Di–So12–15 & 19–23.30 Uhr; MLedru-Rollin) und die Boulangerie **Moisan** (Karte S. 438; 5 place d'Aligre, 12e; ⊙Di–Sa 6.30–20.30, So bis 14 Uhr; MLedru-Rollin).

GENTLE GOURMET CAFÉ CAFÉ, VEGAN €

Karte S. 438 (☑01 43 43 48 49; www.gentlegour metcafe.com; 24 bd de la Bastille, 12e; Hauptgerichte 14–19€; ⊙Di–So 11.30–15 & 18–23 Uhr; ☎✓; MBastille) 🌿 Zu viel *steak-frites* gefuttert? Dann ist das Gentle Gourmet Café der richtige Ort für eine Abwechslung. Sämtliche Gerichte sind vegan und bestehen vornehmlich aus Bioprodukten. Es gibt Tofu-Ricotta-Cannelloni, Pilz-Burger in Sesambrötchen, Lasagne u. Ä. und dazu entgiftende Säfte und Tees. Durch die großen Fenster fällt viel natürliches Licht, die schönsten Plätze befinden sich aber auf der Terrasse.

MISS LUNCH BEI
PREMIÈRE PRESSION PROVENCE CAFÉ €

Karte S. 438 (☑01 53 33 03 59; www.lunchinthe loft.com; 3 rue Antoine Vollon, 12e; 2-Gänge-Menü 15€, Hauptgerichte 12€; ⊙Do & Fr 12–14.30 & 19–22.30, Mi & Sa 12–14.30 Uhr; MLedru-Rollin) Was still und leise als Supper Club (Abendessen für angemeldetete Gäste) oder vielmehr Lunch Club begann, hat die Köchin und bildende Künstlerin Claude Cabri, auch bekannt als Miss Lunch, in Zusammenarbeit mit Olivier Baussan, dem Gründer von Première Pression Provence, in ein einzigartiges Café verwandelt. Baussans kaltgepresste AOC-Olivenöle *(huiles d'olive)* sind u. a. Bestandteil des Hüttenkäsesalats mit Gurke, Paprika und Minze an Piombi-Pasta. Die leichten, fruchtigen Öle stehen auch zum Verkauf. Außerdem kann man Kochunterricht nehmen (ab 120 € für 2½ Std. inkl. Essen und Wein). Cabri veranstaltet nach wie vor an einem Sonntag im Monat ein mehrgängiges „Lunch in the Loft" (70 €).

PARIS HANOÏ VIETNAMESISCH €

Karte S. 438 (☑01 47 00 47 59; www.parishanoi. fr; 74 rue de Charonne, 11e; Hauptgerichte 9,80–11€; ⊙12–14.30 & 19–22.30 Uhr; MCharonne) Das Lokal mit der fröhlichen Atmosphäre sorgt mit *pho* (Nudelsuppe mit Rindfleisch) und anderen vietnamesischen Klassikern für glückliche Mienen. Da nicht reserviert

werden kann, aber ganz Paris unbedingt hier essen will, ist mit Schlangen zu rechnen. Wer schon immer lernen wollte, vietnamesisch zu kochen: Eine Stunde Unterricht ist ab 33 € zu haben.

40/60 PIZZERIA €

Karte S. 438 (www.40x60.fr; 44 rue Trousseau, 11e; Pizzastücke ab 10€; ⊙Mo 12–15, Di–Do 12–15 & 18–22.30, Fr & Sa 12–15 & 18–23 Uhr; MLedru-Rollin) Eine hippere Pizzeria als das 40/60 mit seinen schwarz-weißen, optisch verwirrenden Bodenfliesen (aus Spanien importiert) und genuesischen Pizzen, die auf Riesenblechen gebacken und stückweise verkauft werden, wird schwer zu finden sein. Das Preissystem ist für Nicht-Mathematiker zwar recht unübersichtlich, aber der fluffige Teig ist etwas Denksport wert. Es gibt auch Pizza zum Mitnehmen.

CRÊPERIE BRETONNE BRETONISCH, CRÊPERIE €

Karte S. 438 (☑01 43 55 02 29; 67 rue de Charonne, 12e; Crêpes 3,40–10,20€; ⊙Mo–Sa 12–14.15 & 19–23, So 19–22 Uhr; MCharonne) Essen wie in der Bretagne: Die Gäste dürfen sich auf authentische Buchweizen-*galettes* und herrlich buttrige, süße Crêpes freuen. Schwarz-Weiß-Fotos aus der Bretagne erzeugen Fernweh. Das kann man mit einem Glas Cidre (Val de Rance) begießen. *Yec'hed mat* (Prost)!

L'ENCRIER BISTRO €

Karte S. 438 (☑01 44 68 08 16; www.restaurant encrier-paris.fr; 55 rue Traversière, 12e; 2-/3-Gänge-Menü mittags 13,50/15,50€, abends 17,50/20,90; ⊙Mo–Fr 12–14.15 & 19.30–23, Sa 19.30–23 Uhr; MLedru-Rollin oder Gare de Lyon) Im „Tintenfass" ist immer Betrieb, vor allem mittags, denn die Portionen sind großzügig: Es gibt Steak mit Roquefortsauce, gewürzte, zarte Schweinebäckchen oder auch Gemüselasagne. Mindestens genauso überzeugend sind die preiswerten Menüs, die offene Küche und das große Panoramafenster.

AGUA LIMÓN TAPAS €

Karte S. 438 (☑01 43 44 92 24; www.restaurant agualimon.com; 12 rue Théophile Roussel, 12e; Tapas 5–13€, 2-/3-Gänge-Menü mittags 12/16,50€; ⊙Di–Sa 12–14 & 19.30–23 Uhr; ☎; MLedru-Rollin) Das in Zitronengelb gehaltene Tapaslokal verströmt Mittelmeeratmosphäre. Auf der Karte stehen Klassiker wie katalanischer Tintenfisch, in Olivenöl eingelegter

Ziegenkäse und *patatas bravas* (gebratene Kartoffelschnitze mit feuriger Tomatensauce). Neben einer Auswahl spanischer Weine gibt's auch Sangria.

BAR À SOUPES · SUPPE €

Karte S. 438 (www.lebarasoupes.com; 33 rue de Charonne, 11e; Suppen 5,50–6 €, Menü mittags 11,30 €; ⊙Mo–Mi 12–15 & 18.30–22.30, Do–Sa 12–15 & 18.30–23 Uhr; MLedru-Rollin) Mit 36 verschiedenen Suppen pro Woche (jeden Tag sechs andere) kann eigentlich nichts schiefgehen, da ist für jeden etwas schönes Warmes dabei. Publikumslieblinge sind Kürbis-Kastanien-Borschtsch, cremige rote Linsensuppe mit Kokosmilch, Blumenkohl mit Blauschimmelkäse aus der Auvergne und die mit Wodka abgeschmeckte Bloody Mary.

À LA BANANE IVOIRIENNE · AFRIKANISCH €

Karte S. 438 (☑01 43 70 49 90; 10 rue de la Forge Royale, 11e; 3-Gänge-Menü 28,50 €, Hauptgerichte 10,50–15,50 €; ⊙Di–Do 19–23, Fr & Sa bis 23 Uhr; ☑; MLedru-Rollin) Eine echte Institution. À La Banane Ivoirienne hält sich seit mehr als zwanzig Jahren in Paris und ist für hervorragende ivorische Küche bekannt. Die westafrikanischen Spezialitäten, darunter auch ein gut bestückter vegetarischer Teller, werden in einem relaxten, netten Ambiente zwischen reichlich Nippes kredenzt.

BISTROT MÉLAC · TRADITIONELL FRANZÖSISCH €

Karte S. 438 (☑01 43 70 59 27; http://bistrot-melac.fr; 42 rue Léon Frot, 11e; Menü mittags 15 €, Hauptgerichte 12–22 €; ⊙Küche Di–Sa 12–23 Uhr; MCharonne) Umrahmt von bejahrten Weinranken verteidigt die gemütliche Weinbar seit 1938 das heimische kulinarische Kulturgut. Nur Barzahlung.

★ LE 6 PAUL BERT · BISTRO €€

Karte S. 438 (☑01 43 79 14 32; 6 rue Paul Bert, 12e; 2-/3-Gänge-Menü mittags 15/19 €, 4-Gänge-Menü abends 44 €; ⊙Di 12–14, Mi–Sa 12–14 & 19.30–23 Uhr; MFaidherbe–Chaligny) Bertrand Auboyneau vom benachbarten Bistrot Paul Bert und Louis-Philippe Riel aus Quebec haben das Le 6 gemeinsam eröffnet. Das Markenzeichen sind umwerfende Menüs mit mehreren Gängen aus recht kleinen Portionen. Diese außergewöhnlichen, mit Hingabe angerichteten Leckereien entstehen in Riels offener Küche und wechseln täglich, die Geschmackskombinationen sind aber immer wieder überraschend: Wachtel/ Kohlrabi, Spargel/Seeteufel, Artischocke/ weiße Schokolade etc.

★ BONES · BISTRO €€

Karte S. 438 (☑09 80 75 32 08; www.bonesparis.com; 43 rue Godefroy Cavaignac, 11e; Bargerichte 4–16 €, 4-/5-Gänge-Menüs 47/55 €; ⊙Küche Di–Sa 19–23 Uhr; MVoltaire) Selbst wenn man keine Reservierung für die „erste Runde" (19–19.30 Uhr) in dem brandheißen neuen Bistro des Australiers James Henry bekommt, gibt es noch einen Plan B: die zweite Runde (21.30–22.30 Uhr), bei der gilt: Wer zuerst kommt, mahlt zuerst (keine Reservierungen). Und wenn das auch nicht klappt, kann man die typisch kleinen

LES PASSAGES DE LA BASTILLE

Ursprünglich lag die Gegend östlich der Bastille außerhalb der Stadtgrenze und gehörte zur nahe gelegenen Abtei Saint-Antoine (dem heutigen Krankenhaus St-Antoine). 1471 gewährte Ludwig XI. der Abtei ein ungewöhnliches Privileg: Die auf dem Abteigelände tätigen Handwerker wurden von Steuerzahlungen an die Stadt befreit und – noch wichtiger – mussten sich nicht an die strengen Zunftregeln halten, die jegliche Innovation unterbanden. So strömten Schreiner, Lackierer, Vergolder und weitere Handwerker in Scharen herbei. Ihre Gewerbe erfuhren einen kreativen Schub, der sich in neuen Möbeldesigns niederschlug. Im Verlauf der Jahrhunderte entstanden die Stilrichtungen Louis XIV, Louis XV und Louis XVI, die sich großer Beliebtheit erfreuten.

Bis heute erinnern die phantasievollen Namen der Passagen und Innenhöfe an diese handwerkliche Blütezeit (besonders entlang der Rue du Faubourg St-Antoine verstecken sich viele ehemalige Werkstätten). Doch wo früher gehämmert und gesägt wurde, sitzen heute Architekten und Grafiker vor ihren Computern und in einigen Ateliers haben sich angesagte Restaurants eingenistet.

Portionen mit geräucherter Auster, Rinderherzen, Wolfsbarsch-Carpaccio, hausgepökeltem Aufschnitt u. Ä. an der quirligen Bar verdrücken.

À LA BICHE
AU BOIS   TRADITIONELL FRANZÖSISCH €€

Karte S. 438 (☏01 43 43 34 38; 45 av. Ledru-Rollin, 12e; ⊙Mo 19–22.45, Di–Sa 12–14.30 & 19–22.45 Uhr; ⊙3-Gänge-Menü mittags 29,80 €, Hauptgerichte 17–22,50 €; Ⓜ Gare de Lyon) Wild, insbesondere *la biche* (Reh), ist die Leibspeise im „Reh im Wald", einem traditionellen, geselligen Restaurant, in dem auch Klassiker wie Foie gras und *coq au vin* auf der Karte stehen. Das Essen, die grüne Markise und die Topfpflanzen vor der Tür schaffen ein stimmiges Ambiente, das einen fast aufs Land versetzt. Käse und Wein schmecken hervorragend, aber unser Favorit (mal vom Wild abgesehen) sind die sensationellen *frites*.

CLAMATO   FISCH & MEERESFRÜCHTE €€

Karte S. 438 (www.septime-charonne.fr; 80 rue de Charonne, 11e; Tapas 6–19 €; ⊙Mo–Fr 19–23, Sa & So 12–23 Uhr; Ⓜ Charonne) Wer spät kommt, hat das Nachsehen. Anders als in dem hochgelobten Schwesterrestaurant und Nachbarn Septime (S. 204) werden im Clamato keine Reservierungen angenommen. Aber es wäre wirklich jammerschade, die herrlichen Fisch- und Meeresfrüchte-Tapas von Bertrand Grébaut und Théo Pourriat zu verpassen. Die Karte wechselt täglich, aber zu den üblichen Verdächtigen zählen Zwiebel-Confit und Safran, gebackene Schwertmuscheln mit zerstoßenen Erdnüssen und Kräuterbutter oder Oktopus-Carpaccio mit Pampelmusenfruchtfleisch.

BISTROT PAUL BERT   BISTRO €€

Karte S. 438 (☏01 43 72 24 01; 18 rue Paul Bert, 11e; 3-Gänge-Menü mittags/abends 19 €; ⊙Di–Sa 12–14 & 19.30–23 Uhr; Ⓜ Faidherbe–Chaligny) Wenn die Restaurantkritiker die besten Bistros der Stadt nominieren, taucht immer wieder der Name Paul Bert auf der Hitliste auf. Das zeitlose Vintage-Ambiente und die perfekt gemachten Küchenklassiker wie *steak-frites* und der Brandteigring Paris-Brest (mit Haselnuss-Buttercremefüllung) sind Grund genug, um hier einen Tisch zu bestellen. Ebenfalls einen Besuch wert sind L'Écailler du Bistrot (S. 204) für Fisch und Meeresfrüchte und das Le 6 Paul Bert (S. 201) für Tapas in derselben Straße.

LE COTTE RÔTI   NEO-BISTRO €€

Karte S. 438 (☏01 43 45 06 37; 1 rue de Cotte, 12e; 2-/3-Gänge-Menü mittags, 3-Gänge-Menü abends 39 €; ⊙Di–Fr 12–14.30 & 20–23, Sa 20–23 Uhr; Ⓜ Ledru-Rollin) Die moderne Küche von Nicolas Michel und ein schicker Speisesaal mit dunklen Möbeln sorgen mit Sicherheit dafür, dass dieses bislang noch unbekannte Restaurant bald voll durchstarten wird. Die Kellner erklären das *menu* detailliert; zu den Klassikern gehören Michels Vorzeigegericht *épaule d'agneau confite* (im eigenen Fett ausgekochte Lammschulter) und umwerfende Desserts à la Pistazien-Soufflé. Unbedingt reservieren.

AU VIEUX CHÊNE   BISTRO €€

Karte S. 438 (☏01 43 71 67 69; www.vieuxchene. fr; 7 rue du Dahomey, 11e; 2-/3-Gänge-Menü mittags 15/19 €, abends 28/33 €; ⊙Mo–Fr 12–14 & 20–22.30 Uhr; Ⓜ Faidherbe–Chaligny) In einer ruhigen Seitenstraße mit traditionellen Schreinerwerkstätten liegt dieses Bistro im Retro-Look. Es bietet leckere, von den Jahreszeiten geprägte Menüs an, Spezialitäten wie mit Foie Gras gefülltes Kaninchen und exquisite Weine. Drei der schmiedeeisernen Säulen, die das Gebäude stützen, stehen unter Denkmalschutz.

CHEZ PAUL   BISTRO €€

Karte S. 438 (☏01 47 00 34 57; www.chezpaul. com; 13 rue de Charonne, 11e; 2-/3-Gänge-Menü mittags 18/21 €, Hauptgerichte 16–26 €; ⊙Mo–Fr 12–15 & 19–0.30, Sa & So 12–0.30 Uhr; Ⓜ Ledru-Rollin) Hier würde Oma Tränen der Rührung vergießen: rot-weiß karierte Servietten, verblasste Fotos an den Wänden, abgewetzte rote Sitzbänke und handgeschriebene, vergilbte Speisekarten mit französischer Traditionsküche. Wer das einfachste Gericht wählt (und rechtzeitig einen Tisch reserviert hat), kann nichts falsch machen.

YARD   MODERN FRANZÖSISCH €€

Karte S. 438 (☏01 40 09 70 30; 6 rue de Mont Louis, 11e; 3-Gänge-Menü mittags 18 €, Hauptgerichte 15–18 €; ⊙Mo 12–14.30, Di–Fr 12–14.30 & 20–22.30 Uhr; Ⓜ Philippe Auguste) Das Bistro mit der stimmungsvollen Terrasse nahe dem Friedhof Père Lachaise steht auf einem ehemaligen Bauhof. Shaun Kelly (war früher beim Au Passage) und Elenie Sapera (vom Bones) werkeln in der offenen Küche und an der Tapasbar. Auf der täglich wechselnden Karte stehen saisonale Gerichte wie Frühlingslamm mit Lauch. Abends besser reservieren.

À LA RENAISSANCE   CAFÉ €€
Karte S. 438 (☑01 43 79 83 09; 87 rue de la Roquette, 11e; Menü mittags/abends 22/30 €, Hauptgerichte 10,50–22 €; ☺Küche 12–14.30 & 19.30–23 Uhr; ⓂVoltaire) Zugegeben, das beliebte Café liegt ziemlich abseits, wird aber wegen seiner authentischen Küche hauptsächlich von Einheimischen frequentiert. Neben Käseplatten mit Wein gibt's hier Makrelen-*rillettes,* Tatar und die immer beliebten *œufs à la coq aux tartines* (wachsweiche Eier auf Toast).

LE SQUARE TROUSSEAU   CAFÉ €€
Karte S. 438 (☑01 43 43 06 00; www.square trousseau.com; 1 rue Antoine Vollon, 12e; Hauptgerichte 18–26 €; ☺Küche 12–14.30 & 19–22 Uhr; ☎; ⓂLedru-Rollin) Mit seinen gravierten Glasfenstern, dem Zinktresen und den auf Hochglanz polierten Holzpaneelen gilt das altehrwürdige Bistro (seit 1900 im Geschäft) schon fast als Pariser Wahrzeichen. Die Mahlzeiten sind typisch französisch. Auch immer wieder gut: ein Tässchen Kaffee und ein Croissant auf der Terrasse.

UNICO   ARGENTINISCH €€
Karte S. 438 (☑01 43 67 68 08; www.resto-unico. com; 15 rue Paul Bert, 11e; Hauptgerichte 27–43 €; ☺Mo 20–23, Di–Sa 12.30–14.30 & 20–23 Uhr; ⓂFaidherbe–Chaligny) Die sehr trendige, sehr auf Orange fixierte argentinische *parrilla-da* (Steakhaus) hat sich in einer ehemaligen Metzgerei eingerichtet und setzt auf den Look der 1970er-Jahre. Kulinarisch dreht sich alles um Fleisch, das *entrecôte* vom Grill mit dicken Pommes ist ein absoluter Hit. Gewählt wird nicht von der Speisekarte, sondern von einem Schaubild mit den verschiedenen Teilen des Rindes.

Den argentinischen Wein dazu bekommt man in der benachbarten *bodega*, El Galpon (S. 208).

COCOTTE ET CANOU   BISTRO €€
Karte S. 438 (☑01 43 70 81 77; 3 Cité de Phalsbourg, 11e; 2-/3-Gänge-Menü 24/29,50 €; ☺Mo–Do 12–14 & 18–22.30, Fr 12–14 & 18–23 Uhr; ⓂCharonne) Der Daumen der Bürgermeisterin von Paris, Anne Hidalgo, zeigt nach oben, wenn es um dieses Bistro geht, das versteckt an einer kleinen Gasse gelegen ist. Dennoch haben es die meisten Tou-

risten und auch viele einheimische Feinschmecker noch nicht wirklich auf dem Schirm. Der Speisesaal mit den auffälligen roten Farbakzenten wirkt belebend. Täglich wechselt das Speisenangebot; man darf sich auf Schmankerln wie gegrillte Jakobsmuscheln mit karamellisiertem Chicorée und Safran freuen. Alle Zutaten sind frisch und auch der Wein ist ausgezeichnet. Insgesamt ein toller Laden mit fairen Preisen.

LES AMIS DES MESSINA   SIZILIANISCH €€
Karte S. 438 (☑01 43 67 96 01; www.lesamisdes messina.com; 204 rue du Faubourg St-Antoine, 12e; Pasta 12,40–22 €, Hauptgerichte 18–25 €; ☺Mo–Fr 12–14.30 & 19.30–23, Sa 19.30–23 Uhr; ⓂFaidherbe–Chaligny) Küchenchef Ignazio Messina wirbelt durch das Restaurant mit den Steinwänden und während im Topf köstliche Pastagerichte schmurgeln, filetiert er nebenher noch fangfrische *pisci* (Fische), zerlegt *carni* (Fleisch) und schüttelt alle möglichen sizilianischen Spezialitäten aus dem Ärmel. Die Antipastiplatte des Hauses für zwei Personen ist ein guter Anfang.

LE VIADUC CAFÉ   INTERNATIONAL, CAFÉ €€
Karte S. 438 (☑01 44 74 70 70; www.leviaduc-cafe.com; 43 av. Daumesnil, 12e; 2-Gänge-Menü 15,50 €, Hauptgerichte 12–21,50 €, Jazz-Brunch 25 €; ☺Küche 12–23 Uhr; 👶; ⓂGare de Lyon) In einem der verglasten Bogen des Viaduc des Arts (S. 208) ist ein helles Café untergebracht, das sich hervorragend zum Innehalten und Sinnieren oder auch zum Leutebeobachten auf der Terrasse eignet. Die beste Zeit für einen Besuch ist der sonntägliche Jazz-Brunch (12–16 Uhr).

CHALET SAVOYARD   FONDUE €€
Karte S. 438 (☑01 48 05 13 13; www.chalet-savoyard.fr; 58 rue de Charonne, 11e; 3-Gänge-Menü 29 €, Hauptgerichte 13–21 €; ☺So–Do 12–14.30 & 19–23 Uhr, Fr & Sa bis 24 Uhr; ⓂLedru-Rollin) Fondue-Restaurants sind in Paris spärlich gesät. Umso beliebter ist die herzhafte Küche dieses Restaurants: Alpenspeziali täten wie *tartiflette* (mit Reblochon und S peck überbackene Kartoffeln), Raclette (dazu Kartoffeln, wie es sich gehört) und 12 verschiedene Fonduevarianten.

L'ÉBAUCHOIR   BISTRO €€
Karte S. 438 (☑01 43 42 49 31; www.lebauchoir. com; 45 rue de Cîteaux, 12e; Hauptgerichte

18–24 €; ⊙Mo 20–23, Di–Do 12–14.30 & 20–23, Fr & Sa 12–14.30 & 19.30–23 Uhr; MFaidherbe–Chaligny) Die ehemalige Abfütterungsstelle für Arbeiter hat sich zum geselligen Gourmet-Bistro entwickelt, wo sich Stammkunden gerne von Thomas Dufours neuesten Kreationen überraschen lassen. Seine Linsen mit Beaufort-Käse oder die Kalbsleber mit Honig und Ingwer haben voll eingeschlagen.

LES DOMAINES QUI MONTENT WEINLOKAL €€
Karte S. 438 (☎01 43 56 89 15; www.lesdomaines quimontent.com; 136 bd Voltaire, 11e; Menüs 15,50 €; ⊙Küche Mo–Sa 12–14 Uhr; MVoltaire) Die Domaines Qui Montent gab es schon, bevor die *caves à manger* (Weinfachhandel plus Restaurant) in Mode kamen, weshalb sie auch nicht so trendig gestylt sind. Aber dafür überzeugt das Angebot: Ein einfaches Zweigängemenü, wozu das riesige Weinrepertoire die passende Flasche bereithält.

CHEZ RAMULAUD BRASSERIE €€
Karte S. 438 (☎01 43 72 23 29; 269 rue du Faubourg St-Antoine, 11e; Menü mittags 12–15 €, Abendessen 29 €; ⊙Mo–Fr 12–14.30 & 19.30–22.30, Sa 19.30–22.30 Uhr; MFaidherbe–Chaligny) Mit ihrer friedlichen Retro-Atmosphäre erinnert die altmodische Brasserie an ein alteingesessenes Restaurant auf dem Land. Auf der Schiefertafel stehen Tagessuppen, Terrinen, weiche Eier mit Pilzen der Saison und andere Klassiker, die satt und glücklich machen.

SWANN ET VINCENT ITALIENISCH €€
Karte S. 438 (☎01 43 43 49 40; www.swann-vince nt.fr; 7 rue St-Nicolas, 12e; Hauptgerichte 13–19 €, Menü mittags 17,50 €; ⊙12–14.30 & 19.45–23.30 Uhr; MLedru-Rollin) In dem eleganten, altmodischen Restaurant haben Paris und Italien ein Rendezvous. Das Angebot auf der großen Schiefertafel reicht von Safranrisotto mit Speck bis Kalbskotelett mit Zitrone. Bei der Auswahl ist das unverkrampfte Personal gerne behilflich. Tipp: Vorweg nicht so viel vom Olivenbrot mit Kräutern naschen, damit Platz für das Tiramisu bleibt.

LE SOUK NORDAFRIKANISCH €€
Karte S. 438 (☎01 49 29 05 08; www.le-souk-paris.com; 1 rue Keller, 11e; Menü 18,50–24,50 €; ⊙Di–So 12–14.30 & 19–24 Uhr; ✐; MLedru-Rollin) Das Ambiente macht fast genauso viel Laune wie die Speisekarte – draußen prangen Tontöpfe mit Gewürzen, innen ist das Lokal marokkanisch eingerichtet. Das Essen steht dem Dekor in punkto Authentizität in nichts nach, Enten-*tajine,* Tauben-*pastilla* (Pastete) und vegetarisches Couscous entführen in den Orient.

SEPTIME MODERN FRANZÖSISCH €€€
Karte S. 438 (☎01 43 67 38 29; 80 rue de Charonne, 11e; Menü mittags 28–55 €, abends 58 €; ⊙Mo 19–22, Di–Fr 12.15–14 & 19–22 Uhr; MCharonne) Das Studieren der Karte im Septime, das neuerdings ein Michelin-Stern ziert, bringt nicht viel, denn sie liest sich wie eine Einkaufsliste (Nierenzapfen/Chicorée/Wurzelgemüse, Hühnerei/Foie gras/Bauchspeck). Und wer das ausgezeichnete Fünfgängemenü bestellt (das mittags und abends angeboten wird), weiß erst dann, was es zu essen gibt, wenn es auf den Tisch kommt. Unbedingt reservieren.

In dieser Küche ist ein echter Magier am Werk: Bertrand Grébaut und sein Team zaubern wahrhaft Göttliches und die blau uniformierten Kellner tun alles, um sicherzustellen, dass die Gäste hier nur angenehme Überraschungen erleben. Reservierung empfohlen.

Wer vor oder nach dem Essen noch Lust auf ein Getränk hat, könnte in der dazugehörenden Weinbar Septime La Cave (S. 205) vorbeischauen. Der Spezialist für köstliche Meeresfrüchte-Tapas ist das Schwesterrestaurant Clamato (S. 202).

L'ÉCAILLER DU BISTROT FISCH & MEERESFRÜCHTE €€€
Karte S. 438 (☎01 43 72 76 77; 22 rue Paul Bert, 11e; Hauptgerichte 17–34 €, Meeresfrüchteplatten 65 €; ⊙Di–Sa 12–14.30 & 19.30–23 Uhr; MFaidherbe–Chaligny) Wer Austern mag, sollte unbedingt zum legendären Schwesterrestaurant des Bistrot Paul Bert (S. 202) pilgern. Das rustikale Lokal bietet ein Dutzend verschiedener Sorten der Luxusmuschel an, frisch geöffnet und ganz puristisch mit etwas Zitronensaft. Mindestens ebenso köstlich ist die Meeresfrüchteplatte, weitere Verlockungen sind das halbe Dutzend *oursins* (Seeigel), kurz gebratenes Thunfischsteak mit Sesamöl oder das dekadente Hummer-Menü.

TABLE MODERN FRANZÖSISCH €€€
Karte S. 438 (☎01 43 43 12 26; www.tablerestau rant. fr; 3 rue de Prague, 12e; Menü mittags

29 €, Hauptgerichte 32–49 €; ⏱Mo–Fr 12–15 & 19. 45–22.30 Uhr; ⓂLedru-Rollin) Wer ein neues Restaurant in Paris auf den schlichten Namen „Tisch" tauft, muss sich schon ziemlich sicher sein, dass die Mund-Propaganda wie geschmiert laufen wird. Der gefeierte Restaurantkritiker Bruno Verjus hat damit kein Problem. In der einsehbaren Küche, deren Glaswand zurückgeschoben werden kann, hört alles auf sein Kommando. Die Top-Gerichte auf der kurzen, täglich wechselnden Speisekarte in seinem eleganten schwarzen Restaurant werden auf dem Grill zubereitet und mit traditionell erzeugten Zutaten angerichtet.

LE TRAIN BLEU
BRASSERIE €€€

Karte S. 438 (☎01 43 43 09 06; www.le-train-bleu.com; 1. OG, Gare de Lyon, 26 place Louis Armand, 12e; Menü 60–102 €, Hauptgerichte 27–46 €; ⏱Küche 11.30–15 & 19–23 Uhr, Bar Mo-Sa 7.30–23, So 9–23 Uhr; 📶📳; ⓂGare de Lyon) So ein luxuriöses Bahnhofsrestaurant gibt's wahrscheinlich nur einmal auf der Welt. Das Juwel mit Belle-Epoque-Einrichtung steht unter Denkmalschutz. Hier werden edle Genüsse wie Foie Gras mit Konfitüre aus Trauben, roten Zwiebeln und Haselnüssen aufgetischt, aber auch Tatar vom Charolais-Rind (wird am Tisch zubereitet) oder hausgemachter *baba au rhum*.

Eine nette Alternative ist die königliche Big Ben Bar, in der man sich mit einem Tee oder etwas Süßem verwöhnen kann, bevor es im Zug in den sonnigen Süden geht.

🍷 AUSGEHEN & 🍸 NACHTLEBEN

Obwohl die Place de la Bastille mit den Jahren immer unansehnlicher geworden ist, ist dort ständig viel los. Besonders in der Rue de Lappe gleich östlich tobt der Bär, aber in Richtung Osten gibt es weitaus einladendere Lokale.

★LE BARON ROUGE
WEINLOKAL

Karte S. 438 (1 rue Théophile Roussel, 12e; ⏱Di-Fr 10–14 & 17–22, Sa 10–22, So 10–16 Uhr; ⓂLedru-Rollin) Wie eine echte Pariser Weinbar aussehen kann, zeigt dieses einfache Lokal mit seinem Dutzend Fässern, die sich an die mit Weinregalen bestückten Wände lehnen. Hier ist jeder willkommen und vor allem sonntags, nach einem Bummel über den Marché d'Aligre (S. 199), trifft sich hier alle Welt auf ein Gläschen. Für die notwendige Grundlage sorgen Käse, Wurstwaren und Austern.

Es gibt sogar Pfandflaschen, um den Wein vom Fass (Literpreis unter 5 €) mitnehmen zu können.

LE PURE CAFÉ
CAFÉ

Karte S. 438 (www.purecafe.fr; 14 rue Jean Macé, 11e; ⏱Mo–Fr 7–2, Sa 8–2, So 9–24 Uhr; ⓂCharonne) Obwohl das rustikale, in Kirschrot gehaltene Eckcafé mit dem Film *Before Sunset* berühmt wurde, ist es weiterhin eine erfrischend lockere Anlaufstelle, um etwas zu trinken, eine Käseplatte, Aufschnitt oder Fusionsküche zu genießen oder den Sonntagsbrunch zu probieren.

LA FÉE VERTE
BAR

Karte S. 438 (108 rue de la Roquette, 11e; ⏱Mo-Sa 8–2, So 9–2 Uhr; 📶; ⓂVoltaire) Richtig geraten: Die „Grüne Fee" hat sich auf Absinth spezialisiert, der hier traditionell mit Löffel und Zuckerwürfel serviert wird. Aber das wunderbar nostalgische, gemütliche Lokal serviert auch leckeres Essen.

PAUSE CAFÉ
BAR

Karte S. 438 (41 rue de Charonne, 11e; ⏱Mo-Sa 8–2, So 9–20 Uhr; ⓂLedru-Rollin) Wer nur etwas trinken will, fühlt sich hier ebenso wohl wie die, die zum Essen, auf einen Kaffee oder zum Brunch kommen. Die große, im Winter überdachte Terrasse wird fast ständig von einem hippen Publikum belagert. Kenner des französischen Kinos erkennen das abseits des Rummels an der Bastille gelegene Café vielleicht wieder: Es hatte schon einen Auftritt in Cédric Klapischs Kultfilm *Chacun cherche son chat* (... und jeder sucht sein Kätzchen, 1996).

TWENTY ONE SOUND BAR
CLUB

Karte S. 438 (20 rue de la Forge Royale, 11e; ⏱Di-Do 20–2, Fr & Sa ab 21 Uhr; ⓂFaidherbe–Chaligny) Nackter Stahl und Beton sorgen für eine besonders geniale Akustik in diesem Traum für Hip-Hop-Fans. Hier legen bekannte (z. T. sogar richtig berühmte) DJs auf und Getränkespecials stehen auch regelmäßig auf dem Programm.

SEPTIME LA CAVE
WEINLOKAL

Karte S. 438 (www.septime-charonne.fr; 3 rue Basfroi, 11e; ⏱Di-Sa 16–23 Uhr; ⓂCharonne) Die Weinbar des legendären Restaurants

INSIDERWISSEN

RUE DE LAPPE

Nachts ziehen hier Horden von Kneipe zu Kneipe, aber tagsüber ist die Rue de Lappe ziemlich friedlich und lädt zu einem kurzen Spaziergang ein. Wie die meisten Straßen in dieser Gegend wurde sie im 17. Jh. angelegt. Anfangs ließen sich vor allem Schreiner hier nieder, weil sie den Steuern und den rigiden Zunftregeln entgehen wollten, die ihnen innerhalb der Stadtgrenzen das Leben schwer machten.

In den folgenden Jahrhunderten wurden sie allmählich von Metallarbeitern verdrängt, die Paris mit Zinktresen, Kupferleitungen und Ähnlichem versorgten. Parallel dazu kamen viele Zuwanderer aus der Auvergne und eröffneten *cafés-charbons*, wo die Anwohner auf ein Gläschen vorbeischauen und gleichzeitig ihre Kohlen kaufen konnten. So entwickelte sich in der Straße mit der Zeit eine lebhafte Kneipenszene. Tanzsäle veranstalteten *bals-musettes*, die bald in ganz Paris berühmt wurden. Davon zeugt das Le Balajo (S. 208), das 1936 seine Tore öffnete. Bis heute wird dort einmal pro Woche typische Akkordeonmusik gespielt.

Außerdem finden sich in der Rue de Lappe Nr. 6 noch immer ein Laden mit Spezialitäten aus der Auvergne, Chez Teil, sowie das wunderschöne alte Bistro Les Sans-Culottes (Hausnr. 27)

Septime ist der perfekte Ort für ein Glas oder zwei vor bzw. nach dem Essen. Dazu ein bisschen Aufschnitt oder eine andere leckere Kleinigkeit (10–15 €) … top! Wer mag, kann auch eine Flasche für daheim kaufen.

CAFÉ TITON
CAFÉ

Karte S. 438 (www.cafetiton.com; 34 rue Titon, 11e; ⊙Sept.–Juli Mo–Sa 8–2, So 10–19 Uhr; ⓂRue des Boulets) In dieser gut gelaunten deutschen Bar ist jeden Tag Oktoberfeststimmung (zumindest in dem genialen Biergarten), aber das ist nichts gegen das, was los ist, wenn deutsche Fußballspiele ausgestrahlt werden. Dass die Bierauswahl ausgezeichnet ist, versteht sich fast von selbst. Daneben werden Glühwein und Cocktails serviert – auch der geliebte Caipi. Dazu kann man eine Currywurst, Bretzeln, Sauertkraut und Schnitzel bestellen. Zünftig.

MOJITO LAB
COCKTAILBAR

Karte S. 438 (www.mojitolab.com; 28 rue Keller, 11e; ⊙Mo–Sa 11–2, So 17–2 Uhr; ☎; ⓂBastille) Mit seinen perfekt gemixten Mojitos spielt das „Laboratorium" in einer ganz anderen Liga als die meisten Bars im Bastille-Viertel. Rund 20 Varianten sind im Angebot, z. B. der „Jelly Mojito" mit französischer Bananenminze für echte Kenner. Wer will, kann sich ab 18 bzw. 20 Uhr in die Kunst des Mixens einweisen lassen (90-minütiger Workshop, täglich außer mittwochs und sonntags). Kostenpunkt mit/ohne Canapés: 45/35 €.

LES FUNAMBULES
BAR

Karte S. 438 (12 rue Faidherbe, 11e; ⊙7.30–2 Uhr; ☎; ⓂFaidherbe–Chaligny) Wie so viele kleine Pariser Cafés verwandelt sich auch dieses hier abends in eine schicke Bar. Innen sorgen die alten Gemäuer mit Fresken, die Vogelkäfige und der Kronleuchter, der an der wunderschönen Kassettendecke hängt, für Wow-Effekte, auf der Terrasse sind es die gestylten Gäste, die hier den Sommerabend genießen.

TROLL CAFÉ
BAR

Karte S. 438 (www.trollcafe.fr; 27 rue de Cotte, 12e; ⊙17–2 Uhr; ⓂLedru-Rollin) In der witzigen Musik- und Bierkneipe nicht weit vom Marché d'Aligre entfernt dreht sich alles um die Bretagne (der Namensgeber stammt angeblich von dort), die Biere (mehr als 100 Sorten in Flaschen plus zahlreiche vom Fass) kommen aber hauptsächlich aus Belgien.

LE BISTROT DU PEINTRE
BAR

Karte S. 438 (www.bistrotdupeintre.com; 116 av. Ledru-Rollin, 11e; ⊙7–2 Uhr; ☎⛭; ⓂLedru-Rollin) Das hübsche Bistro im Belle-Époque-Stil könnte auch als Weinbar und sogar als Restaurant durchgehen, denn die Küche (die Auvergne lässt grüßen) ist top. Aber die Künstler, *bobos* und lokale Promis kommen vor allem wegen der eleganten Terrasse, der Art-Nouveau-Bar von 1902 und des erstklassigen Services zum Aperitif hierher.

LE CHINA
COCKTAILBAR

Karte S. 438 (www.lechina.eu; 50 rue de Charenton, 12e; ⊙Mo–Do 12–2, Fr & Sa 12–4, So 17–2 Uhr; MLedru-Rollin oder Bastille) Tiefe Ledercouches und das Dekor à la Shanghai aus den 1930er-Jahren machen diese Cocktailbar zu einem wunderbar gediegenen Plätzchen für ein paar Drinks. Im Keller finden häufig Konzerte statt.

LA LIBERTÉ
BAR

Karte S. 438 (196 rue de Faubourg St-Antoine, 11e; ⊙Mo–Fr 9–2, Sa & So 11–2 Uhr; ☎; MFaidherbe–Chaligny) Der Geist der 1968er-Jahre weht durch das beliebte Lokal, das tagsüber Wein und einfache Gerichte anbietet. Abends füllt sich La Liberté mit Stamm- und Gelegenheitsgästen, der Geräuschpegel steigt, es wird heiß diskutiert und die Gläser klirren. Hier fühlen sich Künstler, Hippies und Alt-Rocker gleichermaßen zu Hause.

TAPE BAR
BAR

Karte S. 438 (21 rue de la Roquette, 11e; ⊙18–2 Uhr; MBastille) Mit den vielen Graffitis, die hier jeden Quadratzentimter bedecken, ist dies die einzige alternative Location im näheren Umkreis der Bastille. Günstige Getränke (während der Happy Hour von 18–21 Uhr sogar noch günstiger!) und gute Musikauswahl.

BARRIO LATINO
CLUB

Karte S. 438 (www.barrio-latino.com; 46–48 rue du Faubourg St-Antoine, 11e; ⊙So–Do 12–2, Fr bis 2.30, Sa bis 3 Uhr; MBastille) Hier gibt Salsa eisern den Ton an: Das riesige Bar-Restaurant hat drei beeindruckende Tanzflächen, wo die Paare wirklich alles geben! Kein Wunder, dass sich hier Latinos und solche drängen, die sich dafür halten (oder solche, die einfach auf diesen Typ stehen). Auch bei Schwulen ist das Barrio Latino sehr beliebt. Wer spät kommt, muss mit langen Warteschlangen rechnen.

SANZ BY BIZZ'ART
CLUB

Karte S. 438 (☎01 44 75 78 78; http://sanzbybizzart.com; 49 rue du Faubourg St-Antoine, 11e; ⊙Di–Sa 18–5 Uhr; ☎; MBastille) Die mit rotem Samt und Zebrastreifen ausstaffierte, muntere Bar ist trotz kleiner Abnutzungserscheinungen eigentlich immer voll. Die DJs sind mit Electro, Funk und Soul erfrischend genreübergreifend und das trifft auch auf das Publikum zu.

★ UNTERHALTUNG

OPÉRA BASTILLE
OPER, BALLETT

Karte S. 438 (☎08 92 89 90 90; www.operadeparis.fr; 2–6 place de la Bastille, 12e; MBastille) Das größte Opernhaus der Stadt hat 3400 Plätze und gelegentlich auch Ballettabende und Klassikkonzerte im Programm. Online sind Eintrittskarten bis zu zwei Wochen vor Beginn des Verkaufs per Telefon und am Schalter (S. 197) erhältlich. Stehplätze *(places débouts)* kosten nur 5 €, Karten dafür gibt's ab 90 Minuten vor Vorstellungsbeginn.

CINÉMATHÈQUE FRANÇAISE
KINO

(www.cinemathequefrancaise.com; 51 rue Bercy, 12e; ⊙Mo & Mi–Sa 12–19, So 10–17 Uhr; MBercy) Dieser Tempel der Filmkunst ist eine nationale Institution und zeigt alle Streifen in Originalfassung. Täglich stehen bis zu zehn Filme auf dem Programm, meist in Form von Retrospektiven (Spielberg, Altman, Eastwood). Dazu kommen themenverwandte, oft experimentelle Werke. Karten kosten zwischen 6 und 8 €.

LA FLÈCHE D'OR
LIVEMUSIK

(www.flechedor.fr; 102bis rue de Bagnolet, 20e; ⊙variieren; MAlexandre Dumas oder Gambetta) Gut einen Kilometer nordöstlich der Place de la Nation, am Rand der Innenstadt, hat sich ein ehemaliger Bahnhof in eine angesagte Konzertlocation verwandelt, ein Tempel für Indie-Rock und DJ-Sets mit House und Electro. Der „Goldpfeil" – so hieß der Zug, der in den 1930er-Jahren nach Calais fuhr – fördert vor allem Nachwuchstalente.

Eine Grundlage für den langen Abend kann man bei **Mama Shelter** (☎01 43 48 48 48; www.mamashelter.com; 109 rue de Bagnolet, 20e; Pizzas 9–16 €; ⊙12–1 Uhr; ☎ ✉; ☐76, MAlexandre Dumas oder Gambetta) auf der anderen Straßenseite schaffen. Dort gibt's Pizza und Bier – im Sommer auf der Dachterrasse.

BADABOUM
LIVEMUSIK

Karte S. 438 (www.badaboum-paris.com; 2bis rue des Taillandiers, 11e; ⊙Cocktailbar Mi–Sa 19–2 Uhr, Club & Konzerte unterschiedl.; MBastille oder Ledru-Rollin) Das ehemalige La Scène Basti lle hat ein neues Design und trägt jetzt den lautmalerischen Namen Badaboum. Auf der Bühne steht ein bunter Mix von Künstlern; das Ambiente ist intim und man ist „ganz nah dran". Der Fokus liegt auf Electro, Funk und Hip-Hop. Außerdem: eine tolle Atmosphäre, leckere Cocktails und ein versteckter Raum treppauf.

LE BALAJO
LIVEMUSIK

Karte S. 438 (www.balajo.fr; 9 rue de Lappe, 11e; ☺unterschiedl.; Ⓜ Bastille) Seit 1936 ist Le Balajo im Pariser Nachtleben eine Institution. Unter der Woche wird im nostalgischen Ballsaal Latinomusik gespielt und Salsa klassen kommen zum Training. Am Wochenende verlagert sich der Schwerpunkt auf R&B. Unser Favorit sind aber die Montagnachmittage, wenn *musette* (Akkordeonmusik) „wie damals" auf dem Programm steht (14–19 Uhr).

LE MOTEL
LIVEMUSIK

Karte S. 438 (www.lemotel.fr; 8 passage Josset, 11e; ☺Di–So 18–1.45 Uhr; Ⓜ Ledru-Rollin) Im angesagten 11. Arrondissement in der Gegend um die Bastille ist der winzige Indie-Club *die* Adresse: Die Sofas sind superbequem, die Getränke gut und billig (belgisches Bier vom Fass) und die Musikauswahl ist vom Feinsten. Die ganze Woche über sind entweder DJs oder Livebands aktiv.

LA CHAPELLE DES LOMBARDS
LIVEMUSIK

Karte S. 438 (www.la-chapelle-des-lombards.com; 19 rue de Lappe, 11e; ☺So, Mi & Do 23–5, Fr & Sa bis 6 Uhr; Ⓜ Bastille) Der Dauerbrenner unter den Tanzschuppen im Viertel liebt Weltmusik: Neben Latino-DJs sorgen Livebands mit Reggae, Funk oder Afro-Jazz für gute Laune. Ihnen gehört meistens freitags und samstags die Bühne.

 SHOPPEN

LA MANUFACTURE
DE CHOCOLAT
LEBENSMITTEL, GETRÄNKE

Karte S. 438 (www.lechocolat-alainducasse.com; 40 rue de la Roquette, 11e; ☺Di–Sa 10.30–19 Uhr; Ⓜ Bastille) Wer in den Restaurants von Superstar Alain Ducasse speist, kennt sie vielleicht schon: die Schokolade aus Ducasses eigener Fabrik – der Ersten in Paris, die „von der Kakaobohne bis zur Tafel" produziert. Er hat sie gemeinsam mit seinem früheren Chefkonditor Nicolas Berger aufgezogen. In der Schokoladenfabrik kann man über Canache, Pralinen und Trüffel beratschlagen und hat die Wahl zwischen stolzen 44 Schokoladensorten. Die Produk-

te von Ducasse sind auch in seiner Boutique Le Chocolat Alain Ducasse (S. 265) am linken Seine-Ufer erhältlich.

BERCY VILLAGE
EINKAUFSZENTRUM

(www. bercyvillage.com; cour St-Émilion, 12e; ☺Geschäfte Mo–Sa 11–21 Uhr, Restaurants & Bars tgl. 11–2 Uhr; Ⓜ Cour St-Émilion) Wo früher Wein lagerte, hat sich ein Einkaufszentrum mit großem Kino (18 Leinwände), Restaurants, Bars und einer Reihe Läden breitgemacht. Hier bekommen Pariser Familien alles, was sie brauchen: schicke Wohnaccessoires, pfiffige Küchenhelfer, hochwertiges Kinderspielzeug und mehr.

VIADUC DES ARTS
KUNST & KUNSTHANDWERK

Karte S. 438 (www.viaducdesarts.fr; 1–129 av. Daumesnil, 12e; ☺unterschiedl.; Ⓜ Bastille oder Gare de Lyon) Im Viaduc des Arts unter den roten Backsteinbögen der Promenade Plantée (S. 197) vereint sich traditionelles Handwerk mit modernem Design. In den Ateliers arbeiten u. a. Innenarchitekten, Restaurateure, Schreiner, Geigen- und Flötenbauer, Sticker und Juweliere, die mit alten Techniken Neues erschaffen und Altes wieder wie neu machen.

MY CRAZY POP
LEBENSMITTEL

Karte S. 438 (15 rue Trousseau, 11e; ☺Di–Fr 11–19, Sa bis 20 Uhr; Ⓜ Ledru-Rollin) Der erste Popcorn-Laden Frankreichs. Zu den ungewöhnlichen herzhaften Geschmacksrichtungen gehören Wasabi, Parmesan, Barbecue und Tapenade, wer es gern süß hat, bestellt eine Portion mit Lebkuchen-Praliné, Salzkaramell oder Orange mit Zimt. Hinten durch kann man durch das Fenster beobachten, wie die Maiskörner zum „Poppen" gebracht werden: nur durch Hitze und Druck (ohne Öl).

EL GALPON
WEIN

Karte S. 438 (www.elgalpon.fr; 12 rue Paul Bert, 11e; ☺Mo–Sa 15–23 Uhr; Ⓜ Faidherbe–Chaligny) Gegenüber von dem dazugehörenden Restaurant Unico (S. 203) befindet sich der größte argentinische Weinkeller auf europäischem Boden (mehr als 100 verschiedene Sorten). Zwischen 17 und 21 Uhr kann man sich hier einen *apéro* genehmigen.

FROMAGERIE LEFÈBVRE
LEBENSMITTEL

Karte S. 438 (229 rue de Charenton, 12e; ☺Di–Sa 8–13 & 16–20, So 8–13 Uhr; Ⓜ Dugommier) Und wenn man die komplette Stadt durchqueren muss, der Weg lohnt sich, denn diese kleine *fromagerie* ist einladend, preiswert und gut ausgestattet. Oft sind auch ausgefallene Sorten vorrätig, die ansonsten nur schwer zu bekommen sind.

LA COCOTTE · HAUSHALTSWAREN
Karte S. 438 (www.lacocotte.net; 5 rue Paul Bert, 11e; ⏱Di–Sa 12.30–19 Uhr; Ⓜ Faidherbe–Chaligny) Wenn einen die Gourmetrestaurants entlang der Rue Paul Bert dazu inspiriert haben, mal wieder selbst durch die Küche zu wirbeln, bietet sich ein Stopp in dieser niedlichen Boutique an. Hier gibt's stylische Utensilien, oft mit Paris- und/oder Frankreich-Bezug: Geschirrtücher, Topfhandschuhe, Schürzen, Töpfe, Einkaufstaschen und mehr.

FERMOB · HAUSHALTSWAREN
Karte S. 438 (www.paris.fermob.com; 81–83 av. Ledru-Rollin, 12e; ⏱Mo–Sa 10–19 Uhr; Ⓜ Ledru-Rollin) Wer seinen Garten auf Jardin du Luxembourg trimmen will, muss bei Fermob reinschauen. Dort stehen die typisch französischen Parkbänke und Klappstühle, aber in knalligen Farben, von Karottenrot über Zitronengelb bis Fuchsia und Aubergine.

Die Seine-Inseln

ÎLE DE LA CITÉ | ÎLE ST-LOUIS

Highlights

❶ Auf dem Dach der **Cathédrale Notre-Dame de Paris** (S. 212) mit ihren Grotesken in mittelalterlich-gotischer Architektur schwelgen.

❷ In den unfassbar schönen, grazilen Buntglasfenstern der **Sainte-Chapelle** (S. 217) farbenfroh darge

stellte Bibelgeschichten „lesen".

❸ Bei einem Besuch der **Conciergerie** (S. 218) erfahren, wie Marie Antoinette und Tausende andere ihre letzten Tage vor der Enthauptung verbrachten.

❹ Über den **Pont Neuf** (S. 218) spazieren und

sich vorstellen, wie er von Christo verpackt ausgehen hat.

❺ Sich die Süße der berühmten Pariser **Berthillon-Eiscreme** (S. 219) auf der Zunge zergehen lassen.

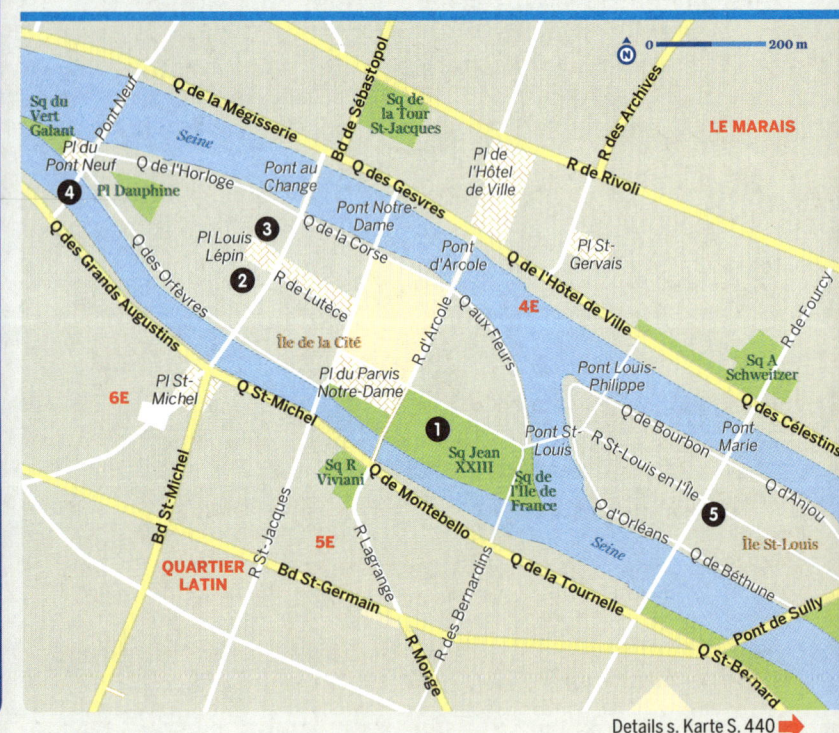

Details s. Karte S. 440 ➡

Rundgang: Die Seine-Inseln

Die beiden Inseln von Paris könnten kaum unterschiedlicher sein. Der Tag beginnt auf der Île de la Cité, wo die Concirergerie, die Sainte-Chapelle und der Pont Neuf den Vormittag mit historischen Dramen füllen. Für ein Mittagessen bietet sich Les Voyelles an, dann geht's weiter nach Osten, über den Blumen- und Vogelmarkt zur Cathédrale Notre-Dame. Nach Besteigen der Türme und Besichtigung des Kirchenschiffs wartet eine Pause auf dem Rasen der Grünanlage Square Jean XXIII.

Wer mag, kann die Kathedrale auch am zweiten Tag genauer unter die Lupe nehmen und sich nachmittags durch die autofreien Gassen auf der benachbarten Île St-Louis treiben lassen – einer Insel voller Restaurants und Boutiquen. Zum Tagesausklang geht's dann zu einer der romantischen Ecken in der Nähe des Pont St-Louis und des Pont Louis-Philippe, wo sich Liebespaare, Straßenmusiker und Skater tummeln. Wenn es Nacht wird, tanzen in der Seine die Lichter der Straßenlaternen, Ampeln und von Vorhängen gedämpften Fenster.

Lokalkolorit

→ **Kunstausstellungen** Der Besuch einer der innovativen Ausstellungen zeitgenössischer Kunst in der Conciergerie (S. 218) ist die spannendste Art, Europas größte erhaltene mittelalterliche Halle zu erleben.

→ **Märkte** Der Blumenmarkt auf der Île de la Cité taucht die Place Louis Lépin seit 1808 täglich in ein Meer aus Farben. Sonntags weicht der Marché aux Fleurs (S. 220) dem Marché aux Oiseaux – dem Vogelmarkt.

→ **Kostenlose Unterhaltung** Auf dem Pont au Double (verbindet Notre-Dame mit dem linken Seine-Ufer) und dem Pont St-Louis (zwischen den beiden Inseln) wimmelt es im Sommer von Straßenkünstlern.

→ **Pariser Picknick** Auf einer Bank in der Grünanlage hinter der Cathédrale Notre-Dame (S. 212) kann man bei einem Sandwich prima ihre Strebebögen bewundern; Gourmet-Sandwiches gibt's bei Huré (S. 218).

Anfahrt

→ **Métro** Die nächsten Stationen sind Cité (Linie 4) und Pont Marie (Linie 7).

→ **Bus** Nr. 47 verkehrt zwischen der Île de la Cité, dem Marais und der Gare de l'Est. Buslinie 21 fährt zur Opéra und zur Gare St-Lazare. Auf der Île St-Louis fährt Bus Nr. 67 bis zum Jardin des Plantes und zur Place d'Italie und Linie 87 durchs Quartier Latin zur École Militaire und zum Champ de Mars.

→ **Fahrrad** Auf der Île de la Cité gibt's drei praktische Vélib'-Stationen: place Louis Lépine an der Métro-station Cité und unweit der Cathédrale Notre-Dame in der 1 quai aux Fleurs und in der 5 rue d'Arcole.

Top-Tipp

Die Menschen stehen Schlange, um zu sehen, wie das Sonnenlicht durch die Buntglasfenster der Sainte-Chapelle fällt. Wer keine Lust auf langes Anstehen hat, sollte erst die Conciergerie besuchen und dort ein Kombiticket für das alte Gefängnis und die Kapelle kaufen. Mit diesem *billet jumelé* kann man sich dann vor der Sainte-Chapelle in der wesentlich kürzeren Schlange für Museumspass- und Kombiticket-Inhaber anstellen.

Gut essen

→ Berthillon (S. 219)
→ Les Voyelles (S. 219)
→ Huré (S. 218)
→ Le Tastevin (S. 219)
→ Mon Vieil Ami (S. 219)

Mehr dazu S. 218 →

Schön ausgehen

→ Café Saint Régis (S. 219)
→ Taverne Henri IV (S. 220)
→ La Charlotte de l'Isle (S. 220)

Mehr dazu S. 220 →

Romantische Ecken

→ Versteckte Winkel, Treppen und die Dächer der beiden Türme von Notre-Dame (S. 212)
→ Pont St-Louis und Pont Louis-Philippe
→ Pont Neuf (S. 218)
→ Square du Vert Galant
→ Square Jean XXIII

Mehr dazu S. 218 →

HIGHLIGHT
CATHÉDRALE NOTRE-DAME DE PARIS

Notre-Dame, mit jährlich über 14 Mio. Besuchern die beliebteste eintrittsfreie Attraktion von Paris, ist nicht nur ein Meisterwerk der französischen Gotik, sondern auch seit sieben Jahrhunderten das Zentrum des katholischen Paris. Der von großen Buntglasfenstern erleuchtete Innenraum ist schlichtweg umwerfend. Vor allem aber der Spaziergang auf dem von Wasserspeiern bewehrten Dach und die außergewöhnlich gestaltete Fassade, die sich als schönstes Fotomotiv in der Nachmittagssonne präsentiert, lassen die Besucher ins Schwärmen geraten.

Architektur

Der Bau der Kathedrale begann 1163 und war zu Beginn des 14. Jhs. größtenteils abgeschlossen. An dieser Stelle hatten bereits frühere Kirchen und ein Jahrtausend zuvor ein gallorömischer Tempel gestanden. Während der Revolution wurde die Kathedrale schwer beschädigt, woraufhin der Architekt Eugène Emmanuel Viollet-le-Duc von 1845 bis 1864 umfassende Renovierungen durchführte. Einen genauen Blick lohnt der „Wald" aus kunstvollen **Strebebögen**, die Decke und Wände des Chors abstützen.

Notre-Dame ist berühmt für ihre vollendete Ausgewogenheit. Bei genauerer Betrachtung finden sich aber allerlei kleine asymmetrische Elemente, die keine Monotonie aufkommen lassen, ganz in Übereinstimmung mit den Prinzipien der Gotik. Dazu gehören auch die leicht unterschiedlichen Formen der drei **Hauptportale**, deren Statuen einst bunt bemalt waren. Das steigerte ihre Wirkung als Biblia pauperum (Armenbibel), um den des Lesens unkundigen Gläubigen die Geschichten des Alten Testaments, die Passion Christi und das Leben der Heiligen nahezubringen.

Weitere Details erläutert ein Audioguide (5 €), der am Empfang gleich am Eingang der Kathedrale erhältlich ist.

Fensterrosen

Die Kathedrale hat wirklich beeindruckende Maße: Das Hauptschiff ist innen 130 m lang, 48 m breit und 35 m hoch und kann über 6000 Gläubige aufnehmen.

Besonders spektakulär sind die drei Fensterrosen. Am berühmtesten sind die 10 m breite Rosette an der Westfassade über der Orgel mit ihren 7800 Pfeifen und das Fenster an der Nordseite des Querschiffes, das seit dem 13. Jh. praktisch unverändert ist.

Türme

Der Eingang zu den **Tours de Notre-Dame**, den Glockentürmen der Kathedrale, ist schon an der Menschenschlange zu erkennen. Die über 400 Stufen der Wendeltreppe führen den Nordturm hinauf zum Dach der Westfassade und zur **Galerie des Chimères** (Galerie der Wasserspeier) mit ihren gruseligen und phantastischen Fratzen und einem spektakulären Blick über Paris. Im Südturm, der zur Zeit der Recherche renoviert wurde, hängt die originale 13 t schwere Glocke Emmanuel. 2013 erhielt die Kathedrale zum 850. Jahrestag von Notre-Dame zusätzlich neun neue Glocken – jede mit eigenem Namen natürlich. Die

NICHT VERSÄUMEN

➡ Rosettenfenster
➡ Schatzkammer
➡ Glockentürme
➡ Square Jean XXIII
➡ Strebebögen

PRAKTISCH & KONKRET

➡ Karte S. 440
➡ ☎ 01 53 10 07 00
➡ www.cathedrale deparis.com
➡ 6 place du Parvis Notre-Dame, 4e
➡ Kathedrale frei, Türme Erw./Kind 8,50 €/frei, Schatzkammer 2/1 €
➡ ⏱ Kathedrale Mo–Sa 7.45–18.45, So bis 19.15 Uhr, Türme Juli & Aug. 10–18.30, Fr & Sa bis 23 Uhr
➡ Ⓜ Cité

vier weniger klangvollen Glocken von 1856 wurden hingegen abgehängt und für die Nachwelt auf dem **Square Jean XXIII**, der Grünanlage hinter der Kathedrale, ausgestellt.

Schatzkammer

Der **Trésor** (Schatzkammer) im südöstlichen Querschiff hütet Kunstwerke, liturgische Objekte und Reliquien; der Eintritt kostet eine kleine Gebühr. Zu den sakralen Kleinodien gehört auch die **Ste-Couronne** (Heilige Krone), angeblich die Dornenkrone, die Jesus bei seiner Kreuzigung trug. Zu besichtigen ist sie von 15 bis 16 Uhr an jedem ersten Freitag im Monat und an jedem Freitag während der Fastenzeit sowie von 10 bis 17 Uhr am Karfreitag.

Einfacher zu besichtigen ist die wundervolle Sammlung der **Camées des Papes** (päpstliche Kameen). Die 268 Stücke, die aus unglaublich fein geschnitzten und in Silber gerahmten Muschelschalen bestehen, stellen jeden Papst in Miniaturform dar, von Petrus bis zum aktuellen Papst Franziskus. Erstaunlich sind die unterschiedlichen Körperhaltungen, Gesten und Gewänder der jeweiligen Päpste.

Die Mays

Die Seitenkapellen hinterm **Chor** mit den hölzernen Kirchenstühlen und Statuen, die die Passion Christi darstellen, sind der Aufbewahrungsort einer wunderbaren Gemäldesammlung. Von 1449 an brachten die Goldschmiede der Stadt jedes Jahr am 1. Mai einen mit Bändern und Bannern geschmückten Baum als Opfergabe zu Ehren der Jungfrau Maria; ihr ist die Notre-Dame (unsere Liebe Frau) geweiht. Fünfzig Jahre später waren die als **Mays** bekannten Bäume durch ein Tabernakel mit Szenen aus dem Alten Testament ersetzt worden und von 1630 an gab es ein 3 m großes Bild zum Gedenken an eine der Apostelgeschichten, gemeinsam mit einem Gedicht oder einer literarischen Erklärung. Anfang des 18. Jhs., als die Bruderschaft der Goldschmiede aufgelöst wurde, hatte die Kathedrale bereits 76 dieser monumentalen Gemälde erhalten. Zu sehen sind 13 davon.

Krypta

Verborgen unter dem Platz vor der Kirche liegt die **Crypte Archéologique** (Archäologische Krypta; Karte S. 440; 1 place du Parvis Notre-Dame, 1er; Erw./Kind 6/4,50 €; ◷10–18 Uhr; Ⓜ Cité), 117 m lang und 28 m breit. Dort sind die Überreste von Bauwerken aus der gallorömischen Zeit zu sehen, die früher einmal hier standen, sowie eine Einfriedungsmauer aus dem 4. Jh., die Fundamente eines mittelalterlichen Findelhauses und ein paar der originalen Abwasserkanäle, die Haussmann ausschachten ließ.

DAS HERZ VON PARIS

Notre-Dame ist das Herz der Stadt, auch in einem ganz konkreten Sinne: Alle Entfernungen von Paris zu irgendeinem Punkt in Frankreich werden von der **Place du Parvis Notre-Dame** aus gemessen, dem Platz vor der Kathedrale. Gegenüber sitzt Karl der Große (742–814), König der Franken, auf seinem Ross. An Sommernachmittagen ist der Platz voller Menschen, die Notre-Dame bewundern, Selfies mit ihr als Hintergrund aufnehmen und einfach herumhängen, so dass es gar nicht so leicht ist, den Bronzestern ausfindig zu machen, der den exakten Standort des **Point Zéro des Routes de France** (Karte S. 440) markiert.

Seit jeher spielt die Musik eine besonders wichtige Rolle für Notre-Dame. An keinem anderen Tag erhält man eine bessere Kostprobe des musikalischen Erbes der Kathedrale als sonntags bei einer gregorianischen oder polyphonen Messe (um 10 bzw. 18.30 Uhr) oder bei einem kostenlosen Orgelspiel (16.30 Uhr). Von Oktober bis Juni finden abendliche Konzerte statt. Das Programm kann man auch online nachlesen (www.musique-sacree-notredamedeparis.fr).

Notre-Dame

ZEITACHSE

1160 Maurice de Sully wird Bischof von Paris und will die aufstrebende Stadt mit einer neuen Kathedrale zu schmücken.

1182–1190 Der **Chor mit doppeltem Ambulatorium** ❶ ist fertig, Arbeiten an Schiff und Seitenkapellen beginnen.

1200–1250 Die **Westfassade** ❷, mit Fensterrose, drei Portalen und zwei hohen Türmen steht.

1345 Etwa 180 Jahre nach der Grundsteinlegung ist die Cathédrale Notre-Dame vollendet. Sie ist *notre dame* geweiht, der Jungfrau Maria.

1789 Aufständische zerstören die **Königsgalerie** ❸, plündern die Kathedrale und schmelzen alle Glocken bis auf „Emmanuel" ein. Die Kirche wird zum Tempel der Vernunft erklärt und dient dann als Lagerhaus.

1831 Victor Hugos Roman *Der Glöckner von Notre-Dame* erweckt das Interesse der Öffentlichkeit an der zerstörten gotischen Kathedrale.

1845–1850 Der Architekt Viollet-le-Duc übernimmt die Restaurierung. Für die Westfassade werden 28 neue Könige geschaffen. Die reich verzierten **Portale** ❹ und der **Kirchturm** ❺ werden rekonstruiert und es entsteht eine neugotische **Schatzkammer** ❻.

1860 Die Fläche vor Notre-Dame wird für den *parvis* geräumt, ein „Klassenzimmer" im Freien. Dort lernen die Pariser den Katechismus auf den Steinportalen.

1935 Zum Schutz der Gläubigen, die in der Kirche beten, wird ein Hahn auf dem Turm aufgestellt, der Reliquien von St-Denis, Ste-Geneviève und Teile der Dornenkrone enthält.

1991 Das architektonische Meisterwerk Notre-Dame und die Seine-Ufer werden zum Welterbe der Unesco erklärt.

2013 Notre-Dame feiert ihr 850-jähriges Bestehen mit neuen Glocken und Restaurationsarbeiten.

Jungfrau mit dem Kinde

37 Kunstwerke zeigen die Jungfrau Maria. Gläubige verehren die perlenfarbene Skulptur im Heiligtum schon seit dem 14. Jh. Wer mag, zündet eine Kerze an und schreibt ein paar Zeilen ins *Livre de Vie* (Buch des Lebens).

Fensterrose Nordfassade

Propheten, Richter, Könige und Priester huldigen Maria auf blauem und violettem Glas. Dies ist eine von drei wunderschönen „Fensterblumen" (1225–1270). Jede hat einen Durchmesser von fast 10 m.

Strebebogen

Chorschranke

In keinem anderen Bereich der Kathedrale sind Erzählungen aus der Bibel bildhafter erzählt als auf diesen Holzpaneelen, die im 14. Jh. geschnitzt wurden, nachdem die Pest die Hälfte der Bevölkerung des Landes dahingerafft hatte. Die kräftigen Farben wurden in den 1960er-Jahren neu aufgetragen.

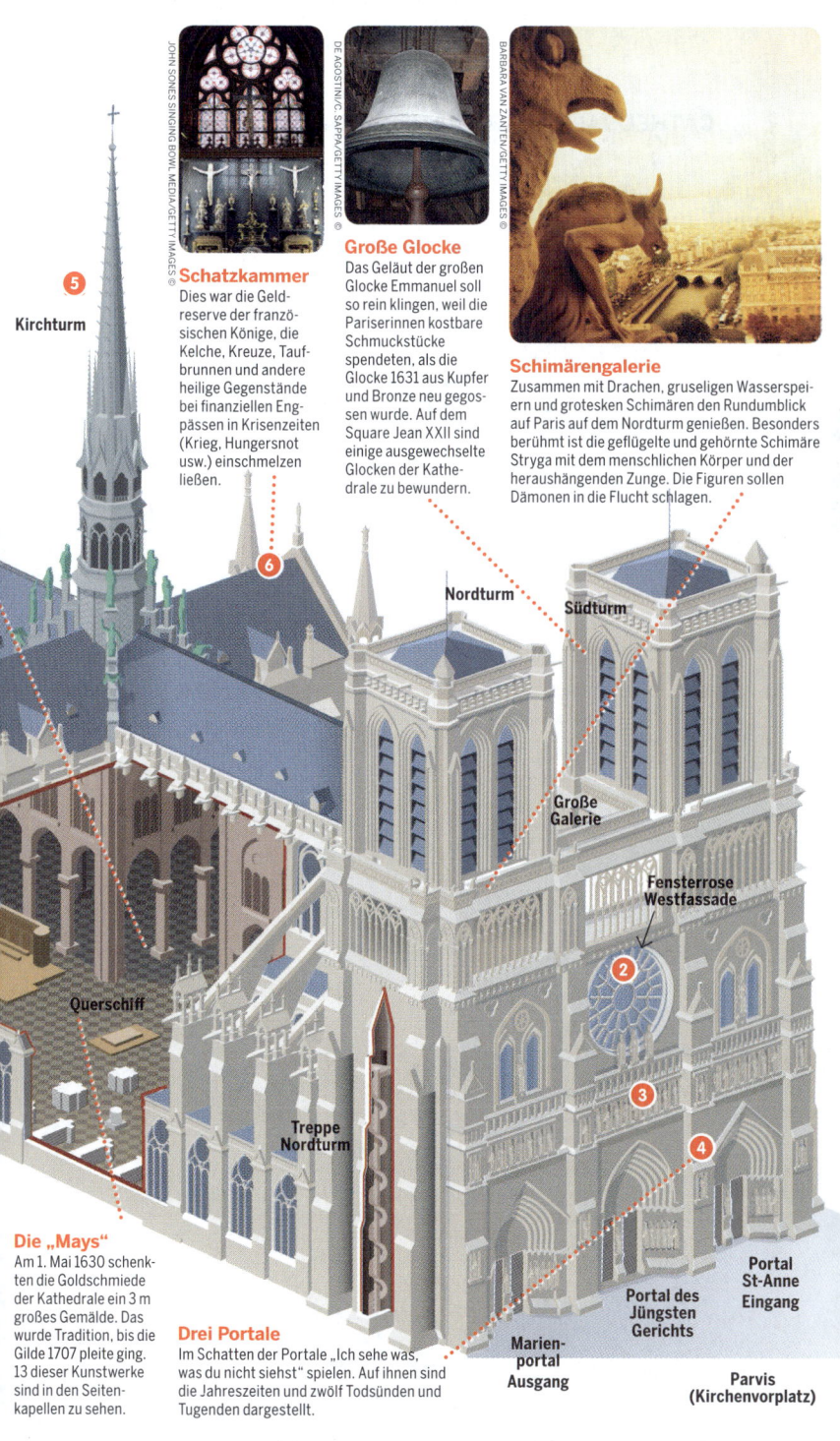

Schatzkammer
Dies war die Geldreserve der französischen Könige, die Kelche, Kreuze, Taufbrunnen und andere heilige Gegenstände bei finanziellen Engpässen in Krisenzeiten (Krieg, Hungersnot usw.) einschmelzen ließen.

Große Glocke
Das Geläut der großen Glocke Emmanuel soll so rein klingen, weil die Pariserinnen kostbare Schmuckstücke spendeten, als die Glocke 1631 aus Kupfer und Bronze neu gegossen wurde. Auf dem Square Jean XXII sind einige ausgewechselte Glocken der Kathedrale zu bewundern.

Schimärengalerie
Zusammen mit Drachen, gruseligen Wasserspeiern und grotesken Schimären den Rundumblick auf Paris auf dem Nordturm genießen. Besonders berühmt ist die geflügelte und gehörnte Schimäre Stryga mit dem menschlichen Körper und der heraushängenden Zunge. Die Figuren sollen Dämonen in die Flucht schlagen.

❺ **Kirchturm**

❻

Nordturm

Südturm

Große Galerie

Fensterrose Westfassade

❷

Querschiff

Treppe Nordturm

❸

❹

Die „Mays"
Am 1. Mai 1630 schenkten die Goldschmiede der Kathedrale ein 3 m großes Gemälde. Das wurde Tradition, bis die Gilde 1707 pleite ging. 13 dieser Kunstwerke sind in den Seitenkapellen zu sehen.

Drei Portale
Im Schatten der Portale „Ich sehe was, was du nicht siehst" spielen. Auf ihnen sind die Jahreszeiten und zwölf Todsünden und Tugenden dargestellt.

Marienportal Ausgang

Portal des Jüngsten Gerichts

Portal St-Anne Eingang

Parvis (Kirchenvorplatz)

CATHÉDRALE NOTRE-DAME DE PARIS

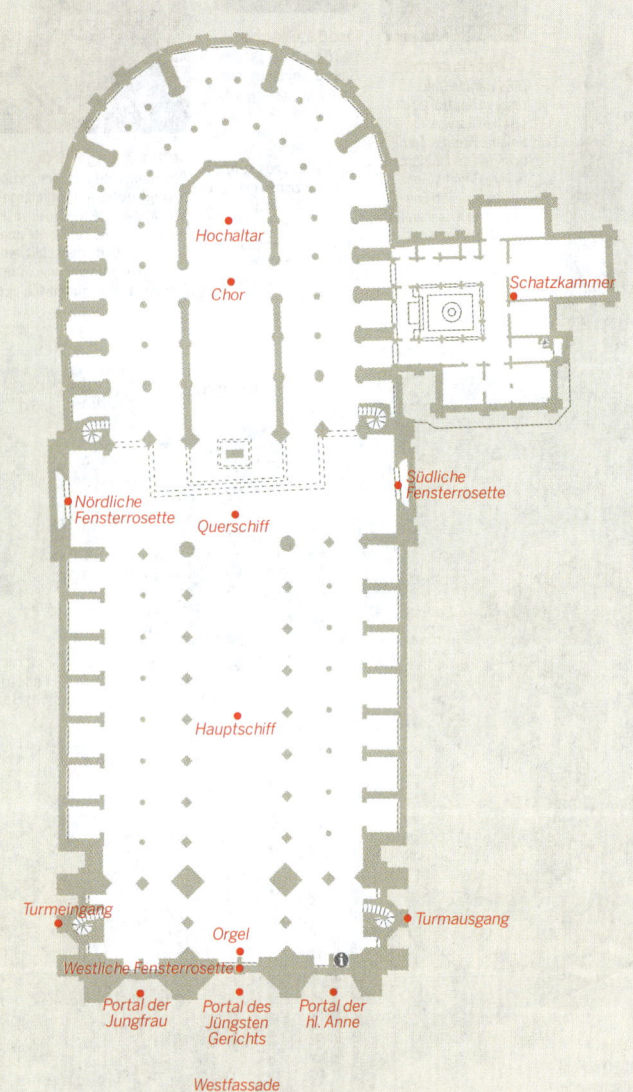

Hochaltar

Chor

Schatzkammer

Nördliche Fensterrosette

Südliche Fensterrosette

Querschiff

Hauptschiff

Turmeingang

Turmausgang

Orgel

Westliche Fensterrosette

Portal der Jungfrau

Portal des Jüngsten Gerichts

Portal der hl. Anne

Westfassade

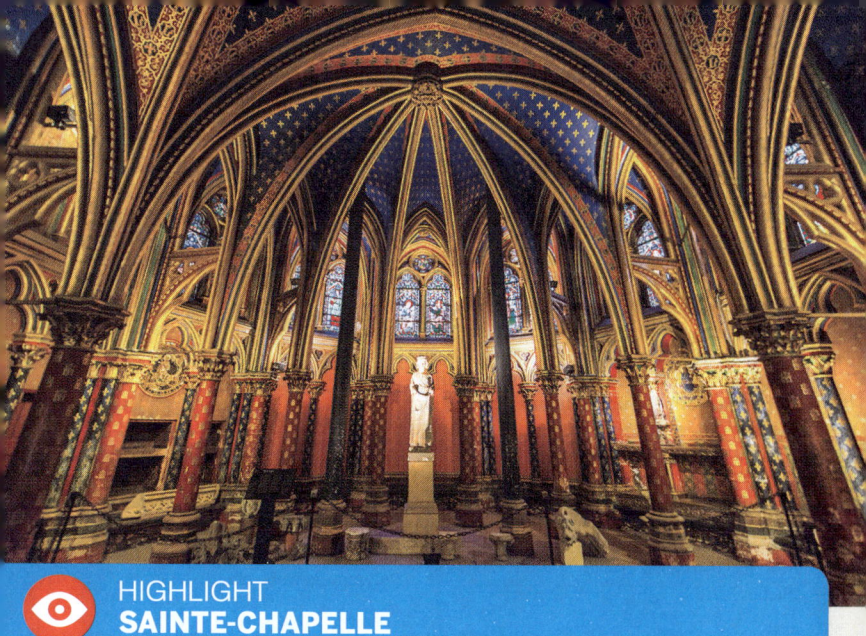

Den Besuch der Sainte-Chapelle sollte man sich für einen sonnigen Tag aufheben: Dann erstrahlen die ältesten, schönsten Buntglasfenster von Paris in einem wahrhaft überirdischen Licht – die Farben und die Glasdetails sind außerordentlich. Die Heilige Kapelle, Teil des Palais de Justice (Justizpalast), ist ein Kleinod und das exquisiteste gotische Bauwerk von Paris. Das Äußere der Kapelle (kein Vergleich mit dem Innenraum) lässt sich am besten bewundern, wenn man vor dem prachtvoll vergoldeten Tor des Justizpalastes steht, das auf die Rue de Lutèce führt.

Nach nur sechs Jahren Bauzeit (bei Notre-Dame dauerte es fast 200 Jahre) wurde die Ste-Chapelle 1248 geweiht. Ludwig IX. gab den Bau der Kapelle in Auftrag, um seine private Reliquiensammlung dort unterzubringen, wie die berühmte Ste-Couronne (Heilige Krone). Der französische König kaufte sie 1239 den Herrschern Konstantinopels für einen Betrag ab, der höher war als die Baukosten für die Kapelle! Die Dornenkrone wird heute in der Schatzkammer der Cathédrale Notre-Dame aufbewahrt.

Die prächtige kleine Kapelle ist mit Statuen, blätterumrankten Kapitellen, Engeln und dergleichen geschmückt. Die faszinierendsten Hingucker sind jedoch die 1113 Bibelszenen an den 15 deckenhohen Buntglasfenstern. Vom Buchladen in der ehemaligen Kapelle im Erdgeschoss, die dem Palastpersonal vorbehalten war, führt eine Wendeltreppe zur oberen Kapelle, die nur vom König und seinen engsten Freunde genutzt werden durfte. In der Broschüre kann man die Bibelgeschichten, die die 15 Fenster erzählen, nachlesen – von der Schöpfungsgeschichte bis zur Auferstehung Christi. Weitergehende Informationen bieten ein Audioguide (4,50/6 € für 1/2 Pers.) oder eine 1½-stündige Führung (auf Deutsch freitags und samstags um 14 Uhr); Reservierung ist nicht notwendig. Gelegentlich finden hier auch klassische oder sakrale Konzerte statt, ein ergreifendes Erlebnis, das niemand versäumen sollte.

NICHT VERSÄUMEN

➜ Buntglasfenster

PRAKTISCH & KONKRET

➜ Karte S. 440
➜ ☎ 01 53 40 60 80, Konzerte 01 42 77 65 65
➜ http://sainte-chapelle. monuments-nationaux.fr
➜ 8 bd du Palais, 1er
➜ Erw./Kind 8,50 €/frei, Kombiticket mit Conciergerie 12,50 €
➜ ⏱ März–Okt. 9.30– 18 Uhr, Mitte Mai–Mitte Sept. bis 21 Uhr
➜ Ⓜ Cité

◉ SEHENSWERTES

Die Île de la Cité war die erste Siedlung am Standort des heutigen Paris (um 3. Jh. v. Chr.) und das spätere Zentrum der römischen Stadt Lutetia. Die Insel blieb auch dann der Mittelpunkt königlicher und kirchlicher Macht, als sich die Stadt im Mittelalter über beide Flussufer ausbreitete. Die kleinere Île St-Louis bestand Anfang des 17. Jhs. noch aus zwei unbewohnten Inselchen: der Île Notre-Dame (Insel unserer Lieben Frau) und der Île aux Vaches (Kuhinsel). Dann schlossen ein Bauunternehmer und zwei Finanziers einen Vertrag mit Ludwig XIII., um die zwei Inseln zu einer zu verbinden und zwei Steinbrücken zum Festland zu bauen.

CATHÉDRALE
NOTRE-DAME DE PARIS KATHEDRALE
Siehe S. 212

CONCIERGERIE DENKMAL
Karte S. 440 (www.monuments-nationaux.fr; 2 bd du Palais, 1er; Erw./Kind 8,50 €/frei, Kombiticket mit Sainte-Chapelle 12,50 €; ⊙9.30–18 Uhr; ⓂCité) Die Conciergerie war im 14. Jh. ein königliches Schloss, später jedoch ein Gefängnis. Während der Schreckensherrschaft (1793–1794) wurden hier angebliche Feinde der Revolution eingekerkert, bevor sie vor das Revolutionstribunal im **Palais de Justice** nebenan geführt wurden. Die schöne **Salle des Gens d'Armes** im Stil der Rayonnant-Gotik ist Europas größte erhaltene Halle aus dem Mittelalter. Heute finden dort große Ausstellungen statt.

Die prominenteste unter den fast 2800 Gefangenen, die während der Schreckensherrschaft im Kerker saßen (in Zellen unterschiedlicher „Klassen" natürlich), bevor sie zur Guillotine gekarrt wurden, war Königin Marie Antoinette. Ihre rekonstruierte Zelle ist heute zu sehen. Als die Revolution ihre eigenen Kinder zu fressen begann, wurden auch die Radikalen Danton und Robespierre in die Conciergerie geworfen und schließlich selbst die Richter des Tribunals.

PONT NEUF BRÜCKE
Karte S. 440 (ⓂPont Neuf) Die älteste Brücke von Paris verbindet das Westende der Île de la Cité mit beiden Seine-Ufern. Der König weihte die damals „neue" Brücke 1607 ein, indem er mit einem weißen Hengst hinüberritt. An dieses Ereignis erinnert ein **Reiterstandbild Heinrichs IV.**, den seine Untertanen auch als *vert galant* („Schürzenjäger") kannten.

Die sieben Bögen der Brücke sind mit lustigen und grotesken Figuren geschmückt: Barbiere, Zahnbrecher, Taschendiebe, Stadtstreicher usw. Am besten ist das alles vom Flussufer oder von einem Boot aus zu betrachten.

Der Pont Neuf und die nahe Place Dauphine wurden im 18. Jh. für öffentliche Ausstellungen genutzt. Im letzten Jahrhundert wurde die Brücke dann selbst zum Kunstgegenstand: 1963 baute Nonda, ein Künstler der Pariser Schule, ein riesiges Trojanisches Pferd aus Stahl und Holz auf der Brücke und lebte darin, 1984 bedeckte der japanische Designer Kenzo die Brücke mit Blumen und 1985 packte der gebürtige Bulgare Christo die Brücke in sandfarbenes Polyamidgewebe ein.

MÉMORIAL DES MARTYRS
DE LA DÉPORTATION DENKMAL
Karte S. 440 (Square de l'Île de France, 4e; ⊙April–Sept. 10–12 & 14–19 Uhr, Okt.–März bis 17 Uhr; RER St-Michel–Notre-Dame) Die Gedenkstätte für die Opfer der Deportation, errichtet 1962, erinnert an die 160 000 Menschen in Frankreich – darunter 76 000 Juden, von denen 11 000 Kinder waren –, die in Konzentrationslagern der Nazis umgebracht wurden. Es beherbergt das **Grab des Unbekannten Deportierten**. Ein vergittertes „Fenster" im trostlosen rauen Betonhof ist die einzige Öffnung, durch die das nahe Wasser der Seine zu sehen ist.

ESSEN

Auf der Île St-Louis gibt es nette, wenn auch teure und sehr touristische Restaurants. Die Île de la Cité hingegen ist eine kulinarische Wüste, bis auf ein paar wunderbare Adressen an ihrer Westspitze.

★HURÉ BOULANGERIE €
Karte S. 440 (www.hure-createur.fr; 1 rue d'Arcole, 4e; Takeaway-Mittagsmenüs 8,50–9,30 €, Sandwiches 4–6 €; ⊙Mo-Sa 6.30–20 Uhr; ⓂSt-Michel Notre-Dame oder Châtelet) Deftige, pikante Tartes und Quiches, Riesensalate aus frischem Gemüse, gigantische Kekse und Kuchen in allen Geschmacksrichtungen und Farben des Regenbogens: Wer Appetit

auf einen leichten Mittagsimbiss im Freien hat, wird wohl kaum eine bessere *boulangerie* nur einen Steinwurf von Notre-Dame finde n. Zu erkennen ist die Bäckerei an einem Berg riesiger Baisers auf der Theke und einer Schlange, die sich die halbe Straße entlangzieht.

BERTHILLON

EIS €

Karte S. 440 (31 rue St-Louis en l'Île, 4e; 2/3/4 Kugeln 2,50/5,50/7 €; ☺Mi–So 10–20 Uhr; MPont Marie) Berthillon ist für Eiscreme das, was Châte au Lafite Rothschild für Wein und Valrh ona für Schokolade ist. Besonders berüh mt sind unter den über 70 Sorten das F ruchtsorbet sowie Schokolade, Kaffee, *marrons glacés* (kandierte Maronen) und *a genaise* (Armagnac und Backpflaumen). Interessant sind auch saisonale Geschmacksrichtungen wie geröstete Ananas und Basilikum oder Ingwer und Karamell. Das E is gibt's zum Mitnehmen oder am Tisch.

★LES VOYELLES

MODERN FRANZÖSISCH €€

Karte S. 440 (☎01 46 33 69 75; www.les-voyelles.com; 74 quai des Orfèvres, 4e; plats du jour 12 €, 2-/3-Gänge-Menü 17/22,50 €; ☺Di–Sa 8–24 Uhr; MPont Neuf) Das neue, durch und durch moder ne Restaurant lohnt den kurzen Weg von Notre-Dame. Die namengebenden „Voka le" sind wie beiläufig zwischen den Büche rn und schönen Objekten auf den Regalen im intimen „Bibliotheksraum" verteilt. Das Speisenangebot reicht von kleinen Häppchen bis zum kompletten Abendessen. Die Straßenterrasse ist Paris pur.

LES FOUS DE L'ÎLE

BRASSERIE €€

Karte S. 440 (☎01 43 25 76 67; www.lesfous delile.com; 33 rue des Deux Ponts, 4e; 2-/3-Gänge-Mitta gsmenü 19/25 €, Abendmenü 23/28 €; ☺10–2 Uhr; MPont Marie) Die typische Brasserie ist ein beliebtes Familienlokal mit einer tollen offenen Küche und einem ungewöhnlichen Gockeldekor (wir wissen auch nicht so genau warum). Von 12 bis 23 Uhr werde n durchgängig herzhafte Gerichte wie c assoulet (traditioneller Eintopf aus dem L anguedoc mit Bohnen und Fleisch) und l eichtere Tapas nach spanischer Art zuber eitet. Der Sonntagsbrunch (24 €, 29 € mit einem Cocktail) zwischen 12 und 16 Uhr ist klasse.

LE TASTEVIN

TRADITIONELL FRANZÖSISCH €€€

Karte S. 440 (☎01 43 54 17 31; www.letastevin-paris .com; 46 rue St-Louis en l'Île, 4e; Hauptge-

CAFÉ SAINT RÉGIS

Hip, historisch und mit einer Dosis Retro-Vintagestil präsentiert sich **Le Saint Regis** (Karte S. 440; http://cafesaintregisparis.com; 6 rue du Jean de Bellay, 4e; Salate & Hauptgerichte 14,50–28 €; ☺7–2 Uhr; ☎; MPont Marie) – wie es bei den Insidern heißt –, zu jeder Tageszeit eine wunderbare Anlaufstelle mit dem typischen Pariser Flair. Von Gebäck zum Frühstück über Pfannkuchen (als zweites Frühstück) und Brasserie-Gerichte zum Mittagessen bis hin zu einer Austernplatte am frühen Abend, das Café St-Regis trifft einfach immer den Nagel auf den Kopf. Der Sonntagsbrunch konkurriert mit der Happy Hour (19–21 Uhr) um die meisten Gäste. Abgerundet wird das alles von Zeitschriften und Zeitungen für die Gäste, charismatischen Kellnern in langen, weißen Schürzen und einem schönen, weiß gekachelten Innenraum.

richte 27–34,50 €, Menüs ab 33 €; ☺Di–So 12–14 & 19–23.15 Uhr; MPont Marie) Spitzenvorhänge, m it Holz verkleidete Wände und eine Balkendecke verleihen dem vornehmen, altmodis chen Restaurant in einem Gebäude aus d em 17. Jh. jede Menge Charme. Die Küche ist hervorragend und traditionell, es ko mmen hier z. B. *escargots* (Schnecken), Foie gras, Seezunge oder *ris de veau* (Kalb sbries) mit Morcheln und Tagliatelle auf den Tisch.

MON VIEIL AMI

TRADITIONELL FRANZÖSISCH €€€

Karte S. 440 (☎01 40 46 01 35; www.mon-vieil-ami.com; 69 rue St-Louis en l'Île, 4e; plats du jour 15,50 €, Menüs 47,50 €; ☺12–14.30 & 19–23 Uhr; MPont Marie) Der elsässische Koch Antoine Weste rmann ist der kreative, talentierte Kopf hinter diesem schnieken schwarzen Neo-B istro. Die Gäste werden wie alte Freun de behandelt (daher rührt auch der Name) und das Gemüse erfährt eine geradezu königliche Behandlung. Besonders preiswert ist der *plat du jour* mittags (Tagesge richt), zubereitet mit Zutaten der Saiso n. Abendessen gibt's bereits ab etwa 19 Uh r – praktisch für alle, die lieber etwas früher essen wollen.

🍷 AUSGEHEN & NACHTLEBEN

Bars und Kneipen sind auf den Inseln eher spärlich gesät. Die wenigen Lokale, die es gibt, sollte man zu Beginn des Abends aufsuchen, denn nur wenige sind noch nach Mitternacht geöffnet.

TAVERNE HENRI IV
WEINBAR

Karte S. 440 (13 place du Pont Neuf, 1er; ⊙Mo–Sa 11.30–23 Uhr, Aug. geschl.; MPont Neuf) Das Weinlokal von 1885 ist eine der wenigen Bars auf der Île de la Cité und wird gern von Juristen aus dem nahen Palais de Justice besucht (ganz zu schweigen von prominenten Autoren und Schauspielern, wie die signierten Fotos belegen). Die umfangreiche Weinkarte wird durch eine schmackhafte Auswahl tartines (belegte Brote), *charcuterie* (Aufschnitt) sowie Käseplatten abgerundet.

LA CHARLOTTE DE L'ISLE
TEESALON

Karte S. 440 (www.lacharlottedelisle.fr; 24 rue St-Louis en l'Île, 4e; ⊙Mi–So 11–19 Uhr; MPont Marie) Das winzige Charlotte de l'Isle ist ein besonders hübscher *salon de thé* mit niedlichem Märchenambiente, altmodischen Bonbongläsern auf den Regalen und feiner Auswahl an Tees, die vor Ort bestellt oder auch nach Hause mitgenommen werden können. Weitere süße Argumente für einen Abstecher sind die heiße Schokolade, die Schokoskulpturen, der Kuchen und das Gebäck.

LE FLORE EN L'ÎLE
CAFÉ

Karte S. 440 (42 quai d'Orléans, 4e; ⊙8–1 Uhr; MPont Marie) Touristenmassen drängen sich in dem traditionellen Café, vielleicht, weil man so grandios Leute beobachten kann und die Musikanten auf dem Pont St-Louis im Blick hat.

🛍 SHOPPEN

Die Île St-Louis ist ein Traum für Liebhaber von Kunsthandwerksboutiquen und winzigen Fachgeschäften, auf der Île de la Cité regieren derweil Souvenirs und Touristenkitsch.

⭐ 38 SAINT LOUIS

KÄSE

Karte S. 440 (38 rue St-Louis en l'Île, 4e; ⊙Di–Sa 9–21.30, So & Mo bis 19 Uhr; MPont Marie) Samstägliche Weinproben, hausgemachte Obst-Chutneys, Traubensaft und fertige Gerichte zum Mitnehmen: Die moderne fromagerie hat weitaus mehr zu bieten als ihre altmodische Fassade und ihr absolut hervorragendes Käsesortiment. Der Laden wird von zwei jungen, dynamischen Feinschmeckern betrieben. Vakuumverpackter Käste wird in Holzkisten zum Mitnehmen nach Hause angeboten.

MARCHÉ AUX FLEURS REINE ELIZABETH II
MARKT

Karte S. 440 (place Louis Lépin, 4e; ⊙Mo–Sa 8–19.30 Uhr; MCité) Hier werden schon seit 1808 Blumen verkauft, womit der Marché aux Fleurs der älteste Markt von Paris ist. Sonntags verwandelt er sich in einen Vogelmarkt, den **Marché aux Oiseaux** (⊙So 9–19 Uhr).

IL CAMPIELLO
KUNSTHANDWERK

Karte S. 440 (www.ilcampiello.com; 88 rue St-Louis en l'Île, 4e; ⊙11–19 Uhr; MPont Marie) Venezianische Karnevalsmasken, kunstvoll aus Pappmâché, Porzellan und Leder gefertigt, sind die Spezialität dieses exquisiten Geschäfts, in dem auch Schmuck aus Murano-Glasperlen verkauft wird. Es wurde von einem gebürtigen Venezianer gegründet und irgendwie hat die Île St-Louis auch eine gewisse Ähnlichkeit mit Venedig.

LIBRAIRIE ULYSSE
BÜCHER

Karte S. 440 (www.ulysse.fr; 26 rue St-Louis en l'Île, 4e; ⊙Di–Fr 14–20 Uhr; MPont Marie) Zwischen all den antiquarischen und neuen Reiseführern, National Geographic-Ausgaben und Karten kann man sich kaum bewegen! Die unerschrockene Catherine Domaine öffnete ihre Librairie, den ersten Buchladen für Reiseliteratur der Welt, 1971. Die Öffnungszeiten variieren. Einfach klingeln; wenn Catherine da ist, macht sie auf.

CLAIR DE RÊVE
SPIELZEUG

Karte S. 440 (www.clairdereve.com; 35 rue St-Louis en l'Île, 4e; ⊙Mo–Sa 11–13 & 14–19 Uhr; MPont Marie) Hier dreht sich alles um Spielzeuge zum Aufziehen, Spieldosen und Puppen, in erster Linie Marionetten, die von der Decke baumeln.

PREMIÈRE PRESSION PROVENCE
LEBENSMITTEL

Karte S. 440 (51 rue St-Louis en l'Île, 4e; ⊙Mo–Sa 11–13 & 14–19 Uhr; MPont Marie) Der Star dieser Gourmetboutique ist Olivenöl aus der Provence. Es wird nicht nur in Reinform, sondern auch als Aufstrich oder Sauce (Pesto, Tapenade etc.) verkauft.

Quartier Latin

Highlights

1 Im **Musée National du Moyen Âge** (S. 223) zurück ins Mittelalter reisen.

2 Die neu gestalteten Exponate im großartigen **Institut du Monde Arabe** (S. 226) – und den Blick vom Dach! – erleben.

3 Durch den botanischen Garten von Paris, den **Jardin des Plantes** (S. 225), samt Naturkundemuseum schlendern.

4 Im zauberhaften Buchladen **Shakespeare & Company** (S. 236) in einem Gedichtband schmökern.

5 Den großen Köpfen Frankreichs an ihrer letzten Ruhestätte im klassizistischen **Panthéon** (S. 224) huldigen.

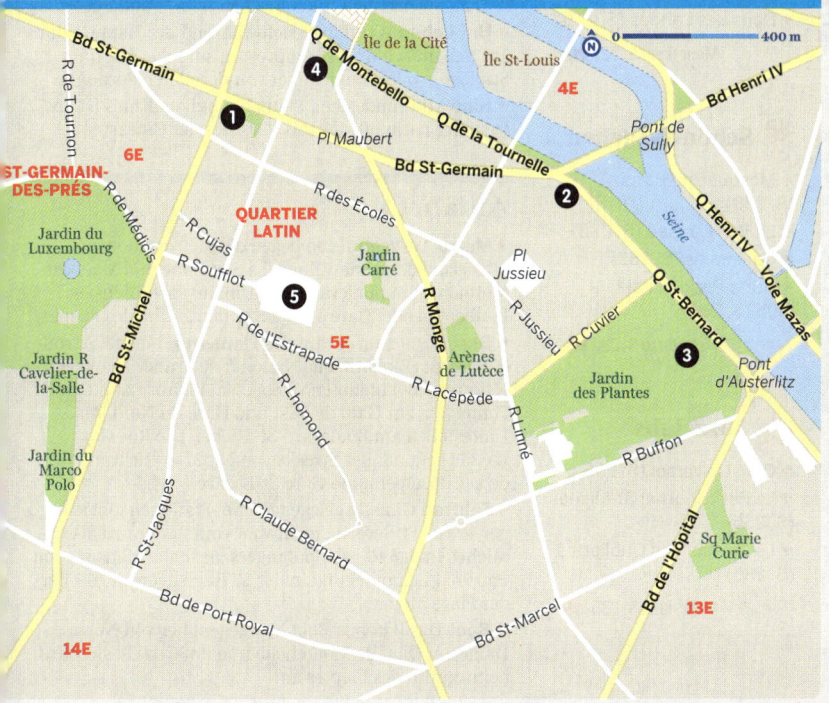

Details s. Karten S. 442 und S. 444 ➡

Top-Tipp

Hungrige Besucher, die das erste Mal im Quartier Latin sind, lockt es zwar oft in das Gewirr aus winzigen Straßen zwischen Seine, Rue St-Jacques und Boulevard St-Germain, aber es gibt viel bessere Alternativen. Schöner ist es nämlich, sich Brot, Käse, Wurst und Wein zu kaufen und beim Essen einen erstklassigen Blick zu genießen. Und zwar wo? Am Ufer der Seine, an der Place du Panthéon (bei Studenten beliebt) oder im Jardin des Plantes.

Gut essen

➡ Les Pipos (S. 228)
➡ Sola (S. 231)
➡ Café de la Nouvelle Mairie (S. 229)
➡ L'Agrume (S. 229)
➡ Dans Les Landes (S. 229)

Mehr dazu S. 227 ➡

Schön ausgehen

➡ Mosquée de Paris (S. 230)
➡ Le Verre à Pied (S. 232)
➡ Café Panis (S. 232)
➡ Curio Parlor Cocktail Club (S. 232)

Mehr dazu S. 232 ➡

Jazzclubs

➡ Café Universel (S. 235)
➡ Le Petit Journal St-Michel (S. 235)
➡ Le Caveau des Oubliettes (S. 235)

Mehr dazu S. 235 ➡

QUARTIER LATIN

Rundgang: Quartier Latin

Das Quartier Latin ist seit dem Mittelalter das Zentrum der Pariser Intellektuellen. Der Name leitet sich von der Sprache ab, die bis zur Französischen Revolution von Studenten und Professoren gesprochen wurde. Der Tag beginnt mit einem Gang durch den botanischen Garten, den Jardin des Plantes, und geht weiter mit einem süßen Minztee in der Mosquée de Paris oder einem Rundgang durch das interessante Institut der arabischen Welt.

Milieu, Geruch und Geschmack des Quartier Latin bildet die lebhafte Rue Mouffetard am besten ab. Die Imbissstände und tollen Lebensmittelläden muss man einfach erkunden oder man isst in einem der Restaurants, die ihre Zutaten aus eben diesen Quellen beziehen (außer montags, wenn der Markt Ruhetag hat).

Nach dem Besuch des Panthéon wird der Nachmittag am besten für eine hochinteressante Reise ins Mittelalter im Musée National du Moyen Âge genutzt.

Und nach dem Abendessen in einem Bistro geht's zu einer Jazz- und Jamsession in einem alten Keller (während der Revolution teils als Gefängnis genutzt) oder in eine der quirligen Studentenkneipen des Quartier Latin.

Lokalkolorit

➡ **Sport** Im römischen Amphitheater Arènes de Lutèce (S. 225) spielen die Einheimischen Boules und Fußball.
➡ **Uni-Leben** Wenn man sich während der Happy Hour am Nebentisch fröhlich zuprostet, sind das fast immer Studenten oder Akademiker von der nahen Sorbonne.
➡ **Kino** Mit mindestens 13 unabhängigen Kinos ist das Quartier Latin offiziell das Paradies der Cineasten.

Anfahrt

➡ **Métro** Am zentralsten liegen die Métrostationen St-Michel (an der Seine), Cluny–La Sorbonne und Maubert-Mutualité (am Boulevard St-Germain) sowie Censier Daubenton oder Gare d'Austerlitz (am Jardin des Plantes).
➡ **Bus** Nr. 89 zum Jardin des Plantes und ins 13. Arrondissement (Bibliothèque National de France François Mitterrand) hält am Panthéon. Nr. 38 fährt zum Centre Pompidou, zur Gare de l'Est und Gare du Nord, mit Haltestellen am Boulevard St-Michel. Die Rue Gay Lussac liegt auf der Strecke von Nr. 27 in Richtung Île de la Cité, Opéra und Gare St-Lazare.
➡ **Fahrrad** Günstig gelegene Vélib'-Stationen gibt's in der 42 rue St-Severin, nicht weit vom Boulevard St-Michel, in der 40 rue Boulangers (5e, nahe Métrostation Cardinal Lemoine) und in der 27 Rue Lacépède (5e, bei der Place Monge).
➡ **Boot** Das Batobus-Boot legt gegenüber von Notre-Dame am Quai de Montebello und am Quai St-Bernard beim Jardin des Plantes an.

Das Musée National du Moyen Âge birgt großartige Schätze – mittelalterliche Plastiken, Buntglasfenster, Kunstgegenstände und vor allem den sechsteiligen Tapisseriezyklus *Die Dame mit dem Einhorn*. Zusammen mit der gut erhaltenen Substanz eines herrschaftlichen Wohnsitzes aus dem 15. Jh. (Hôtel de Cluny) und dem viel älteren Frigidarium (Kaltbad) einer großen römischen Therme bildet es eines der großartigen kleineren Museen von Paris.

Das **Hôtel de Cluny**, einst Wohnhaus der Äbte von Cluny, birgt wertvolle Relikte, darunter **Statuen** von der Fassade von Notre-Dame in Saal Nr. 8. Sie wurden während der Revolution entfernt und später für eine private Villa genutzt.

In der Nordwestecke des Museums befinden sich die Reste der gallorömischen **Therme**, die um 200 n. Chr. gebaut wurde. Interessant sind auch die Fragmente des Mosaiks *Eros, auf einem Delphin reitend* und eine faszinierende Marmorbadewanne aus Rom. Außerhalb des Museums sind die Reste weiterer Räume zu sehen: eine Palästra (Sportplatz), ein *Tepidarium* (Warmbad) und ein *Caldarium* (Heißbad).

Im 1. Stock (Saal 13) hängen die **Einhorn-Tapisserien**, die die fünf Sinne und einen mysteriösen sechsten Sinn, vielleicht das Herz, repräsentieren. Es wird angenommen, dass sie ursprünglich um 1500 von der Pariser Familie le Viste in Auftrag gegeben wurden. 1814 wurden sie im Château de Boussac entdeckt und 1882 vom Museum gekauft. Seither waren sie eine Inspiration für Schriftsteller, von Prosper Mérimée und George Sand bis zu Tracy Chevalier.

Kleine **Gärten** im Nordosten des Museums, darunter der Jardin Celeste (Himmlischer Garten) und der Jardin d'Amour (Garten der Liebe) sind mit Blumen, Kräutern und Sträuchern bepflanzt, die auf den Meisterwerken des Museums abgebildet sind.

NICHT VERSÄUMEN

→ Tapisserien
→ Hôtel de Cluny
→ Frigidarium
→ Statuen von Notre-Dame

PRAKTISCH & KONKRET

→ Karte S. 442
→ www.musee-moyen age.fr
→ 6 place Paul Painlevé, 5e
→ Erw./Kind 8 €/frei
→ ⏲ Mi–Mo 9.15–17.45 Uhr
→ Ⓜ Cluny–La Sorbonne

⦿ SEHENSWERTES

MUSÉE NATIONAL DU MOYEN ÂGE MUSEUM
Siehe S. 223

SORBONNE UNIVERSITÄT

Karte S. 442 (12 rue de la Sorbonne, 5e; Cluny–La Sorbonne oder RER Luxembourg) Die Crème de la Crème der akademischen Welt zieht es an die Sorbonne, eine der berühmtesten Universitäten der Welt. Seit der Neustrukturierung der Pariser Hochschulen infolge der Studentenproteste von 1968 teilen sich die meisten der 13 autonomen Universitäten mit rund 35 500 Studenten „La Sorbonne“. Teile des Komplexes werden gerade im Rahmen eines auf zehn Jahre angelegten und 45 Mio. € teuren Modernisierungsprojekts restauriert. 2015 sollen die umfangreichen Arbeiten abgeschlossen sein. Besucher dürfen die Universität nicht betreten.

Die Sorbonne wurde 1253 ursprünglich als Kolleg für 16 verarmte Theologiestudenten von Richard de Sorbon gegründet, dem Beichtvater Ludwigs IX. Bald darauf entwickelte sie sich zu einer mächtigen Lehranstalt mit eigener Verwaltung und eigenen Gesetzen.

Die **Chapelle de la Sorbonne** Karte S. 442), die Universitätskirche mit ihrer charakteristischen Kuppel, entstand zwischen 1635 und 1642. Sie beherbergt die sterblichen Überreste von Kardinal Richelieu (1585–1642), über dessen Grab eine stilisierte Kardinalsmütze hängt.

ÉGLISE ST-ÉTIENNE DU MONT KIRCHE

Karte S. 444 (www.saintetiennedumont.fr; 1 place Ste-Geneviève, 5e; ⊙ Di–Fr 8.45–19.30, Sa & So 8.45–12 & 14–19.45 Uhr; ⓂCardinal Lemoine) `GRATIS` In der zwischen 1492 und 1655 erbauten Kirche befindet sich der einzige noch erhaltene Lettner (1535) von Paris, eine Trennwand zwischen Chor und Kirchenschiff. Die anderen Lettner wurden in der späten Renaissance abgeschafft, da sie den Gläubigen die Sicht auf das versperrte, was während der Messe rund um den Altar vor sich ging.

In der Kapelle an der Südostecke der Kirche liegen die Gebeine der Heiligen Genoveva. Die 422 in Nanterre geborene Schutzpatronin von Paris hatte 451 dafür gesorgt, dass Attila und seine Hunnen vor Paris abzogen. Ein reich verzierter Reliquienschrein in der Nähe ihrer Grablege enthält alles,

---

⦿ HIGHLIGHT
PANTHÉON

Die unübersehbare, imposante **klassizistische Kuppel** des Panthéon am linken Seine-Ufer gehört zu den Wahrzeichen der Pariser Skyline. Ludwig XV. gab das gewaltige architektonische Meisterwerk 1750 ursprünglich als Abtei für die hl. Genoveva in Auftrag, als Dank für seine Genesung von einer Krankheit. Finanzielle und statische Probleme verzögerten die Fertigstellung bis 1789 – kein gutes Jahr, um in Paris eine Kirche einzuweihen.

Nach der Revolution wurde das Gebäude noch zweimal für religiöse Aufgaben genutzt, seit 1885 ist es endgültig weltlichen Zwecken zugeeignet. Heute dient die **Krypta** als letzte Ruhestätte einiger der berühmtesten Denker Frankreichs, darunter Voltaire, Rousseau, Braille und Hugo. Die erste Frau, die im Panthéon aufgrund ihrer Verdienste begraben wurde, war die zweimalige Nobelpreisträgerin Marie Curie (1867–1934), die 1995 mit ihrem Ehemann Pierre hierher umgebettet wurde.

Die Kuppel ist bis 2015 wegen Renovierung geschlossen (weitere Baumaßnahmen werden sich bis 2022 hinziehen). Danach wird eine Kopie des **Foucaultschen Pendels**, das 1851 vom Dom baumelte, um die Erdrotation zu demonstrieren, wieder zu sehen sein.

NICHT VERSÄUMEN

➜ Architektur
➜ Foucaultsches Pendel
➜ Krypta

PRAKTISCH & KONKRET

➜ Karte S. 444
➜ www.monum.fr
➜ place du Panthéon, 5e
➜ Erw./Kind 7,50 €/frei
➜ ⊙ April–Sept. 10–18.30 Uhr, Okt.–März bis 18 Uhr
➜ Ⓜ Maubert-Mutualité, Cardinal Lemoine oder RER Luxembourg

was von ihrer irdischen Existenz übrig geblieben ist: einen Fingerknochen.

ARÈNES DE LUTÈCE
RUINE

Karte S. 444 (www.arenesdelutece.com; 49 rue
Monge, 5e; ⊙April–Okt. 9–21.30 Uhr, Nov.–
März 8–17.30 Uhr; Ⓜ Place Monge) GRATIS Einst
drängten sich in den römischen Amphitheater aus dem 2. Jh. rund 10 000 Zuschauer,
um Gladiatorenkämpfe und andere Spektakel anzuschauen. Es wurde zufällig 1869
wiederentdeckt, als die Rue Monge gebaut
wurde. Heute spielen die Einheimischen
hier Fußball und vor allem Boules.

MOSQUÉE DE PARIS
MOSCHEE

Karte S. 444 (☏ 01 45 35 97 33; www.la-mosquee.
com; 2bis place du Puits de l'Ermite, 5e; Erw./
Kind 3/2 €; ⊙Moschee Sa–Do 9–12 & 14–18 Uhr;
Ⓜ Censier Daubenton oder Place Monge) Die
zentrale Moschee von Paris mit ihrem mar-
kanten, 26 m hohen Minarett wurde 1926
in einer Art maurischem Art déco vollendet. Der Innenraum mit seinen filigranen
Kacheln und Kalligrafien kann besichtigt
werden. Ein separater Eingang führt zum
wundervollen nordafrikanisch inspirierten
Hamam (S. 237), Restaurant (S. 230) und
salon de thé sowie zu einem kleinen Suk
(eher ein Geschenkeladen). Besucher müssen sittsam gekleidet sein.

JARDIN DES PLANTES
BOTANISCHER GARTEN

Karte S. 444 (www.jardindesplantes.net; place
Valhubert & 36 rue Geoffroy-Saint-Hilaire, 5e;
⊙April–Okt. 7.30–19.45 Uhr, Nov.–März 8–
17.15 Uhr; Ⓜ Gare d'Austerlitz, Censier Daubenton oder Jussieu) GRATIS Der 24 ha große botanische Garten von Paris wurde 1626
als Heilkräutergarten für Ludwig XIII.
angelegt. Mit seinen beiden, von Platanen
gesäumten Alleen, die die ganze Länge
des Parks verlaufen, ist er wunderbar für
einen Spaziergang, ein Picknick (Vorsicht
vor der automatischen Sprinkleranlage!)
und als Refugium im Betondschungel der
Stadt geeignet. Noch reizvoller machen ihn
die drei Abteilungen des Muséum National
d'Histoire Naturelle und ein kleiner Zoo,
die Menagerie du Jardin des Plantes.

Zu den weiteren Attraktionen zählen
Pfingstrosen- und Rosengärten sowie der
Garten der École de Botanique, um den sich
Studenten der Hochschule, aber auch Pari-
ser Bürger kümmern. Die schönen **Grandes
Serres** Karte S. 444; Erw./Kind 6/4 €; ⊙10–
18 Uhr), vier Gewächshäuser aus Glas und
Metall, sind seit 1714 in Gebrauch. Mehrere

der Dschungelgemälde von Henri Rousseau
wurden von seinen häufigen Besuchen der
Treibhäuser inspiriert. Die Bilder werden
manchmal im Musée d'Orsay (S. 242) ausgestellt.

MUSÉUM NATIONAL
D'HISTOIRE NATURELLE
NATURKUNDEMUSEUM

Karte S. 444 (www.mnhn.fr; place Valhubert &
36 rue Geoffroy St-Hilaire, 5e; Ⓜ Gare d'Austerlitz, Censier Daubenton oder Jussieu) Trotz der
Bezeichnung ist das Naturkundemuseum
kein einzelnes Gebäude, sondern eine Ansammlung von Museen in ganz Frankreich.
Der historische Standort ist der Jardin des
Plantes, wo es auch die meisten Einzelmu-
seen gibt: ausgestopfte Tiere in der hervorragenden **Grande Galerie de l'Évolution**
Karte S. 444; Erw./Kind 7 €/frei; ⊙Mi–Mo 10–
18 Uhr), Fossilien und Dinosaurierskelette
in den **Galeries d'Anatomie Comparée et
de Paléontologie** Karte S. 444; Erw./Kind 7 €/
frei; ⊙Mi–Mo 10–17 Uhr) und Meteoriten und
Kristalle in der **Galerie de Minéralogie et
de Géologie** Karte S. 444).

HIGHLIGHT
INSTITUT DU MONDE ARABE

Das Institut der arabischen Welt wurde 1980 gemeinsam von Frankreich und 18 orientalischen und nordafrikanischen Ländern zum Zweck des interkulturellen Austauschs gegründet. Es veranstaltet nicht nur Konzerte und Filmvorführungen, sondern ist auch Forschungszentrum und besitzt ein neues Museum samt moderner Ausstellungshalle.

Das Gebäude ist unübersehbar: Der Architekt Jean Nouvel ließ sich von traditionellen hölzernen Fenstergittern inspirieren und brachte Tausende moderne *mashrabiya* (Blenden) in die Glaswände ein, die so einen Aus-, aber keinen Einblick ermöglichen. Die Blenden werden durch Elektromotoren geöffnet und geschlossen, um Licht und Wärme im Inneren des Instituts zu regulieren.

Das umgebaute **Museum** (4. bis 7. Stock) zeigt Repräsentatives verschiedenster Epochen und Kulturen mit Schwerpunkt auf Kunst, Kunsthandwerk und Wissenschaft, von vorislamischen Keramiken bis zu alten astronomischen Instrumenten.

Von der **Aussichtsterrasse** im 9. Stock bietet sich ein weiter Blick über die Seine bis Sacré-Cœur. Ein Panoramarestaurant gibt es ebenfalls, außerdem einen Teesalon (ohne Aussicht) und ein Café (Erdgeschoss).

NICHT VERSÄUMEN

➡ Museum
➡ Aussichtsterrasse

PRAKTISCH & KONKRET

➡ Institut du Monde Arabe
➡ Karte S. 442
➡ www.imarabe.org
➡ 1 place Mohammed V, 5e
➡ Erw./Kind 8/4 €
➡ ⏱ Di–Do 10–18, Fr bis 21.30, Sa & So bis 19 Uhr
➡ Ⓜ Jussieu

Das nationale Naturkundemuseum wurde 1793 geschaffen und war im 19. Jh. ein wichtiger Wissenschaftsstandort. Von den drei Museen ist die vierstöckige Grande Galerie de l'Évolution besonders toll für Kinder: Lebensgroße Elefanten, Tiger und Nashörner geben das Gefühl einer Safari und überall auf den 6000 m² gibt es einfallsreiche Exponate zur Evolution, aber auch zum Artensterben und zur globalen Erwärmung. Die Sonderausstellungen sind besonders gut gemacht. Innerhalb des Gebäudes gibt es noch eine separate Attraktion, die **Galerie des Enfants** Karte S. 444; Erw./Kind 9/7 €), ein interaktives Wissenschaftsmuseum speziell für Kinder zwischen sechs und zwölf Jahren.

MÉNAGERIE DU JARDINDES PLANTES
ZOO

Karte S. 444 (www.mnhn.fr; 57 rue Cuvier, 5e; Erw./Kind 11/9 €; ⏱ April–Okt. 9–18.30 Uhr, im Winterhalbjahr kürzere Zeiten; Ⓜ Gare d'Austerlitz, Censier Daubenton oder Jussieu) Auch der Zoo mit rund 1000 Tieren ist mehr als nur eine Touristenattraktion. Er ist gleichzeitig ein Forschungszentrum und Zuchtstation für vom Aussterben bedrohte Tierarten. Während der preußischen Belagerung von Paris 1870 waren alle damaligen tierischen Gäste akut bedroht: Die hungernden Pariser verspeisten fast den gesamten Bestand. Der jüngst renovierte Zoo (S. 198) in Vincennes ist übrigens sehr viel größer.

MUSÉE DE LA SCULPTURE EN PLEIN AIR
MUSEUM

Karte S. 442 (quai St-Bernard, 5e; Ⓜ Gare d'Austerlitz) GRATIS In dem Open-Air-Museum am Quai St-Bernard, das auch Jardin Tino Rossi genannt wird, stehen über 50 Skulpturen aus dem späten 20. Jh. Es ist ein wunderbarer Ort zum Picknicken: Ein Salat unter einem César (Baldaccini) oder ein Baguette neben einem Brancusi direkt an der Seine hat zweifellos Stil.

COLLÈGE DES BERNARDINS
HISTORISCHES GEBÄUDE

Karte S. 442 (www.collegedesbernardins.fr; 18–24 rue de Poissy, 5e; ⏱ Mo–Sa 10–18, So 14–18 Uhr; Ⓜ Maubert-Mutualité oder Cardinal Lemoine) GRATIS Das ehemalige Zisterzienserkolleg von 1248 war ursprünglich Unterkunft und Lehranstalt für Mönchsnovizen. Nach zehnjähriger Renovierung wurde es 2008 als Kunstgalerie und Zentrum für christliche Kultur mit breitem Programm (u. a. Vorträge, Filmvorführungen und Konzerte) eröffnet.

 **ESSEN**

Von geschichtsträchtigen Palästen mit Kronleuchtern bis hin zu billigen Studentenkneipen erfüllt das 5. Arrondissement kulinarische wie finanzielle Ansprüche aller Art. Die Rue Mouffetard ist berühmt für ihre Märkte und Lebensmittelläden, allerdings sind die besten Restaurants in den weniger touristischen Seitenstraßen zu finden.

LE POT O'LAIT
CRÊPERIE €

Karte S. 444 (www.lepotolait.com; 41 rue Censier, 5e; Mittagsmenüs 10 & 12,90 €, Crêpes 3–11,50 €; ⏰Di–Sa 12–14.30 & 19.30–22.30 Uhr; ♿; ⓂCensier Daubenton) Die lichte und moderne „Milchkanne" ist der Renner, wenn es um *galettes* (pikante Buchweizencrêpes) – mit Räucherlachs oder Ziegenkäse und Speck – und süße Crêpes (mit Pistazieneis, Orangen, heißer Schokosauce und Schlagsahne) geht. Die Salate sind umwerfend und Kinder fahren auf die Eisbecher ab.

LE JARDIN DES PÂTES
BIO, PASTA €

Karte S. 444 (📱01 43 31 50 71; 4 rue Lacépède, 5e; Pasta 10,50–14 €; ⏰12–14.30 & 19.30–22.30 Uhr; ♿; ⓂPlace Monge) ✏ Eine propere, weiß-grüne Fassade direkt neben einer Vélib'-Station kündigt den „Pastagarten" an, in dem nur 100 % Bio auf den Tisch kommt. Die Pasta gibt's in allen erdenklichen Variationen – aus Gerste, Buchweizen, Roggen, Weizen, Reis, Kastanien usw. Lecker sind die *pâtes de chataignes* (aus Kastanienmehl) mit Entenbrust, Muskat, Crème fraîche und Pilzen.

BOULANGERIE
ERIC KAYSER
BOULANGERIE €

Karte S. 442 (www.maison-kayser.com; 8 rue Monge, 5e; ⏰Mi–Mo 6.45–20.30 Uhr; ⓂMaubert-Mutualité) Der erste Laden von Eric Kayser, der mittlerweile in ganz Paris bekannt ist. Er ist einer der besten Bäckereien in der Nähe der Seine und der Inseln. Ein paar Häuser weiter (in Nr. 12) gibt es einen zweiten Laden mit Tischen, Kaffee und luftigem Blätterteiggebäck.

LE COMPTOIR DU
PANTHÉON
CAFÉ, BRASSERIE €

Karte S. 444 (📱01 43 54 75 56; 5 rue Soufflot, 5e; Salate 11–13 €, Hauptgerichte 12,40–15,40 €; ⏰7–1.45 Uhr; ☎; ⓂCardinal Lemoine oder RER Luxembourg) Riesige, kreative Salate sind der Grund, hier einzukehren. Das Lokal liegt auf der schattigen Seite der Straße gegenüber dem Panthéon und hat eine große, stets gut besuchte und sehr pariserische Terrasse: Wer den Kopf weg von Voltaires Grabstätte wendet, hat den Eiffelturm im Blick. Die Bedienung ist blitzschnell und Essen wird durchgängig serviert.

58 QUALITÉ STREET
FEINKOST €

Karte S. 442 (58 rue de la Montagne Ste-Geneviève, 5e; Sandwiches 4,90 €, Hauptgerichte 8,50–18 €; ⏰Mo–Sa 12–23 Uhr; ⓂMaubert-Mutualité oder Cardinal Lemoine) Das einladende Feinkostgeschäft ist eine praktische Adresse für eine leichte Mahlzeit oder eine Erfrischung zwischendurch. Es gibt auch Hauptmahlzeiten (*tartiflette, pot-au-feu*), die in der „Küche" zubereitet werden – allerdings ist die Küchenausstattung etwas dürftig – und einfache, aber gute Sandwiches zum Mitnehmen sowie Wurst- und Käseplatten zum Glas Wein. Nur Barzahlung.

PETITS PLATS DE MARC
CAFÉ €

Karte S. 444 (6 Rue de l'Arbalète, 5e; Quiches 7 €, Mittagsmenüs 10–14 €; ⏰Di & Mi 9.30–15.30, Do–So 9–19 Uhr; ☎; ⓂCensier Daubenton) Das winzige Café abseits der Rue Mouffetard ist herrlich behaglich und eine Abwechslung von all den üblichen und eintönigen Touristenlokalen. Die hausgemachten Suppen, Quiches, Backwaren und Salate sind lecker und preiswert. Tee und Kaffee wird den ganzen Tag über serviert.

LE PUITS DE LÉGUMES
VEGETARISCH €

Karte S. 442 (📱01 43 25 50 95; www.lepuits delegumesbio.fr; 18 rue du Cardinal Lemoine, 5e; Hauptgerichte 9,50–16 €; ⏰Mo–Sa 12–16 & 19–22 Uhr; ✏; ⓂCardinal Lemoine) ✏ Vor allem Studenten fliegen auf die hausgemachten Tartes, Quiches, Reisgerichte mit frischem Saisongemüse und anderen vegetarischen Angebote (auch mit Fisch) der „Gemüsequelle". Köstliche Duftschwaden aus der winzigen Küche ziehen durch den einfachen Gastraum, dessen Handvoll Tische reich mit Gewürzen bestückt sind. Tagesangebote stehen draußen auf der Tafel.

BOULANGERIE
BRUNO SOLQUES
BOULANGERIE, PATISSERIE €

Karte S. 444 (243 rue St-Jacques, 5e; ⊙Mo–Fr 6.30–13.30 & 15.30–20 Uhr; 🚻; MPlaceMonge oder RER Luxembourg) Der kreative *pâtissier* Bruno Solques verkauft handgemachte, unregelmäßig geformte Tartes mit Obstpüree, Brioches mit Fruchtfüllung, raffiniert gewürzte Lebkuchen und herrlich rustikale Brote, die sich in dem schmucklosen kleinen Laden türmen. Die Sachen sind teuer, aber lecker – die Kinder von der Schule gegenüber sind Stammgäste.

CAVE MAVROMMATIS
GRIECHISCH €

Karte S. 444 (www.mavrommatis.com; 49 rue Censier, 5e; Mezze 2,50–7,80 €, Sandwiches 6,70 €; ⊙9.30–22 Uhr; MCensier Daubenton) Das zwanglose Lokal ist mit Gourmet-Mezze (Toast mit *tarama*, Auberginencreme), gefüllten Pita-Broten und griechischem Wein ideal für einen Imbiss oder Drink zu jeder Tageszeit. Tische gibt's nicht viele, aber dafür auch Gerichte zum Mitnehmen.

BONJOUR VIETNAM
VIETNAMESISCH €

Karte S. 444 (📞01 43 54 78 04; 6 rue Thouin, 5e; Hauptgerichte 10–14 €; ⊙Mi–Mo 12–15 & 19–23 Uhr; MCardinal Lemoine) In dem viel gelobten vietnamesischen Restaurant erfrischen eine Schüssel *pho* (Nudelsuppe mit dünnen rohen Rindfleischstreifen, Minze, Anis und Limette) oder *bobun* (kalter Reisnudelsalat mit mariniertem Rindfleisch). Es gibt nur wenige Tische, also am besten reservieren.

CIEL
PATISSERIE €

Karte S. 442 (www.patisserie-ciel.com; 3 rue Monge, 5e; Kuchen ab 6 €; ⊙Di–Do 10.30–23, Fr & Sa bis 1, So bis 17 Uhr; MMaubert-Mutualité) An der minimalistischen hölzernen Bar in dem japanischen Teesalon haben nur acht Personen Platz, aber die feinen Tees und die luftig-leichten Biskuitkuchen – Kirschblüte, Himbeere, Vanille – sind einfach himmlisch. Abends werden herzhafte Snacks aus dem Sola (S. 231) und Cocktails serviert.

LA SALLE À
MANGER
TRADITIONELL FRANZÖSISCH €

Karte S. 444 (📞01 55 43 91 99; 138 rue Mouffetard, 5e; Hauptgerichte 10–14 €; ⊙8.30–18.30 Uhr; MCensier Daubenton) Die Lage des „Speisesaals" mit seiner sonnigen, baumbestandenen Terrasse am Anfang der Fressmeile Rue Mouffetard ist schwer zu toppen. Während die Gäste sich an Salaten,

tartines (belegte Brote), Tartes und Gebäck laben, haben sie einen Rundumblick auf Marktstände, Brunnen, Kirche und Grünanlage mit Spielplatz. Ob zum Frühstück, Mittagessen oder Brunch am Wochenende – hier ist es immer voll.

MACHU PICCHU
SÜDAMERIKANISCH €

Karte S. 444 (📞01 43 26 13 13; 9 rue Royer-Collard, 5e; 3-Gänge-Mittagsmenü 11,50 €, Hauptgerichte 10,80–15 €; ⊙Mo–Sa 12–14.30 & 19.30–22.30 Uhr; MCluny–La Sorbonne oder RER Luxembourg) Die Einheimischen lieben das Lokal, das es seit den 1980er-Jahren gibt. Es serviert exzellente peruanische Fleisch- und Fischgerichte sowie ein super günstiges Mittagsmenü und *plats du jour* (Tagesgerichte). Nur Barzahlung.

TASHI DELEK
TIBETISCH €

Karte S. 444 (📞01 43 26 55 55; 4 rue des Fossés St-Jacques, 5e; Menüs ab 11 €, Hauptgerichte 7,35–14 €; ⊙Mo–Sa 12–14.30 & 19.30–22.30 Uhr; MCardinal Lemoine oder RER Luxembourg) Hier werden preiswerte, leckere tibetische Spezialitäten aufgetischt, von *tsampa* (Gericht mit gerösteter Gerste) bis *daril seu* (Fleischbällchen mit Knoblauch, Ingwer und Reis) und *tselmok* (Teigtaschen mit Käse und Gemüse). Dazu schmeckt ein Schwarztee oder ein traditioneller salziger Buttertee. *Tashi delek* heißt Guten Tag auf Tibetisch.

KOOTCHI
AFGHANISCH €

Karte S. 442 (📞01 44 07 20 56; 40 rue du Cardinal Lemoine, 5e; Mittags-/Abendmenüs 9,50/16 €; ⊙Mo–Sa 12–14.30 & 19.30–22.30 Uhr; MCardinal Lemoine) Hinter einer himmelblauen Fassade zaubern Teppiche, traditionelle Musikinstrumente und anderer Folklorekram die Atmosphäre einer zentralasiatischen Karawanserei herbei. Zu den Spezialitäten gehören *qhaboli palawo* (Kalbsragout mit Nüssen und Gewürzen), *dogh* (Joghurtgetränk, ähnlich wie salziges Lassi) und mit Rosenwasser und Kardamom aromatisiertes *halwa* (süßes Gebäck).

Vegetarier sollten sich als Hauptgericht *borani palawo* (Gemüseragout) bestellen, ein Gewürzerlebnis der besonderen Art.

★LES PIPOS
BISTRO €€

Karte S. 442 (📞01 43 54 11 40; www.les-pipos.com; 2 rue de l'École Polytechnique, 5e; Hauptgerichte 13,90–26,90 €; ⊙Mo–Sa 8–2 Uhr; MMaubert-Mutualité) Die Weinbar ist ein Augen- und Sinnenschmaus und vor allem wegen des Essens einen Besuch wert. Die Bistro-Gerichte *(bœuf bourguignon)* und die *charcuteries de terroir* (regionale Wurst- und Fleischspezialitäten) sind lecker, ebenso die Käseplatten aus dem ganzen Gourmet-Sortiment (Bleu d'Auvergne, St-Félicien, St-Marcellin). Keine Kreditkarten.

★CAFÉ DE LA NOUVELLE MAIRIE BISTRO €€

Karte S. 444 (19 rue des Fossés St-Jacques, 5e; Hauptgerichte 14–16 €; ⊗Mo–Fr 8–24 Uhr; ⓂCardinal-Lemoine) Beim Panthéon gleich um die Ecke, ganz versteckt an einem kleinen Platz mit Brunnen, liegt die schmale Weinbar – aber das wissen nur die Einheimischen. Auf der Tafel stehen Naturweine, die glasweise ausgeschenkt werden, und leckere Bistro-Gerichte nach Saison, wie Austern, Rippchen *(à la française)* oder gegrillte Lammwürstchen auf Linsen.

★L'AGRUME NEO-BISTRO €€

Karte S. 444 (☎01 43 31 86 48; www.restaurant lagrume.fr; 15 rue des Fossés St-Marcel, 5e; 2-/3-Gänge-Mittagsmenüs 22/25 €, Abendmenü 45 €; ⊗Di–Sa 12–14.30 & 19.30–22.30 Uhr; ⓂCensier Daubenton) Einen Tisch in der „Zitrusfrucht" zu ergattern, ist gar nicht so leicht – am besten ein paar Tage vorher reservieren. Zur Belohnung können die Gäste beim Essen am Tisch, auf dem Barhocker oder am *comptoir* (Tresen) den Köchen in der offen Küche zuschauen, wie sie saisonale Gerichte zaubern. Das Mittagessen ist schön preiswert und eine kulinarische Offenbarung und abends gibt es ein täglich wechselndes fünfgängiges Probiermenü. Das winzige, moderne Bistro liegt in einer kaum bekannten Straße am Südrand des Quartier Latin.

★DANS LES LANDES GASCOGNE €€

Karte S. 444 (☎0145870600; www.dansleslandes maisaparis.com; 119bis rue Monge, 5e; Tapas 8–16 €; ⊗12–23 Uhr; ⓂCensier Daubenton) Ein kulinarischer Trip ins Baskenland: Koch Julien Duboué aus der Gascogne präsentiert hier seine kunstvolle Auslegung der Küche des Südwestens. Zu den kapriziösen Gerichten in Tapas-Größe zählen geräucherte Ente mit Polenta und *xistoria* (baskische Wurst) mit reichlich Chili, Artischocken-Dip mit Trüffel, Entenhals-Confit und Foie gras. Es ist auch eines der wenigen Lokale in Paris mit baskischem Wein.

LITERARISCHE ORTE IM QUARTIER LATIN

Im Quartier Latin haben ebenso viele Schriftsteller einst gewohnt wie in den Nachbarbezirken der Rive Gauche.

James Joyce (Karte S. 444; ⓂCardinal Lemoine) Die Durchfahrt in der Rue du Cardinal Lemoine Nr. 71 führt zu einem Hinterhof, in dem ganz am Ende die Wohnung „E" liegt: Darin wohnte der irische Schriftsteller James Joyce (1882–1941), als er 1921 in Paris ankam und seinen *Ulysses* vollendete.

Ernest Hemingway (Karte S. 444; ⓂCardinal Lemoine) In der Rue du Cardinal Lemoine Nr. 74 lebte Ernest Hemingway (1899–1961) mit seiner ersten Frau Hadley von Januar 1922 bis August 1923. Direkt darunter befand sich der Bal au Printemps, ein populärer *bal musette* (Tanzlokal). Er inspirierte ihn zu der Location, in der sich Jake Barnes und Brett Ashley in dem Roman *Fiesta* treffen.

Paul Verlaine (Karte S. 444; ⓂCardinal Lemoine) Hemingway schrieb in der Dachkammer eines Hotels in der Rue Descartes Nr. 39 (um die Ecke von seiner Wohnung). Es ist das selbe Hotel, in dem der Lyriker Paul Verlaine (1844–1896) starb. Was auf der Tafel steht, stimmt nicht!

Place de la Contrescarpe Im Süden trifft die Rue Descartes auf die Place de la Contrescarpe (Place Monge), ein mittlerweile proper Platz mit vier Judasbäumen und einem Brunnen. Früher war das allerdings eine „Kloake" (O-Ton Hemingway), vor allem das Café des Amateurs an der Place de la Contrescarpe Nr. 2–4, das heutige Café Delmas (S. 234).

George Orwell (Karte S. 444; ⓂPlace Monge) 1928 wohnte George Orwell (1903–1950) in einer billigen Pension in der Rue du Pot de Fer Nr. 6 und schlug sich als Tellerwäscher durch. Sein damaliges Leben und eben diese Straße, die bei ihm „rue du Coq d'Or" (Straße zum goldenen Hahn) heißt, beschreibt er in *Erledigt in Paris und London* (1933).

L'AOC
TRADITIONELL FRANZÖSISCH €€

Karte S. 442 (☏01 43 54 22 52; www.restoaoc.com; 14 rue des Fossés St-Bernard, 5e; 2-/3-Gänge-Mittagsmenüs 21/29 €, Hauptgerichte 19–36 €; ⏲Di–Sa 12–14.30 & 19.30–22.30 Uhr; ⓂCardinal Lemoine) *Bistrot carnivore* (Bistro für Fleischfresser) lautet der Slogan des raffinierten Restaurants, das sich auf die besten Zutaten Frankreichs konzentriert: jene mit der Auszeichnung AOC *(appellation d'origine contrôlée)*. Das bedeutet, dass alle Zutaten in bestimmten Regionen und nach strengen Richtlinien angebaut und verarbeitet wurden. Das Ergebnis? Nur das Beste vom Besten! Im Angebot sind traditionelle Fleischgerichte (Tatarbeefsteak) oder Speisen vom Grill, wie Grillhähnchen oder Spanferkel.

LES PAPILLES
BISTRO €€

Karte S. 444 (☏01 43 25 20 79; www.lespapillesparis.com; 30 rue Gay Lussac, 5e; 2-/3-Gänge-Menüs ab 22/31 €; ⏲Di–Sa 12–14.30 & 19–22 Uhr; ⓂRaspail oder RER Luxembourg) Hinter der sonnenblumengelben Fassade verbirgt sich eine Mischung aus Bistro, Weinkeller und Feinkostgeschäft. Hier findet man eines dieser großartigen Pariser Esserlebnisse vor. An einfach gedeckten Tischen unter gut bestückten Weinregalen wird eine *marmite du marché* (Eintopf) serviert, die das Marktangebot des Tages widerspiegelt. Der eigentliche Renner ist die Weinauswahl.

Da nur rund 15 Gäste Platz haben, empfiehlt sich eine Tischreservierung (möglichst schon Tage im Voraus). Und nach dem Essen könnte man den eigenen Weinkeller mit ein paar Flaschen aus der *cave à vin* von Les Papilles aufstocken …

LE PETIT PONTOISE
BISTRO €€

Karte S. 442 (☏01 43 29 25 20; 9 rue de Pontoise, 5e; Hauptgerichte 21–30 €; ⏲12–14.30 & 19.30–22.30 Uhr; ⓂMaubert-Mutualité) Spitzengardinen schirmen die Holztische von der Außenwelt ab, sodass die Gäste sich voll auf die phantastischen, altmodischen Klassiker konzentrieren können: *rognons de veau à l'ancienne* (Kalbsnieren), *boudin campagnard* (Blutwurst) mit süßem Apfelmus oder Wachteln mit Datteln. Auf den ersten Blick wirken das Lokal und sein Angebot sehr simpel – aber wer einmal hier war, kommt garantiert wieder.

MOSQUÉE DE PARIS
NORDAFRIKANISCH €€

Karte S. 444 (☏01 43 31 38 20; www.la-mosquee.com; 39 rue Geoffroy St-Hilaire, 5e; Hauptgerichte 15–26 €; ⏲12–14.30 & 19.30–22.30 Uhr; ⓂCensier Daubenton oder Place Monge) Durch das üppige Dekor wirkt das Restaurant hinter den Mauern der Zentralmoschee sehr nordafrikanisch. Es serviert neun Arten Couscous, leckere tajines und einen üppigen Grillteller. Der **Teesalon** (⏲9–23.30 Uhr) verwöhnt seine Gäste auch draußen zwischen Bäumen und zwitschernden Vögeln mit Minztee und *pâtisserie orientale*. Noch besser ist die *formule orientale* (63 €): Wellness im Hamam (S. 237) mit Peeling und zehnminütiger Massage plus Mittagessen, Minztee und süßem Gebäck.

LE PRÉ VERRE
BISTRO €€

Karte S. 442 (☏01 43 54 59 47; www.lepreverre.com; 25 rue Thénard, 5e; Mittagsmenü 14,50 €, Hauptgerichte 20 €; ⏲Di–Sa 12–14.30 & 19.30–22.30 Uhr; ♿; ⓂMaubert-Mutualité) Das quirlige, laute Bistro der Brüder Delacourcelle zieht mit seiner typisch Pariser Atmosphäre Gäste magisch an. Mittags lockt das preisgünstige *formule dejeuner* (Mittagsmenü), die z. B. aus Kichererbsensuppe mit Curry, Ingwer-Perlhuhnschlegel auf einem Bett aus Rot- und Weißkohl und einem Glas Wein besteht. Das in Mengen dazu servierte knusprige Baguette ist die Krönung.

Bei den Desserts zeigt sich erneut, dass Küchenchef Philippe auf seinen ausgedehnten Reisen in China, Malaysia, Japan und Indien gelernt hat, mit Gewürzen zu jonglieren. Marc ist für die interessante Weinkarte verantwortlich, auf der vor allem kleine, unabhängige *vignerons* (Winzer) vertreten sind.

TERROIR PARISIEN
BISTRO €€

Karte S. 442 (☏01 44 31 54 54; www.yannick-alleno.com; 20 rue Saint-Victor, 5e; Hauptgerichte 19–25 €; ⏲12–14.30 & 19–22.30 Uhr; ⓂMaubert-Mutualité oder Cardinal Lemoine) Ein gutes Konzept (lokale Gerichte und Zutaten) und ein lichter, moderner Raum bilden im Terroir Parisien eine tolle Kombination. Geboten werden moderne Variationen typischer Pariser Gerichte wie Zwiebelsuppe oder eine perfekte Scheibe Blutwurst auf cremigem Kartoffelpüree. Kleinigkeiten (z. B. Croque Monsieur) gibt es auch. Die Portionen sind übrigens recht klein.

LENGUÉ
JAPANISCH €€

Karte S. 442 (☏01 46 33 75 10; http://lengue.fr; 31 rue de la Parcheminerie, 5e; mittags/abends 18/40 €; ⏲Di–Sa 12–15, Di–So 19–23 Uhr; ⓂCluny–La Sorbonne) Die modische japanische *izakaya*-Bar kontrastiert mit mittelalterlich-französischem Ambiente: Deckenbalken, alte Steinwände und Keller. Abends gibt es mehrere kleine Gerichte zum Teilen (Gemüseklößchen, Garnelen-Tempura) mit Wein oder Sake, mittags ein warmes Hauptgericht mit mehreren kalten Beilagen aus der Bento-Box. Trotz der touristischen Lage ist das Lokal sehr angesagt. Reservierung erforderlich.

ANAHUACALLI
MEXIKANISCH €€

Karte S. 442 (☏01 43 26 10 20; www.anahua calli.fr; 30 rue des Bernardins, 5e; Hauptgerichte 17–22 €; ⊙tgl. 19.30–22.30, So 12–14.30 Uhr; Ⓜ Maubert-Mutualité) Mexikanisch ist in Paris gerade Trend und dieses Edellokal versteht sein Geschäft. Hinter der dezent rosmaringrünen Fassade verbirgt sich ein sparsam eingerichteter Speiseraum mit Spiegeln und ein paar Statuen – der perfekt gestylte Rahmen für ebenso perfekt gestylte Enchiladas, Tamales und *mole poblano*. Fischfans sollten den *pescado à la veracruzana* (mit Tequila flambierter Fisch) probieren.

LE COUPE-CHOU
TRADITIONELL FRANZÖSISCH €€

Karte S. 442 (☏01 46 33 68 69; www.lecoupe chou.com; 9 & 11 rue de Lanneau, 5e; 2-/3-Gänge-Menüs 27/33 €; ⊙12–14.30 & 19.30–22.30 Uhr; Ⓜ Maubert-Mutualité) Wein berankt das Stadthaus aus dem 17. Jh., in dem es mehrere romantische Speiseräume mit Kerzenlicht, Balkendecke und antiken Möbeln gibt. Gedämpfte klassische Musik mischt sich mit dem Gemurmel der Gäste. Wie schon zu den Zeiten, als Marlene Dietrich und ähnliche Stars hier dinierten, ist ohne Reservierung nichts zu machen.

Zeitlose französische Klassiker wie Schnecken nach Burgunder Art, Tatarsteak und *Bœuf bourguignon* werden abgerundet durch die herrliche Käseauswahl von der Fromagerie Quatrehomme oder eine seidige Crème brûlée.

Der Name Le Coupe-Chou hat übrigens nichts mit Kohl (*chou*) zu tun, sondern geht auf das Rasiermesser eines Barbiers zurück, der einst seinen Salon in einem der sieben Räume betrieb.

★ SOLA
FUSIONSKÜCHE €€€

Karte S. 442 (☏abends 01 43 29 59 04, mittags 09 65 01 73 68; www.restaurant-sola.com; 12 rue de l'Hôtel Colbert, 5e; mittags/abends 48/98 €; ⊙Di–Sa 12–14 & 19–22 Uhr; Ⓜ St-Michel) Für Gourmets ist das Sola im Quartier Latin ein Geschenk des Himmels. Der versierte Koch

Hiroki Yoshitake kombiniert französische Techniken mit japanischer Feinfühligkeit und schafft damit hinreißende ausgefallene Kreationen (z. B. in Miso marinierte Foie gras auf *feuille de brick*, serviert auf einem groben Holzstück). Die kunstvolle Präsentation und die aufmerksame Bedienung sorgen für das ideale Ambiente für ein romantisches Essen. Vorsichtshalber einen Tisch im unteren Gastraum reservieren.

LE BUISSON ARDENT
MODERN FRANZÖSISCH €€€

Karte S. 444 (☏01 43 54 93 02; www.lebuisson ardent.fr; 25 rue Jussieu, 5e; Mittags-/Abendmenü 28/41 €; ⊙12–14.30 & 19.30–22.30 Uhr; Ⓜ Jussieu) Das abgenutzte Bistro in einer alten Remise (die Wandbilder im vorderen Raum stammen aus den 1920er-Jahren) serviert elegante, spannende französische Gerichte, von Seebarsch mit gegrilltem Fenchel und Chorizo bis zu Spareribs mit Olivenpüree, Polenta und Zwiebelmarmelade.

MOISSONNIER
LYONER KÜCHE €€€

Karte S. 442 (☏01 43 29 87 65; 28 rue des Fossés St-Bernard, 5e; Mittagsgerichte 17–26 €, 4-/6-Gänge-Abendmenüs 75/115 €; ⊙Di–Sa 12–14.30 & 19.30–22.30 Uhr; Ⓜ Cardinal Lemoine) Lyon – und nicht Paris – gilt bei französischen Feinschmeckern als das ultimative Gourmetparadies. Wer hier einmal eine große, dicke *andouillette* (Wurst aus Schweinemagen und -darm), ein *tablier de sapeur* (panierter, gebratener Saumagen), traditionelle *quenelles* (Fleischklößchen) oder *boudin noir aux pommes* (Blutwurst mit Äpfeln) gekostet hat, versteht warum. Hier werden die guten, alten Klassiker der Region perfekt umgesetzt.

LA TOUR D'ARGENT
GOURMETKÜCHE €€€

Karte S. 442 (☏01 43 54 23 31; www.latour dargent.com; 15 quai de la Tournelle, 5e; Mittagsmenüs 65 €, Abendmenüs 170–190 €; ⊙Di–Sa 12–14.30 & 19.30–22.30 Uhr; Ⓜ Cardinal Lemoine oder Pont Marie) Der altehrwürdige „Silberne Turm" am Seine-Ufer ist berühmt für seine *caneton* (Ente), für den Dachgarten mit Blick auf Notre-Dame und für seine bewegte Geschichte. Sie lässt sich bis 1582 zurückverfolgen, von der Einführung der Gabel in Frankreich durch Heinrich III., und geht bis in die Gegenwart: Für den bezaubernden Animationsfilm Ratatouille stand das Lokal Modell. Der Weinkeller sucht in Paris seinesgleichen, die Küche ist außerordentlich elegant.

QUARTIER LATIN ESSEN

Für einen Tisch mittags sollte man sich acht bis zehn Tage vorher anmelden, für abends drei Wochen im Voraus. Wer auf die Schoko-Kokos-Kugel mit Bananen- und Limettensorbet verzichtet, ist selbst schuld. Feinkost und edles Küchenzubehör verkauft die **Boutique** Karte S. 442; ⌚Di–Sa 11.15–19.15 Uhr) direkt gegenüber.

AUSGEHEN & NACHTLEBEN

Rive-Gauche-Romantiker, gut situierte Kaffeehausgänger und jede Menge Studenten sind abends im 5. Arrondissement unterwegs. Altbewährte Konzepte, nostalgisches Ambiente und Happy Hours, die am frühen Abend fast überall angeboten werden, garantieren einen typischen Pariser Abend. Nichts Weltbewegendes, einfach nur nett.

★LE VERRE À PIED — CAFÉ

Karte S. 444 (http://leverreapied.fr; 118bis rue Mouffetard, 5e; ⌚Di–Sa 9–21, So 9.30–16 Uhr; Ⓜ Censier Daubenton) Dieses *café-tabac* ist ein kleines Juwel, in dem sich seit 1870 kaum etwas verändert hat. Mit seinen verspiegelten, nikotinfarbenen Wänden, Stuckleisten und einem originalen Tresen gehört es zu einer aussterbenden Art. Es verkörpert den Charme, den Glanz und die Romantik des liebenswerten alten Paris und die ständig hier ein- und ausgehenden Markthändler der Rue Mouffetard erhöhen das authentische Feeling. An einer Wand hängen zeitgenössische Fotografien und Gemälde. Zur Mittagszeit geht es recht lebhaft und hektisch zu und an einigen Abenden der Woche treiben Livekonzerte den Puls in die Höhe.

★CAFÉ PANIS — CAFÉ

Karte S. 442 (21 quai de Montebello, 5e; ⌚7–24 Uhr; 📶; Ⓜ St-Michel) Ein sonniger Tisch in dem geschäftigen, zeitlosen Café gegenüber von Notre-Dame ist ideal, um die Postkarten nach Hause zu schreiben. Für Erfrischung sorgen Kaffee, Tee und preiswertes französisches Essen, wie Croque Monsieur oder *magret de canard*.

★CURIO PARLOR COCKTAIL CLUB — COCKTAILBAR

Karte S. 442 (www.curioparlor.com; 16 rue des Bernardins, 5e; ⌚Mo–Do 19–2, Fr–So bis 4 Uhr; Ⓜ Maubert-Mutualité) Dasselbe kreative, re-

Lokalkolorit
Bummel durch die Rue Mouffetard

Die abschüssige, kopfsteingepflasterte Rue Mouffetard, ursprünglich eine römische Straße, erhielt ihren Namen im 18. Jh. Zu der Zeit wurde der mittlerweile unterirdische Fluss Bièvre von den ansässigen Gerbern genutzt. Der Gestank führte zum Namen *mouffette* (Stinktier), schließlich zu „Mouffetard". Heute ist die Straße von Marktständen, Restaurants und Bars gesäumt.

❶ Märkte
Heute sind die Gerüche in „La Mouffe", wie die Einheimischen sagen, unendlich viel appetitlicher. Die Stände auf dem Marché Mouffetard Karte S. 444; ⌚Di–Sa 8.30–19.30, So bis 12 Uhr; Ⓜ Censier Daubenton) verkaufen Gemüse, Fleisch, Fisch und andere Lebensmittel.

❷ Käse
Wer den Käse der *fromagerie* Androuet Karte S. 444; http://androuet.com; 134 rue Mouffetard, 5e; ⌚Di–Fr 9.30–13 & 16–19.30, Sa 9.30–19.30, So bis 13.30 Uhr; Ⓜ Censier Daubenton) mit nach Hause nehmen will, muss keine penetranten Düfte fürchten – auf Wunsch wird alles vakuumverpackt. Die Fassade des Geschäfts ist mit Wandmalereien verziert.

❸ Feinkost
Gefüllte Oliven, Peperoni, eingelegte Auberginen & Co. gibt es in dem italienischen Feinkostgeschäft **Delizius** Karte S. 444; 134 rue Mouffetard, 5e; ⌚Di–Sa 9.30–20, So 9–14 Uhr; Ⓜ Censier Daubenton), auch warme Fertiggerichte sowie frische und getrocknete Pasta.

❹ Kino
Selbst die Einheimischen übersehen leicht die kleine Tür zum Kino **L'Epée de Bois** Karte S. 444; 100 rue Mouffetard, 5e; Ⓜ Censier Daubenton), das Arthausfilme und Blockbuster zeigt.

❺ Süßes
Die leichten, köstlichen Makronen in Geschmacksrichtungen wie Jasmin, Himbeere oder Schwarze Johannisbeere sowie die verführerische Auswahl an

Markt in der Rue Mouffetard

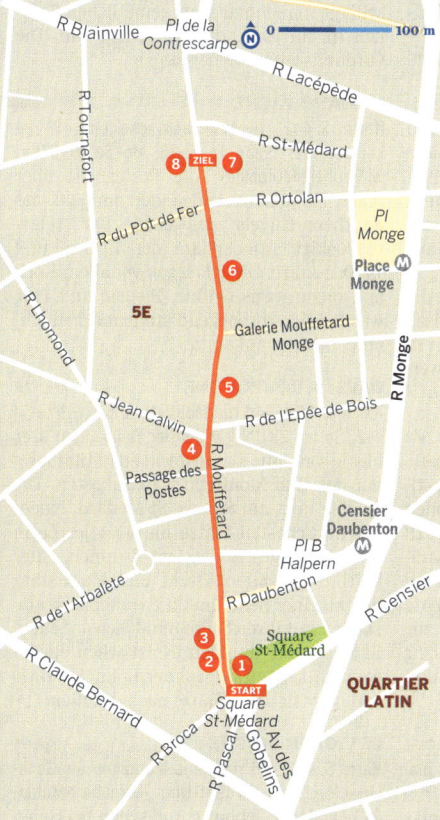

Schokolade der drei *maîtres cho-colatiers* Fabrice Gillotte, Jacques Bellanger und Patrice Chapoare liegen wie Juwelen in der Auslage von **Chocolats Mococha** Karte S. 444; www.chocolatsmococha.com; 89 rue Mouffetard, 5e; ☉11–20 Uhr; Ⓜ Censier Daubenton).

❻ Apéro im Le Vieux Chêne

Le Vieux Chêne, ein Treffpunkt der Revolutionäre von 1848, ist heute beliebt bei Studenten, besonders zur Happy Hour (Di–So 16–21, Mo ab 16 Uhr bis Schließung).

❼ Eiscreme

Ein Bummel durch die „Mouffe" und an den Auslagen der Gourmetge-schäfte vorbei macht Appetit. Es ist also Zeit für eine Pause im **Gelati d'Alberto** Karte S. 444; 45 rue Mouffe-tard, 5e; ☉12–24 Uhr; Ⓜ Place Monge), wo italienische Eiscreme in der Waf-fel zu einer „Blume" mit zwei (oder mehr?) Geschmacksrichtungen geformt wird.

❽ Crêpes im Chez Nicos

Wer es lieber pikant statt süß oder warm statt kalt mag, sollte einen Blick auf die Tafel draußen vor dem unscheinbaren kleinen **Chez Nicos** Karte S. 444; 44 rue Mouffetard, 5e; Crêpes 3–6 €; ☉12–2 Uhr; 🚽; Ⓜ Place Monge) werfen – darauf stehen Dut-zende Füllungen. Nicos Meisterwerk, *la crêpe du chef*, kommt mit Auber-gine, Feta, Mozzarella, Blattsalat, Tomaten und Zwiebeln. Drinnen gibt es ein paar Tische; andernfalls lassen sich die Crêpes auch in einem Park in der Nähe verspeisen.

QUARTIER LATIN

laxte Team, das den Experimental Cocktail Club (S. 133) betreibt, steht auch hinter dieser Bar. Sie ist von der Atmosphäre der *années folles* (verrückten Jahre) zwischen den Weltkriegen in Paris, London und New York inspiriert. Die grasgrüne Fassade mit dem einfachen Messingschild an der Tür ist Diskretion pur. Auf Facebook wird angekündigt, wann welche Party steigt.

LE PUB ST-HILAIRE   KNEIPE

Karte S. 442 (2 rue Valette, 5e; ⊘Mo–Do 15–2, Fr 15–4, Sa 16–4, So 16–24 Uhr; ⓂMaubert-Mutualité) Der Ausdruck „geschäftig" wird dem pulsierenden Treiben in der beliebten Studentenkneipe nicht gerecht. Die großzügig bemessene Happy Hour dauert mehrere Stunden. Drei Billardtische, Brettspiele, herzhafte Barsnacks, Musik auf zwei Stockwerken und diverse andere Extras halten die Partymeute bei Laune (u. a. der „Cocktail-Meter").

L'ACADÉMIE DE LA BIÈRE   KNEIPE

Karte S. 444 (www.academie-biere.com; 88bis bd de Port Royal, 5e; ⊘So–Do 10–2, Fr & Sa bis 3 Uhr; ⓂVavin oder RER Pont Royal) Wer belgisches Bier mag, hat hier die Qual der Wahl zwischen zwölf Sorten vom Fass und über 300 Flaschenbieren. Es gibt Trappistenbiere (von Mönchen gebraut) wie das berühmte Westmalle, Abteibiere wie Grimbergen und Leffe, Fruchtbiere und Cantillon Gueuze (ein doppelt vergärtes Lambik-Bier aus Brüssel).

Traditionell belgisch sind auch die *moules* (Muscheln), die jeden Morgen frisch angeliefert, geputzt und rund um die Uhr in verschiedenen Zubereitungen serviert werden, z. B. mit Senf, Curry oder Roquefort.

LE VIEUX CHÊNE   BAR

Karte S. 444 (69 rue Mouffetard, 5e; ⊘So–Do 16–2, Fr & Sa bis 5 Uhr; ⓂPlace Monge) Die Institution in der Rue Mouffetard soll angeblich die älteste Bar von Paris sein. Schon 1848 war sie ein Treffpunkt revolutionärer Kreise und Ende des 19./Anfang des 20. Jhs. ein populärer bal musette (Tanzlokal). Heute drängen sich hier Studenten, vor allem zur Happy Hour (Di–So 16–21, Mo ab 16 Uhr bis Zapfenstreich). DJs sorgen freitags und samstags für Stimmung.

CAFÉ DELMAS   CAFÉ

Karte S. 444 (www.cafedelmasparis.com; 2 place de la Contrescarpe, 5e; ⊘So–Do 8–2, Fr & Sa bis 4 Uhr; ☎; ⓂPlace Monge) Das Delmas

in beneidenswerter Lage an der baumbestandenen Place de la Contrescarpe ist der perfekte Ort zum Chillen bei Kaffee oder Cappuccino und zum ganztägig servierten Frühstück. Unter Heizpilzen lässt es sich draußen kuschlig sitzen, während das Straßenleben vorüberzieht. Wer lieber drinnen sitzt, verkriecht sich zwischen den Bücherregalen, wo es immer von Studenten der nahe gelegenen Unis wimmelt. Wer die richtige Toilette sucht: Jacqueline ist für die Damen, Jacques für die Herren.

LE CROCODILE   BAR

Karte S. 444 (6 rue Royer-Collard, 5e; ⊘Mo–Sa 18–2 Uhr; ⓂOdéon oder RER Luxembourg) Seit 1966 mixt die Bar mit den grünen Fensterläden erschwingliche Cocktails (über 200 Angebote). Ihre Glanzzeit hatte sie in den 1970er-Jahren, aber die Atmosphäre hat sich bis heute gehalten. Zu später Stunde drängt sich hier ein aufgekratztes, studentenlastiges Publikum und die Stimmung schlägt manchmal vom gemütlichen Trinken in ein grölendes Saufgelage um. Die Öffnungszeiten variieren.

LE PIANO VACHE   BAR

Karte S. 442 (www.lepianovache.com; 8 rue Laplace, 5e; ⊘Mo–Fr 12–16, Mo–Sa 19–2 Uhr; ⓂMaubert-Mutualité) Alte Poster, die über Sofas hängen, verleihen der am Fuß des Panthéon-Hügels gelegenen Bar relaxte rockige Atmosphäre der 1970er- und 1980er-Jahre. Die DJs legen vor allem Rock auf, dazu etwas Gothic, Reggae und Pop, was bei der vorwiegend studentischen Klientel bestens ankommt.

CAVE LA BOURGOGNE   CAFÉ, BAR

Karte S. 444 (144 rue Mouffetard, 5e; ⊘Mo–Sa 7–2, So bis 23 Uhr; ⓂCensier Daubenton) Der ideale Ort, um die ansteckende Stimmung auf der Rue Mouffetard auszukosten. Die Kneipe liegt am Square St-Médard, einem der hübschesten Plätze im Quartier Latin mit blumengeschmücktem Brunnen, einer jahrhundertealten Kirche und Marktständen an einer Seite. Im Café treffen sich alte Damen mit ihren Schoßhündchen auf einen Espresso an dunklen Holztischen neben weintrinkenden Anwohnern. Im Sommer verlagert sich das Ganze nach draußen.

LE VIOLON DINGUE   KNEIPE

Karte S. 442 (46 rue de la Montagne Ste-Geneviève, 5e; ⊘Di–Sa 19–5 Uhr; ⓂMaubert-Mutualité) Die laute, lebhafte und schon bei Generationen von Studenten beliebte „verrückte Geige" zieht mit ihren Sportübertragungen und der anbaggerfreundlichen „Dingue Lounge" unten viel englischsprachiges Jungvolk an. Der Kneipenname ist ein Wortspiel und bezieht sich auf den fast gleich ausgesprochenen französischen Ausdruck *violon d'Ingres*, was „Hobby" bedeutet – der berühmte Maler Jean-Auguste-Dominique Ingres strich in seiner Freizeit nämlich gern die Fiedel.

LE PANTALON   BAR
Karte S. 444 (7 rue Royer-Collard, 5e; ☺17.30–2 Uhr; M Cluny–La Sorbonne oder RER Luxembourg) Zerschlissene Plastikstühle, bunte Lampen und alte Aufkleber an den Wänden locken all jene mit wenig Geld, aber viel Herz an.

LE MAUZAC   WEINBAR
Karte S. 444 (7 rue de l'Abbé de l'Epée, 5e; ☺Mo–Sa 12–14.30 & 19.30–22.30 Uhr; M Place Monge oder RER Luxembourg) Straßenlampen und ein Boden aus Steinplatten verleihen der Weinbar mit begrünter Terrasse das Flair eines typischen Pariser Sträßchens. Nur die Flaschenregale an den Wänden weisen auf ihren eigentlichen Zweck hin – nämlich hungrige und durstige Gäste mit rund 60 Weiß-, Rosé- und Rotweinen (auch glasweise) und Leckerbissen wie Foie gras aus den Landes oder bretonische Austern zu verwöhnen.

TEA CADDY   TEESALON
Karte S. 442 (14 rue St-Julien le Pauvre, 5e; ☺Sa–Mi 11–19, Do & Fr bis 23 Uhr; M St-Michel) Der 1928 eröffnete Teesalon ist eine Pariser Institution und so englisch, wie es nur geht. Ideal für eine Quiche (10 €) oder eine gemütliche Tasse Tee (6 €) mit Scones, dicker Sahne und Marmelade, um sich von der Besichtigung von Notre-Dame, der Ste-Chapelle oder der Conciergerie zu erholen, die gleich um die Ecke liegen.

⭐ **UNTERHALTUNG**

★ CAFÉ UNIVERSEL   JAZZ, BLUES
Karte S. 444 (☎01 43 25 74 20; http://cafeuniversel.com; 267 rue St-Jacques, 5e; ☺Mo–Sa 21–2 Uhr; 📷; M Censier Daubenton oder RER Port Royal) GRATIS Das Café Universel glänzt mit brillanten Livegigs aller Richtungen, von Bebop über Latin bis Vocal Jazz. Hier

dürfen sich Nachwuchstalente unzensiert austoben und die gechillte Atmosphäre macht vor allem Studenten und Jazzfans Laune. Für die Konzerte wird kein Eintritt verlangt, dafür lassen die Künstler den Hut herumgehen.

LE CHAMPO   KINO
Karte S. 442 (www.lechampo.com; 51 rue des Écoles, 5e; M St-Michel oder Cluny–La Sorbonne) Unter den vielen Kinos im Quartier Latin ist das hier ein Publikumsliebling. Es zeigt Klassiker und Retrospektiven von Schauspielern und Regisseuren wie Alfred Hitchcock, Jacques Tati, Alain Resnais, Frank Capra, Tim Burton oder Woody Allen. Einer der beiden Säle ist barrierefrei.

Mehrmals pro Monat stehen Filmnächte auf dem Programm, die um 24 Uhr beginnen. Der Eintritt (für drei Filme plus Frühstück) kostet 15 €.

CAVEAU DE LA HUCHETTE   JAZZ, BLUES
Karte S. 442 (☎01 43 26 65 05; www.caveaudelahuchette.fr; 5 rue de la Huchette, 5e; So–Do 13 €, Fr & Sa 15 €, unter 25 J. 10 €; ☺So–Mi 21.30–2.30, Do–Sa bis 4 Uhr; M St-Michel) Seit Ende des Zweiten Weltkriegs sind in dem mittelalterlichen *caveau* (Keller), der während der Revolution als Gerichtssaal und Folterkammer diente, schon sämtliche Größen des Jazz aufgetreten. Trotz großem Touristenzulauf ist die Stimmung hier knisternder als in vielen Insiderclubs. Die Sessions beginnen um 22 Uhr.

LE PETIT JOURNAL ST-MICHEL   JAZZ, BLUES
Karte S. 444 (☎01 43 26 28 59; www.petitjournalsaintmichel.com; 71 bd St-Michel, 5e; Eintritt inkl. 1 Drink 20 €, mit Abendessen 49–53 €; ☺Mo–Sa; M Cluny–La Sorbonne oder RER Luxembourg) In dem anspruchsvollen Jazzclub gegenüber dem Jardin du Luxembourg finden ab 21.15 Uhr im stimmungsvollen Kellergeschoss Jazzsessions statt. Die ganze Bandbreite von Dixieland über Vocal Jazz bis Big Band und Swing fährt einem hier in die Beine. Das Abendessen wird um 20 Uhr serviert.

LE CAVEAU DES OUBLIETTES   JAZZ, BLUES
Karte S. 442 (☎01 46 34 24 09; www.caveaudesoubliettes.fr; 52 rue Galande, 5e; ☺17–4 Uhr; M St-Michel) Von der Kneipe im Erdgeschoss (16. Jh.) geht's runter ins Verlies aus dem 12. Jh., wo ab 22 Uhr Jazz-, Blues- und Funkkonzerte sowie Jamsessions steigen.

QUARTIER LATIN UNTERHALTUNG

ÉGLISE ST-JULIEN LE PAUVRE KLASSIK

Karte S. 442 (☎01 42 26 00 00; www.concertin paris.com; 1 rue St-Julien le Pauvre, 5e; Ⓜ St-Michel) Zwei Abende pro Woche werden in einer der ältesten Kirchen von Paris Klavierkonzerte (Chopin, Liszt) gegeben.

 # SHOPPEN

Vor allem Bibliophile zieht es auf die linke Seite der Seine, weil es hier wirklich außergewöhnliche Buchläden gibt. Ebenfalls stark von Studenten frequentiert sind die Läden für Outdoorzubehör, Comics, preiswerte, pfiffige Küchenaccessoires und alte Schallplatten, die Sammlerherzen höher schlagen lassen. Dazwischen schiebt sich die eine oder andere *droguerie-quincaillerie* (Eisenwarenhandlung), die leicht an den davor aufgestapelten Wäschekörben und Ähnlichem zu erkennen ist.

★ SHAKESPEARE & COMPANY BÜCHER

Karte S. 442 (www.shakespeareandcompany.com; 37 rue de la Bûcherie, 5e; ⏰ Mo–Fr 10–23, Sa & So ab 11 Uhr; Ⓜ St-Michel) Der Buchladen ist legendär. Schon beim Eintritt wird jeder in seinen Bann gezogen. Alle Ecken und Winkel sind vollgestopft mit neuen und gebrauchten englischen Büchern. Der ursprüngliche Laden (12 rue l'Odéon, 6e; 1941 von den Nazis geschlossen) wurde von Sylvia Beach geführt und war ein Treffpunkt für Hemingways „Lost Generation". Montags finden um 19 Uhr oft Lesungen berühmter, aber auch junger Autoren statt, es gibt außerdem Workshops und Literaturfeste.

In seiner heutigen Form wurde der Laden 1951 von dem Amerikaner George Whitman wiedereröffnet. Er zog vor allem Beatniks an. Seitdem gaben sich hier zahllose Schriftsteller die Klinke in die Hand. 2006 ernannte das französische Kulturministerium Whitman zum Officier des Arts et Lettres in Anerkennung seines „wichtigen Beitrags zur Bereicherung des französischen Kulturerbes". Whitman starb 2011 im Alter von 98 Jahren, sein Grab liegt im Abschnitt 73 des Cimetière du Père Lachaise. Seine Tochter, Sylvia Beach Whitman, sorgt dafür, dass der Zauber um Shakespeare & Company fortdauert. Sein Ruhm begründet sich u. a. darauf, dass er mittellose Schriftsteller fördert, die auf den Sofas übernachten dürfen, wenn sie dafür die Regale aus- und einräumen.

CROCODISC MUSIK

Karte S. 442 (www.crocodisc.com; 40 & 42 rue des Écoles, 5e; ⏰ Di–Sa 11–19 Uhr; Ⓜ Maubert-Mutualité) Dank iPods, iPads und Smartphones ist Musik eigentlich ständig und überall verfügbar. Aber für viele ist das kein Ersatz dafür, sich durch Berge von gebrauchten CDs und Vinylplatten zu wühlen. In der Filiale mit der Hausnr. 40 stapeln sich Weltmusik, Rap, Reggae, Salsa, Soul und Disco, in der Nr. 42 gibt's Pop, Rock, Punk, New Wave, Electro und Soundtracks.

Der nahegelegene Ableger **Crocojazz** Karte S. 442; 64 rue de la Montagne Ste-Geneviève, 5e; ⏰ Di–Sa 11–13 & 14–19 Uhr; Ⓜ Maubert-Mutualité) hat sich auf Jazz, Blues, Gospel und Evergreens spezialisiert. Neben Tonträgern verkauft er auch DVDs und Bücher.

ALBUM COMICS

Karte S. 442 (www.album.fr; 67 bd St-Germain, 5e; ⏰ Mo–Sa 10–20, So 12–19 Uhr; Ⓜ Cluny–La Sorbonne) Der Laden ist auf Comics und Comicromane *(bandes dessinées)* spezialisiert, die in Frankreich eine riesige Fangemeinde haben. Hier findet man alles – von Tintin (Tim und Struppi) und Babar über Erotisches bis zu den neuesten japanischen Mangas. Wer Comics sammelt oder auf Zauberstäbe von Harry Potter, T-Shirts oder Figuren von Star Wars, Superman und andere Megahelden abfährt, muss hier unbedingt reinschauen.

FROMAGERIE LAURENT DUBOIS ESSEN & TRINKEN

Karte S. 442 (www.fromageslaurentdubois.fr; 47ter bd St-Germain, 5e; ⏰ Di–Sa 8.30–19.30, So bis 13 Uhr; Ⓜ Maubert-Mutualité) Dies ist eine der besten *fromageries* von Paris. In den Regalen türmen sich Delikatessen wie St-Félicien mit Périgord-Trüffeln und seltene Sorten aus Kleinstbetrieben wie der Blauschimmelkäse Termignon oder der Ziegenkäse Tarentaise. Jeder Käse wird in dem für ihn erforderlichen Ambiente (warm, feucht oder kühl) gelagert. Im 15. Arrondissement hat Laurent Dubois eine Filiale (S. 236).

AU VIEUX CAMPEUR OUTDOORAUSRÜSTUNG

Karte S. 442 (www.auvieuxcampeur.fr; 48 rue des Écoles, 5e; ⏰ Mo–Mi, Fr & Sa 11–19.30, Do bis 21 Uhr; Ⓜ Maubert-Mutualité oder Cluny–La Sorbonne) Der Outdoorspezialist scheint das Quartier Latin eingenommen zu haben. Er betreibt hier 25 Filialen, jede einer bestimmten Sportart gewidmet: Klettern, Skifahren, Tauchen, Camping, Radfahren

LES BOUQUINISTES

Die Pariser **bouquinistes** Karte S. 442; ⊙11.30 Uhr bis Sonnenuntergang), die Buch-händler, die über 3 km entlang der Seine in dunkelgrünen Buden über 300 000 antiquarische Bücher anbieten, gehören ebenso zur Pariser Stadtlandschaft wie Notre-Dame. Die *bouquinistes* gibt es hier bereits seit dem 16. Jh. Damals waren sie noch fliegende Händler, die ihre Waren auf den Pariser Brücken verkauften – und manchmal wegen ihrer subversiven (z. B. protestantischen) Schriften Ärger mit der Obrigkeit bekamen. 1859 erteilte die Stadt offizielle Genehmigungen, vermietete Standplätze (10 m lang) und errichtete schließlich die festen grünen Buden.

Heute dürfen die *bouquinistes* (217 bis 240 nach offizieller Zählung) bis zu vier Buden belegen, von denen nur eine Souvenirs verkaufen darf. Sie stehen am linken Seine-Ufer zwischen dem Quai Voltaire und dem Quai de la Tournelle und am rechten Seine-Ufer vom Pont Marie bis zum Quai du Louvre. Wer gut hinschaut, mag sogar ein paar echte Schätze finden: alte Comics, vergessene Erstausgaben, Karten, Briefmar-ken, Erotika und Vorkriegszeitungen – wie schon in den vergangenen Jahrhunderten ist alles da, es muss nur wiederentdeckt werden.

usw. Es gibt alles, was man braucht, aber wegen der vielen Shops gerät die Suche manchmal zur Schnitzeljagd, besonders da einige der Filialen ihren Bestand je nach Saison wechseln.

In jedem Shop gibt es Wegbeschreibun-gen zu den anderen Filialen. Die Hauptfi-liale verkauft hauptsächlich Bergsteiger-ausrüstung. Das größte Karten- und Rei-seführersortiment von Paris gibt es in der Rue de Latran Nr .2.

ABBEY BOOKSHOP
BÜCHER

Karte S. 442 (🖉01 46 33 16 24; 29 rue de la Par-cheminerie, 5e; ⊙Mo–Sa 10–19 Uhr; Ⓜ St-Michel oder Cluny–La Sorbonne) Der freundliche Buchladen in einem denkmalgeschützten Stadthaus steht unter kanadischer Lei-tung. Kunden, die gemütlich in einem Buch schmökern möchten, bekommen einen (mit Ahornsirup gesüßten) Kaffee angeboten. Im Angebot sind Zehntausende neuer und gebrauchter englischer Bücher, dazu gibt es literarische Events und organisierte Wan-derungen auf dem Land.

MAGIE
SPIELE, HOBBYS

Karte S. 442 (🖉01 43 54 13 63; www.mayette. com; 8 rue des Carmes, 5e; ⊙Mo–Sa 13–20 Uhr; Ⓜ Maubert-Mutualité) Der einzigartige Zau-berladen von 1808 gilt als der älteste der Welt. Seit 1991 führt ihn der weltbekannte Magier Dominique Duvivier. Profi- und Ho-bbyzauberer strömen hierher, um mit ihm und seiner Tochter Alexandra verschiedens-te Zauber- und Kartentricks zu diskutieren. Für alle, die die Zauberkunst erlernen wol-len, hält Duvivier Zauberkurse ab.

LIBRAIRIE EYROLLES
BÜCHER

Karte S. 442 (www.eyrolles.com; 61 bd St-Ger-main, 5e; ⊙Mo–Fr 9.30–19.30, Sa bis 20 Uhr; Ⓜ Maubert-Mutualité) Lexika, Kunst-, De-sign-, Architektur- und Kinderbücher sind das Hauptgeschäft der großen Buchhand-lung mit endlosen Regalen.

Karten und Reiseliteratur gibt's gegen-über in der **Librairie de Voyage** Karte S. 442; 63 bd St-Germain, 5e; ⊙Mo–Fr 9.30–19.30, Sa bis 20 Uhr; Ⓜ Maubert-Mutualité).

MARCHÉ MAUBERT
MARKT

Karte S. 442 (place Maubert, 5e; ⊙Di, Do & Sa 7–14.30 Uhr; Ⓜ Maubert-Mutualité) Die bürgerli-che Bohemien-Seele des linken Seine-Ufers zeigt sich auf diesem bunten Straßenmarkt mit dem üblichen, nicht gerade günstigen Angebot.

MARCHÉ MONGE
MARKT

Karte S. 444 (place Monge, 5e; ⊙Mi, Fr & So 7–14 Uhr; Ⓜ Place Monge) Auf dem Freiluft-markt gibt's eine Fülle von wunderbarem Käse, Backwaren und anderen Köstlich-keiten.

🏃 SPORT & AKTIVITÄTEN

HAMMAM DE LA MOSQUÉE DE PARIS
SPA

Karte S. 444 (🖉01 43 31 38 20; www.la-mosque. com; 39 rue Geoffroy St-Hilaire, 5e; Eintritt/Be-handlungen 18 €/ab 43 €; ⊙Mi–Mo 10–21 Uhr; Ⓜ Censier Daubenton oder Place Monge) Eine Massage in dem stimmungsvollen Hamam kostet etwas über 1 € pro Minute und wird für zehn, 20 oder 30 Minuten angeboten. Das Körperpeeling gehört generell dazu, also kann man auch gleich eines der Behandlungspakete buchen. Das Restaurant (S. 230) hat günstigen Mittagstisch. Ein Badeanzug muss mitgebracht werden, Handtücher/Bademäntel werden verliehen (4/5 €). Nur für Frauen, Kinder ab zwölf Jahre.

BOWLING MOUFFETARD   BOWLING

Karte S. 444 (☏01 43 31 09 35; www.bowling-mouffetard.abcsalles.com; 73 rue Mouffetard, 5e; pro Partie 4,90 €, Schuhe 2 €; ☺Mo–Fr 15–2, Sa & So 10–2 Uhr; ⓜPlace Monge) Eine gemütliche, ansprechende Anlage mit acht Bahnen. An der Rue Gracieuse gibt es einen zweiten Eingang, der aber bei der letzten Recherche Lieferanten vorbehalten war.

PISCINE PONTOISE   SCHWIMMEN

Karte S. 442 (☏01 55 42 77 88; http://piscine.equipement.paris.fr; 19 rue de Pontoise, 5e; Erw./erm. 4,80/2,90 €; ☺unterschiedlich; ⓜMaubert-Mutualité) Das wunderhübsche Hallenbad im Art-déco-Stil liegt im Herzen des Quartier Latin. Mit dem Abendticket für 10,50 € (ab 20 Uhr) können Schwimmbecken, Fitnessraum und Sauna benutzt werden. Während des Schuljahrs gelten verkürzte Öffnungszeiten, Genaueres dazu steht auf der Website.

St-Germain & Invalides

ST-GERMAIN | INVALIDES

Highlights

1 Die weltberühmten impressionistischen Meisterwerke und die Art-nouveau-Architektur des renovierten **Musée d'Orsay** (S. 242) bestaunen.

2 Die Uferpromenade **Les Berges de Seine** (S. 251) entlangjoggen, -radeln oder gemütlich bummeln und unterwegs Kaffee trinken.

3 Einen exquisiten Pariser Moment zwischen den Skulpturen im Garten des **Musée Rodin** (S. 248) verbringen.

4 Die phantastischen Essensauslagen in **La Grande Épicerie de Paris** (S. 264) mit den Augen verschlingen.

5 Napoleons pompöses Grab im monumentalen **Hôtel des Invalides** (S. 241) besuchen.

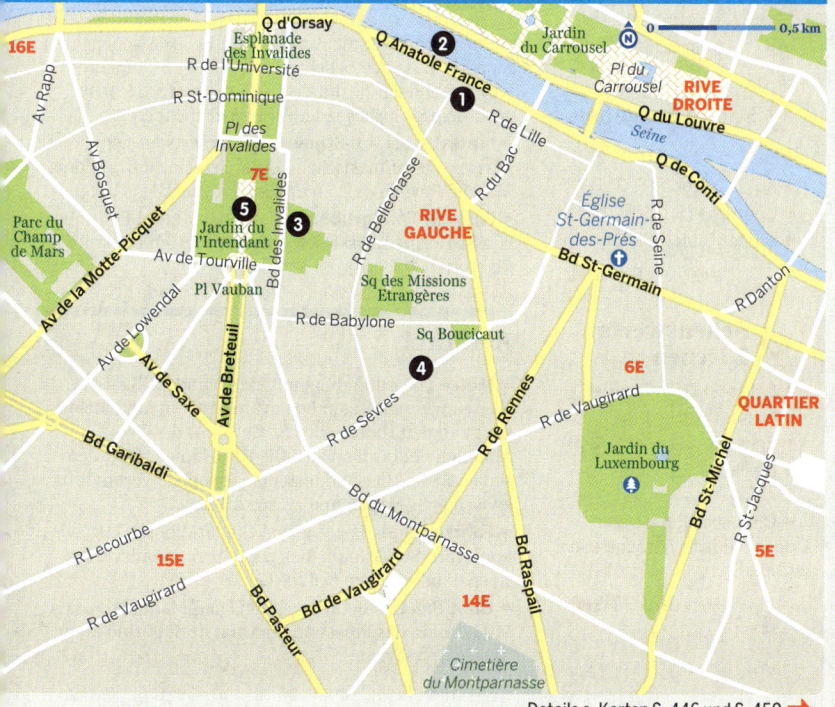

Details s. Karten S. 446 und S. 450 ➡

Top-Tipp

Insbesondere in der Seine-Gegend wenden Gauner gern folgenden (alten) Trick an: Sie geben vor, einen Goldring gefunden zu haben (den sie vorher unauffällig fallen ließen) und „schenken" ihn Touristen. Das ist ein Ablenkungsmanöver, um in deren Taschen und Rucksäcke zu greifen. Weitere Varianten: Sie bieten den Ring für einen horrenden Preis zum Verkauf an oder der „Eigentümer" des Rings taucht auf und verlangt Entschädigung. Einfach weitergehen!

 Gut essen

➡ Restaurant David Toutain (S. 260)
➡ Bouillon Racine (S. 255)
➡ Semilla (S. 255)
➡ JSFP Traiteur (S. 252)
➡ Cuisine de Bar (S. 253)

Mehr dazu S. 252 ➡

 Schön ausgehen

➡ Les Deux Magots (S. 261)
➡ Au Sauvignon (S. 261)
➡ Coutume (S. 263)
➡ Castor Club (S. 261)

Mehr dazu S. 260 ➡

Sehenswerte Kirchen

➡ Église St-Germain des Prés (S. 250)
➡ Église St-Sulpice (S. 249)
➡ Basilique Ste-Clotilde (S. 251)
➡ Chapelle Notre-Dame de la Medaille Miraculeuse (S. 251)

Mehr dazu S. 249 ➡

Rundgang: St-Germain & Invalides

Der Gentrifizierung im frühen 20. Jh. zum Trotz hat sich das linke Seine-Ufer sein Kinofilm-Flair bewahrt. Hier geben sich Maler, Schriftsteller, Schauspieler und Musiker ein Stelldichein und *la vie germanopratine est belle* (das Leben in St-Germain ist schön).

Auch ohne große Attraktionen ist das Viertel einfach zauberhaft und man sollte sich viel Zeit nehmen, durch kleine Seitenstraßen bummeln, in den literarischen Cafés einkehren, die *prêt-à-porter*-Geschäfte und Feinkostläden durchkämmen und die gestylten, hellen Verkaufsflächen des Kaufhauses Le Bon Marché auf sich wirken lassen. Zwischendrin locken die Église St-Sulpice und das Musée National Eugène Delacroix oder die heitere Gelassenheit des Skulpturengartens im Musée Rodin. Auch die handgeschriebenen Briefe und Notizen berühmter Wissenschaftler, Musiker, Schriftsteller und anderer Persönlichkeiten im Musée des Lettres et Manuscrits üben eine besondere Faszination aus.

Der Eintritt zum Musée d'Orsay ist am späten Nachmittag günstiger; das wäre die ideale Zeit für einen Besuch. Anschließend geht es in einem der stylischen Restaurants zum Abendessen und auf einen Cocktail in eine Bar.

Lokalkolorit

➡ **Parkleben** Wer die Pariser beim Relaxen beobachten möchte, muss den beliebtesten Park der Stadt, den wunderschönen Jardin du Luxembourg (S. 246), besucht haben, insbesondere am Wochenende.
➡ **Markttrubel** Auf Straßenmärkten decken sich die Pariser mit kulinarischen Leckereien ein, z. B. auf dem Marché Raspail (S. 259) und an der Rue Cler (S. 259).
➡ **Fashion-Fundgruben** In den Secondhand-Boutiquen von St-Germain lässt sich wunderbar nach Designerklamotten stöbern.

Anfahrt

➡ **Métro** Die Anbindung mit Métro und RER ist gut. Wer zum geschäftigen Boulevard St-Germain möchte, steigt an den Haltestellen St-Germain-des-Prés, Mabillon oder Odéon aus. Die RER-Linie C folgt dem linken Seine-Ufer und bietet eine schnelle Verbindung zwischen St-Michel und Musée d'Orsay.
➡ **Fahrrad** Günstig gelegene Vélib'-Stationen: 141 boulevard St-Germain (6e), gegenüber 2 boulevard Raspail oder 62 rue de Lille (7e).
➡ **Boot** Batobus-Boote legen am Quai Malaquais (nach St-Germain des Prés) und am Quai de Solférino (zum Musée d'Orsay) an.

In den 1670er-Jahren ließ Ludwig XIV. das Hôtel des Invalides für 4000 invalide Kriegsveteranen errichten. Am 14. Juli 1789 drang ein wütender Mob in das Gebäude ein und riss 32 000 Waffen an sich, mit denen dann die Bastille erstürmt wurde – es war der Beginn der Französischen Revolution. Am südlichen Ende der Esplanade (gestaltet zwischen 1704 und 1720) wurde Napoleon beigesetzt.

Nördl ich des Haupthofs erhebt sich das **Musée de l'Armée**, das größte Militärmuseum Frankreichs. Zu sehen sind bedrückend realistisches Kriegsfilmmaterial, Waffen, Flaggen und Abzeichen. Der Multimediabereich ist Charles de Gaulle gewidmet.

Südlich des Haupthofs steht die **Église du Dôme** mit einer Goldkuppel (1677–1735). Sie ist eines der schönsten religiösen Bauwerke aus der Zeit Ludwigs XIV. und lieferte die Vorlage für das Kapitol in den Vereinigten Staaten.

Der e xtravagante **Tombeau de Napoléon 1er** (Napoleons Grab) im Zentrum der Église du Dôme besteht aus sechs Särgen, die ineinander passen – wie eine russische Matroschka.

Ebenf alls südlich des Hofs befindet sich die **Église St-Louis des Invalides**, eine ehemalige Soldatenkirche.

Das düstere **Musée des Plans-Reliefs** im Hôtel des Invalid es ist voll mit Modellen von Städten, Festungen und Schlössern aus ganz Frankreich.

Die Öffnungszeiten für einige der Attraktionen im Hôtel des Invalides können variieren, aktuelle Infos dazu stehen auf der Webseite. Das Gebäude wird auch ganzjährig für klassische Konzerte genutzt (z. T. gratis, sonst Tickets bis zu 9 €).

NICHT VERSÄUMEN

➡ Musée de l'Armée
➡ Église du Dôme
➡ Tombeau de Napoléon 1er
➡ Église St-Louis des Invalides
➡ Musée des Plans-Reliefs

PRAKTISCH & KONKRET

➡ Karte S. 450
➡ www.musee-armee.fr
➡ 129 rue de Grenelle, 7e
➡ Erw./Kind 9,50 €/frei
➡ 🕐 tägl. 7.30–19 Uhr, April–Sept. Di bis 21 Uhr, wechselnde Öffnungszeiten
➡ Ⓜ Invalides

Die Nationalsammlung mit impressionistischer, post-impressionistischer und Art-nouveau-Kunst hat ein gebührendes Zuhause: die Gare d'Orsay. Das ehema-lige Bahnhofsgebäude, selbst im Art-nouveau-Stil, ist schon an sich ein Meisterwerk. Es geht auf das Konto des preisgekrönten Architekten Victor Laloux. Das Ge-bäude in die erste Adresse Frankreichs für Kunst von 1848 bis 1914 zu verwandeln, war Ex-Präsident Valéry Giscard d'Estaings großes Projekt. Er gab den Start-schuss 1977, das Museum öffnete 1986 seine Pforten. Es beherbergt eine Art „Best of" französischer und internationaler Künstler.

Das Musée d'Orsay hat gerade eine Generalüberholung hinter sich. Dazu gehört ein neues Raumdesign mit mehr Ausstellungsfläche. Statt verloren an riesigen weißen Wän-den zu hängen, zieren die berühmten Gemälde jetzt far-bige Flächen, die eine intime Atmosphäre schaffen. Die Hight ech-Beleuchtung lässt die Kunstwerke sprichwört-lich in einem neuen Licht erstrahlen.

Eine umfassende Einführung liefern die 90-minütigen Führungen „Meisterwerke des Musée d'Orsay" in franzö-sischer und englischer Sprache. Sie finden dienstags bis samst ags mindestens einmal täglich statt, dazu kommt eine Führung über Kunst des 19. Jhs., ebenfalls 90 Minu-ten lang (je 6 €; auf der Website die genauen Zeiten nachle-sen). Die Teilnehmer müssen mindestens 13 Jahre alt sein.

Im Musée d'Orsay dürfen keine Fotos (auch nicht per Handy) gemacht werden, um „Staus" vor einzelnen Werken zu vermeiden. Wer etwas mit nach Hause nehmen möchte, sollte den exzellenten Buch- und Souvenirladen aufsuchen.

Bei der Fertigstellung des Baus, gerade rechtzeitig zur Weltausstellung 1900, erklärte der Maler Edouard Detaille, dass der neue Bahnhof wie ein Palais des Beaux-Arts aus-

NICHT VERSÄUMEN

➡ Architektur
➡ Gemäldesammlungen
➡ Kunstgewerbe-sammlungen
➡ Skulpturen
➡ Sammlungen grafischer Kunst

PRAKTISCH & KONKRET

➡ Karte S. 450
➡ www.musee-orsay.fr
➡ 62 rue de Lille, 7e
➡ Erw./Kind 11 €/frei
➡ 🕐 Di, Mi & Fr–So 9.30–18, Do bis 21.45 Uhr
➡ Ⓜ Assemblée Natio-nale oder RER Musée d'Orsay

sähe. Doch trotz modernster Annehmlichkeiten wie Gepäck- und Personenaufzüge zeigte sich 1939, dass mit zunehmendem Einsatz elektrischer Triebwagen die Bahnsteige der Gare d'Orsay nicht mehr lang genug für die großen Züge waren, und binnen weniger Jahre wurde der Schienenverkehr hier eingestellt.

Im Zweiten Weltkrieg wurde der Bahnhof zum Postzentrum umfunktioniert. 1962 nutzte Orson Welles das damals leer stehende Gebäude für die Verfilmung von Kafkas Roman *Der Prozess*. Glücklicherweise blieb es vom Abriss zugunsten eines Hotelkomplexes verschont, da es 1973 unter Denkmalschutz gestellt wurde, woraufhin sich die Regierung an den Umbau zu dem palastartigen Museum von heute machte.

Gemälde

Ganz oben auf der To-do-Liste jedes Besuchers steht die weltgrößte Sammlung impressionistischer und postimpressionistischer Kunst. Hier einige Highlights: Manets *Am Strand* und *Dame mit Fächer*; Monets *Garten in Giverny* und *Rue Montorgueil, Paris. Fête du 30 Juin 1878*; Cézannes *Kartenspieler*, *Grüne Äpfel* und *Blaue Vase*; der *Ball im Moulin de la Galette* und *Junge Mädchen am Klavier* von Renoir; die Ballerinas von Degas; die Cabaret-Tänzerinnen von Toulouse-Lautrec; Pissarros *Die Ernte*; Sisleys *Blick auf den Canal St-Martin*; das *Schlafzimmer in Arles*, die *Sternennacht über der Rhone* und die Selbstportraits von Vincent van Gogh. Relativ neu in der Sammlung ist James Tissots Gemälde *Der Kreis der Rue Royale* von 1868, das als nationales Kulturgut klassifiziert wurde.

Kunstgewerbe & grafische Kunst

Alltagsgegenstände wie Garderoben, Kerzenleuchter, Schreibtische, Stühle, Bücherregale, Vasen, Topfpflanzenständer, Paravents, Wandspiegel, Wasserkrüge, Teller, Kelche und Schüsseln wurden von ihren Schöpfern in wahre Kunstwerke mit Designelementen der jeweiligen Ära verwandelt.

Bilder, Kreidezeichnungen und Skizzen bedeutender Künstler sind die weniger bekannten Highlights des Museums. Unbedingt ansehen muss man Georges Seurats *Die schwarze Schleife* (um 1882) – eine Kreidezeichnung in Schwarzweiß – und Paul Gauguins bewegendes Selbstportrait (um 1902/03), das kurz vor seinem Tod entstand.

Skulpturen

In dem verwinkelten Bahnhofsgebäude werden Skulpturen phantastisch in Szene gesetzt. Zu sehen sind Arbeiten von Degas, Gauguin, Camille Claudel, Renoir und Rodin.

FÜR SPARFÜCHSE

Geld spart man durch den Kauf eines Kombitickets für das Musée de l'Orangerie und das Musée d'Orsay (16 €, vier Tage gültig) oder für das Musée d'Orsay und das Musée Rodin (15 €, Tagesticket). Nach 16.30 Uhr kostet der Eintritt ins Musée d'Orsay nur 8,50 € (Do ab 18 Uhr).

Im Museum ist dienstags und sonntags am meisten los, gefolgt von donnerstags und samstags. Wer Zeit sparen möchte, kauft das Ticket vorab online und stellt sich damit direkt am Eingang C an.

RESTAURANT-TIPP

Das **Café Campana** (Karte S. 450; Gerichte 9–18 €; Di, Mi & Fr–So 10–17, Do bis 21 Uhr) wirkt wie eine Unterwasserwelt und hält eine kleine, feine Speisekarte bereit. Im prächtigen **Restaurant Musée d'Orsay** (Karte S. 450; 01 45 49 47 03; 2-/3-Gänge-Menü 22/32 €, Hauptgerichte 16–25 €; Di, Mi & Fr–So 9.30–17.45, Do bis 21.30 Uhr) scheint die Zeit stehen geblieben zu sein.

Phänomenal ist der Blick auf Paris durch das riesige gläserne Zifferblatt und von der Dachterrasse aus.

CUBO IMAGES / ROBERT HARDING ©

**1. Rousse
(Bei der Toilette)**
Henri de Toulouse-Lautrecs
provokatives Meisterwerk

2. Die Mittagsrast
Vincent van Goghs Darstellung
der mittäglichen Pause

**3. Frau mit Sonnen-
schirm, nach rechts
gedreht**
Claude Monets Ölgemälde
von 1886 wird jetzt im
Museum gezeigt.

**4. Ansteigender
Weg durch hohes Gras**
Pierre-Auguste Renoirs Werk
ist ein Highlight der Sammlung.

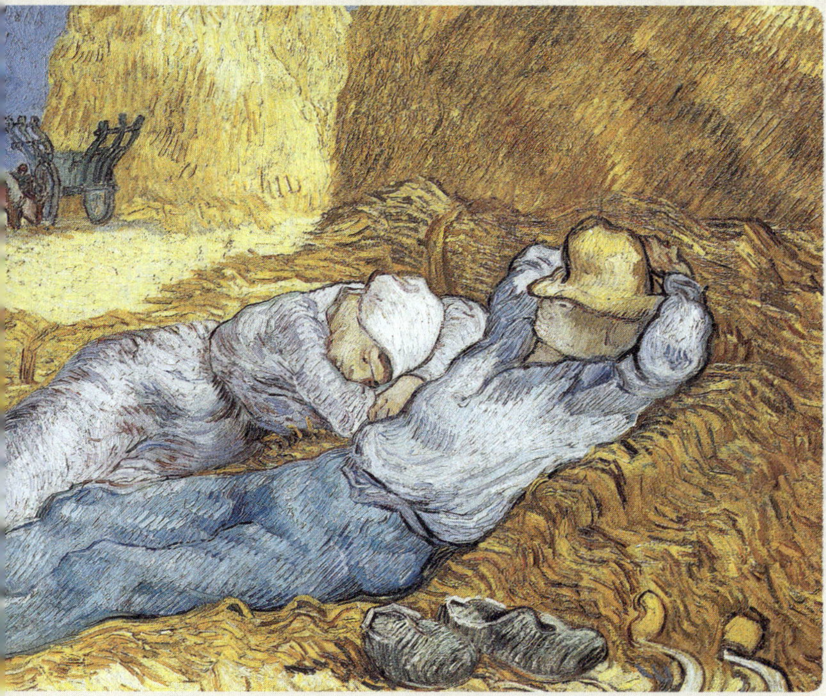

DEA / G. DAGLI ORTI / GETTY IMAGES ©

DEA / G. DAGLI ORTI / GETTY IMAGES ©

DEA / G. DAGLI ORTI / GETTY IMAGES ©

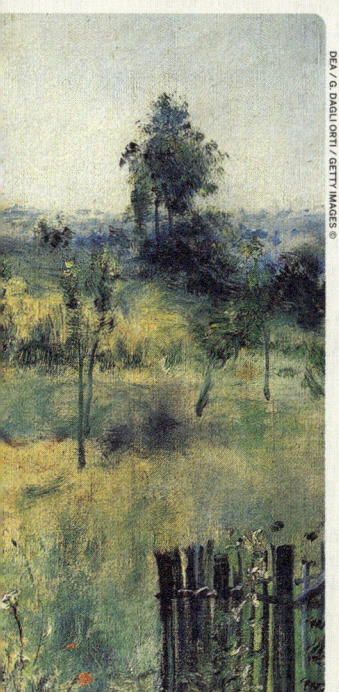

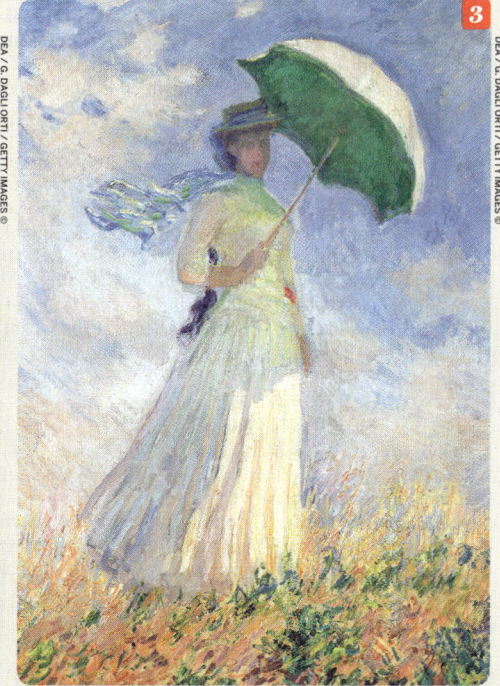

HIGHLIGHT
JARDIN DU LUXEMBOURG

Kastanienhaine, Blumenbeete und grüner Rasen – die Oase mitten in der City nimmt einen besonderen Platz im Herzen der Pariser ein. Napoleon widmete den 23 ha großen Park den Kindern von Paris und viele Ältere erinnern sich gern, wie sie sich hier mit Puppenspiel, Karussell und Ponyreiten vergnügten und auf dem Teich Modellboote fahren ließen.

Das alles gibt es auch heute noch, außerdem moderne Spielplätze und Sportanlagen.

Vor Napoleons Zeit gehörte der Garten zum Palais du Luxembourg, das in den 1620er-Jahren für Maria von Medici, der Gefährtin von Heinrich IV., errichtet wurde, um ihre Sehnsucht nach dem Pitti-Palast in Florenz zu stillen. Heute tagt der französische Senat in dem Palais und kümmert sich – neben seinen parlamentarischen Aufgaben – um die Erhaltung von Gebäude und Park.

Schon oft ist der Park umgestaltet worden. Dabei ist eine einzigartige Mischung aus traditionell französischem und englischem Gartenbaustil herausgekommen.

Grand Bassin

Das achteckige **Grand Bassin** (Karte S. 446) ist ein Zierteich mit heiterer Atmosphäre. Die Erwachsenen können es sich bequem machen, während die Kids nostalgische **Spielzeugsegelboote** (30 Min./3 €; ☺April–Okt.) mit Stöcken auf dem Wasser herumstupsen, auf **Ponys reiten** (3,50 €; ☺April–Okt.) oder sich auf einem der **Spielplätze** (Karte S. 446; Erw./Kind 1,20/2,50 €) austoben – die grüne Hälfte ist für Kinder von 7 bis 12 Jahren, die blaue für die unter 7-Jährigen.

NICHT VERSÄUMEN

➡ Grand Bassin
➡ Puppentheater
➡ Obstgärten
➡ Palais du Luxembourg
➡ Musée du Luxembourg

PRAKTISCH & KONKRET

➡ Karte S. 446
➡ zahlreiche Eingänge
➡ ☺wechselnde Öffnungszeiten
➡ Ⓜ St-Sulpice, Rennes oder Notre-Dame-des-Champs, oder RER Luxembourg

Puppentheater

Man muss kein Kind sein und auch kein Französisch sprechen, um das Marionettentheater zu genießen, das seit dem Mittelalter Unterhaltung verspricht. Die quirligen Puppen tanzen in dem kleinen **Théâtre du Luxembourg** (www.marionnettesduluxembourg.fr; Tickets 4,80 €). Die Aufführungszeiten variieren; am besten auf der Website nachschauen und eine halbe Stunde vorher da sein.

Obstgärten

In den Obstgärten am Südende des Parks wachsen Dutzende Apfelsorten. Im nahe gelegenen Apiarium (Bienenhaus), dem **Rucher du Luxembourg**, produzieren Bienen seit dem 19. Jh. Honig. Die jährlich Ende September stattfindende Fête du Miel (Honigfest) dauert zwei Tage. Dann kann im schmucken **Pavillon Davioud** (Karte S. 446; 55bis rue d'Assas) Honig verkostet und gekauft werden.

Palais du Luxembourg

Das in den 1620er-Jahren erbaute **Palais du Luxembourg** (rue de Vaugirard) beherbergt seit 1958 das Oberhaus des französischen Parlaments, den Sénat. Es kann gelegentlich im Rahmen von Führungen besichtigt werden.

Östlich des Palais ist die italienisch anmutende **Fontaine des Médici** zu sehen, ein reich verzierter Sprinbrunnen von 1630. Als Baron Haussmann im 19. Jh. die Straßen neu gestalten ließ, wurde der Brunnen um 30 m versetzt und man fügte den Teich und die auffällige Bronze von Polyphemus, der das Liebespaar Acis und Galatea aus weißem Marmor entdeckt, hinzu.

Musée du Luxembourg

Prestigeträchtige Wechselausstellungen, z. B. „Cézanne et Paris", werden im **Musée du Luxembourg** (19 rue de Vaugirard, 6e; Ausstellungen Erw./Kind ab 13,50/9 €; ⊙Di–Do & Sa–So 10–19.30, Fr & Mo bis 22 Uhr) ausgerichtet.

Hinter dem Museum überwintern Zitronen-, Orangen- und Granatapfelbäume, Palmen und Oleander in der **Orangerie** (Karte S. 446). Im nahen **Hôtel du Petit Luxembourg**, das sehr gut bewacht wird, wohnte Maria von Medici, während das Palais du Luxembourg erbaut wurde. Seit 1825 ist es der Sitz des Senatspräsidenten.

PICKNICK

Quer über den Park verteilt findet man Kioske und Cafés (auch Zuckerwattestände!). Wer ein Picknick plant, kann die Decke getrost zuhause lassen: Der gestutzte Rasen darf nicht betreten werden – mit Ausnahme eines Abschnitts am Südrand des Parks. Stattdessen sollte man es den Parisern gleichtun, sich einen der grünen Metallstühle von 1923 schnappen und sich damit ein schönes Plätzchen suchen.

Der Jardin du Luxembourg spielt eine zentrale Rolle in Victor Hugos Roman *Les Misérables*: Hier begegnen sich die beiden Liebenden Marius und Cosette zum ersten Mal.

ESSEN

Der *salon de thé* **Angelina** (Karte S. 446; www.angelina-paris.fr; rue de Vaugirard; ⊙Di–Do, Sa & So 10–19.30, Fr & Mo ab 9 Uhr) neben dem Musée du Luxembourg ist eine tolle Anlaufstelle für heiße Schokolade und leckeres Essen.

Über 100 Skulpturen verteilen sich über das gesamte Parkgelände, darunter Statuen von Stendhal, Chopin, Baudelaire und Delacroix.

Der Bildhauer, Maler, Zeichner, Graveur und Sammler Auguste Rodin schenkte dem französischen Staat 1908 seine gesamte Sammlung, stellte aber die Bedingung, dass die Arbeiten, darunter Werke von van Gogh und Renoir, in seinem früheren Atelier, dem Hôtel Biron (erb. 1730), ausgestellt würden. Heute ist nicht nur die Villa Ausstellungsbereich, sondern auch der wunderbar stimmungsvolle Rosengarten. Das Museum beherbergt außerdem Skulpturen von Camille Claudel, Rodins Muse und selbst Künstlerin.

Der erste großformatige Guss der berühmten Skulptur **Der Denker** (*Le Penseur*) von 1902 hockt im Garten. Das ist der perfekte Ort, um die nackte Figur genauer zu betrachten, die Intellekt und Dichtkunst repräsentiert (sie hieß ursprünglich *Der Dichter*).

Das Tor zur Hölle (*La Porte de l'Enfer*) wurde 1880 als Eingang für ein Museum in Auftrag gegeben, das nie gebaut wurde. Rodin arbeitete bis zu seinem Tod 1917 an dem Meisterwerk. Das Tor ist 6 m hoch und 4 m breit und die 180 Figuren stellen eine Szene aus Dantes *Inferno* dar.

Das Marmordenkmal an die Liebe, **Der Kuss** (*Le Baiser*), war ursprünglich Teil des *Tors zur Hölle*. Die ineinander verschlungenen Liebenden sorgten für Kontroversen, da Rodins Inszenierung der Frau als gleichwertige Partnerin in einer Liebesbeziehung für die damalige Zeit geradezu radikal war.

NICHT VERSÄUMEN

- ➡ *Der Denker*
- ➡ *Das Tor zur Hölle*
- ➡ *Der Kuss*
- ➡ Skulpturen von Camille Claudel
- ➡ Sammlungen

PRAKTISCH & KONKRET

- ➡ Karte S. 450
- ➡ www.musee-rodin.fr
- ➡ 79 rue de Varenne, 7e
- ➡ Erw./Kind Museum inkl. Garten 6 €/frei, nur Garten 2 €/frei
- ➡ ⊙ Di & Do–So 10–17.45, Mi bis 20.45 Uhr
- ➡ Ⓜ Varenne

🎯 SEHENSWERTES

🎯 St-Germain

JARDIN DU LUXEMBOURG PARK
Siehe S. 246

MUSÉE DES LETTRES ET MANUSCRITS
MUSEUM FÜR BRIEFE UND HANDSCHRIFTEN

Karte S. 446 (MLM; www.museedeslettres.fr; 222 bd St-Germain, 7e; Erw./Kind 7/5 €; ⊙Di, Mi & Fr–So 10–19, Do bis 21.30 Uhr; MRue du Bac) Die ausgestellten Briefe und Handschriften wurden in fünf Kategorien unterteilt (Geschichte, Wissenschaft, Musik, Bildende Kunst und Literatur) und vermitteln ein sehr emotionales Bild der Menschen, die sie verfasst haben. Napoleon, Charles de Gaulle, Marie Curie, Albert Einstein, Mozart, Beethoven, Edith Piaf, Monet, Toulouse-Lautrec, van Gogh, Victor Hugo, Hemingway und F. Scott Fitzgerald sind nur einige der Verfasser – und ihre handschriftlichen Zeugnisse faszinieren. Es lohnt sich, mehrere Stunden für das Museum einzuplanen, das auch regelmäßig Sonderausstellungen zeigt.

MUSÉE NATIONAL EUGÈNE DELACROIX
MUSEUM

Karte S. 446 (www.musee-delacroix.fr; 6 rue de Furstemberg, 6e; Erw./Kind 6 €/frei; ⊙Mi–Mo 9.30–17 Uhr; MMabillon oder St-Germain-des-Prés) Das an einem von Magnolien überschatteten Platz liegende Museum diente dem Künstler der Romantik in den letzten Lebensjahren bis zu seinem Tod 1863 als Wohnung und Atelier. Es zeigt eine Sammlung seiner Ölgemälde, Aquarelle, Pastelle und Zeichnungen, darunter auch viele persönlichere Werke wie *Ungemachtes Bett* (1828) und Bilder von Marokko.

Wer ein Ticket für den Louvre hat, kann damit auch dieses Museum besuchen (am selben Tag) oder, noch besser, das Ticket hier kaufen und damit die Schlangen vor dem Louvre umgehen.

Neben dem Louvre hat auch das Musée d'Orsay einige Delacroix-Werke im Besitz. Fresken von ihm zieren die Église St-Sulpice.

ÉGLISE ST-SULPICE KIRCHE
Karte S. 446 (http://pss75.fr/saint-sulpice-paris; place St-Sulpice, 6e; ⊙7.30–19.30 Uhr; MSt-Sulpice) Der Bau der doppeltürmigen Sankt-Sulpicius-Kirche mit ihren 21 Seitenkapellen begann 1646. Sechs Architekten haben daran 150 Jahre lang gearbeitet. Die meisten Besucher kommen heute allerdings weder wegen der prachtvollen italienischen Fassade mit der Doppelsäulenreihe noch wegen des klassizistischen Dekors mit Einflüssen in der Gegenreformation oder der Fresken von Delacroix hierher: Sie kennen die Kirche als Schauplatz eines Mords in Dan Browns Weltbestseller *Sakrileg*.

Die beeindruckende Orgel von 1871 erklingt während der sonntäglichen Messe um 10.30 Uhr und bei gelegentlichen Orgelkonzerten am Sonntagnachmittag.

Die Fresken der Chapelle des Sts-Anges (Kapelle der heiligen Engel) gleich vorne rechts zeigen Jakob, der mit dem Engel ringt (links), und den Erzengel Michael im Kampf mit Satan (rechts). Sie wurden von Eugène Delacroix zwischen 1855 und 1861 gemalt.

MUSÉE ATELIER ZADKINE MUSEUM
Karte S. 446 (www.zadkine.paris.fr; 100bis rue d'Assas, 6e; ⊙Di–So 10–18 Uhr; MVavin) GRATIS Das Museum widmet sich dem Leben und Werk des russischen kubistischen Bildhauers Ossip Zadkine (1890–1967), der 1908 nach Paris kam. Er lebte und arbeitete fast 40 Jahre in diesem Häuschen. Zadkine schuf eine riesige Bandbreite an Werken in Ton, Stein, Bronze und Holz. Ein Raum zeigt Plastiken aus verschiedenfarbigen Hölzern wie Walnuss, Birnbaum, Ebenholz, Akazie, Ulme und Eiche.

MUSÉE DE LA MONNAIE DE PARIS MUSEUM
Karte S. 446 (☎01 40 46 56 66; www.monnaiedeparis.fr; 11 quai de Conti, 6e; MPont Neuf) Das frisch renovierte Pariser Münzmuseum zeichnet die Geschichte des französischen Münzgelds von der Antike bis zur Gegenwart nach. Hervorragende Exponate machen das eher randständige Thema spannend und lebendig. Die im selben Gebäude untergebrachte königlichen Münzpräge aus dem 18. Jh. wird heute noch vom Finanzministerium genutzt, um Gedenkmünzen und Medaillen herzustellen.

Die prächtige klassizistische Anlage hat eine der längsten Fassaden am Seine-Ufer. Die zurzeit laufende Generalüberholung des Komplexes sieht integrierte Straßen und die Restaurierung einer Adelsresidenz vor, die 1690 von Jules Hardouin Mansart entworfen worden war. Außerdem wird der mit drei Michelin-Sternen gekrönte Koch

Guy Savoy hier sein Restaurant sowie im Innenhof ein Lokal namens Métalcafé eröffnen.

INSTITUT DE FRANCE HISTORISCHES GEBÄUDE

Karte S. 446 (www.institut-de-france.fr; 23 quai de Conti, 6e; Mabillon oder Pont Neuf) Das Institut, gegründet 1795, vereinigt fünf nationale Akademien für Kunst und Wissenschaft unter seinem Dach. Die berühmteste von ihnen ist die **Académie Française** (Karte S. 446; Französische Akademie), 1635 von Kardinal Richelieu begründet. Ihre 40 Mitglieder, bekannt als die *Immortels* (Unsterblichen), haben die herkulische – manche sagen unmögliche – Aufgabe, die Reinheit der französischen Sprache zu bewahren.

Der Kuppelpalast am Seine-Ufer gegenüber dem östlichen Ende des Louvre ist ein Meisterwerk des Klassizismus.

BIBLIOTHÈQUE MAZARINE BIBLIOTHEK

Karte S. 446 (✆ 01 44 41 44 06; www.bibliothequemazarine.fr; 23 quai de Conti, 6e; 5-Tage-Pass gratis; ⊘ Mo–Fr 10–18 Uhr; MMabillon oder Pont Neuf) Im gleichen Gebäude wie das Institut de France befindet sich die älteste öffentliche Bücherei Frankreichs. Sie wurde 1643 gegründet. Der von Büsten gesäumte Lesesaal aus dem späten 17. Jh. ist zu besichtigen. Wer die bibliothekseigene Sammlung von 500 000 Bänden einsehen will, erhält im Büro links vom Eingang gegen Vorlage eines Ausweises einen 5-Tage-Pass.

⊙ Invalides

MUSÉE D'ORSAY MUSEUM

Siehe S. 242

MUSÉE RODIN MUSEUM, GARTEN

Siehe S. 248

HÔTEL DES INVALIDES MONUMENT, MUSEUM

Siehe S. 241

MUSÉE MAILLOL-FONDATION DINA VIERNY MUSEUM

Karte S. 450 (www.museemaillol.com; 61 rue de Grenelle, 7e; Erw./Kind 13/11 €; ⊘ Sa–Do 10.30–19, Fr bis 21.30 Uhr; MRue du Bac) Der Schwerpunkt des brillanten kleinen Museums liegt auf den Arbeiten des Bildhauers Aristide Maillol (1861–1944). Außerdem zeigt es Werke von Matisse, Gauguin, Kandinsky, Cézanne und Picasso. Sie stammen alle aus

---

HIGHLIGHT
ÉGLISE ST-GERMAIN DES PRÉS

Die romanische Kirche des Heiligen Germanus von den Wiesen ist die älteste Kirche, die in Paris noch steht. Sie wurde im 11. Jh. auf den Grundmauern eines Klosters aus dem 6. Jh. erbaut und war das bedeutendste Pariser Gotteshaus, bis Notre-Dame ihr den Rang ablief. Seitdem ist viel daran herumgebaut worden. Die **Chapelle de St-Symphorien**, innen rechts neben dem Eingang, war schon Teil des ursprünglichen Klosters.

Die Kapelle gilt als letzte Ruhestätte von Sankt Germanus (496–576 n. Chr.), dem ersten Bischof von Paris. Im 6. und 7. Jh. wurden hier die Merowingerkönige bestattet, ihre Gräber fielen später der Revolution zum Opfer.

Der **Glockenturm** über dem Westeingang hat sich seit dem Jahr 990 kaum verändert, auch wenn die Turmspitze erst im 19. Jh. entstand.

Bis ins späte 17. Jh. gehörte ein Großteil der Ländereien am linken Seine-Ufer (entlang dem Boulevard St-Michel) der Abtei. Sie stellte einen Teil ihrer Grundstücke am Fluss, die Pré aux Clercs (Priesterwiese), für den Bau der Universität zur Verfügung (daher rühren die Straßennamen Rue Pré aux Clercs und Rue de l'Université).

NICHT VERSÄUMEN

➜ Chapelle de St-Symphorien
➜ Glockenturm

PRAKTISCH & KONKRET

➜ Karte S. 446
➜ www.eglise-sgp.org
➜ 3 place St-Germain-des-Prés, 6e
➜ ⊘ Mo–Sa 8–19.45, So 9–20 Uhr
➜ MSt-Germain-des-Prés

der Privatsammlung von Dina Vierny (geb. 1915 in Odessa, gest. 2009), die im Alter von 15 Jahren Maillols bevorzugtes Modell wurde und es zehn Jahre lang blieb. Das Museum residiert im traumhaften Hôtel Bouchardon aus dem 18. Jh.

CHAPELLE NOTRE-DAME DE LA MEDAILLE MIRACULEUSE KIRCHE

Karte S. 450 (📞0149547888; www.chapellenotre damed elamedaillemiraculeuse.com; 140 rue du Bac, 7e; ⊗Mo & Mi–So 7.45–13 & 14.30–19, Di 7.45–19 Uhr; ⓂRue du Bac oder Vaneau) Gegenüber dem Kaufhaus Le Bon Marché, am Ende eines Innenhofs, steht die außergewöhnliche Wallfahrtskapelle, in der die Jungfrau Maria 1830 zu der 24-jährigen Catherine Labouré (1806–1876) gesprochen haben soll. Bei drei aufeinanderfolgenden Erscheinungen wies Maria die Novizin an, Medaillen anfertigen zu lassen, die ihren Trägern Schutz und Gnade bringen.

Die ersten wundertätigen Medaillen wurden 1832 geprägt, als eine Choleraepidemie Paris heimsuchte. Sie fanden bald reißenden Absatz, weil manche Medaillenträger Wunderheilungen erlebten oder von der tödlichen Krankheit verschont blieben. Fromme Katholiken in aller Welt tragen die Medaillen noch heute.

Catherine Labouré, das achte Kind einer Burgunder Bauernfamilie, wurde 1933 seliggesprochen. Ihr Leichnam ruht in einem gläsernen Reliquienschrein unter einem Seitenaltar links des Hauptaltars in der Kapelle Unserer Lieben Frau von der Wundertätigen Medaille.

FONDATION DUBUFFET MUSEUM

Karte S. 450 (www.dubuffetfondation.com; 137 rue de Sèvres, 6e; Erw./Kind 6/4 €; ⊗Sept.–Juli Mo–Fr 14–18 Uhr; ⓂDuroc) In einem hübschen *hôtel particulier* (Stadthaus) aus dem 19. Jh., am Ende eines Hofs, zeigt die Stiftung Werke von Jean Dubuffet (1901–1985). Er war ein Meister der Art-Brut-Schule (eine Bezeichnung, die er selbst prägte, um alle Werke künstlerischen Ausdrucks zu umschreiben, die in keine offizielle Schublade passten). Viele seiner Arbeiten sind unglaublich modern und expressiv.

BASILIQUE STE-CLOTILDE KIRCHE

Karte S. 450 (📞01 44 18 62 63; www.sainteclotilde.com; 23bis rue las Cases, 7e; ⊗Mo–Fr 9–19.30, Sa & So 10–20 Uhr; ⓂSolférino) Von den konischen Zwillingstürmen abgesehen wirkt die hübsche, von einem Park umgebene Kirche wie eine Miniversion von Notre-Dame. Sie wurde 1856 erbaut und glänzt mit Buntglasfenstern, Skulpturen und Gemälden berühmter Künstler des 19. Jhs., darunter Pradier, Préault, Guillaume, Lenepveu und Thibaut. Die Orgel ist ein wahres Prachtstück.

ASSEMBLÉE NATIONALE HISTORISCHES GEBÄUDE

Karte S. 450 (www.assemblee-nationale.fr; 33 quai d'Orsay & 126 rue de l'Université, 7e; ⓂAssemblée Nationale oder Invalides) Die Nationalversammlung, die erste Kammer des französischen Parlaments, tagt am Seine-Ufer im Palais Bourbon aus dem 18. Jh. Führungen sind auf französische Bürger und dauerhaft im Land Ansässige beschränkt, da man sich dazu nur über die jeweiligen Abgeordneten anmelden kann. Gleich neben an ist das **Ministère des Affaires Étrangères** (Außenministerium; Karte S. 450; www.diplomatie.gouv.fr; 37 quai d'Orsay, 7e), das zwischen 1845 und 1855 im Stil des Zweiten Kaiserreichs erbaut wurde.

LES BERGES DE SEINE PROMENADE

Karte S. 450 (http://lesberges.paris.fr; zwischen Musée d'Orsay & Pont de l'Alma, 7e; ⊗Infoschalter So–Do 12–19, Fr & Sa 10–22 Uhr; ⓂSolférino, Assemblée Nationale oder Invalides) Wer frische Luft schnappen will, macht's wie die Pariser und joggt, skatet oder radelt die angesagte, 2,3 km lange Uferpromenade entlang. Für Abwechslung sorgen Spiele und alle möglichen Events, zum Chillen eignen sich die beiden Zzz-Container (gratis, Reservierung am Infoschalter westlich des Musée d'Orsay), die „schwimmenden Gärten" oder die einladenden Bars und Restaurants (z. T. auf Schiffen).

MUSÉE DES ÉGOUTS DE PARIS MUSEUM

Karte S. 450 (place de la Résistance, 7e; Erw./Kind 4,40/3,60 €; ⊗Mai–Sept. Sa–Mi 11–17 Uhr, Okt.–Dez. & Feb.–April Sa–Mi 11–16 Uhr; ⓂAlma Marceau oder RER Pont de l'Alma) Vorbei an Exponaten, die die Entwicklung des Pariser Kanalisationssystems zeigen, geht es über 480 m durch „anrüchige" Tunnel, während unter den Füßen der Besucher ungeklärte Abwässer fließen. Dabei wird man auch jede Menge Ratten sehen – es wird geschätzt, dass auf jeden Pariser eine Kanalratte kommt (Spielzeugratten als Andenken werden im Souvenirladen verkauft). Der Eingang, ein Einsteigloch unter einem Pavillon, befindet sich gegenüber

FAUBOURG ST-GERMAIN

Im 18. Jh. war Faubourg St-Germain, westlich von St-Germain des Prés, das schickste Wohnviertel von Paris – eine gediegene Welt aus Schmiedeeisen, Blattgold und guten Manieren. Blaublütige Franzosen wechselten aus dem dichter besiedelten, schmutzigen Marais ans andere Seine-Ufer und ließen prachtvolle *hôtels particuliers* (Stadthäuser) errichten, insbesondere entlang der Rue de Lille, Rue de Grenelle und Rue de Varenne. Balzac beschreibt ihren aristokratischen Lebensstil in seinem Roman *Die Herzogin von Langeais*.

Nach der Revolution zogen Behörden in viele dieser Stadthäuser ein – heute wird man von den Massen an Botschaften und Regierungssitzen fast erschlagen. Das **Hôtel Matignon** (Karte S. 450; 57 rue de Varenne, 7e; MSolférino) ist seit Beginn der Fünften Republik 1958 Sitz des französischen Premierministers. Rodin arbeitete in dem palastartigen Hôtel Biron von 1730, dem heutigen Musée Rodin (S. 248), und in die noble **Rue de Varenne Nr. 53** zog 1910 Edith Wharton ein, um *The Age of Innocence* (verfilmt als *Zeit der Unschuld*) zu schreiben.

Ein Halt lohnt sich an der **Rue Verneuil Nr. 5bis** (Karte S. 446), um das tollste Beispiel zeitloser Extravaganz zu bestaunen: das Haus, in dem der Sänger, Herzensbrecher und *provocateur* Serge Gainsbourg von 1969 bis zu seinem Tod 1991 lebte. Heute gehört es seiner Tochter, der Sängerin und Schauspielerin Charlotte Gainsbourg. Es gibt Überlegungen, das Haus für Besichtigungen zu öffnen, aber daraus ist bis jetzt nichts geworden, da die zu erwartenden Fanmassen sicher große logistische Probleme mit sich brächten. Die Nachbarn haben es längst aufgegeben, die immer neuen Graffiti-Botschaften der Gainsbourg-Anhänger von der Fassade zu entfernen.

Haus Nr. 93, Quai d'Orsay, im 7. Arrondissement.

Die Kanalisation ist von Februar bis Dezember zugänglich, außer wenn – Gott bewahre – Regen die Tunnel zu überfluten droht.

ESSEN

Die Zutaten für ein Picknick im Jardin du Luxembourg kann man in mehreren tollen Läden ringsum einkaufen. Und wenn mal kein Picknickwetter sein sollte, gibt es jede Menge Restaurants – von typischen Pariser Bistros bis zu schicken Designlokalen. Eine gute Anlaufstelle ist die Cour du Commerce St-André, eine 1735 erbaute Passage mit Glasdach, die seinerzeit zwei Spielfelder für *jeu de paume* (ein Vorläufer des Tennis) verband.

St-Germain

⭐ JSFP TRAITEUR — FEINKOST €

Karte S. 446 (http://jsfp-traiteur.com; 8 rue de Buci, 6e; Gerichte 3,40–5,70 €; ⊙9.30–20.30 Uhr; MMabillon) Riesige Platten und Schüsseln mit Salaten, Terrinen, *pâtés* und

weiteren Köstlichkeiten machen diesen Feinkostladen zu einer Fundgrube für Pariser „Fastfood" der gehobenen Art. Auch Quiches in allen erdenklichen Varianten (Zucchini und Schnittlauch, Mozzarella und Basilikum, Lachs und Spinat ...) sind perfekt für ein Picknick im Park oder am Seine-Ufer.

L'AVANT COMPTOIR — FRANZÖSISCHE TAPAS €

Karte S. 446 (www.hotel-paris-relais-saint-germain. com; 3 Carrefour de l'Odéon, 6e; Tapas 3–7 €; ⊙12–2 Uhr; MOdéon) Die Gäste drängeln sich am Metalltresen (es gibt keine Sitzplätze), von der Decke baumelt eine Tafel mit dem Tapas-Angebot und die Wahl fällt schwer zwischen spanischem Schinken, Lachstatarbällchen, Hot Dogs mit Wurst aus Entenfleisch, Blutwurstplätzchen, Waffeln mit Artischocken und Prosciutto und ähnlichen Delikatessen. Das Angebot an offenen Weinen und die chaotisch-fröhliche Stimmung machen das Mini-Lokal perfekt.

AU PIED DE FOUET — BISTRO €

Karte S. 446 (☏01 43 54 87 83; www.aupiedde fouet.com; 50 rue St-Benoît, 6e; Hauptgerichte 9–12,50 €; ⊙Mo–Sa 12–14.30 & 19–23 Uhr; MSt-Germain-des-Prés) Wer authentische Bistroküche erleben will, ist in diesem quirligen Lokal goldrichtig. Klassiker wie *entrecôte*

(Steak), *confit de canard* (langsam gekochtes Entenfleisch im eigenen Fett) und *foie de volaille sauté* (gebratene Geflügelleber) sind zudem überraschend preisgünstig. Bewährte Dessertstandards sind *tarte Tatin* (gestürzter Apfelkuchen), in Rotwein eingelegte Dörrpflaumen oder einfach eine Portion *fromage blanc* (schmeckt wie eine Mischung aus Jogurt, Quark und Frischkäse).

LITTLE BREIZH · CRÊPERIE €

Karte S. 446 (☎01 43 54 60 74; www.littlebreizh. fr; 11 rue Grégoire de Tours, 6e; Crêpes 4,50–12 €; ⏰12–14.30 & 19–22 Uhr; 🖋 🚻; Ⓜ Odéon) Die Crêpes könnten in der Bretagne nicht besser sein, werden hier aber modern aufgepeppt (mit Belägen wie bretonische Sardinen, Olivenöl und sonnengetrockneten Tomaten oder Ziegenkäse, gedünstete Äpfel, Haselnüsse, Rosmarin und Honig oder Räucherlachs, Dillcreme, rosa Pfeffer und Zitrone). Hier schmeckt alles mindestens doppelt so gut wie an den Crêpes-Ständen in der Umgebung. Die Öffnungszeiten variieren, es empfiehlt sich zu reservieren.

CUISINE DE BAR · SANDWICHES €

Karte S. 446 (www.cuisinedebar.fr; 8 rue du Cherche Midi, 6e; Gerichte 9,20–13,50 €; ⏰Di–Sa 8.30–19, So 9.30–15.30 Uhr; ☎; Ⓜ Sèvres–Babylone) Dies ist nicht einfach irgendeine Sandwichbar, sondern eine superschicke Adresse für den Lunch, zwischen diversen Designerboutiquen und gleich neben einem der berühmtesten Bäcker der Stadt. Das grandiose Brot von Poilâne (S. 253) wird mit Gourmetschmankerln wie Foie gras, geräucherter Ente, zähflüssigem St-Marcellin-Käse und Bayonne-Schinken belegt.

LA BOTTEGA DI PASTAVINO · ITALIENISCH €

Karte S. 446 (☎01 44 07 09 56; 18 rue de Buci, 6e; Feinkostladen-Gerichte 5,30–6 €; Restaurant Hauptgerichte 18–35 €; ⏰Feinkostladen Mo–Sa 9.30–20.15 Uhr, Restaurant Mo–Sa 20–23.30 Uhr; Ⓜ St-Germain-des-Prés) Der Feinkostladen ist eine wahre Schatztruhe: vollgestopft mit importierten italienischen Lebensmitteln wie marinierten Pfefferschoten, Artischocken und Oliven, Dutzende Arten Pasta (auch frische), weiße Trüffelcreme und italienischem Wein Außerdem kann man sich über frische Pastagerichte und Salate hermachen und heiße Panini auf die Hand holen. Die Wendeltreppe hinten im Laden führt hoch ins Restaurant L'Étage mit 20 Plätzen.

TREIZE · CAFÉ €

Karte S. 446 (Dreizehn – das Dutzend eines Bäckers; ☎01 73 77 27 89; 16 rue des Sts-Pères, 7e; Menü mittags 13–17 €, Brunchmenü 10–23 €, Hauptgerichte 13–15 €; ⏰Di–Sa 10–18 Uhr; 🖋; Ⓜ Rue du Bac oder St-Germain-des-Prés) Ein Durchgang führt in einen gepflasterten Innenhof, an dessen Ende das ansprechende, moderne Café wartet. Es verwöhnt mit leckeren Tartes, kreativen Salaten und süßem Gebäck (der Karottenkuchen hat eine eigene Fangemeinde), ausgefallenen Teemischungen und Kaffee von der Pariser Rösterei Coutume (S. 263) – ideal für einen faulen Nachmittag.

PAIN & CHOCOLAT · CAFÉ €

Karte S. 450 (16 av. de la Motte-Picquet, 7e; Hauptgerichte 10–22 €, Brunchmenü 7–22 €; ⏰Di–Fr 9–19, Sa & So 10–19 Uhr; Ⓜ La Tour Maubourg) *Die Alternative zum überteuerten, mageren Hotelfrühstück!* In ansprechendem Retro-Ambiente beginnt der Tag typisch pariserisch. Salate, belegte Brötchen, Eigerichte, Kuchen, Gebäck und Quiches sind hausgemacht und die heiße Schokolade nach einem alten Familienrezept schmeckt einfach göttlich.

COSI · SANDWICHES €

Karte S. 446 (54 rue de Seine, 6e; Sandwichmenüs 10–15 €; ⏰12–23 Uhr; ☎🖋🚻; Ⓜ Odéon oder Mabillon) Im 6. Arrondissement ist das Cosi eine Institution für günstige und schnelle Küche und stadtweit vielleicht die phantasievollste Sandwichbar. Kreationen wie indisch gewürztes Putenfleisch mit Krautsalat, schwarze Tapenade mit getrockneten Tomaten oder Blauschimmelkäse mit Walnüssen können im Speiseraum oben oder zum Mitnehmen bestellt werden. Im Hintergrund läuft klassische Musik und die selbstgemachte Focaccia kommt frisch aus dem Ofen.

GÉRARD MULOT · PATISSERIE €

Karte S. 446 (www.gerard-mulot.com; 76 rue de Seine, 6e; ⏰Do–Di 6.45–20 Uhr; Ⓜ Odéon oder Mabillon) Obsttorten (Pfirsich, Zitrone, Apfel), *tarte normande* (Apfelkuchen) und *clafoutis* (Kirschflan) gehören zu den Highlights der vielgepriesenen Patisserie.

POILÂNE · BOULANGERIE €

Karte S. 446 (www.poilane.fr; 8 rue du Cherche Midi, 6e; ⏰Mo–Sa 7.15–20.15 Uhr; Ⓜ Sèvres–Babylone) Pierre Poilâne eröffnete seine *boulangerie* 1932 nach seinem Umzug aus

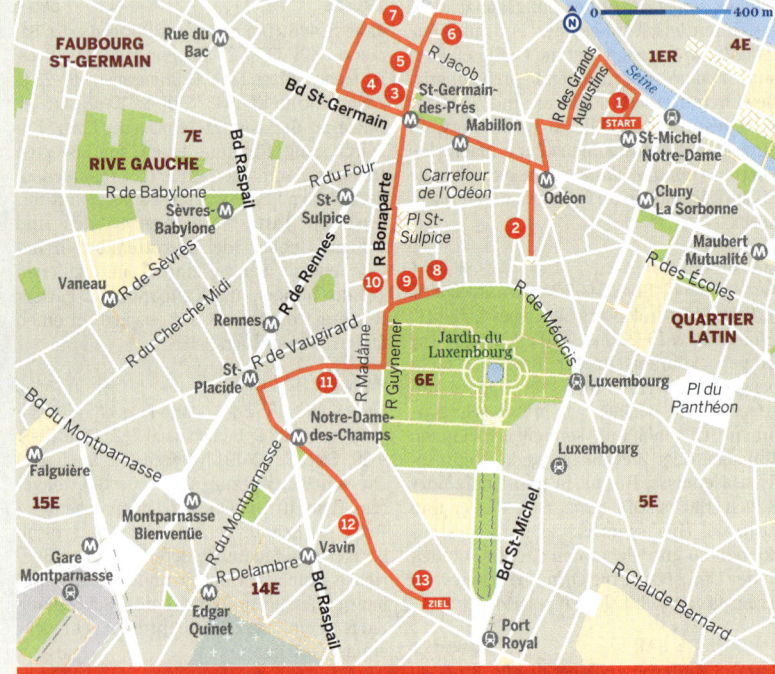

Spaziergang
Literatur-Rundgang am linken Seine-Ufer

START QUAI DES GRANDS AUGUSTINS
ZIEL 113 RUE NOTRE DAMES DES CHAMPS
LÄNGE 5 KM; 1 BIS 2 STUNDEN

Wer auf den Spuren großer Literaten wandeln möchte, folgt dem Fluss gen Westen, vorbei an den *bouquinistes* (Buchverkäufer). Im „Beat Hotel", dem **1** **Relais Hôtel du Vieux Paris**, quartierten sich einst u. a. Allen Ginsberg, Jack Kerouac und William S. Burroughs in den 1950er-Jahren ein.

In der **2** **Rue de l'Odéon Nr. 12** stand der Buchladen Shakespeare & Company (S. 236). Die Besitzerin Sylvia Beach verlieh Bücher u. a. an Hemingway. Sie war es auch, die 1922 *Ulysses* für James Joyce überarbeitete und veröffentlichte. Der Laden wurde während der deutschen Besatzung geschlossen, weil sich Beach weigerte, ihre letzte Ausgabe von Joyces *Finnegan's Wake* an einen Nazi-Offizier zu verkaufen.

3 **Les Deux Magots** (S. 261) und **4** **Café de Flore** (S. 262) auf dem Boulevard St-Germain waren die Stammcafés von Jean-Paul Sartre und Simone de Beauvoir.

In der **5** **Rue Bonaparte Nr. 36** wohnte 1930 Henry Miller im 5. Stock. Später schrieb er über seinen Aufenthalt dort (*Briefe an Emile*, 1989). Im **6** **L'Hôtel** (S. 322), dem ehemaligen Hôtel d'Alsace, starb Oscar Wilde 1900. Hemingway verbrachte 1921 seine erste Nacht in Paris in Zimmer Nr. 14 des **7** **Hôtel d'Angleterre** (S. 322).

1925 lebte William Faulkner im heutigen **8** **Hôtel Luxembourg Parc**. Hemingways letzte Pariser Adresse war die **9** **Rue Férou Nr. 6**. F. Scott und Zelda Fitzgerald hielten sich 1928 in der **10** **Rue de Vaugirard Nr. 58** auf, nahe Gertrude Steins Wohnung in der **11** **Rue de Fleurus Nr. 27**, in der sie Künstler und Schriftsteller wie Matisse, Picasso, Braque, Gauguin, Fitzgerald und Hemingway empfing.

Ezra Pound lebte in der **12** **Rue Notre-Dame-des-Champs Nr. 70bis**. Seine Wohnung war voll mit japanischen Gemälden und Packkisten. Hemingways Apartment befand sich über einer Sägemühle in der **13** **Rue Notre-Dames-des-Champs Nr. 113**.

der Normandie. Heute leitet seine Enkelin das U nternehmen. Das runde Sauerteigbrot wird weiterhin im Holzofen gebacken und m it auf Stein gemahlenem Mehl und Guérande-Meersalz gemacht.

GIRAUDET BOUTIQUE
LYONER KÜCHE €

Karte S. 446 (www.giraudet.fr; 16 rue Mabillon, 6e; Gerichte ab 2,70 €; ☺Mo 14–19, Di–Sa 10–19.30 Uhr; MMabillon) In Lyon steht der Name Giraudet für moderne Interpretationen klassischer Lyoner Rezepte. Die Spezialität des Pariser Ablegers sind Suppen und *quenelles* (federleichte Knödel aus Mehl, Ei und Sahne) zum Mitnehmen.

LADURÉE
PATISSERIE €

Karte S. 446 (www.laduree.com; 21 rue Bonaparte, 6e; ☺Mo–Fr 8.30–19.30, Sa bis 20.30, So 10–19.30 Uhr; MSt-Germain-des-Prés) Die Leute st ehen Schlange bis auf die Straße, um in de r St-Germain-Filiale der berühmten Patis serie Ladurée teure Leckerbissen zu kaufen, die wie gemalt aussehen, z. B. *macaron s* in allen Farben des Regenbogens und *le baiser Ladurée* (Mandelschichttorte mit E rdbeeren und Sahne). Das Stammhaus befindet sich auf den Champs-Élysées.

GROM
EISDIELE €

Karte S. 446 (www.grom.it; 81 rue de Seine, 6e; Eiscr eme ab 3,70 €; ☺Mo–Mi 13–22.30, Do–Sa 13–24 , So 12–22.30 Uhr; 🖼; MMabillon) 🍃 Der fr anzösische Ableger des Turiner Eiskünst lers Grom überzeugt mit monatlich wechse lnden Eissorten, zusammengerührt aus h ochwertigen Fairtrade-Zutaten wie Madag askar-Vanille und Schokolade aus Venezuela.

★BOUILLON RACINE
BRASSERIE €€

Karte S. 446 (☎01 44 32 15 60; www.bouillon racine.com; 3 rue Racine, 6e; Tagesmenü mittags 16 €, Menüs 31–42 €; ☺12–23 Uhr; 🖼; MCluny–La Sorbonne) In einer ruhigen Straße steht dieses denkmalgeschützte Art-nouveau-Gebäude mit Spiegelwänden, Blumenmustern und K eramikkacheln. Die „Suppenküche" wurde 1906 für die Marktarbeiter eröffnet. Die I nneneinrichtung ist großartig und auch die Küche – nach uralten Rezepten – besonders gut.

Nach perfekt zubereiteten Gerichten von anno dazumal wie gefülltes Spanferkel vom Spieß, in rotem Rodenbach-Bier marinierte Schweinekeule oder Shrimps und Muscheln in Hu mmersauce schmeckt ein nostalgisches Sorbet zum Dessert.

★SEMILLA
NEO-BISTRO €€

Karte S. 446 (☎01 43 54 34 50; 54 rue de Seine, 6e; M enü mittags 24 €, Hauptgerichte 20–50 €; ☺12.3 0–14.30 & 19–22.45 Uhr; MOdéon oder Mabillon) Nackter Beton, Aufputz-Leitungen und eine offene Küche (Gäste können „Küchen chef-Plätze" direkt davor buchen) sorgen f ür modernen Industrieflair. Die täglich wechselnde Karte preist beispielsweise Spare ribs vom Schwein mit Süßkartoffeln und Zimt, Pilze in Haselnussbutter oder Forelle mit Maracuja und Ingwer an. Die Desserts sind genial. Reservierung empfohlen.

HUÎTRERIE REGIS
AUSTERNBAR €€

Karte S. 446 (☎01 44 41 10 07; http://huit rerie regis.com; 3 rue de Montfaucon, 6e; ein Dutze nd Austern ab 16 €; ☺Di–So 12–14.30 & 18.30 –22.30 Uhr; MMabillon) Hip, trendig, winzi g und weiß – die Huîtrerie Regis ist *die* A dresse, um an kühlen Wintertagen Auste rn zu schlürfen. Sie werden im Dutzend verkauft und mit frischem Brot und Butte r serviert. Dazu ein Glas gekühlter Muscadet und *voilà,* fertig ist das perfekte Mittagessen. Wenn die beiden Tische draußen b esetzt sind, bleibt immer noch der Innenraum.

LA GRANDE CRÈMERIE
WEINBAR €€

Karte S. 446 (☎01 43 26 09 09; www.lagrande creme rie.fr; 8 rue Grégoire de Tours, 6e; Hauptgerichte 14–23 €; ☺Di–Sa 12–14 & 19.30–23 Uhr; MOdéon) Serge Mathieus Erfolg mit seinem winzi gen Weinkeller La Crèmerie (S. 267) veran lasste ihn, ein größeres, recht rustikales Lokal zu eröffnen: Hier trifft ehrliche, französische Landküche in Form von kalten Platten (die für mehrere Esser gedacht sind) auf ebenso authentische, köstliche Weine.

UN DIMANCHE À PARIS
FUSIONSKÜCHE €€

Karte S. 446 (☎0156 81 18 18; www.un-dimanche-a-paris.com; 4-8 Cour du Commerce St-André, 6e; Menüs mittags/abends/Brunch ab 25/32/38 €; ☺Restaurant Di 19–22, Mi–Sa 12–14 & 19–22, So 11–14 .30 Uhr; MOdéon) In der wunderschönen, überdachten Passage Cour du Commerce St-André vereinigt dieser Schokolade-Co ncept Store eine Boutique (die eine umwer fende heiße Schokolade anbietet), Pralinen-Kurse (ab 55 €), eine Teestube und ein R estaurant mit Schoko-Spezialitäten, z. B. Ricotta-Ravioli in Haselnuss-Schoko-Sauce , Hummerkrabben mit Kakao und kand ierter Ananas oder kurz gebratenes Rinde rsteak im Jus mit brasilianischer Schokolade.

ST-GERMAIN & INVALIDES ESSEN

PÈRES ET FILLES
MODERN FRANZÖSISCH €€

Karte S. 446 (☎01 43 25 00 28; 81 rue de Seine, 6e; Hauptgerichte 17–31€; ☺Mo–Mi 12–14.30 & 19.30–23, Do–Sa 12–14.30 & 19.30–23.30, So 19.30–23 Uhr; ⓂMabillon) Schwingtüren mit Glaseinsatz ermöglichen es den treuen Stammkunden, stets im Auge zu behalten, was draußen so läuft, während sie sich an kreativen Leckereien wie thailändischer Gemüsepfanne ergötzen und mit dem gut gelaunten Personal plaudern. Der geräumige Speisesaal mit Galerie wird durch Schwarzweißfotos und Bücherregale aufgepeppt.

BRASSERIE LIPP
BRASSERIE €€

Karte S. 446 (☎01 45 48 53 91; 151 bd St-Germain, 6e; Hauptgerichte 22–38€; ☺11.45–0.45 Uhr; ⓂSt-Germain-des-Prés) Kellner in schwarzer Weste, mit Fliege und langer weißer Schürze tragen Brasserieklassiker wie *choucroute garnie* und *jarret de porc aux lentilles* (Schweinshaxe mit Linsen) auf. Léonard Lipp eröffnete das Lokal 1880. Es erlangte Unsterblichkeit, als Hemingway es in *Paris – Ein Fest fürs Leben* lobend erwähnte. Gäste sollten ordentlichen Hunger mitbringen; Salate werden nicht als Hauptgericht serviert.

LE PARC AUX CERFS
MODERN FRANZÖSISCH €€

Karte S. 446 (☎01 43 54 87 83; 50 rue Vavin, 6e; Menü mittags 19,50€, weitere Menüs 27–32€; ☺12–14 & 19–23.15 Uhr; ⓂNotre-Dame-des-Champs) Ohne Reservierung bekommt man keinen Sitzplatz in dem kleinen, stylischen Restaurant, dessen Name das Gelände bezeichnet, auf dem französische Aristokraten vor der Revolution auf die Jagd gingen. Die kreative Küche lockt mit Krautsalat, Lachstatar mit rosa Pfeffer und Grapefruit oder Ziegenkäse mit Mandeln. Doch die Hauptattraktion ist der wunderschöne Garten im Patio auf der Rückseite.

FISH LA BOISSONNERIE
BISTRO €€

Karte S. 446 (☎01 43 54 34 69; 69 rue de Seine, 6e; Menü mittags/abends 28,50/35€, Hauptgerichte 17€; ☺12.30–14.30 & 19–22 Uhr; ⓂMabillon) Die ehemalige Fischbude mit dem bildschönen alten Fassadenmosaik, den rustikalen Gemeinschaftstischen und der jovialen Atmosphäre ist Vinothek und Restaurant in einem, so dass man zur Schweinelende mit Fenchelrisotto und den übrigen Speisen ganz hervorragende Tropfen genießen kann.

POLIDOR
TRADITIONELL FRANZÖSISCH €€

Karte S. 446 (☎01 43 26 95 34; www.polidor.com; 41 rue Monsieur le Prince, 6e; Menüs 22–35€; ☺Mo–Sa 12–14.30, So 12–14.30 & 19–23 Uhr; ♿; ⓂOdéon) Eine Mahlzeit in dem urtypischen *crèmerie-restaurant* ist wie eine Reise in das Paris zu Zeiten Victor Hugos: Lokal und Einrichtung sind von 1845. Die leckeren *menus*, bestehend aus französischer Hausmannskost wie *bœuf bourguignon, blanquette de veau* à *l'ancienne* (Kalb in Rahmsauce) und Polidors legendäre *tarte Tatin*, sorgen für einen stetigen Gästestrom. Wartezeit einkalkulieren, keine Kreditkarten.

Wer *Midnight in Paris* gesehen hat, kennt das Lokal: Hier hat Owen Wilson Hemingway getroffen (der seinerzeit gern im Polidor speiste).

ROGER LA GRENOUILLE
TRADITIONELL FRANZÖSISCH €€

Karte S. 446 (☎01 56 24 24 34; 26-28 rue des Grands Augins, 6e; Menüs mittags/abends ab 22/27€; ☺Mo 19–23, Di–Sa 12–14 & 19–23 Uhr; ⓂSt-Michel) In dem etwas angegilbten Restaurant „Roger, der Frosch" mit Froschskulpturen, alten Lampen und Schwarzweißfotos aus dem Paris der 1920er-Jahre werden Froschschenkel auf neun verschiedene Arten zubereitet, von *à la provençale* mit Tomaten bis *à la normande* mit Cidre und Äpfeln. Wer sich davor scheut, Roger und seine quakenden Kumpels zu verdrücken, kann stattdessen gebratenen Barsch mit Fenchel bestellen.

LES ÉDITEURS
CAFÉ €€

Karte S. 446 (☎01 43 26 67 76; www.lesediteurs.fr; 4 Carrefour de l'Odéon, 6e; 2-/3-Gänge-Menü 20,50/25,50€; ☺20–24 Uhr; ⓂOdéon) Les Éditeurs ist eine Mischung aus Café, Restaurant, Bibliothek (mit mehr als 5000 Titeln), Bar und *salon de thé*. Dank der großen Fenster ist es ein toller Ort, um *la vie germanopratine* (ja, es gibt wirklich ein Adjektiv zu St-Germain des Prés) vorbeiziehen zu sehen. Sehr beliebt ist der Wochenendbrunch (11 bis 17 Uhr, 26 €) mit frisch gepressten Fruchtsäften und Panna cotta mit Bourbon-Vanille. Draußen steht eine Statue von **Georges Danton** (Karte S. 446), einem Anführer der Revolution, der später unter der Guillotine starb.

CASA BINI
ITALIENISCH €€

Karte S. 446 (☎01 46 34 05 60; www.casabini.fr; 36 rue Gregoire de Tours, 6e; 2-/3-Gänge-Menü 23/27 €, Hauptgerichte 23–39€; ☺12.30–14.30

DAS ÄLTESTE PARISER RESTAURANT & CAFÉ

St-Germain trumpft sowohl mit dem ältesten Restaurant als auch mit dem ältesten Café der Stadt auf.

→ **À la Petite Chaise** (Karte S. 446; ☎01 42 22 13 35; www.alapetitechaise.fr; 36 rue de Grenelle, 6e; Menü mittags/abends ab 23/36 €; ☻12–14 & 19–23 Uhr; ⓂSèvres–Babylone) liegt versteckt hinter einem Eisentor, das bereits hier stand, als das Restaurant 1680 seine Pforten öffnete. Damals servierte der Weinhändler Georges Rameau seinen Kunden Essen zu ihren Einkäufen. Ganz abgesehen von der langen Geschichte lohnt sich ein Abstecher auch wegen der klassischen Einrichtung und der dazu passenden Speisekarte (Zwiebelsuppe, Foie gras, Ente, Lamm und überraschende Leckerbissen wie getrüffelter Spargel).

→ Nach der Eröffnung des À la Petite Chaise ließ das **Le Procope** (Karte S. 446; www. procope.com; 13 rue de l'Ancienne Comédie, 6e; 2-/3-Gänge-Menü ab 29/36 €; ☻So–Mi 11.30–24, Do–Sa bis 1 Uhr; ⓐ; ⓂOdéon) nicht lange auf sich warten: Die ersten Gäste wurden 1686 willkommen geheißen, darunter illustre Zeitgenossen wie Voltaire, Molière und Balzac. Ein Ausgang des mit Kronleuchtern ausgestatteten Cafés führt in die Cour du Commerce St-André (um 1735), eine Passage mit Glasdach. Spezialitäten des Hauses sind Coq au vin, Kalbskopf im eigenen Fond und Kalbsnieren mit Veilchensenf. Zum Nachtisch gibt's Sorbets und Eiscreme aus eigener Herstellung (schon seit 1686!).

& 19.30–23 Uhr; ⓐ; ⓂOdéon) In dem hochgelobten italienischen Restaurant wird aus hausgemachter Pasta ein wunderbar bissfester Traum und Kinder werden förmlich auf Händen getragen. Auf dem Teller landen Tintenfisch und sahnige Zucchinisuppe, *tagliolini* mit weißen Sommertrüffeln oder der Klassiker *saltimbocca* (Kalbsschnitzel mit Schinken, Thymian und Salbei).

LE PETIT ZINC
BRASSERIE €€

Karte S. 446 (☎01 42 86 61 00; www.petit-zinc. com; 11 rue St-Benoît, 6e; 2-/3-Gänge-Menü 22,20/29,50 €; ☻12–24 Uhr; ⓐ; ⓂSt-Germain-des-Prés) Anders, als der Name vermuten ließe, ist das eine große (und tolle) Brasserie, in der bergeweise frische Meeresfrüchte und andere Gerichte der traditionellen französischen Küche in prachtvollem Artnouveau-Ambiente serviert werden. Also: Tisch reservieren und Sonntagsklamotten anziehen!

PIZZA CHIC
PIZZERIA €€

Karte S. 446 (☎01 45 48 30 38; www.pizzachic. fr; 13 rue Mézières, 6e; Pizza 17–22 €; ☻Mo–Do 12.30–14.30 & 19.30–23, Fr bis 23.30, Sa 12.30–15 & 19.30–23.30, So 12–15 & 19.30–22 Uhr; ⓐ; ⓂSt-Sulpice) Das krasse Gegenstück zu gewissen Fastfood-Ketten, deren Namen wir hier nicht nennen wollen, ist dieser Laden mit den gusseisernen Elementen und frischen, weißen Tischdecken. Zu den exklu-

siven Pizzas mit Artischocken und zwei Jahre gereiftem Parmesan etc. gibt's eine große Auswahl an Weinen, *aperitivi* und *antipasti*. Als Nachtisch wird eine üppige Panna cotta oder ein noch mächtigeres Tiramisù serviert.

LE MÂCHON D'HENRI
BISTRO €€

Karte S. 446 (☎01 43 29 08 70; 8 rue Guisarde, 6e; Menü 35 €, Hauptgerichte 15–29 €; ☻12–14.30 & 19–23 Uhr; ⓂSt-Sulpice oder Mabillon) Auf der Karte des Mini-Bistros, das stets aus den Nähten platzt, stehen herzhafte französische Gerichte wie Lyoner *boudin noir aux pommes* (Blutwurst mit Äpfeln), *saucisse de Morteau* (eine Wurstart aus dem Jura) mit Linsen oder gekochte Kutteln à la Caen.

LA JACOBINE
TEESTUBE €€

Karte S. 446 (☎01 46 34 15 95; 59-61 rue St-André des Arts, 6e; 2-/3-Gänge-Menü 27/34 €; ☻Mo 17-23.30, Di–So ab 12 Uhr; ⓂOdéon) Die rührend altmodische Jacobine ist berühmt für ihre hausgemachten Tartes, riesigen Salate und Crêpes und mittags immer brechend voll. Dazu trägt sicher auch die optimale Lage in der romantischen Passage Cour du Commerce St-André bei.

LE CHERCHE MIDI
ITALIENISCH €€

Karte S. 446 (☎01 45 48 27 44; www.lecherche midi.fr; 22 rue du Cherche Midi, 6e; Hauptgerichte 12–17 €; ☻12–15 & 19.30–23.15 Uhr; ⓂSèvres–

STARS DER ZUKUNFT

Die **Restaurants d'Application de Ferrandi** (Karte S. 450; www.ferrandi-paris.fr; 28 rue de l'Abbé Grégoire, 6e; Menü mittags/abends im Le Premier 25/40 €, im Le 28 30/45 €; ⊙nur auf Vorbestellung, Le Premier Di–Fr ab 12.30 Uhr, Do auch abends, Le 28 Mi–Fr ab 12.30, Mo & Di ab 19.30 Uhr, beide während der Schulferien geschl.; ⓂSt-Placide) wurden 1920 von der Pariser Industrie- und Handelskammer ins Leben gerufen und gelten als anspruchsvollste Kochschule Frankreichs. Hier wird die gesamte Gastronomie-Elite des Landes ausgebildet. Wer die Kreationen der künftigen Sterneköche zu Schnäppchenpreisen probieren will, sollte eines der beiden Schulrestaurants besuchen, in denen die hochgeschätzten Ferrandi-Lehrer die Oberaufsicht haben. Im **Le Premier** liegt der Schwerpunkt auf klassischer französischer Küche, im **Le 28** geht es um Spitzengastronomie.

Babylone) Das beliebte Restaurant mit der roten Markise und dem klassischen Dekor brummt vor allem am Wochenende. Dann stehen Einkäufer (samstags) und Spaziergänger (sonntags) Schlange, um einen Platz auf der kleinen Sonnenterrasse zu ergattern (am besten gegen 12.30 bzw. 20 Uhr). Die Küche ist klassisch und elegant.

LE COMPTOIR DU RELAIS   BISTRO €€€

Karte S. 446 (☎01 44 27 07 97; www.hotel-paris-relais-saint-germain.com; 9 Carrefour de l'Odéon, 6e; Hauptgerichte 14–45 €, Menü abends 60 €; ⊙Mo–Fr 12–18 & 20.30–23, Sa & So 12–23 Uhr; ⓂOdéon) Kenner nennen das Gourmet-Bistro schlicht „Le Comptoir" (die Theke) und an der brummt das Geschäft seit der Eröffnung. Das begnadete Kochgenie Yves Camdebor de komponiert saisonal inspirierte Bistro-Gerichte wie Salat von Spargel und Foie gras.

Wer mittags um Punkt 12 Uhr kommt, hat eine reelle Chance auf einen Platz (keine Reservierung möglich). Für abends dagegen müssen Tische Monate im Voraus bestellt werden! Wer eher zu Spontanentschlüssen neigt, kann im angeschlossenen L'Avant Comptoir (S. 252) mit Tapas glücklich werden.

ZE KITCHEN GALERIE   GOURMETKÜCHE €€€

Karte S. 446 (☎01 44 32 00 32; www.zekitchen galerie.fr; 4 rue des Grands Augustins, 6e; Menü mittags/abends ab 41/85 €; ⊙Di–Fr 12–14.30 & 19–23, Sa 19–23 Uhr; ⓂSt-Michel) William Ledeuils Leidenschaft für Südostasien spiegelt sich in den Gerichten wider, die er in seiner Michelin-Stern-gekrönten „gläsernen" Küche zaubert. In der Restaurant-Galerie finden pro Jahr drei bis fünf Kunstausstellungen statt. Die Karte ist ein wahres Fest aus Thai-Suppe mit Kräutern und Kokosmilch, Fleisch und Fisch à *la plancha* sowie phantasievollen Desserts wie Weiße-Schokolade- und Wasabi-Eiscreme. Ähnliche Genüsse warten in der Filiale **KGB** (Kitchen Galerie Bis; Karte S. 446; ☎01 46 33 00 85; http://ze kitchengalerie.fr; 25 rue des Grands Augustins, 6e; Menüs mittags 29–36 €, abends 55–62 €; ⊙Di–Fr 12–14.30 & 19.30–23, Sa 19.30–23 Uhr; ⓂSt-Michel).

RESTAURANT HÉLÈNE DARROZE   MODERN FRANZÖSISCH €€€

Karte S. 446 (☎01 42 22 00 11; www.helene darroze.com; 4 rue d'Assas, 6e; Menüs mittags/abends ab 39/92 €; ⊙Di–Sa 12.30–14.30 & 19.30 –22.30 Uhr; ⓂSèvres–Babylone) Weibliche Sterneköche sind eine Rarität in der französischen Hauptstadt. Hélène Darroze ist eine strahlende Ausnahme (und Vorbild für Colette im Animationsfilm *Ratatouille*). Oben ist ihr elegantes Michelin-Sterne-gekröntes Restaurant Salle à Manger untergebracht, darunter findet man den entspannten Salon d'Hélène, der für seine Probiermenüs bekannt ist. Die Gerichte, z. B. Foie gras vom Holzkohlegrill, lassen auf Darrozes Wurzeln im Südwesten Frankreichs schließen.

L'ATELIER DE JOËL ROBUCHON   GOURMETKÜCHE €€€

Karte S. 446 (☎01 42 22 56 52; www.joel-robu chon.com; 5 rue de Montalembert, 7e; Hauptgerichte 38–79 €; ⊙11.30–15.30 & 18.30–24 Uhr; ⓂRue du Bac) Der berühmte Koch Joël Robuchon entführt seine Gäste auf eine atemberaubende kulinarische Reise und macht sie mit den Glanzpunkten der französischen Küche vertraut: Hummer, Sardinen, Foie gras, Milchlamm & Co. Gegessen wird an einer schwarz lackierten, hufeisenförmigen Bar (was einsame Esser freut), das Dekor (Bambus in Glasvasen u. Ä.) ist japanisch inspiriert. Erst kürzlich hat Robuchon ein zweites Atelier im Publicis an den Champs-Elysées eröffnet.

✕ Invalides

LE BAC À GLACES   EISDIELE €

Karte S. 450 (www.bacaglaces.com; 109 rue du Bac, 7e; Eiscreme ab 3,50 €; ⊙Mo–Sa 10.30–19.30 Uhr; 🚻; ⓂSèvres–Babylone) Aprikose mit Thymian, Zitrone mit Basilikum, Erdbeere mit Rose oder Orange mit Sauvignon Blanc sind nur einige der 60 Sorten aus natürlichen Zutaten, die die luxuriöse Eisdiele anbietet.

BESNIER   BOULANGERIE €

Karte S. 450 (40 rue de Bourgogne, 7e; ⊙Sept.–Juli Mo–Fr 7–20 Uhr; ⓂVarenne) Durch das Sichtfenster können Kunden beobachten, wie die Brote der preisgekrönten Bäckerei entstehen.

LA PÂTISSERIE DES RÊVES   PATISSERIE €

Karte S. 450 (www.lapatisseriedesreves.com; 93 rue du Bac, 7e; ⊙Di–Sa 9–20, So bis 18 Uhr; ⓂRue du Bac) Absolut unvergleichliche, zeitgemäße Torten unter Glashauben, viel zu schön zum Aufessen, machen die „Patisserie der Träume“, das Geschäft des berühmten Philippe Conticini, zur süßen Kunstgalerie. Zu jeder Saison kreiert er spezielle Obsttartes, z. B. mit Zitrusfrüchten und Quitten im Winter, mit Rhabarber und Beeren im Frühling und Sommer.

MARCHÉ RASPAIL   MARKT €

Karte S. 450 (bd Raspail zwischen rue de Rennes & rue du Cherche Midi, 6e; ⊙normaler Markt Di & Fr 7–14.30 Uhr, Biomarkt So 9–15 Uhr; ⓂRennes) Der traditionelle Markt unter freiem Himmel findet immer dienstags und freitags statt, besonders viele Besucher zieht der sonntägliche Biomarkt an.

POISSONNERIE DU BAC   MEERESFRÜCHTE €

Karte S. 450 (www.poissonnerie-paris.fr; 69 rue du Bac, 7e; ⊙Di–Sa 9–13 & 16–19.30, So 9.30–13 Uhr; ⓂRue du Bac) Selbstversorger sollten diesen phantastischen Laden mit den aquamarin- und kobaltblauen Kacheln auf keinen Fall versäumen. Und wer in Paris nicht selbst kochen kann, muss nicht traurig sein: Schon der Anblick der Fische, Muscheln, Krabben, Krebse und anderen Krustentiere, hübsch präsentiert auf zerstoßenem Eis, ist ein Fest für die Sinne.

CAFÉ TRAMA   MODERN FRANZÖSISCH €€

Karte S. 450 (📞01 45 48 33 71; 83 rue du Cherche Midi, 6e; Hauptgerichte 15–22 €; ⊙Di–Sa 12–14.45 & 19.30–22 Uhr; ⓂVaneau oder St-Placide) Schwarze Markise, Tische im Freien, Vintagemöbel, Kacheln im Karolook und stimmungsvolle Beleuchtung bilden den Rahmen für modern interpretierte Café-Standards wie gebratenen Tintenfisch mit Rucola und Orangenspalten, *croque monsieur* mit Trüffelsalz auf köstlichem Brot von Poujauran oder Tatar vom Nobelmetzger Hugo Desnoyer mit Ingwer und Basilikum. Dazu werden Bioweine ausgeschenkt.

LE SQUARE   REGIONALKÜCHE €€

Karte S. 450 (📞01 45 51 09 03; www.restaurant-lesquare.com; 31 rue St-Dominique, 7e; Menü mittags/abends ab 19,50/26 €; ⊙Mo–Sa 12–14.30 & 19–22 Uhr; 📶; ⓂSolférino) Auf den Terrassenplätzen entlang der Rue Casimir-Périer hat man die Basilique Ste-Clotilde bestens im Blick. Drinnen sorgen die Holzverkleidung und die in Herbstfarben gehaltenen Bänke für ein elegantes Ambiente. Die Kellner servieren Klassiker aus dem Südwesten Frankreichs, z. B. Rind mit Sauce Béarnaise und Kartoffelgratin. Die Bar ist von 8 bis 23 Uhr geöffnet.

LES COCOTTES   MODERN FRANZÖSISCH €€

Karte S. 450 (www.maisonconstant.com; 135 rue Ste-Dominique, 7e; Hauptgerichte 15–29 €; ⊙So–Do 12–15.30 & 18.30–22.30, Fr & Sa 12–15.30 & 18.30–23.30 Uhr; ⓂÉcole Militaire oder RER Port de l'Alma) *Cocottes* sind Schmortöpfe und genau damit jongliert Christian Constant

---

INSIDERWISSEN

RUE CLER

Frisches Brot, Aufschnitt und Käse, Gebäck und Wein für ein Picknick gibt es in der typischen Pariser Marktstraße **Rue Cler** (Karte S. 450; rue Cler, 7e; ⊙meist Di–Sa 8–19, So bis 12 Uhr; ⓂÉcole Militaire) zu kaufen. Vor allem an den Wochenenden ist einiges los, wenn die Einheimischen hier ihre Einkäufe erledigen.

Auch die Straßencafés, eingeklemmt zwischen *boulangeries, fromageries*, Metzgern, Gemüseläden, Feinkostgeschäften und anderen gastronomischen Fundgruben, sind beliebte Anlaufstellen. Viele Geschäfte haben einen Stand auf dem Gehweg. Ein Besuch der Eisdiele von Martine Lambert (Haus Nr. 39) lohnt sich immer!

in seinem schicken Trendlokal. Tagtäglich schlemmt eine aufgekratzte Kundschaft saisonal geprägte Köstlichkeiten, die in den kleinen, schwarz emaillierten Formen schmurgeln und darin auch serviert werden. Die Einrichtung besteht aus hohen Tischen mit Barhockern und wer dort Platz nehmen will, sollte spätestens um 12 bzw. 19.15 Uhr parat stehen (keine Reservierungen möglich).

Wenn die Schlange vor der Tür zu lang ist, kann die Wartezeit ein paar Schritte weiter mit einem Apéritif im **Café Constant** (Karte S. 450; www.maisonconstant.com; 139 rue Ste-Dominique, 7e; Hauptgerichte 16–24 €; ⊙12–15 & 19–23 Uhr; Ⓜ École Militaire oder RER Port de l'Alma) verkürzt werden.

BRASSERIE THOUMIEUX
TRADITIONELL FRANZÖSISCH €€

Karte S. 450 (☎01 47 05 49 75; www.thoumieux. com; 79 rue St-Dominique, 7e; Hauptgerichte 21–45 €; ⊙12–24 Uhr; Ⓜ La Tour Maubourg) Altmodisch und eine echte Institution ist diese Brasserie, in der sich seit 1923 Generationen von Restaurantgängern an Ente, Kalbfleisch und Schnecken laben. Der Service ist extrem professionell. Mittlerweile hat Thierry Costes das Kommando übernommen, zusammen mit dem vielfach ausgezeichneten Küchenchef Jean-François Piège, dessen zweifach Michelin-besterntes Restaurant im Obergeschoss neben dem Boutiquehotel Thoumieux residiert (Doppelzimmer ab 200 €).

★ RESTAURANT DAVID TOUTAIN
GOURMETKÜCHE €€€

Karte S. 450 (☎01 45 51 11 10; http://david toutain.com; 29 rue Surcouf, 7e; Menü mittags 42 €, weitere Menüs mittags & abends 68–98 €; ⊙Mo–Fr 12–14.30 & 20–22 Uhr; Ⓜ Invalides) Hier können sich die Gäste auf ein phantastisches Ess-Erlebnis gefasst machen: David Toutain bietet in seinem gleichnamigen Restaurant eine der kreativsten Küchen der Hauptstadt. Mehrgängige Überraschungsmenüs warten mit so unwahrscheinlichen Kombinationen wie Räucheraal an Mousse aus grünen Äpfeln und schwarzem Sesam oder getrüffelter Reispudding mit kandiertem Sellerie und Artischocken-Praliné. Auf Wunsch gibt's dazu die passenden Weine.

Die besten Plätze des im skandinavischen Stil eingerichteten, in Minzgrün, Blassblau und erdigem Orange gehaltenen Lokals liegen auf der Galerie – aber sobald das Essen auf dem Tisch steht, spielt das nur noch eine nebensächliche Rolle.

CHEZ FRANÇOISE
TRADITIONELL FRANZÖSISCH €€€

Karte S. 450 (☎01 47 05 49 03; http://chezfran coise.com; Aérogare des Invalides; 2-/3-Gänge-Menü ab 28/33 €, ½ Dutzend Austern 15,50–29 €; ⊙12–15 & 19–24 Uhr; Ⓜ Invalides) Das traditionelle, 1949 eröffnete Lokal mit Terrasse unter einem Schiebedach wird von dem riesigen Air-France-Gebäude schier erdrückt. Aber das ist kein Hinderungsgrund für die Angestellten der Assemblée Nationale, sich in dem glamourösen Relikt aus den Anfangszeiten der Luftfahrt zu treffen. Zu den Spezialitäten des Hauses gehören *entrecôte de bœuf* und Austern.

LES CLIMATS
TRADITIONELL FRANZÖSISCH €€€

Karte S. 450 (http://lesclimats.fr; 41 rue de Lille, 7e; 2-/3-Gänge-Menü 36/42 €, Hauptgerichte 32–44 €, Bar-Snacks 7–22 €; ⊙Restaurant Di–Sa 12–14.30 & 19–22.30 Uhr, Bar 12–14.30 & 18–23 Uhr; Ⓜ Solférino) Wie das benachbarte Musée d'Orsay ist auch dieses Lokal in einem überwältigend schönen Art-nouveau-Gebäude untergebracht. Es entstand 1905 als Unterkunft für weibliche Angestellte im Post- und Fernmeldewesen und besticht mit Gewölbedecken und Buntglasfenstern. Im Sommer können die Gäste im Garten Platz nehmen, bei kühleren Temperaturen lockt ein Wintergarten. Die exquisite Küche findet in der 150-seitigen Getränkekarte mit Weinen, Sekten und Whiskys aus dem Burgund einen standesgemäßen Partner.

AUSGEHEN & NACHTLEBEN

Der Carrefour de l'Odéon in St-Germain wartet mit lebhaften Bars und Cafés auf. Nachts ist in den Künstlerlokalen und Kneipen an der Rue de Buci, Rue St-André des Arts und Rue de l'Odéon ordentlich etwas los. An der Place St-Germain-des-Prés drängt sich das Volk auf den Terrassen legendärer Literatencafés. Invalides ist hingegen kein Ausgehviertel; dort laufen Ministerien und Botschaften den Bars und Lokalen den Rang ab. Lohnende Adressen sind wiederum die Bars entlang der Berges de Seine (S. 251), vor allem im Sommer.

🍷 St-Germain

⭐ LES DEUX MAGOTS
CAFÉ

Karte S. 446 (www.lesdeuxmagots.fr; 170 bd St-Germain, 6e; ⏰7.30–1 Uhr; Ⓜ St-Germain-des-Prés) Wenn es noch ein Café gibt, dass das Flair der Literaturszene im St-Germain des Prés des frühen 20. Jhs. widerspiegelt, dann ist es das ehemalige Stammlokal von allen wichtigen Personen, die damals „etwas" waren. Für einen Kaffee in einem der Korbstühle auf der Terrasse, beschattet von dunkelgrünen Markisen und zwischen Blumenkästen voller Geranien, zahlen die Gäste *beaucoup*, dafür bekommt man hier aber auch unleugbar ein Stück Pariser Geschichte vorgesetzt. Wer gerade seinen großzügigen Tag hat, bestellt sich die berühmte, hausgemachte heiße Schokolade im Porzellanbecher. Der Name „les deux magots" bezieht sich auf die Figuren der beiden chinesischen Würdenträger am Eingang.

⭐ AU SAUVIGNON
WEINBAR

Karte S. 446 (80 rue des St-Pères, 7e; ⏰Mo–Sa 8.30–22, So bis 21 Uhr; Ⓜ Sèvres–Babylone) Es gibt kein authentischeres Weinlokal als dieses. Gäste haben die Wahl zwischen Sitzgelegenheiten in der Abendsonne oder im Innenbereich mit dem typischen Bistroambiente, inklusive einer originalen Pariser Theke, vollbesetzten Tischen und handbemalten Decken, auf denen die französische Winzertradition zelebriert wird. Um den Hunger zu stillen, bietet sich eine Platte *casse-croûte au pain Poilâne* an: Brot von Poilâne mit Schinken, Pâté, Fleischterrine, Räucherlachs und Foie gras.

CASTOR CLUB
COCKTAILBAR

Karte S. 446 (14 rue Hautefeuille, 6e; ⏰Mi–Sa 19–4 Uhr; Ⓜ Odéon) Ein unauffälliges Schild kündigt die auf zwei Stockwerke verteilte Bar an – der Keller aus dem 18. Jh. bietet kleine, kuschelige Sitzecken, in denen Gäste perfekt geschüttelte Cocktails schlürfen

---

INSIDERWISSEN

PATRICIA WELLS' SCHLEMMERMEILEN

Die Amerikanerin Patricia Wells (www.patriciawells.com) gibt Kochkurse und ist die Autorin des Buchs *Paris für Feinschmecker*. Sie lebt, kocht und kauft seit 1980 in Paris und steht im Ruf, das Wesen der französischen Küche tatsächlich erfasst zu haben.

Warum ist Paris so einzigartig für den Feinkostkauf? Hier gibt es Tradition, Qualität, Quantität, Atmosphäre und natürlich die Schönheit der Stadt!

Wo machen Sie Ihren Wocheneinkauf? Überall, z. B. auf dem sonntäglichen Biomarkt der Rue de Rennes (Marché Raspail) – ich liebe die getrockneten Früchte und Nüsse. Brot hole ich bei Poilâne (S. 253), Käse bei Quatrehomme (S. 266) und Fisch in der Poissonnerie du Bac (S. 259).

Und für das ganz besondere Gourmetmenü? Ich kaufe regelmäßig in der Grande Épicerie de Paris des Kaufhauses Le Bon Marché ein, da ich es dorthin nicht weit habe. Für ganz besondere Gerichte bestelle ich die Zutaten meist im Voraus und gehe in die einzelnen Fachgeschäfte, zu La Maison du Chocolat (S. 268) und Pierre Hermé (S. 267), wenn ich Schokolade oder Kuchen brauche, La Dernière Goutte (S. 267) ist meine Anlaufstelle für Wein. Die Fachgeschäfte sind das Tolle an Paris und an Frankreich allgemein.

Ihr bester Insidertipp? Wer in Paris lebt, bekommt als *client fidèle* (Stammkunde) das Beste vom Besten. Wer nur ab und an aufkreuzt, dann aber besonders freundlich ist, hat auch gute Chancen.

Haben Sie einen Tipp für ein kulinarisches Paris-Souvenir? Der Parfümhersteller Fragonard hat am Boulevard St-Germain einen tollen Laden. Das Sortiment wechselt ständig und umfasst Haushaltsgegenstände wie Vasen mit Eiffelturm-Dekor, bestickte Servietten mit Fisch- oder Gemüsemotiven, witzige kleine Löffel mit Anspielungen auf Kuchen oder Gebäck. Alles recht günstig und nach wenigen Monaten häufig wieder aus dem Sortiment, sodass man besser gleich zuschlägt, wenn einem etwas gefällt. Allein schon die Geschenkverpackung und die hübschen Fragonard-Taschen sind einen Einkauf wert!
Das Interview führte Nicola Williams

(auf Sonderwünsche wird gern eingegangen) und bei Musik aus den 50ern, 60ern und 70ern chillen. Darüber liegt die Bar mit Tresen und gleichermaßen intimer Atmosphäre – eine coole Adresse!

BRASSERIE O'NEIL MIKROBRAUEREI
Karte S. 446 (www.oneilbar.fr; 20 rue des Canettes, 6e; ⊙12–2 Uhr; MSt-Sulpice oder Mabillon) Die erste Mikrobrauerei von Paris eröffnete ein französischer Gastronom und Bierbrauer vor mehr als zwanzig Jahren. Nach wie vor werden hier vier super leckere Biere hergestellt (hell, bernsteinfarben, bitter-braun und zitronig weiß), die wunderbar zu den elsässischen *flammekueches* passen.

BISTRO DES AUGUSTINS BAR, BISTRO
Karte S. 446 (39 quai des Grands Augins, 6e; ⊙10–2 Uhr; MSt-Michel) Alte Werbeplakate der *bouquinistes* (Buchverkäufer) von gegenüber helfen der Bistro-Bar trotz Top-Lage an der Seine authentisch und auf dem Boden zu bleiben. Wer gemütlich ein Glas Rotwein trinken will oder Lust auf *gratin dauphinois* (Kartoffelgratin) oder einen ähnlich leichten Happen hat, ist hier richtig – zumal es auch ein paar Tische draußen am Flussufer gibt.

CAFÉ DE FLORE CAFÉ
Karte S. 446 (www.cafedeflore.fr; 172 bd St-Germain, 6e; ⊙7–2 Uhr; MSt-Germain-des-Prés) Die rot gepolsterten Bänke und Marmorwände mit Spiegeln des Art-nouveau-Tempels haben sich kaum verändert, seit Simone de Beauvoir und Jean-Paul Sartre sich während der Nazi-Besatzung in die Geborgenheit dieser vier Wände flüchteten, um an ihren Texten zu arbeiten. Einmal pro Monat findet eine englischsprachige „Philocafé"-Veranstaltung statt (S. 36).

LE PRÉ BAR
Karte S. 446 (www.cafelepreparis.com; 4-6 rue du Four, 6e; ⊙7.30–5 Uhr; MMabillon) Leuchtend blaue Korbstühle stehen in Reih und Glied auf der Terrasse des hippen Lokals. Die Theke aus Chrom und Laminex drinnen beschwört Assoziationen an einen Airstream-Wohnwagen aus den 1950er-Jahren herauf. Auch das Essensangebot (Nudelauflauf mit Foie Gras) hat etwas Unbekümmert-Nostalgisches.

CUBANA CAFÉ COCKTAILBAR
Karte S. 446 (www.cubanacafe.com; 47 rue Vavin, 6e; ⊙So–Do 10–3 Uhr, Fr & Sa bis Sonnenauf-

gang; MVavin) Feierabendgäste lassen sich in die Ledersessel sinken und entspannen unter Ölgemälden, die Alltagsszenen aus Kuba zeigen. Die Auswahl an kubanischen Cocktails mit Havanna-Rum ist umfangreich, den Soundtrack liefern Salsa, DJs und oft auch kubanische Livemusik (Programm auf der Webseite).

CAFÉ LA PALETTE CAFÉ
Karte S. 446 (www.cafelapaletteparis.com; 43 rue de Seine, 6e; ⊙8–2 Uhr; ☎; MMabillon) Schon Paul Cézanne und Georges Braque sind in diesem Café im Fin-de-Siècle-Stil inmitten von Galerien versumpft. Heute zieht es die Hipsters aus der Mode- und Kunsthändlerszene an. Im Sommer mit schöner Terrasse.

PRESCRIPTION COCKTAIL CLUB COCKTAILBAR
Karte S. 446 (www.prescriptioncocktailclub.com; 23 rue Mazarine, 6e; ⊙Mo–Do 19–2, Fr & Sa bis 4, So 20–2 Uhr; MOdéon) Melonen und Zylinder als Lampenschirme und eine Atmosphäre wie in einer „Flüsterkneipe" im New York der 1930er-Jahre machen den Club zu einer sehr coolen Pariser Location. Er wird von demselben erfolgreichen Team betrieben wie das Curio Parlor und das Experimental. An den Türstehern vorbeizukommen, ist nicht immer ganz einfach; wenn man das aber einmal geschafft hat, erwarten einen nettes Barpersonal und klassische Cocktails.

LE ZÉRO DE CONDUITE BAR
Karte S. 446 (☎01 46 34 26 35; www.zerode conduite.fr; 14 rue Jacob, 6e; ⊙Mo–Do 20.30–1.30, Fr & Sa 18–2, So 21–1 Uhr; MOdéon oder Mabillon) In dem Haus, das Richard Wagner in den 1840er-Jahren kurzzeitig bewohnte, wird so ziemlich alles daran gesetzt, das Kind im Gast wieder lebendig werden zu lassen. Cocktails werden in *biberons* (Babyfläschchen) serviert, man kann an einem der *concours de grimaces* (Wettbewerbe im Grimassenschneiden) teilnehmen und Karten-, Würfel- oder Brettspiele leihen. Unbedingt einen Tisch reservieren.

L'URGENCE BAR BAR
Karte S. 446 (www.urgencebar.com; 45 rue Monsieur-le-Prince, 6e; ⊙Di–Sa 21–4 Uhr; MOdéon oder RER Luxembourg) Gleich südlich der École de Médecine kümmert sich die „Notaufnahme" um Frankreichs angehende Ärzte. Die flößen sich hier grellfarbigen Alkohol

aus Babyflaschen oder Reagenzgläsern ein, lockern die Stethoskope und philosophieren über die „Kunst des Röntgens". Dazu hagelt es Kommentare wie „Clarisse, das ist nicht die Tibia (Schienbein)!"

LA MEZZANINE   COCKTAILBAR

Karte S. 446 (www.alcazar.fr; 62 rue Mazarine, 6e; ⏲19.30–2 Uhr; Ⓜ Odéon) Die trendige Maisonettebar (viel Weiß, viel Glas) mit Blick auf das elegante Restaurant Alcazar hat einen Hang zum Narzissmus und ist dennoch betörend. Hier dominieren exotische Cocktails, Nouvelle-Cuisine-Kompositionen und eine modische Club-Klientel. Von Mittwoch bis Samstag legen DJs Platten auf – das Mezzanine ist u. a. bekannt für seine ausgefeilten Triphop-, House- und Lounge-Kompilationen.

LE 10   KNEIPE

Karte S. 446 (http://10bar.pagesperso-orange.fr; 10 rue de l'Odéon, 6e; ⏲18–2 Uhr; Ⓜ Odéon) „Die Zehn" ist eine Kellerkneipe mit Postern an den Wänden und einer gut bestückten Musikbox, die so ziemlich alles von Jazz über The Doors bis zu Chansons à la Édith Piaf dudelt. Studenten lieben den Schuppen, nicht zuletzt wegen der billigen Sangria – und vielleicht auch, weil er der ideale Ort ist, um die nächste Revolution zu planen oder ein einsames Herz zu erobern.

JANE CLUB   CLUB

Karte S. 446 (www.wagg.fr; 62 rue Mazarine, 6e; ⏲Fr & Sa 22.30–6, So 15.30–2 Uhr; ☎; Ⓜ Odéon) Ein neues, effektives Soundsystem verwandelte das frühere Le Wagg in den Jane Club, einen Tempel für Rock'n'Roll und Evergreens aus den goldenen 1980er- und 1990er-Jahren. Sonntag ist Salsa-Tag und ansonsten steht das eine oder andere Livekonzert auf dem Programm (z. B. mit Pete Doherty!).

🍷 Invalides

⭐ COUTUME   CAFÉ

Karte S. 450 (http://coutumecafe.com; 47 rue Babylone, 7e; ⏲Mo–Fr 8–19, Sa & So ab 10 Uhr; ☎; Ⓜ St-François Xavier oder Vaneau) 🍴 Wenn die Kaffeequalität in Paris in letzter Zeit gestiegen ist, liegt das nicht zuletzt an dieser kleinen Kaffeerösterei, die eine ganze Reihe von Lokalen mit Premiumbohnen beliefert. Ihr helles, sachlich eingerichtetes Café dient als Experimentierfeld für innovative Zubereitungsarten wie Kaltextraktion und Kaffee aus dem Siphon. Gebäck und Biokost sind ebenfalls lecker.

NATUR'ELLE CAFÉ   CAFÉ

Karte S. 450 (67 av. de la Bourdonnais, 7e; ⏲Mo–Sa 9–18.30, So bis 14 Uhr; Ⓜ École Militaire) Mohnrote Tische und Stühle, auch im Freien, sind eine vielversprechende Einladung, um die Kaffees aus Äthiopien, Peru, Kolumbien, Brasilien und der Dominikanischen Republik zu probieren. Im Sommer schmecken Eistee, Frappé und frische Fruchtsäfte, dazu gibt's Sandwiches, Salate, Kuchen und Gebäck.

ALAIN MILLIAT   SAFTBAR

Karte S. 450 (☎01 45 55 63 86; www.alain-milliat.com; 159 rue de Grenelle, 7e; ⏲Di–Fr 11–15 & 18–24, Sa 9–24, So 10–18 Uhr; Ⓜ La Tour Maubourg) Alain Milliats Fruchtsäfte werden in Südfrankreich abgefüllt und waren bisher nur in Nobelhotels und -restaurants erhältlich. Die neue Bar ermöglicht es auch Normalsterblichen, die 33 verschiedenen Säfte und Nektare durchzuprobieren, vor Ort oder als Take-away. Sorten wie rosa Traube, grüne Tomate oder weißer Pfirsich klingen ziemlich verlockend.

Milliats Marmeladen und Kompotte sind ebenfalls köstlich und stehen auf dem üppigen Brunchbuffet am Wochenende (samstags von 12 bis 15 Uhr, sonntags von 12 bis 16 Uhr; 38 €).

⭐ UNTERHALTUNG

St-Germain gilt nicht gerade als Vergnügungsviertel, ganz zu schweigen von Invalides. Ausgehen bedeutet hier in erster Linie essen, trinken und shoppen. Wer auf Livemusik steht, sollte sich in den Bars entlang der Berges de Seine (S. 251) umschauen oder besser gleich ins Quartier Latin, nach Montparnasse oder in den Pariser Süden weiterziehen. Kinofans sind besser dran, im Einzugsgebiet der Metrostation Odéon am Boulevard St-Germain liegen mehrere Multiplexpaläste.

LE LUCERNAIRE   KULTURZENTRUM

Karte S. 446 (☎Reservierung 01 45 44 57 34; www.lucernaire.fr; 53 rue Notre-Dame-des-Champs, 6e; ⏲Bar Mo 11–22, Di–Fr 11–0.30, Sa 16–0.30, So 16–22 Uhr; Ⓜ Notre-Dame-des-Champs) Die Sonntagabendkonzerte sind längst eine Institution im eindrucksvollen Repertoire des dynamischen Centre National d'Art et d'Essai (Nationales Kunstzentrum). Egal ob klassische Gitarre, Barockmusik, französisches Chanson oder orientalische Klänge, das wöchentliche Event (Beginn jeweils 19.30 Uhr) ist ein musikalischer Hochgenuss. Kunst- und Fotoausstellungen, Kino, Theater, Lesungen, Diskussionsabende und Führungen runden den gut gefüllten Kulturkalender ab.

CINÉMA LA PAGODE
KINO

Karte S. 450 (☎01 45 55 48 48; www.etoile-cinema.com; 57bis rue de Babylone, 7e; Ⓜ St-François Xavier) Die japanische Pagode aus dem 19. Jh. wurde in den 1930er-Jahren zu einem Kino umfunktioniert und liefert unverändert das stimmungsvollste Ambiente in Paris für Filmklassiker und Programmkino. Besucher sollten zudem unbedingt einen Moment in dem von Bambus bestandenen Garten verweilen.

Die mittlerweile denkmalgeschützte Pagode wurde 1895 Stück für Stück von Herrn Morin (damals Inhaber des Kaufhauses Le Bon Marché) nach Frankreich geschippert und als Liebesbeweis für seine Gattin in seinem Garten in der Rue de Babylone aufgestellt. Allzu beeindruckt war die Dame offenbar nicht – sie verließ ihn ein Jahr später. Heute erfreuen sich die Pariser Filmliebhaber daran.

COMÉDIE FRANÇAISE THÉÂTRE DU VIEUX COLOMBIER
THEATER

Karte S. 446 (☎01 44 58 15 15; www.comedie-francaise.fr; 21 rue du Vieux Colombier, 6e; Ⓞ Sept.–Juli; Ⓜ St-Sulpice) Neben der bekannten Salle Richelieu am rechten Seine-Ufer und dem Studio Théâtre ist dies der dritte Veranstaltungsort der Comédie Française, die 1680 gegründet wurde und französische Klassiker aufführt, z. B. von Molière.

SHOPPEN

Die eleganten Kunstgalerien, Antiquitätengeschäfte und stylischen (Vintage-) Modeboutiquen (Vanessa Bruno, Isabel Marant etc.) im nördlichen Teil des 6. Arrondissements zwischen der Église St-Germain des Prés und der Seine lassen die Herzen höher schlagen. Der Sinn für Stil und Geschmack setzt sich entlang der westlichen Hälfte des Boulevard St-Germain und der Rue du Bac fort. Dort haben sich moderne Möbel-,

Küchen- und Designerläden angesiedelt. Feinkostgeschäfte und Weinhandlungen machen die Gegend zu einem Paradies für Foodies.

★ GAB & JO
CONCEPT STORE

Karte S. 446 (www.gabjo.fr; 28 rue Jacob, 6e; Ⓞ Mo–Sa 11–19 Uhr; Ⓜ St-Germain-des-Prés) Anstatt Massenproduktion Made in China bietet der Laden Souvenirs von hoher handwerklicher Qualität. Gab & Jo ist der erste Concept Store Frankreichs, dessen Waren ausschließlich im Land selbst hergestellt werden. Die Duftkerzen stammen von Marie-Jeanne de Grasse, die Marseille-Seifen von Marius Fabre, die Wäscheartikel von Germaine-des-Prés, die Sonnenbrillen von MILF und Monsieur Marcel hat die T-Shirts entworfen.

CIRE TRUDON
KERZEN

Karte S. 446 (www.ciretrudon.com; 78 rue de Seine, 6e; Ⓞ Di–Sa 10–19 Uhr; Ⓜ Odéon) Claude Trudon verkaufte hier ab 1643 Kerzen. Heute ist das Unternehmen – einst der offizielle Hoflieferant für Versailles und Napoleon – der älteste Kerzenhersteller der Welt (nach dem Schild links von der Markise Ausschau halten). Die Regale sind bis zum Bersten mit Kerzen und Kerzenhaltern in allen Farben des Regenbogens gefüllt.

LE BON MARCHÉ
KAUFHAUS

Karte S. 450 (www.bonmarche.fr; 24 rue de Sèvres, 7e; Ⓞ Mo–Mi & Sa 10–20, Do & Fr bis 21 Uhr; Ⓜ Sèvres Babylone) Le Bon Marché wurde 1852 von Gustave Eiffel als erstes Pariser Kaufhaus gebaut. Der Name bedeutet „der gute Markt", aber auch „Schnäppchen" – davon gibt es hier allerdings kaum welche. Tatsächlich ist Le Bon Marché der Inbegriff von Stil und wartet mit einer exquisiten Damen- und Herrenabteilung, wunderschönen Haushalts- und Schreibwaren und einer tollen Auswahl an Büchern und Spielzeugen auf. Außerdem sind ein paar schicke Restaurants untergebracht. Das Tüpfelchen auf dem i ist die grandiose Lebensmittelabteilung, La Grande Épicerie de Paris.

LA GRANDE ÉPICERIE DE PARIS
ESSEN & TRINKEN

Karte S. 450 (www.lagrandeepicerie.fr; 36 rue de Sèvres, 7e; Ⓞ Mo–Sa 8.30–21 Uhr; Ⓜ Sèvres Babylone) In der legendären Lebensmittelabteilung von Le Bon Marché gibt's jede Menge Leckereien, darunter Wodka-Lollis mit integrierten Ameisen (im Delirium tre-

KUNST & ANTIQUITÄTEN

Die engen Sträßchen von St-Germain stecken voller Kunst-und Antiquitätenläden. Entlang der Rue Mazarine, der Rue Jacques Callot, der Rue des Beaux Arts und der Rue de Seine reiht sich eine Galerie an die andere.

➜ Zu den avantgardistischeren Adressen gehören die in einem Innenhof gelegene **Galerie Loft** (Karte S. 446; www.galerieloft.com; 3bis rue des Beaux Arts, 6e; ⊙Di–Sa 10.30–18.30 Uhr; ⓂSt-Germain-des-Prés), die zeitgenössische chinesische Künstler aller Richtungen (Performance, Fotografie, Video) ausstellt.

➜ **La Galerie Moderne** (Karte S. 446; www.lagaleriemoderne.com; 52 rue Mazarine, 6e; ⊙Di–Sa 14–19 Uhr; ⓂSt-Germain-des-Prés) zeigt Designermöbel und Lampen aus den 1950er-, 1960er- und 1970er-Jahren.

Anlaufstellen für Antiquitäten sind:

➜ **Carré Rive Gauche** (Karte S. 446; www.carrerivegauche.com; ⓂRue du Bac oder Solférino) Das Straßenkarree am linken Seine-Ufer wird vom Quai Voltaire, der Rue de l'Université, der Rue des St-Pères und der Rue du Bac begrenzt. Hier haben sich rund 120 Händler eingerichtet. Antiquitätenmessen finden gewöhnlich im Frühling statt, Ausstellungen werden das ganze Jahr über ausgerichtet.

➜ **Hapart** (Karte S. 446; 72 rue Mazarine, 6e; ⊙Di–So 14–19 Uhr; ⓂOdéon) Sammler lieben den Laden im Taschentuchformat, in dem altes und antikes Spielzeug Erinnerungen an die Kindheit wach werden lässt.

mens) und faustgroße Himalaja-Salzkristalle, die über das Essen geraspelt werden. Der Anblick der Schokoladen, Backwaren, Kekse, Käsetheken, Obst- und Gemüseauslagen und Feinschmeckerartikel ist sehr beeindruckend.

AU PLAT D'ÉTAIN
SPIELZEUG

Karte S. 446 (www.auplatdetain.sitew.com; 16 rue Guisarde, 6e; ⊙Di–Sa 10.30–18.30 Uhr; ⓂOdéon oder Mabillon) Seit 1775 gibt es diesen eindrucksvollen Laden, der eigentlich selbst schon Sammlerwert hat. In den Regalen stehen unzählige handbemalte Soldaten, Trommler, Musiker, Scharfschützen und Reiter in Miniaturausgabe (machen sich auch gut als Schachfiguren).

LA MAISON DE POUPÉE
ANTIQUITÄTEN

Karte S. 446 (☎06 09 65 58 68; 40 rue de Vaugirard, 6e; ⊙Mo–Sa 16.30–19 Uhr, So nach Vereinbarung; ⓂOdéon oder RER Luxembourg) Gegenüber dem Sitz des französischen Senatspräsidenten steht der niedliche kleine Laden, in dem die namensgebenden Puppenhäuser und *poupées anciennes* (antike Puppen) verkauft werden.

LE CHOCOLAT
ALAIN DUCASSE
SCHOKOLADE

Karte S. 446 (www.lechocolat-alainducasse.com; 26 rue St-Benoît, 6e; ⊙Di–Sa 10.30–19.30 Uhr; ⓂSt-Germain-des-Prés) Hinter der Glasfront des noblen Ladens am linken Seine-Ufer

wartet Schokolade vom Allerfeinsten. Sie wird von der Kakaobohne bis zur Tafel in der Manufacture, der neuen Fertigungsstätte des legendären Sternekochs Alain Ducasse, hergestellt.

FRÉDÉRIC MALLE
PARFÜM

Karte S. 446 (www.fredericmalle.com; 37 rue de Grenelle, 7e; ⊙Mo 12–19, Di–Sa 11–19 Uhr; ⓂRue du Bac) Malle versteht sich selbst als „Herausgeber", der mit seinen Parfüm-„Autoren" zusammenarbeitet, um einzigartige Duft-„Editionen" herauszubringen (sie werden bis zum Verkauf im Kühlschrank aufbewahrt). Das Geschäft, das aussieht wie ein Apartment, war sein erstes in Paris; mittlerweile gibt es mehrere Filialen, darunter eine in New York.

THEATR'HALL
MODE

Karte S. 446 (www.theatrhall.com; 3 Carrefour de l'Odéon, 6e; ⊙Mo–Sa 11–19.30 Uhr; ⓂOdéon) Top, wenn man demnächst zu einem Maskenball eingeladen ist! In dem wunderbaren alten Geschäft findet jeder das richtige Kostüm: Hemden im Stil des Mittelalters, der Revolution und der Belle Époque, Capes, Zylinder und venezianische Masken.

HERMÈS
CONCEPT STORE

Karte S. 446 (www.hermes.com; 17 rue de Sèvres, 6e; ⊙Mo–Sa 10.30–19 Uhr; ⓂSèvres–Babylone) Ein traumhaftes Art-nouveau-Schwimmbad beherbergt heute den ersten Concept

SECONDHAND-LÄDEN

Wenn die betuchten Bewohner von St-Germain beim alljährlichen Frühjahrsputz ihre Kleiderschränke ausmisten, tragen sie die Designerstücke der letzten Saison in die *dépôt-vente*-Boutiquen (Secondhandläden). Zu Top-Preisen wechseln diese dort den Besitzer. Hier ein paar gute Adressen für Schnäppchenjäger:

➜ **Chercheminippes** (102, 109-11, 114 & 124 rue du Cherche Midi, 6e; ⊘Mo-Sa 11–19 Uhr) In sechs bildschönen Boutiquen an ein und derselben Straße werden gebrauchte Stücke angesagter Designer an den Mann/die Frau gebracht. Jeder Laden ist auf ein Sortiment spezialisiert (Haute Couture, Kinder, Herrenbekleidung etc.) und hat seine Ware nach Größe und Designer geordnet. Es gibt Umkleiden.

➜ **Le Dépôt-Vente de Buci** (Karte S. 446; 4 rue Bourbon le Château, 6e; ⊘Di–Sa 9–12 & 14–18 Uhr; MMabillon) Hinter der schwarzen Bretterfassade hortet die stylische Boutique gebrauchte Klamotten, vorwiegend aus den 1960er-Jahren. Es handelt sich um Kommissionsware – was nach drei Monaten nicht verkauft ist, geht an den Besitzer zurück.

➜ **Ragtime** (Karte S. 446; 23 rue de l'Échaudé, 6e; ⊘Mo-Sa 14.30–19 Uhr; MMabillon) Madame Auguet verkauft *vêtements anciens* aus der Zeit von 1870 bis 1970.

➜ **L'Embellie** (Karte S. 450; 2 rue du Regard, 6e; ⊘Di–Sa 10.30–13.30 & 14.30–19 Uhr, Mo nach Vereinbarung; MSèvres–Babylone) Die Auswahl an Vintage-Kleidung ist beeindruckend.

Store der Luxusmarke Hermès. Zwischen den originalen Mosaiken, Eisenbalustraden und (neuen) Holzkabinen wird auf einer riesigen Fläche der letzte Schrei in Sachen Inneneinrichtung präsentiert (Stoffe, Tapeten usw.). Daneben gibt's die Hermès-Klassiker (Schals & Co.) sowie das erwartungsgemäß schicke Café Le Plongeoir.

DEYROLLE   ANTIQUITÄTEN, WOHNACCESSOIRES
Karte S. 446 (www.deyrolle.com; 46 rue du Bac, 7e; ⊘Mo 10–13 & 14–19, Di–Sa 10–19 Uhr; MRue du Bac) Der Tierpräparator Deyrolle öffnete 1831 seine Pforten. Neben jeder Menge ausgestopfter Löwen, Tiger, Zebras und Störchen (werden verliehen oder verkauft) findet man in diesem faszinierenden Geschäft auch Mineralien, Muscheln, Korallen und Schalentiere, Straußeneier und pädagogische Bildtafeln. Außerdem werden seltene und ungewöhnliche Samen (z. B. alte Tomatensorten), Gartengerät und anderes Zubehör angeboten.

ALEXANDRA SOJFER   ACCESSOIRES
Karte S. 446 (www.alexandrasojfer.com; 218 bd St-Germain, 7e; ⊘Mo-Sa 10–19 Uhr; MRue du Bac) Alexandra Sojfer, die heutige Inhaberin der traditionsreichen Boutique (seit 1834), fertigt verspielte, verschnörkelte, extravagante, hochmodische Regenschirme, Sonnenschirme und Spazierstöcke mit echtem Pariser Schick – alles von Hand.

BARTHÉLÉMY   KÄSE
Karte S. 450 (51 rue de Grenelle, 7e; ⊘Di–Do 8.30–13 & 15.30–19.15, Fr & Sa 8.30–19 Uhr; MRue du Bac) Wer das Schmuckstück von einer alten *fromagerie* mit wunderschönen Marmorregalen, Kachelböden, Schäfchenskulpturen und natürlich exquisitem Käse (der auch in den Élysée-Palast geliefert wird) betritt, wird instinktiv die Kamera zücken. Da aber Fotografieren verboten ist, bleibt einem nichts anderes übrig, als die Käseauswahl zu probieren.

LE BAIN ROSE   WOHNACCESSOIRES
Karte S. 446 (www.le-bain-rose.fr; 11 rue d'Assas, 6e; ⊘Mo–Sa 11.30–19 Uhr, Aug. geschl.; MRennes) Ein alteingesessener Laden mit Hand- und Wandspiegeln (antik und retro), Parfümflakons, Seifenschalen, Waschbecken und Armaturen, mit denen man sein Badezimmer in ein kleines Belle-Époque-Heiligtum verwandeln kann.

QUATREHOMME   KÄSE
Karte S. 450 (www.quatrehomme.fr; 62 rue de Sèvres, 6e; ⊘Di–So 9–19.45 Uhr; MVanneau) Die besten Käsesorten aus ganz Frankreich und viele originale Extras wie z. B. in Kastanienblätter gehüllter Époisses, mit schwarzen Trüffeln aromatisierter Mont d'Or oder Gewürzbrot mit Honig und Roquefort verkauft die einzigartige *fromagerie*. Allein der Duft beim Eintreten ist göttlich!

A LA RECHERCHE DE JANE HÜTE

Karte S. 446 (http://alarecherchedejane.word
press.com; 41 rue Dauphine, 6e; Mi–Sa 11.30–
19, So 13–19 Uhr; MOdéon) Dieser *chapelier*
(Hutmacher) hält Tausende von handgefertigten Modellen für Männer und Frauen bereit. Kopfbedeckungen werden auf Wunsch
auch nach Maß angefertigt.

LA CRÈMERIE ESSEN & TRINKEN

Karte S. 446 (www.lacremerie.fr; 9 rue des 4
Vents, 6e; Laden Mo 15.30–20.30, Di–Sa 10.30–
22 Uhr; MOdéon) Unter der gläsernen Decke
und zwischen Marmorwänden lagern über
400 verschiedene Weine sowie Leckerbissen für Feinschmecker. Gegessen wird zwar
mittlerweile vor allem in der neuen Grande
Crèmerie (S. 255) ganz in der Nähe, aber
das Geschäft aus dem 19. Jh. bietet immer
noch Gelegenheit für einen gemütlichen
Apéritif zum Feierabend, begleitet von
Häppchen wie Terrine von Räucherforelle,
Ziegenkäse mit Oliven oder Blutwurst auf
Toast (Gerichte 12 €). Die Öffnungszeiten
können variieren.

JB GUANTI HANDSCHUHE

Karte S. 446 (www.jbguanti.fr; 59 rue de Rennes,
6e; Mo–Sa 10–19 Uhr; MSt-Sulpice oder Mabillon) In der Boutique Guanti gibt es nur eins:
Handschuhe – für Männer und Frauen, unschlagbar stilvoll und bequem, mit Seide,
Kaschmir oder Lammfell gefüttert, unge-
füttert oder mit Kaninchenfell besetzt.
  Sie machen sich auch prima als Mitbringsel. Die Handschuhgröße wird anhand des Mittelfingers ermittelt; die Länge
(in Zentimetern) von der Spitze bis zu dem
Punkt, wo der Finger an die Handfläche
anschließt, entspricht der Handschuhgröße
(5 cm bedeutet also Größe 5).

CAVE ST-SULPICE CHAMPAGNER

Karte S. 446 (www.cavesaintsulpice.com; 3 rue
St-Sulpice, 6e; Di–Do 10–12 & 15–19, Fr & Sa
bis 19.30, So 10–13 Uhr; MOdéon) Champagner
heißt das Credo der schnuckeligen kleinen
Boutique. Es gibt halbe, ganze und Mag-
numflaschen in weiß und rosé, dazu Desi-
gnerflaschen und Accessoires wie Flöten
und Eisbehälter.

LA DERNIÈRE GOUTTE WEIN

Karte S. 446 (www.ladernieregoutte.net; 6 rue
du Bourbon le Château, 6e; Mo 15–20, Di–Fr
10.30–13.30 & 15–20, Sa 11–19 Uhr; MMabillon)
„Der letzte Tropfen" ist ein Kind der Liebe
des kubanisch-amerikanischen Somme-

liers Juan Sánchez. In seiner Mini-Wein-
handlung verkauft er interessante französische *vins de propriétaires* (Flaschen aus
Gutsabfüllung) von kleinen, unabhängigen
Winzern.

PÂTISSERIE SADAHARU AOKI PATISSERIE

Karte S. 446 (www.sadaharuaoki.com; 35 rue
de Vaugirard, 6e; Di–Sa 11–19, So 10–18 Uhr;
MRennes oder St-Sulpice) Das Wort „exquisit"
wird den Kreationen des in Tokio gebore-
nen Spitzenkonditors Sadaharu Aoki nicht
gerecht. Zu seinen Kunstwerken gehören
Schatullen mit 72 verschiedenen Sorten
macarons oder mit grünem Tee aromati-
sierte Schokolade.

PIERRE HERMÉ CONFISERIE

Karte S. 446 (www.pierreherme.com; 72 rue Bonaparte, 6e; So–Mi 10–19, Do & Fr bis 19.30, Sa
bis 20 Uhr; MOdéon oder RER Luxembourg) Die
winzige Boutique von Pierre Hermé, einem
der Pariser Top-Chocolatiers, verzückt die
Geschmackspapillen mit sündhaft guten
Petit fours, Torten, Schokolade- und Nugat-
kreationen, Makronen und Marmeladen.

ROUGE ET NOIR SPIELE

Karte S. 446 (www.rouge-et-noir.fr; 26 rue Vavin,
6e; Di–Sa 11–19 Uhr; MVavin) GRATIS Trivial
Pursuit Paris, Zauberwürfel, Jonglierbälle,
Backgammon, Schach, Tarot- und Spielkar-
ten… Der kleine Familienbetrieb handelt
mit mehr oder weniger traditionellen Spielen und garantiert jede Menge Spaß.

MICHEL CHAUDUN SCHOKOLADE

Karte S. 450 (149 rue de l'Université, 7e; Mo
9.30–12.30 & 13–18, Di–Sa 9.15–12 & 13–19 Uhr;
MLa Tour-Maubourg) Mit Trüffelmasse gefüllte *pavés* (Pflastersteine, die Studenten
im Mai 1968 als Geschosse verwendeten)
gehören zu den Spezialitäten in Michel
Chauduns betörender Schokoladeboutique.
Dank der Pferde-, Schach- und anderen Figuren aus Schokolade wirkt sie fast wie ein
Spielzeugladen.

FLAMANT HOME
INTERIORS HAUSHALTSWAREN

Karte S. 446 (www.flamant.com; 8 place de Furs-
tenberg, 6e; Mo–Sa 10.30–19 Uhr; MMabillon)
In dem Geschäft mit zwei Eingängen (der
zweite ist in der Rue de l'Abbaye Nr. 8)
kaufen wohlhabende Pariser Tafelsilber,
Vorhänge, Besteck, Geschirr, Tischwäsche
und andere luxuriöse Einrichtungsgegenstände.

PLASTIQUES
HAUSHALTSWAREN

Karte S. 446 (www.plastiques-paris.fr; 103 rue de Rennes, 6e; ⊙Mo–Sa 10.15–19 Uhr; ⓂRennes) Bonbonfarbenes Geschirr (Tabletts, Servierschüsseln, komplette Tischgedecke etc.) und Kochutensilien (Schneebesen, Rührschüsseln uvm.) bekommt man in dieser originellen, günstigen Boutique.

LA CLEF DES MARQUES
MODE

Karte S. 446 (www.laclefdesmarques.com; 122-126 bd Raspail, 6e; ⊙Mo 12.30–19, Di–Sa 10.30–19 Uhr; ⓂVavin) Das Designer-Outlet hat alle großen Marken, wie Emilio Pucci, Ralph Lauren, Calvin Klein, Le Petit Bateau und Diesel, für Männer, Frauen und Kinder sowie stapelweise Sportbekleidung zu sensationell günstigen Preisen auf Lager.

GÉRARD DURAND
ACCESSOIRES

Karte S. 450 (www.accessoires-mode.com; 75-77 rue du Bac, 7e; ⊙Mo–Sa 9–19 Uhr; ⓂRue du Bac) *Collants* und *bas* (Strumpfhosen und Strümpfe) in knalligen Farben und mit wilden Mustern sind die Spezialität dieser Boutique. Abgerundet wird das Sortiment durch bunte Socken, Schals und Handschuhe.

SONIA RYKIEL
MODE

Karte S. 446 (www.soniarykiel.com; 175 bd St-Germain, 6e; ⊙Mo–Sa 10.30–19 Uhr; ⓂSt-Germain des Prés) Sonia Rykiel eröffnete ihre erste Boutique am linken Seine-Ufer im Mai 1968, in den aufregenden Tagen der Studentenaufstände. Da machte sie sich daran, passend revolutionäre Kleidung mit sichtbaren Nähten, ohne Saum und Innenfutter zu schneidern. Ableger ihres Labels (Kindermode z. B.) sind in Boutiquen in der Nähe zu finden, weitere Filialen verteilen sich über ganz Paris.

LA MAISON DU CHOCOLAT
SCHOKOLADE

Karte S. 446 (www.lamaisonduchocolat.fr; 19 rue de Sèvres, 6e; ⊙Mo–Sa 10–19.30, So bis 13 Uhr; ⓂSèvres–Babylone) Pralinen, *ganaches* und Schokolade mit Früchten sind die Aushängeschilder des exquisiten Schokolatiers. Auch die éclairs sind sündhaft gut und die Inspiration für die *macarons* liefern die hervorragenden eigenen Schokoladekreationen wie Rigoletto (mit salzigem Karamell) oder Salvador (mit Himbeere).

FRAGONARD BOUTIQUE
PARFÜM, SOUVENIRS

Karte S. 446 (☏01 42 84 12 12; www.fragonard.com; 196 bd St-Germain, 6e; ⊙Mo–Sa 10–19 Uhr; ⓂRue du Bac oder St-Germain-des-Prés) Die Filiale des Parfumeurs Fragonard (gleichzeitig Betreiber des Pariser Parfummuseums, s. S. 101) trumpft mit tollen Souvenirs auf, von Schals bis zu Kochbüchern. So lassen sich die Sehenswürdigkeiten, Düfte und Aromen von Paris mit nach Hause nehmen.

SAN FRANCISCO BOOK COMPANY
BÜCHER

Karte S. 446 (www.sanfranciscobooksparis.com; 17 rue Monsieur le Prince, 6e; ⊙Mo–Sa 11–21, So 14–19.30 Uhr; ⓂOdéon) Kunst, Architektur, Literaturkritik, Politik und Wissenschaft sind nur ein paar der Themen, denen sich die Sachbücher in diesem kleinen Paradies von einem Buchladen für gebrauchte Titel in englischer Sprache widmen. Man kann problemlos ein paar Stunden mit dem Durchstöbern der Regale voller klassischer und moderner Romane verbringen.

CENTRALE DU FUSIL D'OCCASION
ANTIQUITÄTEN

Karte S. 450 (69 rue de Grenelle, 7e; ⊙Di–So 10–12.30 & 14.30–18.30 Uhr; ⓂRue du Bac) Wer auf antike Pistolen und Gewehre steht, darf diesen leicht muffigen Büchsenmacherladen auf keinen Fall verpassen.

Montparnasse & südliches Paris

MONTPARNASSE & 15. ARRONDISSEMENT | PLACE D'ITALIE & CHINATOWN

Highlights

❶ Die 1970er-Jahre-Rauchglasfassade der **Tour Montparnasse** (S. 272) ausblenden, den Fahrstuhl zur Dachterrasse nehmen und bei einem Glas Champagner den phantastischen Rundumblick genießen.

❷ Durch die Schächte der gruseligen Pariser **Catacombes** (S. 271) voller Schädel und Knochen spazieren – Gänsehaut garantiert!

❸ Jean-Paul Sartre, Simone de Beauvoir und Serge Gainsbourg auf dem **Cimetière du Montparnasse** (S. 272) besuchen.

❹ Auf der grünen **Île aux Cygnes** (S. 274) von der Kopie der Freiheitsstatue in Richtung Eiffelturm bummeln.

❺ In der **Bibliothèque Nationale de France** (S. 274), Frankreichs Nationalbibliothek, herausragende Ausstellungen anschauen.

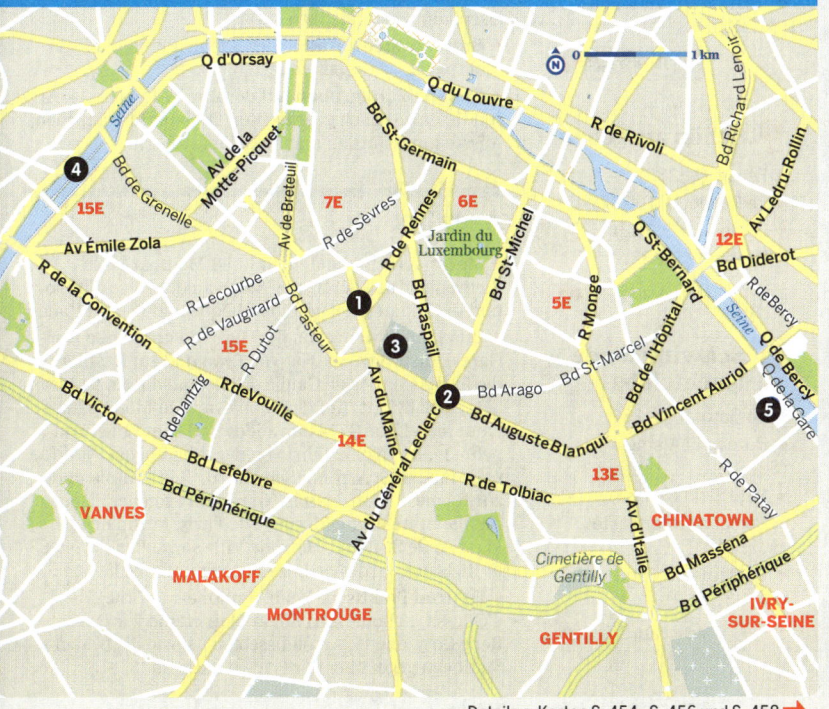

Details s. Karten S. 454 , S. 456 und S. 458 ➡

Top-Tipp

Die Métro ist ideal, um von einer Seite der Stadt auf die andere zu gelangen, aber wer einmal rund ums Zentrum fahren möchte, sollte sich in die neue Tramlinie T3 setzen. Sie streift die südlichen Stadtviertel zwischen Pont du Garigliano (15e) und Porte de la Chapelle (18e), bis 2017 soll sie bis zur Porte d'Asnières (17e) erweitert werden und dann etwa zwei Drittel der Stadt umfassen. In der Tram gelten die t+-Tickets. Aktuelles zur Pariser Tram steht unter www.tramway.paris.fr.

Gut essen

➜ Le Casse Noix (S. 276)
➜ Jeu de Quilles (S. 276)
➜ La Véraison (S. 276)
➜ Pho 14 (S. 279)
➜ Restaurant Variations (S. 280)

Mehr dazu S. 275 ➜

Schön ausgehen

➜ Félicie (S. 282)
➜ Le Rosebud (S. 282)
➜ Le Select (S. 282)
➜ Tandem (S. 283)

Mehr dazu S. 282 ➜

Schwimmende Nachtclubs

➜ Le Batofar (S. 282)
➜ Bateau El Alamein (S. 283)
➜ Petit Bain (S. 284)
➜ Péniche l'Improviste (S. 284)
➜ La Dame de Canton (S. 283)

Mehr dazu S. 282 ➜

Rundgang: Montparnasse & südliches Paris

Die Tour Montparnasse ist nicht eben eine Augenweide, aber ihre Plattform bietet einen tollen Überblick. In den Sträßchen zu Füßen des Gebäudes drängen sich zwischen Neubauten Cafés und Brasserien, die von Künstlern und Schriftstellern des frühen 20. Jhs. frequentiert wurden. Ein friedvolles Refugium ist der baumbestandene Friedhof, auf dem viele Berühmtheiten bestattet wurden.

Weiter westlich im 15. Arrondissement, das ganz im Zeichen der Gentrifizierung steht, bietet sich die Île aux Cygnes für einen Spaziergang an. Eine weitere Chance auf Paris aus der Vogelperspektive winkt mit dem Fesselballon im Parc André-Citroën.

Östlich von Montparnasse liegt das sich ständig erneuernde 13. Arrondissement mit der Nationalbibliothek und der größten Chinatown von Paris. Nach dem Abendessen laden die „schwimmenden" Bars und Nachtclubs an den Seine-Ufern zum Tanzen ein.

Lokalkolorit

➜ **Straßenleben** Entlang der Rue Daguerre wie die Einheimischen Blumen, Käse und Schinken einkaufen.

➜ **Schienenglück** Im 15. Arrondissement auf der neu eröffneten Petite Ceinture an die Zeiten der Dampfeisenbahn zurückdenken.

➜ **Bretonischer Alltag** In der „kleinen Bretagne" von Montparnasse Crêperien testen.

➜ **Fashion-Fundgruben** Auf der Rue d'Alésia im 14. Arrondissement nach gebrauchten Designerschnäppchen, Ausstellungsstücken und Modellen stöbern.

Anfahrt

➜ **Métro** Verkehrsknotenpunkt ist Montparnasse–Bienvenüe. Die wichtigsten Stops an der Place d'Italie und in Chinatown sind Bibliothèque und Place d'Italie.

➜ **Bus** Linie 91 fährt von der Gare Montparnasse zur Gare d'Austerlitz, zur Gare de Lyon und zur Bastille, die 92 bis Charles de Gaulle–Étoile und die Nr. 94 bis Sèvres–Babylone. Auf dem Boulevard du Montparnasse kann man Linie 82 bis Invalides und zum Eiffelturm nehmen. Bus Nr. 62 fährt von der Bibliothèque Nationale durchs 13. Arrondissement zur Rue d'Alésia und zur Rue de la Convention. Nr. 67 fährt von der Place d'Italie in Richtung Mosquée de Paris, Jardin des Plantes, Île St-Louis, Hôtel de Ville sowie Pigalle, Nr. 83 in Richtung Jardin de Luxembourg und Invalides.

➜ **Fahrrad** Praktische Vélib'-Stationen: 5–7 rue d'Odessa, 13 boulevard Edgar Quinet und 2 avenue René Coty, alle 14. Arrondissement, sowie die beiden Stationen gegenüber der Place d'Italie im 13.

OSSEMENS DE L'EGLISE ET DU CLOITRE DU PETIT S.t ANTOINE, LE 17 JUILLET 1804

Makaber, makaber: In einem Tunnelsystem stapeln sich Knochen und Schädel. Als 1785 die Friedhöfe so überfüllt waren, dass ernsthafte Hygieneprobleme drohten, wurde beschlossen, die Gräber zu öffnen und ihren Inhalt in aufgelassene Stollen zu verfrachten. So wurden 1810 die heutigen Katakomben gegründet.

Die Tour durch die Katakomben nimmt ihren Anfang an einem kleinen, dunkelgrünen Belle-Époque-Häuschen inmitten einer Grasfläche an der Avenue Colonel Henri Roi-Tanguy, neben der Place Denfert-Rochereau. Die Besucher steigen zuerst 20 m in die Tiefe hinab (enge Wendeltreppe mit 130 Stufen) und folgen dann unterirdischen Gängen mit einer Gesamtlänge von 2 km, an deren Wänden die Knochen und Schädel von Millionen von Parisern ordentlich aufgereiht sind.

Der Boden ist uneben, Matsch und bröckelnde Steine erschweren das Gehen, sodass gutes Schuhwerk ein Muss ist. In den Gängen herrscht eine konstante Temperatur von frösteligen 14 °C, es gibt keine Toiletten, Blitzlichtaufnahmen sind verboten. Da nur maximal 200 Besucher gleichzeitig eingelassen werden, bilden sich oft lange Schlangen am Eingang. Frühmorgens ist der Andrang am geringsten. Letzter Einlass: 16 Uhr. Für Kinder und überhaupt für Zartbesaitete ist der Besuch nicht empfehlenswert.

Wer einen Audioguide ausleiht (3 €), hat erheblich mehr von der Tour. Dienstags und mittwochs werden um 12 Uhr Führungen auf Englisch angeboten (90 Minuten, 4,50 €).

Der Ausgang liegt 83 Stufen weiter oben an der Rue Remy Dumoncel (Ⓜ Mouton-Duvernet), 700 m südwestlich der Avenue Colonel Henri Roi-Tanguy. Dort werden Taschen kontrolliert, da allzu viele Besucher sich ein makabres Andenken in Form von Knochen mitnehmen. Ersatzweise werden im Souvenirladen gegenüber dem Ausgang Kerzen, Schnapsgläser, Spiele u. Ä. im Knochen- und Schädel-Design angeboten.

SCHON GEWUSST?

➡ Während des Zweiten Weltkriegs dienten die Stollen der Résistance als Hauptquartier.

➡ Oft werden in den Tunneln nachts gruselsüchtige „Höhlenforscher" aufgegriffen (und mit einer Geldbuße bestraft).

PRAKTISCH & KONKRET

➡ Karte S. 456
➡ www.catacombes.paris.fr
➡ 1 av. Colonel Henri Roi-Tanguy, 14e
➡ Erw./Kind 8 €/frei
➡ ⊙ Di–Sa 10–17 Uhr
➡ Ⓜ Denfert-Rochereau

◉ SEHENSWERTES

◉ Montparnasse & 15. Arrondissement

LES CATACOMBES   KATAKOMBEN
s. S. 271

TOUR MONTPARNASSE   AUSSICHTSPUNKT
Karte S. 456 (www.tourmontparnasse56.com; rue de l'Arrivée, 15e; Erw./Kind 14,50/9 €; ☉April–Sept. tgl. 9.30–23.30 Uhr, Okt.–März So–Do bis 22.30, Fr & Sa bis 23 Uhr; Ⓜ Montparnasse–Bienvenüe) Die 210 m hohe Tour Montparnasse, 1973 aus Stahl und Rauchglas erbaut, bietet einen sensationellen Panoramablick über die Stadt (und das Aussichtsdeck ist einer der wenigen Orte in Paris, an denen man diesen architektonischen Super-GAU zwischen den sonst durchweg niedrigen Gebäuden nicht sehen muss). Der schnellste Aufzug Europas saust in 38 Sekunden hinauf bis zum Observatorium im 56. Stock mit Multimedia-Ausstellungszentrum. Eine Treppe führt weiter zur Außenterrasse im 59. Stock mit überdachtem Rundgang und Champagnerbar.

Die Tour Montparnasse beherbergt auch das höchstgelegene Restaurant der Stadt, Le Ciel de Paris (S. 279).

GARE MONTPARNASSE   BAHNHOF
Karte S. 456 (place Raoul Dautry, 14e; Ⓜ Montparnasse–Bienvenüe) Auf dem Dach des weitläufigen Bahnhofs finden sich ein paar ungewöhnliche Sehenswürdigkeiten, die über die Metalltreppe neben Bahnsteig 1 im Bahnhofsinneren oder per Lift in der Rue du Commandant René Mouchotte zu erreichen sind. Der 3,5 ha große terrassierte **Jardin de l'Atlantique** (Karte S. 456; place des Cinq Martyrs du Lycée Buffon, 14e;☉Mo–Fr 8–17.30, Sa & So 9–17.30 Uhr) über den Gleisanlagen bringt ein bisschen Grün und Beschaulichkeit ins Herz des hektischen Stadtteils. Die futuristische „Skulptur" des **Observatoire Météorologique** misst Niederschlag, Temperatur und Windgeschwindigkeit.

Gleich daneben liegt das kleine **Musée Jean Moulin** (Karte S. 456; ☏01 40 64 39 44;

◉ HIGHLIGHT
CIMETIÈRE DU MONTPARNASSE

Der 1824 eröffnete Friedhof von Montparnasse ist mit 19 ha Fläche nach dem Friedhof Père Lachaise (S. 166) der zweitgrößte von Paris. Rund 1200 Bäume spenden ihm Schatten, darunter Ahorn, Linden, Eschen und Nadelgehölze. Zwar hat er nicht ganz so viele illustre „Bewohner" wie sein bekannteres Gegenstück, doch auch hier befinden sich reichlich berühmte Grabstätten.

Dazu gehören etwa der Dichter **Charles Baudelaire**, der Schriftsteller Guy de Maupassant, der Dramatiker **Samuel Beckett**, der Bildhauer Constantin Brancusi, der Maler Chaim Soutine, der Fotokünstler Man Ray, der Unternehmer André Citroën, die Schauspielerin Jean Seberg sowie das Literatenpaar **Jean-Paul Sartre** und **Simone de Beauvoir** in einem gemeinsamen Grab.

Wie auf dem Friedhof Père Lachaise gibt es auch auf dem Cimetière du Montparnasse bestimmte Traditionen. So deponieren Fans Métrofahrscheine auf dem Grabstein von **Serge Gainsbourg** (Abteilung 1 nahe der Avenue Transversale) – eine Hommage an sein berühmtes Chanson *Le Poinçonneur des Lilas* (Der Billetknipser von Lilas) von 1958. In dem Lied porträtiert er die Monotonie des Arbeitsalltags eines Métroschaffners (mittlerweile übernehmen Automaten diese Aufgabe). Gainsbourg schlüpfte bei den Aufnahmen für den Song an der Haltestelle Porte des Lilas selbst in die Rolle eines *poinçonneur*.

NICHT VERSÄUMEN

➡ Grab von Charles Baudelaire
➡ Grab von Samuel Beckett
➡ Grab von Jean-Paul Sartre und Simone de Beauvoir
➡ Grab von Serge Gainsbourg

PRAKTISCH & KONKRET

➡ Karte S. 456
➡ bd Edgar Quinet & rue Froidevaux, 14e
➡ ☉Mo–Fr 8–18, Sa 8.30–18, So 9–18 Uhr
➡ Ⓜ Edgar Quinet oder Raspail

www.ml-leclerc-moulin.paris.fr; 23 allée de la 2e DB, 14e; ⊙Di–So 10–18 Uhr) GRATIS. Es widmet sich der deutschen Besatzung von Paris im Zweiten Weltkrieg und vor allem der Résistance und ihrem Anführer Jean Moulin (1899–1943). Das dazugehörige **Mémorial du Maréchal Leclerc de Hauteclocque et de la Libération de Paris** (Karte S. 456) zeigt einen Panoramafilm über den namengebenden Marschall (1902–1947), der während des Krieges die Freien Französischen Streitkräfte anführte und 1944 half, die Stadt zu befreien.

MUSÉE BOURDELLE   MUSEUM
Karte S. 456 (www.bourdelle.paris.fr; 18 rue Antoine Bourdelle, 15e; ⊙Di–So 10–18 Uhr; MFalguière) GRATIS Das Bourdelle-Museum zeigt monumentale Bronzen im ehemaligen Wohnhaus und Atelier des Bildhauers Antoine Bourdelle (1861–1929), der ein Schüler von Rodin war. Besonders reizvoll sind die drei Skulpturengärten. Sie lassen einen Hauch vom Montparnasse der Belle Époque und der Zeit nach dem Ersten Weltkrieg erahnen. Das Museum bietet neben seiner Dauerausstellung häufig Wechselausstellungen (üblicherweise mit Eintritt).

FONDATION CARTIER POUR L'ART CONTEMPORAIN   KUNSTGALERIE
Karte S. 456 (www.fondation.cartier.com; 261 bd Raspail, 14e; Erw./11–26 J. 10,50/7 €; ⊙Di 11–22, Mi–So bis 20 Uhr; MRaspail) Schon das atemberaubende Gebäude aus Glas und Stahl, entworfen von Jean Nouvel, ist ein Kunstwerk. Es beherbergt wechselnde Ausstellungen zeitgenössischer Kunst (1980 bis heute) in erstaunlicher Bandbreite – von Bildern über Fotografie und Videokunst bis zu Mode und Performance. Ein besonderer Hingucker ist der von Lothar Baumgarten entworfene, wild wuchernde Garten.

L'ADRESSE   MUSEUM
Karte S. 456 (Musée de la Poste; www.ladresse museedelaposte.fr; 34 bd de Vaugirard, 15e; MMontparnasse–Bienvenüe oder Pasteur) Das moderne Museum begeistert alle, die gern reisen, entdecken und sich für Kommunikation interessieren. Es beherbergt eine faszinierende Sammlung zur Geschichte des französischen Postdienstes, verteilt auf mehrere Etagen. Phantasievolle Wechselausstellungen behandeln alle möglichen Themen, von künstlerisch aufgepeppten Briefkästen bis zur Briefzustellung in Kriegszeiten oder Postkarten. Während der Recherche war die Dauerausstellung wegen Renovierung geschlossen, über den aktuellen Stand informiert das Museum.

Am Schluss lohnt sich ein Besuch im Museumsshop, der jede nur denkbare französische Marke verkauft – mit Harry-Potter-Motiven und in romantischer Herzform bis hin zu Briefmarken aus französischen Überseegebieten wie Neukaledonien und Französisch-Polynesien.

MUSÉE PASTEUR   MUSEUM
Karte S. 456 (Institut Pasteur; www.pasteur.fr; 25 rue du Docteur Roux, 15e; Erw./Stud. 7/3 €; ⊙Sept.–Juli Mo–Fr 14, 15 & 16 Uhr; MPasteur) Das Museum ist in der Wohnung untergebracht, in der der berühmte Chemiker und Bakteriologe seine letzten sieben Lebensjahre (1888–1895) verbrachte. Ein Rundgang führt durch Pasteurs Privaträume mit allerlei Krimskrams wie Geschenken, die er von Staatsmännern bekam, und Zeichnungen, die er als junger Mann anfertigte.

Nach Pasteurs Tod wollte die französische Regierung seinen Leichnam ins Panthéon überführen, doch die Familie verweigerte die Zustimmung. Sie folgte vielmehr Pasteurs Wunsch und ließ ihn in seinem Institut beisetzen. Hier liegt der große Gelehrte jetzt in der Krypta im Keller.

Die Führungen (auf Französisch) dauern 45 bis 60 Minuten. Es gibt Broschüren in englischer Sprache. Nicht vergessen: Museumsbesucher müssen einen Reisepass oder Personalausweis vorlegen.

PARC ANDRÉ-CITROËN   PARK
Karte S. 458 (quai André-Citroën, 15e; ⊙Mai–Aug. 8–21.30 Uhr, sonst kürzer; MBalard) 1915 ließ der Unternehmer André Citroën eine riesige Automobilfabrik im 15. Arrondissement bauen. Nach ihrer Schließung in den 1970er-Jahren wurde das brachliegende Gelände schließlich in diesen zukunftsweisenden Stadtpark (14 ha) umgewandelt. Die zentrale Rasenfläche säumen Treibhäuser, Springbrunnen und ein erhöht gelegenes Reflexionsbecken. Die Mottos der kleineren Gärten kreisen um die Themen Bewegung und die (sechs) Sinne. Die Öffnungszeiten ändern sich je nach Jahreszeit und sind am Eingang angeschlagen.

LE BALLON AIR DE PARIS   FESSELBALLON
Karte S. 458 (☎01 44 26 20 00; www.ballondepa ris.com; Parc André Citroën, 2 rue de la Montagne de la Fage, 15e; Erw./Kind 12/6 €; ⊙9–21.30 Uhr, Sept.–April kürzer; MBalard oder Lourmel) Es

geht hinauf – hoch hinauf (150 m) –, aber nicht hinfort, denn der Heliumballon ist im Boden verankert. Oben eröffnet sich ein spektakulärer Rundumblick auf Paris. Vor dem Abflug anrufen; wenn es zu windig ist, bleibt der Ballon unten. Er ist übrigens ein Umweltbote: Seine Farbe wechselt je nach Luftqualität und Verschmutzungsgrad.

ÎLE AUX CYGNES   INSEL

Karte S. 458 (Schwaneninsel; zwischen Pont de Grenelle & Pont de Bir Hakeim, 15e; Ⓜ Javel oder Bir Hakeim) Die dritte und kaum bekannte Pariser Insel wurde 1827 als Schutz für den Flusshafen künstlich aufgeschüttet und ist nur 850 x 11 m groß. Westlich des Pont de Grenelle erhebt sich eine Kopie der **Freiheitsstatue** (Karte S. 458) im Maßstab 4:1, die 1889 aufgestellt wurde. Auf dem Weg durch die Allée des Cygnes (Schwanenallee) längs der Insel bieten sich unübertreffliche Blicke auf den Eiffelturm.

◉ Place d'Italie & Chinatown

BIBLIOTHÈQUE NATIONALE
DE FRANCE   BIBLIOTHEK

Karte S. 454 (☎ 01 53 79 59 59; www.bnf.fr; 11 quai François Mauriac, 13e; Wechselausstellungen Erw./Kind ab 9 €/frei; ☺ Ausstellungen Di–Sa 10–19, So 13–19 Uhr, im Sept. geschl.; Ⓜ Bibliothèque) Die vier wie halb aufgeschlagene Bücher geformten Glastürme gehören zu einem der ambitioniertesten und teuersten *grands projets* (öffentliche Bauprojekte) von Präsident Mitterrand. Die 1995 eröffnete Nationalbibliothek verzeichnet einen Bestand von 12 Mio. Büchern auf einer Regalstrecke von 420 km und bietet 2000 Lesern und noch einmal 2000 Wissenschaftlern Platz. Ein Besuch lohnt sich wegen der tollen Sonderausstellungen (Eingang E) zu verschiedensten Themen rund um „das Wort": Geschichtenerzählen, Buchbinden, französische Nationalhelden ... Die Eintrittskarte für die Ausstellungen gilt auch für die Präsenzbibliothek (am selben Tag).

Es wurden keine Kosten gescheut, um einen Entwurf zu realisieren, der nach Ansicht vieler Experten jeder Logik entbehrt: In den sonnendurchfluteten L-förmigen Türmen (79 m hoch, 23 Etagen) stehen Bücher und historische Dokumente in den Regalen. Dafür sitzen die Bibliotheksbenutzer in künstlich beleuchteten Kellersälen, in

deren Mitte sich immerhin ein bewaldeter Hof befindet. Die dafür benötigten 50 Jahre alten Kiefern, 140 an der Zahl, wurden extra herangekarrt. Die Türme wurden inzwischen mit einem komplizierten, natürlich teuren Jalousiensystem ausgestattet. Aber der Keller bleibt von Überflutung bedroht, wenn die Seine Hochwasser führt.

GALERIE ITINERRANCE   KUNSTGALERIE

Karte S. 454 (www.itinerrance.fr; 7bis, rue René Goscinny, 13e; ☺ Mi–Sa 14–19 Uhr; Ⓜ Bibliothèque) Mit funkigen Graffiti und Street Art wechselnder Künstler sowie spannenden Events ist die Galerie ein perfektes Beispiel für die künstlerische Renaissance des 13. Arrondissements.

DOCKS EN SEINE   KULTURZENTRUM

Karte S. 454 (Cité de la Mode et du Design; www.paris-docks-en-seine.fr; 36 quai d'Austerlitz, 13e; ☺ 10–24 Uhr; Ⓜ Gare d'Austerlitz) Das ehemalige Lagerhaus an der Seine mit der leuchtend grünen, wellenförmigen Fassade beherbergt das Institut Français de la Mode – das Französische Modeinstitut (daher auch der „Zweitname" der Docks: Cité de la Mode et du Design). Es bietet das ganze Jahr über Mode- und Designausstellungen und Veranstaltungen. Weitere Attraktionen sind das mit zeitgenössischer Kunst zum Thema „Unterhaltung" gefüllte Museum Art Ludique – Le Musée (S. 274) sowie ultrahippe Bars, Clubs, Restaurants und eine riesige Uferterrasse.

Die Docks bestehen aus einem 20 000 m² großen Gebäude, das 1907 erbaut wurde (der erste Industriekomplex aus Stahlbeton von Paris) und wo die Waren auf Lastkähnen angeliefert wurden. Den besten Blick auf die ausgefallene Fassade zum Fluss hin hat man, wenn man die Seine am Pont Charles de Gaulle überquert.

ART LUDIQUE – LE MUSÉE   MUSEUM

Karte S. 454 (http://artludique.com; 34 quai d'Austerlitz, 13e, Docks en Seine; Erw./Kind 15/9,50 €; ☺ Mo 11–19, Mi–Fr 11–22, Sa & So 10–22 Uhr; Ⓜ Gare d'Austerlitz) Comics, Mangas, Videospiele, Animationsfilme und Action-Kino live werden hier als vollwertige, zeitgenössische Kunstformen behandelt, was perfekt zu dem avantgardistischen Docks-en-Seine-Komplex passt. Die chronologisch geordnete Dauerausstellung zeigt die Entwicklung jedes einzelnen Genres auf. Aber die eigentlichen Publikumsmagnete sind sensationelle Wechselausstellungen wie eine Pixar-Re-

PETITE CEINTURE

Schon lange vor der Straßenbahn oder gar der Métro sorgte die 35 km lange Petite Ceinture (kleiner Gürtel) für Verkehrsverbindungen rund um Paris. Die Dampfeisenbahnlinie wurde unter Napoleon III. zwischen 1852 und 1869 für seine Truppen- und Versorgungstransporte zu den Pariser Befestigungsanlagen gebaut. Dann nutzten sie die Pariser selbst, um in die Stadt herumzukommen, bis sie schließlich ab 1900 von der Métro abgelöst wurde. Der Personenverkehr wurde 1934 endgültig eingestellt, Güter wurden noch bis 1993 befördert, danach verschwanden die Schienen allmählich unter Unkraut. Bis vor Kurzem war der Zutritt zu den Gleisen untersagt – was einzelne Stadtpiraten natürlich nicht davon abhielt, das Schienensystem mit seinen Tunneln zu erforschen. Von den ursprünglich 29 Bahnhöfen haben 17 überlebt, sind aber in mehr oder weniger gutem Zustand.

Die Pläne zur Wiedereröffnung der Petite Ceinture nehmen langsam Gestalt an; drei Teilstücke mit parallel dazu verlaufenden Fußwegen sind bereits zugänglich. Der Rest ist weiterhin Sperrgebiet.

Im südlichen Paris führt die **Petite Ceinture du 15e (PC 15)** (Karte S. 458; www.paris.fr; zwischen rue Olivier de Serres & rue St-Charles, 15e; ⊙ Mai–Aug. 9–20.30 Uhr, April & Sept. bis 19.30 Uhr, März bis 18 Uhr, Nov.–Feb. kürzer; Ⓜ Balard oder Porte de Versailles) ᴳᴿᴬᵀᴵˢ auf 1,3 km durch grüne Biotope mit 220 verschiedenen Pflanzen- und Tierarten. Neben den Endpunkten gibt es auch unterwegs drei Zugänge (Treppe und Lift): in der Rue de Vaugirard Nr. 397, gegenüber der Rue Desnouettes Nr. 82 und an der Place Robert Guillemard. Irgendwann soll die rund 3 km lange Gesamtstrecke zwischen den Parks George-Brassens und André-Citroën wieder frei zugänglich sein.

Das wiedereröffnete Teilstück im Osten von Paris, die **Petite Ceinture du 12e (PC 12)**, liegt in der Nähe des Bois de Vincennes und kann, wie auch der Abschnitt im Pariser Westen, die **Petite Ceinture du 16e (PC 16)** nicht weit vom Bois de Boulogne, zu Fuß abgelaufen werden.

trospektive oder zum Thema Marvel Heroes. Wer online bucht, bezahlt einen Euro mehr, erspart sich aber das Schlangestehen. Die Öffnungszeiten können variieren.

MANUFACTURE DES GOBELINS
FABRIK, KUNSTGALERIE

Karte S. 454 (☎ 01 44 08 52 00; www.mobilier national.culture.gouv.fr; 42 av. des Gobelins, 13e; Galerie Erw./Kind 6/4 €, Führung & Galerie 10/4 €; ⊙ Galerie Di–So 11–18 Uhr, Führungen Di–Fr & So 16, Sa 14.30 & 16 Uhr; Ⓜ Les Gobelins) In der Gobelinmanufaktur werden bereits seit dem 18. Jh. sogenannte Hautelisse-Tapisserien sowie Basselisse-Tapisserien im Beauvais-Stil und Savonnerie-Teppiche auf speziellen Webstühlen hergestellt. Ein paar wunderbare Exemplare sind in der Galerie zu sehen. Bei den Fabrikbesichtigungen (1½ Std.) wird man durch die *ateliers* (Werkstätten) geführt und kann zig Teppiche und Tapisserien in Augenschein nehmen, die hier gefertigt werden.

Tickets im Voraus bei der Fnac besorgen oder möglichst früh ankommen, um noch Karten für denselben Tag zu erhalten.

PARC MONTSOURIS
PARK

Karte S. 454 (av. Reille, 14e; ⊙ Sommer 8–21.30 Uhr, sonst kürzer; Ⓜ Porte d'Orléans oder RER Cité-Universitaire) Der Name des weitläufigen Parks am See geht auf den Ausdruck *moque souris* zurück: Einst wimmelte es in der Gegend nur so von Mäusen *(souris)*. Das Gelände ist mit Rosskastanien, Eiben, Zedern, Buchen und Platanen bepflanzt und ein wunderbares Fleckchen zum Picknicken. Außerdem locken Spielbereiche wie die „Straßenecke" aus Beton. Dort können die Kleinen mit ihren Matchbox-Autos spielen.

Nebenan erstreckt sich die Cité Universitaire (Studentenwohnheime) aus den 1920er-Jahren.

 # ESSEN

Seit den 1920er-Jahren ist der Boulevard du Montparnasse eine der besten Anlaufstellen, um dem Pariser Café-Kult zu frönen. Ein paar Brasserien und Cafés sind geradezu legendär. Im bodenständigen

15. Arrondissement gibt's derweil erstklassige Bistro-Küche. Am attraktivsten ist das Angebot in der Rue de la Convention, der Rue de Vaugirard, der Rue St-Charles, der Rue du Commerce und den Straßen südlich des Boulevard de Grenelle. Wem der Sinn nach asiatischer Küche steht, dem sollten die Avenenues de Choisy und d'Ivry und die Rue Baudricourt in Chinatown zusagen. Ein paar interessante Adressen und ein gewisses dörfliches Flair bietet auch die Butte aux Cailles südlich der Métro-Station Corvisart. Ein paar ultrahippe Lokale verstecken sich in den Docks en Seine (S. 274).

✖ Montparnasse & 15. Arrondissement

LA CABANE À HUÎTRES
AUSTERN €

Karte S. 456 (☏ 01 45 49 47 27; 4 rue Antoine Bourdelle, 14e; Dutzend Austern 17 €, Menü 21,90 €; ⏱ Mi–Sa 12–14.15 & 19–22.15 Uhr; Ⓜ Montparnasse–Bienvenüe) Herrlich rustikal ist diese *cabane* (Hütte) mit nur neun äußerst begehrten Tischen. Sie gehört Françis Dubourg, der schon in der fünften Generation Austern züchtet und zwischen dem Lokal (seinem ganzen Stolz) und seiner Austernfarm in Arcachon an der Atlantikküste pendelt. Zum Menü gehören ein Dutzend Austern, Foie gras und *magret de canard fumé* (geräucherte Entenbrust) oder Räucherlachs.

POILÂNE
BOULANGERIE €

Karte S. 458 (www.poilane.fr; 49 bd de Grenelle, 15e; ⏱ Di–So 715–20.15 Uhr; Ⓜ Dupleix) Handgemachtes Sauerteigbrot und köstliche *punitions* (knusprige Butterkekse) sind auch in dieser Filiale des berühmtesten Pariser Bäckers (S. 253) die Verkaufsschlager.

DES GÂTEAUX ET DU PAIN
BOULANGERIE, PATISSERIE €

Karte S. 456 (www.desgateauxetdupain.com; 63 bd Pasteur, 15e; ⏱ Mo & Mi–Sa 9–20, So bis 18 Uhr; Ⓜ Pasteur) Mit ihren schwarzen Wänden wirkt die ultramoderne Bäckerei und Konditorei eher wie eine Nobelboutique, in der David Granger und Claire Damon (eine der berühmtesten Konditorinnen Frankreichs) ihre Brote, Kuchen und Torten wie Juwelen präsentieren.

MARCHÉ EDGAR QUINET
MARKT €

Karte S. 456 (bd Edgar Quinet, 14e; ⏱ Mi 7–14.30, Sa bis 15 Uhr; Ⓜ Edgar Quinet oder Montparnasse–Bienvenüe) Der Straßenmarkt liegt gegenüber der Tour Montparnasse und wird von Bewohnern des Viertels frequentiert. Es wird immer eine große Auswahl an Käsesorten angeboten und an den Ständen werden frische, warme Snacks zum Mitnehmen verkauft, von Crêpes bis zu Falafeln.

MARCHÉ BRANCUSI
MARKT €

Karte S. 456 (place Constantin Brancusi, 14e; ⏱ Sa 9–15 Uhr; Ⓜ Gaîté) 🌱 Bioprodukte en masse hält dieser wöchentlich stattfindende Markt bereit.

⭐ LE CASSE NOIX
MODERN FRANZÖSISCH €€

Karte S. 458 (☏ 01 45 66 09 01; www.le-casse noix.fr; 56 rue de la Fédération, 15e; 2-/3-Gänge-Menü mittags 21/26 €, 3-Gänge-Menü abends 33 €; ⏱ Mo–Fr 12–14.30 & 19–22.30 Uhr; Ⓜ Bir Hakeim) Der „Nussknacker" beweist, dass Essengehen ein paar Schritte vom Eiffelturm entfernt nicht unbedingt Abstriche bei Preis, Menge und Qualität bedeutet. Das gemütlich-altmodische und bei Einheimischen beliebte Lokal bietet sensationelle Küche zu günstigen Preisen. Dabei lässt sich Besitzer und Chefkoch Pierre Olivier Lenormand, der in diversen berühmten Pariser Restaurants gearbeitet hat, von der Jahreszeit inspirieren. Reservieren!

⭐ JEU DE QUILLES
BISTRO €€

Karte S. 456 (☏ 01 53 90 76 22; www.jdequilles.fr; 45 rue Boulard, 14e; Hauptgerichte 25–40 €; ⏱ Mi–Sa 12–14, Di–Sa 20–22 Uhr; Ⓜ Mouton-Duvernet) Wer die berühmte Metzgerei von Hugo Desnoyer als Nachbarn hat, kann gar nicht anders, als Fleisch vom Feinsten zu servieren. Bei Chefkoch Benoît Reix wird daraus ein mit Artischockencreme überkrusteter Schweinebraten oder göttliches Kalbscarpaccio. Erlesene Bio-Weine sind die perfekte Begleitung. Das Lokal hat nur 18 Sitzplätze und ist im Viertel ein Renner, deshalb empfiehlt es sich, einen Tisch zu bestellen.

⭐ LA VÉRAISON
MODERN FRANZÖSISCH €€

Karte S. 458 (☏ 01 45 32 39 39; www.laveraison.com; 64 rue de la Croix Nivert, 15e; 2-/3-Gänge-Menü mittags 15/18 €, Hauptgerichte 19–24 €; ⏱ Di–Fr 12.30–14 & 20–22, Sa 19.30–22 Uhr; Ⓜ Commerce) Ulla Bosses einladendes Lokal glänzt durch elegante Einfachheit. Aber was sie in der offenen Küche komponiert, ist alles andere als simpel: getrüffelte Kastaniencremesuppe, mit Foie gras gefüllte Ravioli in Cognac-Sauce, *burrata* (eine

Art cremiger Mozzarella) mit knusprigem, leuchtend orangefarbenem Entenfleisch oder thailändische Krabbenküchlein mit Mango-Dip sind nur die Vorspeisen – und allein schon ein Grund, um hier Stammgast zu werden.

LA CERISAIE
REGIONALKÜCHE €€

Karte S. 456 (☎01 43 20 98 98; www.restaurant lacerisaie.com; 70 bd Edgar Quinet, 14e; Hauptgerichte 16–25 €; ⊙Mo–Fr 12–14 & 19–22 Uhr; MEdgar Quinet) Hinter der kirschroten Fassade zeigt Cyril Lalanne in seinem Minilokal mit 22 Plätzen, was der Südwesten Frankreichs zu bieten hat: Vorspeisen wie Schnecken-Cassoulet, gefolgt von Rebhuhn oder Fasan und außergewöhnlichen Desserts wie Eiscreme von Blauschimmelkäse mit Feigenpüree. Das Angebot auf der Weinkarte ist umfangreich und äußerst preisgünstig. Reservieren!

LE SÉVÉRO
BISTRO €€

Karte S. 456 (☎01 45 40 40 91; 8 rue des Plantes, 14e; Hauptgerichte 15–36 €; ⊙Mo–Fr 12–14 & 19.30–22 Uhr; MMouton-Duvernet) In dem angesagten Bistro gibt's vor allem eines: Fleisch. Kein Wunder, wird es doch von William Bernet, einem ehemaligen Metzger, betrieben. Seine Steaks mit köstlichen Pommes frites sind der Renner, beliebt sind auch Blutwurst und Schweinshaxen. Die

exzellenten Weine werden mit Kreide an eine Tafel geschrieben. , die eine komplette Wand einnimmt. Da die 30 Sitzplätze heiß umkämpft sind, kann es nicht schaden, die Tischreservierung kurz vor Mittag noch einmal zu bestätigen.

LA ROTONDE MONTPARNASSE
BRASSERIE €€

Karte S. 448 (☎01 43 26 48 26; www.rotonde montparnasse.com; 105 bd du Montparnasse, 6e; 3-Gänge-Menü 42 €, Hauptgerichte 14,50–42 €; ⊙6–14 Uhr, Menü 12–15 & 19–23 Uhr; MVavin) Nach einer Renovierung erstrahlt das Lokal wieder in seiner ursprünglichen Pracht von 1911 und könnte sich wie seine berühmten Nachbarn Le Select usw. auf sein „Montparnos-Flair" verlassen. Aber die unumstrittene Hauptrolle spielt hier die exzellente Küche: Das Fleisch stammt von Nobelmetzger Hugo Desnoyer, Lachs und Geflügel kommen aus Bio-Betrieben und ihre Zubereitung ist klassisch, aber perfekt.

JADIS
NEO-BISTRO €€

Karte S. 458 (☎01 45 57 73 20; www.bistrot jadisparis.com; 208 rue de la Croix Nivert, 15e; Menü mittags/abends ab 26,50/38 €; ⊙Mo–Fr 12.15–14 & 19.15–23 Uhr; MBoucicaut) Das schicke, außen tiefrote néo-bistro an der Ecke einer nicht besonders attraktiven Straße

PARIS RIVE GAUCHE

Momentan läuft im 13. Arrondissement das aufwendigste Sanierungsprojekt seit Haussmanns Radikalkur im 19. Jahrhundert. Zentrum der Arbeiten in dem ehemals unscheinbaren Stadtteil südlich des Quartier Latin ist der große, betriebsame Kreisverkehr der Place d'Italie. Der Aufschwung der mittlerweile als Paris Rive Gauche bezeichneten Gegend begann schon in den 1990er-Jahren mit dem Bau der umstrittenen Bibliothèque Nationale de France und der Eröffnung der Express-Métrolinie Météor. Weitere Neuzugänge sind der MK2-Unterhaltungskomplex, das Schwimmbad Piscine Joséphine Baker auf der Seine und die jüngste Brücke von Paris, die Passerelle Simone de Beauvoir (2006) für Radfahrer und Fußgänger. Und es geht so weiter bis 2020; dann soll das Sanierungsprojekt ZAC Paris Rive Gauche abgeschlossen sein.

Das Herzstück der 130 ha großen Umbauzone ist der neue Campus der Universität Paris VII für 30 000 Studenten. Darüber hinaus hat sich unter anderem das Institut Français de la Mode (Französisches Modeinstitut; S. 274) in dem ehemaligen Lagerhaus Docks en Seine niedergelassen.

Der wichtigste Bahnhof im 13. Arrondissement, die Gare d'Austerlitz, wird derzeit für 600 Mio. Euro generalüberholt. Die Gestaltung übernimmt der gefeierte Architekt Jean Nouvel. Nicht nur der Bahnhof selbst wird modernisiert (allein 200 Mio. Euro kostet das Glasdach in der Haupthalle; hier wurden 1870 während der Belagerung von Paris Heißluftballons hergestellt), sondern auch die umliegenden Straßen. Dort entstehen Geschäfte, Cafés und Grünflächen. Die Renovierung soll ebenfalls 2020 abgeschlossen sein. Mehr dazu unter www.parisrivegauche.com.

INSIDERWISSEN

RUE DAGUERRE

Typisch Pariser Flair von anno dazumal herrscht noch in der Rue Daguerre im 14. Arrondissement.

Die enge Straße liegt südwestlich der Métro- und RER-Station Denfert-Rochereau, mit einer Fußgängerzone zwischen der Avenue du Général-Leclerc und der Rue Boulard. Und so können die Einheimischen ungestört zwischen Blumenläden, Bäckereien, Konditoreien, Feinkostgeschäften (auch italienisch, griechisch und asiatisch) und Gemüseläden herumwuseln und ihre Einkäufe machen. Um das gemütliche Treiben zu beobachten, bieten sich die klassischen Straßencafés an.

Viele Läden haben vor dem Eingang Straßenstände aufgestellt, wo sonntagmorgens besonders viel los ist. Wer die Katakomben besucht, kann sich hier vorher oder hinterher stärken oder einen leckeren Picknickkorb zusammenstellen und sich anschließend einen der hübschen Parks oder Plätze der Gegend aussuchen, um dort zu schlemmen.

ist momentan ultra-angesagt (unbedingt reservieren!). Aufsteiger Guillaume Delage verwöhnt die Gäste mit französischen Klassikern, die er keck entstaubt. Das Preis-Leistungs-Verhältnis des Mittagsmenüs ist unschlagbar und das Schokoladensoufflé (gleich zu Anfang bestellen!) schlichtweg zum Hineinlegen.

LA CLOSERIE DES LILAS
BRASSERIE €€

Karte S. 456 (01 40 51 34 50; www.closerie deslilas.fr; 171 bd du Montparnasse, 6e; Restaurant Hauptgerichte 27,50–56,50 €, Brasserie Hauptgerichte 25–33 €; Restaurant 12–14.15 & 19–23.30 Uhr, Brasserie 12–14.30 Uhr, Piano-Bar 11–1.30 Uhr; Vavin oder RER Port Royal) Bronzeschilder verraten, wo Hemingway (der hier einen Großteil von *Fiesta* schrieb) und andere Lichtfiguren wie Picasso, Apollinaire, Man Ray, Jean-Paul Sartre oder Samuel Beckett gestanden, gesessen oder umgekippt sind. Das Lokal ist unterteilt in eine bis spät nachts geöffnete Piano-Bar, ein schickes Restaurant und eine gemütlichere, nicht ganz so teure Brasserie mit von Hecken eingefasster Terrasse.

LA GAULOISE
TRADITIONELL FRANZÖSISCH €€

Karte S. 458 (01 47 34 11 64; 59 av. de la Motte-Picquet, 15e; 2-/3-Gänge-Menü mittags 24,50/29,50 €, Hauptgerichte 25–36 €; 12–14.30 & 19–23 Uhr; La Motte-Picquet–Grenelle) Ein Lokal, das sich La Gauloise nennt, kann gar nicht anders, als traditionelle Küche zu servieren. Und genau das gibt's hier auch, aber in Top-Qualität! Verfeinern, aber nicht verfälschen heißt die Devise bei Klassikern wie Zwiebelsuppe, Entenbraten mit Weißkohl und Kartoffelpüree, *îles flottantes* (Eiweißbällchen auf Vanillesauce) oder Madeleines (zum Kaffee auf der Terrasse).

LE BANYAN
THAI-KÜCHE €€

Karte S. 458 (01 40 60 09 20; 24 place Étienne Pernet, 15e; Menü mittags/abends ab 20/35 €; tgl. 12–14.30, So–Do 19–22.30, Fr & Sa bis 23 Uhr; Félix Faure) Die zeitlosen, kunstvoll angerichteten Klassiker aus der Thai-Küche schmecken in dem geräumigen, klaren Ambiente mit Nachbarschaftsatmosphäre besonders lecker. Desserts wie Mango-Kokos-Reis sind ein Traum. Kinder sind willkommen.

LA COUPOLE
BRASSERIE €€

Karte S. 456 (01 43 20 14 20; www.lacoupole-paris.com; 102 bd du Montparnasse, 14e; Menü mittags 29,50–36,50 €, Hauptgerichte 22,50–46 €; Küche Di–Sa 20–24, So & Mo bis 23 Uhr; Vavin) Die berühmten Säulen mit Malereien von Künstlern wie Brancusi und Chagall, die dunkle Holztäfelung und das weiche Licht haben sich seit der Ära von Sartre, Soutine, Man Ray, Josephine Baker & Co. nicht verändert – und das zieht die meisten Gäste in die riesige Brasserie mit 450 Sitzplätzen, die von den Brüdern Solvet entworfen und 1927 eröffnet wurde.

LE CRISTAL DE SEL
NEO-BISTRO €€

Karte S. 458 (01 42 50 35 29; www.lecristal desel.fr; 13 rue Mademoiselle, 15e; Hauptgerichte 23–26 €; Di–Sa 12.15–14 & 19.30–22 Uhr; Commerce) Die Bühne des hochgehypten Starkochs Karl Lopez ist modern und hell, mit weißen Wänden und Balken. Von Kerzen erleuchtete rosa Salzkristalle auf den Tischen sind das einzige Deko-Element, denn hier geht's vor allem um Höchstleistungen aus der Küche, z. B. mit Trockenfrüchten gefülltes Huhn aus Freilandhaltung, Kaisergranat-Ravioli oder in Entenfett geschmortes Rind.

LES TROIS GARÇONS
BISTRO €€

Karte S. 458 (☎01 40 60 14 35; 165 rue de Javel, 15e; Hauptgerichte 15–19 €; ☺Küche 12–15 & 19–22.45 Uhr; Ⓜ Félix Faure) Der Service mag ab und zu schwächeln, aber bei den Angeboten von der Schiefertafel ist selten eine Niete dabei. Die sonnige und im Winter beheizte Terrasse mit Korbstühlen im gepflasterten Hof ist ein echter Hit! Zu Delikatessen wie Krabben und Avocado im Blätterteig, Tatar oder Stockfisch mit Tapenade schmecken die vielen Weine im offenen Ausschank – die Bar ist übrigens durchgehend in Betrieb.

LE DÔME
HISTORISCHE BRASSERIE €€€

Karte S. 456 (☎01 43 35 25 81; 108 bd du Montparnasse, 14e; Hauptgerichte 43–66,50 €, Meeresfrüchteplatte 66 €; ☺12–15 & 19–23 Uhr; Ⓜ Vavin) Mit seinem extravaganten Interieur im Art-déco-Stil der 1930er-Jahre ist Le Dôme einer dieser prächtigen Gourmettempel mit steifen, weißen Tischdecken und ebenso steifen Kellnern. Es ist eine der Top-Adressen für Krustentiere in der Gegend. Auf den Meeresfrüchteplatten türmen sich frische Austern, Riesengarnelen, Krebse & Co. und zum Nachtisch wird mit Creme gefülltes, hausgemachtes *millefeuille* (Blätterteiggebäck) auf dem Servierwagen hereingerollt und vor den Gästen zerteilt. Zum Haus gehören ein günstigeres Bistro und die *poissonnerie* (Fischgeschäft) um die Ecke.

LE CIEL DE PARIS
TRAD. FRANZÖSISCH €€€

Karte S. 456 (☎01 40 64 77 64; www.cieldeparis.com; 56. Etage, Tour Montparnasse, 33 av. du Maine, 14e; Menü mittags/abends ab 30/45 €; ☺7.30–23 Uhr; Ⓜ Montparnasse–Bienvenüe) Eine bessere Aussicht als im „Himmel von Paris" gibt es eigentlich nicht. Das Restaurant in der 56. Etage der Tour Montparnasse hat einen eigenen Aufzug. Zur Vorspeise werden z B. Schnecken auf Burgunder Art und Schweinsfüße serviert, Spezialität des Hauses sind Meeresfrüchte. Zum Feinschmeckermenü „Grand Écran" (128 €), das täglich abends und sonntags auch mittags im Angebot ist, gehören ein garantierter Fensterplatz und eine Flasche Champagner pro Person. Die Bar ist bis 1 Uhr geöffnet.

✕ Place d'Italie & Chinatown

★ PHO 14
VIETNAMESISCH €

Karte S. 454 (129 av. de Choisy, 13e; Hauptgerichte 6,50–9,80 €; ☺9–23 Uhr; Ⓜ Tolbiac) In dem kleinen, einfachen Restaurant, das auch als Pho Banh Cuon 14 bekannt ist, sind keine Reservierungen möglich, daher ist mit Wartezeiten zu rechnen. Es ist extrem beliebt bei Einheimischen, die „sich auskennen", denn die *pho* (Nudelsuppe) ist authentisch und erstaunlich preiswert. In der dampfenden, mit Zimt aromatisierten Brühe schwimmen Nudeln und Rindfleisch oder Huhn.

LAURENT DUCHÊNE
BOULANGERIE, PATISSERIE€

Karte S. 454 (http://laurent-duchene.com; 2 rue Wurtz, 13e; ☺Mo-Sa 7.30–20 Uhr; Ⓜ Glacière) Spezialität der hochgelobten Bäckerei sind die preisgekrönten Buttercroissants, denen die *beurre Charentes-Poitou* AOC das gewisse Etwas gibt. Makronen in riesiger Auswahl, Kuchen und komplizierte Schichttorten schmecken noch besser, als sie aussehen!

LA TROPICALE
EISCREME €

Karte S. 454 (www.latropicaleglacier.com; 180 bd Vincent Auriol, 13e; Eiscreme ab 2,50 €, Menüs mittags 8–12 €; ☺Mo, Di & Do 12–16, Mi 12–18, Fr 12–20, Sa 15–19 Uhr; 🚻; Ⓜ Place d'Italie) 🍴 In dem mintfarbenen *glacier-salon de thé* schicken Eissorten (ohne künstliche Aromen!) wie Litschi, Guave, Mango und Papaya, Honig und Pinienkerne oder Kokos, Rum und Ananas à la Piña Colada die Kundschaft auf einen Kurztrip in die Tropen. Mittags gibt's zudem je nach Saison unterschiedliche Quiches, Flans und einen *plat du jour* (Tagesgericht).

LE TEMPS DES CERISES
TRADITIONELL FRANZÖSISCH €

Karte S. 454 (☎01 45 89 69 48; www.letempsdescerisescoop.com; 18–20 rue de la Butte aux Cailles, 13e; Hauptgerichte 11,50–20,50 €; ☺Mo-Sa 11.45–14.30 & 19–23.45 Uhr; Ⓜ Corvisart oder Place d'Italie) Die „Zeit der Kirschen" (auf Deutsch würde man „Schlemmersaison" sagen) wird seit knapp 40 Jahren von einem Arbeiterkollektiv betrieben. Es geht locker zu (vorausgesetzt man schaltet brav sein Handy aus) und die Gäste werden mit leckeren deftigen Gerichten in typisch Pariser Atmosphäre verwöhnt.

CHEZ GLADINES
FRANZÖSISCH-BASKISCH €

Karte S. 454 (☎01 45 80 70 10; www.gladines.com; 30 rue des Cinq Diamants, 13e; Hauptgerichte 8,50–13 €; ☺Mo-Fr 12–15, Sa & So 12–16, So-Di 19–24, Mi-Sa 19–1 Uhr; 🕿; Ⓜ Corvisart) Riesige Salate sind die Renner dieses bodenständigen, baskischen Bistros mit rot karierten Tischdecken im Viertel Butte aux Cailles, das inzwischen vier Filialen hat. Hier treffen sich Studenten und Leute, die gern Geld ausgeben, sodass ständig was los ist. Zu den traditionell baskischen Spezialitäten gehören *pipérade* (eine Art Rührei mit Tomaten und Paprikaschoten) und *poulet basque* (Huhn mit Tomaten, Zwiebeln, Paprikaschoten und Weißwein). Tipp: Früh eintrudeln, um einen Tisch zu ergattern.

HAO HAO CHINESISCH €

Karte S. 454 (23 av. de Choisy, 13e; Hauptgerichte 7,50–12 €; ⊙9–2 Uhr; ⓂPorte de Choisy) In der offenen Küche werden großzügige Portionen günstiges, leckeres Essen gezaubert, z. B. Huhn nach Sichuan-Art, und bis spät in die Nacht serviert. Wer nicht gerade auf Spartrip ist, sollte die etwas teureren Gerichte mit Meeresfrüchten probieren.

LA CHINE MASSÉNA CHINESISCH €

Karte S. 454 (🖉01 45 83 98 88; www.chine massena.fr; 18 av. de Choisy, 13e; Menü mittags/ abends ab 11/16 €; ⊙12–15 & 19–23 Uhr; ⓂPorte de Choisy) Neben einem Einkaufszentrum liegt etwas zurückgesetzt dieses riesige Chinarestaurant mit kantonesischer und Chiu-Chow-Küche. Es wird vor allem von Landsleuten besucht, die gerne in großen Gruppen anrücken (Platz genug ist ja da). Die frisch aus dem Aquarium gefischten Meeresfrüchte sowie Dim-Sum sind besonders lecker. Freitag- und samstagabends spielt eine Combo zum Tanz auf.

★ RESTAURANT VARIATIONS BISTRO €€

Karte S. 454 (🖉01 43 31 36 04; www.restaurant variations.com; 18 rue des Wallons, 13e; Menüs mittags 16,50–19 €, abends 24–44 €; ⊙Mo–Fr 12–14, Mo–Sa 19–22 Uhr; ⓂSt-Marcel) Niemand würde sich normalerweise in diese fast unheimlich stille Seitenstraße verirren, wäre da nicht dieser funkelnde Diamant von einem Restaurant. Riesige Fenster und ebenso riesige Fotos sowie eckiges Geschirr bilden den schicken Rahmen für die Farb- und Geschmackskompositionen der Brüder Philippe und Pierre Tondetta, beispielsweise Lammkoteletts mit Polenta, Oliven und lange gereiftem Parmesan.

AU PETIT MARGUERY TRADITIONELL FRANZÖSISCH €€

Karte S. 454 (🖉01 43 31 58 59; http://petit marguery.com; 9 bd de Port Royal, 13e; Menüs mittags 24–29 €, abends 31–37 €; ⊙12–14.15 &

KLEIN-BRETAGNE

Von der Gare Montparnasse aus fahren Züge in die windgepeitschte Bretagne, aber um sich ein bisschen wie dort zu fühlen, muss man die Hauptstadt gar nicht verlassen: Viele Bretonen haben sich rund um die Rue du Montparnasse und die Rue Odessa, beide im 14. Arrondissement, angesiedelt und dort Dutzende authentischer Crêperien eröffnet.

Anders als das zusammengerollte „Otto-Normal-Crêpe" am Straßenstand wird die bretonische Ur-Variante wie ein Briefumschlag gefaltet, platt auf einem Teller serviert und mit Besteck gegessen – und bestenfalls mit ausreichend Cidre runtergespült. Für die *galettes* wird *blé noir* (Buchweizenmehl; *sarrasin* auf Bretonisch) verwendet. Sowohl die *galettes* als auch die süßen Crêpes aus Weizenmehl werden mit Salzbutter aus der Bretagne gemacht. Typische Füllungen sind *andouille* (bretonische Wurst) und *caramel au beurre salé* (salzige Karamellsauce; *salidou* auf Bretonisch).

Hier die beiden besten Crêperien an der Rue Montparnasse:

➜ **Crêperie Josselin** (Karte S. 456; 🖉01 43 20 93 50; 67 rue du Montparnasse, 14e; Crêpes 7–10 €; ⊙Di–Fr 11.30–15 & 17–23, Sa & So 11.30–23 Uhr; 🖫; ⓂEdgar Quinet) Die Crêperie ist nach dem Dorf mit dem Schloss aus dem 14. Jh. im Osten der Bretagne benannt und mit dunklem Holzmobiliar, bemalten Tellern und Spitzenvorhängen ausgestattet. Die Einheimischen warten rund um die offene Küche auf einen Tisch. Unser *galettes*-Favorit: Roquefort mit Walnüssen.

➜ **Crêperie Plougastel** (Karte S. 456; 🖉01 42 79 90 63; www.creperie-plougastel.com; 47 rue du Montparnasse, 14e; Crêpes 3,10–10,90 €; ⊙12–24 Uhr; 🖫; ⓂEdgar Quinet) Das Dorf Plougastel nicht weit von Brest ist Namenspate dieser Crêperie. Am Dekor wurde gespart, aber dafür sind die Beläge der Crêpes und *galettes* umso üppiger (z. B. Jakobsmuscheln).

19.15–22.15 Uhr; Ⓜ Les Gobelins) Dies ist eine gute Wahl, wenn man gerade Lust auf traditionelle, herzhafte Gerichte wie gebratene Kalbsschnitzel mit Trüffelsauce oder Grand-Marnier-Soufflée hat. Einheimische lieben das Marguery so sehr, dass es nicht nur die Öffnungszeiten erweitert, sondern sogar noch einen Ableger auf der anderen Seine-Seite eröffnet hat. Wer auf Nummer sicher gehen will, sollte reservieren.

ENTOTO ÄTHIOPISCH €€

Karte S. 454 (☎01 45 87 08 51; www.restaurant-entoto.com; 145 rue Léon-Maurice Nordmann, 13e; Hauptgerichte 14,50–16,50 €; ⊙19–23 Uhr; Ⓜ Glacière) Man reiße ein Stück *injera* (fluffiger äthiopischer Pfannkuchen) ab und lade köstliches Gemüse und würziges Fleisch darauf ... Dies war Frankreichs erstes äthiopisches Restaurant, eröffnet 1983. Überall hängen Fotos von Land und Leuten. Traditionell trinkt man zum Abschluss noch einen starken äthiopischen Kaffee – danach ist an Schlaf nicht mehr zu denken!

AU MOULIN VERT TRADITIONELL FRANZÖSISCH €€

Karte S. 456 (☎01 45 39 31 31; www.aumoulinvert.com; 34bis rue des Plantes, 14e; Menü mittags/abends ab 19,50/30 €; ⊙tgl. 12–14.30, Mo–Do 19–22.30, Fr & Sa 19–23, So 19–22 Uhr; ♿; Ⓜ Alésia) Das Moulin Rouge ist vielleicht berühmter, aber dafür ist es in der „grünen Windmühle" aus dem 19. Jh. mit Wintergarten und sonniger Terrasse entschieden gemütlicher. Zu Chefkoch Gérard Chagots saisonalen Spezialitäten gehören Ente mit Kirschen, Stockfisch mit Cidre und Schnecken mit Knoblauch, die von Kellnern in langen Schürzen auf blütenweißen Tischdecken abgestellt werden.

L'OURCINE NEO-BISTRO €€

Karte S. 454 (☎01 47 07 13 65; www.restaurant-lourcine.fr; 92 rue Broca, 13e; Menü 35 €; ⊙Di-Sa 12–14.30 & 19–23 Uhr; Ⓜ Les Gobelins) Weinkorken als Fensterdeko, lässig gekleidete Gäste und korrekte Preise lassen das Lokal recht locker wirken, aber wenn's ums Essen geht, gibt's keine Kompromisse: Das göttliche Menü beginnt beispielsweise mit einer cremigen Fischsuppe oder Schweinskopfsülze mit gemischten Salatkräutern, gefolgt von Meerbrasse im Grießbett oder Freilandhuhn mit Foie gras, und wird abgerundet mit pochiertem Rhabarber an Mandelsorbet.

CHEZ NATHALIE MODERN FRANZÖSISCH €€

Karte S. 454 (☎01 45 80 20 42; www.cheznathalie.fr; 41 rue Vandrezanne, 13e; Hauptgerichte 21–28 €; ⊙Di-Fr 12–14.30, Di-Sa 19–23 Uhr; Ⓜ Corvisart oder Place d'Italie) Besonders gut eignet sich das Minilokal (im Sommer mit Tischen im Freien) für ein romantisches Tête-à-tête. Transparente Stühle von Kartell und dunkellila Tischdecken sind die perfekte Begleitung für das sorgfältig gestylte Menü, in dem es zu einer wunderbaren Begegnung von traditionell Französischem mit Zutaten aus aller Welt kommt. Da findet sich Kaninchen zusammen mit Datteln, Orangen und Mandeln in der *tajine* wieder, Krabben bereichern ein cremiges Risotto mit Tomaten und Ingwer und gebratener Tintenfisch bekommt durch Piment d'Espelette das gewisse Etwas.

L'AUBERGE DU 15 GOURMETKÜCHE €€€

Karte S. 454 (☎01 47 07 07 45; www.laubergedu15.com; 15 Rue de la Santé, 13e; 4-Gänge-Menü mittags 39 €, 7-/9-Gänge-Menü 65/85 €, Hauptgerichte 35–45 €; ⊙Di-Sa 12–14.30, Di-Do 19.30–23, Fr & Sa 19–23 Uhr; Ⓜ St-Jacques oder RER Port Royal) Chefkoch Nicolas Castelet betreibt die charmante „Herberge", die mit den grob behauenen Steinwänden, einem Dekor in Schokobraun und klassischen Gerichte Assoziationen an eine Oase auf dem Lande weckt. Am besten kommt man mit Freunden, die kulinarisch ähnlich ticken, denn die meisten Hauptgerichte sind für mindestens zwei Personen und das Probiermenü muss vom gesamten Tisch bestellt werden.

L'AUBERGE DU ROI GRADLON BRETONISCHE GOURMETKÜCHE €€€

Karte S. 454 (☎01 45 35 48 71; http://roigradlon.fr; 36 bd Arago, 13e; Menü mittags 24 €, 5-Gänge-Menü 68 €, Hauptgerichte 22–52 €; ⊙Fr-Di 12–14 & 19–23.30 Uhr; Ⓜ Les Gobelins) Nicolas Castelet, dessen erstes Restaurant L'Auberge du 15 weiterhin Erfolge feiert, hat sich auch dieses teils in einen Keller eingebettete Juwel ausgedacht. Sommelier Geoffreoy Damville und Chefkoch Antoine Bertho stammen aus der Bretagne und Letzterer verleiht auch einem bodenständigen *kig ha farz* (gemischtes Suppenfleisch mit einer Art Buchweizenkloß) feinschmeckerische Qualitäten.

Weitere bretonische Spezialitäten sind Hummer und der berühmte *kouign amann*, ein gehaltvoller Kuchen mit Butter und karamellisiertem Zucker.

🍷 AUSGEHEN & NACHTLEBEN

Dank der Gare Montparnasse und des dynamischen kulturellen Lebens ist dieser Teil der Stadt ständig in Bewegung. Südwestlich der Place d'Italie gibt es in der Rue de la Butte aux Cailles und auf dem kleinen umliegenden Hügel Butte aux Cailles ein paar nette Ausgehmöglichkeiten. Diese hübsche Ecke ist beliebt bei Studenten und Einheimischen und viele Bars, Cafés und Clubs haben eine treue Stammkundschaft.

🍷 Montparnasse & 15. Arrondissement

⭐ FÉLICIE — CAFÉ, BAR

Karte S. 456 (www.felicie.info; 174 av. du Maine, 14e; ⊙7–2 Uhr; ☎; Ⓜ Lourmel) Die unkomplizierte Brasserie mit gut gelauntem Personal und einer großen, beheizten Terrasse ist zu jeder Tageszeit ein typischer Pariser Laden mit entspanntem Flair. Wer zum Sonntagsbrunch, zum Lunch mit Bistro-Klassikern wie Hackfleisch-Tatar oder spätabends zum relaxten Abhängen herkommt, will auf jeden Fall irgendwann wiederkommen.

⭐ LE ROSEBUD — COCKTAILBAR

Karte S. 456 (11bis rue Delambre, 14e; ⊙19–2 Uhr; Ⓜ Edgar Quinet oder Vavin) Wie der gleichnamige Schlitten in *Citizen Kane* erinnert auch dieses Rosebud an vergangene Zeiten. Hier wird die goldene Ära von Montparnasse Anfang des 20. Jhs. gewürdigt. Das Dekor hat sich kaum verändert, seitdem Sartre hier Stammgast war. Die stille Eleganz von poliertem Holz und in Würde gealtertem Leder machen den Champagnercocktail zum Erlebnis.

⭐ LE SELECT — CAFÉ

Karte S. 456 (99 bd du Montparnasse, 6e; ⊙7–3 Uhr; Ⓜ Vavin) Das Select, eröffnet 1923, ist ein Wahrzeichen von Montparnasse und das erste der „bedeutenden Cafés" in der Gegend, das noch spät abends Kundschaft willkommen hieß. Bis heute tummelt sich hier ein bunt gemischtes Publikum aus Studenten mit Bierdurst und Politikern mit einem Whisky in der Hand. Eine Spezialität des Hauses sind die *tartines* mit Brot von Poilâne.

AUTO PASSION CAFÉ — CAFÉ

(www.autopassioncafe.fr; 197 bd Brune, 14e; ⊙10–2 Uhr; 🚻; Ⓜ Porte d'Orléans) Das von Automobilfans betriebene Café ist mit Rennsportkrimskrams, Motoren, Benzinpumpen und ein paar wirklich „coolen Kisten" eingerichtet und mixt leckere Cocktails mit Namen wie *injecteur* („Einspritzpumpe"; mit Wodka, Guave, Erdbeere, Maracuja und Grenadine). Eine nicht alkoholische Option für Fahrer ist z. B. *auto-stoppeuse* („Anhalterin"; mit Orangensaft, Ananas, Banane und Erdbeere). Auch die Speisekarte („la kart" genannt) bleibt dem Motorsport treu.

LE REDLIGHT — CLUB

Karte S. 456 (www.leredlight.com; 34 rue du Départ, 14e; ⊙Fr & Sa 24–6 Uhr; Ⓜ Montparnasse–Bienvenüe) Der frühere Name *l'enfer* (Hölle) passt wie die Faust aufs Auge. Der riesige Club inklusive Laserbeleuchtung liegt unter der Tour Montparnasse und teilt sich die Adresse mit einem brasilianischen Kabarett namens Brasil Tropical. Er zählt zu den Top-Adressen der Pariser House-, Techno- und Electro-Szene und auf seinen Dancefloors tummelt sich ein tanzwütiges, junges Volk. Die Öffnungszeiten variieren je nach Event. Gegenüber vom Monoprix führt eine Treppe hinunter zum Eingang.

LA RUCHE — CAFÉ

Karte S. 456 (73 bd du Montparnasse, 14e; ⊙6–2 Uhr; Ⓜ Montparnasse–Bienvenüe) In den anderen Cafés in Montparnasse mag es ruhig zugehen, doch in dem kirschroten Lokal auf mehreren Ebenen mit ausgefallener Beleuchtung sorgt ein junges Publikum für ausgelassene Stimmung.

🍷 Place d'Italie & Chinatown

⭐ LE BATOFAR — CLUB

Karte S. 454 (www.batofar.org; gegenüber 11 quai François Mauriac, 13e; ⊙Bar Di 12.30–24, Mi–Fr bis 6, Sa 18–6 Uhr; Ⓜ Quai de la Gare oder Bibliothèque) Der beliebte rote Schleppkahn aus Metall betreibt eine Bar auf der Dachterrasse, die im Sommer eine phantastische Location ist, und auch das Restaurant ist renommiert. Im Club unter Deck passen Bullaugen und Metallwände zu der Aquariumsakustik. Das Batofar ist bekannt für seine originellen, experimentellen Sounds

DIE „MONTPARNOS"

Wer lange und genau hinschaut (sehr lange und sehr genau), der wird hinter den Touristenlokalen am nicht besonders gelungenen Bahnhofskomplex Montparnasse aus den 1960er-Jahren vielleicht noch einen Hauch der einstigen Bohème-Atmosphäre erahnen. Nach dem Ersten Weltkrieg verließ die Avantgarde der Schriftsteller, Dichter und Künstler das Viertel Montmartre und überquerte die Seine, wodurch sich das Pariser Künstlerzentrum in die Gegend um den Boulevard du Montparnasse verlagerte.

Zu dem bunten Völkchen, die „Montparnos" genannt, gehörten Maler wie Chagall, Modigliani, Léger, Soutine, Miró, Matisse, Kandinsky und Picasso, der Komponist Strawinski sowie die Schriftsteller Hemingway, Ezra Pound und Cocteau. Sie hingen in den Cafés und Bistros herum, die das Viertel attraktiv machten und bis heute beliebte Pilgerziele der Touristen sind. Bis Mitte der 1930er-Jahre traf sich dort die gesamte damalige Kreativszene.

Historische Brasserien, die von den Montparnos frequentiert wurden, sind z. B. La Rotonde Montparnasse (S. 277), Le Select (S. 282), La Coupole (S. 284) mit Malereien an den Säulen unter anderem von Chagall und die von einer Hecke eingefasste Closerie des Lilas (S. 278), wo Hemingway Stammgast war. Im Le Dôme (S. 279) ermutigte Gertrude Stein angeblich Matisse dazu, eine eigene Künstlerakademie zu eröffnen (zum Dank dafür unterzeichnete Matisse 1935 das Pamphlet gegen Gertrude Stein, das deren Interpretation der Entwicklung des Kubismus in ihrer *Autobiographie von Alice B. Toklas* von 1933 verurteilte).

und Liveacts, hauptsächlich aus der Electro-Ecke, aber auch mit Hip-Hop, New Wave, Punk oder Jazzelementen.

⭐ TANDEM   WEINBAR

Karte S. 454 (10 rue de la Butte aux Cailles, 13e; ⊙Di–Sa 12–15 & 19.30–23 Uhr; ⓂCorvisart oder Place d'Italie) Die von Stammgästen stets gut besuchte, altmodische Weinbar wird von zwei Brüdern mit ausgeprägtem Faible für gute Tropfen betrieben, die auf „Boutique"-Weine (direkt vom Winzer) und Bio-Weine sowie auf edle Gewächse setzen, die von neuen *vignerons* (Winzern) stammen. Eine traditionelle Bistro-Speisekarte ergänzt die Weinauswahl.

BATEAU EL ALAMEIN   CLUB

Karte S. 454 (http://elalamein.free.fr; gegenüber 11 quai François Mauriac, 13e; ⊙Terrasse Mo–Fr ab 18, Sa & So ab 15.30 Uhr; ⓂQuai de la Gare oder Bibliothèque) Das dunkelviolette Schiff säumen Terrakottatöpfe mit Blumen – ein sehr malerisches Setting, um an lauen Sommerabenden an der Seine Livebands zu erleben (Flyer an den Laternen davor verkünden das Programm). Insgesamt geht es weniger hektisch zu als auf den Nachbarkähnen und das Publikum ist älter. Musikalisch liegt der Schwerpunkt auf Jazz, Weltmusik und französischen Chansons à la Piaf. Öffnungszeiten variieren.

FROG & BRITISH LIBRARY   MIKROBRAUEREI, PUB

Karte S. 454 (www.frogpubs.com; 114 av. de France, 13e; ⊙Mo–Fr 7.30–2, Sa & So 12–2 Uhr; ☎; ⓂBibliothèque) Dieses geräumige Lokal, ein Mittelding zwischen englischem Pub und französischer Brasserie, liegt direkt um die Ecke der Bibliothèque Nationale. Hier drängen sich Wahlpariser und Studenten, die zwischen zwei Bibliotheksbesuchen vorbeischauen. Empfehlenswerte Getränke sind die sechs Biere, die direkt vor Ort gebraut werden. Sie haben phantasievolle Namen wie „Dark de Triomphe", „Inseine" und „Parislytic".

LA DAME DE CANTON   CLUB

Karte S. 454 (www.damedecanton.com; gegenüber 11 quai François Mauriac, 13e; ⊙Di–Do 19–2 Uhr, Fr & Sa bis Sonnenaufgang; ⓂQuai de la Gare oder Bibliothèque) Diese schwimmende *boîte* (Club) an Bord einer dreimastigen chinesischen Dschunke mit ein paar Weltumseglungen auf dem Buckel liegt unterhalb der Bibliothèque Nationale de France vor Anker. Die Konzerte reichen von Pop über Indie, Electro, Hip-Hop und Reggae bis hin zu Rock; danach halten DJs das junge Partypublikum in Bewegung. Ebenfalls beliebt sind das Restaurant und die Bar.

LA FÛT GUEUZE BAR

Karte S. 454 (24 rue Dumeril, 13e; ⊗16–2 Uhr;
Ⓜ Campo-Formio) Anstelle von internationalem Massengebräu bietet die Eckkneipe
74 verschiedene ausgesuchte Flaschenbiere
(hauptsächlich aus Frankreich, Belgien und
Deutschland) sowie zwölf Biere vom Fass
an. Die Atmosphäre ist relaxt und von 16
bis 21 Uhr herrscht Happy Hour.

LE DJOON CLUB

Karte S. 454 (www.djoon.com; 22–24 bd Vincent
Auriol, 13e; ⊗Bar Mo & Di 10–15.30, Mi bis 0.30,
Do bis 1.30, Fr bis 5, Sa 19.30–5 Uhr; Ⓜ Quai de
la Gare) Langsam holt das linke Seine-Ufer
auf und macht sich mit avantgardistischen
Locations einen Namen – nicht zuletzt dank
dem Le Djoon, das in einem Loft aus Stahl
und Glas residiert. Es gilt als ultrastylishe
Adresse für Soul, Funk, Deep House, Garage und Disco, aufgelegt von diversen
Gast-DJs. Donnerstags und sonntags geht
es ruhiger zu, aber auch dann wird noch
tanzbarer DJ-Sound gespielt.

LE MERLE MOQUEUR BAR

Karte S. 454 (11 rue de la Butte aux Cailles, 13e;
⊗17–2 Uhr; Ⓜ Corvisart) Die „Spottdrossel" ist
eine winzige Bar im Retro-Stil mit freund-
licher und geselliger Atmosphäre. Sie führt
eine große Auswahl an Rumpunschen (letzter Stand: mehr als 20) und gräbt die großen Hits der 1980er-Jahre aus.

LA FOLIE EN TÊTE BAR

Karte S. 454 (http://lafolieentete.wix.com/lesite;
33 rue de la Butte aux Cailles, 13e; ⊗Mo–Sa 17–
2 Uhr, manchmal auch So; Ⓜ Corvisart) Gitarren
und Blechblasinstrumente an den Wänden lassen keinen Zweifel zu: Diese kleine,
vollgepackte Bar hat sich ganz der Musik
verschrieben. Zwar treten nicht mehr so
viele Bands auf wie früher, aber es gibt
immer noch hin und wieder Konzerte mit
Chansons, Weltmusik, Jazz und Rock; das
Programm steht auf der Website. Die Getränke sind günstig – und zur Happy Hour
(17–20 Uhr) sogar noch billiger.

SPUTNIK BAR

Karte S. 454 (www.sputnik.fr; 14 rue de la Butte
aux Cailles, 13e; ⊗Mo–Sa 14–2, So 16–24 Uhr; ☏;
Ⓜ Corvisart oder Place d'Italie) Aus dem früheren Internetcafé (ja, das gab's einmal!) wurde eine weitläufige Bar mit gut frequentier-
ter Terrasse in einer der flippigsten Straßen
von Paris. Billard und Kicker helfen den
Studenten beim Chillen.

 # UNTERHALTUNG

Viele der „schwimmenden" Clubs im
13. Arrondissement bieten Livemusik
und auch im Kulturzentrum Docks en
Seine (S. 274) ist ständig etwas los.

PETIT BAIN LIVEMUSIK

Karte S. 454 (☏01 80 48 49 81; www.petitbain.
org; 7 Port de la Gare, 13e; Ⓜ Quai de la Gare) Auf
dem vollgepackten Programm des „schwimmenden Kulturzentrums" Petit Bain stehen
DJs, Clubnächte und Konzerte mit Musik
von Soul, Funk, Punk und Pop bis Hip-Hop
und Metal.

L'ENTREPÔT KULTURZENTRUM

Karte S. 456 (☏01 45 40 07 50; www.lentrepot.
fr; 7–9 rue Francis de Pressensé, 14e; Ⓜ Pernety
oder Plaisance) In dem dynamischen Kulturzentrum nahe der Gare Montparnasse
wird alles geboten, von Filmvorführungen,
Jazz- und Weltmusikkonzerten oder Poetry
Slams über Fotografie-, Malerei- und Bild-
hauereiausstellungen bis zu Kunstinstallationen. Mit seinen unter Bäumen verstreu-
ten Tischen im Garten ist es auch eine tolle
Adresse zum Essen.

PÉNICHE L'IMPROVISTE LIVEMUSIK

Karte S. 454 (☏06 52 82 28 54; www.improviste.
fr; 36 Quai d'Austerlitz, 13e; Ⓜ Quai de la Gare oder
Gare d'Austerlitz) Viele Konzerte wie auch die
häufigen Jam-Sessions auf dem jazzigen
Club-Boot sind gratis.

DANCING LA COUPOLE TANZEN

Karte S. 456 (☏01 43 27 56 00; www.lacoupole-
paris.com; 102 bd du Montparnasse, 14e; ⊗So
14.30–19 Uhr; Ⓜ Vavin) Im Saal der historischen Brasserie finden sonntags Tanz-
tee-Partys in bester 1920er-Jahre-Manier
statt, mit Swing, Rumba, Cha-Cha-Cha, Fox-
trott, Tango & Co. Genaue Daten stehen auf
der Website unter *actualités*.

LE PETIT JOURNAL
MONTPARNASSE JAZZ, BLUES

Karte S. 456 (☏01 43 21 56 70; http://petitjournal
montparnasse.com; 13 rue du Commandant
René Mouchotte, 14e; Eintritt inkl. Getränk 20 €,
inkl. Abendessen 60 €; ⊗Konzerte Mo–Sa ab
21.30 Uhr; Ⓜ Gaîté) Wie im Le Petit Journal
St-Michel (S. 235) gibt's auch hier, nahe der
Gare Montparnasse, warme Küche gefolgt
von erstklassigen Jazz- und Blueskonzerten.

MK2 BIBLIOTHÈQUE KINO, FOTOGRAFIE

Karte S. 454 (www.mk2.com; 128–162 av. de France,
13e; Ⓜ Bibliothèque) Das ist der bisher größte

Filmtempel einer kontinuierlich wachsenden Kette. Er liegt neben der Bibliothèque Nationale und zeigt auf 14 Leinwänden sowohl Blockbuster wie auch Studiofilme. Weitere Attraktionen sind eine Brasserie, ein Restaurant, eine Nachtbar, ein trendiges Café und Läden, die sich auf DVDs, Bücher, Comics und Graphic Novels spezialisiert haben. Für ein glamouröses Erinnerungsfoto in Schwarz-Weiß (mit Dauerbelichtung statt Blitzlicht) bietet sich die Box des Studio Harcourt an (vier Aufnahmen 10 €).

 # SHOPPEN

Bei dem Betonklotz gegenüber der Gare Montparnasse handelt es sich um ein Einkaufszentrum mit einer Filiale der Galeries Lafayette. Pariser, die „Bescheid wissen", suchen im Süden des 14. Arrondissements nach günstiger Designerkleidung, das benachbarte 15. Arrondissement ist ein Geheimtipp für Spezialläden. Im 13. Arrondissement findet man in Chinatown asiatische Lebensmittelläden und Supermärkte, an der Place d'Italie wartet ein riesiges, ultramodernes Shoppingcenter.

★**ADAM MONTPARNASSE** KÜNSTLERBEDARF
Karte S. 456 (www.adamparis.com; 11 bd Edgar Quinet, 14e; ☉Mo–Sa 9.30–19 Uhr; Ⓜ Edgar Quinet) Falls die phantastischen Pariser Galerien den Künstler in einem geweckt haben, kann man sich in diesem historischen Geschäft mit Pinseln, Kohle- und Pastellstiften, Zeichenblöcken, Wasser-, Öl- und Acrylfarben, Leinwänden und anderem Künstlerbedarf eindecken. Picasso, Brancusi und Giacometti zählten zu Édouard Adams Kunden.

Ein weiterer talentierter Einkäufer war Yves Klein. Gemeinsam mit Adam entwickelte er das „Klein-Blau", einen Ultramarinton. Den „Klein-Blue"-Lack VLB25 gibt's nur hier.

MARCHÉ GEORGES BRASSENS BÜCHER
(104 rue Brancion, 15e; ☉Sa & So 9–18 Uhr; Ⓜ Porte de Vanves) Fans der *bouquinistes* (Stände mit Second-Hand-Büchern) am Seine-Ufer werden auch diesen riesigen Markt für gebrauchte und antiquarische Bücher lieben, der seine über 60 Stände im ehemaligen Schlachthaus neben dem wunderschönen Parc Georges Brassens aufschlägt. Das größtenteils französische Angebot reicht von Taschenbüchern (1 €) bis zu begehrten Sammlerstücken.

FROMAGERIE LAURENT DUBOIS KÄSE
Karte S. 458 (www.fromageslaurentdubois.fr; 2 rue de Lourmel, 15e; ☉Di–Fr 9–13 & 16–19.45, Sa 8.30–19.45, So 9–13 Uhr; Ⓜ Dupleix) Die feinen französischen Käsesorten der hochgelobten Fromagerie Laurent Dubois sehen wirklich zum Anbeißen aus (und werden auf Wunsch vakuumiert). Dubois hat noch zwei Filialen, eine davon im Quartier Latin.

TANG FRÈRES ESSEN & TRINKEN
Karte S. 454 (48 av. d'Ivry, 13e; ☉Di–Sa 9–20, So bis 13 Uhr; Ⓜ Porte d'Ivry) Beim Betreten des

GÜNSTIGE DESIGNER-OUTLETS

In den Outlets entlang der Rue d'Alésia im 14. Arrondissement, insbesondere westlich der Métrostation Alésia zwischen der Avenue de Maine und der Rue Raymond-Losserand, erhält man Kollektionen der letzten Saison, Restposten, Originale und Second-Hand-Artikel von bekannten Designern bis zu 70 % günstiger.

Ständig tauchen neue Shops auf, viele verschwinden ebenso schnell wieder, und auch das Angebot wechselt häufig. Folgende Marken sind meistens vertreten:

➜ **Sonia Rykiel** (Karte S. 456; 64 & 110–112 rue d'Alésia, 14e; ☉Mo 12–19, Di–Sa 11–19 Uhr; Ⓜ Alésia) Im Laden mit der Hausnr. 64 werden eher preisgünstigere Modelle und Freizeitklamotten von Rykiel angeboten, das Geschäft in der Hausnr. 110–112 konzentriert sich auf die klassische Linie.

➜ **Naf Naf Stock** (Karte S. 456; 143 rue d'Alésia, 14e; ☉Mo–Sa 11–19 Uhr; Ⓜ Alésia) Damenmode, peppig und sexy.

Grandes marques (berühmte Marken) zu Schnäppchenpreisen gibt's im 15. Arrondissement im **Mistigriff** (Karte S. 458; www.mistigriff.fr; 83–85 rue St-Charles, 15e; ☉Mo–Sa 10.30–19.30 Uhr; Ⓜ Charles Michels).

riesigen asiatischen Supermarkts hat man das Gefühl, auf einen anderen Kontinent gebeamt worden zu sein. Bei den Gewürzen, Saucen, tiefgekühlten Klößchen, Küchenutensilien und dem chinesischen Bier handelt es sich um Importwaren aus Asien. Und wer jetzt Appetit bekommen hat: Gegenüber vom Eingang werden Snacks verkauft.

LA PETITE CHALOUPE — ESSEN & TRINKEN
Karte S. 454 (7 bd Port-Royal, 13e; ⊙Di–Sa 10–13.45 & 15.30–20.30, So 10–13.30 Uhr; MLes Gobelins) Wer sich nach einem historischen Fischerboot benennt, verkauft logischerweise Produkte aus dem Meer: Die Spezialität des hübschen, marineblauen Ladens sind feinste bretonische Sardinen in Dosen. Außerdem gibt's Räucherlachs, Salzbutterkaramellen, Cidre und andere Leckereien aus der Bretagne. An drei kleinen Tischen werden die Sardinen mit Brot und (in der Saison) auch Austern als Snack serviert.

PIERRE HERMÉ — PATISSERIE
Karte S. 456 (www.pierreherme.com; 185 rue Vaugirard, 15e; ⊙Mo–Do 10–19, Fr & Sa bis 20, So 9–17 Uhr; MPasteur) Petits fours, Kuchen, Schokolade, Nougat, Marmelade und natürlich auch *macarons* des Meisterkonditors Pierre Hermé bekommt man hier und in der Filiale in St-Germain.

LE PETIT BAZAR — ALLES FÜR KINDER
Karte S. 458 (www.lepetitbazar.com; 10 rue Gramme, 15e; ⊙Di–Sa 10–19 Uhr; MAvenue Émile Zola) 🌿 Ein echter Nachbarschaftsladen mit „grüner" Philosophie. Das Warenhaus für Kinder bietet einfach alles: phantasievolle Spiele und Spielzeuge, Kleidung, Möbel und Accessoires, Schulutensilien und Babypflegeprodukte. Alle Artikel sind aus Biomaterialien, recycelt oder gehen auf das Konto lokaler Kunsthandwerker.

MARCHÉ AUX PUCES DE LA PORTE DE VANVES — FLOHMARKT
(http://pucesdevanves.typepad.com; av. Georges Lafenestre & av. Marc Sangnier, 14e; ⊙Sa & So 7–14 Uhr; MPorte de Vanves) Der Porte-de-Vanves-Flohmarkt ist der kleinste und gleichzeitig einer der schönsten. Auf der Avenue Georges Lafenestre gibt es zahlreiche Kuriositäten, die nicht wirklich als Antiquitäten durchgehen. Die Avenue Marc Sangnier säumen Stände mit neuer Kleidung, Schuhen, Handtaschen und Haushaltswaren.

BEAUGRENELLE — EINKAUFSZENTRUM
Karte S. 458 (☎0153952400; www.beaugrenelle-paris.com; rue Linois, 15e; ⊙Läden Mo–Mi, Fr & Sa 10–21, Do bis 22 Uhr, Kino & Restaurants tgl. 10–24 Uhr; MBir Hakeim oder Charles Michel) Eine kostenlose *navette fluviale* (Shuttleboot) pendelt zwischen Eiffelturm und diesem brandneuen Einkaufsparadies in drei Gebäuden, von denen zwei durch eine attraktive Fußgängerbrücke miteinander verbunden sind. Zu den rund 100 Läden gehören Ketten wie H&M, Zara, Marks & Spencer (mit britischer Lebensmittelabteilung) und eine große Fnac-Filiale. Weitere Attraktionen sind ein Kino mit zehn Sälen und zehn Restaurants

🏃 SPORT & AKTIVITÄTEN

PISCINE JOSÉPHINE BAKER — SCHWIMMBAD
Karte S. 454 (☎01 56 61 96 50; quai François Mauriac, 13e; Schwimmbad Erw./Kind 3/1,70 €, Sauna 10/5 €; ⊙Mo, Mi & Fr 7–8.30 & 13–21, Di & Do 13–23, Sa 11–20, So 10–20 Uhr; MBibliothèque oder Quai de la Gare) Das eindrucksvolle Bad auf der Seine ist Eleganz in Reinkultur (kein Wunder, ist es doch nach der sinnlichen afroamerikanischen Sängerin der 1920er-Jahre benannt). Im Sommer, wenn sich das Dach aufschiebt, sind die beiden 25 mal 10 m großen Becken eher ein Ort zum Gesehenwerden als zum Bahnenziehen. Sie locken die Pariser an wie der Honig die Bienen.

PARI ROLLER — INLINESKATEN
Karte S. 456 (www.pari-roller.com; place Raoul Dautry, 14e; ⊙Fr 22–1 Uhr, Aufstellung ab 21.30 Uhr; MMontparnasse–Bienvenüe) Willkommen zum größten Inlineskate-Happening der Welt! Zum Pari Roller versammeln sich regelmäßig 10 000 Skater. Beim „Friday Night Fever" wird jede Woche eine andere 30 km lange Route in flottem Tempo zurückgelegt. Häufig geht's auch über Kopfsteinpflaster und abschüssige Straßen hinunter – da können nur gute Fahrer mithalten (das ist besser für die eigene Sicherheit und die der anderen). Pari Roller findet außer bei Regen das ganze Jahr über statt.

Rollers & Coquillages (S. 194) im Marais ist sozusagen das zahmere Gegenstück zu Pari Roller. Auch hier begleiten Freiwillige in gelben Westen, Polizisten (manche auf Inlinern) und Rettungswagen den Zug. Man sollte Kleidung in kräftigen Farben tragen, damit einen Autofahrer und andere Skater gut sehen können.

FOREST HILL
AQUABOULEVARD   SCHWIMMBAD
Karte S. 458 (☎01 40 60 10 00; www.aquabouleward.fr; 4–6 rue Louis Armand, 15e; Erw. Werktag/Wochenende 22/28 €, Kind 15 €; ⊙Mo–Fr 9–24, Sa 8–24, So 8–23 Uhr; ⓂBalard) Der tropische „Strand-" und Wasserpark unweit der *périphérique* (Ringstraße) sorgt mit Wasserrutschen, Wasserfällen und Wellenbädern für reichlich Spaß, besonders bei Kindern (die älter als drei Jahre sein müssen). Die weniger Nassforschen können sich mit Tennis, Squash, Golf, Tanzkursen oder im Fitnessraum fit halten. Letzter Einlass ist um 21 Uhr.

PISCINE DE LA BUTTE
AUX CAILLES   SCHWIMMBAD
Karte S. 454 (☎01 45 89 60 05; http://piscine.equipement.paris.fr; 5 place Paul Verlaine, 13e; Erw./Kind 3/1,70 €; ⊙Di & Do–Sa 7–8.30, Di 11.30–13.30 & 16.30–21, Mi 7–19, Do & Fr 11.30–18.30, Sa 10–18.30, So 8–18 Uhr; ⓂPlace d'Italie) Das wunderschöne Schwimmbad wurde 1924 gebaut. Es bezieht sein warmes Wasser aus einem artesischen Brunnen in der Nähe. Im Sommer drängeln sich in den beiden zugehörigen Freibädern die Gäste, um sich in der Sonne zu vergnügen. Öffnungszeiten können variieren.

MONTPARNASSE & SÜDLICHES PARIS SPORT & AKTIVITÄTEN

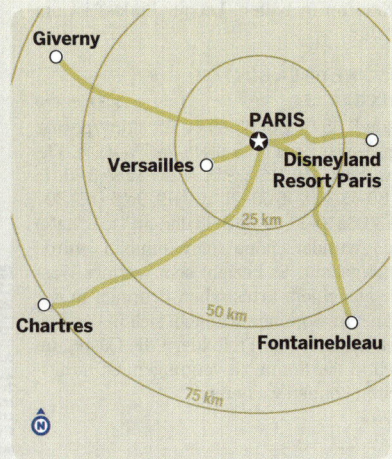

Ausflüge

Versailles S. 289

In Sachen Opulenz und Luxus ist das kolossale Château de Versailles (montags geschlossen) selbst in Frankreich eine Klasse für sich.

Disneyland Resort Paris S. 295

Im europäischen Disneyland tobt eine nicht enden wollende Party. Im Disney Village findet man Hotels, Geschäfte, Restaurants und Clubs und im Walt Disney Studios Park wird gezeigt, wie Filme, Animationen und TV-Produktionen entstehen.

Fontainebleau S. 296

Markenzeichen der eleganten Stadt Fontainebleau sind das überladene Château (dienstags geschlossen) und ein weitläufiger Wald. Für ein lebendiges Flair sorgt die internationale Wirtschaftshochschule.

Chartres S. 299

Inmitten fruchtbaren Ackerlands erhebt sich im hübschen mittelalterlichen Chartres die Cathédrale Notre-Dame. Sie ist für ihre bildschönen Buntglasfenster bekannt.

Giverny S. 302

Wer Kunst und/oder Gärten liebt, sollte sich die Maison et Jardins de Claude Monet (von November bis März geschlossen), das ehemalige Wohnhaus des impressionistischen Malers samt Blumengarten, nicht entgehen lassen.

HIGHLIGHT
VERSAILLES

Ludwig XIV. ließ die frühere Jagdhütte seines Vaters im 17. Jh. in das monumentale Château de Versailles umbauen. Es ist noch heute das berühmteste und prachtvollste Schloss des Landes. Der Barockpalast steht 22 km südwestlich von Paris und war von 1682 bis zur Französischen Revolution 1789 Sitz der Könige und das politische Zentrum Frankreichs.

Versailles wurde einst für die 6000 Mitglieder des französischen Hofes erbaut. Ludwig XIV. wählte vier fähige Männer für das gigantische Bauprojekt aus: die Architekten Louis Le Vau und Jules Hardouin-Mansart (Letzterer löste Mitte der 70er-Jahre des 17. Jhs. Le Vau ab); den Maler und Dekorateur Charles Brun und den Gartenarchitekten André Le Nôtre. Er ließ ganze Hügel einebnen, Sümpfe trockenlegen und Wälder umpflanzen, um mit Gärten, Teichen und Springbrunnen den Eindruck endloser Weite zu erzeugen, für den Versailles so berühmt ist. Seit 1979 steht das Schloss als Weltkulturerbe auf der Unesco-Liste.

Das 900 ha große Anwesen ist in vier Abschnitte aufgeteilt: das 580 m lange Schloss, die weitläufigen Gärten, Wasserläufe und -becken im Westen des Schlosses, die beiden kleineren Schlösser Grand Trianon und Petit Trianon im Nordwesten sowie den Hameau de la Reine (das Dörfchen der Königin) nördlich des Petit Trianon.

In den Eintrittspreisen ist ein Audioguide (englisch) enthalten. Wer sich die App **Happy Versailles** (www.happy-visit-versailles.com; 2,69 €) herunterlädt, erfährt noch einiges mehr.

Die beste Verbindung von Paris nach Versailles bietet RER C5 (3,25 €, 45 Minuten, häufig), der von den Pariser Bahnhöfen am linken Seine-Ufer nach Versailles-Château–Rive Gauche fährt. Dazu kommen weitere Zug- und Busverbindungen sowie organisierte Touren.

NICHT VERSÄUMEN

➡ Château de Versailles
➡ Gärten
➡ Marie Antoinettes Anwesen
➡ Grand und Petit Trianon

PRAKTISCH & KONKRET

➡ ☎ 01 30 83 78 00
➡ www.chateau versailles.fr
➡ Pass inkl. Zugang zum gesamten Gelände Erw./Kind 18 €/frei, mit Musikdarbietungen Erw./Kind 25 €/frei, Palast 15 €/frei
➡ ⏱ April–Okt. Di–Sa 9–18.30, So bis 18 Uhr, Nov.–März Di–So bis 17.30 Uhr
➡ Ⓜ RER Versailles-Château–Rive Gauche

VERSAILLES

0 ——————— 400 m

AUSFLÜGE VERSAILLES

Allee du Rendez-Vous
Hameau de la Reine
Domaine de Marie Antoinette
Jardins du Petit Trianon
R des Sports
Bd St-Antoine
R de l'Ermitage
R de Versailles
Angelina
Parc du Grand Trianon
Petit Trianon
Grand Trianon
Allée des Deux Trianons
Allée de St-Antoine
Petite Allée du St-Antoine
Parc de Versailles
Av de Trianon
Parc de Versailles
Allée de la Reine
Allée des Matelots
Allée d'Apollon
R du Maréchal Gallieni
R Berthier
R d'Angiviller
Allée de Bailly
Allée du Petit Font
Fahrrad-verleih
Bd de la Reine
Grand Canal
Boot
Fahrrad-verleih
Allée de Cérès et de Flore
Bassin de Neptune
R des Réservoirs
R Carnot
Pl Hoche
Bassin d'Apollon
Le Tapis Vert
Allée des Matelots
Allée d'Apollon
Allée du Mail
Château de Versailles Gärten & Park
Château de Versailles
Eingang A
Av de St-Cloud
Grandes Écuries
Statue Ludwigs XIV.
Bassin du Miroir
Shuttlezug
Elektro-mobil-verleih
Académie du Spectacle Équestre
Führungen
Parterre du Midi
Av Rockefeller
Petites Écuries
Rte de St-Cyr
Orangerie
Salle du Jeu de Paume
R du Vieux Versailles
Av de Sceaux
R de l'Orangerie
Allée du Mail
Allée du Potager
Pièce d'Eau des Suisses
Potager du Roi
R du Général Leclerc
À la Ferme
R des Tournelles
Allée des Mortemets
Parc Balby
R du Maréchal Joffre
R d'Anjou
R St-Honoré
R Royale

Château de Versailles

Seit seiner Fertigstellung wurde das Schloss nur wenig verändert, abgesehen von einem Großteil der Möbel, die während der Revolution verschwanden. Erst Ludwig Philipp (reg. 1830–1848) ließ viele Räume wieder herrichten, als er Teile des Schlosses 1837 der Öffentlichkeit zugänglich machte. Das momentane Sanierungsprojekt mit einem Budget von 400 Mio. € ist das bislang aufwendigste und bis zu seinem Abschluss im Jahr 2020 werden sich Besucher damit abfinden müssen, dass der Palast eingerüstet ist.

Manche Bereiche des Schlosses sind nur im Rahmen einer 90-minütigen **Führung** (☏01 30 83 77 88; www.chateauversailles.fr; Führung 7 € plus Eintritt ins Schloss; ⏱Führung auf Englisch Di–So, Zeiten unterschiedlich) zugänglich, welche die Privatgemächer Ludwig XV. und Ludwig XVI. und das Opernhaus oder die Königliche Kapelle sowie viele Infos zur Geschichte von Versailles beinhaltet. Mit dem Ticket darf man u. a. auch den Spiegelsaal und die Prunkgemächer des Königs und der Königin besichtigen; vorab online buchen.

Kinderwagen (auch Buggys) und Tragegestelle mit Metallrahmen sind im Palast nicht erlaubt.

Spiegelsaal

Besonders prachtvoll ist die glitzernde Galerie des Glaces (Spiegelsaal). Diesen 75 m langen Ballsaal mit 17 funkelnden Spiegeln auf einer Seite und ebenso vielen Fenstern auf der anderen Seite muss man gesehen haben, um es zu glauben.

Prunkgemächer des Königs & der Königin

Jede noch so kleine Nische und jeder Vorsprung, jede Decke und jede Tür des Palastes in den Grands Appartements du Roi et de la Reine (Prunkgemächer des Königs und der Königin) sind verschwenderisch mit Freskenmalereien, Marmor, Blattgold und Holzschnitzereien geschmückt, die Szenen und Motive aus der griechischen und römischen Mythologie zeigen.

Gartenanlagen

Ein absolutes Muss ist ein Spaziergang im traumhaften **Schlossgarten** (Eintritt frei außer bei musikalischen Darbietungen; ⏱Gärten April–Okt. 9–20.30 Uhr, Nov.–März 8–18 Uhr, Park April–Okt. 7–20.30 Uhr, Nov.–März 8–18 Uhr). Der schönste Blick auf die rechteckigen Wasserbecken eröffnet sich im Spiegelsaal. Zu den Spazierwegen zählt die Allée royale, auch „grüner Teppich" genannt; kleinere Pfade führen zu grünen Hainen.

Die größten **Springbrunnen** des Gartens sind das **Bassin de Neptune** (Neptunsbrunnen) aus dem 17. Jh., ein verwirrendes Ensemble aus 99 sprudelnden Fontänen 300 m nördlich des Schlosses, sowie das **Bassin d'Apollon** (Apollobrunnen), das 1668 am östlichen Ende des Grand Canal errichtet wurde.

AUSFLÜGE VERSAILLES

PLANUNG

Am besten kommt man früh, um Schlangen zu vermeiden. Am meisten los ist dienstags und sonntags. Um Zeit zu sparen, kann man Tickets vorab auf der Versailles-Website oder bei Fnac kaufen. Damit kann man sich direkt zum Eingang A begeben.

Die einzige Möglichkeit, um den weitläufigen Park komplett zu sehen, ist die Anmietung eines Elektromobils (☏01 39 66 97 66; bis zu 4 Pers.; 32 € pro Std.). Alternativ steigt man in den Shuttlezug (www.train-versailles. com; Erw./Kind. 7,50/5,80 €) oder leiht sich ein Rad (☏01 39 66 97 66; 6,50 € pro Std.) oder Boot (☏01 39 66 97 66; 15 € pro Std.).

ESSEN IN VERSAILLES

Auf dem Gelände gibt's zwei Filialen des Teesalons **Angelina** (www.angelina-versailles.fr; Snacks 14–25 €; ⏱April–Okt. Di–Sa 10–18 Uhr, Nov.–März Di–Sa bis 17 Uhr); eine im Palast, die andere neben dem Petit Trianon. In der Stadt Versailles bietet die Rue de Satory die beste Auswahl; empfehlenswert ist **À la Ferme** (☏01 39 53 10 81; www.alaferme-versailles.com; 3 rue du Maréchal Joffre; Menüs 15,50–26,20 €; ⏱Mi–So 12–14 & 19–22 Uhr).

Versailles

EIN TAG BEI HOFE

Versailles ist auf den ersten Blick überwältigend. Aber man muss es sich einmal als ein „ganz normales" Gebäude vorstellen, in dem Menschen aßen, tranken, arbeiteten, schliefen und Komplotte schmiedeten.

Etwa zwanzig Jahre nach Beginn seiner Regierungszeit ließ Ludwig XIV. die Jagdhütte seines Vaters in einen Palast umbauen, der groß genug sein sollte, um seinen gesamten Hofstaat, bestehend aus 6000 Untergebenen, zu fassen. Dabei scheute der Sonnenkönig keine Kosten: Er warb die besten Künstler und Handwerker der damaligen Zeit an. 1682 war die extravaganteste Residenz der Geschichte fertig.

Der königliche Tagesablauf war immer gleich. Der Tag begann im **Schlafgemach des Königs** ❶ und im **Gemach der Königin** ❷; das Paar wurde etwa zur selben Zeit geweckt. Anschließend zog die königliche Prozession auf dem Weg zur Morgenmesse durch den **Spiegelsaal** ❸ in die **königliche Kapelle** ❹. Am Vormittag fanden dann Besprechungen mit Ministern im **Ratssaal** ❺ statt. Nach dem Mittagessen unternahm der König einen Ausritt, ging auf die Jagd oder zog sich in die **Bibliothek** ❻ zurück. Später traf er sich gegebenenfalls mit seinen Kurtisanen an einen „Appartementabend" im **Hercules-Salon** ❼ oder spielte vor dem Abendessen um 22 Uhr eine Runde Billard im **Diana-Salon** ❽.

VERSAILLES IN ZAHLEN

- » **Zimmer** 700 (11 ha Dachfläche)
- » **Fenster** 2153
- » **Treppen** 67
- » **Gärten und Parks** 800 ha
- » **Bäume** 200 000
- » **Springbrunnen** 50 (mit 620 Spritzdüsen)
- » **Gemälde** 6300 (nebeneinandergelegt 11 km lang)
- » **Statuen und Skulpturen** 2100
- » **Kunstobjekte und Möbel** 5000
- » **Besucher** 5,3 Mio. pro Jahr

Schlafgemach der Königin
Chambre de la Reine

Die Öffentlichkeit verfolgte jeden Aspekt des Lebens der Königin. Selbst bei der Geburt ihrer Kinder waren Zuschauer in ihrem Schlafgemach zugegen. **ABSTECHER»** Im Wachraum standen Dutzende bewaffneter Männer Gewehr bei Fuß.

MITTAGSPAUSE

Amerikanischer Imbiss im Sister's Café, Crêpes im Le Phare St-Louis oder Picknick im Park.

Wachraum

Südflügel

Bibliothek des Königs
Bibliothèque du Roi

Der letzte Schlossbewohner, Büchernarr Ludwig XVI., liebte Geografie. Sein Exemplar von *The Travels of James Cook* (er las auf Englisch) steht noch immer im Regal.

CLEVERES TIMING

Im Schloss ist montags Ruhetag. Dienstags strömen Besucher aus der Hauptstadt herbei, weil die Museen an diesem Tag geschlossen bleiben, sonntags ist am meisten los. Noch ein Tipp: Tickets vorab online buchen, dann muss man nicht Schlange stehen.

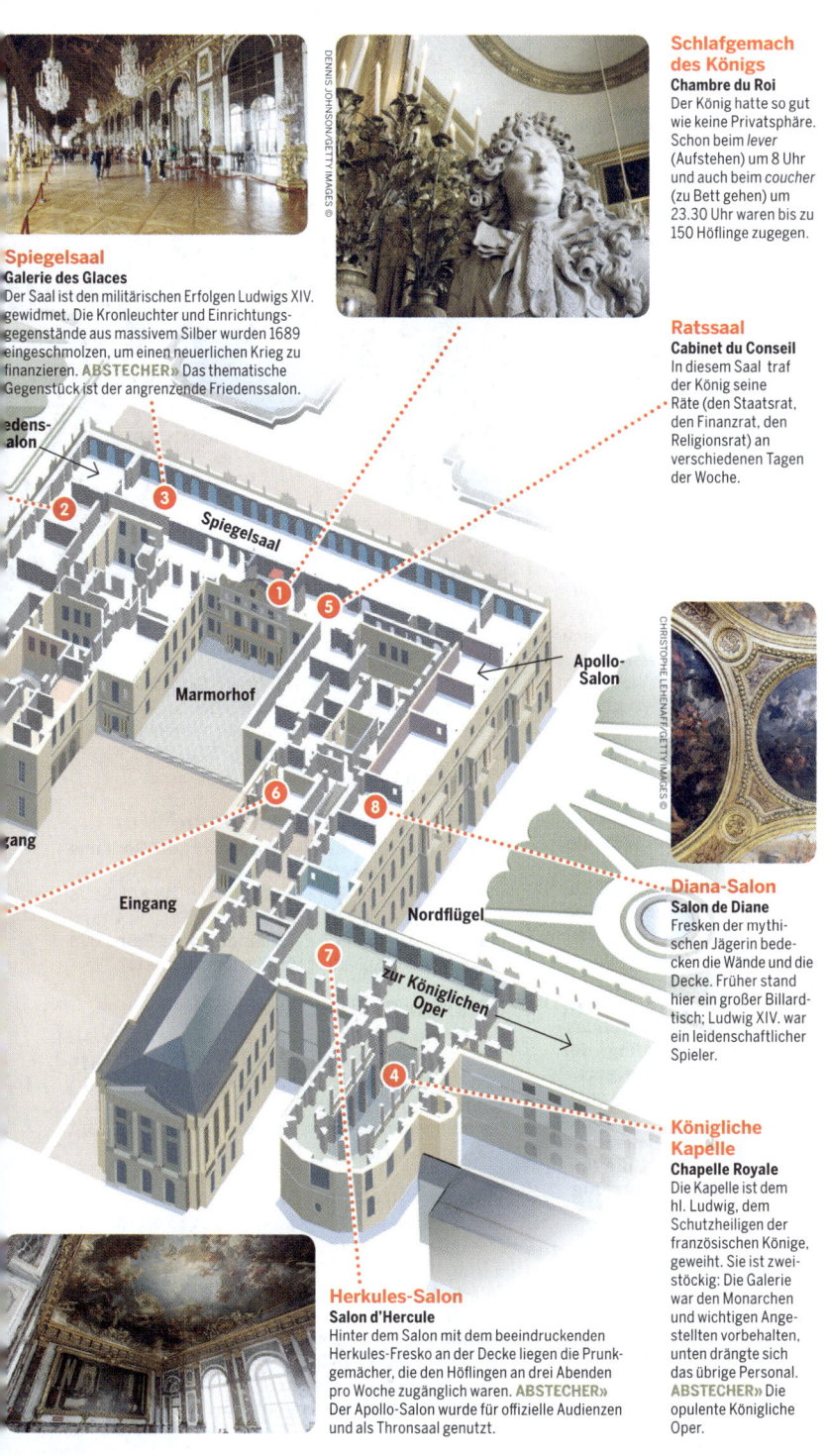

Schlafgemach des Königs
Chambre du Roi
Der König hatte so gut wie keine Privatsphäre. Schon beim *lever* (Aufstehen) um 8 Uhr und auch beim *coucher* (zu Bett gehen) um 23.30 Uhr waren bis zu 150 Höflinge zugegen.

Spiegelsaal
Galerie des Glaces
Der Saal ist den militärischen Erfolgen Ludwigs XIV. gewidmet. Die Kronleuchter und Einrichtungsgegenstände aus massivem Silber wurden 1689 eingeschmolzen, um einen neuerlichen Krieg zu finanzieren. **ABSTECHER»** Das thematische Gegenstück ist der angrenzende Friedenssalon.

Ratssaal
Cabinet du Conseil
In diesem Saal traf der König seine Räte (den Staatsrat, den Finanzrat, den Religionsrat) an verschiedenen Tagen der Woche.

edens-alon

2

3

Spiegelsaal

1

5

Apollo-Salon

Marmorhof

6

8

ang

Eingang

Nordflügel

Diana-Salon
Salon de Diane
Fresken der mythischen Jägerin bedecken die Wände und die Decke. Früher stand hier ein großer Billardtisch; Ludwig XIV. war ein leidenschaftlicher Spieler.

7

zur Königlichen Oper

4

Königliche Kapelle
Chapelle Royale
Die Kapelle ist dem hl. Ludwig, dem Schutzheiligen der französischen Könige, geweiht. Sie ist zweistöckig: Die Galerie war den Monarchen und wichtigen Angestellten vorbehalten, unten drängte sich das übrige Personal. **ABSTECHER»** Die opulente Königliche Oper.

Herkules-Salon
Salon d'Hercule
Hinter dem Salon mit dem beeindruckenden Herkules-Fresko an der Decke liegen die Prunkgemächer, die den Höflingen an drei Abenden pro Woche zugänglich waren. **ABSTECHER»** Der Apollo-Salon wurde für offizielle Audienzen und als Thronsaal genutzt.

STALLUNGEN

Heute befinden sich in den Petites Écuries (kleiner Marstall) die Architekturschule von Versailles sowie Restaurierungswerkstätten. Die Grandes Écuries (großer Marstall) beherbergen derweil die **Académie du Spectacle Équestre** (www.acadequestre. fr; 1 av. Rockefeller; Les Matinales (45Min.) am letzten Sa & So des Monats 11.15 Uhr; Erw./ Kind 12/6,50 €). Neben dem 45-minütigen Morgentraining der Pferde zeigt die Akademie auch spektakuläre Reprises Musicales (musikalische Dressurshows), die meist schon Wochen im Voraus ausgebucht sind.

Um den schwelenden Aufruhr zu besänftigen, berief Ludwig XIV. im Mai 1789 die Generalstände ein, die sich aus 1118 Abgeordneten von Adel, Klerus und Drittem Stand (gemeines Volk) zusammensetzten. Den Vertretern des Dritten Standes wurde allerdings der Eintritt verweigert, sodass sie sich separat in der 1686 erbauten Ballsporthalle trafen, die Nationalversammlung gründeten und den Serment du Jeu de Paume (Ballhausschwur) leisteten. Damit gelobten sie, so lange auszuharren, bis Ludwig XIV. eine neue Verfassung akzeptiert habe.

Behauene Säule des Liebestempels im Garten des Petit Trianon

Kanäle

Der 1,6 km lange und 62 m breite **Grand Canal** ist so angelegt dass sich die untergehende Sonne darin spiegelt. Quer dazu verläuft der 1 km lange **Petit Canal**, sodass eine kreuzförmige Wasserfläche mit über 5,5 km Umfang entsteht.

Marie Antoinettes Anwesen

Nordwestlich des Hauptschlosses liegt die **Domaine de Marie Antoinette** (Erw./Kind 10 €/frei, mit Pass frei; ☼April–Okt. Di–Sa 12–18.30 Uhr, Nov.–März Di–Sa bis 17.30 Uhr). Die Tickets gelten für die Paläste Grand und Petit Trianon und den **Hameau de la Reine** (ein nachgebautes Spieldorf für Marie Antoinette).

Trianon-Paläste

Der **Grand Trianon** wurde 1687 für Ludwig XIV. als Zuflucht vor der strengen Hofetikette gebaut. Napoleon I. ließ ihn im Empirestil renovieren. Der **Petit Trianon** aus den 1760er-Jahren wurde 1867 von Kaiserin Eugénie (der Gemahlin von Napoleon III.) mit Möbeln im Louis-seize-Stil neu eingerichtet.

Wasserspiele mit Musik

Wer flexibel ist, sollte seinen Besuch so legen, dass er die **Grandes Eaux Musicales** (Erw./Kind 9/7,50 €; ☼Mitte Mai–Ende Juni Di, Sa & So 11–12 & 15.30–17 Uhr, April–Mitte Mai & Juli–Okt. Sa & So 11–12 & 15.30–17 Uhr) besuchen kann. Ebenfalls ein Erlebnis sind die **Grandes Eaux Nocturnes** (Erw./Kind 24/20 €; ☼Mitte Juni–Mitte Sept. Sa ab 20.30 Uhr), eine Wassershow mit einem Soundtrack aus Barock und Klassik, die das gesamte Areal in eine Traumlandschaft verwandelt.

HIGHLIGHT
DISNEYLAND RESORT PARIS

Fast 4,6 Mrd. Euro waren nötig, um die Rübenäcker 32 km östlich von Paris in Europas erstes Disneyland zu verwandeln. Was 1992 als Euro Disney begann, hat sich mittlerweile zu einem riesigen Freizeitpark entwickelt, bestehend aus dem traditionellen Disneyland-Themenpark, dem Walt Disney Studios Park, in dem sich alles ums Thema Film dreht, und dem Disney Village mit Hotels, Geschäften und Restaurants.

Die Tageskarte bietet unbegrenzten Zugang zu allen Fahrgeschäften und Attraktionen *entweder* im Disneyland Park *oder* im Walt Disney Studio Park. Wer sich für Letzteren entscheidet, hat immerhin die letzten drei Stunden vor der Schließzeit Zutritt zum Disneyland Park. Abgesehen davon sind diverse Kombikarten für mehrere Tage und Sonderangebote mit Übernachtungen erhältlich.

Picknickkörbe sind im Disneyland Paris nicht erlaubt, aber Besucher dürfen Snacks und Wasserflaschen (die an diversen Brunnen aufgefüllt werden können) mitbringen, und es gibt diverse Themenrestaurants. Zwischen den sieben Hotels und den Parks verkehren kostenlose Shuttlebusse. In der Umgebung befinden sich zudem zahlreiche Übernachtungsmöglichkeiten in Kettenhotels.

Eine schnelle Verbindung zu Disneyland bietet die RER A4 (7,50 €, 40–60 Min., verkehrt häufig), die aus dem Pariser Zentrum nach Marne-la-Vallée/Chessy fährt (so heißt die RER-Station für Disneyland).

Ein paar Tipps für den Besuch:

➡ Für die Tagesplanung vorab auf der Disney-Website aussuchen, welche Attraktionen, Aktivitäten und Shows unbedingt abgehakt werden sollen.

➡ Tickets vorab kaufen, um Warteschlangen zu vermeiden.

➡ Die kostenlose Disney-App informiert über aktuelle Wartezeiten bei den diversen Attraktionen. Gratis-WLAN ist jedoch nur in bestimmten Bereichen des Parks verfügbar.

➡ Wer einmal drin ist, sollte per FastPass (Reservierungssystem) sein Zeitfenster an den wichtigsten Attraktionen buchen (nur eine Reservierung pro Vorgang möglich). Gäste von Disney-Hotels kommen oft in den Genuss von zwei „Magic Hours" im Disneyland Park (meist von Mai bis Oktober ab 8 Uhr), bevor der Park offiziell aufmacht. Allerdings sind dann noch nicht alle Attraktionen in Betrieb. Der **Disneyland Park** (☉Mai–Aug. 10–23 Uhr, Sept. bis 22 Uhr, Okt.–April bis 18 Uhr; Öffnungszeiten können variieren) besteht aus fünf „Ländern": **Main Street USA** erinnert an das Amerika von 1900, **Frontierland** ist für die Big-Thunder-Mountain-Bahn bekannt, **Adventureland** lässt exotische Orte à la *Fluch der Karibik* und *Indiana Jones* aufleben, die Krönung von **Fantasyland** ist das Dornröschen-Schloss und **Discoveryland** wartet mit dicht umlagerten Fahrgeschäften wie z. B. Space Mountain: Mission 2, Star Wars und Buzz Lightyear Laser Blast auf.

➡ Die Ton-, Produktions- und Animationsstudios des **Walt Disney Studios Park** (☉Mai–Sept. 10–19 Uhr, Okt.–April bis 18 Uhr, Öffnungszeiten können variieren) geben einen guten Einblick in die Arbeitsprozesse von Film- und Fernsehproduktionen. Besucher können im Rahmen von Führungen hinter die Kulissen schauen, überlebensgroßen Filmfiguren begegnen und sich bei Fahrgeschäften wie dem Twilight Zone Tower of Terror den ultimativen Kick holen. Die neueste Errungenschaft ist der Ratatouille Ride in Anlehnung an den gleichnamigen Animationsfilm von 2007, in dem eine Ratte davon träumt, in Paris als Sternekoch Karriere zu machen. Die Besucher kurven im „Ratmobile" über Pariser Dächer und durch Restaurantküchen und sehen, hören und riechen alles aus der Rattenperspektive.

NICHT VERSÄUMEN

➡ Disneyland Park
➡ Walt Disney Studios Park

PRAKTISCH & KONKRET

➡ ☎Hotelreservierung 01 60 30 60 30, Restaurantreservierung 01 60 30 40 50

➡ www.disneylandparis.com

➡ Tagespass Erw./Kind 64/58 €

➡ ☉Öffnungszeiten unterschiedlich

➡ Ⓜ RER Marne-la-Vallée/Chessy

Fontainebleau

Fontainebleau entdecken

Die Stadt hat sich rund um das märchenhafte Château ausgedehnt, dessen Liste der ehemaligen Bewohner und früheren Besucher sich wie ein „Who is Who" der französischen Noblesse liest. Sie ist nicht ganz so stark überlaufen wie Versailles, dennoch kann man hier gut und gern einen Tag in Anspruch nehmen.

Der wildreiche Wald mit seinen zahllosen Wander-, Radfahr-, Kletter- und Reitmöglichkeiten ist noch immer ein ebenso großartiger Tummelplatz wie er es einst im 16. Jh. war und es lohnt sich absolut, gleich ein paar Tage hier zu verbringen. Dank der internationalen Businesshochschule Insead, gewissermaßen das Lebenselixier von Fontainebleau, verfügt die Stadt über eine kosmopolitische Bar- und Restaurantszene.

Das Beste ...

➜ **zum Anschauen** Château de Fontainebleau

➜ **zum Essen** Dardonville (S. 297)

➜ **zum Ausgehen** Le Ferrare (S. 297)

Top-Tipp

Zugtickets nach Fontainebleau-Avon gibt's an der Gare de Lyon am SNCF-Transilien-Schalter und den Billet-Île-de-France-Automaten, aber *nicht* an den SNCF-Hauptlinien-Schaltern/-Automaten. Auf dem Rückweg ist das Ticket bis zu jeder beliebigen Pariser Métro-Station gültig.

Anfahrt

➜ **Zug** Täglich fahren bis zu 40 Pendlerzüge der SNCF Transilien von der Gare de Lyon in Paris nach Fontainebleau-Avon (8,75 €, 35–60 Min.).

➜ **Bus** Die lokale Buslinie A fährt alle zehn Minuten vom Bahnhof zum Château de Fontainebleau (2 €), das

AUSFLÜGE FONTAINEBLEAU

HIGHLIGHT
CHÂTEAU DE FONTAINEBLEAU

In den 1900 Räumen des prächtigen Château de Fontainebleau residierten einstmals die erlauchtesten Mitglieder der königlichen Familie und des französischen Adels – als ständige Bewohner oder als Gäste. Bis auf den letzten Quadratzentimeter sind Wände und Decken mit Holzvertäfelungen, vergoldetem Schnitzwerk, Fresken, Tapisserien und Gemälden geschmückt und bei einigen Möbelstücken handelt es sich um Originale aus der Renaissance.

Das erste Château an diesem Standort wurde im frühen 12. Jh. gebaut. Nur ein mittelalterlicher Turm überlebte den Umbau, den Franz I. (reg. 1515–1547) in Auftrag gab. Spätere Regenten, darunter Napoleon Bonaparte, ließen das Schloss weiter aus- und umbauen.

Zu den vielen Highlights zählen die **Grands Appartements** (Prunkgemächer), darunter der Salon im Stil des Zweiten Kaiserreichs und das Musée Chinois de l'Impératice Eugénie (Chinesisches Museum der Kaiserin Eugénie). Die **Galerie François 1er** (Galerie Franz I.) ist ein Schmuckstück der Renaissance-Architektur.

Zu den prachtvollen **Gärten** (🕐 Mai–Sept. 9–18.30 Uhr, April & Okt. bis 17.30 Uhr, Nov.–Feb. bis 16.30 Uhr, Schlosspark 24 Std.) **GRATIS** und Innenhöfen gehören u. A. André Le Nôtres strenger Jardin Français (französischer Garten) aus dem 17. Jh., auch Grand Parterre genannt, und der naturnahe Jardin Anglais (englischer Garten).

Nicht versäumen

➜ Grands Appartements

➜ Galerie François 1er

➜ Gärten und Innenhöfe

Praktisch & Konkret

➜ ☎ 01 60 71 50 70

➜ www.musee-chateau-fontainebleau.fr

➜ place Général de Gaulle

➜ Erw./Kind 11 €/frei

➜ 🕐 April–Sept. Mi–Mo 9.30–18 Uhr, Okt.–März bis 17 Uhr

2 km weiter südwestlich liegt. Die Bushaltestelle befindet sich gegenüber dem Haupteingang.

→ **Fahrrad** Leihräder gibt's bei À la Petite Reine (☎01 60 74 57 57; www.alapetitereine. com; 14 rue de la Paroisse; Leihrad pro Std./Tag 8/15 €; ⊙Di–Sa 9–19.30, So bis 18 Uhr).

Gut zu wissen
→ **Lage** 69 km südöstlich von Paris
→ **Touristeninformation** (☎01 60 74 99 99; www.fontainebleau-tourisme.com; 4 rue Royale; ⊙Mai–Okt. Mo–Sa 10–18, So 10–13 & 14–17 Uhr, Nov.–April Mo–Sa 10–18, So 10–13 Uhr; ☎)

 SEHENSWERTES

Neben dem monumentalen Schloss ist auch die **Forêt de Fontainebleau** (Wald von Fontainebleau) ein sehr populäres Ausflugsziel.

 ESSEN & AUSGEHEN

Die Place Napoléon Bonaparte ist gespickt mit bildschönen Caféterrassen und entlang der Rue de la Corne findet man ein paar nette Bars. Erstklassige *fromageries* (Käsefachgeschäfte) haben sich an der Rue des Sablons und der Rue Grande angesiedelt.

★**DARDONVILLE** BOULANGERIE, PATISSERIE€
(24 rue des Sablons; ⊙Di–Sa 7–13.30 & 15.15–19.30, So 7–13.30 Uhr) Die *macarons* in Geschmacksrichtungen wie Mohn oder Lebkuchen zergehen förmlich auf der Zunge und das Dutzend kostet dabei gerade mal 4,50 € in dieser außergewöhnlichen *patisserie/boulangerie*. Die Kunden stehen aber auch wegen des phantastischen Brots und der herzhaften *petits fours* Schlange, darunter winzige Würstchen im Teigmantel und nur münzgroße Quiches, genau das richtige Format für ein Picknick.

CRÊPERIE TY KOZ CRÊPERIE €
(☎01 64 22 00 55; www.creperiety-koz.com; 18 rue de la Cloche; Crêpes & Galettes 3–12,80 €; ⊙Di & Mi 12–14 & 19–22, Do–So 12–14 & 19–22.30 Uhr) Die bretonische Crêpes-Hochburg versteckt sich in einem hübschen Hinterhof und verwöhnt mit authentischen süßen Crêpes sowie *galettes* aus Buchweizenmehl, die auch als *pourleth* (in doppelter Dicke) angeboten

werden. Mit einer Flasche Val de Rance (traditioneller Cidre) rutscht es besser!

LE FERRARE BRASSERIE €
(☎01 60 72 37 04; 23 rue de France; 2-/3-Gänge-Menü 12,30/13,90 €; ⊙Mo 7.30–16, Di–Do bis 22.30, Fr & Sa bis 1 Uhr; ☎) Speisen wie die Einheimischen: Auf der Tafel dieser urigen Bar/Brasserie stehen Spezialitäten aus der Auvergne und sehr günstige *plats du jour* (Tagesgerichte, 10,80 €).

LE BISTROT 9 BISTRO €€
(☎01 64 22 87 84; www.lebistrot9.com; 9 rue de Montebello; Hauptgerichte 16–29 €; ⊙Mo–Do 12–14 & 19–22, Fr & Sa 12–14 & 19–23, So 12–14.30 Uhr) Eine im Winter beheizte Holzterrasse mit Markise führt zu dem fröhlich rot-gelb gestreiften, mit viel Holz eingerichteten Lokal, das Köstlichkeiten wie Tatar, pochierten Lachs in *beurre blanc*, *sole meunière* (panierte Seezunge mit Buttersauce und Zitrone) oder Profiteroles serviert. In der Saison gibt's auch Austern. Die muntere Stimmung und das gute Preis-Leistungs-Verhältnis sind weitere Entscheidungshilfen.

LE FRANKLIN ROOSEVELT BRASSERIE €€
(☎01 64 22 28 73; 20 rue Grande; Hauptgerichte 13,50–24,50 €; ⊙Mo–Sa 10–1 Uhr) Das Franklin hält die Gäste mit Holzvertäfelungen, roten Sitzbänken, uriger Atmosphäre und großen Portionen gesunder *salades composées* (Salate mit Fisch oder Fleisch) bei Laune.

SPORT & AKTIVITÄTEN

Nur 500 m südlich des Schlosses queren die nationalen Fernwanderwege GR1 und GR11 die Forêt de Fontainebleau. Sie sind auch zum Joggen, Walken, Radfahren und Reiten bestens geeignet. Für Kletterer ist der Wald das reinste Paradies. Viele trainieren in seinen Sandsteinformationen mit den zahlreichen Felswänden und Überhängen, bevor sie sich in die Alpen wagen. Die verschiedenen Schwierigkeitsgrade sind farbig gekennzeichnet: Weiß steht für leichte Routen (auch für Kinder geeignet), die schwarzen Touren eignen sich eher für todesmutige Boulder-Experten. Die Website bleau.info bietet jede Menge nützliche Informationen über das Klettergebiet Fontainebleau.

Wer das einmal ausprobieren will, kann sich an **Top Loisirs** (☎01 60 74 08 50; www. toploisirs.fr) wenden. Die Agentur verleiht

Fontainebleau

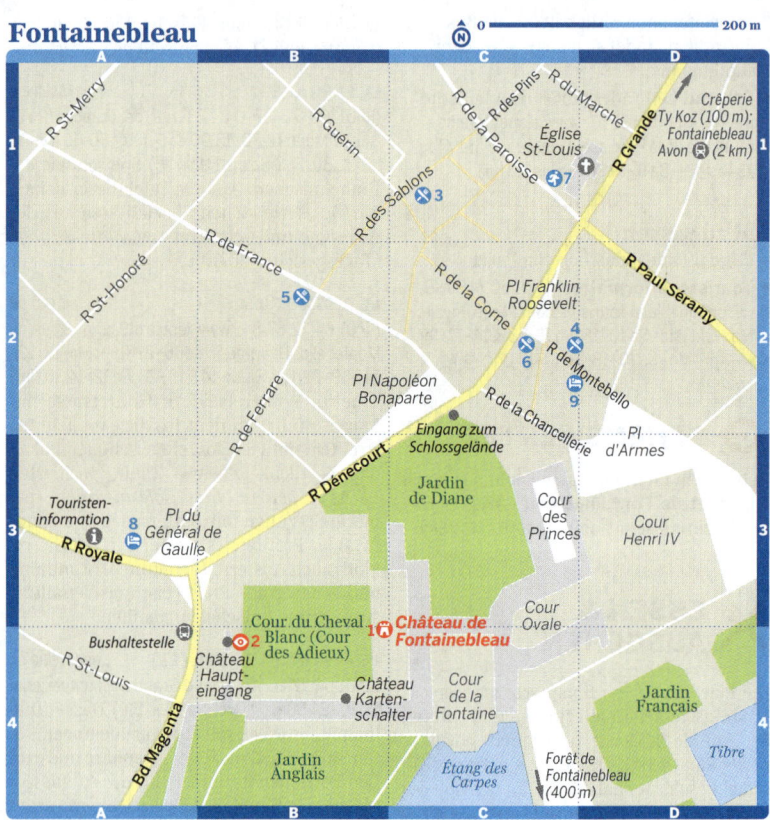

Fontainebleau

Ausrüstungen und berät mit nützlichen Instruktionen. Zwei wirklich sehenswerte Schluchten sind die **Gorges d'Apremont**, 7 km nordwestlich bei Barbizon, und die **Gorges de Franchard**, die ein paar Kilometer südlich davon liegen.

🛏 SCHLAFEN

LA GUÉRINIÈRE   B&B €

(☏06 13 50 50 37; balestier.gerard@wanadoo.fr; 10 rue de Montebello; DZ inkl. Frühstück 70 €; @🖥) Dieses reizende B&B ist eine der preiswertesten Übernachtungsmöglichkeiten vor Ort. Der Besitzer Monsieur Balestier ist des Englischen mächtig und bietet fünf nach verschiedenen Blumen benannte Zimmer an. Sie sind mit weißer Bettwäsche und historischen Möbeln ausgestattet, haben teilweise Fachwerk und zum Frühstück gibt es hausgemachte Marmelade.

HÔTEL DE LONDRES HOTEL €€
(☎01 64 22 20 21; www.hoteldelondres.com; 1 place Général de Gaulle; DZ 95–185 €; ❄ @ ☎) Ein top gepflegtes, elegantes und gemütliches Hotel. Die 16 Zimmer sind in warmen Rottönen und Königsblau gehalten. Die teuersten (z. B. Zimmer 5) haben Balkons mit herrlicher Aussicht aufs Schloss.

Chartres

Chartres entdecken

Wer in Chartres (45 600 Ew.) aus dem Zug steigt, dem springen sofort die ungleichen Türme der prächtigen Kathedrale ins Auge – einer gotisch, einer romanisch. Das Bauwerk aus dem 13. Jahrhundert ist aber auch wegen der bildschönen Buntglasfenster und der Reliquiensammlung sehenswert, darunter der *sainte voile* (heiliger Schleier), den die Jungfrau Maria bei der Geburt Jesu getragen haben soll. Seit dem Mittelalter zieht es Scharen von Pilgern hierher.

Hat man sich die Stadtmuseen angeschaut, sollte man unbedingt einen Spaziergang durch die wunderbar erhaltene Altstadt unternehmen. Neben der Kathedrale führen Treppenstufen (*tertres* genannt) und von mittelalterlichen Fachwerkhäusern gesäumte Straßen mit starkem Gefälle zum schmalen Westkanal des Flusses Eure hinab, der von romantischen Fußgängerbrücken überspannt wird.

Das Beste …

➡ **zum Anschauen** Cathédrale Notre-Dame (S. 301)

➡ **zum Essen** Le Saint-Hilaire (S. 301)

➡ **zum Ausgehen** La Chocolaterie (S. 301)

Top-Tipp

Man sollte eineinhalb bis zwei Stunden für den ausgeschilderten *circuit touristique* einkalkulieren. Er führt zu den wichtigsten Sehenswürdigkeiten der Stadt und ist auch auf den kostenlosen Stadtplänen eingezeichnet, die in der Touristeninformation erhältlich sind.

Anfahrt

➡ **Zug** Die häufig verkehrenden SNCF-Züge ab der Gare Montparnasse verbinden Paris mit Chartres (15,60 €, 55–70 Min.). Manche halten auch in Versailles-Chantiers (13,20 €, 45–60 Min.).

Gut zu wissen

➡ **Lage** 91 km südwestlich von Paris

➡ **Touristeninformation** (☎02 37 18 26 26; www.chartres-tourisme.com; 8–10 rue de la Poissonnerie; ⊙Mo–Sa 10–18, So bis 17 Uhr) Sie liegt in der historischen Maison du Saumon, das auch eine Ausstellung über Chartres' Geschichte zeigt, und verleiht englischsprachige Audioguides (5,50/8,50 € für 1/2 Geräte) für 1½-stündige Spaziergänge durch die mittelalterliche Stadt sowie Ferngläser (2 €), damit man verschiedene Details der Kathedrale genauer unter die Lupe nehmen kann.

 **SEHENSWERTES**

CENTRE INTERNATIONAL
DU VITRAIL MUSEUM
(www.centre-vitrail.org; 5 rue du Cardinal Pie; Erw./Kind 5,50 €/frei; ⊙Mo–Fr 9.30–12.30 & 13.30–18, Sa 10–12.30 & 14.30–18, So 14.30–18 Uhr) Wer nach der Besichtigung der Kathedrale noch immer nicht genug Buntglas gesehen hat, sollte einen Abstecher ins Internationale Zentrum für Buntglasfenster machen. Es ist in einem Fachwerkhaus untergebracht, das früher als Kornspeicher diente, und zeigt wunderschöne Exponate.

MUSÉE DES BEAUX-ARTS MUSEUM
(29 Cloître Notre-Dame; Erw./Kind 3,40/1,70 €; ⊙Mai–Okt. Mi & Sa 10–12.30 & 14–18, So 14–18 Uhr, Nov.–März Mi & Sa 10–12.30 & 14–17, So 14–17 Uhr) Das Kunstmuseum von Chartres, zu dem das Tor neben dem Nordportal der Kathedrale führt, ist im ehemaligen Palais Épiscopal (Bischofsresidenz) aus dem 17. und 18. Jh. untergebracht. Seine Sammlung umfasst Emaillearbeiten aus dem 16. Jh. mit Darstellungen der Apostel, die für Franz I. angefertigt wurden, Gemälde vom 16. bis 19. Jh. und farbige Holzskulpturen aus dem Mittelalter.

LE PETIT CHART' TRAIN TOURISTENBAHN
(http://petittrain.olikeopen.com; Erw./Kind 6,50/3,50 €; ⊙Ende März–Okt. 10.30–14 Uhr) Das Elektrobähnchen startet vor der Touristeninformation und klappert in 35 Minuten sämtliche Attraktionen von Chartres ab.

◉ Altstadt

Die malerische **Altstadt** von Chartres erstreckt sich nordöstlich und östlich der Kathedrale. Besonders sehenswert sind die romanische Kirche **Collégiale St-André** (place St-André) aus dem 12. Jh., die inzwischen als Ausstellungszentrum dient, die **Rue de la Tannerie** und ihre Verlängerung,

die **Rue de la Foulerie**, mit Blumengärten, Mühlengräben und restaurierten alten Handwerksgebäuden, die typischerweise am Fluss standen (Gerbereien, Waschhäuser usw.), und die **Rue des Écuyers** mit zahlreichen Gebäuden aus dem 16. Jh.

Strebepfeiler stützen die **Église St-Pierre** (place St-Pierre; ⏱10–17 Uhr) aus dem 12. und 13. Jh. Sie gehörte früher zu einem Benedik-

Chartres

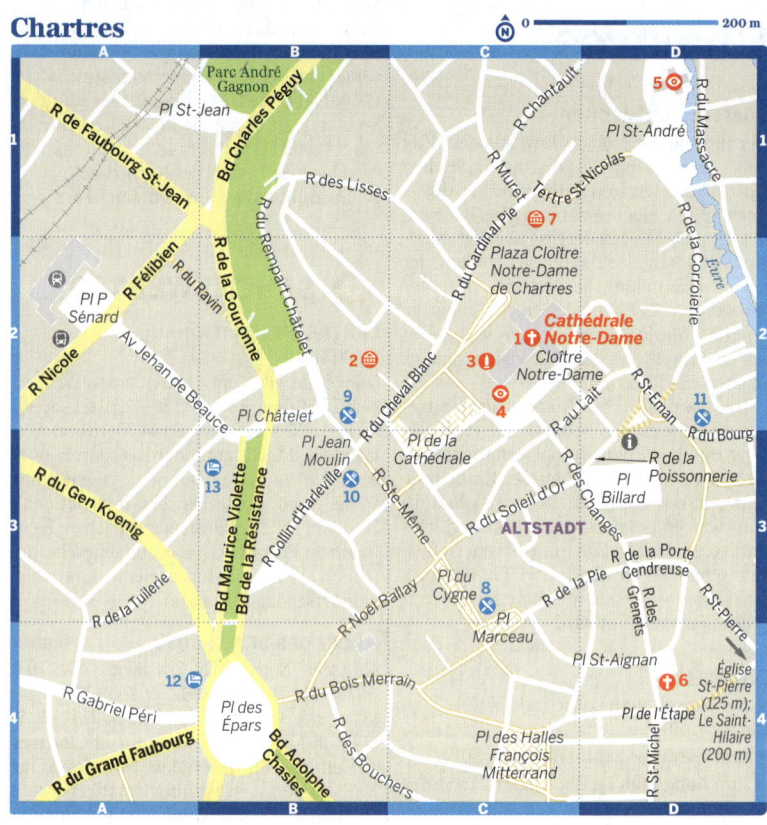

Chartres

HIGHLIGHT
CATHÉDRALE NOTRE-DAME

Die besterhaltene mittelalterliche Kathedrale Frankreichs wurde im 13. Jh. im gotischen Stil errichtet und ersetzte eine romanische Kathedrale, die 1194 einem Brand zum Opfer gefallen war. Der Bau dauerte nur 30 Jahre, daher wirkt die Architektur sehr einheitlich.

Bei den 172 **Buntglasfenstern**, die eine beeindruckende Gesamtfläche von 2,6 km² haben, handelt es sich größtenteils um Originale aus dem 13. Jh. Die bedeutendsten Exemplare stammen von 1150 und befinden sich über dem Westportal. Sie sind berühmt für ihre intensiven Farben, vor allem das „Chartres-Blau".

Der 105 m hohe **Clocher Vieux** (alter Glockenturm) ist der höchste noch erhaltene romanische Kirchturm Frankreichs. Eine Besichtigung des 112 m hohen **Clocher Neuf** (Neuer Glockenturm, auch Nordturm genannt; Erw./Kind 7,50 €/frei; ⏰ Mo–Sa 9.30–12.30 & 14–18, So 14–18 Uhr) lohnt den Aufstieg über die Wendeltreppe mit 350 Stufen.

Eine Attraktion ist die **Sainte Voile** (heiliger Schleier), die sich seit 876 in Chartres befindet.

Französischsprachige **Führungen** (☏ 02 37 28 15 58; millerchartres@aol.com; Führung 10 €; ⏰ April–Okt. Mo–Sa 12 & 14.45 Uhr, Nov.–März Sa 12 Uhr) durch die 110 m lange Krypta finden ganzjährig statt. In der Hauptsaison werden auch englischsprachige **Führungen** (☏ 02 37 28 15 58; millerchartres@aol.com; Führung 10 €; ⏰ April–Okt. Mo–Sa 12 & 14.45 Uhr, Nov.–März Sa 12 Uhr) durch die Kathedrale angeboten.

Nicht versäumen
➡ Buntglasfenster
➡ Clocher Neuf
➡ Sainte Voile
➡ Krypta

Praktisch & Konkret
➡ www.cathedrale-chartres.org
➡ place de la Cathédrale
➡ ⏰ ganzjährig tgl. 8.30–19.30 Uhr, Juni–Aug. Di, Fr & So bis 22 Uhr

AUSFLÜGE CHARTRES

tinerkloster, das im 7. Jh. gegründet wurde. Da es außerhalb der Stadtmauern lag, galt es als leicht einnehmbar. Der festungsähnliche, präromanische Glockenturm wurde von den Mönchen als Zufluchtsort bei Angriffen genutzt und stammt aus der Zeit um 1000. Die herrlichen, vielfarbigen Lichtgaden in Hauptschiff, Chor und Apsis stammen aus dem frühen 14. Jh.

Die **Église St-Aignan** (place St-Aignan; ⏰ 8.30–18 Uhr) ist interessant wegen ihres Tonnengewölbes aus Holz (1625), der Arkaden im Hauptschiff und der schon etwas verblassten, blau-goldenen Blumenmotive (1870). Die Buntglasfenster und die Renaissancekapelle St-Michel stammen aus dem 16. und 17. Jh.

ESSEN & AUSGEHEN

LA PASSACAILLE　　　　ITALIENISCH €
(☏ 02 37 21 52 10; www.lapassacaille.fr; 30 rue Ste-Même; 2-/3-Gänge-Menü 16/19 €, Pizza 10,30–14,90 €, Pasta 10,90–15,60 €; ⏰ Do & So–Di 11.45–14 & 18.45–22, Fr & Sa 11.45–14 & 18.45–22.30 Uhr; 🚫) Besonders gut sind die Pizzas; sehr zu empfehlen ist z. B. die Montagnarde mit Tomaten, Mozzarella, würzigem Reblochon, Kartoffeln, roten Zwiebeln, Räucherschinken und Crème fraîche. Es gibt auch hausgemachte Pasta mit verschiedenen Saucen wie etwa *pistou* (Pesto) – ebenfalls hausgemacht. Im Sommer werden Tische im Freien aufgestellt.

LA CHOCOLATERIE　　PATISSERIE, TEESALON €
(2 place du Cygne; Gerichte 3,80–5,50 €; ⏰ Di–Sa 8–19.30, So & Mo 10–19.30 Uhr) Bei einer heißen Schokolade können die Gäste das bunte Treiben auf dem Blumenmarkt beobachten. Die *macarons* (Orange, Aprikose, Erdnuss und Ananas sind nur einige Sorten) wie auch die hausgemachten Crêpes und winzigen Madeleines sind einfach köstlich.

⭐ **LE SAINT-HILAIRE**　　REGIONALKÜCHE €€
(☏ 02 37 30 97 57; www.restaurant-saint-hilaire.fr; 11 rue du Pont St-Hilaire; 3-Gänge-Menü ab 29 €;

⊘Di–Sa 12–14 & 19–21.30 Uhr) Das Essen, das in diesem pistaziengrün gestrichenen Haus mit den freigelegten Holzbalken serviert wird, ist ein Gedicht! Es gibt z. B. mit Speck umwickelte Crevetten mit Lauchgemüse, gebackene und mit Honig glasierte Ente oder Kalbsschnitzel in einer Sauce mit Haselnüssen und Foie gras, Hummer (in der Saison) und wunderbare Käseplatten. Die Zutaten stammen aus der Region.

LE TRIPOT   BISTRO €€
(📞02 37 36 60 11; http://letripot.monsite-orange.fr; 11 place Jean Moulin; 3-Gänge-Menü mittags 15,50 €, abends 28–44 €; ⊘Di & Do–Sa 12–13.45 & 19.30–21.15, So 12–13.45 Uhr) Selbst wer sich in die enge Straße abseits der Trampelpfade verirrt, läuft wahrscheinlich an diesem unauffälligen Lokal vorbei – und verpasst wirklich etwas! In gemütlicher Atmosphäre werden unter der niedrigen Holzdecke landestypische wie auch experimentelle Gerichte serviert, z. B. mit Schnecken gefüllter Kaninchenrücken oder gegrillter Steinbutt mit Trüffel-Hollandaise. Das wissen auch die Einheimischen zu schätzen, deshalb besser einen Tisch reservieren!

L'ESCALIER   BISTRO €€
(📞02 37 33 05 45; www.lescalier-chartres.com; 1 rue du Bourg; 2-/3-Gänge-Menü 18/22 €; ⊘12–15 & 19–22 Uhr) An einer steilen Ecke nicht weit von der für den Namen verantwortlichen Treppe in der hügeligen Altstadt wartet dieses geräumige Lokal mit seiner wunderschönen Terrasse – und der Aufstieg lohnt sich! Die Speisekarte ist kompakt, aber verführerisch: Kalte Platten mit Foie gras, saftige Steaks und Dessertklassiker wie Crème caramel. Ab und zu wird auch Livejazz geboten.

🛏 SCHLAFEN

HÔTEL DU BŒUF COURONNÉ   HOTEL €€
(📞02 37 18 06 06; www.leboeufcouronne.com; 15 place Châtelet; EZ/DZ 57–96/67–121 €; @🛜) Der mit roten Vorhängen verhüllte Eingang beschert der zentral gelegenen Pension der Logis-Gruppe ein theatralisches Flair. Auf der Terrasse kann man im Sommer mit Blick auf die Kathedrale speisen und die dazugehörige Bar XV mixt perfekte Cocktails.

BEST WESTERN
LE GRAND MONARQUE   HOTEL €€€
(📞02 37 18 15 15; www.bw-grand-monarque.com; 22 place des Épars; DZ 139–206 €, FZ 206 €;

❄ @ 🛜) Mit seinen türkisblauen Fensterläden, die die Fassade aus dem Jahr 1779 unterbrechen, der schönen Buntglaskuppel, unzähligen zeitgenössischen Möbeln, alten Schwarz-Weiß-Fotos und anderem Nippes ist der generalüberholte „Große Monarch" ein historisches Schmuckstück in zentraler Lage. Ein paar Zimmer sind klimatisiert. Im luxuriösen Spa wird Hydrotherapie angeboten, das Hotelrestaurant Georges (Dreigängemenü ab 51 €; ⊘Di–Sa 12–14 & 19.30–22, So 12–14 Uhr) wurde mit einem Michelinstern gekürt und das Personal ist unheimlich nett.

Giverny

Giverny entdecken
Die beiden Hauptattraktionen, das Musée des Impressionnismes Giverny und Monets früheres Wohnhaus und Garten, die Maison et Jardins de Claude Monet, sind von April bis Oktober geöffnet (Gleiches gilt für die meisten Restaurants, Bars und Unterkünfte). Außerhalb dieser Saison gibt's kaum einen Grund, das 516-Seelen-Dorf zu besuchen, aber in diesen Monaten sollte man sich unbedingt die Zeit nehmen, durch die herrlichen Grünanlagen der Maison de Claude Monet zu streifen: Im Frühling blühen Narzissen, Tulpen, Rhododendren, Glyzinien und Iris gefolgt von Klatschmohn und Lilien. Im Juni setzen Kapuzinerkresse, Rosen und Wicken Farbtupfer, ab September erstrahlen Dahlien, Sonnenblumen und Stockrosen in herbstlicher Pracht.

Das Beste ...
➜ **zum Anschauen** Maison et Jardins de Claude Monet (S. 303)
➜ **zum Malen** Musée des Impressionnismes Giverny (S. 303)
➜ **zum Essen** Le Jardin des Plumes (S. 304)

Achtung!
Im Dorf gibt's keine öffentlichen Toiletten und keine Geldautomaten.

Anfahrt
➜ **Zug** Ab der Pariser Gare St-Lazare fahren täglich bis zu 15 Züge nach Vernon

(14,30 €, 50 Min.), 7 km westlich von Giverny.

➡ **Bus** Shuttlebusse (8 € hin und zurück, 20 Min., April–Okt. 4-mal tgl.) sind größtenteils auf die Züge von/nach Paris abgestimmt.

➡ **Taxi** Die am Bahnhof von Vernon wartenden **Taxis** (☎06 07 01 83 50, 06 81 09 00 43) berechnen rund 15 € für die Strecke nach Giverny (einfache Fahrt).

➡ **Fahrrad** Räder verleiht das **Café L'Arrivée de Giverny** (☎02 32 21 16 01; 1 place de la Gare; pro Tag 14 €; ⊙7–23 Uhr) gegenüber dem Bahnhof von Vernon. Der 5 km lange, ebene Radweg nach Giverny ist ausgeschildert.

Gut zu wissen

➡ **Lage** 74 km nordwestlich von Paris
➡ **Touristeninformation** (☎02 32 64 45 01; www.cape-tourisme.fr; 80 rue Claude Monet; ⊙April–Okt. 10–18 Uhr)

◉ SEHENSWERTES

MUSÉE DES IMPRESSIONNISMES GIVERNY KUNSTMUSEUM

(☎02 32 51 94 65; www.mdig.fr; 99 rue Claude Monet; Erw./Kind 7/4,50 €, inkl. Maison et Jardins de Claude Monet 16,50/8 €; ⊙April–Okt. 10–18 Uhr) Etwa 100 m nordwestlich der Maison de Claude Monet liegt das Impressionismus-Museum von Giverny. Es wurde in Zusammenarbeit mit dem Musée d'Orsay und anderen Partnern eingerichtet und der Name impliziert, dass in der Dauerausstellung wie auch in Wechselausstellungen alle Aspekte des Impressionismus und der dazugehörenden Bewegungen berücksichtigt werden.

In zweistündigen **Kunstworkshops** (inkl. Material; vorab buchen) kann man die Grundlagen des Malens (mit Wasser- oder Pastellfarben) und Zeichnens erlernen. Außerdem finden regelmäßig Vorträge, Lesungen, Konzerte und Ähnliches statt.

AUSFLÜGE GIVERNY

HIGHLIGHT
MAISON ET JARDINS DE CLAUDE MONET

Der größte Trumpf des winzigen Giverny ist das ehemalige Wohnhaus mitsamt Blumengarten des legendären Impressionisten. Hier lebte Monet mit seiner Familie von 1883 bis 1926 und malte einige seiner berühmtesten Bildserien, darunter die *Décorations des Nymphéas* (Seerosen).

Leider durchschneidet heute die D5 das 1 ha große Anwesen, die viel befahrene Durchgangsstraße entstand aus der früheren kleinen Eisenbahnlinie Chemin du Roy. Ein Fußgängertunnel verbindet die beiden Gartenhälften.

In der **Clos Normand** liegen Monets berühmtes Haus in Pastellrosa und Grün sowie das Atelier des Nymphéas (Seerosenatelier) und die symmetrisch angelegten, üppig blühenden Gärten.

1895 kaufte der Maler ein weiteres Stück Land, den **Jardin d'Eau** (Wassergarten), wo er einen Teich graben, mit Seerosen bepflanzen und die berühmte Japanische Brücke bauen ließ, die inzwischen erneuert wurde. Der von zartlila Glyzinien überwucherte Steg verschmilzt mit der asymmetrischen Umgebung zu der stimmungsvollen Atmosphäre, die der „Maler des Lichts" so gekonnt einzufangen verstand.

Das idyllische Ensemble aus Wohnhaus und Gärten ist *die* Attraktion von Giverny.

Ein Kombiticket für hier und das Pariser Musée Marmottan Monet kostet 18,50 € (für Kinder 9 €), für hier und das Pariser Musée de l'Orangerie 18,50 €.

Nicht versäumen

➡ Clos Normand
➡ Jardin d'Eau

Praktisch & Konkret

➡ ☎02 32 51 28 21
➡ www.fondation-monet.com
➡ 84 rue Claude Monet
➡ Erw./Kind 9,50/5 €, inkl. Musée des Impressionnismes Giverny 16,50/8 € ⊙April–Okt. 9.30–18 Uhr

✕ ESSEN & AUSGEHEN

★ LE JARDIN
DES PLUMES
MODERN FRANZÖSISCH €€

(📞02 32 54 26 35; www.lejardindesplumes.fr; 1 rue du Milieu; 2-Gänge-Menü mittags 29 €, 3-/5-/7-Gänge-Menü abends 39/62/82 €; ⏰Mi-So 12–13.45 & 19.15–21 Uhr; 🚑) Mit seinen luftigen, weißen Räumen ist das 2012 eröffnete Restaurant in einem Gebäude mit himmelblauem Fachwerk die perfekte Bühne für Eric Guerins kreative Küche, die allein schon die Anfahrt aus Paris wert ist. Wer will, übernachtet anschließend in einem der vier Zimmer (160–200 €) oder einer der vier Suiten (250–290 €), die in einem überzeugenden Stilmix aus modern und antik eingerichtet sind. Die Maison et Jardins de Claude Monet sind nur zehn Fußminuten entfernt.

🛏 SCHLAFEN

LE CLOS FLEURI
B&B €€

(📞02 32 21 36 51; www.giverny-leclosfleuri.fr; 5 rue de la Dîme; EZ/DZ 93/98 €; ⏰April–Okt.; 🅿📶) Großzügig geschnittene Zimmer, nach Blumen benannt, mit großen Betten, freigelegten Holzbalken und Blick auf die von einer Hecke eingefassten Gärten bietet dieses nette B&B. Die Besitzerin Danielle hat den grünen Daumen – und spricht außerdem fließend Englisch. Die Maison de Claude Monet und das Musée des Impressionnismes Giverny sind zu Fuß gut zu erreichen.

LA PLUIE DE
ROSES
B&B €€

(📞02 32 51 10 67; www.givernylapluiederoses.fr; 14 rue Claude Monet; EZ/DZ/3BZ/FZ 120/130 /175/220 €; 🅿📶) Jeder wird von diesem familiären, in einem zauberhaften Garten versteckten B&B begeistert sein. Die drei Zimmer sind so gemütlich, dass das Aufstehen schwerfällt – schafft man es doch gibt es zur Belohnung ein Schlemmerfrühstück in der sonnendurchfluteten Veranda. Keine Kreditkarten.

LA MUSARDIÈRE
HOTEL €€

(📞02 32 21 03 18; www.lamusardiere.fr; 123 rue Claude Monet; DZ 84–99 €, 3BZ 123–136 €, FZ 146 €, 3-Gänge-Menüs 26–36 €; ⏰Hotel Feb.–Mitte Dez.; 🅿📶) Das Zweisternehotel von 1880 mit seinen zehn Zimmern und dem hübschen Garten liegt keine 100 m von der Maison de Claude Monet entfernt und macht seinem Namen („Faulenzer") wirklich Ehre. Das angeschlossene Restaurant (April–Okt. 12–22 Uhr) serviert hervorragende Crêpes.

Schlafen

Paris bietet eine riesige Auswahl an Schlafmöglichkeiten. Dabei wird die gesamte Palette vom Hostel bis zum Luxushotel abgedeckt. Apropos Luxus: Ein paar Top-Hotels zählen zu den besten der Welt. Insgesamt gibt es mehr als 1500 Unterkünfte und dennoch kommt man von April bis Oktober, an Feiertagen und während der Schulferien nicht um eine Reservierung herum.

Hotels

Die Pariser Hotels werden von Behörden geprüft und kategorisiert (null bis fünf Sterne). Zwei- bis Dreisternehotels überwiegen; sie sind meist gut ausgestattet. Die Hotelbetreiber sind verpflichtet, die Tarife inklusive TVA (Mehrwertsteuer) anzugeben.

Pariser Hotelzimmer sind vergleichsweise klein. Familien benötigen eher zwei Zimmer, manchmal reicht aber vielleicht ein Drei- oder Vierbettzimmer oder eine Suite.

In den günstigeren Hotels muss man oft ohne Aufzug und/oder Klimaanlage auskommen. Hin und wieder nur Barzahlung möglich.

Das Frühstück ist selten im Übernachtungspreis inbegriffen. Oft kommt man billiger davon, wenn man sich ein Café sucht.

Hostels

In Paris gibt es Hostels wie Sand am Meer, die Qualität wird immer besser. In letzter Zeit sind einige supermoderne Unterkünfte dazugekommen, darunter ein „Megahostel" der Hostelkette **Generator** (www.generatorhostels. com) mit 950 Betten. Es liegt in der Nähe des Canal St-Martin im 10. Arrondissement.

In manchen Hostels müssen die Gäste das Zimmer tagsüber verlassen und eine abendliche Sperrstunde beachten. Oft ist auch die Aufenthaltsdauer auf drei Nächte begrenzt. Unterkünfte, in denen es eine Altersgrenze nach oben gibt, sehen es damit meist nicht so eng, Ausnahme ist die absolute Hauptsaison. In den offiziellen *auberges de jeunesse* (Jugendherbergen) müssen die Gäste einen gültigen Jugendherbergsausweis vorlegen.

Im Übernachtungspreis ist ein einfaches Frühstück inbegriffen.

B&Bs & Privatunterkünfte

B&B-Unterkünfte heißen im Französischen *chambres d'hôtes* und werden immer beliebter. Die Initiative **Hôtes Qualité Paris** (www. hotesqualiteparis.fr) unterstützt B&B-Betreiber. Bei den B&Bs gibt es häufig einen Mindestaufenthalt von drei Nächten.

Appartements

Für Familien und Selbstversorger bietet es sich an, ein Appartement zu mieten. In Paris gibt's ein paar exzellente Appartementhotels. Prima ist z. B. die internationale Kette **Apart'hotels Citadines** (www.citadines.com).

Noch authentischer sind die Privatunterkünfte, die man über Seiten wie Airbnb finden kann. Manchmal sind komplette Wohnungen oder sogar Hausboote dabei! Agenturen vermieten möblierte Wohnungen für Zeitspannen von ein paar Tagen bis zu mehreren Monaten. Vorsicht vor Betrügereien!

Websites

➡ **Lonely Planet** (www.lonelyplanet.com/france/paris/hotels) Unsere Top-Tipps.

➡ **Paris Hotel Service** (www.parishotelservice.com) Die schönsten Boutiquehotels.

➡ **Paris Hotel** (www.hotels-paris.fr) Übersichtliche Website für Hotelbuchungen.

➡ **Guest Apartment Services** (www.guestapartment.com) Romantische Appartements auf und rund um die Pariser Inseln.

➡ **Room Sélection** (www.room-selection.com) Mietappartements, vor allem im Marais.

➡ **Paris Attitude** (www.parisattitude.com) Tausende von Appartements, professioneller Service, vernünftige Preise.

GUT ZU WISSEN

Preise
Die Kategorien basieren auf den Preisen für ein Doppelzimmer mit Bad in der Hauptsaison (ohne Frühstück).

€	weniger als 130 €
€€	130–250 €
€€€	mehr als 250 €

Taxe de Séjour
Die Stadtverwaltung von Paris erhebt eine *taxe de séjour* (Kurtaxe) von 0,20 € (Campingplätze, „NN"- oder nicht klassifizierte Hotels) bis zu 1,50 € (Vier- und Fünfsternehotels) pro Person und Nacht auf alle Unterkünfte.

Internetzugang
In Hotels und Hostels ist die Nutzung des WLAN, auf Französisch „wi-fi", immer häufiger kostenlos. In vielen Hotels (vor allem älteren Semesters) gilt: je höher die Etage desto schlechter der Empfang.

Rauchen
Das Rauchen ist inzwischen in allen Pariser Hotels verboten.

Top-Tipps

Edgar (S. 310) Zwölf individuell gestaltete Zimmer. Jedes von einem anderen Designer gestaltet.

Hôtel Emile (S. 315) Ein Trendsetter und Designertraum in Reinform im Marais. Ein echter Herzensbrecher.

L'Hôtel (S. 322) Der Stoff aus dem Romanzen, Pariser Mythen und Großstadtlegenden sind.

Le Citizen Hotel (S. 313) Modern und technisch auf dem neuesten Stand, mit warmem, minimalistisches Design.

Preiskategorien

€
Cosmos Hôtel (S. 314) Tolles Preis-Leistungs-Verhältnis nur wenige Schritte von den Bars und Kneipen entlang der Rue Jean-Pierre Timbaud im Marais.

Hôtel du Nord – Le Pari Vélo (S. 311) Viel Krimskrams, Charme und Leihräder für Gäste.

Mama Shelter (S. 318) Von Philippe Starck entworfenes Hipsterparadies mit eigener Pizzeria.

Hôtel de la Porte Dorée (S. 318) Familienfreundliches Hotel im Stil eines eleganten Landgasthofs.

Hôtel Vic Eiffel (S. 323) Moderne Zimmer am Eiffelturm.

€€
Hôtel Amour (S. 306) Stilvolle Wahl für einen romantischen Paris-Urlaub.

Familia Hôtel (S. 319) Sepia-Wandbilder und Balkons voller Blumen im Quartier Latin.

Hôtel Jeanne d'Arc (S. 315) Wunderschön und wie ein Wohnhaus aufgemacht. An einer ruhigen Nebenstraße im Marais.

Hôtel Saint Charles (S. 324) Wie die Einheimischen wohnen am dörflichen Hügel Butte aux Cailles.

€€€
Hôtel Fabric (S. 317) Eine elegante Hommage an die Textilindustrie des 19. Jhs. im Oberkampf-Bezirk.

Hôtel Molitor (S. 308) Die Zimmer liegen zu beiden Seiten des liebevoll restaurierten Jugendstil-Schwimmbeckens.

Hotel Crayon (S. 310) Kunstwerke, Retro-Mobiliar und Duschbadtüren aus Buntglas.

Boutiquehotels

Sublim Eiffel (S. 324) Tolle Innenarchitektur inspiriert vom Charme der Stadt der Lichter.

Hôtel Félicien (S. 308) Boutique-Schick im 16. Arrondissement in einem Gebäude aus den 1930er-Jahren.

Hôtel du Petit Moulin (S. 317) Zu Zeiten Heinrichs IV. war dies noch eine Bäckerei. Christian Lacroix hat das Gebäude von Grund auf umgestaltet.

Historische Hotels

Hôtel St-Merry (S. 310) Mittelalterlicher Charme in einem ehemaligen Presbyterium.

La Maison Favart (S. 323) Die Art-nouveau-Eleganz versetzt einen geradewegs zurück in die Belle Époque.

Hôtel d'Angleterre (S. 322) Die frühere Botschaft beherbergt noch heute illustre Gäste.

Hostels

St Christopher's (S. 311) Moderne Einrichtungen an zwei praktischen Standorten.

BVJ Monceau (S. 312) Brandneues Hostel in einem ehemaligen *hôtel particulier* (Stadtvilla) um die Ecke von den Champs Élysées.

Plug-Inn Hostel (S. 312) Idyllische Lage in Montmartre und nette Angestellte.

Auberge de Jeunesse Yves Robert (S. 312) Schickes Design, umweltbewusste Bauweise.

MIJE Fourcy (S. 314) Eines von drei historischen *hôtels particuliers* im Marais.

Wohin zum Schlafen

Viertel	Pro	Kontra
Eiffelturm & westliches Paris	Nah am Wahrzeichen von Paris und den Museen. Nobler Wohnbezirk mit ruhigen Straßen.	Günstige und mitteleure Bleiben sind spärlich gesät. Eher zahmes Nachtleben.
Champs-Élysées & Grands Boulevards	Luxushotels, berühmte Boutiquen und Warenhäuser, Gourmetrestaurants, Top-Nachtleben.	Manche Ecken sind superteuer. Wo das Nachtleben tobt, kann es laut werden.
Louvre & Les Halles	Sehr zentral, hervorragende Verkehrsanbindungen, Spitzenmuseen und Shoppingmöglichkeiten bis zum Umfallen.	Nur wenige Schnäppchen. Die Bauarbeiten am Forum des Halles können laut und lästig sein.
Montmartre & nördliches Paris	Dörfliche Atmosphäre und ein paar quirlige Multi-Kulti-Bezirke. Oft hat man einen Blick über ganz Paris.	Hügelige Straßen, weniger zentrale Lage, z. T. sehr touristisch. Der Rotlichtbezirk rund um Pigalle ist gut beleuchtet und sicher, aber trotzdem nicht jedermanns Sache.
Marais, Ménilmontant & Belleville	Ausgelassenes Nachtleben, hippe Einkaufsgegenden, große Restaurantauswahl in allen Preiskategorien. Top-Museen, lebendige Schwulen- & Lesbenszene. Sehr zentrale Lage. Sonntags ist mehr los als in anderen Vierteln.	Da, wo sich die Bars und Clubs häufen, kann es unangenehm laut werden.
Bastille & östliches Paris	Kaum Touristen. Hier kann man das „echte" Paris erleben. Tolle Märkte und viele Ausgehmöglichkeiten.	Ein paar Bezirke liegen etwas weit ab vom Schuss.
Die Seine-Inseln	Geografisch gesehen das Herz von Paris. Schlafgelegenheiten sind fast ausschließlich auf die friedliche, romantische Île St-Louis beschränkt.	Die Île St-Louis ist nicht ans Metronetz angeschlossen. Kaum Optionen für Selbstversorger. Nachtleben gleich null.
Quartier Latin	Energiegeladenes Studentenviertel, Restaurants und Bars en masse, Buchläden, die bis spät abends geöffnet sind.	So beliebt bei Studenten und Gastdozenten, dass es bei Konferenzen und Seminaren von März bis Juni und im Oktober fast unmöglich ist, ein Zimmer zu bekommen.
St-Germain & Invalides	Stylisch, zentral und genial zum Einkaufen, dazu gediegene Restaurants und die Nähe zum Jardin du Luxembourg.	Budgetunterkünfte sind Mangelware.
Montparnasse & südliches Paris	Preiswert, kaum Touristen, gute Anbindung an die zwei wichtigsten Flughäfen.	Ein paar Ecken sind ziemlich abgelegen.

SCHLAFEN

🛏 Eiffelturm & westliches Paris

★ HÔTEL DU BOIS · HOTEL €€

Karte S. 410 (☎01 45 00 31 96; www.hoteldubois.com; 11 rue du Dôme, 16e; DZ 230–270 €, 3BZ 370 €; ✷❄🛜; Ⓜ Champs-Élysées) In einer Gegend, in der Mittelklassehotels spärlich gesät sind, hat dieses frische, anheimelnde und ungezwungen stilvolle Hotel einen ganz besonderen Reiz. Die hübsche Rezeption dient gleichzeitig als Sitzbereich – man beachte die Sammlung von Terrakottatöpfen. Die 39 Zimmer sind in zarten Farben gehalten, mit Stoffen von Pierre Frey und vielen durchdachten Extras ausgestattet. Top: Wasserkocher, Tee und Kaffee auf jedem Zimmer.

★ HÔTEL FÉLICIEN · BOUTIQUEHOTEL €€

Karte S. 410 (☎01 83 76 02 45; www.hotelfelicienparis.com; 21 rue Félicien David, 16e; DZ 120–280 €; ✷@❄🛜✉; Ⓜ Mirabeau) Ein Gebäude aus den 1930er-Jahren beherbergt dieses schicke Boutiquehotel. Das Preis-Leistungs-Verhältnis ist erste Sahne! Die bildschönen Zimmer sehen mehr nach fünf als nach vier Sternen aus und die weiße und silberne Suite im obersten Stockwerk (die Sky-Etage) halten, was sie versprechen: Hier kann man wunderbar genießen und sich einigeln. 1-A-Turteltauben-Terrain.

★ HÔTEL MOLITOR · BOUTIQUEHOTEL €€€

Karte S. 410 (☎01 56 07 08 50; www.mltr.fr; 2 av. de la porte Molitor, 16e; DZ ab 270 €; ✷@❄🛜✉; Ⓜ Michel-Ange–Molitor) Der Swimmingpool galt in den 1930er-Jahren als der Schickste von ganz Paris. Hier hatte niemand anderes als der berühmte Bikini seinen ersten Auftritt, in den 1990er-Jahren kamen dann die Graffiti-Sprayer und tobten sich aus. Keine Frage, das Molitor hat Kultcharakter. Der Art-déco-Bau (1929) wurde 1989 aufgegeben, ist inzwischen aber restauriert worden. Das Resultat ist wirklich beeindruckend: Die 124 Zimmer sind auf mehreren Etagen hufeisenförmig um das Schwimmbecken angelegt, oben auf dem Dach befindet sich eine Cocktailbar, das Restaurant steht unter dem Kommando von Yannick Alléno und die Original-Umkleidekabinen wurden in moderne Kunstwerke umgewandelt.

HÔTEL SEZZ · BOUTIQUEHOTEL €€€

Karte S. 410 (☎01 56 75 26 26; www.hotelsezz.com; 6 av. Frémiet, 16e; DZ 290–587 €; Suite 556–1236 €; ✷@❄🛜✉; Ⓜ Passy) Der Name des Boutique-Schmuckstückchens mit 27 Zimmern spielt mit der Nummer des vornehmen Arrondissements – 16 (auf Frz. *seize*) –, in dem es sich befindet. Design, Technologie und *l'esprit zen* (der Geist des Zen) stehen im Mittelpunkt. Hinzu kommen ein Hamam, ein Whirlpool und ein Massageraum sowie eine Champagnerbar. Außerdem steht jedem Gast während des Aufenthalts ein persönlicher Hausdiener zur Verfügung – das rechtfertigt den Preis zumindest ansatzweise.

🛏 Champs-Élysées & Grands Boulevards

HÔTEL FRANCE ALBION · HOTEL €

Karte S. 414 (☎01 45 26 00 81; www.albionparis-hotel.com; 11 rue Notre-Dame de Lorette, 9e; EZ 77–103 €, DZ 97–123 €, FZ 163 €; ✷❄🛜; Ⓜ St-Georges) Mütze Schlaf vonnöten? Ganz besonders ruhig sind die Zimmer zum Hof. En-suite-Bäder sind Standard in diesem Budgethotel, das wie aus dem Ei gepellt daherkommt. Die Lage nahe der Opéra ist klasse, die Angestellten sind eifrig und freundlich und die Zimmer haben eine für Pariser Verhältnisse gute Größe (DZ ab 14 m²).

HÔTEL MONTE CARLO · HOTEL €

Karte S. 414 (☎01 47 70 36 75; www.hotelmontecarlo.fr; 44 rue du Faubourg Montmartre, 9e; EZ ohne Bad 59–88 €, mit Bad 79–117 €, DZ ohne Bad 69–98 €, mit Bad 89–147 €, 3BZ mit Bad 125–167 €; 🛜; Ⓜ Le Peletier) Das sehr nett im Viertel gelegene Monte Carlo ist ein ausgezeichnetes Budgethotel mit bunten, individuell gestalteten Zimmern und ein echtes Schnäppchen obendrein. Die Betreiber scheuen keine Mühen und kredenzen sogar ein teilweise biologisches Frühstück. Die günstigeren Zimmer haben kein eigenes Bad, aber insgesamt übertrifft das Hotel viele andere in seiner Kategorie.

HÔTEL CHOPIN · HISTORISCHES HOTEL €

Karte S. 414 (☎01 47 70 58 10; www.hotelchopin.fr; 46 passage Jouffroy, 9e; DZ 85–145 €; @; Ⓜ Grands Boulevards) Das Chopin (erb. 1846) verfügt über 36 Zimmer und liegt in einer der hübschesten Pariser *passages couverts* (überdachte Einkaufspassage) aus dem 19. Jh. Die Räumlichkeiten selbst haben zwar nicht eben viel Charme (und die günstigeren Zimmer sind klein und dunkel), doch das Belle-Époque-Ambiente ringsum ist grandios.

BVJ OPÉRA
HOSTEL €

Karte S. 414 (☎01 42 36 88 18; www.bvjhotel.com;
1 rue de la Tour des Dames, 9e; B/EZ/DZ inkl. Frühstück 30/49/70 €; ☎; Ⓜ Trinité) Die Zimmer
des vom Bureau des Voyages de la Jeunesse
(BVJ) betriebenen Hostels sind sauber und
es herrschen geradezu klösterliche Zustände, doch die Lage unweit des Palais Garnier und der Warenhäuser an den Grands
Boulevards machen das wieder wett. Das
Gebäude aus dem 19. Jh. verfügt über einen
gepflasterten Hof. Vier Stunden wi-fi kosten 5 €. Bezahlung nur in bar.

HÔTEL LANGLOIS
HISTORISCHES HOTEL €€

Karte S. 414 (☎01 48 74 78 24; www.hotel-lang
lois.com; 63 rue St-Lazare, 9e; EZ 150–160 €, DZ
180–190 €; ❄@☎; Ⓜ Trinité) Lust auf ein
Stück Pariser Belle Époque? Das 27-Zim-
mer-Hotel aus dem Jahr 1870 hat sich
seinen Charme erhalten: vom winzigen
Käfiglift über die in vielen Zimmern vor-
handenen (leider aber stillgelegten) Sand-
steinkamine bis hin zu den originalen Ba-
dezimmerarmaturen und -fliesen. Zimmer
64 hat einen wunderbaren Blick auf die
Dächer von Montmartre.

HÔTEL AMARANTE
BEAU MANOIR
HOTEL €€€

Karte S. 414 (☎01 53 43 28 28; www.amarante
beaumanoir.com; 6 rue de l'Arcade, 8e; DZ 228–
266 €; ❄@☎; Ⓜ Madeleine) Das Amarante
(18. Jh.) gehört zu den gemütlicheren Hotels im 8. Arrondissement und kann direkt
um die Ecke der Place Madeleine mit einer
Toplage aufwarten. Die im traditionellen
Stil eingerichteten Zimmer sind passend zu
den freigelegten Deckenbalken mit Holzmöbeln und Eichenböden ausgestattet.
Das Frühstück wird in einem bildschönen
Kreuzgewölbe aus Stein im Keller serviert.
Kostenloses WLAN.

HIDDEN HOTEL
BOUTIQUEHOTEL €€€

Karte S. 412 (☎01 40 55 03 57; www.hidden-hotel.
com; 28 rue de l'Arc de Triomphe, 17e; DZ 389–
454 €; ❄@☎; Ⓜ Charles de Gaulle–Étoile)
🍃 Das Hidden Hotel ist einer der besten
Geheimtipps an den Champs-Élysées:
Das umweltfreundliche Boutiquehotel ist
entspannt, stilvoll und recht großzügig
geschnitten, wobei die Ausstattung öko-
logische Kriterien berücksichtigt. Für die
erdigen Farbtöne sind Naturpigmente verantwortlich (es wurde keine Farbe verwendet), alle Zimmer sind mit handgefertigten
Holzmöbeln ausgestattet, als Waschbecken

dienen steinerne Schalen und die Betten
sind mit Leinenvorhängen abgetrennt. Die
„Emotion"-Zimmer sind besonders beliebt.

HÔTEL JOYCE
DESIGNERHOTEL €€€

Karte S. 414 (☎01 55 07 00 01; www.astotel.
com; 29 rue la Bruyère, 9e; DZ ab 320 €; ❄@☎;
Ⓜ St-Georges) 🍃 Das Designerhotel liegt
in einer hübschen Wohngegend zwischen
Montmartre und l'Opéra. Hier gibt es
jede Menge moderner Designextras (wie
iPod-Dockingstationen oder einen glasüberdachten Frühstücksraum mit alten
Range-Rover-Sitzen) und das Hotel hat
sogar einen ökologischen Anspruch. So bezieht es seinen Strom zu 50 % aus erneuer-
barer Energie und nutzt nach Möglichkeit
Bioprodukte. In der Nebensaison fallen die
Übernachtungstarife z. T. auf 230 €.

🛏 Louvre & Les Halles

HÔTEL TIQUETONNE
HOTEL €

Karte S. 420 (☎01 42 36 94 58; www.hoteltique
tonne.fr; 6 rue Tiquetonne, 2e; DZ 65 €, mit Ge-
meinschaftsdusche 50 €; ☎; Ⓜ Étienne Marcel)
Das gepflegte Tiquetonne existiert schon
seit Beginn des 20. Jhs. und hat eine treue
Anhängerschaft, die sämtliche Altersklas-
sen umspannt. Die 45 Zimmer, verteilt
auf sieben Etagen, sind herzerwärmend
preisgünstig und blitzsauber. Ihr unauf-
dringliches Vintage-Dekor deckt (grob) die
1930er- bis 1980er-Jahre ab. Die Bäder sind
ganz neu gemacht. In den frisch renovierten Räumen liegt Parkett.

Am besten nach einem Zimmer ganz
oben fragen, mit Blick auf die Basilique
du Sacré-Cœur (Nr. 701, 702 oder 703)
oder den Eiffelturm (Nr. 704 und 705). Die
jetons (Duschmünzen) für die Gemein-
schaftsduschen kosten 5 € (an der Rezeption erhältlich).

HÔTEL VIVIENNE
HOTEL €

Karte S. 416 (☎01 42 33 13 26; www.hotel-
vivienne.com; 40 rue Vivienne, 2e; DZ 108–150 €,
3BZ & 4BZ 160 €; @☎; Ⓜ Grands Boulevards)
Das schicke Zweisternehotel bietet für
Paris ein erstaunlich gutes Preis-Leistungs-Verhältnis. Die 45 Zimmer sind zwar
nicht gerade groß, verfügen aber über allen modernen Komfort, einige haben sogar
einen kleinen Balkon. In den Familienzim-
mern finden bis zu zwei Kinder auf einem
Schlafsofa Platz.

★EDGAR BOUTIQUEHOTEL €€

Karte S. 420 (🖉01 40 41 05 19; www.edgarparis. com; 31 rue d'Alexandrie, 2e; DZ 235–295 €; ❄🛜; 🚇Strasbourg–St-Denis) Zwölf Künstler- und Designerteams haben die zwölf verspielt aufgemachten Zimmer in dem früheren Konvent gestaltet und die wenigen, die eine Reservierung ergattern, dürfen sich glücklich schätzen. „Milagros" vereint den Zauber des Fernen Westens, „Dream" beschwört mit seinen surrealistischen Installationen Kindheitsphantasien herauf. Das Frühstück wird im beliebten Restaurant unten serviert. Richtig nett ist auch der versteckte, baumbestandene Platz.

HÔTEL O BOUTIQUEHOTEL €€

Karte S. 420 (🖉01 42 36 04 02; www.hotel-o-paris. com; 19 rue Hérold, 1er; DZ 229–299 €; ❄🛜; 🚇Sentier oder Bourse) Ein futuristisches Refugium, das Zuflucht vor den hektischen Pariser Straßen bietet. Dank des cleveren Designs wird das Maximum aus dem begrenzten Platz herausgeholt. Der französische Designer Ora-Ito versucht, Mutter Natur mit weichen Kurven und einfachen Öko-Materialien (Filz, Eiche, Kork) nachzuempfinden. Man hat die Wahl zwischen drei Stilen: Cocoon, Odyssey oder (die Luxusvariante) Galileo.

HÔTEL DE LA PLACE
DU LOUVRE BOUTIQUEHOTEL €€

Karte S. 420 (🖉01 42 33 78 68; www.paris-hotel-place-du-louvre.com; 21 rue des Prêtres St-Germain l'Auxerrois, 1er; DZ 135–205 €; ❄🛜; 🚇Pont Neuf) Achtung: nicht versehentlich mit dem Relais du Louvre (S. 310) nebenan verwechseln. Dieses relativ neue Hotel ist eine willkommene Bereicherung für die Pariser Hotelszene. Es hat gerade mal 20 Zimmer auf fünf Etagen und zwei pro Stockwerk gewähren einen Blick auf den majestätischen Louvre auf der anderen Straßenseite.

Das Dekor ist modern und stilvoll: Weiß- und Austerngrau schaffen die perfekte Kulisse für den grandiosen Ausblick. Ein nettes, eher Paris-untypisches Extra sind die Wasserkocher auf den Zimmern. Tipp: Die Website nach Last-Minute-Angeboten und anderen Sparaktionen durchforsten!

HÔTEL ST-MERRY HISTORISCHES HOTEL €€

Karte S.420 (🖉0142781415; www.hotelsaintmerry paris.com; 78 rue de la Verrerie, 4e; DZ 170–240 €, 3BZ 295 €; ❄🛜; 🚇Châtelet) Das Interieur dieses Zwölfzimmerhauses mit seinen Balkendecken, Kirchenbänken und schmiedeeisernen Leuchtern ist der Traum eines jeden Gruftis; wer die architektonischen Elemente in Zimmer Nr. 9 (Strebebögen über dem Bett) und die Einrichtung von Nr. 12 (Chorgestühl als Bettgestell) nicht mit eigenen Augen gesehen hat, wird es nicht glauben. Die Kehrseite: Es gibt keinen Aufzug, der das winzige Foyer mit den oberen vier Stockwerken verbindet, und nicht alle Zimmer haben eine Klimaanlage.

LE RELAIS DU LOUVRE BOUTIQUEHOTEL €€

Karte S. 420 (🖉01 40 41 96 42; www.relaisdu louvre.com; 19 rue des Prêtres St-Germain l'Auxerrois, 1er; EZ 135–180 €, DZ 175–263 €, 3BZ 235–263 €; ❄🛜; 🚇Pont Neuf) Wer auf Stil im traditionellen Sinne steht, ist mit diesem bildschönen Hotel gleich westlich des Louvre gegenüber der Église St-Germain l'Auxerrois mit ihrem melodischen Glockengeläut bestens beraten. Es hat 21 Zimmer, neun davon gehen auf die Straße und zur Kirche und sind *petite*, Zimmer Nr. 2 bietet einen Zugang zum Garten.

HÔTEL THÉRÈSE HOTEL €€

Karte S. 416 (🖉01 42 96 10 01; www.hotel therese.com; 5–7 rue Thérèse, 1er; EZ & DZ 180–310 €; ❄🛜; 🚇Pyramides) Das schicke Thérèse geht auf das Konto des Teams, das auch hinter dem wunderbaren Hotel Verneuil am linken Seine-Ufer steht. Es ist die perfekte Adresse für Leute mit einer Vorliebe für japanisches Essen, denn bis zur Rue Ste-Anne und „Japantown" sind es nur wenige Schritte. Die Zimmer sind individuell aufgemacht, das Design ist klassisch, aber vielseitig. An den Fenstern hängen stilvolle Vorhänge aus Leinen.

Die hübscheren Zimmer sind mit Badewannen ausgestattet, die günstigeren, kleineren Zimmer (und klein heißt Mini) mit Duschen. Das Highlight ist die Bibliothekslounge.

★HÔTEL CRAYON BOUTIQUEHOTEL €€€

Karte S. 420 (🖉01 42 36 54 19; www.hotelcrayon. com; 25 rue du Bouloi, 1er; EZ/DZ 311/347 €; ❄🛜; 🚇Les Halles oder Sentier) Linienzeichnungen der französischen Künstlerin Julie Gauthron zieren die Wände und Türen des kreativ gestalteten Boutiquehotels, in dem alles im Zeichen des Stiftes *(le crayon)* steht: Die 26 Zimmer sind in verschiedenen Schattierungen der auf der Etage vorherrschenden Farbe gehalten. Einfach umwerfend sind die Duschwände aus Buntglas. Die Bücher auf den Nachttischen dürfen übrigens gegen eigene ausgelesene Titel getauscht werden.

Für eine Prise Retro-Charme sorgen die Flohmarktmöbel aus den 1950er- und 1960er-Jahren. Ein ausgefallenes Extra in der blitzend silber-weißen Suite sind die Kritzeleien an den Wänden. Die Gäste dürfen aussuchen, wonach ihr Zimmer duften soll, sich ein Tässchen Kaffee nehmen oder sich am Kühlschrank bedienen und sich wie zu Hause fühlen. *Quel bonheur!* Die Webseite ist das Paradies für Schnäppchenjäger (dort kostet die Übernachtung manchmal weniger als die Hälfte!).

LA MAISON FAVART   HISTORISCHES HOTEL €€€
Karte S. 416 (📞01 42 97 59 83; www.lamaisonfa vart.fr; 5 rue de Marivaux, 2e; DZ 200–390 €; ❋🛜; Ⓜ Richelieu–Drouot) Das schicke Art-nouveau-Hotel gegenüber der Opéra Comique wirkt, als wäre die Belle Époque nie zu Ende gegangen. Da es sich in bequemer Laufweite zu den *grands magasins* (Kaufhäusern) auf dem Boulevard Haussmann befindet, ist es für Kauflustige eine erstklassige Wahl. 1824 übernachtete schon Goya hier.

LE PRADEY   DESIGNERHOTEL €€€
Karte S. 416 (📞01 42 60 31 70; www.lepradey. com; 5 rue St-Roch, 1er; DZ 390–460 €; ❋@🛜; Ⓜ Tuileries) In beneidenswerter Lage hinter dem Louvre und dem Jardin des Tuileries liegt das exklusive Le Pradey, ein neues Hotel an der eleganten Rue St-Honoré, das die Messlatte in Sachen Luxushoteldesign ein Stück höher gelegt hat. In der schicken Lounge (Marke gewolltes Understatement) stecken die Gäste ihre Nasen in Kunstbildbände, sofern sie es denn schaffen, sich von ihrer Suite loszureißen. Alle Unterkünfte sind individuell gestaltet.

„Exuberant Cabaret" spielt mit der Rüschentagesdecke, den blutroten Wänden und dem herzförmigen Türrahmen auf den theatralischen Glamour des Moulin Rouge an, während „Opéra", elegant aufgemacht in Pink- und Grautönen, zu einem zauberhaften Ballettabend einlädt.

🛏 Montmartre & nördliches Paris

HÔTEL DU NORD – LE PARI VÉLO   HOTEL €
Karte S. 426 (📞01 42 01 66 00; www.hoteldunord-leparivelo.com; 47 rue Albert Thomas, 10e; DZ 73–86 €, 3BZ/4BZ 96/125 €; 🛜; Ⓜ République) Dieses ganz besonders stimmungsvolle

Hotel hat 24 individuell gestaltete Zimmer, die mit Flohmarktantiquitäten ausgestattet sind. Abgesehen von diesem Nippes-Charme und Hund Pluto, der reihenweise Herzen bricht, überzeugt die grandiose Lage nahe der Place de la République. Ein zusätzliches Plus sind die Mieträder für Gäste.

A ROOM IN PARIS   B&B €
Karte S. 426 (📞06 33 10 25 78; www.aroomin paris.com; 130 rue La Fayette, 10e; Zi. 80–155 €; 🛜; Ⓜ Gare du Nord) In dem gemütlichen Bed & Breakfast nahe der Gare du Nord bietet sich die Gelegenheit, in einem Pariser Appartement zu übernachten. Das Gebäude aus der Haussmann-Zeit inklusive Fischgrätparkett, zeitgenössischem Stuck und Kamin verfügt über fünf Zimmer; in dreien davon finden bis zu vier Personen Platz. Zwei Zimmer haben private Bäder, zu den übrigen drei gehören zwei Gemeinschaftsbäder. Auf Wunsch bekochen Thierry und Peet ihre Gäste.

ST CHRISTOPHER'S GARE DU NORD   HOSTEL €
Karte S. 426 (📞01 70 08 52 22; www.st-christo phers.co.uk/paris-hostels; 5 rue de Dunkerque, 10e; B 20–44, DZ 90–170 € inkl. Frühstück; @🛜; Ⓜ Gare du Nord) Das neuere St Christopher's (eröffnet 2013) liegt direkt an der Gare du Nord und hat die Pariser Hostelszene modernisiert. Auf sechs Stockwerken verteilen sich insgesamt 600 lichtdurchflutete Räume. In den Mehrbettzimmern stehen vier, sechs, acht oder zehn Betten – das sind eine ganze Menge, stimmt, aber wenn man nicht Monate im Voraus bucht, sind sie dennoch vergleichsweise teuer. Außerdem gibt es keine Küche, dafür aber eine Bar, ein Restaurant, ein Café und einen Wäscheservice. Ein Stockwerk ist nur für Frauen. Handtuch und Schloss mitbringen.

ST CHRISTOPHER'S CANAL   HOSTEL €
Karte S. 428 (📞01 40 34 34 40; www.st-christo phers.co.uk/paris-hostels; 159 rue de Crimée, 19e; B 20–52 €, DZ ab 85 €; @🛜; Ⓜ Riquet oder Jaurès) Dieses Hostel (eröffnet 2008) ist sicherlich eines der besten, größten (300 Betten) und modernsten von Paris. Es gibt vier verschiedene Schlafsaaltypen (zwölf, zehn, acht und sechs Betten) sowie Doppelzimmer mit oder ohne eigenes Bad. Zu den weiteren Annehmlichkeiten zählen ein Café am Kanal und eine Bar sowie eine Etage nur für Frauen, eine Küche gibt es allerdings nicht. Dafür können die Gäste Räder ausleihen

und an Tagesausflügen teilnehmen. Die Preise schwanken von Tag zu Tag; aktuelle Infos dazu bietet die Website. Unser Tipp: so weit wie möglich im Voraus reservieren, um möglichst günstig davonzukommen.

BVJ MONCEAU HOSTEL €

Karte S. 429 (☎01 43 29 34 80; www.bvjhotel.com; 12 rue Léon Jost, 17e; B/DZ 30/35 € pro Pers. inkl. Frühstück; ☎; MCourcelles) Das neue Hostel nahe den Champs Élysées diente einst dem Maler Henri Gervex (1852–1929) als Atelier und Wohnhaus. Es hat 24 große Zimmer, in denen jeweils zwei bis zehn Personen schlafen. Die Bäder teilt man sich. Anders als die übrigen Neuzugänge in der Pariser Hostelszene hat das BVJ sein altmodisches Flair bewahrt. Davon zeugen der Original-Stuck, die Parkettböden und der abgeschiedene Hof. Die Bettwäsche wird gestellt, allerdings müssen die Gäste ihr Bett selbst beziehen. WLAN-Empfang nur im Erdgeschoss.

PLUG-INN HOSTEL HOSTEL €

Karte S. 422 (☎01 42 58 42 58; www.plug-inn.fr; 7 rue Aristide Bruant, 18e; B 25–37 €, DZ 90–105 € inkl. Frühstück; @☎; MAbbesses oder Blanche) Es gibt einige Gründe, die für dieses neue Hostel (eröffnet 2010) sprechen, allen voran die zentrale Lage am Montmartre. Die Schlafsäle für vier bis sechs Personen haben alle eine eigene Dusche, es gibt eine Küche und das Personal ist sogar richtig freundlich (was in Pariser Hostels selten ist). Außerdem: keine abendliche Sperrstunde. Einziger Nachteil: Die Gemeinschaftsbereiche sind ziemlich klein.

AUBERGE DE JEUNESSE YVES ROBERT HOSTEL €

Karte S. 426 (☎01 40 38 87 90; www.fuaj.org; 20 rue Pajol, 18e; B/DZ 31/60 € pro Pers. inkl. Frühstück; MMarx Dormoy) ✏ Hinter der Gare de l'Est steht dieses schicke, neue, solarbetriebene Hostel mit Blick auf die Eisenbahngleise. In dem geräumigen Erdgeschoss sind ein Café und ein Gemeinschaftsbereich untergebracht. Die Zimmer sind für ein bis sechs Personen ausgestattet. Leider hat man es relativ weit bis in die anderen Stadtteile und der WLAN-Empfang beschränkt sich auf den Rezeptionsbereich.

WOODSTOCK HOSTEL HOSTEL €

Karte S. 422 (☎01 48 78 87 76; www.woodstock.fr; 48 rue Rodier, 9e; B/DZ inkl. Frühstück 25/54 €; @☎; MAnvers) Das freundliche Hostel liegt von der lärmenden Place Pigalle den Hang hinab in einer ruhigen Wohngegend. Die Schlafsäle haben Etagenbetten für vier bis sechs Personen und jeweils ein Waschbecken; Duschen und WCs sind auf dem Flur. Vom Innenhof geht es ein paar Stufen abwärts in die voll ausgestattete Essküche. Schließzeit ist um 2 Uhr.

HÔTEL REGYN'S MONTMARTRE HOTEL €

Karte S. 422 (☎01 42 54 45 21; www.hotelregyns-paris.com; 18 place des Abbesses, 18e; EZ 65–155 €, DZ & 2BZ 115–175 €; @☎; MAbbesses) Das Regyn's Montmartre ist eine gute Option für Leute, die in Montmartre übernachten wollen, ohne danach bankrott zu sein. Die 22 Zimmer, manche mit Ausblick auf Paris, sind insgesamt nichts Besonderes, die Lage gleich gegenüber der Metrostation Abbesses ist jedoch unschlagbar.

CAULAINCOURT SQUARE HOSTEL HOSTEL €

Karte S. 422 (☎01 46 06 46 06; www.caulaincourt.com; 2 square Caulaincourt, 18e; B 25–30 €, EZ 60–70 €, DZ 70–86 €; @☎; MLamarck–Caulaincourt) Das Hotel hat Schlafsäle und thront auf der Rückseite des Montmartre jenseits des Touristenrummels in einem echten Pariser Wohnviertel und hat auch Schlafsäle im Angebot. Die Zimmer sind gut in Schuss, haben Parkettböden und die Einrichtung ist funky. Es gibt allerdings keinen Aufzug und die WLAN-Verbindung funktioniert nur an der Rezeption. Alleinreisende aufgepasst: Da es keine Aufenthaltsbereiche gibt, ist es eher schwierig, andere Reisende kennenzulernen.

HÔTEL ELDORADO HOTEL €

Karte S. 429 (☎01 45 22 35 21; www.eldoradohotel.fr; 18 rue des Dames, 17e; EZ 43–71 €, DZ 65–94 €, 3BZ 82–102 €; ☎; MPlace de Clichy) Das unkonventionelle Hotel ist eine der größten Entdeckungen in Paris: ein gastfreundliches, ordentlich geführtes Haus mit 23 farbenfrohen und (oft) länderthematisch eingerichteten Zimmern und einem Garten hinten hinaus. Die Zimmer zum Garten bekommen eventuell den Lärm vom Restaurant ab (Ohrstöpsel einpacken!). Einzelzimmer der unteren Preiskategorie haben nur Waschbecken.

RÉPUBLIQUE HÔTEL HOTEL €

Karte S. 426 (☎01 42 39 19 03; www.republiquehotel.com; 31 rue Albert Thomas, 10e; EZ 55–87 €, DZ 60–100 €, 3BZ 135 €; ☎; MRépublique) Diese hippe Unterkunft hat sich mit Leib und Seele der Pop-Art verschrieben – ein paar der Bilder gehen auf das Konto Pariser Straßenkünstler – und hat den wohl engsten Aufzug der ganzen Stadt (wenn nicht sogar der Welt). Über die Gartenzwerge im Frühstücksraum kann man denken, was man will, aber an den günstigen Übernachtungspreisen und der genialen Lage unweit der Place de la République gibt's einfach nichts zu rütteln. Die Wände sind allerdings ziemlich dünn (Ohrstöpsel mitnehmen!).

⭐**LE CITIZEN HOTEL**   BOUTIQUEHOTEL €€
Karte S. 426 (☑01 83 62 55 50; www.lecitizenhotel.com; 96 quai de Jemmapes, 10e; DZ 199 & 269 €; 🛜; Ⓜ Gare de l'Est oder Jacques Bonsergent) Das Citizen (eröffnet 2011) ist der Beweis dafür, dass sich die Gegend um den Canal St-Martin mausert. Bei der Gestaltung des Hotels hat ein Team zukunftsorientierter, kreativer Leute die Köpfe zusammengesteckt. Das Resultat sind zwölf verlockende Zimmer, die mit Feinheiten wie iPads, gefiltertem Wasser und einem warmen, minimalistischen Design aufwarten. Die Kunstwerke stammen aus dem Creative Growth Art Center für behinderte Künstler in Oakland, Kalifornien.

⭐**LOFT**   APPARTEMENT €€
Karte S. 422 (☑06 14 48 47 48; www.loft-paris.fr; 7 cité Véron, 18e; Apt. 100–270 €; 🛜; Ⓜ Blanche) Wer eins der stilvollen Appartements in diesem Schmuckstück von einer Unterkunft ergattern will, muss Monate im Voraus buchen. Sie garantieren ein Maß an Privatsphäre, wie es ein normales Hotel einfach nicht leisten kann. Der Appartementkomplex liegt um die Ecke vom Moulin Rouge. Für die Gäste stehen verschiedene Unterkünfte zur Verfügung, vom Studio für zwei Personen bis zu einem Loft, in dem eine Großfamilie oder große Gruppe locker Platz findet. Der Besitzer ist Kulturjournalist von Beruf und somit eine erstklassige Informationsquelle!

⭐**HÔTEL AMOUR**   BOUTIQUEHOTEL €€
Karte S. 422 (☑01 48 78 31 80; www.hotelamourparis.fr; 8 rue Navarin, 9e; EZ 145 €, DZ 170–225 €; 🛜; Ⓜ St-Georges oder Pigalle) Wer einen romantischen Trip nach Paris plant, ist hier goldrichtig. Das wahrhaft unnachahmliche Amour (ein ehemaliges Stundenhotel) trägt Schwarz – zu diesem Preis findet man in ganz Paris keinen originelleren Ort zum Schlafen. In jedem Zimmer gibt's Kunst- und Designoriginale zu bewundern, auf einen Fernseher muss man allerdings verzichten. Aber wer braucht den schon, wenn er verliebt ist?

ROBINET D'OR   BOUTIQUEHOTEL €€
Karte S. 426 (☑01 44 65 14 50; www.lerobinetdor.com; 7 rue Robert Blache, 10e; DZ 187–352 €, 4BZ ab 363 €; ❄🛜; Ⓜ Château Landon) Eine ehemalige Armaturenfabrik (daher rührt auch der Name, „goldener Wasserhahn") beherbergt dieses recht neue Boutiquehotel mit dem stylischen, modernen Flair. Parkettböden, geschmackvoll ausgewählte Flormarktmöbel, moderne Einrichtungen und einladende Regenduschen ergeben gemeinsam ein stimmiges Ganzes. Für Familien stehen Vierbettzimmer zur Verfügung und die sehr beliebte Brasserie treppab lädt zum Frühstücken ein.

AU SOURIRE DE MONTMARTRE   B&B €€
(☑06 64 64 72 86; www.sourire-de-montmartre.com; 64 rue du Mont Cenis, 18e; Zi. 125–170 €; 🛜; Ⓜ Jules Joffrin) Charmantes familienbetriebenes B&B auf der „Rückseite" von Montmartre mit vier Zimmern und einem Studio, die unterschiedlich gestaltet sind, entweder mit französischen Antiquitäten oder marokkanischen Motiven. Das Viertel ist sehr nett, aber auch etwas ab vom Schuss (die Wegbeschreibung erhält man nach Bestätigung der Buchung). Was fehlt ist ein Aufzug.

HÔTEL DES ARTS   HOTEL €€
Karte S. 422 (☑01 46 06 30 52; www.arts-hotel-paris.com; 5 rue Tholozé, 18e; EZ/DZ ab 145/160 €; 🛜; Ⓜ Abbesses oder Blanche) Das freundliche, ansprechende 50-Zimmer-Hotel kann sich einer Toplage rühmen: Es liegt günstig zur Place Pigalle und zum Montmartre und befindet sich in derselben Straße wie die altehrwürdige Windmühle Moulin de la Galette. Der Preis für die gemütlichen Standardzimmer ist spitze, aber der Aufschlag von 20 € für die Chambres Supérieures (gehobene Zimmer) kann sich lohnen – die Aussicht ist schöner. Die Online-Tarife sind oft günstiger.

NEW ORIENT HÔTEL   HOTEL €€
Karte S. 429 (☑01 45 22 21 64; www.hotelneworient.com; 16 rue de Constantinople, 8e; EZ 128 €, DZ 158–185 €, 4BZ 195 €; ❄🛜; Ⓜ Europe) Das entzückende Hotel hat viel Atmosphäre: Einige Zimmer sind mit Möbeln des Zweiten Kaiserreichs und dekorativen Büsten ausgestattet und das geschmackvolle Dekor

macht das New Orient zu einem der nettesten Hotels der mittleren Preiskategorie im Westen von Paris. Der einzige Nachteil ist die etwas abgelegene Lage.

MANOIR DE BEAUREGARD
B&B €€

Karte S. 428 (☑01 42 03 10 20; manoir-de-beauregard-paris.com; 43 rue des Lilas, 19e; Zi. 185–265 €; 🖘; Ⓜ Danube) Wer schon immer mal in einem französischen Stadthaus aus dem 18. Jh. übernachten wollte, muss nicht länger suchen: Die Zimmer (für 2–4 Pers.) im zeitgenössischen Look sind luxuriös ausstaffiert, mit wunderbarer Bettwäsche, Blumentapeten und originalen Parkettböden. Es gibt sogar einen Garten, eine echte Rarität in Paris. Und zum Frühstück wird selbst gemachte Marmelade serviert.

ERMITAGE HÔTEL
HISTORISCHES HOTEL €€

Karte S. 422 (☑01 42 64 79 22; www.ermitagesacrecoeur.fr; 24 rue Lamarck, 18e; EZ 95 €, DZ 115–120 €, 3BZ/4BZ 150/170 €; @; Ⓜ Lamarck–Caulaincourt) Das in einem Stadthaus aus dem 19. Jh. untergebrachte, urige, familiengeführte Ermitage Hôtel ähnelt einem B&B und liegt im Schatten von Sacré Coeur. Die zwölf einfachen, aber charmanten Zimmer sind im traditionellen Stil eingerichtet, die geblümten Stoffe an den Wänden und die antiken Möbel lassen den Charme vergangener Zeiten aufleben. Die Zimmer in den oberen Stockwerken bieten eine schönere Aussicht.

RELAIS MONTMARTRE
HOTEL €€

Karte S. 422 (☑01 70 64 25 25; www.relaismontmartre.fr; 6 rue Constance, 18e; DZ 199–259 €; ❄🖘; Ⓜ Abbesses oder Blanche) Beliebte Unterkunft in erstklassiger Lage. Das Dekor ist ländlich rustikal, mit Blumendrucken und freigelegten Dachbalken, die passend zur individuellen Farbgebung der Zimmer gestrichen sind. Herausragender Service.

TERRASS HÔTEL
HOTEL €€€

Karte S. 422 (☑01 46 06 72 85; www.terrass-hotel.com; 12 rue Joseph de Maistre, 18e; EZ & DZ 345–450 €; ❄🖘; Ⓜ Blanche) Das sehr gesetzte und geschmackvolle Hotel hat 98 geräumige, gut gestaltete Zimmer und so ziemlich die beste Aussicht der Stadt. Das ultimative Paris-Erlebnis bietet das Doppelzimmer 608 mit umwerfendem Blick auf Eiffelturm und Panthéon oder Zimmer 802 mit eigener Terrasse. Einige der Zimmer im 4., 5. und 6. Stock wurden von Kenzo entworfen. Die Online-Preise liegen z. T. mehr als die Hälfte unter den offiziellen Tarifen.

🛏 Marais, Ménilmontant & Belleville

★ COSMOS HÔTEL
HOTEL €

Karte S. 434 (☑01 43 57 25 88; www.cosmos-hotel-paris.com; 35 rue Jean-Pierre Timbaud, 11e; EZ 62–75 €, DZ 68–75 €, 3BZ/4BZ 85/94 €; 🖘; Ⓜ République) Großartiges Preis-Leistungs-Verhältnis nur wenige Schritte von den angesagten Bars, Cafés und Musikclubs an der Rue Jean-Pierre Timbaud entfernt. Das Cosmos ist ein leuchtender Retro-Stern am Budgethotelhimmel. Es existiert schon seit mehr als 30 Jahren, ist aber, anders als andere Unterkünfte derselben Preiskategorie, in den Genuss einer gründlichen Modernisierung gekommen. Das Frühstück kostet 8 €.

HÔTEL BEAUMARCHAIS
DESIGNERHOTEL €

Karte S. 430 (☑01 53 36 86 86; www.hotelbeaumarchais.com; 3 rue Oberkampf, 11e; EZ 75–100 €, DZ 90–145 €; 🖘; Ⓜ Filles du Calvaire) Das quietschbunte 31-Zimmer-Designerhotel setzt einen deutlichen Akzent auf sonnige und kräftige Primärfarben und grenzt hart an Kitsch. Dafür sorgt es aber zweifellos für ein Paris-Erlebnis der anderen Art. Außerdem gibt es monatliche Kunstausstellungen, zu deren Vernissagen die Gäste eingeladen sind. Die Boutiquen und Bars des Marais sind in nur zwei Gehminuten zu erreichen.

MIJE FOURCY
HOSTEL €

Karte S. 430 (☑01 42 74 23 45; www.mije.com; 6 rue de Fourcy, 4e; B inkl. Frühstück 33,50 €, EZ/DZ/3BZ 55/82/100,50 €; 🖘; Ⓜ St-Paul oder Pont Marie) Wer den eleganten Eingang dieses *hôtel particulier* passiert hat, darf sich selbst beglückwünschen, eine derart phantastische Unterkunft ergattert zu haben. Das Fourcy heißt seine Gäste mit sauberen Zimmern samt Duschen (Gemeinschaftstoiletten auf dem Gang) und einem Sommergarten willkommen, in dem man frühstücken und entspannen kann. Es gibt allerdings verschiedene Auflagen: Die Zimmer müssen zwischen 12 und 15 Uhr geräumt werden, die Schließzeit ist von 1 bis 7 Uhr und Kinder müssen mindestens sechs Jahre alt sein, um hier übernachten zu dürfen. Dies ist eines von drei Hostels im Marais, die von der Maison Internationale de la Jeunesse und des Étudiants betrieben werden. Die anderen beiden sind das **MIJE Le Fauconnier** (Karte S. 430; 11 rue du Fauconnnier, 4e; MSt-Paul oder Pont Marie) und das **MIJE Maubuisson** (Karte S. 430; 12 rue des Barres, 4e; MHôtel de Ville oder Pont Marie).

HÔTEL RIVOLI   HOTEL €

Karte S. 430 (⊘01 42 72 08 41; www.hotel-rivoli. fr; 2 rue des Mauvais Garçons, 4e; EZ/DZ mit Waschbecken 38/47 €, EZ/DZ/3BZ mit Dusche 50/61/76 €; MHôtel de Ville) Das Rivoli mit seinen 20 schlichten, etwas lauten Zimmern ist beschwingt und günstig wie eh und je. Die billigeren Unterkünfte haben kein eigenes Bad, aber die Benutzung der Dusche im Flur ist kostenlos. Ärgerlich ist, dass trotz der Lage mitten im nachtaktiven Marais die Haustür von 2 bis 7 Uhr abgeschlossen ist. Die Rezeption befindet sich im 1. Stock. Das Frühstück kostet 5 €.

HÔTEL DE NICE   HOTEL €

Karte S. 430 (⊘01 42 78 55 29; www.hoteldenice.com; 42bis rue de Rivoli, 4e; EZ 80–100 €, DZ 100–220 €, 3BZ 135–240 €; ☎; MHôtel de Ville) Ein besonders warmherziges, familiengeführtes Hotel mit 23 gemütlichen Zimmern, die mit Möbeln im Stil des Zweiten Kaiserreichs, orientalischen Teppichen und Lampen mit Fransenschirmen ausgestattet sind. Einige davon haben zudem Balkons hoch über der belebten Rue de Rivoli. Frühstück gibt's für 8 €.

HÔTEL DU LOIRET   HOTEL €

Karte S. 430 (⊘01 48 87 77 00; www.hotel-du-loiret.fr; 8 rue des Mauvais Garçons, 4e; DZ/3BZ 100/150 €; MHôtel de Ville oder St-Paul) Das 27-Zimmer-Budgethotel an der „Straße der bösen Jungs" im Herzen des schwulen Marais ist bei jungen männlichen Reisenden sehr beliebt.

★HÔTEL JEANNE D'ARC   HOTEL €€

Karte S. 430 (⊘01 48 87 62 11; www.hoteljeanne darc.com; 3 rue de Jarente, 4e; EZ 72 €, DZ 98–120 €, 4BZ 250 €; ☎; MSt-Paul) Der einzige Nachteil an dieser bildschönen Unterkunft ist, dass alle Welt sie kennt, wer also eins der 35 Zimmer ergattern will, muss weit im Voraus buchen. Gesellschaftsspiele, ein bemalter Schaukelstuhl für die Kleinen in der Lounge, Nippes überall und der außergewöhnliche Spiegel im Frühstücksraum schaffen eine wahrhaft heimelige Atmosphäre. Die *pièce de résistance* ist die Mansarde im 6. Stock mit Blick über die Dächer von Paris.

★HÔTEL EMILE   DESIGNERHOTEL €€

Karte S. 430 (⊘01 42 72 76 17; www.hotelemile. com; 2 rue Malher, 4e; EZ 170 €, DZ 180–230 €, Suite 350 € inkl. Frühstück; ❄ ☎; MSt-Paul) Das schicke Emile ist in Schwarz und Weiß „gekleidet". Die Teppiche, Gardinen, Tapeten und Vorhänge haben geometrische Muster. Zu den Nachbarn zählen zahlreiche Boutiquen und Restaurants. Die Doppelzimmer in der obersten Etage sind teurer, da man einen tollen Blick über die Dächer der Stadt samt Kaminschornsteinen hat. Das Frühstück wird auf Barhockern in der Lobby eingenommen; die „Küche" findet man derweil im Schrank.

HÔTEL DE LA HERSE D'OR   HOTEL €€

Karte S. 430 (⊘01 48 87 84 09; www.hotel-herse-dor.com; 20 rue St-Antoine, 4e; EZ 99 €, DZ 129–189 €, 3BZ 159–209 €; ❄ @ ☎; MBastille) Nette, bodenständige Adresse an einer hektischen Einkaufsstraße. Ein paar der um die 30 Zimmer trumpfen mit Originalkaminen aus Stein auf, wieder andere haben ein eigene Terrasse. Wer nicht so viel ausgeben möchte, kann eines der „älteren" Zimmer mit Teppichboden und betagtem Mobiliar beziehen. Die teureren Zimmer sind renoviert und modernisiert worden und erstrahlen seither in frischem Weiß. Das Frühstück ist ein echtes Schnäppchen für 6 €. Der Name, *herse d'or*, bedeutet übrigens so viel wie „goldenes Fallgitter". Man könnte es also auch das Golden Gate Hotel nennen.

HÔTEL GEORGETTE   DESIGNERHOTEL €€

Karte S. 430 (⊘01 44 61 10 10; www.hotelgeor gette.com; 36 rue du Grenier St-Lazare, 3e; DZ 153–216 €; ❄ ☎; MRambuteau) Dass sich das Georgette vom Centre Pompidou um die Ecke hat inspirieren lassen, ist offensichtlich. Es ist ein niedliches kleines Hotel und vergleichsweise günstig obendrein. Die Lobby ist hell und ansprechend, die Zimmer huldigen verschiedenen Kunstrichtungen wie Pop-Art, Op-Art, Dada oder Nouveau Réalisme. Dabei dürfen kräftige Farben und auffallende Extras wie die Lampenschirme aus Campbell-Suppenkonserven (Andy Warhol lässt grüßen) nicht fehlen.

HÔTEL DE LA PLACE DES VOSGES   HOTEL €€

Karte S. 430 (⊘01 42 72 60 46; www.hotelplace desvosges.com; 12 rue de Birague, 4e; DZ 95–160 €, 4BZ 200–250 €; ☎; MSt-Paul) Dieses sehr günstig gelegene Hotel mit 16 Zimmern und einem Loft (samt Ausziehbetten für Familien) auf sechs Etagen beherbergte im 16. Jh. Stallungen, die zur nahegelegenen Bastille gehörten. Es ist nur einen Steinwurf von der bildschönen Place des Vosges entfernt. Alte Holzbalken und nackter Stein sorgen für eine besondere Atmosphäre. Das Frühstück kostet 8 €.

HÔTEL DU HAUT MARAIS
B&B €€

Karte S. 430 (☏01 42 77 65 52; www.hotelhaut marais.com; 7 rue des Vertus, 3e; DZ/Suite/Apt. inkl. Frühstück 125/185/198 €; ☎; Ⓜ Arts et Métiers) Das hinreißende Stadthaus aus dem 15. Jh. ist auch als „Chez Didier et Marc" bekannt und genau das Richtige für Leute, die nach einem stilvollen „zweiten Zuhause" in Paris suchen. Didier, Marc und ihr Hund wohnen ebenfalls in dieser Boutiquepension mit nur acht Zimmern, die ganz unterschiedlich aufgemacht und auf fünf Stockwerke verteilt sind. Das Frühstück (im Preis inbegriffen) wird an einem Gemeinschaftstisch im Keller serviert.

HÔTEL CARON DE BEAUMARCHAIS
BOUTIQUEHOTEL €€

Karte S. 430 (☏01 42 72 34 12; www.caronde beaumarchais.com; 12 rue Vieille du Temple, 4e; DZ 160–198 €; @☎; Ⓜ St-Paul) Was an diesem einzigartigen Mottohotel am meisten beeindruckt, ist die Liebe zum Detail. Es ist aufgemacht wie ein privates Wohnhaus aus dem 18. Jh. Der altmodische Kartentisch sieht aus, als wäre mitten im Spiel plötzlich die Zeit stehen geblieben, und das Ensemble aus Harfe, Notenständer und Partitur sowie das gesamte restliche Dekor erinnern an das Leben des Dramatikers aus dem 18. Jh., nach dem das Hotel benannt wurde.

GRAND HÔTEL MALHER
HOTEL €€

Karte S. 430 (☏01 42 72 60 92; www.grandhotel malher.com; 5 rue Malher, 4e; EZ 130–160 €, DZ 160–200 €, 3BZ 250 €; ☎; Ⓜ St-Paul) Die Zimmer sind nicht ganz so durchgestylt, wie einen die Lobby und Lounge denken lassen, aber das heißt nicht, dass das Malher nicht komfortabel wäre. Die Räume zur Straße hin haben niedliche schmiedeeiserne Balkons und das Zimmer im Erdgeschoss mit Zugang zum Hof ist speziell für Rollstuhlfahrer gedacht.

HÔTEL CARON
HOTEL €€

Karte S. 430 (☏01 40 29 02 94; www.hotelcaron. com; 3 rue Caron, 4e; DZ 249–259 €; ✳☎; Ⓜ St-Paul) Nur wenige Schritte von der entzückenden Place du Marché Ste-Catherine entfernt

steht diese solide Mittelklasseoption mit der schwarzen Fassade. Seine „Nachbarn" sind gesellige Kosmopoliten (ein schottisches Pub, ein italienischer Lebensmittelladen usw.). Warme, natürliche Farben schaffen sofort eine Wohlfühlatmosphäre in den 18 Doppelzimmern und die L'Occitane-Produkte im Bad sind für die süße olfaktorische Note verantwortlich. Ein echtes Highlight ist das Frühstück (14 €), das in dem Gewölbekeller aus hellem Stein serviert wird.

HÔTEL BASTILLE DE LAUNAY
HOTEL €€

Karte S. 430 (☏01 47 00 88 11; www.bastille delaunay-hotel-paris.com; 42 rue Amelot, 3e; EZ/DZ 150/180 €; Ⓜ Chemin Vert) Glitzer und Glamour versprechen die 36 Zimmer des smarten Bastille de Launay, die in zwei Gebäuden, getrennt von einem kleinen Innenhof, untergebracht sind. Das Preis-Leistungs-Verhältnis ist gut. Die großen Fenster und der wohlüberlegte Einsatz von Spiegeln sorgen für ein helles und sehr ruhiges Ambiente – und das nur ein paar Schritte entfernt vom belebten Boulevard Beaumarchais und der Place de la Bastille. Das Frühstück kostet 12 €.

HÔTEL DES MÉTALLOS
HOTEL €€

Karte S. 434 (☏01 43 38 73 63; www.hoteldes metallos.com; 50 rue de la Folie Méricourt, 11e; EZ 75–159 €, DZ 79–189 €; ✳@☎; Ⓜ St-Ambroise oder Parmentier) Einen kurzen Spaziergang vom Marché Popincourt entfernt steht das moderne, helle Métallos mit seinen 32 gut ausgestatteten Zimmern und großzügigen Gemeinschaftsbereichen. Das Frühstück kostet 10 € und es gibt (super Idee!) *petit dej „sur la pouce"* (Frühstück „auf die Hand"): Gebäck plus ein Heißgetränk zum Mitnehmen, und das schon ab 6 Uhr – toll für alle Frühaufsteher.

HÔTEL DU VIEUX SAULE
HOTEL €€

Karte S. 430 (☏01 42 72 01 14; www.hotelvieux saule.com; 6 rue de Picardie, 3e; EZ 95–125 €, DZ 110–165 €; ☎; Ⓜ Filles du Calvaire) Das blumengeschmückte 27-Zimmer-Hotel gleich um die Ecke vom Marché aux Rouges Enfants gilt es zu entdecken, weil es abseits des Touristenrummels liegt. Das Frühstück (12 €) wird im Kellergewölbe aus dem 16. Jh. serviert.

CASTEX HÔTEL
HOTEL €€

Karte S. 430 (☏01 42 72 31 52; www.castexhotel. com; 5 rue Castex, 4e; EZ/DZ 169/199 €; Ⓜ Bastille) Das Castex mit seinen 30 Zimmern liegt von der Bastille und dem Marais

LES BAINS

Irgendwann 2015 soll es eröffnet werden, das **Les Bains** (www.lesbains-paris.com; 7 rue du Bourg-l'Abbé, 3e), eine vielversprechende Adresse. Schon ihre Vergangenheit ist geradezu ein Mythos. Die Thermalbäder wurden 1885 gebaut und waren ein beliebter Treffpunkt illustrer Zeitgenossen wie Marcel Proust. 1978 war Schluss mit Baden; stattdessen öffnete der Club Bains-Douches, sehr zur Freude von David Bowie, Mick Jagger und jeder Menge anderer Rockstars und VIPs, die sich öfter in diesem legen-dären Laden blicken ließen. 2011 schloss er jedoch und machte den Weg frei für eine neuerliche Wiedergeburt, dieses Mal als „schickes, phantasievolles, transkulturelles, historisches" und schlichtweg umwerfendes Hotel.

gleich weit entfernt. Es hat sich ein gewis-ses 17.-Jahrhundert-Flair bewahrt. Dafür sorgen das steinerne Kellergewölbe, das als Frühstücksraum dient, die Bodenfliesen aus Terrakotta und die Toile-de-Jouy-Tape-ten. Am schönsten sind die beiden separa-ten Zimmer 1 und 2 mit Terrassenzugang. Nr. 3 ist eine Zweizimmersuite bzw. ein Familienzimmer. Frühstück gibt's für 11 €.

HÔTEL DU 7E ART HOTEL €€

Karte S. 430 (📞01 44 54 85 00; www.paris-hotel-7art.com; 20 rue St-Paul, 4e; EZ 85 €, DZ 120–180 €, 3BZ 180–200 €, 4BZ 220 €; 📶; MSt-Paul) Gleich gegenüber vom Village St-Paul steht dieser Traum für Kinofans: *Le septième art*, die siebte Kunst – so nennt man in Frank-reich die Filmkunst. Das Dekor passend zum Namen besteht aus Filmpostern der 1950er- und 1960er-Jahre und cineastisch anmutenden schwarz-weißen Badezim-merfliesen. Die Rezeption im Erdgeschoss dient gleichzeitig als gemütliche Café-Bar, in der Postkarten und Figürchen verkauft werden. Das Frühstück kostet 8 €.

★HÔTEL FABRIC DESIGNERHOTEL €€€

Karte S. 434 (📞01 43 57 27 00; www.hotelfabric. com; 31 rue de la Folie Méricourt, 11e; DZ 240–360 €; 📶; MOberkampf) Das Hôtel Fabric hat vier Sterne und orientiert sich vom Stil her am Industriechick – im 19. Jh. befand sich hier eine Textilfabrik. In dem Loungebereich aus roten Ziegeln sind die stählernen Säulen und Vintage-Schmuck-stückchen wie die Nähmaschine von Singer echte Blickfänge und eine tolle Kulisse für die *table d'hôte*, wo ein Menü zum Festpreis serviert wird. Die mit dunklem Teppich ausgelegten Flure führen in frische, helle Zimmer, die mit bildschönen Stoffen und unglaublich coolen Schränken aus umge-bauten Holzkisten aufwarten. Frühstück gibt's für 15 €.

HÔTEL SAINT PAUL DE MARAIS HOTEL €€€

Karte S. 430 (📞01 48 04 97 27; www.saint-paul-marais.fr; 8 rue de Sévigné, 4e; EZ/DZ/3BZ 220/280/350 €; @📶; MSt-Paul) Angefangen bei der salbeigrünen Fassade bis zu dem zauberhaften Ensemble aus familientaug-lichen Maisonette-Zimmern unterm Dach vermag das Saint Paul, die Hotelgäste in sei-nen Bann zu ziehen. Es ist eine erstklassige Adresse, um die Restaurantszene des Marais kennenzulernen. Darüber hinaus sind die 28 traditionell gestalteten Zimmer warm und gemütlich. Wasserkocher sind Standard. Das Frühstück (12 €) wird in der Keller-„Küche" oder, bei gutem Wetter, im Hof aufgetischt.

LE PAVILLON DE LA REINE HISTORISCHES HOTEL €€€

Karte S. 430 (📞01 44 59 80 40; www.pavillondela reine.com; 28 place des Vosges, 3e; DZ 385–550 €; ❄@📶; MChemin Vert) Diese opu-lente, historische Unterkunft steht unweit der Place des Vosges an einem Hof mit Kopfsteinpflaster. Sie ist nach Anna von Österreich benannt, die dereinst hier näch-tigte. Sie war von 1615 an mit Ludwig XIII. verheiratet. Der niedliche Garten und das hauseigene Spa machen den Pavillon de la Reine zu einem herrlichen Rückzugsort fernab der Hektik der Großstadt.

HÔTEL DU PETIT MOULIN BOUTIQUEHOTEL €€€

Karte S. 430 (📞01 42 74 10 10; www.hoteldupetit moulin.com; 29–31 rue du Poitou, 3e; DZ 220–350 €; 📶; MFilles du Calvaire) Das 17-Zim-mer-Hotel war zur Zeit Heinrichs IV. noch eine Bäckerei und ist quasi zum Anbeißen. Für das Design ist Christian Lacroix verant-wortlich. Die Gäste haben die Wahl zwischen Mittelalter, „Marais-Rokoko" mit Balkende-cken und Toile-de-Jouy-Tapeten oder einem moderneren Ambiente mit zeitgenössischen Wandgemälden und herzförmigen Spiegeln, die haarscharf am Kitsch vorbeischrammen.

🛏 Bastille & östliches Paris

★ MAMA SHELTER
DESIGNERHOTEL €

(☑01 43 48 48 48; www.mamashelter.com; 109 rue de Bagnolet, 20e; EZ/DZ ab 79/89 €; ❄ @ 🛜; 🖥76, Ⓜ Alexandre Dumas oder Gambetta) Das ehemalige Parkhaus verdankt seine kuriose Inkarnation dem „Überdesigner" Philippe Starck und bietet ohne Zweifel das beste Preis-Leistungs-Verhältnis der gesamten Stadt. Es beeindruckt mit 170 superkomfortablen Zimmern samt iMacs und typischen Starck-Details (Farbkompositionen in Schokobraun und Fuchsiapink), rauen Betonwänden und Mikrowellen. Die Dachterrasse und die coole Pizzeria erden das Ganze.

Der einzige Nachteil: Bis zur nächsten Metrostation und ins Zentrum ist es ein ziemlicher Marsch, aber die Buslinie 76 hält direkt vor der Tür (fährt vom Zentrum aus an der Place de la Bastille vorbei).

HÔTEL DE LA PORTE DORÉE
HOTEL €

(☑01 43 07 56 97; www.hoteldelaportedoree.com; 273 av. Daumesnil, 12e; EZ 66–78 €, DZ 91–105 €, 3BZ 133 €; ❄ @ 🛜; Ⓜ Porte Dorée) 🗨 Ein paar Querstraßen vom Boulevard Périphérique und nur wenige Schritte von der Metrohaltestelle Porte Dorée entfernt stößt man auf ein Hotel im Landhausstil. Es ist sehr familienfreundlich: Schon an der Rezeption liegen Stifte und Papier und auf den Zimmern steht Spielzeug bereit. Gleich um die Ecke ist der schöne Bois de Vincennes zum Toben und Spielen. Ein paar der 43 Zimmer mit Parkettböden verfügen über altmodische Kamine.

HÔTEL DU PRINTEMPS
HOTEL €

(☑01 43 43 62 31; www.hotel-paris-printemps.com; 80 bd de Picpus, 12e; EZ 79–104 €, DZ 89–136 €, 3BZ 116–157 €; ❄ 🛜; Ⓜ Picpus) Es liegt zwar nicht mittendrin im Geschehen, aber das nur ein paar Schritte von der Place de la Nation entfernte „Frühlingshotel" ist mit seinen 38 Zimmern für den Standard und die Lage sehr preisgünstig. Mit der RER A ist man in weniger als zehn Minuten im Zentrum.

HÔTEL DAVAL
HOTEL €

Karte S. 438 (☑01 47 00 51 23; www.hotel daval.com; 21 rue Daval, 11e; EZ/DZ/3BZ/4BZ 98/109/149/169 €; ❄ 🛜; Ⓜ Bastille) Das Hotel mit 23 Zimmern plus Aufzug ist eine sehr zentral gelegene Option und genau richtig, wenn einem eine günstige Bleibe nahe der Place de la Bastille vorschwebt. Zimmer

und Bäder sind eher klein. Wer seine Ruhe haben will, sollte eins der Zimmer auf der Rückseite nehmen (z. B. die Nr. 13).

HÔTEL PARIS BASTILLE
HOTEL €€

Karte S. 438 (☑01 40 01 07 17; www.hotelparis bastille.com; 67 rue de Lyon, 12e; EZ/DZ/3BZ/ 4BZ 200/214/265/288 €; ❄ 🛜; Ⓜ Bastille) Ein heiter-gelassener Hafen nahe der hektischen Bastille und dem Marais ist das komfortable Paris Bastille, ein Hotel der mittleren Preisklasse. Es verfügt über eine Reihe moderner Zimmer und wirkt etwas 08/15, ist aber dennoch eine der nettesten und verlässlichsten Unterkünfte im Viertel.

HI MATIC
HOTEL €€

Karte S. 438 (☑01 43 67 56 56; www.hi-matic.net; 71 rue de Charonne, 11e; DZ 156–176 €, FZ 196 €; ❄ @ 🛜; Ⓜ Bastille) 🗨 Auf der Pro-Seite dieses „Stadthotels der Zukunft" stehen die umweltfreundlichen LED-Energiesparlampen und die natürlichen Pigmente, die anstelle von Farbe aufgetragen wurden, sowie das farbenfrohe, phantasievolle, platzsparende Design (die Matratzen werden abends auf Tatamimatten ausgerollt), das dem einen oder anderen zusagen wird. Auf der Kontra-Seite steht der auf ein Minimum reduzierte Service: Der Check-in läuft über einen Computer und das Biofrühstück kommt aus dem Automaten. Bei Problemen kann man sich an den Manager vor Ort wenden.

STANDARD DESIGN HÔTEL
DESIGNERHOTEL €€€

Karte S. 438 (☑01 48 05 30 97; www.standard-design-hotel-paris.com; 29 rue des Taillandiers, 11e; DZ 300–350 €; 🛜; Ⓜ Bastille) Schwarze Streifen auf weißem Grund oder weiße Streifen auf schwarzem Grund, von dem einen oder anderen Farbklecks unterbrochen, dominieren in dem modernen Designerhotel. Die Lage unweit der Bastille und des Marais ist super, es ist aber dennoch ruhig genug hier, um des Nachts eine ordentliche Mütze Schlaf zu bekommen. Die Zimmer sind gut schallisoliert, wer aber Stecknadeln fallen hört, kann auch um eines auf der Rückseite bitten.

🛏 Die Seine-Inseln

HÔTEL SAINT-LOUIS EN L'ISLE
BOUTIQUEHOTEL €€

Karte S. 440 (☑01 46 34 04 80; www.saintlouisen lisle.com; 75 rue St-Louis en l'Île, 4e; DZ 159–249 €, 3BZ 289 €; ❄ @ 🛜; Ⓜ Pont Marie) Die elegante Unterkunft hat eine beige-graue Fassade und die dazu passende, auf Hochglanz polierte Inneneinrichtung mit durchdachtem Komfort in Form von Wasserkochern und kostenlosem Tee/Kaffee auf jedem Zimmer sowie iPod-Dockingstationen neben den Betten. Mit diesen Extras hebt sich das Saint-Louis von anderen Hotels ab. Die Nr. 52 mit freigelegten Holzbalken und Balkon in der 5. Etage ist ein Traum und der Frühstücksraum (Frühstück: 13 €), ein Steinkeller, ein Schmuckstück aus dem frühen 17. Jh.

HÔTEL DE LUTÈCE   HOTEL €€

Karte S. 440 (☏ 01 43 26 23 52; www.paris-hotel-lutece.com; 65 rue St-Louis en l'Île, 4e; EZ 210 €, DZ 210–285 €; ❄ ☎; Ⓜ Pont Marie) Der Lobbybereich mit seinem alten Kamin, der Holztäfelung, antiken Möbeln und Terrakottafliesen stimmt auf die Gastlichkeit des netten Hôtel de Lutèce ein, einer exquisiten Bleibe mit geschmackvoll gestalteten Zimmern. Die Lage ist eine der begehrtesten der Stadt. Frühstück gibt's für 14 €.

HÔTEL DU JEU DE PAUME   BOUTIQUEHOTEL €€€

Karte S. 440 (☏ 01 43 26 14 18; www.hotel-saint-louis.com; 54 rue St-Louis en l'Île, 4e; EZ 185–255 €, DZ 285–360 €; ❄ @ ☎; Ⓜ Pont Marie) Abseits der Hauptstraße auf der Île St-Louis steht das Jeu de Paume an einem romantischen Hof. Das Viersternehotel diente im 17. Jh. als königlicher Tennisplatz, heute ist es der ideale Ort für Verliebte. Der Stil ist zeitgenössisch und schick und das Dekor der 30 Zimmer ist von jeweils einem anderen modernen Künstler inspiriert. Panton-Stühle verpassen dem historischen Gebäude mit den freigelegten Balken einen besonderen Kniff und der begrünte Hof ist einfach bildschön. Das Frühstück kostet 18 €.

🛏 Quartier Latin

HÔTEL ESMERALDA   HOTEL €

Karte S. 442 (☏ 01 43 54 19 20; www.hotel-esmeralda.fr; 4 rue St-Julien le Pauvre, 5e; EZ 80–100 €, DZ 115–130 €, 3BZ 140 €; ☎; Ⓜ St-Michel) Das schmucklose Hotel verbirgt sich in einer ruhigen Straße mit unbezahlbarem Blick auf Notre-Dame (Zimmer 12 wählen!) und mit einer Lage im Quartier Latin, wie sie zentraler kaum sein könnte. Die 19 Zimmer sind für den Preis nicht gerade umwerfend – die billigsten Einzelzimmer haben nur Waschbecken –, aber dennoch beliebt, deshalb

telefonisch reservieren (keine Online-Buchungen). Der WLAN-Empfang beschränkt sich auf den Rezeptionsbereich.

YOUNG & HAPPY   HOSTEL €

Karte S. 444 (☏ 01 47 07 47 07; www.youngandhappy.fr; 80 rue Mouffetard, 5e; B 22–33 €, DZ 60–90 € inkl. Frühstück; @ ☎; Ⓜ Place Monge) Das Young & Happy war das erste unabhängige Hostel in Paris. Es ist trotz Alterserscheinungen eine nette Adresse: In der Küche bereiten die Gäste zu, was sie zuvor beim Stöbern auf den Märkten und in den Lebensmittelläden an der Rue Mouffetard eingekauft haben. Das Frühstück (im Preis inbegriffen) wird in dem dunklen Gewölbekeller aus Stein serviert, die Betten stehen in beengten Zimmern mit Waschbecken. Die Damen der Schöpfung haben Glück: Sie dürfen sich auf einen Frauenschlafsaal mit eigenem Bad freuen (28–38 €). WLAN leider nur an der Rezeption. Weit im Voraus buchen.

HÔTEL DE L'ESPÉRANCE   HOTEL €

Karte S. 444 (☏ 01 47 07 10 99; www.hoteldelesperance.fr; 15 rue Pascal, 5e; EZ 85–96 €, DZ 95–98 €; ❄ @ ☎; Ⓜ Censier–Daubenton) Die Beschreibung „hôtel de charme" ist vielleicht etwas hoch gegriffen, denn das betagte Blumendekor ist nicht jedermanns Geschmack. Dafür sind die Preise (weniger als 100 € für ein Zimmer) verlockend und man befindet sich direkt am unteren Ende der Rue Mouffetard.

⭐ FAMILIA HÔTEL   HOTEL €€

Karte S. 442 (☏ 01 43 54 55 27; www.familiahotel.com; 11 rue des Écoles, 5e; EZ 96–105 €, DZ 129–147 €, 3BZ 175–186 €; ❄ @ ☎; Ⓜ Cardinal Lemoine) Sepia-Wandbilder von Pariser Wahrzeichen, blumengeschmückte Fenster, Steinmauern und freigelegte Balken machen das nette, familiengeführte Hotel (seit drei Generationen in Betrieb) zu einer der attraktivsten Beinahe-Budgetunterkünfte auf dieser Seine-Seite. Acht Zimmer haben kleine Balkons, von denen sich ein Blick auf Notre-Dame erhaschen lässt.

HÔTEL DES GRANDES ÉCOLES   HOTEL €€

Karte S. 444 (☏ 01 43 26 79 23; www.hotel-grandes-ecoles.com; 75 rue du Cardinal Lemoine, 5e; DZ 130–160 €; @ ☎; Ⓜ Cardinal Lemoine oder Place Monge) Das gastfreundliche Hotel gleich nördlich der Place de la Contrescarpe hat eine besonders schöne Lage: an einem Hinterhof mit eigenem Garten, der von einer mittelalterlichen Straße abgeht. Die einfachen, aber durchaus stilvollen Zimmer verteilen sich auf drei zweigeschossige Gebäude.

HÔTEL MINERVE
HOTEL €€

Karte S. 442 (☑01 43 26 26 04; www.parishotel minerve.com; 13 rue des Écoles, 5e; EZ 125 €, DZ 146–202 €, 3BZ 202 €; ❄ @ 🛜; Ⓜ Cardinal Lemoine) Orientteppiche, antike Bücher, Fresken mit französischen Monumenten und die Tapisserien machen diesen Familienbetrieb zu einer charmanten, einigermaßen günstigen Schlafgelegenheit. Die Aufmachung der Zimmer ist eine Mischung aus traditionell und modern (2014 wurde renoviert). Manche haben kleine Balkons mit Blick auf Notre-Dame, im 1. Stock sind alle Zimmer mit Parkettböden ausgestattet.

HÔTEL ST-JACQUES
HOTEL €€

Karte S. 442 (☑01 44 07 45 45; www.hotel-saint jacques.com; 35 rue des Écoles, 5e; EZ 179 €, DZ 200–260 €, 3BZ 312 €; ❄ 🛜; Ⓜ Maubert–Mutualité) Audrey Hepburn und Cary Grant haben hier in den 1960er-Jahren ein paar Szenen des Films *Charade* gedreht. Ein paar originale Details aus dem 19. Jh. sind erhalten, z. B. die Trompe-l'œil-Decken wie wolkenbedeckte Himmel, ein schmiedeeisernes Treppengeländer und Balkons mit Blick auf den Panthéon (kein Aufzug). Der Frühstücksraum mit Varieté-Dekoration und die Schüssel mit bunten Geleebonbons im Foyer geben dem Ganzen eine gastliche Note.

HÔTEL HENRI IV RIVE GAUCHE
HOTEL €€

Karte S. 442 (☑01 46 33 20 20; www.henri-paris-hotel.com; 9–11 rue St-Jacques, 5e; EZ/DZ/3BZ 210/230/255 €; ❄ 🛜; Ⓜ Cluny–La Sorbonne oder RER-Bahnhof St-Michel–Notre-Dame) Das Gebäude erinnert an ein Herrenhaus in der Normandie, angefangen beim Kamin aus dem 18. Jh. über die Terrakottafliesen und Porträts in der Lobby bis zu den 23 Zimmern voller Antiquitäten, alter Drucke und frischer Blumen. Das Dreisternehotel ist eine richtige kleine Oase im Quartier Latin und nur ein paar Schritte von Notre-Dame und der Seine entfernt. Die Zimmer sind komfortabel, lassen jedoch das gewisse Etwas vermissen; die an der Vorderseite blicken immerhin auf die Strebepfeiler der Église St-Séverin. Tipp für Online-Bucher: In der Nebensaison purzeln die Preise.

HÔTEL LES DEGRÉS DE NOTRE-DAME
HOTEL €€

Karte S. 442 (☑01 55 42 88 88; www.lesdegres hotel.com; 10 rue des Grands Degrés, 5e; DZ inkl. Frühstück 120–170 €; 🛜; Ⓜ Maubert–Mutualité) Eine herrlich altmodische Bleibe mit einer gewundenen Holztreppe (kein Aufzug) und freundlichen Angestellten. Das Preis-Leistungs-Verhältnis ist gut, auch, weil man nur eine Querstraße von der Seine entfernt ist und es zum Frühstück frisch gepressten O-Saft gibt. Dass an den Zimmern länger nichts mehr gemacht wurde, sieht man leider, aber die Nr. 47 und die geräumige Nr. 501 gewähren eine romantische Aussicht auf Notre-Dame.

SELECT HÔTEL
BOUTIQUEHOTEL €€€

Karte S. 442 (☑01 46 34 14 80; www.selecthotel. fr; 1 place de la Sorbonne, 5e; DZ 195–332 €, 3BZ 275–340 €; ❄ @ 🛜; Ⓜ Cluny–La Sorbonne) Das Select liegt mitten im Zentrum des Studentenviertels um die Sorbonne und ist ein sehr pariserischer Art-déco-Minipalast mit Atrium, einem Wintergarten voller Kakteen, einem gewölbten Frühstücksraum aus dem 18. Jh. und 67 kleinen, aber stylischen Zimmern voller genialer Designideen, durch die der begrenzte Platz bestmöglich genutzt wird. Die Cocktailbar im Stil der 1920er-Jahre mit „Bibliothek" gleich hinter dem Foyer ist hinreißend.

FIVE HOTEL
BOUTIQUE HOTEL €€€

Karte S. 444 (☑01 43 31 74 21; www.thefivehotel. com; 3 rue Flatters, 5e; EZ 255 €, DZ 285–305 €; ❄ 🛜; Ⓜ Les Gobelins) In dem modernen romantischen „Heiligtum" dürfen die Gäste zwischen fünf Duftnoten für ihr (kleines) Zimmer wählen. Das Privatappartement One by The Five hat ein phänomenales „hängendes" Bett zu bieten. Die Tarife im Web sind häufig bis zu 50 % günstiger – und schon lohnt sich die Sache wieder.

HÔTEL RÉSIDENCE HENRI IV
HOTEL €€€

Karte S. 442 (☑01 44 41 31 81; www.residencehen ri4.com; 50 rue des Bernardins, 5e; DZ 285 €, Suite 365–395 €; ❄ 🛜; Ⓜ Maubert–Mutualité) Das erstklassige Hotel aus dem späten 19. Jh. liegt am Ende einer ruhigen Sackgasse und beherbergt acht großzügig geschnittene Zimmer (mind. 17 m² groß) und fünf Zweizimmerappartements (mind. 25 m²), allesamt mit Mittelalterdekor und einer Miniküche (Induktionsherd, Kühlschrank, Mikrowelle und Geschirr) ausgestattet – eine besonders gute Wahl für Familien und Selbstversorger.

🛏 St-Germain & Invalides

HÔTEL ST-ANDRÉ DES ARTS · HOTEL €

Karte S. 446 (☑01 43 26 96 16; 66 rue St-André des Arts, 6e; EZ/DZ/3BZ/4BZ 81/101/129/144 € inkl. Frühstück; ☎; Ⓜ Odéon) Das 31-Zimmer-Hotel in einer belebten, von Restaurants gesäumten Durchgangsstraße ist ein echtes Schnäppchen. Die Zimmer sind bescheiden und es gibt keinen Aufzug, aber die Gemeinschaftsbereiche mit Balkendecken und alten Steinwänden lassen das *vieux Paris* (altes Paris) wieder lebendig werden.

HÔTEL DE NESLE · HOTEL €

Karte S. 446 (☑01 43 54 62 41; www.hoteldenesleparis.com; 7 rue de Nesle, 6e; EZ/DZ ohne WC 75/85 €, mit WC 85/120 €; ☎; Ⓜ Odéon oder Mabillon) Die meisten der 20 Zimmer (Duschen gehören zur Standardausstattung, nicht so die Toiletten) sind mit leuchtend bunten naiven Wandbildern geschmückt, die von der französischen Literatur inspiriert sind. Aber das größte Plus ist der (nach Pariser Maßstäben) riesige Garten – eher ein Hinterhof –, der vom 1. Stock aus zugänglich ist und Pfade, Spaliere und sogar einen kleinen Brunnen hat. Reservierungen nur telefonisch.

HÔTEL DU CHAMP-DE-MARS · HOTEL €

Karte S. 450 (☑01 45 51 52 30; www.hotelduchampdemars.com; 7 rue du Champ de Mars, 7e; EZ/DZ 105/130 €; @☎; Ⓜ École Militaire) Das ansprechende und (vergleichsweise) günstige Hotel mit 25 Zimmern im Schatten des Eiffelturms ist heiß begehrt – einen oder zwei Monate im Voraus buchen! Zwei Zimmer im Erdgeschoss gehen zum blumenbewachsenen Hof raus.

HÔTEL PERREYVE · HOTEL €€

Karte S. 446 (☑01 45 48 35 01; www.hotel-perreyve.com; 63 rue Madame, 6e; EZ 140 €, DZ 175–200 €; ✳☎; Ⓜ Rennes) In unmittelbarer Nähe des Jardin du Luxembourg wird den Gästen dieses Hotels aus den 1920er-Jahren ein warmer Empfang bereitet. Angesichts der heißbegehrten Lage sind die Preise human. Die Zimmer (mit Teppichböden und riesigen Fresken) sind gemütlich und der schmucke Frühstückssaal mit dem Fischgrätparkett und den feuerwehrroten Tischen und Stühlen ist der ideale Ort, um in den Tag zu starten.

LE BELLECHASSE · DESIGNERHOTEL €€

Karte S. 450 (☑01 45 50 22 31; www.lebellechasse.com; 8 rue de Bellechasse, 7e; EZ/DZ ab 183/192 €; ✳☎; Ⓜ Solférino) Fashiondesigner Christian Lacroix wendet sich immer mehr der Innenausstattung zu. Die von ihm gestalteten Zimmer, darunter „St-Germain" mit Brokatstoffen, Zebrastreifen und (unechtem) Blattgold, „Tuileries" mit einem Trompe l'œil und Palmen und „Jeu de Paume" mit riesigen Spielkartenmotiven vermitteln einem das Gefühl, sich mitten in einem überlebensgroßen Ölgemälde zu befinden. Nette technische Spielereien sind die iPod-Dockingstationen und 200 TV-Kanäle. Ein Glas Champagner ist ebenfalls im Preis inbegriffen.

HÔTEL DANEMARK · BOUTIQUEHOTEL €€

Karte S. 446 (☑01 43 26 93 78; www.hoteldanemark.com; 21 rue Vavin, 6e; DZ 185–205 €; ✳@☎; Ⓜ Vavin) Das Hotel mit den Steinwänden verfügt über 15 opulente abwechslungsreich möblierte Zimmer. Sie alle sind gut schallisoliert und mindestens 20 m² groß – größer als die meisten Pariser Appartements also – und bieten zudem den Luxus eigener Badewannen, was ebenfalls untypisch ist für Paris. Ein weiterer Bonus ist die ruhige Lage nahe dem Jardin du Luxembourg.

HÔTEL DES MARRONNIERS · HOTEL €€

Karte S. 446 (☑01 43 25 30 60; www.hotelmarronniers.com; 21 rue Jacob, 6e; EZ ab 100 €, DZ 145–155 €, 3BZ/4BZ 215/260 €; ✳@☎; Ⓜ St-Germain-des-Prés) Das 37-Zimmer-Hotel am Ende eines kleinen Hofs 30 m von der Hauptstraße entfernt hat einen zauberhaften Wintergarten, der zu einem magischen Garten führt. Vom 3. Stock aufwärts blicken die Zimmer mit Endziffer 1, 2 und 3 auf den Garten. Die Zimmer in der 5. und 6. Etage gewähren eine hübsche Aussicht über die Dächer von Paris.

HÔTEL LE CLÉMENT · HOTEL €€

Karte S. 446 (☑01 43 26 53 60; www.hotelclementparis.com; 6 rue Clément, 6e; DZ 119–165 €; ✳@☎; Ⓜ St-Germain-des-Prés) Die Besitzer wissen ganz genau, was sie tun – das Hotel ist schon seit mehr als 100 Jahren in Familienbesitz. Für den gebotenen Stil und die Ruhe ist es erstaunlich erschwinglich. Von den 28 schicken Zimmern blicken einige auf den Marché St-Germain (z. B. Zimmer 100). Die Räume im obersten Stock haben Dachschrägen.

GRAND HÔTEL LÉVÈQUE   HOTEL €€

Karte S. 450 (☎01 47 05 49 15; www.hotel-leveque.com; 29 rue Cler, 7e; EZ/DZ/3BZ 85/170/190 €; ❄🛜; Ⓜ École Militaire) Die ruhigeren Zimmer sind dunkel und klein und die Einzelzimmer noch winziger und es ist wahr, dass sich das 50-Zimmer-Hotel weniger wegen seines Charmes, sondern wegen seines *bon rapport qualité prix* (gutes Preis-Leistungs-Verhätlnis) und der super Lage empfiehlt. Alle Zimmer mit den Endziffern 1, 2 oder 3 haben zwei Fenster mit Blick auf den Markt an der Rue Cler.

★ L'HÔTEL   BOUTIQUEHOTEL €€€

Karte S. 446 (☎01 44 41 99 00; www.l-hotel.com; 13 rue des Beaux Arts, 6e; DZ 275–495 €; ❄ @🛜⛲; Ⓜ St-Germain-des-Prés) Das preisgekrönte Hotel mit dem extrem minimalistischen Namen versteckt sich in einer stillen Uferstraße und ist der Stoff, aus dem Romanzen, Pariser Mythen und Großstadtlegenden gemacht sind. Rock- und Filmstars reißen sich darum, in Zimmer 16 schlafen zu dürfen – wo heute Pfauenmotive die Wände schmücken, starb 1900 Oscar Wilde – oder auch im Art-déco-Zimmer Nr. 36 mit seinem riesigen verspiegelten Bett, in dem die legendäre Tänzerin Mistinguett dereinst nächtigte. Ein umwerfender moderner Swimmingpool nimmt den alten Keller ein und zu der tollen Bar haben auch Leute Zutritt, die nicht im Hotel übernachten. Häufig treten dort die Bands von morgen auf. Das Restaurant mit dem selbsterklärenden Namen Le Restaurant hat ein Dach aus Glas – und einen Michelin-Stern.

L'APOSTROPHE   DESIGNERHOTEL €€€

Karte S. 446 (☎01 56 54 31 31; www.apostrophe-hotel.com; 3 rue de Chevreuse, 6e; DZ 299–353 €; ❄ @🛜; Ⓜ Vavin) Schon die schablonenbemalte Fassade ist ein Kunstwerk. Die 16 thematischen Zimmer unterscheiden sich gewaltig voneinander und sind eine Hommage an das geschriebene Wort. In Zimmer U (für *urbain*), dessen Decke wie eine Skateboardrampe geformt ist, verschönern gesprayte Tags eine der Wände und Zimmer P (für Paris *parodie*) thront in den Wolken über den Dächern der Stadt. Clevere Designideen wie ein doppelter Satz bedruckter Vorhänge (einer für tagsüber, der andere für nachts) oder der Bartisch auf Rädern, den man über das Bett schieben kann, sind noch das i-Tüpfelchen. Außerhalb der Hauptsaison zahlt man hier nur noch so viel wie in einem Mittelklassehotel.

HÔTEL D'ANGLETERRE   HISTORISCHES HOTEL €€€

Karte S. 446 (☎01 42 60 34 72; www.hotel-dangleterre.com; 44 rue Jacob, 6e; inkl. Frühstück EZ 175 €, DZ 250–275 €; @🛜; Ⓜ St-Germain-des-Prés) Wenn Zimmerwände sprechen könnten ... In dem Garten der ehemaligen britischen Botschaft wurde 1783 der Frieden von Paris vorbereitet, der den Amerikanischen Unabhängigkeitskrieg beendete. Hemingway übernachtete 1921 in einem der 27 Zimmer, Charles Lindbergh im Jahre 1927, nachdem er den weltweit ersten Direktflug von New York nach Paris erfolgreich hinter sich gebracht hatte. Die Zimmer sind individuell gestaltet und haben eine gediegene Ausstattung.

HÔTEL DES ACADÉMIES ET DES ARTS   DESIGNERHOTEL €€€

Karte S. 446 (☎01 43 26 66 44; www.hoteldes-academies.com; 15 rue de la Grande Chaumière, 6e; DZ 242–322 €; ❄ @🛜; Ⓜ Vavin) Eine weitere Avantgarde-Adresse, die vom Montparnasse der 1920er-Jahre inspiriert wurde. Das nur fünf Fußminuten von jenem Viertel entfernte Hotel trägt die unverkennbare Handschrift des französischen Street-Art-Künstlers Jérôme Mesnager, dessen schelmische, weiße Figuren Rückwärtssaltos an Wänden vollführen, Treppen erklimmen und über Kaminen tanzen – mit dem Lift geht's rauf in den 5. Stock zur ultimativen Akrobatikperformance. In der Nebensaison fallen die Preise auf Mittelklasseniveau.

HÔTEL DE L'ABBAYE SAINT GERMAIN   HOTEL €€€

Karte S. 446 (☎01 45 44 38 11; www.hotelabbayeparis.com; 10 rue Cassette, 6e; DZ 273–450 €; ❄ @🛜; Ⓜ St-Sulpice) Mit seinen bezaubernden, romantischen Außenbereichen setzt sich diese Bleibe von der Masse der Viersternehotels ab. Durch ein schmiedeeisernes Tor gelangt man in den hübschen Vorderhof mit vielen Topfpflanzen und -blumen. Das morgendliche Frühstück wird unter efeubewachsenen Mauern in einem der schönsten Innenhöfe der Stadt serviert.

LE SIX   BOUTIQUEHOTEL €€€

Karte S. 446 (☎01 42 22 00 75; www.hotel-le-six.com; 14 rue Stanislas, 6e; DZ 300–450 €; ❄ @🛜; Ⓜ Notre-Dame-des-Champs) Von der schnittigen, roten Ledertheke am Empfang über die wechselnden Kunstausstellungen bis hin zu dem glasüberdachten Hofsalon und dem extrem coolen Spa: Dieses Viersternehotel ist der Inbegriff von zeitgenössischem Design. Die Betten haben unterschiedliche Größen (Queen oder King Size) und das Personal hat ein Herz für Kinder. Der herausragende Service ist überhaupt das wichtigste Aushängeschild des Six.

HÔTEL ST-GERMAIN DES PRÉS   HOTEL €€€

Karte S. 446 (📱 01 43 26 00 19; www.hotel-paris-saint-germain.com; 36 rue Bonaparte, 6e; EZ 185 €, DZ 205–400 €, 3BZ 450 €; ✳@🕾; MالسSt-Germain-des-Prés) Viele Gäste kommen extra, um am selben Ort zu übernachten wie einst Henry Miller. Wandteppiche und antike Möbel prägen das Dekor und die Lage nahe dem Trubel und den Cafés der Place St-Germain-des-Prés ist ein echter Trumpf.

📖 Montparnasse & südliches Paris

★HÔTEL VIC EIFFEL   BOUTIQUEHOTEL €

(www.hotelviceiffel.com; 92 bd Garibaldi, 15e; EZ/DZ ab 99/109 €; 🕾; MالسSèvres–Lecourbe) Erstklassiges Preis-Leistungs-Verhältnis. Auch dieses Hotel ist mit schicken orange- und austergraufarbenen Zimmern ausgestattet; zwei davon barrierefrei. Praktisch: die Metrohaltestelle gleich vor der Tür und die Nähe zum Eiffelturm. Die günstigen „Classique"-Zimmer sind klein, aber absolut ausreichend. Die mittelteure „Supérieur"- und „Privilège"-Klasse bieten mehr Platz. Das Personal ist sehr hilfsbereit und freundlich.

LA MAISON   BOUTIQUEHOTEL €

Karte S. 456 (📱 01 45 42 11 39; www.lamaisonmontparnasse.com; 53 rue de Gergovie, 14e; EZ 95–110 €, DZ 115–130 €, 3BZ 135–160 €, FZ 165–205 €; ✳@🕾; MالPernety) „Das Haus" scheut keine Mühen, seinen Gästen ein echtes Zuhause zu bieten. So gibt es köstliche, selbst gemachte Marmeladen und Kuchen zum Frühstück, das in der offenen Wohnküche oder im wunderschönen, kleinen Hofgarten serviert wird. Eine bunt gestreifte Treppe führt zu den 36 Zimmern (es gibt sogar einen winzigen Aufzug), die in kräftigem Pink, Violett und gedämpften, neutralen Farbtönen gehalten sind. Nach einem Zimmer mit Blick auf den Eiffelturm fragen!

ARTY PARIS   HOSTEL €

Karte S. 458 (📱 01 40 34 40 34; www.artyparis.fr; 62 rue des Morillons, 15e; B 22–35 €, EZ 65–100 €, DZ 75–120 €, 3BZ 80–135 €, 4BZ 100–180 €; 🕾; MالPorte de Vanves) Eine fröhliche Atmosphä-

re und eigene Bäder in allen Zimmern sind die Markenzeichen dieses Hostels, das auch als Budgethotel durchgeht. Zu den kostenlosen Extras gehören Schließfächer, Croissants zum Frühstück und wi-fi. Die Privatzimmer sind mit Plasma-TVs ausgestattet, aber man kommt ja nicht zum Fernsehen nach Paris! Insofern ist es deutlich interessanter, dass das Viertel nahe dem Parc Georges Brassens viel lokaltypisches Flair hat, die Tram T3 quasi vor der Tür abfährt und mehrere Busse St-Germain, den Louvre und Montmartre ansteuern.

HÔTEL CARLADEZ CAMBRONNE   HOTEL €

Karte S. 458 (📱 01 47 34 07 12; www.hotelcarladez.com; 3 place du Général Beuret, 15e; DZ 97–155 €, FZ 170–235 €; 🕾; MالVaugirard) An einem typischen Pariser Platz voller Cafés steht das frisch renovierte Carladez Cambronne. Es hat bequeme Zimmer; die teureren warten mit Badewannen auf, sind größer und ruhiger. An den Kaffee- und Teestationen kann man sich nach Wunsch bedienen. Sehr guter Preis für das, was geboten wird.

OOPS   HOSTEL €

Karte S. 454 (📱 01 47 07 47 00; www.oops-paris.com; 50 av. des Gobelins, 13e; B/DZ inkl. Frühstück 42/115 €; @🕾; MالGobelins) Ein Aufzug in Zuckerwatterosa pendelt zwischen den sechs bunten Etagen des ersten Pariser „Designerhostels". Die Mehrbettzimmer für vier bis sechs Personen und die Doppelzimmer haben eine gute Größe (Erstere ab 27 €, Letztere ab 70 € in der Nebensaison), verfügen jeweils über ein eigenes Bad und sind den ganzen Tag über zugänglich. Zum Teil erhascht man sogar einen Blick auf den Eiffelturm. Eine Küche gibt es leider nicht. Es sind auch keine Kreditkartenzahlungen möglich und Alkohol ist verboten.

HÔTEL DE LA LOIRE   HOTEL €

Karte S. 456 (📱 01 45 40 66 88; www.hoteldelaloire-paris.com; 39bis rue du Moulin Vert, 14e; EZ 75 €, DZ 80–85 €, 3BZ/Apt. 100/140 €; P🕾; MالAlésia) Angesichts des Preises darf man ohne Zweifel nicht allzu viel Luxus erwarten, dafür wird einem ein herzlicher Empfang bereitet und die farbenfroh aufgemachten Zimmer (alle mit Bad) sind sauber. Das Hôtel de la Loire ist eine alteingesessene Budgetunterkunft mit wunderbar dörflicher Lage nahe der Metrostation Denfert-Rochereau. Von hier aus ist man schnell an den beiden wichtigsten Flughäfen und der Gare du Nord. Nett ist auch der Garten. Das Appartement für bis zu vier Personen hat eine Küche.

ALOHA HOSTEL   HOSTEL €

Karte S. 458 (☎01 42 73 03 03; www.aloha.fr;
1 rue Borromée, 15e; B 30–32 €, DZ 35 € pro Pers.
inkl. Frühstück; @☎; Ⓜ Volontaires) Die avoca-
dofarbenen Wände liefern eine der Farben
der Regenbogenpalette, die diese entspannte Unterkunft auszeichnet. Der Empfangs-
bereich ist eine Mixtur aus Rezeption und
Lounge, die Küche für Selbstversorger hat
Wände aus Stein. In den günstigeren Zimmern schlafen sechs bis zehn Personen, in
den teureren vier. Zum Reservieren benötigt
man eine Kreditkarte, bei der Ankunft muss
dann aber bar bezahlt werden. Mittlerweile
sind die Zimmer ganztägig zugänglich und
es gibt auch keine Schließzeit mehr.

CELTIC HÔTEL   HOTEL €

Karte S. 456 (☎01 43 20 93 53; hotelceltic@wana
doo.fr; 15 rue d'Odessa, 14e; EZ 75–96 €, DZ 96–
110 €, 3BZ 130 €; ☎; Ⓜ Edgar Quinet) Das 29-
Zimmer-Hotel ist eine Billigunterkunft alter Schule. Die günstigeren Einzelzimmer
sind ziemlich kahl und selbst die Doppel-
und Dreibettzimmer mit Bad haben nicht
gerade *tout confort* (alle modernen Annehmlichkeiten), aber es gibt einen kleinen
Aufzug und die Gare Montparnasse ist nur
200 m entfernt.

★**SUBLIM EIFFEL**   DESIGNERHOTEL €€

(☎01 40 65 95 95; www.sublimeiffel.com; 94 bd
Garibaldi, 15e; DZ ab 140 €; ✳@☎; Ⓜ Sèvres–Lecourbe) Absolut unmöglich, dass man im
Sublim Eiffel vergisst, in welcher Stadt
man sich gerade befindet: Eiffelturm-Mo-
tive zieren die Rezeption und die Zimmer
(in Letzteren liegen zudem Teppiche mit
Straßenkartenaufdruck und die Kopfenden
der Betten sind geformt wie die Schilder
über den Metro-Eingängen) und in den
oberen Stockwerken ist das Objekt der Be-
gierde, der glitzernde Turm, auch leibhaf-
tig zu sehen. Manche Designelemente sind
wirklich ungewöhnlich, z. B. der Kopfstein-
pflaster-Teppichboden auf der Treppe (einen
Aufzug gibt's aber auch) und die – der *ville
lumière* (Stadt des Lichts) angemessene –
bunte Faseroptikbeleuchtung auf den Zimmern. In dem kleinen Wellnessbereich mit
Hamam werden Massagen angeboten.

★**HÔTEL SAINT CHARLES**   HOTEL €€

Karte S. 454 (☎01 45 89 56 54; www.hotel-
saint-charles.com; 6 rue de l'Espérance, 13e;
DZ/3BZ/4BZ 170/210/280 €; ✳☎; Ⓜ Corvisart)
Wohnen wie die Einheimischen, diese Art
Paris-Erfahrung ermöglicht einem dieses

Hotel am Hügel Butte aux Cailles. Es liegt
an einer ruhigen, dörflichen Straße, ist aber
trotzdem nah genug an den Bars und Restaurants der Umgebung. Ein paar der 57
schnittigen, modernen Zimmer in Auber-
ginentönen trumpfen mit Balkons auf. Die
Terrasse mit Holzboden und der Garten
sind für alle zugänglich.

HÔTEL DE LA PAIX   DESIGNERHOTEL €€

Karte S. 456 (☎01 43 20 35 82; www.hoteldela
paix.com; 225 bd Raspail, 14e; DZ 110–240 €;
✳@☎; Ⓜ Montparnasse–Bienvenüe) Das schicke siebenstöckige Haus aus den 1970er-
Jahren hat 39 helle Zimmer, modern und
mit mindestens einem Vintage-Objekt ausgestattet – alte Kleiderhaken für die Män-
tel, antike Schulpulte oder Holzfensterlä-
den, die zu Bettkopfteilen recycelt wurden.
Die teureren Zimmer sind einfach größer
als die günstigeren.

HÔTEL DELAMBRE   HOTEL €€

Karte S. 456 (☎01 43 20 66 31; www.delambre-
paris-hotel.com; 35 rue Delambre, 14e; DZ 145–
165 €; ✳@☎; Ⓜ Montparnasse–Bienvenüe)
Schmiedeeisernes dient in dem 30-Zim-
mer-Hotel dekorativen wie funktionalen
Zwecken (Bettgestelle, Lampen, Regale).
Hier lebte der Schriftsteller André Breton
(1896–1966) in den 1920er-Jahren. Zimmer
Nr. 7 hat eine eigene kleine Terrasse, während Zimmer 1 und 2 auf einen kleinen privaten Innenhof blicken. In der Nebensaison
fallen die Preise z. T. auf 90 € pro Nacht.

HÔTEL LA DEMEURE   BOUTIQUEHOTEL €€

Karte S. 454 (☎01 43 37 81 25; www.hotel-paris-
lademeure.com; 51 bd St-Marcel, 13e; DZ 180–
250 €; ✳@☎; Ⓜ Gobelins) Wasserstrahldu-
schen, Weingläser für Gäste, die gern ihr eigenes Tröpfchen mitbringen, und verkäufli-
che Kunst an den Wänden sind nur ein paar
der Extras, die diesen kleinen Familienbetrieb zu einem wahren Vergnügen machen.

HÔTEL LA MANUFACTURE   BOUTIQUEHOTEL €€

Karte S. 454 (☎01 45 35 45 25; www.hotel-la-manu
facture.com; 8 rue Philippe de Champagne, 13e; DZ
200–260 €, FZ 265 €; ✳@☎; Ⓜ Place d'Italie)
La Manufacture liegt am Rand des Quartier Latin. Die 57 Zimmer zeichnen sich
durch ihr individuelles Dekor aus. Die Zimmer in der obersten der sieben Etagen sind
am geräumigsten und begehrtesten; Zimmer Nr. 71 hat Aussicht auf den Panthéon,
während Nr. 74 einen flüchtigen Blick auf
den Eiffelturm gewährt. Einige Räume haben Balkons.

Paris verstehen

Paris heute

Die Eleganz, die Intensität und der außergewöhnliche Esprit, die das Paris von Haussmann, Hugo und Toulouse-Lautrec geprägt haben, werden nie verschwinden. Dennoch stehen Europas legendärer „Stadt der Lichter" drastische Veränderungen ins Haus, denn die lang ersehnte Erweiterung in Richtung Vororte nimmt langsam Gestalt an. Da passt es nur allzu gut, dass auch den Parisern ganz offensichtlich der Sinn nach einem Wandel steht: 2014 wurde zum ersten Mal eine Frau zur Bürgermeisterin gewählt.

Top-Filme

Les 400 Coups (Sie küssten und sie schlugen ihn; 1959) Bewegende Geschichte über den Zauber der Jugend und die Konfrontation mit der Realität. **La Haine** (Hass; 1995) Mathieu Kassovitz' Auseinandersetzung mit den sozialen Spannungen im modernen Paris. **Le Fabuleux Destin d'Amélie Poulain** (Die fabelhafte Welt der Amélie; 2001) Zu Herzen gehende Story einer sensiblen, jungen Pariserin. **La Môme** (La Vie en Rose; 2007) Das Leben der Piaf, von der Straßensängerin zum internationalen Superstar. **Hugo** (Hugo Cabret; 2011) Eine Hommage an den legendären Georges Méliès und die Anfänge des Kinos.

Top-Bücher

Der Glöckner von Notre-Dame (Victor Hugo; 1831) Die Geschichte des buckligen Quasimodo ist ein Klassiker. **Paris – Ein Fest fürs Leben** (Ernest Hemingway; 1964) Die Pariser Jahre des damals noch jungen, aufstrebenden Schriftstellers. **Paris ist immer eine gute Idee** (Nicolas Barreau; 2014) Love Story, die durch das Pariser Ambiente ihren besonderen Zauber erhält. **Die Eleganz des Igels** (Muriel Barbery; 2008) Das Leben hinter den Pariser Häuserfassaden – in Frankreich ein Bestseller. **Paris** (Miroslav Sasek; 1959) Neu aufgelegter Reiseführer aus den 1950er-Jahren, nostalgisch, charmant, und mit Witz.

Madame la Maire

Schon öfter hat sich bürgerlicher Unmut in Paris nachdrücklich Luft gemacht. Und auch wenn das heute nicht mehr so radikal passiert wie früher, herrscht in der Stadt – anders als im Rest des Landes – weiterhin Aufbruchsstimmung. Das zeigte sich auch bei den Bürgermeisterwahlen im April 2014. Während der Großteil Frankreichs rechts wählte (wohl als Reaktion auf Präsident François Hollandes bisher eher schwache Leistung), blieb die Hauptstadt eisern links. Und das, obwohl (oder weil) die grün angehauchten Sozialisten für ihre dritte Legislaturperiode in Folge eine Frau aufstellten. Stärkster Gegner der spanischstämmigen Anne Hidalgo war ebenfalls eine Frau, die Ex-Umweltministerin Nathalie Kosciusko-Morizet. Hidalgo gewann mit satten 55 % und wurde zur ersten Bürgermeisterin von Paris gekürt.

Großraum Paris

Die meisten Besucher (auch Franzosen) stellen sich Paris als eine abgeschlossene Stadt vor, deren Grenzen der stark befahrene Boulevard Périphérique bildet – die Ringstraße, die dem Verlauf der ehemaligen Stadtmauer folgt. In Wirklichkeit sieht das ganz anders aus: Die große Mehrheit der Pariser (8,2 Mio.) lebt in den Vorstädten, nur 2,2 Mio. haben ihre Wohnung tatsächlich in der City. Die Immobilienpreise ließen der Mittelschicht wie auch der Industrie gar keine andere Wahl, als in die Außenbezirke abzuwandern, und das stellt die Stadtplanung vor ganz neue administrative und infrastrukturelle Aufgaben.

Deshalb startete bereits Sarkozy das Mammutprojekt Grand Paris, bei dem die Erweiterung der Metro mit 72 neuen Stationen und sechs neuen Linien eine Hauptrolle spielt. Es soll bis 2025 abgeschlossen sein. Die neuen Verkehrswege werden die Vorstädte untereinander besser verbinden, um den Verkehrsknotenpunkt im Zentrum zu entlasten, von dem bis jetzt alles strahlenförmig ausgeht.

Im Hinblick auf die Verwaltung ist damit zu rechnen, dass Vororte wie Vincennes, Neuilly, Issy, St-Denis usw. ihre Selbständigkeit verlieren und im Großraum Paris aufgehen, der dann gänzlich vom Hôtel de Ville (Rathaus) aus gesteuert wird. Ob das allerdings die beste Lösung ist, wird sich noch herausstellen, da die einzelnen Gemeinden sehr unterschiedlich strukturiert sind.

Grüne Verkehrsmittel

Verkehr spielt für Grand Paris eine entscheidende Rolle. Ex-Bürgermeister Bertrand Delanoë hat mehrere heiß diskutierte, im Endeffekt allseits (mit Ausnahme von Autofahrern) akzeptierte, grüne Initiativen gestartet. Dazu gehören das mittlerweile oft kopierte Vélib-System mit Leihrädern, das Autolib'-System mit Elektroautos zum Ausleihen und der Bau von mehreren Hundert Kilometern Fahrrad- und Busspuren. Ursprünglich wollte Delanoë die Straßen entlang dem gesamten linken Seine-Ufer in eine Fußgängerzone (Projektname: Berges de Seine) verwandeln. In letzter Zeit wurden mehrere neue Straßenbahnverbindungen in die Vorstädte eingerichtet, weitere sollen folgen.

Renovierung & Sanierung

Sanierungsmaßnahmen sind in Frankreich ein sensibles Thema. Denkmalschutzbestimmungen und die konservative Haltung der Öffentlichkeit bremsen jeglichen Ansatz aus, irgendetwas an der historischen Architektur zu verändern, auf die alle so stolz sind. Da ist es der Hauptstadt schon hoch anzurechnen, dass sie sich nicht auf ihren steinernen Lorbeeren ausruht. Die Stadtplaner tun ihr Bestes, sei es in kommunalen Kleinprojekten wie dem Umbau einer Art-nouveau-Markthalle zum Sportzentrum im Haut-Marais oder bei der Komplettrenovierung des Forum des Halles und ähnlichen Mammutvorhaben, von denen Tausende von Pendlern profitieren. Seit ewigen Zeiten gilt Paris als architektonisches Meisterwerk, aber mittlerweile ist jedem klar, dass die bröckelnden Fassaden seiner glorreichen Geschichte den heutigen Ansprüchen nicht mehr genügen.

Auch die Umgestaltung ehemaliger Industriegebiete zu Grünzonen gehört zu den Ideen, die die Stadt attraktiver machen sollen. Die stillgelegte Eisenbahnlinie Petite Ceinture hat sich mittlerweile zu einem Biotop entwickelt und drei Teilabschnitte sind bereits wieder öffentlich zugänglich – der längste erstreckt sich über 1,3 km im 15. Arrondissement. Ein weiteres innovatives Restaurierungsprojekt ist die Île Seguin in Boulogne-Bilancourt am Westrand der Stadt. Hier verwandelt Jean Nouvel eine ehemalige Fabrikationsstätte von Renault in eine visionäre Öko-Insel mit Kulturzentrum, Künstlerateliers, Gärten, Spazierwegen, Alleen, Restaurants und Spielplätzen.

Gäbe es nur 100 Pariser, wären ...

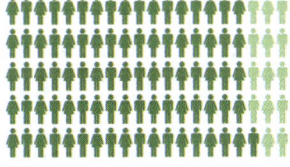

86 Franzosen
14 Ausländer

Leben in Paris
(% der Bevölkerung nach Viertel)

80 — Äußere Arrondissements

20 — Zentrum

Einwohner pro km²

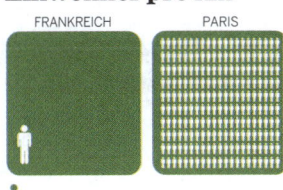

FRANKREICH   PARIS

= 100 Personen

Geschichte

Das Kopfsteinpflaster, die Terrassencafés, die Wahrzeichen und das ruhige Wasser der Seine verleihen Paris eine gewisse Zeitlosigkeit. Dabei muss man nur einen kurzen Blick auf die lange Geschichte werfen, um zu wissen, dass sich die Stadt in den vergangenen Jahrhunderten enorm verändert und entwickelt hat.

Erste Siedlungen: die Kelten & die Römer

Die Anfänge von Paris liegen ziemlich im Dunkeln, aber allgemein wird angenommen, dass ein als „die Parisii" bekannter, keltischer Stamm im dritten Jh. v. Chr. in der Gegend ein Fischerdorf gründete. Das ewige Hickhack zwischen Galliern und Römern endete 52 v. Chr. mit einem triumphalen Sieg Julius Caesars im achtjährigen Gallischen Krieg. In ihrem neu eroberten Territorium errichteten die Römer die Stadt Lutetia (frz. Lutèce) mit all den üblichen Gebäuden und Anlagen (Forum, Bäder, Theater, Amphitheater) am linken Seine-Ufer, in der Umgebung des heutigen Panthéon. Überreste der Bäder und des Amphitheaters sind dort immer noch zu sehen.

Das Paris der gallorömischen Periode, Lutetia, taucht in vielen Asterix-Abenteuern auf, z. B. in Die goldene Sichel.

Lutetia war zwar nicht die Hauptstadt der Provinz, entwickelte sich aber gut und hatte bald rund 8000 Einwohner. Im dritten Jh. n. Chr. fielen die Franken und andere germanische Stämme in Lutetia ein und seine Bewohner flüchteten auf die Île de la Cité, welche sie mit Steinwällen befestigten. Das Christentum hielt mit dem hl. Dionysius Einzug, der für seine frohe Botschaft 250 n. Chr. auf dem Montmartre geköpft wurde. Auf der Westseite der Île de la Cité wurde die erste Kirche errichtet.

Die Römer konnten sich bis Ende des 5. Jhs. halten. Dank der späteren Pariser Schutzpatronin Genoveva und ihrer Frömmigkeit blieb die Stadt wie durch ein Wunder von Attilas wilden Horden verschont. Erst eine zweite Invasionswelle der Franken zwang die Römer schließlich, das Gebiet aufzugeben.

ZEITACHSE	3. Jh. v. Chr.	52 v. Chr.	250 n. Chr.
	Die Parisii – keltische Gallier – errichten entlang der Seine (vermutlich im heutigen Nanterre) Hütten aus Zweigen und Lehm.	Römische Legionen unter Titus Labienus besiegen keltische Rebellen auf dem Mons Lutetius (wo heute das Panthéon steht) und gründen die Stadt Lutetia (frz. Lutèce).	Der hl. Dionysius, der das Christentum nach Lutetia brachte, wird auf dem Montmartre hingerichtet. Es heißt, er sei mit dem Kopf unter dem Arm 10 km weit nach Norden gestolpert.

Mittelalter: Paris wird Hauptstadt

Der Frankenkönig Chlodwig I. (ca. 466–511) spielte in der Geschichte von Paris eine Schlüsselrolle. Er brachte erstmals die Territorien, die im Großen und Ganzen das spätere Frankreich bildeten, unter einen Hut, trat zum Christentum über und ernannte Paris zur Hauptstadt. Unter den Frankenkönigen erlebte sie eine neue Blütezeit, in der die Abteien von St-Germain des Prés und St-Denis sowie weitere wichtige Bauwerke errichtet wurden.

Die militärischen Herrscher der nun folgenden karolingischen Dynastie, angefangen mit Karl Martell (688–741), waren ständig auf Kriegszügen im Osten unterwegs. Paris dümpelte unter der Regentschaft der jeweiligen Stadtgrafen vor sich hin. Als Karl Martells Enkel Karl der Große (reg. 768–814) seine Hauptstadt nach Aix-la-Chapelle (Aachen) verlegte, war das Schicksal von Paris praktisch besiegelt. Als loser Zusammenschluss einzelner Siedlungen mit der Île de la Cité als Zentrum war Paris in der zweiten Hälfte des 9. Jhs. schlecht verteidigt und wurde unaufhörlich von den Wikingern angegriffen, die sich im Norden und Nordwesten Frankreichs breit machten.

Während sich die Karolinger untereinander befehdeten, wuchs die Macht der Grafen von Paris beträchtlich. So erwählten sie 987 einen der Ihren, Hugo Capet, in Senlis zum König. Er machte Paris zum Sitz des Königshauses und residierte im renovierten einstigen Palast des römischen Verwalters auf der Île de la Cité (heute steht dort das Palais de Justice). Unter der Herrschaft der Kapetinger, die die nächsten 800 Jahre andauerte, florierte Paris als politisches, kommerzielles, religiöses und kulturelles Zentrum.

Die strategische Lage am Fluss sicherte Paris das ganze Mittelalter hindurch seine Bedeutung. Die ersten Zünfte entstanden im 11. Jh. Mitte des 12. Jhs. kaufte die Gilde der Schiffshändler den Haupthafen von der Krone, dort, wo heute das Hôtel de Ville (Rathaus) steht. Das 12. und 13. Jh. waren in Paris von emsiger Bautätigkeit geprägt. Die Basilique de St-Denis wurde 1136 in Auftrag gegeben und nur knapp drei Jahrzehnte später begannen die Bauarbeiten an der Kathedrale Notre-Dame. Philipp II. August (reg. 1180–1223) ließ die Stadtmauer erweitern und mit 25 Toren und Hunderten von Schutztürmen versehen.

Der sumpfige Marais wurde zu landwirtschaftlichen Zwecken und als Baugebiet trockengelegt. Die wachsende Bevölkerung brauchte Märkte – 1183 wurden Les Halles errichtet – und Schutz, was im 13. Jh. zum Bau des Louvre als Festung am Flussufer führte. Um dem Pariser „Verkehr" und dem Gestank der Exkremente entgegenzuwirken (die Bevölkerung war im Jahr 1200 auf 200 000 Einwohner angewachsen),

Im frühen Mittelalter war das Gebiet des heutigen Paris zum Großteil von Feldern und Weinbergen oder morastigen Sümpfen geprägt.

Das mittelalterliche Paris von 1292 bestand aus 352 Straßen, zehn Plätzen und elf Kreuzungen.

451	509	845–886	987
Hunnenkönig Attila macht überraschend einen Bogen um Paris und marschiert südwärts – angeblich dank der Bittgebete der hl. Genoveva, die später zur Schutzpatronin der Stadt wurde.	Chlodwig I. wird zum ersten König des Frankenreichs gekrönt, tritt als erster fränkischer Herrscher zum Christentum über und erklärt Paris zur Hauptstadt.	Paris wird wiederholt von Wikingern überfallen. Die Belagerung unter Siegfried (885–86) dauert zehn Monate. Die Franken bleiben siegreich.	Die 500-jährige Herrschaft der Merowinger und Karolinger endet mit der Krönung von Hugo Capet. Die Kapetinger herrschen acht Jahrhunderte über eines der mächtigsten Länder Europas.

LIEBENDE UNTER EINEM SCHLECHTEN STERN

Er war ein brillanter 39-jähriger Philosoph und Logiker, der für seine kontroversen Ideen bekannt war, sie war die schöne Nichte des Domherrn von Notre-Dame. Ähnlich wie Humphrey Bogart und Ingrid Bergmann in *Casablanca* oder Romeo und Julia in Verona verliebten sich die beiden am falschen Ort zur falschen Zeit – im mittelalterlichen Paris.

1118 kam der fahrende Gelehrte Petrus Abaelardus (1079–1142) nach Paris, nachdem er sich in den Provinzen mal wieder mit einem Theologen überworfen hatte. Hier trat er in den Dienst des Domherrn Fulbert von Notre-Dame, dessen Nichte Heloise (1101–1164) er unterrichten sollte. Es kam, wie es kommen musste: Es wurde ein Sohn namens Astrolabius geboren. Abaelardus (oder Abälard) ehelichte seine Angebetete heimlich. Fulbert tobte, als er davon erfuhr. Der Domherr ließ Abälard kastrieren und steckte Heloise in ein Kloster. Sie wurde später zur Äbtissin ernannt. Abälard legte in der Abtei von St-Denis das Mönchsgelübde ab, ging weiter seinen Studien nach und veröffentlichte umstrittene Schriften.

Die ganze Zeit über korrespondierten die beiden verhinderten Liebenden miteinander. Er sandte ihr zärtliche Tipps, wie sie das Kloster führen könne, sie schrieb ihrem verlorenen Liebhaber leidenschaftliche, poetische Briefe. Erst im Tod fanden die beiden zueinander: 1817 grub man ihre sterblichen Überreste aus und brachte sie zum Friedhof Père Lachaise im 20. Arrondissement. Dort liegen sie nun in Abschnitt 7 vereint unter einem neugotischen Grabstein.

ließ Philipp II. August vier Pariser Hauptstraßen mit quadratmetergroßen Sandsteinblöcken pflastern. Das linke Seine-Ufer entwickelte sich derweil zu einem Zentrum der europäischen Gelehrsamkeit, speziell im sogenannten Lateinischen Viertel (Quartier Latin). Die unglücklichen Liebenden Abälard und Heloise schrieben die schönsten Gedichte ihrer Zeit sowie philosophische Abhandlungen, Thomas von Aquin lehrte an der neuen Universität und die Sorbonne öffnete ihre Pforten.

Düstere Zeiten: Krieg & Pest

Der Hundertjährige Krieg (1337–1453), die Pest (1348–49), die mehr als ein Drittel der Pariser Bevölkerung dahinraffte, und die Entstehung freier, unabhängiger Städte im restlichen Europa sorgten für politische Spannungen und offenen Aufruhr in Paris. Die Herzöge von Burgund, Verbündete der Engländer, besetzten die Hauptstadt 1420. Zwei Jahre später wurde John Plantagenet, Herzog von Bedford, als Frankreichs Regent im Namen des englischen Königs Heinrichs VI. eingesetzt, der damals noch ein Kind war. Knapp zehn Jahre später wurde Heinrich in Notre-Dame zum König gekrönt, doch Paris stand fast kontinuierlich unter französischer Belagerung.

1066	1163	1183	1358
Die normannische Eroberung Englands beginnt und mit ihr ein fast 300 Jahre währender Konflikt zwischen den Normannen im Westen und Norden Frankreichs und den Kapetingern in Paris.	Zwei Jahrhunderte emsiger Bautätigkeit kulminieren in der Errichtung der Kathedrale Notre-Dame unter Maurice de Sully, dem damaligen Bischof von Paris. Die Bauarbeiten dauern über 150 Jahre.	Die wachsende Bevölkerung braucht Märkte – Les Halles werden errichtet.	Der Hundertjährige Krieg (1337–1453) zwischen Frankreich und England, Pestepidemien und Elend führen zur Bürgerrevolte, angezettelt von Étienne Marcel; sie wird niedergeschlagen.

Ungefähr zur selben Zeit überzeugte ein 17-jähriges Bauernmädchen, geschichtsbekannt als Jeanne d'Arc bzw. Johanna von Orléans, den französischen Thronanwärter davon, dass sie von Gott eine Mission erhalten hätte: die Engländer zu vertreiben und die Krönung Karls VII. durchzusetzen. Sie scharte französische Truppen um sich und schlug die Engländer im Norden von Orléans. Karl wurde in Reims gekrönt. Doch es gelang Jeanne d'Arc nicht, Paris einzunehmen. 1430 wurde sie gefangen genommen und ein Tribunal französischer Kleriker verurteilte sie wegen Hexerei und Gotteslästerung zum Tod auf dem Scheiterhaufen. Karl VII. kehrte 1436 nach Paris zurück und beendete die 16-jährige Fremdherrschaft. Es dauerte jedoch noch weitere 17 Jahre, bis die Engländer aus Frankreich vertrieben waren.

Der Aufstieg des Königshofs

Während der Regentschaft von Ludwig XI. (reg. 1461–1483) wurde die erste Druckerpresse von Paris an der Sorbonne aufgestellt und überall in der Stadt schossen extravagante gotische Kirchen aus dem Boden. Die wissenschaftlichen und geografischen Erkenntnisse der Renaissance erhielten in Frankreich während der Herrschaft von Franz I. im frühen 16. Jh. einen neuen Stellenwert. Ebenso verhielt es sich mit der Bedeutung weltlicher Angelegenheiten gegenüber dem frommen, religiösen Leben. Dichter der Pléiade wie Rabelais, Marot und Ronsard genossen in dieser Zeit ebensolches Ansehen wie die Anhänger der architektonischen Schule Michelangelos und Raffaels. Der Baustil der Renaissance sollte den Glanz der Monarchie widerspiegeln, die sich zielstrebig in Richtung Absolutismus bewegte. Sie stellte Paris als Hauptstadt eines starken zentralisierten Staats heraus. Beim Bau des Châteaus von Franz I. verschmolzen wahre Meister ihres Fachs, die vielfach aus Italien stammten, italienische und französische Stile und schufen so die Erste Schule von Fontainebleau.

Doch all diese Herrlichkeit und Machtdemonstration reichte nicht aus, um die Welle des Protestantismus zu stoppen, die in den 1530er-Jahren in ganz Europa um sich griff. Die Reformationsbewegung wurde in Frankreich durch die Ideen Johannes Calvins genährt. Das Edikt vom Januar 1562, das den Protestanten gewisse Rechte einräumte, mündete in die Hugenottenkriege, die 36 Jahre andauerten. Die Engländer unterstützten die Hugenotten, französische Protestanten, in ihrem Kampf gegen die Katholische Liga unter Führung des Hauses Guise und die katholische Monarchie. Am 7. Mai 1588, dem „Tag der Barrikaden", erhob sich die Katholische Liga gegen Heinrich III., der den Hugenotten große Zugeständnisse gemacht hatte. Er musste aus dem Louvre fliehen und wurde im folgenden Jahr ermordet.

Bücher zur Stadtgeschichte

Paris: Roman einer Stadt (Edward Rutherfurd, 2014)

Die Bestie von Paris und andere Geschichten (Marie-Luise Scherer; 2013)

Paris war eine Frau (Andrea Weiss, 2006)

Suite Française (Irène Némirovsky, 2006)

Madame Hemingway (Paula McLain, 2011)

Als Franz I. 1515 zum König gekrönt wurde, hatte Paris 170 000 Einwohner – immer noch knapp 20 % weniger als vor der großen Pestepidemie, die rund 300 Jahre zuvor die Bevölkerung dezimiert hatte.

1572	1589	1643	14. Juli 1789
Rund 3000 Hugenotten, die unter dem protestantischen Heinrich von Navarra (der künftige Heinrich IV.) nach Paris kommen, werden in der Bartholomäusnacht (23./24. August) ermordet.	Heinrich IV., der erste Bourbonenkönig, besteigt den Thron, nachdem er dem Protestantismus abgeschworen hat.	Ludwig XIV. (der „Sonnenkönig") besteigt fünfjährig den Thron, doch erst ab 1661 hat er die absolute Herrschaftsgewalt inne.	Der Startschuss zur Französischen Revolution fällt, als sich der Mob im Hôtel des Invalides mit Waffen eindeckt und das Gefängnis in der Bastille stürmt.

Heinrich IV., der erste König der Bourbonendynastie, verkündete 1598 das Edikt von Nantes, das den Hugenotten bürgerliche und politische Rechte garantierte, insbesondere das Recht auf Glaubensfreiheit. Das extrem katholische Paris verweigerte dem protestantischen König den Einzug, was eine fast fünfjährige Belagerung der Stadt zur Folge hatte. Man empfing ihn erst in der Hauptstadt, als Heinrich IV. in St-Denis zum Katholizismus übertrat – mit den berühmten Worten *„Paris vaut bien un messe'* (Paris ist eine Messe wert), die er während der Kommunion gemurmelt haben soll. Die Herrschaft Heinrichs IV. endete abrupt. Ein katholischer Fanatiker ermordete ihn 1610, als seine Kutsche auf der Rue de la Ferronerie südlich der Halles im „Verkehrsstau" stecken blieb.

Der wohl bekannteste französische König ist Ludwig XIV. (reg. 1643–1715), der „Roi Soleil" (Sonnenkönig). Er bestieg den Thron im zarten Alter von fünf Jahren und verwickelte Frankreich in eine lange Reihe kostspieliger und fast ununterbrochener Kriege gegen Holland, Österreich und England. Diese brachten Frankreich zwar Gebietsgewinne, ruinierten aber auch fast den Staatshaushalt. Staatliche Steuern, die die Truhen wieder füllen sollten, führten zu großer Armut und Landstreicherei, insbesondere in den Städten. In Versailles gab Ludwig XIV. einen extravaganten Palast in Auftrag und ließ die Höflinge um seine Gunst buhlen. So unterwarf er die aufstrebende, querulante Aristokratie und schuf den ersten echten französischen Zentralstaat. 1685 widerrief er das Edikt von Nantes.

Unter Ludwig XIII. (reg. 1610–1643) wurden die beiden unbewohnten Seine-Inseln Île Notre-Dame und Île aux Vaches miteinander verbunden und in Île St-Louis umbenannt.

Von der Revolution zur Republik

Während des sogenannten Zeitalters der Aufklärung wurde der königliche Hof von Versailles wieder nach Paris verlegt und die Stadt stieg zum Mittelpunkt Europas auf. Doch im weiteren Verlauf des 18. Jhs. brachten neue wirtschaftliche und soziale Bedingungen das *Ancien Régime* (die „alte Ordnung") gefährlich in Konflikt mit den Bedürfnissen des Landes.

In den späten 80er-Jahren des 18. Jhs. hatten der entschlussschwache Ludwig XVI. und seine dominante Wiener Gemahlin Marie Antoinette sich praktisch allen Bevölkerungsteilen entfremdet. Bei einer Versammlung der Etats-généraux (Generalvertretungen der Stände) in Versailles von Mai bis Juni 1789 versuchte das Monarchenpaar, die Macht der reformerisch gesinnten Delegierten zu neutralisieren. Die Massen, aufgestachelt von flammenden, wortreichen Traktaten, die an Orten wie dem Café de Foy am Palais Royal die Runde machten, gingen in Paris auf die Straße. Am 14. Juli drang die Meute in das Waffenarsenal im Hôtel des Invalides ein, erbeutete 32 000 Musketen und stürmte

Museen zur Stadtgeschichte

Musée Carnavale (Marais & Ménilmontant)

Musée National du Moyen Âge (Quartier Latin)

Mémorial de la Shoah (Marais & Ménilmontant)

1793	1799	1815	1830
Da der Machtanspruch aller Könige seit Hugo Capet jetzt als illegitim gilt, wird Ludwig XVI. als Bürger Ludwig Capet vor Gericht gestellt, verurteilt und hingerichtet.	Mit einem Staatsstreich entmachtet Napoleon Bonaparte das Direktorium und beginnt seine 16-jährige Despotenherrschaft, gewinnt unzählige Schlachten und verliert schließlich doch.	Die vom Duke of Wellington befehligten britischen und preußischen Truppen siegen in Waterloo, Napoleon wird zum zweiten Mal ins Exil geschickt – dieses Mal auf die abgelegene Insel St. Helena.	Aufständische besetzen das Hôtel de Ville und stürzen Karl X. (reg. 1824–1830). Die Julisäule auf der Place de la Bastille erinnert an die Opfer der Julirevolution.

dann das Gefängnis, die Bastille. Die Französische Revolution hatte begonnen. Anfangs war die Revolution noch in der Hand gemäßigter Republikaner, der Girondisten. Frankreich wurde zur konstitutionellen Monarchie erklärt und es kam zu Reformen, darunter auch die Annahme der *Déclaration des Droits de l'Homme et du Citoyen* (Erklärung der Menschen- und Bürgerrechte). Doch als sich die Massen bewaffneten, um der äußeren Bedrohung der neuen Regierung zu begegnen, die von Österreich, Preußen und französischen Exiladligen ausging, mischten sich Patriotismus und Nationalismus mit ungezügelter Kraft. Die Revolution wurde populärer und radikaler. Schon bald verloren die Girondisten an Boden gegenüber den extremistischen Jakobinern, welche die Monarchie abschafften und im September 1792 die Erste Republik ausriefen. Die Assemblée Nationale (Nationalversammlung) wurde durch einen gewählten Revolutionsrat ersetzt.

Ludwig XVI. wurde im Januar 1793 der „Verschwörung gegen die Freiheit der Nation" angeklagt und auf der Place de la Révolution (der heutigen Place de la Concorde) guillotiniert. Zwei Monate später setzten die Jakobiner das berüchtigte Wohlfahrtskomitee ein, das die nationale Verteidigung sichern und „Verräter" vor Gericht stellen sollte. Während der darauffolgenden Schreckensherrschaft (La Terreur; September 1793 bis Juli 1794) wurden die meisten religiösen Freiheiten aberkannt, Kirchen geschlossen und entweiht, Kathedralen in „Tempel der Vernunft" umgewandelt und Tausende von Menschen in den Verliesen der Conciergerie festgesetzt, bevor man ihnen den Kopf abschlug.

Nachdem die Schreckensherrschaft beendet war, bildete sich eine fünfköpfige Delegation von gemäßigten Republikanern. Die Fünf setzten sich selbst als Directoire (Direktorium) in die Regierungsverantwortung ein.

Ein kleiner Mann & ein großes Kaiserreich

Die postrevolutionäre Regierung war alles andere als stabil. Als Napoleon 1799 nach Paris zurückkam, fand er eine chaotische Republik vor, in die nur wenige Bürger Vertrauen setzten. Als die Jakobiner im November in der Legislative wieder die Oberhand gewannen, trickste Napoleon die Abgeordneten aus, indem er ihnen „zu ihrer eigenen Sicherheit" riet, sich statt in Paris in St-Cloud im Südwesten zu treffen. Nun konnte er das diskreditierte Direktorium stürzen und selbst die Macht ergreifen.

Zunächst übernahm Napoleon das Amt des Ersten Konsuls. Drei Jahre später wurde er in einem Referendum zum „Konsul auf Lebenszeit" ernannt und sein Geburtstag wurde zum Nationalfeiertag erklärt. Als er sich im Dezember 1804 im Beisein von Papst Pius VII. in Notre-

Die Gemälde von Jules Hardouin-Mansart in der königlichen Kapelle von Versailles erwecken den Eindruck, der französische König sei von Gott erwählt und dessen rechte Hand auf Erden – wovon der Sonnenkönig fest überzeugt war.

Ein 30 m langer Abschnitt der Rue d'Enfer (der heutigen Avenue Denfert-Rochereau) sackte 1774 urplötzlich ab und führte zur Entdeckung eines hoch einsturzgefährdeten Stollennetzes unter der Südstadt.

1848	1852–1870	1871	1880er-Jahre
Mit der Absetzung von Ludwig Philipp I. endet die über 30 jährige Periode der Monarchie. Es folgt die kurze Zeit der Zweiten Republik unter Napoleons inkompetentem Neffen als Präsidenten.	Paris erlebt im Zweiten Kaiserreich unter Napoleon III. eine wirtschaftliche Blütezeit, in der Baron Haussmann die Stadt zu ihrer heutigen Form auf- und umbaut.	Preußen siegt im Französisch-Deutschen Krieg und bürdet Paris schwere Belastungen auf, die zur offenen Revolte und Anarchie unter der Pariser Kommune führen.	Mit der Dritten Republik beginnt die zunächst blutige Belle Époque, in der dann das äußerst kreative Paris der Boheme mit anrüchigen Nachtclubs und Künstlercafés geprägt wird.

Dame selbst zum „Kaiser aller Franzosen" krönte, waren Art und Ausmaß von Napoleons Ambitionen für alle offensichtlich. Doch um seine Macht zu festigen und zu legitimieren, bedurfte es weiterer Siege auf dem Schlachtfeld. So begann eine Serie schier endloser Kriege und Triumphe, die Frankreich die Herrschaft über einen Großteil Europas sicherten.

1812 fiel Napoleon in Russland ein und besetzte Moskau, doch der grausame russische Winter fegte seine Armee hinweg. Zwei Jahre später marschierten alliierte Truppen in Paris ein und Napoleon wurde nach Elba ins Exil geschickt. Auf dem Wiener Kongress (1814–1815) setzten die siegreichen Verbündeten das Haus Bourbon wieder auf den französischen Thron.

Doch Anfang 1815 gelang Napoleon die Flucht von der Mittelmeerinsel. Er landete in Südfrankreich und scharte auf dem Marsch nach Paris eine große Armee um sich. Am 1. Juni forderte er im Rahmen der Feierlichkeiten auf dem Champs de Mars den Thron zurück. Keine drei Wochen später endete seine Herrschaft erneut, als seine Truppen im belgischen Waterloo geschlagen wurden. Napoleon musste zurück ins Exil, diesmal auf die Insel Sankt Helena im Südatlantik, wo er 1821 starb. 1840 brachte man seine sterblichen Überreste in die Pariser Église du Dôme.

Die Zweite Republik wurde ausgerufen. Die Präsidentschaftswahlen 1848 gewann Napoleons linkischer Neffe, der in Deutschland aufgewachsene und mit deutschem Akzent sprechende Charles Louis Napoleon Bonaparte. 1851 zettelte er einen Staatsstreich an und ließ sich als Kaiser Napoleon III. des Zweiten Kaiserreichs ausrufen, das bis 1870 währte.

Während dieser Zeit erlebte Frankreich ein kräftiges Wirtschaftswachstum. Der Stadtplaner Baron Haussmann (1809–1891) gab Paris sein modernes Gesicht. Weite Teile der Stadt wurden vollständig neu aufgebaut (wodurch ein Großteil des mittelalterlichen Paris verschwand). Die chaotisch-engen Gassen ersetzte er durch vornehme, pfeilgerade und breite Boulevards, für die die Stadt heute berühmt ist.

Belle Époque

Die Dritte Republik brachte die glanzvolle Belle Époque (das schöne Zeitalter) mit sich, deren Anfänge waren allerdings nicht sonderlich schön. Sie begann im September 1870 mit einer Übergangsregierung zur nationalen Verteidigung, denn die Preußen waren auf dem Vormarsch. Sie belagerten Paris und verlangten, dass sofort Wahlen zur Nationalversammlung stattfänden. Unglücklicherweise war die erste Amtshandlung der monarchistisch dominierten Versammlung die Ra-

Von 1784 bis 1836 nutze der Herzog von Chartres das respektable Palais Royal als Vergnügungszentrum, das in ganz Europa berüchtigt war – mit Theatern, Spielkasinos, Läden, Cafés und rund 2000 Prostituierten.

Historische Stätten

Arènes de Lutèce (Quartier Latin)

Musée National du Moyen Âge (Quartier Latin)

Hôtel des Invalides (St-Germain & Invalides)

Les Catacombes (Montparnasse & südliches Paris)

1889	1894	1914	1920er-Jahre
Der Eiffelturm wird rechtzeitig zur Eröffnung der Weltausstellung 1889 fertiggestellt. Von Bevölkerung und Presse hagelt es Spottnamen wie „Metallspargel" und Schlimmeres.	Die sogenannte Dreyfus-Affäre beginnt, die schließlich 1905 in der gesetzlichen Trennung von Staat und Kirche mündet.	Deutschland und Österreich-Ungarn erklären Russland und Frankreich den Krieg. Deutsche Truppen erreichen die Marne 15 km östlich von Paris. Die Regierung zieht nach Bordeaux.	Paris wird mit neu gefundenem Liberalismus und aufregendem Nachtleben zum Zentrum der Avantgarde. Maler wagen sich auf unbekanntes Terrain und entdecken Kubismus und Surrealismus.

tifizierung des Friedensvertrags von Frankfurt. Dessen harte Bedingungen – satte Reparationszahlungen und die Abtretung der Provinzen Elsass (Alsace) und Lothringen (Lorraine) – schafften eine bürgerkriegsähnliche Situation, in der radikale Pariser (die Kommunarden) gegen die Regierung rebellierten. Die Kommunarden übernahmen das Kommando in Paris und bildeten einen Stadtrat. Doch ein paar Monate später hatte die französische Armee die Lage wieder unter Kontrolle. An diese chaotische Zeit mit Massenexekutionen in beiden Lagern, vielen Exilanten und massiven Zerstörungswellen (die beiden Palais des Tuileries und das Hôtel de Ville wurden niedergebrannt) erinnert die Mur des Fédérés (Kommunarden-Mauer) auf dem Friedhof Père Lachaise.

Die Belle Époque war geprägt von der Architektur des Art nouveau und vielen „-ismen" in der Kunst, angefangen mit dem Impressionismus. Fortschritte in Wissenschaft und Technik führten unter anderem zum Bau der ersten Untergrundbahn, der Métro (1900). Weltausstellungen fanden 1889 und 1900 in Paris statt und präsentierten den Eiffelturm und den zu diesem Zweck erbauten Grand und Petit Palais. Auch das Paris der Nachtclubs und Künstlercafés erlebte um die Jahrhundertwende seine Geburtsstunde und der Montmartre zog Künstler und Schriftsteller, Zuhälter und Prostituierte magisch an.

Doch es war nicht alles eitel Sonnenschein in der Republik: In Frankreich schwelte die Schmach der Niederlage gegen Deutschland und man suchte nach Sündenböcken. 1894 begann die sogenannte Dreyfus-Affäre, als der jüdische Hauptmann Alfred Dreyfus beschuldigt wurde, Militärgeheimnisse an Deutschland verraten zu haben. Er wurde in einem Willkürprozess zu lebenslanger Gefangenschaft auf der Teufelsinsel verurteilt. Liberale Politiker und Schriftsteller erreichten eine Wiederaufnahme des Verfahrens – gegen den erbitterten Widerstand des Oberkommandos der Armee, rechtsgerichteter Politiker und vieler katholischer Gruppen. Dreyfus wurde 1900 rehabilitiert. Die Dreyfus-Affäre zog eine strengere zivile Kontrolle des Militärs nach sich und führte dazu, dass 1905 die gesetzliche Trennung von französischem Staat und katholischer Kirche vollzogen wurde. Alfred Dreyfus starb 1935. Er wurde auf dem Cimetière de Montparnasse zur Ruhe gelegt.

Zweiter Weltkrieg & Besatzung

Zwei Tage nach dem deutschen Einmarsch in Polen am 1. September 1939 erklärten England und Frankreich dem Deutschen Reich den Krieg. In den ersten neun Monaten witzelten die Pariser über *la drôle de guerre* (seltsamer Krieg; Sitzkrieg), die Briten nannten ihn *the phoney war* (unechter Krieg), weil nichts passierte. Doch aus Spaß wurde

GESCHICHTE ZWEITER WELTKRIEG & BESATZUNG

Haussmann revolutionierte das Trink- und Abwassersystem von Paris und schenkte der Hauptstadt zudem einige ihrer schönsten Parks. In dieser Ära entstanden auch die ersten Warenhäuser und die hübschen, von Läden gesäumten *passages couverts* (überdachte Passagen).

1923 wurde französischen Frauen das Recht zugestanden, an sie gerichtete Post zu öffnen (!). Das Wahlrecht erhielten sie erst 1945 und bis 1964 brauchten sie die Erlaubnis ihres Ehemanns, um ein Bankkonto zu eröffnen oder einen Reisepass zu beantragen.

1940	25. Aug 1944	1949	1958
Nach zehnmonatigem „Sitzkrieg" (frz. *drôle de guerre*) greifen die Nazis an. Paris wird besetzt und bleibt die folgenden vier Jahre unter deutscher NS-Herrschaft.	Angeführt von den Forces Françaises Libres befreien die Alliierten Paris und retten die Stadt vor Hitlers geplanter Bombardierung. Der Zweite Weltkrieg endet neun Monate später.	Vier Jahre nach der Einführung des Frauenwahlrechts veröffentlicht Simone de Beauvoir ihre richtungsweisende Schrift *Le Deuxième Sexe* (Das andere Geschlecht).	Nach mehr als zwölf Jahren in der Opposition kommt de Gaulle erneut an die Macht und läutet die Fünfte Republik ein.

Ernst und die Schlacht um Frankreich begann im Mai 1940. Am 14. Juni musste Frankreich kapitulieren. Paris wurde besetzt und fast die Hälfte der Bevölkerung floh mit dem Auto, dem Fahrrad oder zu Fuß aus der Stadt. Das britische Expeditionskorps, das den Franzosen zu Hilfe gesandt wurde, entging nur knapp der Gefangennahme, indem es sich nach Dünkirchen in Nordfrankreich zurückzog und in kleinen Booten den Ärmelkanal überquerte, wie es Ian McEwan in *Abbitte* (Diogenes, 2004) so lebendig schildert. Die Maginotlinie, der angeblich uneinnehmbare Festungswall entlang der deutsch-französischen Grenze, erwies sich als nutzlos: Die deutschen Panzerdivisionen umgingen sie einfach, indem sie den Weg über Belgien nahmen.

Die Deutschen spalteten Frankreich in eine Zone unter unmittelbarer deutscher Kontrolle (Westküste und Norden einschließlich Paris) und einen Marionettenstaat mit Verwaltungssitz in der Kurstadt Vichy unter Führung des Helden von Verdun, des alternden Generals Philippe Pétain. Pétains Kollaborationsregierung und die französische Polizei in den deutsch besetzten Gebieten halfen den Nazis, 160 000 französische Juden und andere Menschen für die Deportation in Konzentrations- und Vernichtungslager in Deutschland und Polen zusammenzutreiben. Nach dem Fall von Paris war General Charles de Gaulle, Frankreichs stellvertretender Kriegsminister, nach London geflohen. Er bildete eine französische Exilregierung und stellte die Forces Françaises Libres (Freie Französische Streitkräfte) auf, eine Armee, die auf der Seite der Alliierten gegen die Deutschen kämpfen sollte.

Die Befreiung Frankreichs begann mit der Landung der Alliierten in der Normandie am D-Day (frz. *Jour-J*), dem 6. Juni 1944. Am 15. August desselben Jahres landeten alliierte Truppen auch in Südfrankreich. Nach einem kurzen Aufstand der Résistance und Generalstreiks der U-Bahn und der Polizei wurde Paris am 25. August endgültig befreit. Die Speerspitze der Truppen bildeten Einheiten der Freien Französischen Streitkräfte. Sie wurden den Amerikanern vorausgeschickt, um Frankreich die Ehre zu überlassen, seine Hauptstadt selbst am folgenden Tag zu befreien. Hitler hatte Paris 1940 besucht und war begeistert gewesen. Gegen Kriegsende hatte er angeordnet, die Stadt niederzubrennen. Glücklicherweise wurde dieser Befehl nie ausgeführt.

Nachkriegswirren

De Gaulle kehrte nach Paris zurück und berief eine Übergangsregierung ein. Im Januar 1946 trat er als Präsident zurück, weil er fälschlicherweise annahm, das Volk würde lautstark seine Rückkehr fordern. Ein paar Monate später wurde jedoch eine neue Verfassung per Referendum bestätigt. De Gaulle gründete seine eigene Partei (Rassemble-

---

Historiker sind sich weitgehend einig, dass es mit der militärischen Effizienz der Résistance nicht sehr weit her war. Aber dafür beförderte sie die moralische Verfassung der Franzosen und ihr Einfluss auf die französische Literatur- und Filmszene ist bis heute spürbar.

Jacques Tardis Comic-Serie *Adeles ungewöhnliche Abenteuer* spielt im Paris des angehenden 20. Jahrhunderts und wurde 2010 verfilmt.

1962	1968	1977	1978
Der Algerienkrieg endet und hat über 12 000 Todesopfer gefordert; eine Dreiviertelmillion in Algerien geborener Franzosen siedelt nach Frankreich über.	Studentenrevolten erschüttern Paris und bringen Stadt und Staat an den Rand eines Bürgerkriegs. Im Jahr darauf sieht sich de Gaulle gezwungen zurückzutreten.	Jacques Chirac wird der erste Pariser Bürgermeister mit erheblicher Macht.	Das damals umstrittene Centre Pompidou ist das erste von mehreren Bauprojekten *(grands projets)*, mit denen sich französische Staatsmänner ein Denkmal setzen.

ment du Peuple Français, RPF) und blieb für die nächsten 13 Jahre in der Opposition.

Die Vierte Republik war eine Periode instabiler Kabinettskoalitionen, die einander mit atemberaubender Geschwindigkeit ablösten (im Durchschnitt alle sechs Monate). Der wirtschaftliche Aufschwung basierte weitgehend auf massiver US-Hilfe. Frankreichs vernichtende Niederlage 1954 in Vietnam läutete sein Ende als Kolonialmacht in Indochina ein. Auch in Algerien, wo über 1 Mio. französischer Kolonisten lebten, wurden große Anstrengungen unternommen, den aufstrebenden arabischen Nationalismus zu unterdrücken.

Die Vierte Republik endete 1958, als rechtsextreme Kräfte eine Verschwörung zum Sturz der Regierung anzettelten. Sie waren erbost über die Algerienpolitik, die für ihren Geschmack klein beigab, statt hart durchzugreifen. De Gaulle wurde zurückgeholt, um einen Militärputsch oder gar einen Bürgerkrieg zu verhindern. Schon bald legte er einen Verfassungsentwurf vor, der dem Präsidenten weitreichende Machtbefugnisse auf Kosten der Nationalversammlung einräumte.

Charles de Gaulle & die Fünfte Republik

1961 wurde die Fünfte Republik von einem Putschversuch rechter Armeeoffiziere in Algier erschüttert. Als dieser scheiterte, griff die OAS (Organisation de l'Armée Secrète) – eine Gruppe französischer *colons* (Kolonisten) und deren Sympathisanten, die eine Unabhängigkeit Algeriens ablehnten – zum offenen Terror. Sie versuchten wiederholt, de Gaulle zu töten, und hätten es im August 1962 in Clamart, einer Stadt im Südwesten von Paris, auch fast geschafft.

1962, nachdem bereits über 12 000 Menschen in diesem „Bürgerkrieg" gestorben waren, handelte de Gaulle ein Ende des Algerienkriegs aus. Gut 750 000 *pieds-noirs* (Schwarzfüße), wie die Algerienfranzosen in Frankreich genannt werden, kamen nach Frankreich und in die Hauptstadt. Inzwischen hatten die meisten anderen französischen Protektorate und Kolonien in Afrika die Unabhängigkeit gefordert und erhalten. Geschickt legte Frankreichs Regierung nun ein Programm für wirtschaftliche und militärische Hilfe in den ehemaligen Kolonien auf: einerseits um der abnehmenden internationalen Bedeutung Frankreichs etwas entgegenzusetzen, andererseits um einen Block französischsprachiger Nationen – *la francophonie* – in den weniger entwickelten Erdteilen zu schaffen.

Paris wahrte seine Stellung als schöpferisches und geistiges Zentrum, insbesondere in der Philosophie und der Filmindustrie. In den 1960er-Jahren wurden große Bereiche des Marais wunderschön restauriert.

Am 15. Oktober 1959 entgeht der damalige Senator und spätere Präsident François Mitterrand einem inszenierten Anschlag, der später als „L'attentat de l'Observatoire" in die Geschichte einging.

Das Buch *Der Schakal* und die gleichnamige Verfilmung schildern ein fiktives Attentat der OAS (französische Untergrundorganisation, die gegen die Unabhängigkeit Algeriens kämpfte) auf Ministerpräsident Charles de Gaulle.

1989	1998	2001	2002
Mitterrands *grand projet*, die Opéra Bastille, wird zur Zweihundertjahrfeier der Französischen Revolution eröffnet; vor dem Louvre wird I. M. Peis Grande Pyramide eingeweiht.	Im nagelneuen Stade de France im Pariser Norden schlägt die französische Nationalmannschaft Brasilien und wird Fußballweltmeister.	Der Sozialist Bertrand Delanoë wird der erste bekennend schwule Bürgermeister von Paris. Im Jahr darauf attackiert ihn ein Schwulenhasser mit dem Messer.	Der französische Franc ist Vergangenheit: In Frankreich und 14 weiteren Mitgliedsstaaten der Europäischen Union wird der Euro eingeführt.

Ein Jahr der Wende

Das Jahr 1968 war ein Wendepunkt. Im März fand in Paris eine Groß-
demonstration gegen den Vietnamkrieg statt. Sie verlieh der Studenten-
bewegung gewaltigen Auftrieb. Das ganze Frühjahr hindurch organisierten Studenten Protestaktionen in der Hauptstadt. Im Mai löste die
Polizei eine ihrer Demonstrationen auf, woraufhin wütende Teilnehmer
kurzerhand die Sorbonne besetzten und Barrikaden im Quartier Latin
errichteten. Arbeiter solidarisierten sich mit dem Protest und 6 Mio.
Franzosen aus dem ganzen Land beteiligten sich an einem General-
streik, der die Nation praktisch lahmlegte. Es war eine Zeit höchster
Kreativität und neuer Ideen. Überall wurden Slogans laut, darunter
„L'Imagination au Pouvoir" (Alle Macht der Phantasie) oder „Sous les Pavés, la Plage" (Unter den Pflastersteinen liegt der Strand). Dies war eine
Anspielung auf das bevorzugte Baumaterial der Pariser für ihre Stra-
ßenbarrikaden – und ein Hinweis darauf, was sie darunter erwartete.

Doch die Allianz zwischen Arbeitern und Studenten hatte nicht lange Bestand – während die einen ihren Anteil an der Konsumwelt einfor-
derten, wollten die anderen sie angeblich vernichten. De Gaulle nutzte
diese Spaltung zu seinem Vorteil und schürte die Furcht des Volkes vor
der Anarchie. Als Paris und das übrige Frankreich am Rande der Revolution standen, demonstrierten 100 000 Gaullisten auf den Straßen
von Paris, um die Regierung zu unterstützen. Die Stabilität war wiederhergestellt.

Sitz des *maire*
(Bürgermeister)
ist das Hôtel de
Ville (Rathaus).
Von dort aus
leitet er die
Geschicke der
Stadt mithilfe von
21 *adjoints* (Bera-
tern). Sie werden
von 163 Mitglie-
dern des Conseil
de Paris (Pariser
Rat) gewählt.
Eine Amtsperiode
beträgt sechs
Jahre.

Die moderne Gesellschaft

Gleich nachdem die öffentliche Ordnung wiederhergestellt war, sorgte die Regierung für die Dezentralisierung der Hochschulbildung und
brachte in den 1970er-Jahren einige Reformen auf den Weg, darunter
die Herabsetzung des Wahlalters auf 18 Jahre und ein Abtreibungsge-
setz, um die moderne französische Gesellschaft von heute zu schaffen.

Präsident Charles de Gaulle trat 1969 zurück. Er wurde abgelöst von
Gaullistenführer Georges Pompidou, dem 1974 Valéry Giscard d'Estaing folgte. Der Sozialist François Mitterrand wurde 1981 zum Präsidenten gewählt. Er machte sich sofort an die Verstaatlichung von Pri-
vatbanken, großen Industriekonzernen und anderen Wirtschaftszwei-
gen. Mit einem eher gemäßigten wirtschaftspolitischen Kurs ab Mitte
der 1980er-Jahre erreichte der damals 69-Jährige seine Wiederwahl.

Jacques Chirac, seit 1977 Bürgermeister von Paris, gewann die Präsidentschaftswahlen 1995. In den ersten Monaten seiner Amtszeit punk-
tete er mit klaren Worten und Taten in Sachen EU und Bosnienkrieg.
Der Beschluss hingegen, auf der Insel Mururoa und einem nahegele-

2004	2005	2007	2010
Frankreich verbietet das Tragen von Kruzifixen, Kopf-tüchern und anderen religiösen Symbolen in öffentlichen Schulen.	Mit großer Mehr-heit lehnen die französischen Wähler die EU-Verfassung ab. In vielen Pariser Vororten machen Jugendliche ihrem Frust mit Vandalismus Luft.	Nicolas Sarkozy, vormals Innenminister unter Jacques Chirac, schlägt die sozialistische Kandidatin Ségolène Royal und wird fran-zösischer Staats-präsident.	Als die Regierung das Rentenalter von 60 auf 62 Jahre erhöhen will, legen landesweite Streiks und Protestaktionen Frankreich kurz-zeitig lahm.

genen Atoll von Französisch-Polynesien die Atombombentests wieder
aufzunehmen, sorgte in Frankreich und weltweit für Empörung. 1997
verkalkulierte er sich mit vorgezogenen Parlamentswahlen im Juni. Er
blieb zwar Präsident, aber seine Partei RPR, Rassemblement pour la
République (Bündnis für die Republik), verlor die Mehrheit. Eine Koali-
tion aus Sozialisten, Kommunisten und Grünen kam an die Macht. Sie
führte die berühmte 35-Stunden-Woche ein.

Chiracs zweite Amtsperiode begann 2002 und wurde von den
schlimmsten Gewaltausbrüchen in der Hauptstadt seit dem Ende des
Zweiten Weltkriegs überschattet. Nach dem Tod zweier Jugendlicher
mit nordafrikanischen Wurzeln, die sich auf der Flucht vor der Polizei
in einem Transformatorenhäuschen versteckt hatten, kam es im Herbst
2005 zu schweren Ausschreitungen in den Pariser *cités*, jenen endlosen, anonymen Wohnsiedlungen rings um die Hauptstadt, in denen vor
allem sozial benachteiligte Randgruppen leben. Die Welle der Gewalt
schwappte rasch auf andere Städte in Frankreich über, sodass die Regierung den Notstand ausrief. 9000 ausgebrannte Autos und Gebäude
später kehrte wieder Frieden in Paris ein.

Ein neuer Schlag Präsident

2007 musste Jacques Chirac, ein Staatsmann der alten Schule, sein
Amt an den dynamischen, ehrgeizigen Medienliebling Nicolas Sarkozy abtreten. Der ehemalige Innenminister und Vorsitzende der Mit-
te-Rechts-Partei UMP (Union pour un Mouvement Populaire) hatte die
Wähler mit dem Versprechen bezirzt, die Arbeitslosigkeit und Krimi-
nalität zu bekämpfen, neue Jobs zu schaffen, die Einkommensteuer zu
senken und der großen Gruppe der Einwanderer zu helfen. Letzterer
Punkt hatte eine besonders überzeugende Wirkung, handelte es sich
bei dem Präsidentschaftskandidaten doch um den Sohn eines ungari-
schen Immigranten und einer griechisch-jüdisch-französischen Mutter.
Die Franzosen, genervt von einer stagnierenden Wirtschaft und sozialen Missständen, wünschten sich einen Wandel. Ein neuer Schlag Präsident war geboren.

Das Fundament von Sarkozys Wahlsieg waren die angekündigten ri-
gorosen Wirtschaftsreformen, doch in einer Periode weltweiter Rezes-
sion hatte der neue Präsident Schwierigkeiten, die französische Wirtschaft über Wasser zu halten. Seine Reformversuche, beispielsweise im
bisher äußerst großzügigen französischen Rentensystem, sorgten im
ganzen Land für Panik und zogen eine Reihe von Generalstreiks und
Protesten nach sich. Sarkozys Popularität fiel in den Keller und so war
2012 der Weg frei für den Sozialisten François Hollande.

Bertrand Delanoë,
ein Sozialist mit
Unterstützung
der Grünen,
war 2001 der
erste bekennend
schwule Bürger-
meister von
Paris (und einer
europäischen
Hauptstadt
überhaupt) und
konnte 2008 eine
zweite Amtszeit
anhängen.

Dass Bildung
und Gesund-
heitsversorgung
kostenlos sind, ist
für die Franzosen
selbstver-
ständlich. Die
Kinderbetreuung
wird staatlich
subventioniert,
für Familien gibt
es ermäßigte
Fahrscheine, man
hat viel Urlaub
und arbeitet nur
35 Stunden pro
Woche.

2011	2012	2012	2014
Chirac wird für schuldig befunden, in seiner Amtszeit als Pariser Bürger-meister öffentliche Gelder veruntreut zu haben, und zu einer Gefängnisstrafe auf Bewährung verurteilt.	Frankreich wird das AAA-Toprating entzogen. Die Wirtschaftspolitik ist eines der wichtigsten Themen bei den Präsident-schaftswahlen Ende April 2012.	Der Sozialist François Hollande setzt sich gegen Nicolas Sarkozy durch und wird neuer Staatspräsident, verliert aber schnell an Popularität.	Die spanischstämmige Anne Hidalgo schlägt die von Sarkozy protegierte Nathalie Kosciusko-Morizet und wird als erste Frau ins Bürgermeisteramt von Paris gewählt.

Dem wirtschaftlich immer noch dahindümpelnden Frankreich versprach Hollande, restriktive Maßnahmen aufzuheben und die Arbeitslosigkeit zu senken. Allerdings konnte er bis jetzt keine überzeugenden Erfolge verzeichnen, erneut erwiesen sich Wahlversprechen als leere Worthülsen und Hollande stürzte in der Gunst der Franzosen noch schneller und steiler ab als Sarkozy. Nur 20 % halten ihm noch die Stange und bei den Kommunalwahlen 2014 erlebten die Sozialisten ein beispielloses Fiasko. Dass Parteigenossin Anne Hidalgo als erste Frau zur Bürgermeisterin von Paris gewählt wurde, zeigt, welche Sonderrolle die Hauptstadt mit ihrem unbeirrten Linksdrang in der politischen Landschaft Frankreichs spielt.

Mode

„Mode ist eine Lebenseinstellung", sagte Yves Saint Laurent einmal und die meisten Pariser sind d'accord, denn Mode ist ihrer Meinung nach etwas durch und durch Französisches und der Konkurrenz aus Mailand, Tokio oder New York fehlt einfach das gewisse Etwas. Was jedoch nur wenige Pariser wissen: Die Pariser Haute Couture (wörtlich übersetzt „hohe Nähkunst"), wie wir sie heute kennen, wurde von einem Engländer kreiert!

Revolution & Drama

Charles Frederick Worth (1825–1895), bekannt als der „Napoleon der Kostümschneider", kam im Alter von 20 Jahren nach Paris und revolutionierte die Mode, indem er sich vom Reifrock verabschiedete, die Säume verkürzte, sodass man die Knöchel sehen konnte, und seine Kreationen an lebenden Modellen präsentierte. Das House of Worth blieb vier Generationen lang in der Familie (bis in die 1950er-Jahre).

In den 1990er-Jahren eroberten ein paar besonders kreative britische Designer die Pariser Modeszene, z. B. Alexander McQueen (1969–2010) und John Galliano (geb. 1960). Letzterer war einer der einflussreichsten Köpfe der Fashionindustrie. Galliano wurde in Gibraltar geboren, wuchs in London auf und kam 1991 nach Paris, wurde 1995 Chefdesigner von Givenchy und nur ein Jahr später vom legendären Haus Dior abgeworben, welches Paris nach dem Zweiten Weltkrieg wieder zur internationalen Modehauptstadt gemacht hatte. Gallianos erste Show für Dior war schlichtweg atemberaubend: Die Models stolzierten auf dem Catwalk an 500 Goldstühlen und 4000 Rosen vorbei, die an den Nachkriegsglamour von Christian Diors 1946er-Ausstellungsraum an der Avenue Montaigne (8. Arrondissement) im Luxusviertel Triangle d'Or (Goldenes Dreieck) erinnerten.

Ähnlich spektakulär war der Untergang des talentierten Enfant terrible der Mode. 2011 entließ Dior den Stardesigner, nachdem man ihn in seinem Stammlokal La Perle im Marais dabei gefilmt hatte, wie er Gäste beleidigte, und er im Folgenden wegen rassistischer und antisemitischer Schmähungen zu einer Geldstrafe verurteilt wurde.

In Paris wurde der Ausdruck *lèche-vitrine* (wörtlich „Fenster abschlecken") geprägt, gemeint ist der Schaufensterbummel. Das Anprobieren ohne zu kaufen ist hier absolut pc. Die eleganten Modehäuser an der Avenue Montaigne wirken erst mal einschüchternd, aber meist kann man einfach hineinspazieren, auch ohne Termin.

DIE ULTIMATIVE MODENSCHAU

Die Modenschauen der Pariser Haute Couture laufen Ende Januar (für die Frühjahrs-/Sommerkollektion) und Anfang Juli (für die Herbst-/Winterkollektion). Die meisten großen Designer präsentieren auch eine bezahlbare Prêt-à-porter-Linie, viele haben sich komplett von der Haute Couture verabschiedet. Diese tragbarere Mode wird Ende Januar und Ende September gezeigt. Allerdings sind die Shows exklusive Angelegenheiten, wo Hinz und Kunz nichts zu suchen haben.

Wer trotzdem Models über den Catwalk stolzieren sehen will, reserviert sich einen Platz für die Modenschau der Galeries Lafayette im 9. Arrondissement, die jeden Freitagnachmittag stattfindet (Januar, Februar und August ausgenommen).

Aktuelle Mode

Designs, die nicht von dieser Welt sind, geschaffen von jungen Aufsteigern wie Serkan Cura (der die Szene mit Stoffkunstwerken aus Federn und Swarowksy-Kristallen rockt) oder Berühmtheiten wie dem „bösen Buben" Jean Paul Gaultier (der gerne Männer in Röcke steckt und Madonna den berühmten konischen BH verpasste) mögen während der Fashion Week auf dem Catwalk auftauchen. Sich in der Metro zwischen zwei jungen Frauen mit Gaultier-Bustiers wiederzufinden, ist hingegen unwahrscheinlich. Dafür ist der Pariser Stil viel zu klassisch.

Ausgefallene Streetwear, die stark von der Londoner Fashion inspiriert ist, wird in den trendigen Läden rund um die Rue Étienne Marcel (Louvre & Les Halles) und im Marais verkauft. Das Haut Marais im 3. Arrondissement ist bekannt für aufstrebende junge Designer und ihre Boutiquen. Namen, die man sich merken sollte, sind Moon Young Hee, Valentine Gauthier, Yukiko und Sakina M'sa. Anne Elisabeth, eine Pariser Globetrotterin, ist mit ihren Läden im 1., 3. und 6. Arrondissement ein Dauerbrenner. Peppige Handtaschen kommen u. A. aus den Ateliers von Nat & Nin, Clarisse (Pauline Pin), Kasia Dietz und Jamin Puech.

Was Schmuck betrifft, ist Marion Vidal im 9. Arrondissement mit ihren frechen, funkigen und oft von der Architektur beeinflussten Kreationen eine angesagte Adresse.

BCBG & Intello

Die Pariser, die zum „BCBG"-Clan gehören (*bon chic bon genre*, sprich: stilsicher und gut situiert), kaufen im Le Bon Marché oder bei Chanel ein und verlassen nur selten ihre angestammten Shoppingbezirke: das 7., 8. und 16. Arrondissement. Zu ihren Lieblingslabels gehören Kooples, Maje, Sandro, Comptoir des Cotonniers und Zadig & Voltaire. Die schicke Intellektuellen- oder „Intello"-Riege vom linken Seine-Ufer shoppt in Nobelboutiquen wie denen von Agnès b (1975 in Paris von der Designerin Agnès Troublé aus Versailles gegründet; das „b" ist eine

Anspielung auf ihren Ehemann) und APC (die Abkürzung für Atelier de Production et de Création), bekannt für trendige und gleichzeitig absolut alltagstaugliche Mode.

Bobo & Hipster

Die Bezirke Marais und Bastille sowie die Gegend um den Canal St-Martin im 10. Arrondissement sind tendenziell das Terrain der *bobos*, was für *bohémien bourgeois* (moderne Hippies mit reichen Eltern) steht. In ihrem Kleidungsstil treffen sich nostalgische Erinnerungen an Trips nach Indien, Tibet und in den Senegal mit Fair Trade und Glasperlen. Die „Hardcore-Bobos" tragen Kate Mack und stecken ihre Kinder in Klamotten mit romantisch-knalligen Drucken und Mustern von Liza Korn aus dem 10. Arrondissement.

Junge berufstätige *bobos* tummeln sich im angesagten Concept Store Colette oder in kleineren Designerläden mit sorgfältig ausgewählten Kollektionen wie bei L'Éclaireur und Broken Arm im Marais. Isabel Marant hat Boutiquen im Marais, in Bastille und St-Germain des Prés und Kultstatus bei den Pariser Hipstern erlangt, denn ihr unkomplizierter Stil steht für wunderbare Blumenkleider, Jeansminiröcke, locker fallende Strickwaren und wunderbare Schals, die man das ganze Jahr über tragen kann. Noch eine tolle Marke aus Paris ist Vanessa Bruno, mit leicht schrillen, aber trotzdem alltagstauglichen Fummeln: Bauchfreie Tops, Zebrastreifen und Anklänge an Sportswear gaben ihrer Frühjahrskollektion 2014 Pepp.

Die Pariser Hipster stylen sich wie in Brooklyn und ähneln den *bobos*, sie sind aber jünger (zwischen 18 und 25) und meist eher knapp bei Kasse. Sie schlürfen ausschließlich frisch gepresste Fruchtsäfte und ihre Alternative zu teuren Nobelmarken ist Purismus, oft aus der Vintage-Kiste.

Prêt-à-porter

Das Luxuslabel Céline, seit 1945 für stilvollen, cleveren Minimalismus bekannt, ist für jedermann tragbar und so populär, dass es schon fast zum Mainstream gehört. Chloé, das seit 1952 besteht, war das erste Haute-Couture-Label, das 1956 eine Designer-Konfektionslinie produzierte und damit die Pariser Prêt-à-porter-Industrie aus der Taufe hob.

Nostalgie & Recycling

Bei puristischen Hipstern sind Secondhand und Recycling angesagt, während weniger trendige Modefreaks nach wie vor auf ein echtes Hermès-Tuch oder das kleine Schwarze von Chanel abfahren.

Vintage

Viele Pariserinnen gehen auf Nummer sicher und bevorzugen unifarbene Klassiker, dazu vielleicht ein einfaches Accessoire (besonders begehrt sind die Tücher von Hermès, einem 1837 als Sattlerei gegründeten Familienunternehmen). Das erklärt auch die ungebrochene Liebe zu den praktischen Schnitten und der modernen Schlichtheit von Coco Chanel (1883–1971), die in den 1920er-Jahren das berühmte „kleine Schwarze" kreierte. Ähnlichen Kultstatus haben Givenchy, Féraud und andere Modeschöpfer aus den goldenen 1950er-Jahren, in denen Paris die Mode diktierte. Dementsprechend hoch ist die Nachfrage nach Vintage-Klamotten.

Zweimal im Jahr finden im berühmten Pariser Auktionshaus Hôtel Drouot Haute-Couture-Versteigerungen statt. Seit 1975 verkauft der Sammler Didier Ludot die edelsten Kleidungsstücke von damals in zwei

Museen & Ausstellungen

Fondation Pierre Bergé – Yves Saint Laurent (Eiffelturm & westliches Paris), 16. Arrondissement

Musée de la Mode de la Ville de Paris (Eiffelturm & westliches Paris), 16. Arrondissement

Cité de la Mode et du Design (Docks en Seine, Montparnasse & südliches Paris), 13. Arrondissement

exklusiven Boutiquen im Palais Royal – eine davon, mit dem passenden Namen La Petite Robe Noir, widmet sich ausschließlich dem „kleinen Schwarzen" von Designern aus den 1920er- bis 1990er-Jahren.

Post-Vintage

Bei Post-Vintage-Mode geht es vor allem um eins: Recycling. Das Kunst- und Fashionstudio Andrea Crews, das inmitten neuer Sexshops im Rotlichtviertel Pigalle aufgemacht hatte, ist inzwischen ins Marais umgezogen und war eins der ersten Ateliers, in denen Opas Hemden und die abgelegten Klamotten seiner Töchter in hippe neue Outfits verwandelt wurden.

Die Trends von morgen

Jedes Jahr ehrt die Ville de Paris aufstrebende Talente mit dem Grand Prix de la Création de la Ville de Paris – einem Preis für den besten Nachwuchsdesigner (seit weniger als drei Jahren in der Modebranche tätig) und den besten Jungdesigner (seit mindestens drei Jahren dabei). Die Liste vergangener und aktueller Preisträger ist so etwas wie ein Who is Who der Fashionszene von morgen.

Neue beachtenswerte Talente sind beispielsweise der Sieger von 2013, Serkan Cura. In seinem Pariser Studio kreiert er exquisite, sehr feminine Kleider, bei denen Federn aller Art die Hauptrolle spielen, oft ergänzt von handgearbeiteten Blüten oder Insektenflügeln aus Seide. Les Garçons (das Designer-Duo Louis Gerin und Gregory Lamaud) greifen in die Klassikerkiste, um Männer in Spitzenunterwäsche und Luxusanzüge zu hüllen. Marion Lalanne und Pierre-Alexis Heret von IRM Design entwerfen auffällige, oft handbemalte Stoffe und Schnitte für „starke, charismatische, unabhängige Frauen". Ihre in Zusammenarbeit mit der aus Marseille stammenden Malerin Françoise Nielly entstandene Kollektion ist ein echter Hingucker.

Architektur

Epidemien, verstopfte Straßen, eine veraltete Kanalisation und Baron Georges-Eugène Haussmann sorgten dafür, dass Paris aus dem Mittelalter in die Moderne befördert wurde. Die Umgestaltung, die Haussmann im 19. Jh. in Angriff nahm, war ein Mammutunternehmen. Ganze Stadtbezirke wurden dem Erdboden gleichgemacht, Tausende von Menschen umgesiedelt. Aber Paris hat diesen Schritt keine Minute lang bedauert, denn hinter der heutigen Skyline besteht nach wie vor ein fröhliches Miteinander aller Architekturepochen, von römischen Arenen über gotische Kathedralen bis zu postmodernen Betonblöcken und futuristischen Wolkenkratzern.

Gallorömische Zeit

Spuren des römischen Paris finden sich in der Crypte Archéologique unter dem Vorplatz von Notre-Dame in Form von Grundmauern und Überresten von Wohngebäuden, in den Arènes de Lutèce sowie im

Oben: Das prächtige Foyer der Opéra Garnier (S. 98)

Musée National du Moyen Âge (Mittelaltermuseum) in Form eines *frigidarium* (Abkühlungsraum) und weiteren Überbleibseln römischer Bäder von etwa 200 n. Chr.

Dieses Museum hütet auch den sogenannten Pilier des Nautes (Schifferpfeiler), eine der wertvollsten Hinterlassenschaften der gallorömischen Epoche. Es handelt sich um ein 2,5 m hohes Monument, das Jupiter geweiht war und von der Schifferzunft in der Regierungszeit des Tiberius (reg. 14–37 n. Chr.) auf der Île de la Cité aufgestellt wurde. Das Schiff ist bis heute Wappenbild von Paris und der lateinische Wahlspruch der Stadt lautet: *„Fluctuat Nec Mergitur"* (Von den Wogen geschüttelt, wird es doch nicht untergehen).

Merowiner- & Karolingerzeit

In der Merowinger- und Karolingerzeit (6.–10. Jh.) entstanden in Paris diverse Kirchen, von denen jedoch kaum etwas übrig geblieben ist.

Als der merowingische König Chlodwig I. im frühen 6. Jh. Paris zu seinem Herrschaftssitz machte, gründete er am Südufer der Seine eine Abtei, von der nur die Tour Clovis überlebt hat, ein gründlich restaurierter romanischer Turm auf dem Gelände des renommierten Lycée Henri IV gleich östlich vom Panthéon.

Bei archäologischen Grabungen in der Krypta der Basilique de St-Denis aus dem 12. Jh. wurden zahlreiche Gräber aus der Merowinger- und Karolingerzeit freigelegt. Die ältesten stammten aus der Zeit um 570 n. Chr.

Romanik

Eine religiöse Wiedererweckung im 11. Jh. führte zum Bau zahlreicher romanischer Kirchen mit ihren charakteristischen Rundbögen, dicken Mauern, wenigen Fenstern, die kaum Licht einließen, und einer Schmucklosigkeit, die ans Spartanische grenzt.

Es gibt im heutigen Paris keine Bauten im rein romanischen Stil, aber ein paar mit typisch romanischen Elementen. Die Kirche St-Germain des Prés, im 11. Jh. auf den Überresten der Abtei des merowingischen Herrschers Childebert aus dem 6. Jh. erbaut, wurde im Laufe der Jahrhunderte mehrfach umgebaut, aber der romanische Glockenturm über dem Westportal blieb seit dem Jahr 1000 fast unverändert. Chor, Apsis und der verstümmelte Glockenturm der Kirche St-Nicolas des Champs, der heute zum Musée des Arts et Métiers gehört, sind ebenfalls romanisch. Die Kirche St-Germain L'Auxerrois wurde zwischen dem 13. und 16. Jh. in einem Mix aus Gotik und Renaissance gebaut.

Architektonische Wahrzeichen

Eiffelturm

Glaspyramide im Louvre

Basilique de Sacré-Cœur, Montmartre

Centre Pompidou

Cité de l'Architecture et du Patrimoine

Gotik

Das erste gotische Bauwerk der Welt war die Basilique de St-Denis. Bei ihr wurden verschiedene spätromanische Elemente zu einer neuen Art von Strebewerk kombiniert, bei dem jeder Bogen den nächsten stützt und hält. Die Basilika diente als Vorbild für viele andere französische Kathedralen des 12. Jhs., u. a. für Notre-Dame de Paris und die Kathedrale von Chartres.

Im 14. Jh. entwickelte sich der hochgotische Rayonnantstil – nach dem strahlenförmigen Maßwerk der Fensterrosen benannt: Nun wurden die Innenräume durch breitere Fenster und transparenteres Buntglas noch heller. Zu den einflussreichsten und schönsten Bauwerken des *style rayonnant* gehört die Ste-Chapelle, deren Buntglasfenster wie ein Wandvorhang wirken. Weitere schöne Beispiele sind die beiden Querschifffassaden von Notre-Dame und die Salle des Gens d'Armes (Saal der Waffenträger) mit Kreuzrippengewölbe in der Conciergerie, dem größten noch existierenden mittelalterlichen Saal in Europa.

Im 15. Jh. gipfelten immer extravagantere Dekorationsformen im spätgotischen Flamboyantstil. Seinen Namen verdankt er dem typischen flammenförmigen *(flamboyant)* Maßwerk. Wunderbar filigrane Beispiele der Flamboyantarchitektur sind z. B. der Clocher Neuf (neue Kirchturm) der Kathedrale von Chartres, die Kirche St-Séverin und die Tour St-Jacques– dieser 52 m hohe Turm ist das einzige Überbleibsel einer Kirche aus dem frühen 16. Jh. In der Kirche St-Eustache trägt ein ausnehmend schöner Bogenbau im Flamboyantstil die Decke über dem Chor. Außerdem wurden mehrere *hôtels particuliers* (herrschaftliche Stadthäuser) in diesem Stil gebaut, u. a. das Hôtel de Cluny, in dem heute das Musée National du Moyen Age residiert.

Renaissance

Ziel der Renaissance war die „Wiedergeburt" der antiken griechisch-römischen Kultur. In Frankreich machte sie sich erstmals gegen Ende des 15. Jhs. bemerkbar, als Karl VIII. militärische Vorstöße nach Italien unternahm und neue Ideen mit nach Hause brachte.

In der sogenannten Frührenaissance wurden verschiedene klassische Elemente und Schmuckmotive (Säulen, Tunnelgewölbe, Rundbögen, Kuppeln usw.) mit den üppigen Schmuckformen der Flamboyantgotik verschmolzen. Die schönsten Pariser Architekturbeispiele der Frührenaissance sind die Kirche St-Eustache am rechten und die Kirche St-Étienne du Mont am linken Seine-Ufer.

Der Manierismus wurde von italienischen Architekten und Künstlern eingeführt, die Franz I. um 1530 nach Frankreich brachte. 1546 entwarf Pierre Lescot die aufwendig ausgeschmückte Südwestecke der Cour Carrée des Musée du Louvre.

Die beste Gegend, um Zeugnisse der Renaissance in Paris zu entdecken, bleibt das rechte Seine-Ufer im Marais: Hier gibt es schöne *hôtels particuliers*, wie z. B. das Hôtel Carnavalet, das einen Teil des Musée Carnavalet beherbergt.

Barock

In der Barockzeit (Ende des 16. bis ins späte 18. Jh.) vereinigten sich Malerei, Bildhauerei und klassische Architektur zu Bauwerken und Interieurs von großer Feinsinnigkeit, Raffinesse und Eleganz. Die Architektur wurde „bildhafter" – Deckenmalereien in den Kirchen veranschaulichten den Gläubigen das Leiden Christi, Paläste beschworen die Macht und Ordnung des Staates.

Salomon de Brosse, der 1615 das Palais du Luxembourg im Jardin du Luxembourg entwarf, bereitete den Boden für zwei der berühmtesten Baumeister des französischen Frühbarock: François Mansart, Architekt der Kirche Notre-Dame du Val-de-Grâce, und sein junger Rivale Louis Le Vau, Erbauer des Château de Vaux-le-Vicomte, nach dessen Vorbild Ludwig XIV. wiederum das Schloss von Versailles bauen ließ.

Weitere prächtige Beispiele des französischen Barock sind die Kirche St-Louis en l'Île, die Chapelle de la Sorbonne, das Palais Royal und das Hôtel de Sully, dessen Innenhof mit allegorischen Figuren geschmückt ist.

Klassizismus

Die klassizistische Architektur entstand um 1740 und wurzelte im wieder erwachten Interesse an klassischen Formen. Sie strebte nach Ordnung, Vernunft und Klarheit durch die Übernahme der Formen und

---

ARCHITEKTUR RENAISSANCE

Tolle Dächer

Grand Palais (Champs-Élysées & Grands Boulevards)

....

Cathédrale de Notre-Dame (Île de la Cité)

....

Galeries Lafayette (Champs-Élysées & Grands Boulevards)

....

Fondation Louis Vuitton pour La Création (Eiffelturm & westliches Paris)

Panthéon (S. 224)

Manche fanden sie interessant, andere erschreckend: Le Corbusiers Pläne für Paris, die nie übers Reißbrett hinauskamen. Der Plan Voisin (Nachbarschaftsprojekt) von 1925 sah breite Boulevards vor, die die Gare Montparnasse mit der Seine verbinden und beidseits mit Hochhäusern bebaut werden sollten. Dafür hätten große Teile des Quartier Latin plattgewalzt werden müssen.

Konventionen der griechisch-römischen Antike: Säulen, geometrische Formen und traditionelle Ornamentierung.

Zu den frühesten Beispielen dieses Stils gehören die italianisierende Fassade der Kirche St-Sulpice und der Petit Trianon in Versailles, den Jacques-Ange Gabriel 1761 für Ludwig XV. entwarf. Der Kuppelbau des Institut de France ist ein Meisterwerk des frühen französischen Klassizismus. Der größte klassizistische Baumeister Frankreichs im 18. Jh. war Jacques-Germain Soufflot, der Schöpfer des Panthéon im Quartier Latin.

Zur Hochform auflaufen konnte der Klassizismus dann unter Napoleon, der diesen Stil ausgiebig für Monumentalbauten nutzte, die die Großartigkeit des kaiserlichen Frankreichs und seiner Hauptstadt verkörpern sollten: der Arc de Triomphe, der Arc de Triomphe du Carrousel, die Église de la Madeleine, die Bourse de Commerce, die Assemblée Nationale (Nationalversammlung) im Palais Bourbon und – als Krönung dieser Stilrichtung im 19. Jh. - die Pariser Oper von Charles Garnier.

Art nouveau

Art nouveau, ein Stil, der sich in Europa und den USA in der zweiten Hälfte des 19. Jhs. unter verschiedenen Namen breitmachte (Jugendstil, Sezessionsstil, Stile Liberty), fand in Paris rasch Anklang und war bis etwa 1910 tonangebend. Seine Merkmale sind geschwungene Linien und fließende, asymmetrische Formen, die an Rankengewächse, Seerosen, die Muster auf Insektenflügeln und blühende Äste erinnern. Er wurde durch exotische *objets d'art* (Kunstgegenstände) aus Japan beeinflusst. Der französische Name kam von einer Pariser Galerie, die Werke im Stil dieser „neuen Kunst" ausstellte.

Pariser Paradebeispiele für den detailreichen, photogenen Baustil sind Hector Guimards Metroeingänge, die Synagoge im Marais, Teile des Interieurs im Musée d'Orsay und die wichtigsten Warenhäuser der Stadt, Le Bon Marché und die Galeries Lafayette.

Moderne

Frankreichs berühmtester Architekt des 20. Jhs., Charles-Édouard Jeanneret (besser bekannt als Le Corbusier), kam in der Schweiz zur Welt, ließ sich aber 1917 im Alter von 30 Jahren in Paris nieder. Der radikale Modernist war bemüht, Bauwerke ihren Funktionen in der industrialisierten Gesellschaft anzupassen, ohne den menschlichen Faktor zu vernachlässigen. Le Corbusier war hauptsächlich außerhalb von Paris tätig. Immerhin aber entwarf er hier mehrere Privathäuser und den Pavillon Suisse, ein Wohnheim für Schweizer Studenten in der Cité Internationale Universitaire im 14. Arrondissement.

Bis 1968 wurden die französischen Architekten fast ausschließlich an der konventionellen École des Beaux-Arts ausgebildet, was den meisten früheren Bauten des Hochhausviertels von La Défense deutlich anzusehen ist. Sie wirken unpersönlich und sind geformt wie Lippenstifte oder umgedrehte Schuhkartons. Dieselbe Handschrift tragen auch das Unesco-Gebäude (erb. 1958) im 7. Arrondissement und die 210 m hohe Tour Montparnasse (erb. 1973).

Zeitgenössische Architektur

Jahrhundertelang verewigten sich Frankreichs politische Führer, indem sie gewaltige öffentliche Bauten – sogenannte *grands projets* – in die Hauptstadt klotzten. Georges Pompidou gab das anfangs verhasste, heute geschätzte Centre Pompidou in Auftrag und sein Nachfolger Valéry Giscard d'Estaing trug entscheidend dazu bei, den baufälligen Bahnhof Gare d'Orsay in das wunderbare Musée d'Orsay (1986) umzufunktionieren. Keiner der Präsidenten der Nachkriegszeit kostete die Steuerzahler mehr Geld als François Mitterrand: Er ließ Bauprojekte im Wert von 4,6 Mrd. Euro umsetzen. Jean Nouvels Institut du Monde Arabe (1987) vereinigt arabische und europäische Stilelemente und gehört sicher zu den schönsten Pariser Bauten des ausgehenden 20. Jhs. Jacques Chirac bescherte der Hauptstadt das großartige Musée du Quai Branly aus Holz, Glas und Vegetation mit einem 3 ha großen experimentellen Garten, welches ebenfalls von Jean Nouvel stammt.

Innovative Ideen

In letzter Zeit hat Paris mehrere moderne Wahrzeichen bekommen, beispielsweise I. M. Peis Glaspyramide über dem Haupteingang des bis dahin unantastbaren und sakrosankten Louvre. Sie war gewissermaßen Wegbereiterin für das von Mario Bellini und Rudy Ricciotti neu gestaltete Dach der Cour Visconti, jenen genialen „Fliegenden Teppich" von 2012. Weitere bemerkenswerte Gebäude sind das zweite Opernhaus der Stadt, die „verflieste" Opéra Bastille des uruguayischen Architekten Carlos Ott von 1989, die monumentale, ebenfalls 1989 eröffnete Grande Arche de la Défense des Dänen Johan-Otto von Sprekelsen, das wunderbare Conservatoire National Supérieur de Musique et de Danse (staatliches Konservatorium für Musik und Tanz; 1990) und Christian de Portzamparcs Cité de la Musique (1994) im originellen Parc de la Villette. Auch die vier Glastürme der 2 Mrd. Euro teuren Bibliothèque Nationale de France von Dominique Perrault (1995) und der Vergnügungstempel nebenan, die M2K Bibliothèque (Wilmotte & Namur, 2003) in einer Art gläsernem Schuhkarton, der bei Nacht glitzert, wurden zu neuen Pariser Ikonen.

HÔTEL DROUAT

ARCHITEKTUR MODERNE

Ein echter Hingucker ist das Auktionshaus Hôtel Drouot. Ende der 1970er-Jahre verpassten ihm die Architekten Jean-Jacques Fernier und André Biro ein Lifting: Ihre surrealistische Interpretation des Haussmann-Baus aus dem 19. Jh. wurde sofort zum Musterbeispiel der modernen Architektur gekürt.

Jeder kennt die cremefarbenen Wohnblöcke mit den kunstvollen schmiedeeisernen Balkonen entlang der Boulevards im Zentrum von Paris: Sie gehen auf das Konto von Baron Haussmann (1809–1891), der von 1853 bis 1870 Präfekt des Departements Seine war.

Ein *grand projet* im neuen Jahrtausend war Jean Nouvels sehnsüchtig erwartete, ultramoderne Philharmonie de Paris, deren Bau drei Jahre dauerte und 381 Mio. Euro kostete. Deutlich „menschlicher" wirkt das umgenutzte Lagerhausviertel Masséna Nord. Enge Gassen und offene Blöcke verbinden Gebäude wie die Grands Moulins, eine alte Mühle, die zum Zentrum der neuen Université Paris Diderot mutiert ist, Les Frigos, ein früheres SNCF-Depot, das heute als buntes, lebendiges Künstlerhaus dient, und eine neue Architekturschule in einem alten Fabrikgebäude mitsamt Schornstein.

Noch weitgehend in der Planungsphase steckt die 297 m hohe Tour Phare (Leuchtturm; www.tour-phare.com) in La Défense. Nachhaltigkeit spielt bei dem Turm in Form eines gedrehten menschlichen Torsos eine große Rolle: Je nach Sonneneinstrahlung werden Schutzdächer aus- oder eingefahren – Licht ist also gewissermaßen einer der „Baustoffe" des Gebäudes. Es soll 2017 fertig werden.

Moderne Renaissance

Ein begeisterndes Phänomen ist die momentane Renaissance einiger der schönsten Pariser Art-nouveau-Gebäude. 2014 eröffnete MGallery, der Luxus-Ableger der Hotelkette Accor, im legendären Bäderkomplex Molitor im Westen von Paris (wo in den 1930er-Jahren die ersten Bikinis auftauchten) ein Fünfsternehotel mit Spa. Im Marais wurde der ebenso legendäre Nachtclub Les Bain Douches aus den 1980er-Jahren zum Nobelhotel Les Bains umfunktioniert, sodass die ursprünglich als Thermalbad erbaute Anlage nun nach Jahren des Verfalls ihre dritte Jugend erleben. Ziel bei beiden Projekten war, die Architektur des Art nouveau weitestgehend zu erhalten.

Glas als Baustoff hat in der Hauptstadt eine lange Tradition – der schönste Beweis dafür ist das Grand Palais, das dank der riesigen Glaskuppel zu einem Pariser Wahrzeichen geworden ist. Jetzt wählte der kanadische Architekt Frank Gehry Glas für die 12 „Segel" der futuristischen Fondation Louis Vuitton pour la Création im Bois de Boulogne, die 2014 eingeweiht wurde. Auch dem ehemaligen Schandfleck Forum des Halles, einem Einkaufszentrum aus den 1970er-Jahren im 1. Arrondissement, wollen die Architekten Patrick Berger und Jacques Anziutti mit Glas in Form von geschwungenen Dächern und Arkaden zu neuer Ästhetik verhelfen; das Projekt soll 2016 fertig sein.

Ein typisches Pariser Architekturelement neueren Datums ist der Vertikalgarten (*mur végétal*, Wand aus Pflanzen). Scheinbar gegen die Gesetze der Schwerkraft wächst das Grünzeug an eleganten Gebäuden, Spas und Museumsfassaden. Am berühmtesten ist Patrick Blancs zur Seine hin gelegene Pflanzenfassade des Musée du Quai Branly.

Literatur

Seit jeher sind die Pariser Literaturfans. Sie strömen zu den Lesungen im legendären Buchladen Shakespeare & Company im Quartier Latin, durchstöbern die Bücherregale in den angesagten Weinbars im Marais oder blättern in der neuesten *bande dessinée* (Comic) bei der Fnac. Literatur ist einer der Pfeiler ihres Selbstverständnisses – kein Wunder bei der Masse an Büchern, in denen die „Stadt der Lichter" eine Hauptrolle spielt. Wer Paris kennenlernen will, hat auf jeden Fall genug Lesestoff!

Mittelalter

In der Geschichte der frühmittelalterlichen französischen Literatur taucht Paris noch nicht sehr häufig auf. Aber immerhin war die Hauptstadt Schauplatz der unglücklichen Romanze zwischen Pierre Abälard und Heloise und ihrem anschließenden Briefwechsel, der erst mit ihrem Tod endete.

François Villon gilt als der beste Dichter des Mittelalters. Die Sorbonne verlieh ihm noch vor seinem 21. Geburtstag einen Magister der Künste. Später verstrickte sich „Maître Villon" (wie er genannt wurde) in eine Reihe von Schlägereien, Raubüberfällen und anderen dunklen Machenschaften und wurde schließlich 1462 zum Galgentod verurteilt, nachdem er angeblich einen Notar erstochen hatte. Das Urteil wurde aber in eine zehnjährige Verbannung aus Paris umgewandelt und Villon verschwand auf Nimmerwiedersehen. Er hinterließ eine Gedichtsammlung von sehr persönlichem, lyrischem Stil, darunter die *Ballade des pendus* (Ballade der Gehenkten), mit der er sich sein eigenes Totenlied schrieb, und die *Ballade des dames du temps jadis* (Ballade von den edlen Frauen vergangener Zeiten).

Renaissance

Die großen Meilensteine der französischen Renaissanceliteratur sind die Werke von François Rabelais, Pierre de Ronsard und anderen Dichtern der Pléiade sowie von Michel de Montaigne. Die burlesken Erzählungen des einstigen Mönchs Rabelais verschmelzen derben Humor und Gelehrsamkeit zu einem umfangreichen Œuvre, in dem jede Art von Mensch, Beruf und Jargon vorzukommen scheint, die es in Frankreich um die Mitte des 16. Jhs. gegeben hat. Rabelais' Verleger Étienne Dolet wurde 1546 wegen Ketzerei und Gotteslästerung verurteilt und auf der Place Maubert im 5. Arrondissement gehängt und verbrannt.

Klassik

Im 17. Jh. legte François de Malherbe, Hofdichter Heinrichs IV., strengere Maßstäbe an den Rhythmus in der Literatur an. Zu seinen bekannteren Werken gehört die unterwürfige *Ode* (1600) an Maria von Medici. Jean de La Fontaine war von der Vollkommenheit der Malherbe'schen Verse hingerissen und schrieb seine liebenswerten *Fabeln* (1668) in der Manier von Äsop – womit er es sich jedoch bei der Académie Française verscherzte. *La princesse de Clèves* (Die Prinzessin von Cleve, 1678) von

Dominique Aury verfasste ihren erotischen, sadomasochistischen Roman *Geschichte von O* (*Histoire d'O*, 1954) unter einem Pseudonym. Er verkaufte sich außerhalb von Frankreich besser als irgendein anderes zeitgenössisches französisches Buch. Man ging davon aus, dass der Autor ein Mann war. Aury „outete" sich erst 40 Jahre nach der Veröffentlichung.

Madame de La Fayette ähnelt in der Stimmung den klassischen Tragödien und gilt vielen als Vorläufer des modernen psychologischen Romans.

18. Jahrhundert

In der Literatur des 18. Jhs. dominierten die Philosophen, darunter Voltaire (François-Marie Arouet) und Jean-Jacques Rousseau. Voltaires politische Schriften vertraten die These, dass die Gesellschaft im grundsätzlichen Widerspruch zur Natur stehe. Sie hatten einen tiefgehenden und nachhaltigen Einfluss auf sein Jahrhundert. Voltaire ist im Panthéon bestattet. Rousseau war mit seiner Empfänglichkeit für Landschaften und ihre Stimmungen ein Vorläufer der Romantik. Sein Beharren auf die persönliche Einzigartigkeit in *Les confessions* (Bekenntnisse, 1782) machte dieses Buch zur ersten modernen Autobiografie. Auch er ist im Panthéon beigesetzt.

Literatur-cafés

························

Café de Flore & Les Deux Magots (St-Germain & Invalides)

························

La Belle Hortense, L'Autre Café & Caffè Marcovaldo (Marais, Ménilmontant & Belleville)

Französische Romantik

Im 19. Jh. wurde Victor Hugo für seine Gedichte ebenso berühmt wie für seine Romane. Er wohnte an der Place des Vosges, bis er während des Zweiten Kaiserreichs auf die Kanalinseln ins Exil ging. *Les misérables* (*Die Elenden*, 1862) schildert das Leben der Armen am Rande der Pariser Gesellschaft in der ersten Hälfte des 19. Jhs. *Notre-Dame de Paris* (*Der Glöckner von Notre-Dame*, 1831), eine Mittelalterromanze und -tragödie rund um die berühmte Kathedrale, machte Hugo zur Schlüsselfigur der französischen Romantik.

Weitere einflussreiche Romanautoren des 19. Jhs. waren Stendhal (Marie-Henri Beyle), Honoré de Balzac, Amandine-Aurore-Lucile Dupin

AUSLÄNDISCHE AUTOREN: STRANGERS IN PARIS

Ausländer ließen sich seit eh und je von Paris inspirieren, spätestens seit Charles Dickens die Stadt 1859 neben London zur Kulisse seines Romans *A Tale of Two Cities* (*Eine Geschichte aus zwei Städten*, dt. 1862) machte. Seine literarische Glanzzeit hatte Paris aber zweifellos zwischen den beiden Weltkriegen.

Hemingways *Fiesta* (1926) und das posthum veröffentlichte *Paris – ein Fest fürs Leben* (1964) porträtieren das Pariser Künstlerleben zwischen den Weltkriegen. Viele der kurzen Essays im letztgenannten Buch – Ford Maddox Ford, der in einem Café Ärger bekommt, F. Scott Fitzgerald, der in einer Toilette im Quartier Latin aufgegriffen wird, sowie ein Streit zwischen Gertrude Stein und ihrer Geliebten Alice B. Toklas im Wohnzimmer ihres Salons in der Nähe des Jardin du Luxembourg – sind echte Klassiker und *très parisien*.

Gertrude Stein schlüpfte in *The Autobiography of Alice B. Toklas* (*Autobiographie von Alice B. Toklas*) in die Rolle ihrer Geliebten. Das Buch ist eine faszinierende Schilderung der Pariser Jahre der Schriftstellerin. Es erzählt von ihrem Salon in der Rue de Fleurus im 6. Arrondissement und ihren Freundschaften mit Matisse, Picasso, Braque, Hemingway und anderen.

In Down and Out in Paris and London (*Erledigt in Paris und London*, 1933) erzählt George Orwell aus der Zeit, die er als *plongeur* (Tellerwäscher) in Paris verbrachte, und wie er in den 1930er-Jahren in Paris und London unter Stadtstreichern lebte. Henry Millers freizügige Romane *Tropic of Cancer* (*Wendekreis des Krebses*, 1934) und *Quiet Days in Clichy* (*Stille Tage in Clichy*, 1956) spielen teilweise in der französischen Hauptstadt. Erwähnenswert sind zudem Anaïs Nins Tagebücher und Romane, vor allem ihre als Buch erschienene Korrespondenz mit Henry Miller gewährt interessante Einblicke in das Paris der 1930er-Jahre.

(besser bekannt als George Sand) und natürlich Alexandre Dumas, Verfasser der Haudegenromane *Le comte de Monte-Cristo* (*Der Graf von Monte Cristo*, 1844) und *Les trois mousquetaires* (*Die drei Musketiere*, 1844).

1857 erschienen zwei Meilensteine der französischen Literatur: *Madame Bovary* von Gustave Flaubert und *Les fleurs du mal* (*Die Blumen des Bösen*, dt. 1901) von Charles Baudelaire. Beide Autoren wurden wegen der angeblichen Sittenwidrigkeit ihrer Werke vor Gericht gezerrt. Flaubert gewann seinen Prozess und durfte seinen Roman fortan unzensiert verkaufen. Baudelaire, der nebenher in Paris als Übersetzer arbeitete, musste 300 Francs Strafe bezahlen und mehrere Gedichte aus seinem Werk streichen.

Émile Zola kam 1858 mit seinem guten Freund, dem Maler Paul Cézanne, nach Paris. Er hatte den Vorsatz gefasst, die Literatur zur Wissenschaft vom Menschen zu erheben, indem er experimentell vorging. Seine Theorie mag aus heutiger Sicht naiv wirken, doch sein Werk beeinflusste die meisten wichtigen französischen Schriftsteller des späten 19. Jhs. und spiegelt sich auch in einem großen Teil der Literatur des 20. Jhs. wider. Sein Roman *Nana* (1880) erzählt die dekadente Geschichte einer jungen Frau, die sich auf die Prostitution verlegt, um im Paris des Zweiten Kaiserreichs zu überleben.

Symbolismus & Surrealismus

Paul Verlaine und Stéphane Mallarmé begründeten den Symbolismus, der danach strebte, Gefühlszustände auszudrücken, anstatt die alltägliche Realität abzubilden. Arthur Rimbaud gelang das Kunststück, eine beeindruckende Vielzahl an exotischen Reisen sowie eine stürmische homosexuelle Beziehung mit Verlaine in seine 37 Lebensjahre zu packen und nebenher noch zwei große Klassiker zu schreiben: *Une saison en enfer* (*Eine Zeit in der Hölle*, 1873) und *Illuminations* (*Erleuchtungen*, 1874). Verlaine starb 1896 im Haus Nr. 39 der Rue Descartes im 5. Arrondissement.

Marcel Proust dominierte das frühe 20. Jh. mit seinem siebenbändigen Mammutwerk *À la recherche du temps perdu* (*Auf der Suche nach der verlorenen Zeit*, 1913–27). Das Werk erforscht die wahre Bedeutung früherer Erfahrungen, die durch „unwillkürliche Erinnerung" aus dem Unterbewussten aufsteigen. 1907 zog Proust aus seinem Elternhaus in der Nähe der Avenue des Champs-Élysées in eine Wohnung am Boulevard Haussmann um. Diese wurde berühmt für ihr korkverkleidetes Schlafzimmer (heute im Musée Carnavalet). André Gide fand seine Stimme in der glorifizierenden Darstellung zunächst der Homoerotik und später von linkspolitischen Themen. Sein Roman *Les faux-monnayeurs* (*Die Falschmünzer*, 1925) geißelt die Heuchelei und Selbsttäuschung, zu der Menschen greifen, um es anderen recht zu machen oder sich selbst etwas vorzugaukeln.

André Breton schrieb die drei Manifeste des französischen Surrealismus. Zum ersten Mal verwendet haben soll das Wort „surrealistisch" aber der Dichter Guillaume Apollinaire, ein Sympathisant des Surrealismus, der im Ersten Weltkrieg fiel. Colette (Sidonie-Gabrielle Colette) machte sich einen Spaß daraus, moralinsaure Leser mit frivolen Romanen zu schockieren. Interessanter als ihr Bestseller *Gigi* (1945) ist *Paris de ma fenêtre* (*Paris durch mein Fenster*, 1944) über die deutsche Besatzung der Stadt. Das besagte Fenster befand sich übrigens im Haus Nr. 9 der Rue de Beaujolais im 1. Arrondissement und ging auf den Jardin du Palais Royal.

Kein literarisches Genre hat in Frankreich einen größeren Kultstatus als die *bande dessinée* – der Comic. Ihm ist in Paris sogar ein eigenes Museum gewidmet, das Art Ludique – Le Musée. Die gezeichneten Geschichten waren ursprünglich für Kinder gedacht, aber seit René Goscinny und Albert Uderzo 1959 mit der mittlerweile legendären *Asterix*-Serie herauskamen, ist das Suchtpotenzial bei Erwachsenen mindestens genauso hoch und die Szene boomt.

Existenzialismus

Nach dem Zweiten Weltkrieg entwickelte sich der Existenzialismus als bedeutende literarische Bewegung um Jean-Paul Sartre, Simone de Beauvoir und Albert Camus, die in den Cafés am Boulevard St-Germain im 6. Arrondissement arbeiteten und diskutierten. Alle drei sahen es als Aufgabe eines Schriftstellers oder einer Schriftstellerin, sich politisch zu engagieren. De Beauvoir, Autorin der Schrift *Le deuxième sexe* (*Das andere Geschlecht*, 1949), hat das feministische Denken nachhaltig beeinflusst. Camus' Roman *L'étranger* (*Der Fremde*, 1942) offenbart das Absurde als Lebensrealität des modernen Menschen, der sich in seiner Welt als Außenstehender fühlt.

Moderne Literatur

Gegen Ende der 1950er-Jahre suchten einige Schriftsteller nach neuen Wegen, um den Erzählfluss zu strukturieren. Der sogenannte *nouveau roman* (neue Roman) bezeichnet die Werke von Nathalie Sarraute, Alain Robbe-Grillet, Boris Vian, Julien Gracq, Michel Butor u. a. Diese Autoren bildeten aber nie eine geschlossene Gruppe und ihre Experimente führten sie in unterschiedliche Richtungen.

1980 wurde Marguerite Yourcenar als erste Frau in die Académie Française gewählt. Am bekanntesten sind ihre unvergesslichen historischen Romane wie *Mémoires d'Hadrien* (*Ich zähmte die Wölfin*, 1951). Einige Jahre später wurde Marguerite Duras einem breiteren Publikum bekannt, als sie für ihren Roman *L'Amant* (*Der Liebhaber*) 1984 mit dem Prix Goncourt ausgezeichnet wurde.

Philippe Sollers gehörte zu den Herausgebern von *Tel Quel*, einer stark intellektuellen, linksorientierten Zeitschrift, die in Paris verlegt wurde, und übte in den 1960er- und frühen 1970er-Jahren großen Einfluss aus. In den 1960ern schrieb er hochgradig experimentelle Romane, kehrte dann aber mit *Femmes* (1983) zu einem konventionelleren Erzählstil zurück. Eine weitere Mitarbeiterin von *Tel Quel* war Julia Kristeva. Sie ist vor allem bekannt für ihre theoretischen Abhandlungen über Literatur und Psychoanalyse. Seit einiger Zeit versucht sie sich auch an Erzählungen: *Les samuraïs* (1990), ein in Romanform gekleideter Bericht aus den wilden Zeiten von *Tel Quel,* ist ein interessantes Zeugnis des Pariser Intellektuellenlebens.

Weitere bekannte Autoren und Philosophen der 1960er- und 1970er-Jahre sind Roland Barthes und Michel Foucault. Die Autoren der 1990er-Jahre konzentrierten sich ziemlich nihilistisch auf das, was die Nation verloren hatte (Identität, internationales Ansehen usw.). Besonders deutlich wird das im Werk des kontroversen Schriftstellers Michel Houellebecq, der 1998 mit *Les particules élémentaires* (*Elementarteilchen*, dt. 2001) einen Bestseller landete.

Zeitgenössische Literatur

Ernsthaftere zeitgenössische Schriftsteller aus Frankreich sind z. B. Jean Echenoz, Erik Orsenna, die *reine de l'autofiction* (Königin des autobiografischen Romans) Christine Angot sowie die Schauspielerin Nelly Alard, deren zweiter Roman *Moment d'un couple* 2013 erschienen ist. Bei Yasmina Khadra handelt es sich tatsächlich um einen Mann, genau genommen um einen Ex-Oberst der algerischen Armee, der den Namen seiner Ehefrau als Pseudonym wählte.

Kein aktueller französischer Schriftsteller kann die Gedanken und Gefühle der ethnischen Gruppen in Paris besser in Worte fassen als Faïza Guène (geb. 1985). Sie ist in einer der Wohnsiedlungen außerhalb von Paris aufgewachsen und hat mit ihrem bemerkenswerten „urbanen

---

Literarische Sehenswürdigkeiten

Maison de Victor Hugo (Marais, Ménilmontant & Belleville)

Maison de Balzac (Eiffelturm & westliches Paris)

Musée de la Vie Romantique (Montmartre & nördliches Paris)

Musée Carnavalet (Marais, Ménilmontant & Belleville)

Art Ludique – Le Musée (Montparnasse & südliches Paris)

Ein Produzent todsicherer Bestseller ist der Pariser Marc Levy (geb. 1961). Die Filmrechte für seinen ersten Roman hatte sich Steven Spielberg unter den Nagel gerissen und *Solange du da bist* (2005) gedreht. Seither sind Levys Bücher in 42 Sprachen übersetzt und über 30 Millionen mal verkauft worden. Sein neuester Roman, *Une autre idée de bonheur*, ist 2014 erschienen und spielt in den USA.

LESENSWERTE PREISTRÄGER

Ein todsicherer Tipp für eine brandaktuelle Reiselektüre ist der jeweils aktuelle Gewinner des Prix Goncourt, des angesehensten französischen Literaturpreises. Er wird seit 1903 jährlich verliehen und hat in den letzten Jahren verdeutlicht, wie wichtig die Themen Rassismus, Einwanderung und Kulturvielfalt für die zeitgenössische französische Literatur geworden sind. Die französisch-senegalesische Schriftstellerin Marie NDiaye war 2009 mit *Trois femmes puissantes (Drei starke Frauen)* die erste farbige Preisträgerin. Bereits 1988 hatte die damals 21-Jährige die Literaturszene mit ihrer *Comédie Classique* in Staunen versetzt; der 200-seitige Roman besteht aus einem einzigen Satz! 2013 ging der Preis an den Pariser Schriftsteller und Drehbuchautor Pierre Lemaitre für dessen historischen Roman *Au revoir là-haut (Wir sehen uns dort oben)*, der im traumatisierten Nachkriegsfrankreich spielt.

Der Grand Prix du Roman de l'Académie Française ist der zweite wichtige Literaturpreis in Frankreich. Er wird seit 1918 verliehen. Gewinner des Grand Prix von 2009 war *Les Onze (Die Elf*, dt. 2013) von Pierre Michon. Darin wird ein bescheidener Pariser Maler beschrieben, der die Wohnhäuser der Mätressen Ludwigs XIV. renoviert und dann beginnt, an einem Meisterwerk à la Mona Lisa zu arbeiten. Michons frühere Romane *Leben der kleinen Toten* (2004) und *Herr und Diener* (1994) sind ebenfalls zu empfehlen.

Zudem ging der Literaturnobelpreis 2014 an den Franzosen Patrick Modiano, dessen Werk von den Themen Erinnerung, Vergessen, Identität und Schuld durchzogen ist.

Slang" einigen Wirbel in der französischen Literaturszene verursacht. Ihr Erstlingswerk *Kiffe Kiffe Demain (Paradiesische Aussichten)* von 2004 ist in 27 Ländern erschienen. Wie viele seiner Landsleute wanderte auch Faïza Guènes Vater 1952, im Alter von 17 Jahren, aus einem Dorf in Westalgerien in den Norden Frankreichs aus, um dort unter Tage zu arbeiten. Erst in den 1980er-Jahren kehrte er nach Algerien zurück, wo er seine Frau kennenlernte. Gemeinsam mit ihr ließ er sich in Frankreich nieder – in der Wohnsiedlung Les Courtillières in Seine-St-Denis, wo um die 6000 Einwanderer dicht an dicht wie Sardinen in fünfstöckigen Hochhausblöcken leben, die sich über 1,5 km erstrecken. Das ist die Kulisse von Guènes erstem Buch und ihrem zweiten teilweise autobiografischen Roman *Du Rêve pour les Oufs (Träume für Verrückte)* von 2006. Ihr drittes Werk, *Les Gens du Balto*, besteht aus einer Reihe von umgangssprachlichen Monologen verschiedener Personen, die in derselben Straße eines Pariser Vororts wohnen, und erschien 2008. Für ihren neuesten Roman *Un homme ça ne pleure pas* von 2014 verlegte sie den Schauplatz nach Nizza.

Bildende Kunst

Heutzutage geht in Paris so ziemlich alles als Kunst durch, von schrägen Installationen in der Métro, monumentalen Fresken und mechanischen Skulpturen bis hin zu Graffiti-Tags und allen möglichen weiteren Formen von Street Art. Das reiche künstlerische Erbe der Stadt wurzelt aber, ganz traditionell, in der Malerei und Bildhauerei.

Barock bis Klassizismus

Der Philosoph Voltaire schrieb, die französische Malerei habe mit dem Barockmaler Nicolas Poussin (1594–1665) begonnen. Der war nämlich der bedeutendste Vertreter des Klassizismus im 17. Jh. Seine Szenen aus dem alten Rom, der klassischen Mythologie und der Bibel bettete er oft in klar geordnete Landschaften ein, die er in goldenes Licht tauchte.

Oben: Kunstinstallation vor dem Musée d'Orsay

Was die Bildhauerei betrifft, so gab der Adel ab dem 14. Jh. extravagante und monumentale Grabstätten in Auftrag. Im Paris der Renaissance gestaltete Pierre Bontemps (um 1507–1568) das wunderbare Grabmal von Franz I. in der Basilique de St-Denis und Jean Goujon (um 1510–67) schuf die Fontaine des Innocents nahe dem Forum des Halles (1. Arrondissement). Das beste Beispiel für barocke Bildhauerei sind aber Guillaume Coustous (1677–1746) *Pferde von Marly* am Beginn der Avenue des Champs-Élysées.

Jean-Baptiste Chardin (1699–1779) brachte mit seinen modernen Stillleben die Häuslichkeit der holländischen Meister in die französische Kunst. 1785 reagierte das breite Publikum begeistert auf die monumentalen Porträts von Jacques-Louis David (1748–1825) mit eindeutig republikanischer Botschaft. Er vertrat einen exakten, strengen Klassizismus und galt als oberste Instanz in Sachen Kunst.

Jean-Auguste-Dominique Ingres (1780–1867), Davids begabtester Pariser Schüler, setzte die klassizistische Tradition fort. Die Historienschinken, denen er einen Großteil seines Lebens widmete (z. B. *Ödipus vor der Sphinx*, dessen Version von 1808 im Louvre hängt), werden heute weniger geschätzt als seine Porträts.

Romantik

Eins der elektrisierendsten Gemälde im Musée du Louvre ist das *Floß der Medusa* von Théodore Géricault (1791–1824), stilistisch an der Schwelle zur Romantik. Wäre Géricault nicht im zarten Alter von 33 Jahren gestorben, wäre er wohl einer der Köpfe dieser Strömung geworden – zusammen mit seinem Freund Eugène Delacroix (1798–1863; sein Grab befindet sich auf dem Cimetière du Père Lachaise). Dessen berühmtestes Werk ist die *Die Freiheit führt das Volk,* das an die Julirevolution von 1830 erinnert.

Während sich die Anhänger der Romantik auf Bildmotiv und -aussage konzentrierten, brachten die Mitglieder der Schule von Barbizon Veränderungen in die Landschaftsmalerei. Der Name der Schule leitet sich von einem Dorf in der Nähe des Waldes von Fontainebleau ab, wo Leute wie Jean-Baptiste Camille Corot (1796–1875) und Jean-François Millet (1814–1875) *en plein air* (im Freien) malten. Millet war der Sohn eines Bauern aus der Normandie und viele seiner Motive stammten aus dem bäuerlichen Alltag. Sein *Angelusläuten* (1857) ist wahrscheinlich das in Frankreich bekannteste Gemälde nach *Mona Lisa* und hängt im Musée d'Orsay.

Im Bereich der Bildhauerei vermochte der gebürtige Pariser Auguste Rodin (1840–1917) den Konflikt zwischen Klassizismus und Romantik mit seinen Werken zu überwinden. Eine der begabtesten Schülerinnen von Rodin (und gleichzeitig seine Geliebte) war Camille Claudel (1864–1943), deren Arbeiten zusammen mit seinen im Musée Rodin ausgestellt sind.

Realismus

Den Vertretern des Realismus ging es um Sozialkritik: Millet nahm den Realismus von Gustave Courbet (1819–1977) vorweg, einem prominenten Mitglied der Pariser Kommune, dessen Gemälde die Plackerei der Arbeiterklasse und die Würde ihres einfachen Daseins zeigten. Sein riesiges Gemälde *Ein Begräbnis in Ornans* (heute im Musée d'Orsay) von 1850 war bahnbrechend; bis dato waren derart monumentale Formate Historienbildern vorbehalten gewesen.

Édouard Manet (1832–1883) bediente sich des Realismus, um das Leben der Pariser Mittelschicht wiederzugeben, arbeitete aber in seine Bilder viele Verweise auf die alten Meister ein. Sein *Frühstück im Freien* und seine *Olympia* schockierten das Publikum, hauptsächlich, weil sie

Top-Museen für Malerei

Musée du Louvre (Louvre & Les Halles)

Musée d'Orsay (St-Germain & Invalides)

Musée Picasso (Marais, Ménilmontant & Belleville)

Top-Bildhauerateliers

Musée Rodin (St-Germain & Invalides)

Musée Atelier Zadkine (St-Germain & Invalides)

Atelier Brancusi (Louvre & Les Halles)

Musée Bourdelle (Montparnasse & südliches Paris)

Trendige Galerien

Maison Rouge (Bastille & östliches Paris)

Palais de Tokyo (Eiffelturm & westliches Paris)

Fondation Cartier pour l'Art Contemporain (Montparnasse & südliches Paris)

Fondation Louis Vuitton pour la Création (Eiffelturm & westliches Paris)

Impression, Sonnenaufgang von Claude Monet

mit der traditionellen Behandlung der Motive brachen. Er spielte eine zentrale Rolle für den Übergang vom Realismus zum Impressionismus.

Zu den besten Bildhauern dieser Zeit gehörte François Rude (1784–1855), der das Relief am Arc de Triomphe schuf. Einige seiner Werke sind im Musée d'Orsay zu sehen. Mitte des 19. Jhs. traten Denkmäler auf öffentlichen Plätzen an die Stelle der skulpturengeschmückten Gräber und waren äußerst beliebt.

Das Frühwerk von Jean-Baptiste Carpeaux (1827–1875) ist von der Romantik geprägt, doch seine Arbeiten in Paris, z. B. *Der Tanz* am Palais Garnier und der Springbrunnen im Jardin du Luxembourg, erinnern an den Überschwang und Frohsinn des Barock.

Impressionismus

Das Pariser Musée d'Orsay ist das Kronjuwel des Impressionismus. Der Ausdruck war anfänglich ein Spottname – nach dem Titel eines experimentellen Gemäldes von Claude Monet (1840–1926), *Impression, Soleil levant (Impression, Sonnenaufgang,* 1874). Monet war der führende Vertreter dieser Schule, zu der u. a. Alfred Sisley (1839–1899), Camille Pissarro (1830–1903), Pierre-Auguste Renoir (1841–1919) und Berthe Morisot (1841–1895) gehörten. Hauptziel der Impressionisten war es, den flirrenden Effekt des Lichts einzufangen. Sie malten fast ausschließlich im Freien und das Licht selbst wurde zum Gegenstand ihrer Gemälde.

Edgar Degas (1834–1917), der im Cimetière de Montmartre begraben liegt, war ein Weggefährte der Impressionisten. Er zog jedoch das Kaffeehausleben *(Die Absinthtrinkerin)* und Ballettschulen *(Die Ballettklasse)* der Freiluftmalerei vor. Ein paar grandiose Arbeiten von ihm können im Musée d'Orsay bestaunt werden.

César Baldaccini (1921–1998), kurz César genannt, schuf seine Phantasietiere und -insekten aus Eisen und Schrott; später ging er zu biegsamem Kunststoff über. Zu seinen bekanntesten Werken gehören der *Centaure* im 6. Arrondissement und die Statuette, die den Preisträgern des César (das französische Pendant zum Oscar) verliehen wird.

Die Badenden von Asnières von Georges Seurat

Henri de Toulouse-Lautrec (1864–1901), ein großer Bewunderer von Degas, wählte sich seine Motive ein, zwei Klassen tiefer: Sein Fokus lag auf den Menschen in den Bistros, Bordellen und Varietés am Montmartre (z. B. *Au Moulin Rouge*). Am bekanntesten wurde er mit seinen Plakaten und Lithografien, deren grotesk überzeichnete Figuren satirisch und dekorativ zugleich wirken.

Paul Cézanne (1839–1906) ist berühmt für Stillleben und seine südfranzösischen Landschaften, obwohl er nach seinem Bruch mit den Impressionisten viele Jahre in Paris verbrachte. Wer an Paul Gauguin (1848–1903) denkt, hat sofort seine Studien tahitianischer und bretonischer Frauen vor Augen. Sowohl Cézanne als auch Gauguin werden als Postimpressionisten bezeichnet, eine Art Sammelbegriff für die vielfältigen Stile, die dem Impressionismus entsprangen.

Pointillismus & Symbolismus

Der Pointillismus wurde von Georges Seurat (1859–1891) entwickelt, der reine, unvermischte Farben in kleinen Tupfern oder gleichmäßigen Pinselstrichen auftrug, wodurch Gemälde wie *Une Baignade, Asnières (Die Badenden von Asnières)* als feinste Mosaike aus warmen und kühlen Farbtönen entstanden.

Henri Rousseau (1844–1910) war ein Zeitgenosse der Postimpressionisten, aber seine „naive" Malerei blieb von ihnen völlig unbeeinflusst. Seine traumähnlichen Bilder aus den Pariser Vororten sowie von Dschungel- und Wüstenszenen – z. B. *Die Schlangenbändigerin* (ebenfalls im Musée d'Orsay) – beeinflussen die Malerei bis zum heutigen Tag. Die beklemmenden Darstellungen mythologischer Szenen von Gustave Moreau (1826–1898) sind in seinem einstigen Atelier zu besichtigen, dem heutigen Musée Gustave Moreau im 9. Arrondissement.

Braque und Picasso experimentierten beide mit der Bildhauerei. Marcel Duchamp stellte im Geiste des Dada sogenannte „Fundstücke" zur Schau: Eins davon war ein Urinal, das er 1917 mit einer Signatur versehen und als *Fontaine* (Brunnen) betitelt präsentierte.

Kunst im 20. Jahrhundert

Die französische Malerei des 20. Jhs. zeichnet sich durch eine Vielfalt von Stilen aus, darunter der Fauvismus. Seinen Namen verdankt er dem abfälligen Kommentar eines Kunstkritikers, der die Aussteller des Pariser Salon d'Automne (Herbstsalon) von 1905 als *fauves* (wilde Tiere) bezeichnete, weil ihm ihre wilden Pinselstriche und ihre radikale Verwendung knalliger Farben nicht gefiel. Zu diesen „tierischen" Malern gehörte u. a. auch Henri Matisse (1869–1954).

Der Kubismus ging 1907 richtig los – mit *Les demoiselles d'Avignon* des spanischen Wunderknaben Pablo Picasso (1881–1973). Dieser Stil, den Picasso, Georges Braque (1882–1963) und Juan Gris (1887–1927) entwickelten, zerlegte das Motiv in ein System einander überschneidender Ebenen und zeigte mehrere Perspektiven gleichzeitig.

In den 1920er-und 1930er-Jahren bildete sich die École de Paris (Pariser Schule), eine Gruppe von Expressionisten größtenteils ausländischer Herkunft.

> Über aktuelle Ausstellungen, Events und Happenings informiert das Pariser Magazin für zeitgenössische Kunst *Slash*, das auch auf Twitter und Facebook vertreten ist.

„MÉTRO-KUNST"

Nichts ist pariserischer als die Kunst in den mehr als 300 Stationen der weltberühmten Métro. Oft steht sie im Zusammenhang mit dem jeweiligen *quartier* (Viertel) oder dem Namen der Haltestelle. Montparnasse–Bienvenüe z. B. erinnert an den Bau der Métro: Ein Ingenieur namens Fulgence Bienvenüe (1852–1936) war 1886 für die ersten 91 km des Schienennetzes zuständig. Der Carrefour Pleyel steht dagegen ganz im Zeichen klassischer Musik. Er ist nach dem Komponisten und Klavierbauer Ignace Joseph Pleyel (1757–1831) benannt.

Im Folgenden ein paar der sehenswertesten Haltestellen:

→ **Abbesses** (Linie 12, Métroeingang) Die an Nudeln erinnernde, blassgrüne Metallkonstruktion mit Glasdach ist eins der schönsten Werke von Hector Guimard (1867–1942), dem französischen Jugendstilarchitekten, dessen unverwechselbarer Stil einst fast alle Métro-Eingänge kennzeichnete. Unter www.parisinconnu.com findet man eine Übersicht der Stationen mit *édicules* (Eingangsportalen) von Guimard.

→ **Assemblée Nationale** (Linie 12, Bahnsteig) Die riesigen Poster von Jean-Charles Blais (geb. 1956) mit Silhouetten in Rot, Weiß und Blau zeigen aktuelle Parlamentsabgeordnete.

→ **Bastille** (Linie 5, Bahnsteig) Das 180 m² große Keramikfresko besteht aus Zeitungsausschnitten aus der Revolutionszeit und Illustrationen zur Zerstörung des berüchtigten Gefängnisses.

→ **Chaussée d'Antin-Lafayette** (Linie 7, Bahnsteig) Das große Bild an der Gewölbedecke ruft die Rolle des Marquis de Lafayette (1757–1834) als General während des amerikanischen Unabhängigkeitskriegs in Erinnerung.

→ **Cluny–La Sorbonne** (Linie 10, Bahnsteig) Das große Keramikmosaik zeigt die Unterschriften von Intellektuellen, Künstlern und Wissenschaftlern aus dem Quartier Latin, darunter Molière (1622–1673), Rabelais (ca. 1483–1553) und Robespierre (1758–1796).

→ **Concorde** (Linie 12, Bahnsteig) Was aussieht wie Scrabble-Steine aus weißblauem Porzellan sind tatsächlich 45 000 Wandkacheln, aus denen sich der Text der *Déclaration des Droits de l'Homme et du Citoyen* (Erklärung der Menschen- und Bürgerrechte) ergibt, einer der Grundlagentexte der französischen Revolution.

→ **Palais Royal–Musée du Louvre** (Linie 1, Métroeingang) Der witzige Eingang an der Place du Palais wurde von Jean-Michel Othoniel (geb. 1964) gestaltet. Die beiden kronenförmigen Kuppeln (eine stellt den Tag dar, die andere die Nacht) bestehen aus 800 roten, blauen, bernsteinfarbenen und violetten Glaskugeln an einem Aluminiumgestänge. Ein Hingucker!

Oben: Métroeingang

Von zeitgenössischer Kunst inspirierter bunter Vorhang

1936 erließ Frankreich ein Gesetz über die „Schaffung von Kunst beim Bau öffentlicher Gebäude", dem zufolge 1 % der Baukosten in die Kunst fließen soll. Die Idee trug, Daniel Buren sei Dank, 50 Jahre später Früchte. Jetzt sieht man Kunst, wohin man auch blickt: im Jardin des Tuileries, in La Défense, im Parc de la Villette, der Métro usw.

Kein französisches Kunstwerk spiegelt den rebellischen, ikonoklastischen Geist des Dadaismus besser wider als Marcel Duchamps (1887–1968) *Mona Lisa* mit Schnauzer und Ziegenbärtchen. Der Dadaismus war eine revolutionäre Literatur- und Kunstbewegung, die in der Schweiz aufkam. 1922 siedelte der deutsche Dadaist Max Ernst (1891–1976) nach Paris über und entwickelte den Surrealismus mit, einen Ableger des Dadaismus, der zwischen den Weltkriegen blühte. Er schöpfte aus den Theorien von Sigmund Freud und versuchte, die Welt des Bewussten mit der des Unbewussten wieder zu vereinen und Phantasien und Träume in den Alltag zu integrieren. Zu den bedeutendsten Vertretern dieses Stils gehörte der spanische Künstler Salvador Dalí (1904–1989), der 1929 in die französische Hauptstadt kam und hier einige seiner bedeutendsten Werke malte. Der Espace Dalí Montmartre widmet sich seinen Arbeiten.

Zu den einflussreichsten Pariser Bildhauern der Zeit vor dem Zweiten Weltkrieg gehörte der Rumäne Constantin Brancusi (1876–1957). Seine Arbeiten können im Atelier Brancusi besichtigt werden. Zwei weitere Bildhauer, die in Paris tätig waren und jeweils mit einem eigenen Museum geehrt wurden, sind Ossip Zadkine (1890–1967) und Antoine Bourdelle (1861–1929).

Nach dem Ende des Zweiten Weltkriegs war Paris nicht länger Welthauptstadt der Kunst. Viele Künstler hatten Frankreich während der Besatzungszeit verlassen und obwohl manche von ihnen nach dem Krieg zurückkehrten, gewann die Stadt nie wieder ihre frühere Anziehungskraft.

Zeitgenössische Kunst

In den 1990er-Jahren konzentrierten sich Künstler auf die Details des Stadtalltags, um ihre Angst angesichts sozialer und politischer Entwicklungen auszudrücken, und bedienten sich verschiedener Medien. Der Konzeptkünstler Daniel Buren (geb. 1938) „malte" Serien von vertikalen 8,7 cm breiten Streifen auf alle erdenklichen Oberflächen, u. a. auf weiße Marmorsäulen im Hof des Pariser Palais Royal. Der gleichgesinnte Michel Parmentier (1938–2000) hatte zuvor einfarbige Bilder. 1966 waren sie blau, 1967 grau und 1968 rot.

Die in Paris geborene Konzeptkünstlerin Sophie Calle (geb. 1953) präsentiert der Öffentlichkeit mit auffälligen Installationen ihr Privatleben. Bei einem Projekt ließ sie 107 Frauen eine E-Mail lesen und kommentieren, in der ihr Liebhaber mit ihr Schluss machte. Das daraus resultierende „Kunstwerk" macht süchtig. Es ist in Calles Buch *Take Care of Yourself* abgedruckt.

Momentan ist Street Art das Schlüsselwort in der Kunst. 2013 wurde La Tour Paris 13 (www.tourparis13.fr), die weltweit größte Sammlung von Straßenkunst in einem dem Abbruch geweihten Wohnblock im 13. Arrondissement gezeigt. Die Wände der 36 Wohnungen auf 13 Etagen waren über und über mit Arbeiten von 100 verschiedener Künstler aus aller Welt bedeckt. Das Event war ein Megaerfolg (Besucher mussten stundenlang Schlange stehen), dauerte jedoch nur einen Monat. Im April 2014 fiel der Wohnblock der Abrissbirne zum Opfer. Die dreitägigen Abbrucharbeiten, die ja durchaus ihre eigene Ästhetik haben, wurden gefilmt und per Livestream im Internet gezeigt, wo auch die Graffiti weiterhin zu sehen sind. Organisator des unglaublich erfolgreichen Projekts war die auf Graffitikunst spezialisierte Galerie Itinerrance (http://itinerrance.fr) im 13. Arrondissement.

Film

Hinter die Kulissen eines Art-déco-Kinos schauen, gemütlich auf einem Sofa lüm-
meln, um sich in einer japanischen Pagode aus dem 19. Jh. einen Autorenfilm zu Gemüte zu führen oder auf den Spuren der Filmikone Amélie Poulain durch die Straßen
von Montmartre streifen: In Sachen Kino ist man in Paris im richtigen Film. Die französische Hauptstadt hat jede Menge hochkarätiger Stars und Filmemacher hervorge-
bracht und selbst in unzähligen Streifen die Hauptrolle gespielt, sei es unter heimischer oder ausländischer Regie.

Filmemacher & Stars

**Ziele für
Cineasten**

*La Pagode
(St-Germain &
Invalides)*

*Cinémathèque
Française (Bastille
& östliches Paris)*

*Le Grand Rex
(Louvre & Les
Halles)*

*Art Ludique – Le
Musée (Montpar-
nasse & südliches
Paris)*

Die weltweit erste
Filmvorführung
für zahlendes Pu-
blikum wurde im
Dezember 1895
von den Erfindern
des Kinos, den
Brüdern Lumière,
im Pariser
Grand Café am
Boulevard des
Capucines im
9. Arrondissement
veranstaltet.

Das französische Kino im Freudentaumel: 2012 gewann der in
Schwarz-Weiß gedrehte Stummfilm *The Artist* (2011) fünf Oscars und
sieben BAFTA Awards – kein französischer Film hat jemals so viele
Preise abgeräumt wie diese Romantikkomödie, die im Hollywood der
1920er-Jahre spielt. Der Oscar „bester Regisseur" ging an den Pariser
Michel Hazanavicius (geb. 1967), für die „beste Filmmusik" wurde der
Komponist und Pianist Ludovic Bource (geb. 1970) geehrt und der cha-
rismatische Jean Dujardin (geb. 1972) kassierte den Oscar als „bester
Schauspieler". Der waschechte Vorstadt-Pariser hat seine Karriere mit
Ein-Mann-Shows in Bars und Cabarets begonnen und sich mit unter-
schiedlichsten Rollen hochgearbeitet, z. B. als Surfer Brice, der in *Brice
de Nice* (2005) auf die perfekte Welle wartet, als James Bond in *OSS 117:
Le Caire, Nid d'Espions* (*OSS 117 – Der Spion, der sich liebte*; 2006), als
heißester Cowboy weit und breit in *Lucky Luke* (2009) sowie erst kürzlich als Soldat im Zweiten Weltkrieg in George Clooneys *Monuments
Men – Ungewöhnliche Helden* (2014).

Ein weiterer französischer Blockbuster voller Pariser Talente ist
Anne Fontaines *Coco Avant Chanel* (*Coco Chanel – Der Beginn einer
Leidenschaft*; 2009), die spannende Lebensgeschichte des Waisenkinds,
das zur berühmten Modeschöpferin aufstieg. Die Hauptrolle spielt Au-
drey Tautou (geb. 1976), die sich mit ihrem elfenhaften Charme bereits
als Gutmensch Amélie in Jean-Pierre Jeunets *Die fabelhafte Welt der
Amélie* (2001) Weltruhm erspielte – der in Montmartre angesiedelte
Streifen ist längst ein Klassiker.

Einer der erfolgreichsten französischen Filme überhaupt ist *In-
touchables* (*Ziemlich beste Freunde*; 2011). Die bittersüße Komödie der
Regisseure Éric Toledano (ein Pariser) und Olivier Nakache schildert,
wie sich ein superreicher Querschnittsgelähmter und sein senegalesi-
scher Pfleger allmählich anfreunden. Die Rolle des Pflegers spielt Omar
Sy (geb. 1978) mit einmaligem Charisma – und einem unwiderstehlichen Lächeln. Als Sohn von senegalesisch-mauretanischen Eltern ist
er in den Vorstädten von Paris aufgewachsen. Nachdem der Streifen
2013 sowohl den Golden Globe als auch den BAFTA Award als bester
ausländischer Film einheimste, wurde aus dem Nobody Omar Sy ein
internationaler Star.

Bei der französischen Produktion *Taken 2* (*96 Hours – Taken 2*; 2012)
führte Olivier Megaton (geb. 1965) Regie – auch er ein Kind der Pariser

Vorstädte, der sich als Graffiti-Künstler herumtrieb, bevor er sein kreatives Talent erfolgreich im Kino einsetzte.

Herausragend im französischen Filmgeschäft ist die Pariserin Marion Cotillard (geb. 1975). Als erste Französin seit 1959 bekam sie einen Oscar verliehen, für ihre Rolle als Édith Piaf in Olivier Dahans *La Môme* (*La Vie en Rose*; 2007). Als Nächstes verkörperte die vielseitige Schauspielerin in dem Autorenfilm *De Rouille et d'Os* (*Der Geschmack von Rost und Knochen*; 2012) des Pariser Regisseurs Jacques Audiard (geb. 1952) eine Beinamputierte. Zuletzt war Cotillard in *Deux Jours, Une Nuit* (*Zwei Tage, eine Nacht*; 2014) zu sehen, der 2014 auf dem Festival von Cannes gezeigt wurde. Sie spielte die Angestellte eines Solarpanelherstellers, die ihren Job nur behalten kann, wenn ihre Kollegen auf ihren 1000-€-Bonus verzichten.

Filmmacher*innen* sind in Frankreich rar, aber es gibt sie. Zum Beispiel die talentierte Pascale Ferran (geb. 1960), deren letzter Film *Bird People* (2014) rund um ein Hotel am Pariser Flughafen Charles de Gaulle spielt.

Drehort Paris

Paris ist eine Traumkulisse und ein Naturtalent, das beweisen schon allein die beiden Filmklassiker des Pariser Regisseurs Marcel Carné (1906–1996), *Hôtel du Nord* (1938), der am Canal St-Martin spielt, und *Les Enfants du Paradis* (1946), der im Paris der 1940er-Jahre verortet ist.

Der Nouvelle-Vague-Regisseur Jean-Luc Godard, der Paris mit *À Bout de Souffle* (*Außer Atem*; 1959) in Szene gesetzt hatte, drehte einige wunderbare Szenen seiner Gangsterkomödie *Bande à Parte* (*Die Außenseiterbande*; 1964) im Louvre.

Jahrzehntelang ging den Fans des großen französischen Kinos nichts über die Komödie *La Grand Vadrouille* (*Die große Sause*; 1966), in der drei Mitglieder der britischen Luftwaffe 1942 über dem besetzten Frankreich abgeschossen werden. Einer landet im Pariser Zoo im Bois de Vincennes, ein anderer im Orchestergraben der Pariser Oper und so entwickelt sich eine unterhaltsame Geschichte.

Keine Pariser Schauspielerin war in den 1990er-Jahren so begehrt wie Juliette Binoche (geb. 1964) nach ihren Schwimmübungen im türkisblauen Wasser des Pariser Jugendstilbads Piscine de Pontoise im 5. Arrondissement für *Bleu* (*Blau*; 1993), den ersten Film von Krzysztof Kieślowskis Trilogie *Trois Couleurs (Drei Farben)*. Zehn Jahre später bezauberte sie das Publikum erneut als trauernde Mutter in *Paris je t'aime* (2006), einem beeindruckenden Streifen aus 18 Episoden, jede von einem anderen Regisseur in einem bestimmten Pariser Arrondissement gedreht.

Der 2008 in Cannes mit einer Goldenen Palme ausgezeichnete Film *Entre les Murs* (*Die Klasse*; 2008) von Laurent Cantet begleitet ein Jahr lang Schüler und

1920er-Jahre

Die französische Filmindustrie floriert. Durch die Erfindung des Tonfilms wird René Clairs (1898–1981) Welt der Phantasie und des satirischen Surrealismus bekannt. Unbedingt ansehen: Abel Gances Antikriegsfilm *J'Accuse!* (*Ich klage an*; 1919), der an authentischen Kriegsschauplätzen entstand.

1930er-Jahre

Der Zweite Weltkrieg ist Auslöser für einen neuen Realismus. Darstellungen alltäglicher Personen dominieren. Sehenswert: In *La Grande Illusion* (*Die große Illusion*; 1937) verarbeitet Regisseur Jean Renoir seine Erfahrungen im Schützengrabenkrieg.

1940er-Jahre

Die Surrealisten meiden den Realismus. Filmtipps: Jean Cocteaus *La Belle et la Bête* (*Die Schöne und das Biest*; 1946) und *Orphée* (*Orpheus*; 1950). Wegen des Zweiten Weltkriegs fehlt es an Talenten und Geld.

1950er-Jahre

Die Nouvelle Vague (Neue Welle), das waren kleine Budgets, unbekannte Darsteller und Handlungen mitten aus dem Leben. So entstanden ungemein persönliche Filme. Genial ist Jean-Luc Godards übermütiger Schwarz-Weiß-Streifen *À Bout de Souffle* (*Außer Atem*; 1959), eine Hommage an Paris.

1980er-Jahre

Große Stars, beachtliche Budgets und Nostalgie. Dank großzügiger staatlicher Subventionen und angesichts der wachsenden Konkurrenz aus den USA schwenken Regisseure auf Kostümfilme und Komödien um.

ab 2000

Der französische Film erlebt eine Renaissance: Die Menschenfreundin mit den Rehaugen in Jean-Pierre Jeunets *Die fabelhafte Welt der Amélie* (2001) gibt den Startschuss für eine Reihe von Filmen, die international ganz groß herauskommen.

Lehrer einer Pariser Vorstadtschule. Die Handlung basiert auf dem autobiografischen Roman des Lehrers François Bégaudeau und ist eine brillante Dokumentation der Multikultigesellschaft von heute.

Aber auch für ausländische Regisseure jeglichen Genres war Paris seit jeher faszinierend: In Bernardo Bertoluccis *Der letzte Tango in Paris* (1972) mimt Marlon Brando ebendort einen vom Weltschmerz übermannten Amerikaner. Woody Allens *Alle sagen: I love you* (1996) spielt am Quai de la Tournelle am linken Seine-Ufer, die Traumszenen seines Films *Midnight in Paris* (2011) zeigen die Hauptstadt in den 1920er-Jahren. Martin Scorseses *Hugo Cabret* (2011) ist eine Hommage an den Filmpionier Georges Méliès und das frühe Pariser Kino. Die Geschichte des Waisenjungen, der im Paris der 1930er-Jahre Bahnhofsuhren wartet, konnte mehrere Oscars absahnen. Szenen aus *Die Schlümpfe 2* (2013) mit den verrückten Abenteuern von Gargamel & Co. wurden in der Cathédrale Notre-Dame de Paris gedreht.

Musik

Ob Orgelkonzerte inmitten von prächtiger Gotik-Architektur oder Rap auf internationalem Niveau – Musik ist ein wichtiger Teil der Pariser Identität. Wer sich mit dem musikalischen Erbe der Hauptstadt befasst, wird gleichzeitig ein besseres Gespür für Paris bekommen. In der Metro treten die extrem talentierten Stars von morgen auf und Filme mit wenig oder gar keinen Dialogen, aber einem traumhaften Soundtrack, räumen reihenweise Oscars ab.

Jazz & Französisches Chanson

Der Jazz eroberte Paris in den 1920er-Jahren im Sturm – genau genommen in Form einer afroamerikanischen Kabaretttänzerin im Bananenröckchen: Josephine Baker. 1934 trafen der Pariser Jazzviolinist Stéphane Grappelli (1908–1997) und der Roma-Gitarrist Django Reinhardt (1910–1953), dem zwei Finger fehlten, in einem Nachtclub in Montparnasse zufällig aufeinander. Daraufhin entstand das Quintett Hot Club de France. Claude Luter und seine Dixieland-Band waren in den 1950er-Jahren ganz groß.

Das *chanson française* ist eine musikalische Tradition, die auf die mittelalterlichen Troubadoure zurückgeht. Zu Beginn des 20. Jhs. führte sie neben Music Halls und Burlesque ein Schattendasein. Doch in den 1930er-Jahren brachten Édith Piaf (1915–1963) und Charles Trenet (1913–2001) frischen Wind in die Chanson-Szene. In den Pariser 1950er-Jahre-Cabarets am linken Seine-Ufer wurden *chansonniers* (Cabaretsänger) geboren wie Léo Ferré (1916–1963), Georges Brassens (1921–1981), Claude Nougaro (1929–2004), Jacques Brel (1929–1978), Barbara (1930–1997) und Serge Gainsbourg (1928–1991), der als äußerst charmant, außerordentlich sexy und als Inbegriff von Paris galt. Zu Beginn des neuen Jahrtausends erlebte das französische Chanson eine neue Blütezeit, dieses Mal unter dem Namen *la nouvelle chanson française* und mit Interpreten wie Vincent Delerm (geb. 1976), Bénabar (geb. 1969; www.benabar.com), Jeanne Cherhal (geb. 1978; www.jeannecherhal.net) oder Camille (geb. 1978).

Top Five Alben

Histoire de Melody Nelson, Serge Gainsbourg

Moon Safari, AIR

Dante, Abd al Malik

Bankrupt, Phoenix

Paris by Night, Bob Sinclar

Rock & Pop

Seit den 1960er-Jahren mit yéyé-Gedudel von Johnny Hallyday und Konsorten hat sich in der französischen Pop-Musik einiges getan. Der unverkennbare M ist der Sohn des Sängers Louis Chédid, Arthur H ist der Spross des Pop-/Rockmusikers Jacques Higelin und die Eltern von Thomas Dutronc (www.thomasdutronc.fr) sind die 1960er-Jahre-Idole Jacques Dutronc und Françoise Hardy. Auch bei den Gainsbourgs wird das „Musikgen" weitervererbt: Die Tochter von Serge und Jane Birkin, Stückeschreiberin, Sängerin und Schauspielerin Charlotte (geb. 1971), brachte 1984 ihre erste Single *Lemon Incest* heraus. Einige Jahre - und Alben - später schrieb sie eine Coverversion von *Hey Joe* als Beitrag für den Soundtrack des Films *Nymph()maniac* (2013), in dem sie auch selbst mitspielt.

Noir Désir war *die* französische Rockband, bis Sänger Bertrand Cantat (geb. 1964) 2003 ins Gefängnis kam, weil er seine Freundin erschlagen hatte. Nach seiner frühzeitigen Entlassung 2007 machten Noir Désir schlecht und recht weiter bis 2010. Ihr umstrittener Frontman, der früher als der „französische Jim Morrison" gehandelt wurde, gründete später zusammen mit dem Musiker Pascal Humbert die Band Détroit. Cantats starke, heisere Stimme hypnotisiert die Fans und das erste Album von Détroit, *Horizons* (2013), verkaufte sich in nur sechs Monaten über 160 000-mal. Tickets für die Konzerte der Détroit-Tournee 2014 fanden reißenden Absatz.

Die Indie-Band Phoenix aus Versailles, die sich Ende der 1990er-Jahre in der Garage eines Pariser Vororts formierte, feiert auf Festivals in Großbritannien und den USA Triumphe. Leadsänger Thomas Mars (geb. 1976), sein Schulfreund Chris Mazzalai (Gitarre), sein Bruder Laurent Brancowitz (Gitarre und Keyboard) sowie Deck d'Arcy (Keyboard und Blechinstrumente) haben fünf megaerfolgreiche Alben und einen der begehrten Grammy Awards auf ihrem Konto.

Hörenswert sind außerdem Louise Attaque (http://louiseattaque.com) und Nosfell (www.nosfell.com), einer der kreativsten und bewegendsten Musiker Frankreichs. Er singt in einer selbst erfundenen Sprache, die er 'le klokobetz' nennt. Der Eröffnungs- und der Schlusstitel auf seinem dritten Album, *Massif Armour* (2014), sind in 'le klokobetz', der Rest bezaubert mit ausdrucksstarker französischer Poesie zum Thema Liebe.

Electronica

Was den Dance Floor angeht, hat sich ein sehr urbaner, gut exportierbarer Pariser Sound entwickelt, bei dem oft mit dem Computer bearbeiteter Chicago-Blues und Detroit-Techno mit 1960er-Jahre Lounge-Musik und alten Songs von Größen wie Gainsbourg und Brassens vermischt werden. International erfolgreiche Bands wie Daft Punk und Justice beherrschen die Szene. Daft Punk (www.daftalive.com) kommen ursprünglich aus Versailles und unterlegen ihre Pop- und Indie-Rock-Sounds mit Acid House und Techno der alten Schule. Ihr Debütalbum *Homework* (1997) war eine Mischung aus Disco-, House-, Funk- und Technobeats. In ihrem neuesten Werk, *Random Access Memories* (2013), tauschen sie unbekümmert computergenerierte Sounds gegen die fetzigen Discobeats einiger Gastmusiker aus. Der Eröffnungstrack *Give Life Back to Music* wurde 2014 als Single ausgekoppelt.

David Guetta, Laurent Garnier (www.laurentgarnier.com), Martin Solveig und Bob Sinclar (originellerweise auch „Chris the French Kiss" genannt; www.bobsinclar.com) sind angesagte Pariser Electronica-Produzenten und international als DJs unterwegs.

Weltmusik

Paris hat ein Herz für die Weltmusik: für algerischen Raï (mit Vertretern wie Cheb Khaled, Natacha Atlas, Jamel und Cheb Mami), für senegalesischen *mbalax* (Youssou N'Dour), karibischen Zouk (Kassav', Zouk Machine) und kubanische Salsamusik. Ende der 1980er-Jahre experimentierten die Bands Mano Negra und Les Négresses Vertes mit Weltmusikelementen und erzielten geniale Ergebnisse. Dasselbe gilt für den ehemaligen Frontman von Mano Negra, Manu Chao (geb. 1961; www.manuchau.net), der als Sohn spanischer Eltern in Paris zur Welt kam.

Magic System von der Elfenbeinküste machte *zouglou*, einen tanzbaren Rap aus Westafrika, mit seinem Album *Premier Gaou* populär und der Kongolese Koffi Olomide (geb. 1956) füllt nach wie vor die Konzerthallen. Ebenfalls hörenswert sind das blinde Sängerpaar Amadou und Mariam sowie Rokia Traoré (www.rokiatraore.net) aus Mali. Tolle Musik macht auch der französisch-algerische Sänger Rachid Taha (www.rachidtaha.fr), ein ehemaliger DJ. Er mischt arabische und westliche Musikstile mit Texten in Englisch, Berberisch und Französisch.

Kein Musiker hat mehr für Frankreichs Ruf in Sachen Weltmusik getan als der gebürtige Pariser Abd al Malik (www.abdalmalik.fr), ein franco-kongolesischer Rapper und Slam Poet, der bereits dreimal beim Musikwettbewerb Victoire de la Musique mit Preisen geehrt wurde. Seine Alben *Gibraltar* (2006), *Dante* (2008) und *Château Rouge* (2010) sind schon jetzt Klassiker.

Rap

Frankreich ist für hervorragende Rapmusik bekannt, eine Musikrichtung aus den 1990er-Jahren, an deren Spitze der im Senegal geborene und in Paris aufgewachsene Rapper MC Solaar und Suprême NTM stehen (das Akronym NTM steht für einen französischen Kraftausdruck, der sich nicht zum Abdruck eignet). Die meisten großen Rapper sind junge Franzosen Anfang oder Mitte 20, die arabische oder afrikanische Wurzeln haben. Ihr Hauptthema sind der Frust und die Wut von Immigranten in den französischen *banlieues* (Vororten). Man nehme z. B. den angesagten Rapper Disiz La Peste, 1978 in Amiens als Sohn eines Senegalesen und einer Belgierin geboren. Bei seinem dritten Album *Histoires extra-ordinaires d'un jeune de banlieue* (Die außergewöhnlichen Geschichten eines Jugendlichen aus den Vororten; 2005) ist der Name Programm, genauso wie bei seinem „letzten" Album *Disiz The End.* (Dies ist das Ende; 2009), nach dem er einen neuen Namen annahm, Peter Punk, und einen völlig anderen Rock-Punk-Electro-Sound entwickelte. Im Dezember 2011 verkündete der Künstler auf Twitter seine Rückkehr zum Rap als Disiz La Peste und brachte 2012 das viel gerühmte Album *Lucide* heraus, gefolgt von *Trans-Lucide* (2014) mit dem Eröffnungstrack *Fuck les problèmes*.

Musikalische Pilgerorte

MUSIK RAP

Serge Gainsbourgs Grab, Cimetière du Montparnasse

....

Jim Morrisons Grab, Cimetière du Père Lachaise

....

La Cigale, Montmartre

....

Les Bains, Marais

....

Aux Folies und Musée de Édith Piaf, Belleville

Praktische Informationen

Verkehrsmittel & -wege

ANREISE

Viele Wege führen nach Paris, einem der meistbesuchten Reiseziele der Welt. Fast alle großen (und kleineren) Fluglinien steuern einen der drei Flughäfen in der Metropole an und sie ist sehr gut in das europäische Eisenbahn- und Fernbusnetz eingebunden.

Paris ist das zentrale Drehkreuz der französischen Eisenbahngesellschaft, der Société Nationale des Chemins de Fer Français (SNCF). Von den Bahnhöfen in der Stadt können Passagiere in verschiedene Teile des Landes und Europas reisen. Alle sechs sind problemlos mit den öffentlichen Verkehrsmitteln der Régie Autonome des Transports Parisiens (RATP) zu erreichen. Fahrkarten gibt's an den Bahnhöfen oder auf der Website **Voyages SNCF** (www.voyages-sncf.com).

In den *trains à grande vitesse* (TGV) benötigt man eine Sitzplatzreservierung. Das gilt auch für die meisten anderen Züge. Je früher die Buchung erfolgt, desto größer die Wahrscheinlichkeit, einen günstigen Tarif zu ergattern. Die Pariser Fernbahnhöfe sind mit Gepäckaufbewahrungen und/oder *consignes* (Schließfächer) ausgestattet.

Kinder unter vier Jahren dürfen öffentliche Verkehrsmittel umsonst nutzen, vom 4. bis 9. Lebensjahr (einschließlich) wird der halbe Fahrpreis fällig. Ausnahmen sind angegeben.

Flüge, Touren und Zugtickets können unter www.lonelyplanet.com gebucht werden.

Flughafen Charles de Gaulle

Die meisten Maschinen aus dem Ausland landen auf dem **Aéroport de Charles de Gaulle** (CDG; www.aeroports deparis.fr) 28 km nordöstlich vom Stadtzentrum. Die Franzosen nennen den Flughafen oft Roissy – so heißt der Vorort, in dem er sich befindet. Eine 1,4 Mrd. € teure Hochgeschwindigkeitstrasse zwischen Charles de Gaulle und der Gare de l'Est im Pariser Stadtzentrum ist geplant, aber der Bau der Bahnstrecke wird erst 2017 beginnen. Nach Fertigstellung im Jahr 2023 wird der CDG-Express die derzeit über 40 Minuten lange Fahrt auf 20 Minuten verkürzen.

Métro & RER

Die RER-Linie B fährt zum CDG (9,50 €, ca. 50 Min., alle 10–15 Min.). Haltestellen im Zentrum sind die Gare du Nord, Châtelet–Les Halles und St-Michel–Notre-Dame.

Die Züge fahren von 5 bis 23 Uhr (am Wochenende seltener).

KLIMAWANDEL & REISEN

Jede Form des Reisens, die auf Brennstoff auf Kohlenstoffbasis beruht, erzeugt CO_2, das für den von Menschen verursachten Klimawandel hauptverantwortlich ist. Modernes Reisen ist von Flugzeugen abhängig, die zwar pro Kilometer und Person weniger Kraftstoff als die meisten Autos verbrauchen, aber sehr viel weitere Strecken zurücklegen. Auch die hohen Luftschichten, in die Flugzeuge Treibhausgase (darunter CO_2) und Schadstoffe ausstoßen, verstärken ihren Einfluss auf den Klimawandel. Viele Websites bieten „Emissionsrechner", mit denen Reisende die CO_2-Emissionen ihrer Reise ausrechnen und die Auswirkung dieser Treibhausgase mit einem Beitrag für klimafreundliche Projekte in der ganzen Welt ausgleichen können. Lonely Planet gleicht die CO_2-Bilanz aller Reisen der Mitarbeiter und Autoren aus.

SCHNELL ODER BILLIG?

Eine immer beliebtere Verkehrsverbindung zu und von den drei Pariser Flughäfen ist das exzellente Taxi-Sharing **WeCab** (www.wecab.com): Man bucht ein Taxi im Voraus und teilt sich Fahrt und Fahrpreis mit anderen Passagieren, die das gleiche Ziel haben.

Wer es lieber schnell statt preiswert haben will, schnappt sich ein *taxi moto* (Motorradtaxi): Der Fahrgast springt hinten auf den Sitz eines Motorrads (Helm und Fahrer werden gestellt) und braust blitzschnell am Verkehr vorbei in die Stadt. Anbieter sind u. a. **Paris Motos** (✆06 75 67 56 75; www.parismotos.fr) und **Taxi Moto Paris** (✆06 64 65 61 86; http://taxi-motos-paris.com).

Taxi

Ein Taxi braucht 40 Minuten ins Stadtzentrum. Tagsüber zahlt man ca. 50 €, zwischen 17 und 10 Uhr und sonntags muss man noch mal 15 % draufrechnen. Niemals blindlings jemandem folgen, der sich als Fahrer ausgibt, und ausschließlich Wagen nehmen, die an einem eindeutig gekennzeichneten Taxistand warten.

Bus

Sechs Buslinien fahren zum Flughafen Charles de Gaulle:
➡ **Les Cars Air France Linie 2** (17 €, 1¼ Std., alle 20 Min., 6–23 Uhr) Verbindet den Flughafen mit dem Arc de Triomphe. Kinder von zwei bis elf Jahren zahlen die Hälfte.
➡ **Les Cars Air France Linie 4** (17,50 €, alle 30 Min., 6–22 Uhr ab CDG, 6–21.30 Uhr ab Paris) Verkehrt zwischen dem Flughafen und der Gare de Lyon (50 Min.) im Pariser Osten sowie der Gare Montparnasse (55 Min.) im Süden. Kinder zwischen zwei und elf Jahren zahlen die Hälfte.
➡ **Roissybus** (10,50 €, 45–60 Min., alle 15 Min., 5.30–23 Uhr) Pendelt zwischen Flughafen und Oper.
➡ **RATP Bus 350** (5,70 €, 50 Min., alle 30 Min., 5.30–23 Uhr) Fährt vom Flughafen zur Gare de l'Est im Norden der Stadt.
➡ **RATP Bus 351** (5,70 €, 60 Min., alle 30 Min., 5.30–23 Uhr) Verbindet den Flughafen mit der Place de la Nation im Osten von Paris.
➡ **Noctilien Bus 140 & 143** (7,60 € oder 4 Métrotickets, stündl., 0.30–17.30 Uhr) Zwei RATP-Nachtbusse steuern den Flughafen CDG an. Abfahrt der Linie 140 ist an der Gare de l'Est, die 143 startet an der Gare de l'Est und der Gare du Nord.

Gare du Nord

Eurostar (www.eurostar.com) Der turboschnelle Eurostar verbindet die Gare du Nord in wenig mehr als zwei Stunden mit Londons internationalem Bahnhof St Pancras.

Thalys (www.thalys.com) Die Gare du Nord ist außerdem Startpunkt und Endstation des Thalys nach Brüssel, Amsterdam und Köln.

Flughafen Orly

Der **Aéroport d'Orly** (ORY; ✆01 70 36 39 50; www.aeroportsdeparis.fr) liegt 19 km südlich von Paris, also näher an der Stadt als der CDG, wird aber trotzdem seltener von internationalen Airlines angeflogen und die Anfahrt mit den öffentlichen Verkehrsmitteln ist etwas umständlicher.

Taxi

Die Taxifahrt ins Zentrum dauert ca. 30 Minuten. Tagsüber liegt der Fahrpreis bei 40 bis 55 €; von 17 bis 10 Uhr und sonntags muss man noch mal 15 % drauflegen.

Métro & RER

Es gibt keine direkte Zugverbindung von/nach Orly, man muss also auf halber Strecke umsteigen. Zwar fahren Shuttles zur RER-Linie C, die Verbindung ist aber ziemlich lang und nicht zu empfehlen.
➡ **RER B** (10,90 €, 35 Min., alle 4–12 Min.) Verkehrt zwischen Orly und St-Michel–Notre-Dame, Châtelet–Les Halles und der Gare du Nord im Stadtzentrum. Am Flughafen nimmt man den Orlyval-Zug bis zur RER-Haltestelle (Antony). Verbindungen gibt's von 6 bis 23 Uhr (am Wochenende weniger). Man braucht nur ein Ticket für die gesamte Strecke.

Bus & Straßenbahn

Mehrere Busse und eine hochmoderne Straßenbahnlinie fahren zum Flughafen Orly:
➡ **Air France Bus 1** (12,50 €, 1 Std., alle 20 Min., 5–22.20 Uhr ab Orly, 6–23.20 Uhr ab Invalides) Fährt ab/zur Gare Montparnasse (35 Min.) im Süden von Paris, ab/nach Invalides im 7. Arrondissement und vom/zum Arc de Triomphe. Kinder von zwei bis elf Jahren zahlen den halben Fahrpreis.
➡ **Orlybus** (7,50 €, 30 Min., alle 15 Min., 6–23.20 Uhr ab Orly, 5.35–23.05 Uhr ab Paris) Fährt von der/zur Métrostation Denfert-Rochereau im Süden von Paris und bedient unterwegs mehrere Haltestellen.
➡ **Straßenbahnlinie T7** (1,70 €, alle 6 Min., 40 Min., Mo–Sa

5.30–0.30, So 6.30–0.30 Uhr) Die Straßenbahn verbindet seit Ende 2013 Orly mit der Métrostation Villejuif–Louis Aragon im Süden von Paris; Fahrkarten gibt's am Automaten an der Straßenbahnhaltestelle, sie werden nicht in der Bahn selbst verkauft. Aktuelle Hinweise gibt es über Twitter @T7_RATP.

Flughafen Beauvais

Der **Aéroport de Beauvais** (BVA; ☑08 92 68 20 66; www. aeroportbeauvais.com) liegt 75 km nördlich von Paris und wird von ein paar Billig-Airlines angesteuert. Vor der Buchung eines Billigflugs sollte überlegt werden, ob sich dieser angesichts der langen Fahrt vom Flughafen nach Paris lohnt.

➜ **Shuttle** (17 €, 1¼ Std.) Der Beauvais-Shuttlebus verbindet Orly mit der Métrostation Porte Maillot. Auf der Website des Flughafens stehen Einzelheiten auch zu Fahrkarten.

Gare d'Austerlitz

Die Gare d'Austerlitz ist der Endbahnhof einer Handvoll Züge aus dem Süden, z. B. aus Orléans und Limoges. Hochgeschwindigkeitszüge von und nach Barcelona halten ebenfalls hier. Die Renovierungsarbeiten werden noch bis 2020 andauern.

Gare de l'Est

An der Gare de l'Est im Norden der Stadt kommen Züge aus Straßburg, Berlin und Wien an.

Gare de Lyon

Züge aus der Provence, Italien, den Alpen und von der Riviera steuern die Gare de Lyon im Osten von Paris an. Hier gibt's auch Verbindungen nach Genf.

Gare Montparnasse

Die Gare Montparnasse im Süden von Paris ist der Endbahnhof der Züge aus dem Südwesten und Westen, also aus der Bretagne, der Loire-Region, aus Bordeaux, Toulouse, Spanien und Portugal. Einige dieser Verbindungen werden zur Gare d'Austerlitz umgelegt, sobald dort die Renovierungsarbeiten 2020 abgeschlossen sein werden.

Gare St-Lazare

Züge aus der Normandie kommen an der Gare St-Lazare in Clichy im Westen von Paris an.

Gare Routière Internationale de Paris-Galliéni

Eurolines (www.eurolines. fr) bietet Busverbindungen zwischen allen großen europäischen Hauptstädten und der **Gare Routière Internationale de Paris-Galliéni** (☑08 92 89 90 91; 28 av. du Général de Gaulle; Ⓜ Galliéni). Der internationale Busbahnhof von Paris liegt im östlichen Vorort Bagnolet. Von dort sind es mit der Métro 15 Minuten bis zur zentraler gelegenen Haltestelle République.

UNTERWEGS VOR ORT

In Paris von A nach B zu gelangen, ist relativ unkompliziert. Die meisten Besucher nutzen die effiziente Métro und gehen ansonsten zu Fuß. Vom Bus aus sieht man mehr, das Liniennetz erschließt sich einem aber nicht immer auf Anhieb und der Verkehr sorgt mitunter für lange Fahrzeiten. Da sind die öffentlichen „Stadträder" von Vélib' eine gute Alternative.

U-Bahn

Das unterirdische Schienennetz wird von der RATP betrieben und vom *Métropolitain* (kurz Métro) und den Vorortzügen des *Réseau express régional* (RER) genutzt. Die Métro hat 14 nummerierte Linien, der RER fünf (für Besucher sind aber gewöhnlich nur die Linien A, B und C interessant). Beim Fahrkartenkauf sollte darauf geachtet werden, wie viele Zonen die Fahrt beinhaltet: Paris ist in fünf ringförmige Zonen aufgeteilt (Zone 5 ist am weitesten vom Zentrum entfernt). Wer also z. B. vom Flughafen Charles de Gaulle in die Stadt fährt, muss eine Fahrkarte für die Zonen 1 bis 5 kaufen.

Informationen über das Métro-, RER- und Busnetz gibt es unter www.ratp.fr. Métropläne verschiedener Größe und Detailtreue gibt es umsonst an den Fahrkartenschaltern; einige können auch kostenlos von der RATP-Website heruntergeladen werden.

Métro

➜ Die Métrolinien sind auf den offiziellen Karten und Plänen anhand der Nummer (Ligne 1, 2 etc.) und der Farbe zu erkennen.

➜ In den Métro- und RER-Stationen weisen Schilder zum richtigen Bahnsteig. Auf dem Bahnsteig wird auf den Schildern mit der Aufschrift *direction* die jeweilige Endstation angezeigt. Bei sich verzweigenden Linien wie den Linien 7 und 13 ist die Endstation an den Métrowagen angegeben sowie auf den Anzeigetafeln an den Bahnsteigen, die die Minuten bis zur Ankunft des nächsten Zuges anzeigen.

➜ Schilder mit der Aufschrift *correspondance* (Anschluss) weisen den Weg zu Anschlusszügen. An großen Métrostationen, wo sich mehrere Linien kreuzen, wie Châtelet und Montparnasse–Bienvenüe, kann der

DIE NAVIGO-ZEITKARTE

Für Besucher, die eine Woche und länger in Paris sind, ist eine Kombizeitkarte die billigste und einfachste Art, die öffentlichen Verkehrsmittel zu nutzen. Sie berechtigt für eine Woche, einen Monat oder sogar ein Jahr zur unbegrenzten Nutzung des Métro-, RER- und Busnetzes. Es gibt dieses Kombiticket auch für Fahrten in zwei bis fünf Zonen, aber für Paris-Besucher, die nicht ständig die Pendlerzüge in die Vororte nutzen, sollte die Grundkarte für Zonen 1 und 2 genügen.

Das **Navigo-System** (www.navigo.fr) umfasst Wochen-, Monats- oder Jahreskarten, die man an Automaten in den meisten Métrostationen aufladen kann. Diese Karte wird beim Gang durch die Drehkreuze über das Kartenlesefeld gezogen. Die Standard-Navigo-Karten sind für jeden erhältlich, der einen Wohnsitz in der Île-de-France hat. Der Antrag ist kostenlos, aber man muss bis zu drei Wochen auf die Karte warten. Antragsformulare gibt's am Fahrkartenschalter oder online auf der Navigo-Website. Alternativ gibt es für 5 € die Nagivo-Découverte-Karte, die sofort ausgestellt wird, aber im Gegensatz zur normalen Navigo-Karte im Fall von Verlust oder Diebstahl nicht ersetzt wird. Für beide Karten ist ein Ausweisfoto erforderlich.

Eine Wochenkarte kostet 20,40 € für die Zonen 1 und 2 und ist von Montag bis Sonntag gültig. Sie ist immer ab Freitag (bis zum Donnerstag darauf) für die jeweils folgende Woche erhältlich. Auch wer nur drei oder vier Tage Paris besucht, fährt so unter Umständen billiger als mit *carnets* und zahlt ganz sicher weniger als für eine Mobilis- oder Paris-Visite-Tageskarte. Die Monatskarte (67,10 € für Zone 1 und 2) ist ab dem ersten Tag des Kalendermonats gültig und ab dem 20. des Vormonats erhältlich. Beide Karten gibt es von 6.30 bis 22 Uhr in den Métro- und RER-Stationen sowie an einigen Bushaltestellen.

Navigo-Karten können online aufgeladen werden.

Fußweg von einem Bahnsteig zum anderen recht weit sein.

→ Die verschiedenen Stationsausgänge sind durch blaue Schilder mit der weißen Aufschrift *sortie* (Ausgang) gekennzeichnet. An den Ausgängen hängen zur besseren Orientierung auch *plans du quartier* (Umgebungspläne) aus.

→ Jede Linie verkehrt nach einem eigenen Fahrplan; der Métroverkehr beginnt allgemein gegen 5.30 Uhr und endet zwischen 0.35 und 1.15 Uhr (Fr & Sa 2.15 Uhr).

RER

→ Der RER ist schneller als die Métro, aber die Stationen liegen weiter auseinander. Einige Sehenswürdigkeiten, besonders die am linken Seine-Ufer (z. B. Musée d'Orsay, Eiffelturm und Panthéon) sind mit dem RER viel bequemer zu erreichen als mit der Métro.

→ Wer in die Vororte fahren will (z. B. nach Versailles oder

ins Disneyland), sollte auf dem Bahnsteig nach dem richtigen Zug fragen (es ist nicht ganz leicht, sich zurechtzufinden) und sicherstellen, dass die Fahrkarte die entsprechenden Zonen abdeckt.

Fahrkarten & -preise

→ Für die Fahrten mit der Métro, dem RER (im Pariser Stadtgebiet), den Bussen, Straßenbahnen und der Standseilbahn am Montmartre gelten einheitliche RATP-Fahrkarten.

→ Ein Einzelfahrschein – weiß und schlicht Le Ticket t+ genannt – kostet 1,70 € (die Hälfte für Kinder von vier bis neun Jahren); ein *carnet* (Heftchen) mit zehn Fahrscheinen 13,70 €.

→ Fahrkarten gibt es an allen Métrostationen; an Schaltern und Automaten werden die gängigen Kreditkarten akzeptiert.

→ Eine Métro-/Busfahrkarte berechtigt zur Fahrt zwischen zwei beliebigen Métrostationen (ohne Rückfahrt) innerhalb

eines Zeitraums von 1½ Stunden, egal wie oft man umsteigen muss. Auch für eine Fahrt mit dem RER in Zone 1 kann sie genutzt werden.

→ Beim Umsteigen von einem Bus in einen anderen genügt eine einzige Fahrkarte, aber nicht beim Umsteigen von der Métro in den Bus oder umgekehrt. Auf den Noctilien-Buslinien (Nachtbus) ist das Umsteigen nicht gestattet.

→ Die Fahrkarte braucht man bis zum Verlassen des Zielbahnhofs. Wer von einem Fahrkartenkontrolleur angehalten wird und keinen gültigen Fahrschein vorweisen kann, muss mit einem Bußgeld rechnen.

TOURISTENPÄSSE

Die Besucherpässe Mobilis und Paris Visite gelten für die Métro, den RER, die Vorortstrecken der SNCF, die Busse, Nachtbusse und Straßenbahnen sowie die Standseilbahn am Montmartre. Ein Foto ist nicht nötig, aber die Kartennummer muss auf dem zugehörigen Zeitcoupon notiert werden. Die Karten gibt es an größeren Métro- und RER-Stationen, in SNCF-Büros in Paris und an den Flughäfen.

Mit den Mobilis-Karten kann man einen Tag lang unbegrenzt unterwegs sein. Sie kosten zwischen 6,80 € (zwei Zonen) und 16,10 € (fünf Zonen). Je nach Aus- und Umsteigehäufigkeit kann ein carnet unter Umständen günstiger sein.

Mit der Karte Paris Visite kann man unbegrenzt fahren, außerdem gibt es damit ermäßigten Eintritt zu manchen Museen sowie andere Ermäßigungen und Gutscheine. Der Pass „Paris+Suburbs+Airports" gilt für öffentliche Verkehrsmittel zu/von Flughäfen und kostet 22,85/34,70/48,65/59,50 € für ein/zwei/drei/fünf Tage. Der billigere Pass „Paris Centre" ist für die Zonen 1 bis 3 gültig und kostet 10,85/17,65/24,10/34,70 € für ein/zwei/drei/fünf Tage. Kinder zwischen vier und elf Jahren zahlen den halben Preis.

Fahrrad
Vélib'
Der öffentliche Fahrradverleih **Vélib'** (http://en.velib.paris.fr; Tages-/Wochenkarte 1,70/8 €, Verleih bis zu 30 Min./60 Min./90 Min./2 Std. frei/1/2/4 €) stellt Parisern und Besuchern über 20 000 Fahrräder zur Verfügung. Es gibt über 1800 Vélib'-Stationen mit jeweils 20 bis 70 Fahrradständern in der Stadt. Sie können rund um die Uhr geliehen und zurückgebracht werden.

➜ Zunächst benötigt man eine Tages- oder Wochenkarte (1,70/8 €). Beide können an den Dockingstationen oder online erworben werden.

➜ Einfach die Kreditkarte (mit Mikrochip) an einem der Terminals einführen. Das Konto wird

mit einer Kaution von 150 € belastet (wird einbehalten, sollte das Fahrrad nicht zurückgegeben werden). Dann erhält man ein Ticket mit einer Nummer und einer PIN – und schon kann's losgehen!

➜ Die erste halbe Stunde ist gratis, die folgenden 30 Minuten kosten 2 €, ab einer Stunde zahlt man dann für jede zusätzliche halbe Stunde 4 €. Wer das Rad vor Ablauf der 30 Minuten an einer Station abstellt und sich dann ein neues zum Weiterfahren besorgt, zahlt nichts.

➜ Falls die Station, an der man sein Rad zurückgeben möchte, schon voll ist, einfach am Terminal einloggen, dann erhält man noch mal kostenlose 15 Minuten extra, um eine andere Station zu finden.

➜ Die Fahrräder sind für Radler ab 14 Jahren geeignet und mit Gangschaltung, einem Schloss inklusive Schlüssel, Reflektoren und Vorder- und Rücklicht ausgestattet. Einen eigenen Fahrradhelm mitbringen (sie sind nicht gesetzlich vorgeschrieben).

➜ Im Juni 2014 führte die Stadtverwaltung P'tits Vélib' ein, einen Fahrradverleih für Kinder

zwischen zwei und zehn Jahren. Stationen gibt es an fünf Standorten, darunter auch im Bois de Boulogne, im Bois de Vincennes und an den Berges de Seine.

Fahrradverleih
Die meisten Fahrradverleihe verlangen eine Kaution. Ausweis und Kreditkarte mitbringen.

Au Point Vélo Hollandais (☎01 43 45 85 36; www.pointvelo.com; 83 bd St-Michel, 5e; pro Tag 15 €; ⊙Mo–Sa 10.30–19.30 Uhr; MCluny–La Sorbonne oder RER Luxembourg)

Freescoot (☎01 44 07 06 72; www.freescoot.com; 63 quai de la Tournelle, 5e; Fahrrad/Tandem ab 15/30 €; ⊙Mo–Sa 9–13 & 14–19 Uhr, Mitte April–Mitte Sept. auch So; MMaubert–Mutualité)

Gepetto et Vélos (☎01 43 54 19 95; www.gepetto-velos.com; 59 rue du Cardinal Lemoine, 5e; pro Tag 16 €; ⊙Di–Sa 9–14 & 15–19 Uhr, Mitte April–Mitte Sept. auch So; MCardinal Lemoine)

Paris à Vélo, C'est Sympa (☎01 48 87 60 01; www.parisvelosympa.com;

22 rue Alphonse Baudin, 11e;
pro Tag 20 €; ☺April–Okt.
Mo–Fr 9.30–13 & 14–16, Sa &
So 9–19 Uhr, im Winter kürzere
Zeiten; Ⓜ St-Sébastien–Frois-
sart)

Bus

Die Stadtbusse eignen
sich prima zum Erkunden
der Stadt, zudem sind sie
barrierefrei, da ohne Treppen zugänglich. Sie sind
allerdings langsamer als die
Métro und das Liniennetz ist
komplizierter.

Stadtbusse

Die öffentlichen Pariser
Busse, die von der RATP
betrieben werden, verkehren
von Montag bis Samstag von
5.30 bis 20.30 Uhr; danach
fahren noch bestimmte
Linien im Abendverkehr bis
Mitternacht bzw. 0.30 Uhr.
Sonntags und an Feiertagen
ist der Busverkehr drastisch
reduziert; die Busse fahren
an diesen Tagen von 7 bis
20.30 Uhr.

Nachtbusse

Die RATP unterhält das
Noctilien-Busnetz (www.
noctilien.fr) mit 47 Nachtbus-
linien, die stündlich zwischen
0.30 und 5.30 Uhr fahren.
Sie halten an den wichtigsten
Bahnhöfen (gares) und kreuzen die großen Verkehrsach-
sen der Stadt, bevor sie sich
auf den Weg in die Vororte
machen. Die blauen N- oder
Noctilien-Zeichen an den
Bushaltestellen weisen auf
die Nachtbusse hin. Die beiden Pariser Rundlinien N01
und N02 verbinden die vier
großen Bahnhöfe St-Lazare,
Gare de l'Est, Gare de Lyon
und Gare Montparnasse so-
wie die beliebten Ausgehviertel Bastille, Champs-Élysées,
Pigalle und St-Germain.

Inhaber einer Carte Mobi-
lis oder eines Paris-Visite-
Passes können die Noctilien-
Busse in den jeweils gültigen
Zonen kostenlos nutzen.
Ansonsten blättert man,

je nach Entfernung, eine
bestimmte Anzahl normaler
Métro- oder Busfahrkarten
für 1,70 € hin.

Fahrkarten & -preise

Kurze Busfahrten kosten ein
Métro-/Busticket, längere
Fahrten zwei oder sogar drei
Fahrkarten. Das Umsteigen
in einen anderen Bus (aber
nicht in die Métro) ist mit
derselben Fahrkarte mög-
lich, solange das Umsteigen
innerhalb von 1½ Stunden
ab erster Entwertung stattfindet. Dies gilt nicht für die
Noctilien-Linien.

Alle Einzelfahrscheine
müssen im composteur (Ent-
werter) neben dem Fahrer
entwertet werden. Sie sind
auch beim Fahrer erhältlich
(2 €). Wer eine Carte Mobilis
oder einen Paris-Visite-Pass
hat, zeigt diese beim Einstei-
gen kurz vor.

Boot

Die verglasten Dreirumpf-
boote von **Batobus** (www.
batobus.com; Port de Solférino,
7e; 1-/2-Tageskarte 16/18 €;
☺April–Aug. 10–21.30 Uhr,
sonst bis 19 Uhr) legen alle
20 bis 25 Minuten an acht
kleinen Anlegern an der
Seine an: Eiffelturm, Musée
d'Orsay, St-Germain des
Prés, Notre-Dame, Jardin
des Plantes, Hôtel de Ville,
Musée du Louvre und
Champs-Élysées.

Tickets sind online, an den
Anlegestellen und in Touris-
teninformationen erhältlich.
Die Zwei- und Dreitages-
karten für 45/49 € sind
auch für L'Open-Tour-Busse
gültig.

Taxi

➡ Die prise en charge (Grund-
gebühr) beträgt 2,50 €. Von
Montag bis Samstag kostet die
Fahrt im Stadtgebiet zwischen
10 und 17 Uhr 1 € pro Kilometer
(Tarif A; weißes Licht auf dem
Taxidach und am Taxameter).

➡ Abends und nachts (zwischen
17 und 10 Uhr), sonntags von
7 bis 0 Uhr und in den inneren
Vororten liegt der Tarif bei
1,24 € pro Kilometer (Tarif B;
orangefarbenes Licht am Taxameter).

➡ In den äußeren Vororten gilt
Tarif C mit 1,50 € pro Kilometer
(blaues Licht).

➡ Ein vierter Fahrgast kostet
einen Zuschlag von 3 €, aber
bisweilen lehnen die Fahrer dies
aus versicherungstechnischen
Gründen ab. Ein Gepäckstück
ist umsonst, jedes weitere über
5 kg kostet 1 € extra.

➡ Ein Taxi auf der Straße anzu-
halten, ist manchmal schwierig;
am besten macht man sich zu
einem Taxistand auf.

➡ Taxis können (telefonisch
oder online) bei **Taxis G7**
(☎ 36 07; www.taxisg7.fr),
Taxis Bleus (☎ 01 49 36 10
10; www.taxis-bleus.com) oder
Alpha Taxis (☎ 01 45 85 85
85; www.alphataxis.com) bestellt werden.

➡ Sehr angesagt in Paris ist
der Vermittlungsdienst **Uber**
(www.uber.com/cities/paris),
über den ein Taxi bestellt und
mit dem Smartphone bezahlt
wird.

Auto & Motorrad

Autofahrer sind in Paris drei-
fach gebeutelt: Sie müssen
den Weg finden, sich durch
dichten Verkehr kämpfen
und auf Parkplatzjagd gehen.
In der Stadt braucht man
kein Auto, wer jedoch Ausflüge in die nähere Umgebung
unternehmen möchte, ist mit
einem Leihwagen gut bera-
ten. Diesen sollte man am
besten vorab online buchen.

Autolib'

Das Pariser Carsharing-Sys-
tem **Autolib'** (www.autolib.
eu) funktioniert ähnlich wie
der Fahrradverleih Vélib': Die
mit GPS ausgestatteten Elektroautos werden im 30-Mi-

nuten-Takt ausgeliehen und kosten 9 € pro halbe Stunde. Wer eine Wochen-/Monatskarte (10/25 €) kauft, zahlt weniger (7/6,50 € pro 30 Min.). Die Autos stehen an 1000 Stationen in der ganzen Stadt bereit und sind nur für Kurzstrecken gedacht; die Autobatterie reicht für 250 km. Führerschein und Lichtbildausweis müssen mitgeführt werden.

Motorroller

Freescoot (☎01 44 07 06 72; www.freescoot.com; 63 quai de la Tournelle, 5e; ⌚9–13 & 14–17 Uhr, Okt.–Mai So geschl.) Vermietet 50er-/125er-Roller über verschiedene Zeiträume (55/65 € pro 24 Std.). Im Preis enthalten sind Kfz-Haftpflicht plus Helme, Schloss, Regenkleidung und Handschuhe. Für einen 50-/125-ccm-Motorroller muss man mindestens 21/23 Jahre alt sein und eine Kreditkartenkaution in Höhe von 1300/1600 € hinterlegen. Für kleinere Roller ist kein Führerschein erforderlich.

Left Bank Scooters (☎06 82 70 13 82; www.leftbankscooters.com) Wird von einem jungen australisch-britischen Paar geführt, das pastellfarbene Vespa XLV-Motorroller vermietet (50/125 ccm für 70/80 € pro 24 Std.). Im Preis enthalten sind Versicherung, Helme und Regenkleidung. Für eine 50er-/125er-Maschine muss man mindestens 18/20 Jahre alt sein und einen Kfz- oder Motorradführerschein besitzen. Die Kreditkartenkaution liegt bei 1000 €. Touren sind ebenfalls im Angebot.

Parken

Die Parkuhren funktionieren nicht mit Münzen, sondern mit Kreditkarte (mit Mikrochip) oder der Paris Carte, die bei jedem tabac (Tabakhändler/Kiosk) in verschiedenen Werten zwischen 10 und 30 € erhältlich ist. Der Parkschein mit Zeitangabe aus dem Automaten wird dann auf das Armaturenbrett gelegt. Städtische Parkhäuser, von denen es über 200 in Paris gibt, kosten zwischen 2 und 3,50 € pro Stunde bzw. 20 bis 25 € für 24 Stunden. Die meisten haben rund um die Uhr geöffnet.

GEFÜHRTE TOUREN

Fahrrad

Bike About Tours (☎06 18 80 84 92; www.bikeabouttours.com; 4 rue de Lobau, 4e; Ⓜ Hôtel de Ville) Das von Expats geführte Unternehmen bietet Tagestouren durch die Stadt (30 €, 3½ Std.), Ausflüge nach Versailles (80 €), E-Bike-Touren in die Champagne (135 €) und private Familientouren an.

Fat Tire Bike Tours (☎01 56 58 10 54; www.fattirebiketours.com) Tages- und Nachttouren durch die Stadt, sowohl durchs Zentrum als auch nach Versailles und zu Monets Garten in Giverny.

Paris à Vélo, C'est Sympa! (☎01 48 87 60 01; www.parisvelosympa.com) Vier geführte Touren (Erw./Kind 35/20 €, 3 Std.), darunter eine am Abend und eine bei Sonnenaufgang.

Boot

Auf der Seine ganz gemütlich durch die Stadt gleiten – entspannter kann Sightseeing kaum sein. Und es ist wunderbar für alle, die zum ersten mal in Paris sind, sich einen ersten Überblick über die Highlights der Stadt zu verschaffen.

Bateaux Parisiens (www.bateauxparisiens.com; Port de la Bourdonnais, 7e; Erw./Kind 14/6 €; Ⓜ Bir Hakeim oder RER Pont de l'Alma) Das große Unternehmen hat 1½-stündige Flussrundfahrten mit Kommentar vom Band in 13 Sprachen (April–Sept. 10–22.30 Uhr alle 30 Min., Okt.–März 10–22 Uhr stündl.) sowie diverse thematische Ausflugsfahrten mit Mittag- oder Abendessen im Angebot. Es gibt zwei Anlegestellen: am Eiffelturm und südlich von Notre-Dame.

Bateaux-Mouches (☎01 42 25 96 10; www.bateauxmouches.com; Port de la Conférence, 8e; Erw./Kind 13,50/5,50 €; ⌚April–Dez.; Ⓜ Alma Marceau) Der größte Touristenschiffbetreiber in Paris steht bei Reisegruppen hoch im Kurs. Die Fahrten (70 Min.) starten von April bis September regelmäßig zwischen 10.15 und 23 Uhr und den Rest des Jahres über 13-mal täglich von 11 bis 21 Uhr. Dazu gibt's Erklärungen auf Französisch und Englisch. Man findet die Boote am rechten Seine-Ufer, östlich des Pont de l'Alma.

Vedettes de Paris (☎01 44 18 19 50; www.vedettesdeparis.fr; Port de Suffren, 7e; Erw./Kind 14/6 €; Ⓜ Bir Hakeim oder Pont de l'Alma) Es mag zwar ein kleines Unternehmen sein, aber die einstündigen Sightseeing-Touren mit kleineren Booten sind unschlagbar. Thematische Touren gibt's auch, darunter die phantasievollen Touren „Pariser Geheimnisse" für Kinder sowie Flussfahrten zur Cathédrale de Notre-Dame (Erw. einfach/hin & zurück 8/14 €).

Vedettes du Pont Neuf (☎01 46 33 98 38; www.vedettesdupontneuf.fr; square du Vert Galant, 1er; Erw./Kind 14/7 €, Onlineticket 10/5 €; Ⓜ Pont Neuf) Das Unternehmen hat das ganze Jahr über einstündige Bootstouren im Programm. Die Boote legen an der westlichen Spitze der Île de la Cité ab; billiger wird

TOUREN ZUM MITMACHEN

Make-up-Workshops, Backstage-Touren im Variété, Besuche in Verkaufsräumen von Modedesignern, Kurse für französische Tischdekoration oder Kunststickerei, Marktführungen, Backen mit einem Pariser Bäcker – das Repertoire der Kultur- und Gourmettouren und Führungen hinter die Kulissen von **Meeting the French** (www.meetingthefrench.fr) ist wahrlich herausragend.

es, wenn das Ticket im Voraus online gekauft wird. Auf der Website sind die Einzelheiten zu den wunderbaren „Concerts en Seine" zu erfahren – klassische Musik im Boot auf der Seine nach Sonnenuntergang (30–40 €).

Bus

Big Bus Paris (http://fra.bigbustours.com; Tageskarte Erw./Kind 29/16 €) Das Pariser Unternehmen Les Cars Rouges hat sich mit der Londoner Big Bus Company zusammengetan und heißt nun Big Bus Paris. Während der Stadtrundfahrten mit zehn Haltestellen kann man beliebig ein- und aussteigen. Für iPhones und Androids gibt es eine App.

L'Open Tour (www.paris opentour.com; Tageskarte Erw./Kind 31/16 €) Hop-on-Hop-off-Touren in einem offenen Bus mit vier verschiedenen Rundfahrten und 50 Haltestellen – der beste Schnelldurchgang fürs Sightseeing.

Stadtspaziergänge

Ça Se Visite (www.ca-se-visite.fr; Erw./Kind zu Fuß 12/10 €, Motorroller 15/13 €) Entdeckungstouren im Nordosten (Belleville, Ménilmontant, Canal Saint-Martin, Canal de l'Ourcq, Oberkampf, La Villette). In Begleitung von Stadtbewohnern trifft man einheimische Künstler und Kunsthandwerker – zu Fuß oder mit der *trottinette* (Tretroller).

Eye Prefer Paris (www.eyepreferparistours.com; 210 € für 3 Pers.) Der gebürtige New Yorker Richard Nahem arrangiert unkonventionelle Stadtführungen.

Localers (www.localers.com; unterschiedl. Preise) Klassische Stadtführungen und Entdeckungen hinter den Kulissen mit Pariser Experten: *pétanque*, Fotoshootings, Marktrundgänge, Kochkurse, Foie-gras-Verkostung u. a.

Parisien d'un jour – Paris Greeters (www.parisgreeters.fr; mit Spende) Paris mit den Augen Einheimischer sehen – das versprechen die 2- bis 3-stündigen Stadtspaziergänge. Freiwillige – sachkundige Pariser, die ihre Stadt lieben – führen die Besuchergruppen (max. 6 Teilnehmer) zu ihren persönlichen Lieblingsorten in der Stadt. Mindestens zwei Wochen im Voraus anmelden.

Paris Walks (01 48 09 21 40; www.paris-walks.com; Erw./Kind 12/8 €) Etablierter Evergreen. Erhält für seine zweistündigen Thementouren (Kunst, Mode, Schokolade, Französische Revolution) stets Bestnoten von unseren Lesern.

Allgemeine Informationen

Ermäßigungen

Fast alle Pariser Museen und Denkmäler bieten einen *tarif réduit* (ermäßigter Eintrittspreis) für Studenten und Senioren (gewöhnlich ab 60 Jahren), die einen gültigen Ausweis vorlegen können. Kinder müssen oft nichts bezahlen; die „Kategorie Kind" liegt irgendwo zwischen sechs und 18 Jahren.

EU-Bürger unter 26 Jahren haben kostenlos Zutritt zu Nationaldenkmälern und -museen.

Paris Museum Pass (http://en.parismuseumpass. com; 2/4/6 Tage 42/56/69 €) Ermöglicht Eintritt in über 60 Museen und anderen Sehenswürdigkeiten in und um Paris und bietet den unschlagbaren Vorteil, dass Passinhaber größere Museen über einen gesonderten Eingang betreten, also die unglaublich langen Schlangen am Kartenschalter umgehen (oder die Wartezeit erheblich reduzieren) können.

Paris City Passport (www. parisinfo.com; 2/3/5 Tage 71/103/130 €) Wird im **Office du Tourisme et des Congrès de Paris** (Touristeninformation; www.parisinfo. com; 27 rue des Pyramides, 1er; Mai–Okt. 9–19 Uhr, Nov.–April 10–19 Uhr; Pyramides) und über deren Website verkauft. Der praktische Pass

ermöglicht unbegrenzte Nutzung der öffentlichen Verkehrsmittel, Eintritt in über 60 Museen in und um Paris (also wie in Paris Museum Pass) und eine einstündige Bootstour auf der Seine. Die Pässe für drei und fünf Tage beinhalten zudem eine Busrundfahrt zu den wichtigsten Sehenswürdigkeiten im Pariser Zentrum mit **Big Bus Paris** (http://fra. bigbustours.com; Tageskarte Erw./Kind 29/16 €).

Feiertage & Ferien

In Frankreich gibt es so ziemlich jeden Monat mindestens einen Feiertag und in manchen Jahren allein im Mai bis zu vier. Wie in Deutschland werden die *jours fériés* (Feiertage) in Frankreich strikt an dem Datum begangen, auf das sie gerade fallen. Wenn der Maifeiertag also auf einen Samstag oder Sonntag fällt, gibt es keinen zusätzlichen arbeitsfreien Tag.

Feiertage in Paris:

➜ **Neujahr** (Jour de l'An) 1. Januar

➜ **Ostersonntag & -montag** (Pâques & Lundi de Pâques) Ende März/April

➜ **Maifeiertag/Tag der Arbeit** (Fête du Travail) 1. Mai

➜ **Waffenstillstand 1945** (Victoire 1945) 8. Mai

➜ **Christi Himmelfahrt** (Ascension) Mai (am 40. Tag nach Ostern)

➜ **Pfingstmontag** (Lundi de Pentecôte) Mitte Mai bis Mitte Juni (7. Montag nach Ostern)

➜ **Nationalfeiertag** (Fête Nationale) 14. Juli

➜ **Mariä Himmelfahrt** (Assomption) 15. August

➜ **Allerheiligen** (Toussaint) 1. November

➜ **Waffenstillstand 1918** (Armistice 1918/le 11 Novembre) 11. November

➜ **Weihnachten** (Noël) 25. Dezember

Frauen unterwegs

Frauen wird mehr unerwünschte Aufmerksamkeit zuteil als Männern, aber Besucherinnen brauchen sich in Paris keine großen Sorgen zu machen: Tätliche Angriffe sind selten. Allerdings scheinen sich die Franzosen über sexuelle Belästigung (*harcèlement sexuel*) auch keinen großen Kopf zu machen und viele Männer glauben immer noch, es sei ein schmeichelhaftes Kompliment, vorbeigehenden Frauen lüstern hinterherzustarren.

Frankreichs landesweite Hotline für Vergewaltigungsopfer, **Viols Femmes Informations** (08 00 05 95 95; Mo–Fr 10–19 Uhr), ist von jedem Telefon auch ohne Telefonkarte gebührenfrei zu erreichen. Sie wird von einer Gruppe namens **Collectif Féministe contre le Viol** (CFCV; Feministisches Kollektiv gegen Vergewaltigung; ☎08 00 05 95 95; www.cfcv.asso.fr) betrieben.

Im Notfall sollte frau die Polizei (☎17) anrufen. Wer von der Polizei dorthin verwiesen wird, kann die medizinischen, psychologischen und juristischen Dienste der **Urgences Médico-Judiciaires** (☎01 42 34 82 85; 1 place du Parvis Notre-Dame, 4e; ☉24 Std.; Ⓜ St-Michel) im Hôtel Dieu in Anspruch nehmen.

La Maison des Femmes de Paris (☎01 43 43 41 13; http://maisondesfemmes.free. fr; 163 rue de Charenton, 12e; ☉Mo–Fr 11–19 Uhr; Ⓜ Reuilly–Diderot) ist ein Treffpunkt für Frauen aller Altersstufen und Nationalitäten. Hier finden die ganze Woche über Veranstaltungen, Workshops und Ausstellungen statt.

Geld

Frankreichs Landeswährung ist der Euro (im Französischen *ö-roh* ausgesprochen). Den Cent nennen die traditionsbewussten Franzosen immer noch *centime*.

Zum Teil spürt man den Unwillen, mit dem Verkäufer 50-Euro-Scheine wechseln. Noch größere Scheine lässt man am besten gleich stecken.

Wechselkurs für Schweizer Franken: s. vordere Innenklappe. Aktuelle Wechselkurse gibt es im Internet unter www.xe.com.

Geldautomaten

Geldautomaten (*distributeur automatique de billets*) sind überall zu finden. Französische Banken erheben in der Regel keine Gebühren für die Benutzung ihrer Geldautomaten, aber man sollte sich erkundigen, ob und wie viel die eigene Bank für internationale Barabhebungen verlangt.

Kreditkarten

Visa Card/Carte Bleue sind die verbreitetsten Kreditkarten in Paris, gefolgt von MasterCard/Eurocard. American-Express-Karten können bei nobleren Adressen nützlich sein. Generell taugen alle drei für Zugfahrkarten, Restaurants und Barabhebungen.

Trinkgeld

In Frankreich ist es gesetzlich vorgeschrieben, dass Restaurant-, Café- und Hotelrechnungen ein Bedienungsgeld (normalerweise 12–15 %) ausweisen. Taxifahrer erwarten ein kleines Trinkgeld zwischen 5 und 10 % des Fahrpreises, obwohl es eher üblich ist, unabhängig vom Gesamtfahrpreis auf den nächsten Euro aufzurunden.

Internetzugang

WLAN (in Frankreich Wi-Fi und so auch ausgesprochen) ist in den meisten Pariser Hotels, meist kostenlos, und in einigen Museen vorhanden.

Kostenloses WLAN gibt es täglich zwischen 7 und 23 Uhr an 260 öffentlichen Standorten, darunter Parks, Bibliotheken und Stadtverwaltungen. Die Parks mit WLAN sind mit einem lilafarbenen Schild „Zone Wi-Fi" nahe dem Eingang gekennzeichnet. Eingeloggt wird über das Netzwerk „PARIS_WI-FI_"; die Nutzung ist auf zwei Stunden begrenzt. Umfängliche Informationen und eine Karte der Hotspots gibt's auf www.paris.fr/wifi.

Internetcafés verlangen zwischen 4 und 5 € pro Stunde für den Onlinezugang; **Milk** (www.milklub. com; 31 bd Sebastopol, 1er; 1/2/3 Std. 3,90/6,90/8,90 €; ☉24 Std.; Ⓜ Les Halles) hat mehrere Filialen im Stadtzentrum.

Medizinische Versorgung

Apotheken

In jedem Stadtteil gibt es mindestens eine *pharmacie* (Apotheke) – erkenntlich an dem großen, grünen Neonkreuz – mit längeren Öffnungszeiten; ein komplettes Verzeichnis der Nachtapotheken ist auf der Website der Touristeninformation erhältlich (www.parisinfo. com).

Pharmacie Bader (☎01 43 26 92 66; www.pharmacie bader.com; 10–12 bd St-Michel, 6e; ☉9–21 Uhr; Ⓜ St-Michel)

Pharmacie de la Mairie (☎01 42 78 53 58; http:// pharmacie-mairie-paris.com; 9 rue des Archives, 4e; ☉9– 20 Uhr; Ⓜ Hôtel de Ville)

Pharmacie Les Champs (☎01 45 62 02 41; Galerie des Champs-Élysées, 84 av. des Champs-Élysées, 8e; ☉24 Std.; Ⓜ George V)

Krankenhäuser

In Paris gibt es rund 50 Krankenhäuser, darunter die folgenden:

American Hospital of Paris (☎01 46 41 25 25; www. american-hospital.org; 63 bd Victor Hugo, Neuilly-sur-Seine; Ⓜ Pont de Levallois) Privatkrankenhaus, das rund um die Uhr ärztliche und zahnärztliche Notfallbehandlungen bietet.

Hertford British Hospital (☎01 47 59 59 59; www.ihfb. org; 3 rue Barbès, Levallois; Ⓜ Anatole France) Preiswerteres, englischsprachiges Privatkrankenhaus.

Hôpital Hôtel Dieu (☎01 42 34 82 34; www.aphp.fr; 1 place du Parvis Notre-Dame, 4e; Ⓜ Cité) Eines der wichtigsten staatlichen Krankenhäuser der Stadt. Nach 20 Uhr den Eingang der Notaufnahme an der Rue de la Cité benutzen.

Notfall

→ Feuerwehr: ☏18
→ Notarzt (SAMU): ☏15
→ Polizei: ☏17
→ EU-weiter Notruf: ☏112

Öffnungszeiten

Die folgende Übersicht zeigt die ungefähren Standardöffnungszeiten. Sie können sich je nach Jahreszeit verändern; die Angaben in den Adressen dieses Buchs beziehen sich immer auf die Hauptsaison. Viele Geschäfte bleiben während der Sommerferien den kompletten August über geschlossen.

→ **Banken** Mo–Fr 9–13 & 14–17 Uhr, einige auch am Samstagvormittag
→ **Bars und Cafés** 7–2 Uhr
→ **Museen** 10–18 Uhr, Mo oder Di geschlossen
→ **Postämter** Mo–Fr 8–19, Sa bis 12 Uhr
→ **Restaurants** 12–14 & 19.30–22.30 Uhr
→ **Läden (Kleidung)** Mo–Sa 10–19 Uhr, gelegentlich über Mittag geschlossen
→ **Läden (Lebensmittel)** 8–13 & 16–19.30 Uhr, sonntagnachmittags & manchmal montags geschlossen

Post

Die meisten Postämter (bureaux de poste) sind montags bis samstags geöffnet. Briefmarken gibt es auch in den meisten Tabakläden (tabacs).

Das **Hauptpostamt** (www.laposte.fr; 52 rue du Louvre, 1er; ⊙24 Std.; ⓂSentier oder Les Halles) fünf Häuserblöcke nördlich vom Ostende des Musée du Louvre ist praktisch rund um die Uhr geöffnet – aber nur für einfachen Service wie den Versand von Briefen. Andere Dienste, wie der Geld-

→ **Zeitungen und Zeitschriften** Die Pariser lesen den liberal-bürgerlichen Le Monde (www.lemonde.fr), den rechtslastigen Le Figaro (www.lefigaro.fr) und die linksgerichtete Libération (www.liberation.fr). Metro (http://readmetro.metrofrance.com) ist ein kostenloses Blatt, das vor Métrostationen ausliegt, Le Parisien (www.leparisien.fr) ist die Pariser Lokalzeitung.

→ **Rauchen** Rauchen ist in öffentlichen Gebäuden verboten, also auch in Restaurants und Bars (daher auch die vielen Raucher an Eingängen und an Straßentischen).

→ **TV und DVDs** Die Fernsehnorm in Frankreich ist Secam; DVDs benutzen das PAL-System.

→ **Gewichte und Maße** Frankreich benutzt das metrische System.

umtausch, sind nur während der regulären Öffnungszeiten nutzbar. Lange Wartezeiten sind nicht ungewöhnlich.

Jedes Arrondissement hat seine eigene fünfstellige Postleitzahl. Dafür wird einfach die Zahl „750" bzw. 7500" vor die Nummer des Arrondissements gesetzt (z. B. 75001 für das 1. Arrondissement und 75019 für das 19.). Die einzige Ausnahme bildet das 16. Arrondissement; es hat zwei Postleitzahlen: 75016 und 75116. Die Postleitzahl muss bei allen Postsendungen nach Frankreich angegeben werden.

Rechtsfragen

Wer aus irgendwelchen Gründen von der Polizei angehalten wird, sollte sich höflich und ruhig verhalten. Polizisten haben weitreichende Befugnisse, was Durchsuchungen und Festnahmen angeht, und können ohne bestimmten Anlass Pässe, Visa, die carte de séjour (Aufenthaltserlaubnis) und so weiter kontrollieren (es wird übrigens erwartet, dass man immer einen Ausweis mit Foto bei sich trägt). Zu provozieren, ist keine gute Idee.

In Sachen Sicherheit ist die französische Polizei strikt. Gepäck niemals un-

beaufsichtigt stehen lassen: Die Warnungen der Polizei, dass verdächtige Gegenstände ohne viel Federlesens gesprengt werden, sind durchaus ernst zu nehmen.

Reisen mit Behinderung

Paris ist eine alte Stadt und deshalb auf visiteurs handicapés (Besucher mit Behinderung) nicht so richtig eingestellt: Abgesenkte Bordsteine gibt es nur vereinzelt, viele ältere öffentliche Gebäude und Budgethotels haben keinen Aufzug und die über 100 Jahre alte Métro ist für Rollstühle (fauteuil roulant) unzugänglich.

Aber es tut sich etwas. Die Touristeninformation arbeitet weiter an ihrer Initiative „Tourisme & Handicap", die Museen, Kultureinrichtungen, Hotels und Restaurants, die rollstuhlgerecht sind oder Einrichtungen für Menschen mit körperlichen, psychischen, Seh- oder Hörbehinderungen bieten, mit einem speziellen Logo am Eingang kennzeichnet. Ein Verzeichnis solcher Einrichtungen, von denen es immer mehr gibt, steht auf der Website der Touristeninformation (www.parisinfo.com), dort auf „Praktische Infos" und dann auf „Paris besichtigen mit einer Behinderung" klicken.

Informationen

Informationen, welche Kultureinrichtungen in Paris barrierefrei sind, stehen auf der Website von **Accès Culture** (www.accesculture.org).

Access in Paris, ein nützlicher, wenn auch etwas veralteter 245-seitiger englischsprachiger Reiseführer für Menschen mit Behinderung, kann im PDF-Format bei **Access Project** (www.accessinparis.org) heruntergeladen werden.

Mobile en Ville (☎09 52 29 60 51; www.mobile-en-ville.asso.fr; 8 rue des Mariniers, 14e, Paris) gibt sich alle Mühe, Rollstuhlfahrern die unabhängige Fortbewegung innerhalb der Stadt zu erleichtern. Unter anderem werden *randonnées* (Ausflüge) im Rollstuhl in und um Paris angeboten; dabei werden Rollstuhlfahrer von Rollschuhläufern geschoben.

Öffentliche Verkehrsmittel

Die SNCF hat viele Eisenbahnwagen umgerüstet, um Menschen mit körperlichen Behinderungen den Zugang zu erleichtern. Reisende im Rollstuhl können im TGV (*train à grande vitesse*; Hochgeschwindigkeitszug) und in Fernzügen der 1. Klasse mit einem Fahrschein 2. Klasse fahren; Voraussetzung ist, dass sie spätestens ein paar Stunden vor der Abfahrt telefonisch oder am Bahnhof reservieren. Einzelheiten dazu sind in der SNCF-Broschüre *Le Mémento du Voyageur Handicapé* (Info-Übersicht für Reisende mit Behinderung) nachzulesen, die es an allen Bahnhöfen gibt. Beratung zur Reiseplanung gibt es beim SNCF-Service **Accès Plus** (☎08 90 64 06 50; www.accessibilite.sncf.com).

Die Métrolinie 14 wurde barrierefrei gebaut, in der

Realität ist es jedoch nach wie vor sehr kompliziert, sich im Rollstuhl mit der Métro fortzubewegen – anders als in den Pariser Bussen, die 100 % barrierefrei sind.

Informationen über die Zugänglichkeit sämtlicher öffentlicher Verkehrsmittel in der Pariser Region bietet der *Guide pratique à l'Usage des Personnes à Mobilité réduite* (Praxisführer für Menschen mit eingeschränkter Mobilität) vom **Syndicat des Transports d'Île-de-France** (☎08 10 64 64 64; www.stif-idf.fr). Besonders hilfreich ist dessen Informationsdienst für Reisende mit Behinderung, **Info Mobi** (www.infomobi.com).

Die Taxigesellschaft **Horizon** (☎01 47 39 00 91), Teil von **Taxis G7** (☎36 07; www.taxisg7.fr), besitzt Autos, die Rollstühle transportieren können, und Fahrer, die dazu ausgebildet wurden, Fahrgästen mit Behinderung behilflich zu sein.

Sicherheit

Im Großen und Ganzen ist Paris eine sichere Stadt und unmotivierte Angriffe auf der Straße sind selten. Die „Stadt des Lichts" ist generell gut beleuchtet und es gibt keinen Grund, die Métro nicht so lange zu benutzen, bis sie irgendwann zwischen 0.30 Uhr und kurz nach 1 Uhr ihren Betrieb einstellt. In den meisten Gegenden fahren sogar Frauen nachts allein mit der Métro; allerdings haben nicht alle Befragten dabei ein 100-prozentig gutes Gefühl.

Métrostationen, um die man spätnachts besser einen Bogen macht, sind z. B. Châtelet–Les Halles mit ihren schier endlosen Gängen, Château Rouge in Montmartre, Gare du Nord, Strasbourg–St-Denis, Réaumur–Sébastopol und Montparnasse–Bienvenüe. In der Mitte jedes Métro- bzw. RER-Bahnsteigs und in den Gängen mancher

Métrostationen sind *bornes d'alarme* (Notrufkästchen) angebracht.

Kleinkriminalität wie Taschendiebstahl und der Griff in fremde Handtaschen und Rucksäcke ist überall ein Problem, wo Gedränge herrscht, ganz besonders da, wo die Touristen rudelweise auflaufen. Vorsicht geboten ist vor allem am Montmartre (besonders rund um Sacré-Cœur), in Pigalle, den Gegenden ums Forum des Halles und ums Centre Pompidou, im Quartier Latin (besonders in dem Rechteck zwischen Rue St-Jacques, Boulevard St-Germain, Boulevard St-Michel und Quai St-Michel), unterm Eiffelturm und in der gesamten Métro zur Rushhour (besonders in Linie 4 und dem westlichen Teil der Linie 1).

Hier helfen die üblichen Vorkehrungen: Nicht mehr Geld rumschleppen als unbedingt nötig und Kreditkarten, Pässe und sonstige Papiere in einem versteckten Wertsachenbeutel am Körper, in einem Hotelsafe oder im Zimmertresor verwahren.

Vigipirate ist ein von der Stadt Paris eingeführtes Sicherheitssystem, das der Terrorbekämpfung dient. Pariser Bürger wie Besucher sind aufgefordert, herrenlos herumstehendes Gepäck oder Pakete umgehend zu melden. Wenn Vigipirate in vollem Umfang umgesetzt wird, bedeutet das die Versiegelung von öffentlichen Mülleimern, Schließung der Gepäckaufbewahrungen in Bahnhöfen und Flughäfen, verschärfte Sicherheitskontrollen vor allen öffentlichen Gebäuden und Touristenattraktionen und geschlossene Garderoben und Schließfächer in Museen und Denkmälern.

Steuern & Erstattungen

Die Mehrwertsteuer heißt in Frankreich TVA (*taxe sur la valeur ajoutée*) und beträgt für die meisten Waren 20 %, mit einigen Ausnahmen: Für Lebensmittel und Bücher sind es 5,5 % und für Medikamente 2,1 %. Preise, bei denen die Mehrwertsteuer schon eingerechnet ist, werden oft mit TTC (*toutes taxes comprises*; wörtlich „alle Steuern inbegriffen") bezeichnet.

Nicht-EU-Bürger können unter folgenden Voraussetzungen von einer TVA-Erstattung profitieren: sofern sie älter als 15 Jahre sind, weniger als sechs Monate in Frankreich verbringen, in einem einzigen Laden am selben Tag Waren im Wert von mindestens 175 € einkaufen (davon nicht mehr als zehn gleiche Artikel), das Eingekaufte ins Gepäck passt und innerhalb von drei Monaten nach dem Kauf aus Frankreich ausgeführt wird und der Laden *vente en détaxe* (steuerfreien Einkauf) anbietet.

Beim Kauf den Pass vorlegen und nach einem *bordereau de vente à l'exportation* (Exportquittung) fragen, der von Händler und Käufer unterzeichnet werden muss. Die meisten Läden erstatten weniger als den Gesamtbetrag, der dem Käufer eigentlich zustände (um 14 %), um ihren Zeit- und Kostenaufwand für die Erstattungsprozedur abzudecken.

Bei der Ausreise aus Frankreich oder einem anderen EU-Land muss man dann alle drei Blätter des *bordereau* von den Zollbeamten des Landes am Flughafen oder an der Grenze abstempeln lassen. Der Zoll behält ein Blatt und gibt zwei zurück. Davon wird eines (das grüne) an den Laden zurückgeschickt; das dritte (rosa) Blatt ist für die eigenen Unterlagen. Wenn das abgestempelte Quittungsblatt beim Laden ankommt, lässt dieser der Käuferin bzw. dem Käufer die entsprechende Summe *virement* (Überweisung) in der vereinbarten Form zukommen. Das kann bis zu drei Monate dauern.

Beim Abflug von Orly oder Charles de Gaulle können manche Läden es so einrichten, dass man die Erstattung gleich bei der Ausreise erhält. Das muss aber schon beim Kauf vereinbart werden.

Mehr Infos dazu gibt es beim **Zollinformationszentrum** (☎08 11 20 44 44; www.douane.minefi.gouv.fr; ⊙Mo–Fr 8.30–18 Uhr).

Strom

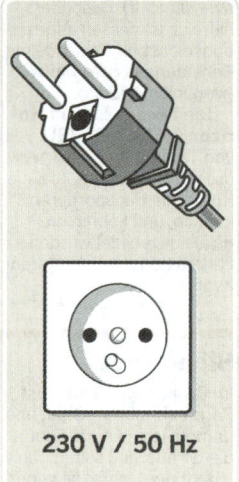

230 V / 50 Hz

Telefon

In Frankreich gibt es keine Ortsvorwahlen – es wird immer eine zehnstellige Nummer gewählt.

Alle Pariser Telefonnummern fangen mit 01 an, es sei denn, die Nummer stammt von einem Internetserviceprovider (ISP). In diesem Fall beginnt sie mit 09.

Französische Handynummern beginnen grundsätzlich entweder mit 06 oder 07.

Frankreich hat die Landesvorwahl 33.

Um von Paris aus international zu telefonieren, zuerst die internationale Vorwahl (☎00) wählen, dann die Ländervorwahl, dann die Ortsvorwahl (ohne die Null) und dann die Nummer des Teilnehmers. Von öffentlichen Telefonen aus kann in fast die ganze Welt direkt durchgewählt werden. Ermäßigte Telefongebühren für Auslandsanrufe gelten wochentags von 19 bis 8 Uhr und am Wochenende ganztags.

Nummern die mit 08 00, 08 04, 08 05 und 08 09 anfangen, sind in Frankreich gebührenfrei, andere Nummern, die mit „08" beginnen, aber nicht (die Preise liegen zwischen 0,09 und 0,75 € pro Minute).

Die Kundenservicenummern sind im Allgemeinen teurer als Ortstarife.

Die meisten vierstelligen Nummern, die mit 10, 30 oder 31 anfangen, sind gebührenfrei.

Wer sich auf Französisch ganz wacker schlägt, sucht am besten online in den Gelben Seiten (www.pagesjaunes.fr; für das normale Telefonverzeichnis auf *Pages Blanches* klicken). Hier wird kostenlos einiges mehr an Information geboten, auch Karten. Fürs Surfen mit dem Handy: http://mobile.pagesjaunes.fr.

Handys

Das französische GSM-900/1800-Netz ist mit dem übrigen Europa kompatibel. Am besten beim eigenen Handyanbieter nach der Benutzung in Frankreich erkundigen, aber Achtung: Die Roaming-Kosten, insbesondere bei Datendownloads, sind zum Teil beachtlich.

Statt das heimische Netzwerk zu nutzen, bietet es sich normalerweise an, vor Ort eine SIM-Karte von einem französischen Anbieter wie **Orange** (www.orange.fr), **SFR** (www.sfr.fr), **Bouygues** (www.bouyguestelecom.fr) und **Free Mobile** (http://mobile.free.fr) zu kaufen, so erhält man eine französische Telefonnummer. Dafür braucht man aber ein nicht per SIM-Lock gebundenes Handy, mit dem im Ausland ein anderer

Serviceprovider genutzt werden kann.

Die SIM-Karte kostet zwischen 1,90 und 5 € (mit ein paar Freiminuten), eine Nachladekarte (Mobicarte) dann 5 €, die mit einem Guthaben von 5 bis 100 € inklusive Versendung unbegrenzter Textnachrichten innerhalb Frankreichs zu haben ist. Die Angebote hängen natürlich vom jeweiligen Anbieter ab, was vor der Abreise online gecheckt werden sollte. Die Mobicartes sind in *tabacs* (Tabakläden), Handygeschäften wie **La Boutique Orange** (16 place de la Madeleine, 8e; ✆Mo–Sa 10–19 Uhr; Ⓜ Madeleine), Supermärkten usw. erhältlich.

Telefonkarten

Obwohl Handy-Nutzung und Skype öffentliche Telefonzellen praktisch überflüssig gemacht haben, gibt es sie immer noch. In Frankreich werden sie alle mit Telefonkarte bedient, aber im Notfall können auch Anrufe per Kreditkarte gemacht werden.

Eine *télécarte* (Telefonkarte; 7,50/15 € für 50/120 Gesprächseinheiten) gibt es in Postämtern, *tabacs*, Supermärkten, an SNCF-Fahrkartenschaltern, in Métrostationen und überall sonst, wo ein blauer Aufkleber verkündet *„télécarte en vente ici"* (Telefonkartenverkauf).

Man kann auch Prepaid-Telefonkarten wie **Allomundo** (www.allomundo. com) kaufen, mit denen das Telefonieren ins Ausland bis zu 60 % günstiger ist als mit der normalen *télécarte*. Sie sind für bis zu 15 € in *tabacs*, Zeitschriften- oder Telefonläden und an anderen Verkaufsstellen zu haben, vor allem in multikulturellen Gegenden wie der Rue du Faubourg St-Denis (10. Arr.), in Chinatown (13. Arr.) und Belleville (19. und 20. Arr.). Sie sind in der Regel zwei Monate gültig, aber gerade die Karten, die am meisten Gesprächszeit für das wenigste Geld bieten, können schon nach einer Woche verfallen.

Alle öffentlichen Telefonzellen können In- und Auslandsanrufe entgegennehmen. Um sich von jemandem zurückrufen zu lassen, diesem einfach die französische Landesvorwahl (0033) und die zehnstellige Nummer des Fernsprechers mitteilen. Sie steht normalerweise nach den Worten *„Ici le ..."* oder *„No d'appel"* auf dem Tarifblatt oder einem kleinen Schild in der Telefonzelle. Den Gesprächspartner darauf hinweisen, dass er bei Anruf aus dem Ausland die erste 0 der zehnstelligen Nummer weglassen muss. Bei eingehendem Anruf erscheinen auf der LCD-Anzeige die Worte *„décrochez – appel arrive"* (abnehmen – hereinkommender Anruf).

Toiletten

Öffentliche Toiletten sind in Paris als *toilettes* oder WC beschildert. Die zylindrischen, selbstreinigenden WC-Häuschen, die auf Pariser Trottoirs herumstehen, sind rund um die Uhr geöffnet, relativ sauber und

LADEGERÄTE

In der Verkehrsgesellschaft RATP wird überlegt, die Bushaltestellen der Zukunft mit Ladestationen für Handys aufzupeppen. Bis dahin jedoch ist das Aufladen von Telefonen und anderen Geräten unterwegs nicht so einfach. Wer sein eigenes Ladegerät und entsprechende Kabel mitschleppt, hat weitaus mehr Glück – man kann in Cafés und Restaurants durchaus darum bitten, seine Geräte zu laden. Gleiches gilt für Taxifahrer: Immer mehr führen eine Auswahl an Smartphone-kompatiblen Kabeln und Ladegeräten mit sich. Problemlos geht das auch in der **Bibliothèque Nationale de France** (☏01 53 79 59 59; www.bnf.fr; 11 quai François Mauriac, 13e; Wechselausstellungen Erw./Kind ab 9 €/frei; ✆Ausstellungen Di–Sa 10–19, So 13–19 Uhr, Anfang–Ende Sept. geschl.; Ⓜ Bibliothèque). Mit eigener Körperkraft lassen sich Geräte auch an den pedalbetriebenen Aufladestationen in der Gare de Nord, der Gare de Montparnasse oder der Gare de St-Lazare mit Saft versorgen.

kostenlos, allerdings steht meistens gerade dann keins da, wenn man es braucht. Die Anzeige *libre* (grün) bedeutet „frei", *occupé* (rot) „besetzt".

Caféinhaber mögen es nicht, wenn jemand ihre Toiletten benutzt, ohne zahlender Gast zu sein. Mit kleinen Kindern ist aber schon mal eine Ausnahme drin (trotzdem vorher fragen!). Im äußersten Notfall kann man es in Fast-Food-Restaurants, großen Kaufhäusern oder großen Hotels versuchen.

Kostenlose öffentliche Toiletten gibt es vor Notre-Dame, in der Nähe des Arc de Triomphe, am östlichen Fuß der Treppen von Sacré-Cœur und am Nordwesteingang des Jardins des Tuileries.

Touristeninformation

Die Zentralstelle der **Pariser Touristeninformation** (Office du Tourisme et des Congrès de Paris; www.paris info.com; 27 rue des Pyramides, 1er; ✆Mai–Okt 9–19 Uhr, Nov.–April 10–19 Uhr; Ⓜ Pyramides) liegt etwa 150 m nordwestlich vom Louvre.

Außerdem betreibt das Büro mehrere Informationszentren (Point d'acceuil) im übrigen Paris, s. u. (Website ist identisch mit denen der Zentrale). Hinzu kommen Informationsschalter am Flughafen Charles de Gaulle. Zuständig für das Pariser Umland ist **Paris Region** (www.visitparis region.com).

Gare de l'Est (place du 11 Novembre 1918, 10e; ⊙Mo–Sa 8–19 Uhr; ⓂGare de l'Est) In der Gare de l'Est gegenüber den Bahnsteigen 1 und 2.

Gare de Lyon (20 bd Diderot, 12e; ⊙Mo–Sa 8–18 Uhr; ⓂGare de Lyon) In der Gare de Lyon gegenüber den Bahnsteigen L und M.

Gare du Nord (18 rue de Dunkerque, 10e; ⊙8–18 Uhr; ⓂGare du Nord) In der Gare du Nord unter dem Glasdach der Abfahrt- und Ankunftshalle Île de France (östliches Ende des Bahnhofs).

Montmartre (gegenüber 72 bd Rochechouart, 18e; ⊙10–18 Uhr; ⓂAnvers) Am Fuß von Montmartre.

Syndicat d'Initiative de Montmartre (☏01 42 62 21 21; www.montmartre-guide.com; 21 place du Tertre, 18e; ⊙10–18 Uhr; ⓂAbbesses) Lokal geführte Touristeninformation mit Laden am malerischsten Platz von Montmartre. Sie verkauft Stadtpläne von Montmartre und bietet täglich um 14.30 Uhr eine Stadtführung an.

Visa

EU-Bürger und Schweizer brauchen zur Einreise nach Frankreich kein Visum, sondern nur einen gültigen Personalausweis bzw. Reisepass.

Arbeit & Studium

EU-Bürger und Schweizer können in Frankreich uneingeschränkt wohnen, arbeiten und studieren, sofern sie einen gültigen Personalausweis bzw. Reisepass besitzen, und benötigen hierfür keine spezielle Aufenthaltsgenehmigung (carte de séjour) oder Arbeitserlaubnis (autorisation de travail). Studenten und Nichterwerbstätige müssen über ausreichende Finanzmittel für ihren Unterhalt verfügen und krankenversichert sein. Viele nützliche Infos liefert die aktuelle 12. Ausgabe des Ratgebers Frankreich praktisch von **Allemagne-France-Service** (Download im PDF-Format 10 €, www.allemagne-service.com) für alle Deutschsprachigen, die in Frankreich leben, arbeiten oder studieren wollen.

Titre de Séjour

EU-Bürger und Schweizer brauchen auch für längere Aufenthalte in Frankreich keinen titre de séjour (auch carte de séjour) mehr; ein gültiger Personalausweis oder Reisepass sind ausreichend. Auch von Studenten aus EU-Ländern wird kein titre de séjour mehr verlangt; die Aufenthaltserlaubnis

bleibt allerdings der einzige offizielle Wohnnachweis nach deutschem Recht. Nicht-EU-Bürger sollten einen Blick auf die Website der **Préfecture de Police** (www.prefecturedepolice.interieur.gouv.fr) werfen oder ☏01 58 80 80 58 anrufen.

Zeit

Bei Zeitangaben verwenden die Franzosen in der Regel das 24-Stunden-Format und setzen ein kleines „h" zwischen Stunden und Minuten, also z. B. 15h30 für 15.30 Uhr.

In Frankreich gilt wie bei uns die mitteleuropäische Zeit (MEZ). Und wie bei uns werden die Uhren am letzten Sonntag im März auf Sommerzeit umgestellt und am letzten Sonntag im Oktober wieder auf Winterzeit.

Zoll

Für Besucher aus EU-Ländern gibt es nur beim Kauf großer Mengen, die den privaten Bedarf übersteigen, Einschränkungen; siehe www.douane.gouv.fr. Bürger aus Ländern außerhalb der EU müssen sich an folgende Beschränkungen halten:

➜ **Alkohol** 4 l Wein und 1 l Spirituosen

➜ **Parfüm** 50 g Parfüm und 250 ml Eau de Toilette

➜ **Tabak** 200 Zigaretten, 50 Zigarren oder 250 g loser Tabak

Sprache

Die Aussprache des Französischen ist für Deutschsprachige nicht ganz unvertraut. Wer die farbige Lautschrift in diesem Kapitel benutzt, wird sich verständlich machen können. Das „j", wiedergegeben als ž, spricht sich wie das stimmhafte „j" in Journal. Endet eine Silbe auf ein einfaches n oder m, wird der Vokal davor nasal ausgesprochen, wie in „Restaurant", in der Lautschrift als ng wiedergegeben. Im Französischen gibt es wie im Deutschen bei der Anrede den Unterschied zwischen dem höflichen *vous* (Sie) und dem informellen *tu* (Du). Substantive sind im Französischen entweder maskulin oder feminin. Maskuline und feminine Formen werden hier mit „m/f" gekennzeichnet.

GRUNDLAGEN

Guten Tag.	*Bonjour.*	bong·žur
Auf Wiedersehen.	*Au revoir.*	o re·woar
Entschuldigung.	*Excusez-moi.*	äks·kü·see moa
Verzeihung.	*Pardon.*	par·dong
Ja./Nein.	*Oui./Non.*	ui/nong
Bitte.	*S'il vous plaît.*	ßil wu plä
Danke.	*Merci.*	mer·ßi
Bitte, gern.	*De rien.*	de ri·äng

Wie geht's?
Comment allez-vous? ko·mong ta·lee·wu

Gut, und Ihnen?
Bien, merci. Et vous? bien mer·ßi e wu

Wie heißen Sie?
Comment vous ko·mong wu·
appelez-vous? sa·pe·lee·wu

NOCH MEHR FRANZÖSISCH

Zusätzliche Informationen zur Sprache und nützliche Wendungen gibt's im *Sprachführer Französisch* von Lonely Planet. Man kann ihn im Buchhandel oder online auf **shop.lonelyplanet.de** erwerben.

Ich heiße ...
Je m'appelle ... že ma·pell ...

Sprechen Sie Deutsch?
Parlez-vous allemand? par·lee wu sall·mong

Ich verstehe nicht.
Je ne comprends pas. že nö kom·prong pa

UNTERKUNFT

Haben Sie noch Zimmer frei?
Est-ce que vous avez eß·ke wu sa·wee
des chambres libres? dee schom·bre li·bre

Wie viel kostet es pro Nacht/Person?
Quel est le prix kell e le pri
par nuit/personne? par nüi/per·ßonn

Ist es mit Frühstück?
Est-ce que le petit eß·ke le pö·ti
déjeuner est inclus? dee·žö·nee ät en·klü

Hotel	*hôtel*	o·tell
Jugend-	*auberge*	ün o·berž
herberge	*de jeunesse*	de žö·neß
Pension	*pension*	pong·sjon
Schlafsaal	*dortoir*	dor·toar

ein Zimmer	*une chambre ...*	ün schom·bre ...
Einzelzimmer	*à un lit*	a öng li
Doppelzimmer	*avec un*	a·weck öng
	grand lit	grong li

mit ...	*avec ...*	a·weck ...
Badezimmer	*une salle de*	ün ßall de
	bains	bäng
Fenster	*fenêtre*	fö·nä·tre
Klimaanlage	*climatiseur*	kli·ma·ti·sör

WEGBESCHREIBUNG

Wo ist ...?	*Où est ...?*	u e ...
Wie lautet die	*Quelle est*	käll e
Adresse?	*l'adresse?*	la·dreß

Schilder

Entrée	Eingang
Femmes	Frauen
Fermé	Geschlossen
Hommes	Männer
Interdit	Verboten
Ouvert	Geöffnet
Renseignements	Information
Sortie	Ausgang
Toilettes/WC	Toiletten

Könnten Sie bitte die Adresse aufschreiben?
Est-ce que vous pourriez écrire l'adresse, s'il vous plaît? — eß·ke wu pu·ri·je e·krir la·dreß ßil·wu·plä

Können Sie mir das (auf der Karte) zeigen?
Pouvez-vous m'indiquer (sur la carte)? — pu·wee wu men·di·kee (ßür la kart)

an der Ampel	*aux feux*	o fö
an der Ecke	*au coin*	o koäng
gegenüber	*en face de …*	ong faß de
geradeaus	*tout droit*	tu droa
hinter	*derrière*	dä·ri·jär
links	*gauche*	goosch
nahe (bei …)	*près (de …)*	prä (de)
neben	*à côté de …*	a ko·te de
rechts	*droite*	droat
vor	*devant*	de·wong
weit (von …)	*loin (de …)*	loäng (de)

ESSEN & AUSGEHEN

Was würden Sie empfehlen?
Qu'est-ce que vous conseillez? — keß·ke wu kong·ßä·jee

Woraus besteht das Gericht?
Quels sont les ingrédients? — kell ßong lee sän·gre·di·jäng

Ich bin Vegetarier.
Je suis végétarien/ végétarienne. (m/f) — že ßüi we·že·ta·ri·jäng/ we·že·ta·ri·jänn

Ich esse kein(e) …
Je ne mange pas … — že ne mongsch pa …

Prost!
Santé! — ßong·tee

Das war lecker.
C'était délicieux! — ße·tä de·li·ßjö

Die Rechnung, bitte.
Apportez-moi l'addition, s'il vous plaît. — a·por·tee·moa la·di·ßjong ßil wu plä

Ich möchte gern einen Tisch für … bestellen.	*Je voudrais réserver une table pour …*	že wu·drä re·sär·wee ün ta·ble pur …
(20) Uhr	*(vingt) heures*	(vängt) ör
(2) Personen	*(deux) personnes*	(dö) pär·ßonn

Wichtige Wörter

Abendessen	*dîner*	di·nee
Feinkost	*traiteur*	trä·tör
Flasche	*bouteille*	bu·täi
Frühstück	*petit déjeuner*	pö·ti dee·žö·nee
Gabel	*fourchette*	fur·schett
Glas	*verre*	wärr
heiß	*chaud*	scho
kalt	*froid*	froa
Lebensmittel-laden	*épicerie*	e·pi·ßrie
Löffel	*cuillère*	kui·jär
Markt	*marché*	mar·schee
Messer	*couteau*	ku·to
mit/ohne	*avec/sans*	a·wek/song
Mittagessen	*déjeuner*	dee·žö·nee
Speisekarte	*carte*	kart
Teller	*assiette*	aß·jett
Vorspeise	*entrée*	ong·tree
Weinkarte	*carte des vins*	kart de väng

Fleisch & Fisch

Auster	*huître*	ui·tre
Huhn	*poulet*	pu·le
Kalb	*veau*	vo
Krebs	*crabe*	krab
Lamm	*agneau*	an·joo
Pute	*dinde*	dund
Rind	*bœuf*	böff
Schnecke	*escargot*	es·kar·go
Schwein	*porc*	por
Tintenfisch	*calmar*	kal·mar

Obst & Gemüse

Ananas	*ananas*	a·na·nas
Apfel	*pomme*	pomm
Aprikose	*abricot*	a·bri·ko
Bohnen	*haricots*	a·ri·ko

Champignon	*champignon*	schom·pin·jong
Erbsen	*petit pois*	pö·ti poa
Erdbeere	*fraise*	fräs
Gemüse	*légume*	le·güm
Gewürzgurke	*cornichon*	kor·ni·schong
Grüner Salat	*laitue*	lä·tü
Gurke	*concombre*	kong·kom·bre
Kartoffel	*pomme de terre*	pomm de tär
Kirsche	*cerise*	ßö·ris
Kohl	*chou*	schu
Kürbis	*citrouille*	ßi·trui
Lauch	*poireau*	poa·ro
Mais	*maïs*	ma·is
(rote/grüne) Paprika	*poivron (rouge/vert)*	poa·wrong (ruusch/wär)
Pfirsich	*pêche*	päsch
Pflaume	*prune*	prün
Rote Bete	*betterave*	bä·te·raw
Schalotte	*échalote*	e·scha·lott
Sellerie	*céleri*	ße·le·ri
Spargel	*asperge*	aß·pärsch
Spinat	*épinards*	e·pi·nar
Steckrübe	*navet*	na·wä
Tomate	*tomate*	to·mat
Weintraube	*raisin*	rä·seng
Zitrone	*citron*	ßi·trong

Noch mehr Wörter

Brot	*pain*	päng
Butter	*beurre*	börr
Ei	*œuf*	öff
Essig	*vinaigre*	wi·nä·gre
Honig	*miel*	mi·jel
Käse	*fromage*	fro·masch
Marmelade	*confiture*	kong·fi·tür
Öl	*huile*	u·il
Pfeffer	*poivre*	poa·wre
Reis	*riz*	ri
Salz	*sel*	sel
Zucker	*sucre*	ßü·kre

Getränke

Bier	*bière*	bjär
Kaffee	*café*	ka·fe
Milch	*lait*	lä
Rotwein	*vin rouge*	väng rusch

(Orangen-)saft	*jus (d'orange)*	žü (do·rongsch)
Tee	*thé*	tee
Wasser	*eau (minérale)*	o (mi·ne·ral)
Weißwein	*vin blanc*	wäng blong

NOTFÄLLE

Hilfe!
Au secours! — o skur

Lassen Sie mich in Ruhe!
Fichez-moi la paix! — fi·schee·moa la pä

Ich habe mich verirrt.
Je suis perdu/perdue. — že ßüi·pär·dü (m/f)

Rufen Sie einen Arzt.
Appelez un médecin. — a·plee öng meed·ßeng

Rufen Sie die Polizei.
Appelez la police. — a·plee la po·liß

Ich bin krank.
Je suis malade. — že ßüi ma·lad

Hier tut's weh.
J'ai une douleur ici. — žä ün du·lör ißi

Ich bin allergisch gegen ...
Je suis allergique ... — že ßüi sa·lär·žik ...

SHOPPEN & SERVICE

Ich möchte gerne ... kaufen
Je voudrais acheter ... — že wu·drä asch·tee ...

Kann ich das mal anschauen?
Est-ce que je peux le voir? — eß·kö že pö le woar

Ich schau mich nur um.
Je regarde. — že re·gard

Das gefällt mir nicht.
Cela ne me plaît pas. — ße·la ne me plä pa

Wieviel kostet es?
C'est combien? — ßä kom·bjäng

Das ist zu teuer.
C'est trop cher. — ßä tro schär

Die Rechnung stimmt nicht.
Il y a une erreur dans la note. — il·ja ün ä·rör dong la not

Bank	*banque*	bonk
Internetcafé	*cybercafé*	ßi·bär·ka·fee
Touristen-information	*office de tourisme*	o·fiß de tu·ris·me

Fragewörter

Wann?	*Quand?*	kong
Warum?	*Pourquoi?*	pur·koa
Was?	*Quoi?*	koa
Wer?	*Qui?*	ki
Wo?	*Où?*	u

Zahlen

1	un	öng
2	deux	dö
3	trois	troa
4	quatre	ka·tre
5	cinq	ßänk
6	six	ßiß
7	sept	ßett
8	huit	wüit
9	neuf	nöff
10	dix	diß
20	vingt	wäng
30	trente	trongt
40	quarante	ka·rongt
50	cinquante	ßäng·kongt
60	soixante	ßoa·ßongt
70	soixante-dix	ßoa·ßongt·diß
80	quatre-vingts	ka·tre·wäng
90	quatre-vingt-dix	ka·tre·wäng·diß
100	cent	ßong
1000	mille	mil

UHRZEIT & DATUM

Wie viel Uhr ist es?
Quelle heure est-il?   kell ör ä·till

Es ist (acht) Uhr.
Il est (huit) heures.   Il ä (üit) ör

Es ist halb (11).
Il est (dix) heures   il ä (dis) ör
et demie.   e de·mi

Morgen	matin	ma·täng
Nachmittag	après-midi	a·prä·mi·di
Abend	soir	ßoar
gestern	hier	iär
heute	aujourd'hui	o·žur·düi
morgen	demain	de·mäng
Montag	lundi	löng·di
Dienstag	mardi	mar·di
Mittwoch	mercredi	mär·kre·di
Donnerstag	jeudi	žö·di
Freitag	vendredi	wong·dre·di
Samstag	samedi	ßam·di
Sonntag	dimanche	di·mongsch

TRANSPORT

Ich möchte nach ...
Je voudrais aller à ...   že wu·drä a·lee a ...

Hält er in ...?
Est-ce qu'il s'arrête à ...?   es·kil ßa·ret a ...

Wann fährt er ab/kommt er an?
À quelle heure est-ce   a kell ör eß·kil
qu'il part/arrive?   par/a·riw

Ich möchte hier aussteigen.
Je veux descendre ici.   že wö dä·ßong·dre i·ßi

eine Fahrkarte ...	*un billet ...*	öng bi·jee ...
erster Klasse	*de première classe*	de prem·jär klas
zweiter Klasse	*de deuxième classe*	de dö·sjäm klas
einfach	*simple*	säm·ple
hin & zurück	*aller et retour*	a·lee e re·tur

Bahnsteig	quai	kä
Bus	bus	büs
erster	premier	prem·jee
Fahrkartenschalter	guichet	gi·schee
Fahrplan	horaire	o·rär
Fensterplatz	côté fenêtre	ko·tee fe·nä·tre
Flugzeug	avion	a·wjong
Gangplatz	côté couloir	ko·tee ku·loar
letzter	dernier	där·njee
Schiff	bateau	ba·to
verspätet	en retard	ong re·tar
Zug	train	träng

Ich möchte gerne ein ... mieten	*Je voudrais louer ...*	že wu·drä lu·ee ...
Auto	*une voiture*	ün woa·tür
Fahrrad	*un vélo*	öng wee·lo
Motorrad	*une moto*	ün mo·to

Automechaniker	mécanicien	mee·kan·i·ßjäng
Benzin	essence	ä·ßongß
Helm	casque	kask
Kindersitz	siège-enfant	ßi·jäsch ong·fong
Tankstelle	station-service	sta·ßjong ßär·wiß

Kann ich hier parken?
Est-ce que je peux   eß·kö že pö
stationner ici?   sta·ßjo·nee i·ßi

Ich habe einen Platten.
Mon pneu est à plat.   mong pnö ä ta pla

Ich habe kein Benzin mehr.
Je suis en panne   že ßüi song pann
d'essence.   dä·ßongß

GLOSSAR

(m) steht für Maskulinum, (f) für Femininum, (pl) für Plural und (adj) für Adjektiv

ancien régime (m) – das monarchistische Frankreich vor der Revolution

arrondissement (m) – einer von 20 Verwaltungsbezirken in Paris; auf Straßenschildern abgekürzt als 1er (1. Arrondissement), 2e oder 2ème (2. Arrondissement) usw.

auberge (de jeunesse) (f) – (Jugend-)Herberge

banlieues (f pl) – Vororte

belle époque (f) – „schöne Epoche"; durch Eleganz und allgemeine Hochstimmung geprägte Zeit; Bezeichnung für den schicken Pariser Lebensstil ungefähr zwischen 1870 und 1914

billet (m) – Ticket

billeterie (f) – Ticketbüro oder -schalter

biologique oder **bio** (adj) – aus biologischem Anbau

boucherie (f) – Fleischerei

boulangerie (f) – Bäckerei

Brasserie (f) – „Brauerei"; ein Restaurant, das normalerweise den ganzen Tag über Essen serviert

brioche (f) – kleines Hefegebäck, manchmal mit Nüssen, Rosinen oder kandierten Früchten

bureau de change (m) – Wechselstube

café du quartier (m) – Nachbarschaftscafé

carnet (m) – ein Heft von (normalerweise) zehn Fahrkarten für Bus, Straßenbahn oder Métro oder anderen Karten, das mit Mengenrabatt verkauft wird

carrefour (m) – Straßenkreuzung

carte (f) – (Speise-; Straßen-) Karte

carte de séjour (f) – Aufenthaltsgenehmigung

cave (f) – (Wein-)Keller

chambre (f) – Zimmer

charcuterie (f) – Erzeugnisse aus (meist Schweine-) Fleisch, das gepökelt, geräuchert oder weiterverarbeitet wurde, z. B. Würste, Schinken, Pâtés und Rillettes; Geschäft, das diese Waren verkauft

cimetière (m) – Friedhof

consigne (f) – Gepäckaufbewahrung

correspondance (f) – Verbindungstunnel oder Fußgängerpassage, z. B. in der Métro; Bahn- oder Busverbindung

cour (f) – Hof

couvert (m) – Einkaufszentrum, auch *galerie*

DAB (m, distributeur automatique de billets) – Geldautomat

défendu – verboten

dégustation (f) – Verkostung, (Wein-)Probe

demi (m) – Bierglas von 250 ml Inhalt

département (m) – französische Verwaltungseinheit auf regionaler Ebene

eau (f) – Wasser

église (f) – Kirche

entrée (f) – Eingang; erster Gang, Vorspeise

épicerie (f) – kleines Lebensmittelgeschäft

espace (f) – Raum; Verkaufsstelle

exposition universelle (f) – Weltausstellung

fête (f) – Fest; Feiertag

ficelle (f) – Faden; dünnes, knuspriges Baguette (200 g)

fin de siècle (adj) – „Ende des Jahrhunderts"; bezieht sich auf die letzten beiden Jahrzehnte des 19. Jhs. und steht im Allgemeinen für Dekadenz

formule (f) – vergleichbar mit einem *menu*, wobei die Gäste zwei oder drei Gänge auswählen können (z. B. Vorspeise und Hauptgericht oder Hauptgericht und Dessert)

fromagerie (f) – Käsegeschäft

galerie (f) – Galerie; Einkaufspassage (auch *passage*)

galette (f) – Pfannkuchen oder flacher Kuchen aus Buchweizenteig mit verschiedenen (meist herzhaften) Füllungen

gare (f) – Bahnhof

gare routière (f) – Busbahnhof

gendarmerie (f) – Polizei(station)

grand projet (m) – großes öffentliches Bauvorhaben, das eine Regierung oder ein Politiker initiiert, häufig mit dem Ziel, sich unsterblich zu machen

Grands Boulevards (m pl) – „Große Boulevards"; die acht ineinander übergehenden breiten Hauptverkehrsstraßen, die sich von der Place de la Madeleine Richtung Osten bis zur Place de la République erstrecken

halles (f pl) – Markthalle

hameau (m) – Weiler, kleines Dorf

hôtel de ville (m) – Rathaus

hôtel particulier (m) – Privatvilla

jardin (m) – Garten

kir (m) – Getränk aus Cassis (Likör aus schwarzer Johannisbeere) und Weißwein

lycée (m) – höhere Schule; Gymnasium

mairie (f) – Rathaus

marché (m) – Markt

marché aux puces (m) – Flohmarkt

marché couvert (m) – Markthalle

menu (m) – Menü aus drei oder mehr Gängen zum Festpreis; s. *formule*

musée (m) – Museum

musette (f) – Akkordeonmusik

nocturne (f) – Abendöffnung eines Museums, Kaufhauses usw.

orangerie (f) – Gewächshaus zum Anbau von Zitrusfrüchten

pain (m) – Brot

palais de justice (m) – Gericht; in Paris: der Justizpalast

parc (m) – Park

parvis (m) – Platz vor einer Kirche oder einem öffentlichen Gebäude

pastis (m) – ein Aperitif aus Anis- oder Lakritzextrakt und Wasser

pâtisserie (f) – feine Back- und Konditorwaren; Geschäft, das diese Waren verkauft

pelouse (f) – Rasen

pétanque (f) – s. *boules*

pied-noir (m) – „Schwarzfuß"; in Algerien geborener oder aus Algerien stammender Franzose

place (f) – Platz

plan (m) – Stadtplan

plan du quartier (m) – Umgebungsplan (hängt in der Nähe von Métroausgängen)

plat du jour (m) – Tagesgericht im Restaurant

poissonnerie (f) –Fischgeschäft

pont (m) – Brücke

port (m) – Hafen

port de plaisance (m) – Boots- oder Jachthafen

porte (f) – Tür; Tor in einer Stadtmauer

poste (f) – Post(amt)

préfecture (f) – Präfektur; Hauptstadt eines *département*

produits biologique – biologische Erzeugnisse

quai (m) – Kai

quartier (m) – Viertel, Stadtbezirk, Wohngegend

raï –algerische Popmusik

RATP – Régie Autonome des Transports Parisiens; öffentliches Nahverkehrssystem von Paris

RER – Réseau Express Régional; Schnellbahnnetz, das Paris mit den Vororten und Flughäfen verbindet

résidence (f) – Wohnanlage; Hotel, das normalerweise für langfristige Aufenthalte gedacht ist

rillettes (f pl) – Brotaufstrich aus gekochtem und dann fein gehacktem Fleisch oder Fisch

rive (f) – Flussufer

rond point (m) – Kreisverkehr

rue (f) – Straße

salle (f) – Halle, Saal; Zimmer

salon de thé (m) – Teesalon, Teehaus

SNCF – Société Nationale de Chemins de Fer; staatliche französische Eisenbahngesellschaft

soldes (m pl) – Ausverkauf

sono mondiale (f) – Weltmusik

sortie (f) – Ausgang

spectacle (m) – (Theater-, Kino-, Ballett-, Zirkus-) Aufführung, Vorstellung

square (m) – kleine Grünanlage (inmitten eines Platzes)

syndicat d'initiative (m) – Touristeninformation

tabac (m) – Tabakwarenladen (verkauft auch Métro- oder Busfahrkarten, Telefonkarten usw.)

tarif réduit (m) – ermäßigter Preis (für Studenten, Senioren, Kinder usw.)

tartine (f) – eine Brotscheibe mit Belag

taxe de séjour (f) – Touristensteuer

télécarte (f) – Telefonkarte

TGV – Train à Grande Vitesse; Hochgeschwindigkeitszug (entspricht dem deutschen ICE)

tour (f) – Turm

tous les jours – jeden Tag (z. B. auf Fahrplänen)

traiteur (m) – Feinkostgeschäft

Vélib' (m) – öffentliches Fahrradverleihsystem in Paris

vélo (m) – Fahrrad

version française (m) – Film in synchronisierter französischer Fassung

version originale oder **v.o.** – Film in der Originalversion mit französischen Untertiteln

Hinter den Kulissen

WIR FREUEN UNS ÜBER EIN FEEDBACK

Post von Travellern zu bekommen ist für uns ungemein hilfreich – Kritik und Anregungen halten uns auf dem Laufenden und helfen, unsere Bücher zu verbessern. Unser reiseerfahrenes Team liest alle Zuschriften genau durch, um zu erfahren, was an unseren Reiseführern gut und was schlecht ist. Wir können solche Post zwar nicht individuell beantworten, aber jedes Feedback wird garantiert schnurstracks an die jeweiligen Autoren weitergeleitet, rechtzeitig vor der nächsten Auflage.

Wer uns schreiben will, erreicht uns unter **www.lonelyplanet.de/kontakt**.

Hinweis: Da wir Beiträge möglicherweise in Lonely Planet Produkten (Reiseführer, Websites, digitale Medien) veröffentlichen, ggf. auch in gekürzter Form, bitten wir um Mitteilung, falls ein Kommentar nicht veröffentlicht oder ein Name nicht genannt werden soll. Wer Näheres über unsere Datenschutzpolitik wissen will, erfährt das unter www.lonelyplanet.com/privacy.

DANK VON LONELY PLANET

Vielen Dank an die folgenden Leser, die mit der letzten Ausgabe unterwegs waren und uns wertvolle Hinweise, Tipps und interessante Anekdoten geschickt haben: Sain Alizada, Loren Buchanan, Jill Drake, Michael Rodin, Ellie Sanders, Seraphim Schuchter, Colin Shepherd, Veronika Siebenkotten-Branca, Laurence van Bilderbeek

DANK DER AUTOREN

Catherine Le Nevez

Un grand merci an meine preisgekrönten Ko-autoren Chris and Nicola. Merci mille fois an Julian und all die unzähligen Pariser, die mir Einblicke gewährt und mich inspiriert haben. Merci auch an Pierre-Emmanuel und alle in Versailles. Ebenfalls danke an Kate Morgan, James Smart, Jo Cooke und alle bei LP. Und wie immer, merci encore an meine Eltern und meinen Bruder samt belle-sœur und neveu, die meine lebenslange Liebe zu Paris nähren.

Christopher Pitts

Herzlichen Dank an meine tollen Koautorinnen für ihre Tipps und Beiträge und an das ganze Team von Lonely Planet, das hart gearbeitet hat, damit dieses Buch zu dem wurde, was es ist. Bises auch an die Pavillards und meine liebsten Komplizen: Perrine, Elliot und Céleste.

Nicola Williams

Un grand merci an die vielen Menschen in Paris, die mir dabei geholfen haben, die besten Orte aufzuspüren: die phantastische Quelle allen Wissens über die Hauptstadt Élodie Berta und ihren Kollegen Herve Guillon (Office de Tourisme et des Congrès), den Père Lachaise-Guru Thierry Le Roi, die Schatzsucherkönigin im Louvre Daisy de Plume (THATLou), Mary Winston Nicklin, Jane Bertch von La Cuisine Paris, die Pariser Fotografin Sophie Farrugia, Lindsey Tramuta und Kasia Dietz. Ehre gebührt auch meinem Extraspezial-Rechercheteam zum Thema Reisen mit Kindern Niko, Mischa und Kaya Luefkens.

QUELLENNACHWEIS

IllustrationenS. 114–115 S. 214–215 und S. 292–293 von Javier Zarracina.

Titelfoto: Basilique du Sacré-Cœur in der Dämmerung, Brian Jannsen/Alamy.

Die Autoren

Catherine Le Nevez

Koordinierende Autorin, Bastille & östliches Paris, St-Germain & Invalides, Montparnasse & südliches Paris, Ausflüge Catherine zog als 4-Jährige erstmals nach Paris. Seither ist sie dorthin zurückgekehrt, wann immer sich die Gelegenheit bot, und erwarb unterdessen einen Doktortitel und einen Master in kreativem Schreiben sowie weitere Qualifikationen im Bereich Redaktion und Verlagswesen. Catherine hat an diversen Lonely Planet Bänden über Paris mitgearbeitet (von denen einer kürzlich mit dem British Travel Press Award ausgezeichnet wurde), und schreibt für Zeitungen, Magazine und Online-Publikationen. Für diese Auflage hat sie es wie immer genossen, an ihre Lieblingsorte zurückzukehren und neue zu entdecken. Abgesehen von Paris hat Catherine bei vielen Lonely Planet Bänden über Frankreich, Europa und darüber hinaus mitgemischt. Aber Reisefieber hin oder her – Paris ist unverändert ihre Nummer Eins. Catherine schrieb auch den Abschnitt Reiseplanung (mit Ausnahme der Kapitel Reisen mit Kindern und Museen & Galleríen sowie den Kategorienüberblick für Essen und Parks & Aktivitäten) und trug zum Kapitel Schlafen bei.

Christopher Pitts

Louvre & Les Halles, Montmartre & nördliches Paris, Quartier Latin Christopher Pitts zog zuerst 2001 nach Paris. Er begann über die Stadt zu schreiben um seine Baguettes bezahlen zu können – und um eine gewisse Pariserin zu beeindrucken (die beiden Jahren sind inzwischen verheiratet und haben zwei Kinder). In den letzten zehn Jahren hat er an verschiedenen Publikationen mitgewirkt und war als Übersetzer und Lektor tätig. Mehr über ihn findet man unter www. christopherpitts.net. Chris schrieb auch das Kapitel Museen & Galerien im Abschnitt Reiseplanung, den Kategorienüberblick für Essen und Parks & Aktivitäten sowie die Kapitel Paris aktuel und Geschichte, auch zum Kapitel Schlafen trug er bei.

Nicola Williams

Eiffelturm & westliches Paris; Champs-Élysées & Grands Boulevards; Marais, Ménilmontant & Belleville; Die Seine-Inseln Die britische Schriftstellerin und Redaktionsberaterin Nicola Williams lebt seit mehr als zehn Jahren in Frankreich und schreibt über das Land. Von ihrem Haus in den Bergen am Südufer des Genfer Sees ist es nur ein Katzensprung bis nach Paris. Dort hat sie sich in den letzten Jahren schon durch diverse Speisekarten gegessen und ausführlich die grandiose Kunst und Architektur der Stadt bestaunt. Die große Herausforderung bestand dieses Mal darin, nicht in jeder Boutique des Marais ein Vermögen auszugeben. Nicola twittert unter @Tripalong. Sie schrieb auch die Kapitel Reisen mit Kindern, Mode, Architektur, Literatur, Kunst, Film und Musik sowie Praktische Informationen und trug zum Kapitel Schlafen bei.

DIESER REISEFÜHRER

Dies ist die 5. deutsche Auflage von *Paris*, basierend auf der 10. englischen Auflage von Catherine Le Nevez, Christopher Pitts und Nicola Williams, die auch die vorangehende Auflage schrieben. Dieser Reiseführer wurde vom Lonely Planet Büro in London in Auftrag gegeben und produziert von:
Titelredaktion Kate Morgan, James Smart

Produktredaktion Martine Power
Kartografie Valentina Kremenchutskaya
Layout Mazzy Prinsep
Redaktionsassistenz Sarah Bailey, Michelle Bennett, Katie Connolly, Justin Flynn, Elizabeth Jones, Kate Kiely, Charlotte Orr, Kirsten Rawlings
Kartografieassistenz Hunor Csutoros, Mark Griffiths, Corey Hutchison

Umschlaggestaltung Naomi Parker

Dank an Sasha Baskett, Elin Berglund, Dan Corbett, Helvi Cranfield, Brendan Dempsey, Ryan Evans, Larissa Frost, Anna Harris, Jouve India, Kat Marsh, Claire Murphy, Wayne Murphy, Claire Naylor, Karyn Noble, Samantha Russell-Tulip, Dianne Schallmeiner, Ellie Simpson, Lyahna Spencer, Angela Tinson, Samantha Tyson, Lauren Wellicome, Juan Winata

siehe auch gesonderte Register:

ESSEN S. 399

AUSGEHEN & NACHTLEBEN S. 401

UNTERHALTUNG S. 402

SHOPPEN S. 403

SPORT & AKTIVITÄTEN S. 404

SCHLAFEN S. 404

Register

⭐ **UNTERHALTUNG**

SPORT & AKTIVITÄTEN

SCHLAFEN

Cityatlas

Sehenswertes

- Strand
- Vogelschutzgebiet
- buddhistisch
- Burg/Schloss/Palast
- christlich
- konfuzianisch
- hinduistisch
- islamisch
- jainistisch
- jüdisch
- Denkmal
- Museum/Galerie/histor. Gebäude
- Ruine
- Sento/Onsen
- shintoistisch
- Sikh
- taoistisch
- Weingut/Weinberg
- Zoo/Wildschutzgebiet
- sonstige Sehenswürdigkeit

Aktivitäten, Kurse & Touren

- bodysurfen
- tauchen
- Kanu/Kajak fahren
- Kurs/Tour
- Ski fahren
- schnorcheln
- surfen
- Swimmingpool
- wandern
- windsurfen
- sonstige Aktivität

Schlafen

- Hotel/Pension/Hostel
- Camping

Essen

- Restaurant

Ausgehen & Nachtleben

- Bar/Kneipe/Club
- Café

Unterhaltung

- Unterhaltung

Shoppen

- Shoppen

Praktisches

- Bank
- Botschaft/Konsulat
- Krankenhaus/Arzt
- Internet
- Polizei
- Post
- Telefon
- Toilette
- Touristeninformation
- sonstige Informationen

Geografie

- Strand
- Hütte/Unterstand
- Leuchtturm
- Aussichtspunkt
- Berg/Vulkan
- Oase
- Park
- Pass
- Rastplatz
- Wasserfall

Städte

- Hauptstadt (Staat)
- Hauptstadt (Provinz)
- Großstadt
- Stadt/Ort

Transport

- Flughafen
- Grenzübergang
- Bus
- Seilbahn/Standseilbahn
- Radweg
- Fähre
- Metrostation
- Schwebebahn
- Parkplatz
- Tankstelle
- S-Bahnstation
- Taxi
- T-bane/Tunnelbana-Station
- Bahnhof/Bahnlinie
- Straßenbahn
- Tube Station
- U-Bahnstation
- sonstiger Transport

Hinweis: Nicht alle in der Legende aufgeführten Symbole sind Bestandteil der Karten dieses Buches

Verkehrswege

- Mautstraße
- Autobahn
- Hauptstraße
- Landstraße
- Verbindungsstraße
- sonstige Straße
- unbefestigte Straße
- Straße im Bau
- Platz, Promenade
- Treppe
- Tunnel
- Fußgängerbrücke
- Spaziergang
- Abstecher vom Spaziergang
- Weg/Pfad

Grenzen

- Staatsgrenze
- Provinzgrenze
- umstrittene Grenze
- Regional-/Bezirksgrenze
- Meeresschutzgebiet
- Kliff
- Mauer

Gewässer

- Fluss, Bach
- periodischer Fluss
- Kanal
- Gewässer
- Salzsee/trockener/periodischer See
- Riff

Gebietsform

- Flughafen/Flugplatz
- Strand/Wüste
- christlicher Friedhof
- sonstiger Friedhof
- Gletscher
- Watt
- Park/Wald
- Sehenswertes (Gebäude)
- Sportplatz
- Sumpf/Mangroven

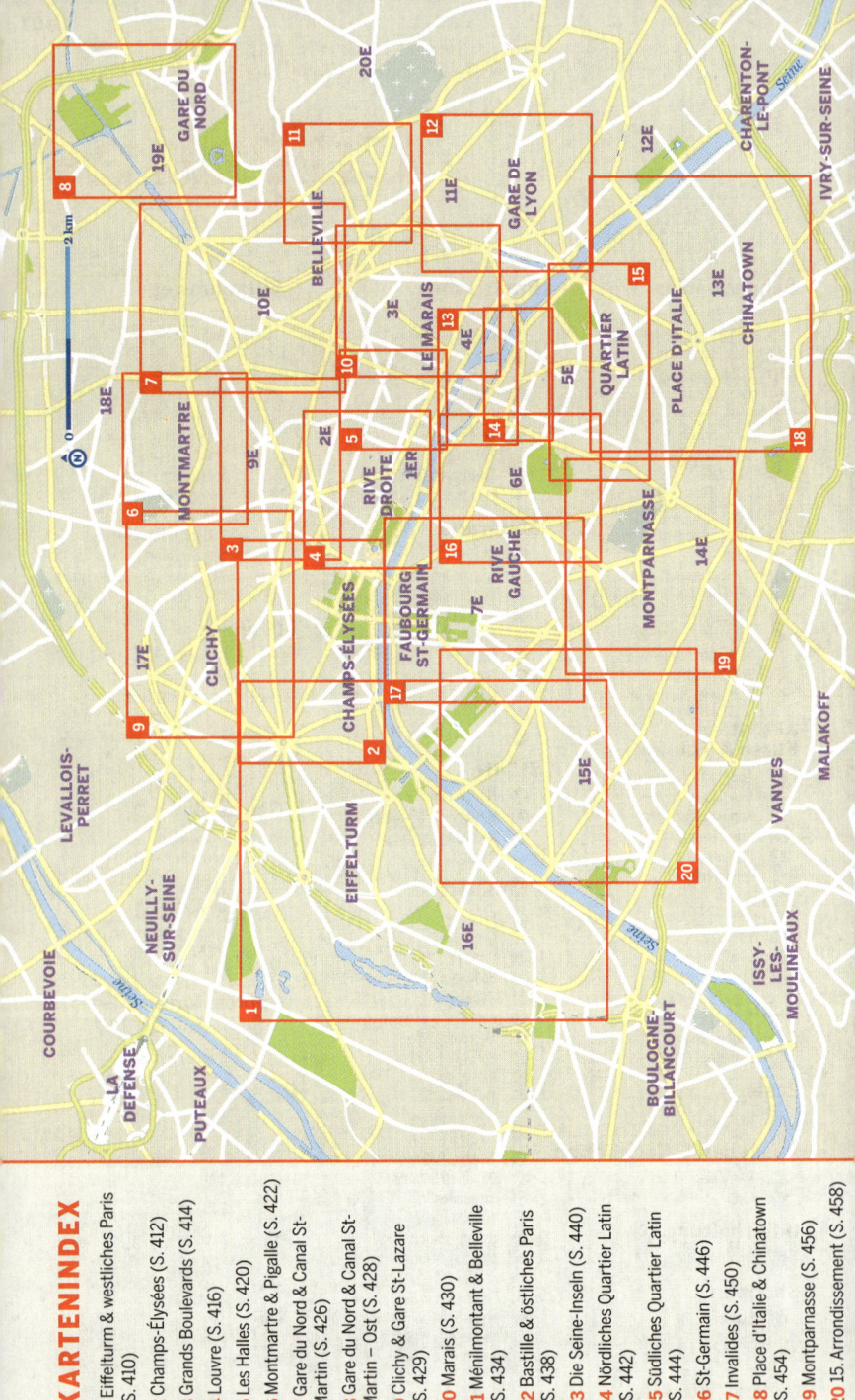

EIFFELTURM & WESTLICHES PARIS *Karte S. 410*

EIFFELTURM & WESTLICHES PARIS

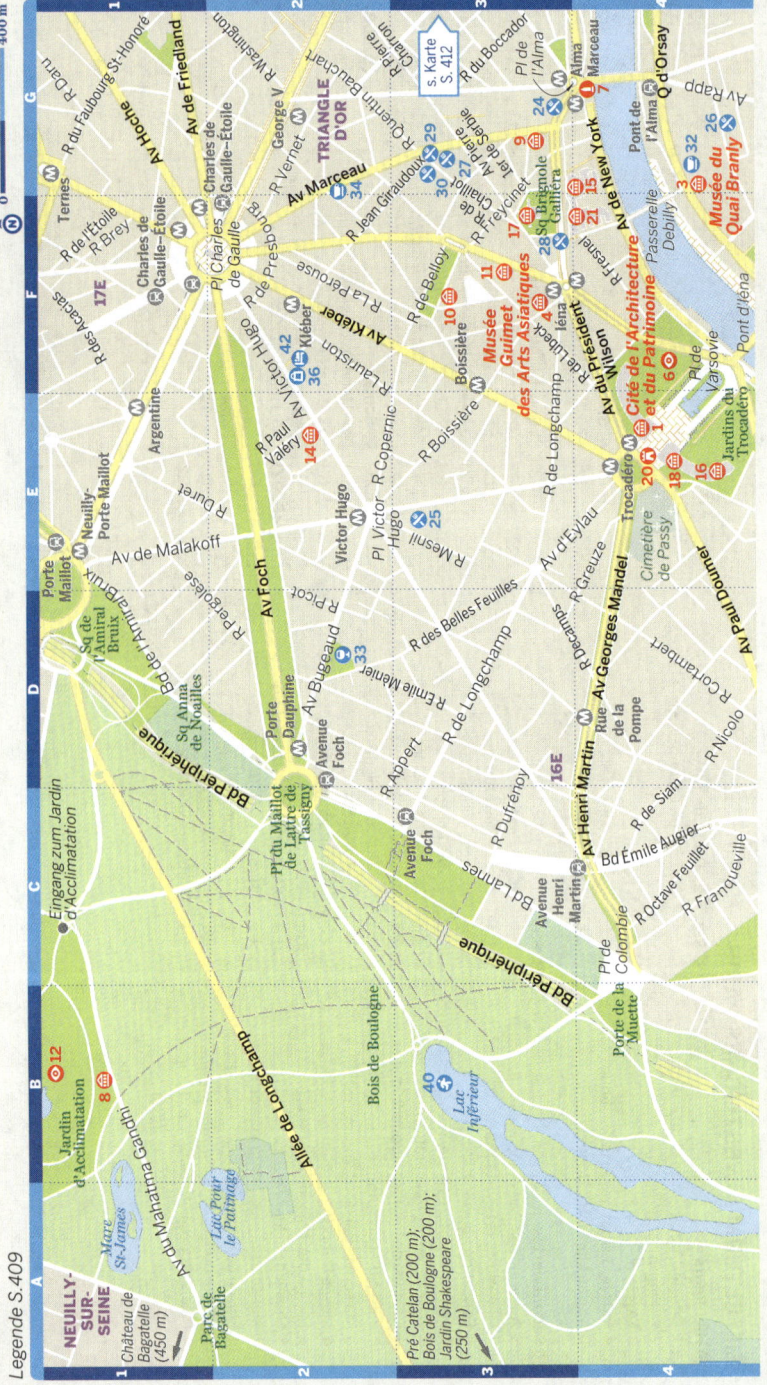

Legende S.409

400 m

0

s. Karte S. 412

TRIANGLE D'OR

Musée du Quai Branly

Musée Guimet des Arts Asiatiques

Cité de l'Architecture et du Patrimoine

Bois de Boulogne

Lac Inférieur

NEUILLY-SUR-SEINE

Château de Bagatelle (450 m)

Jardin d'Acclimatation

Pré Catelan (200 m); Bois de Boulogne (200 m); Jardin Shakespeare (250 m)

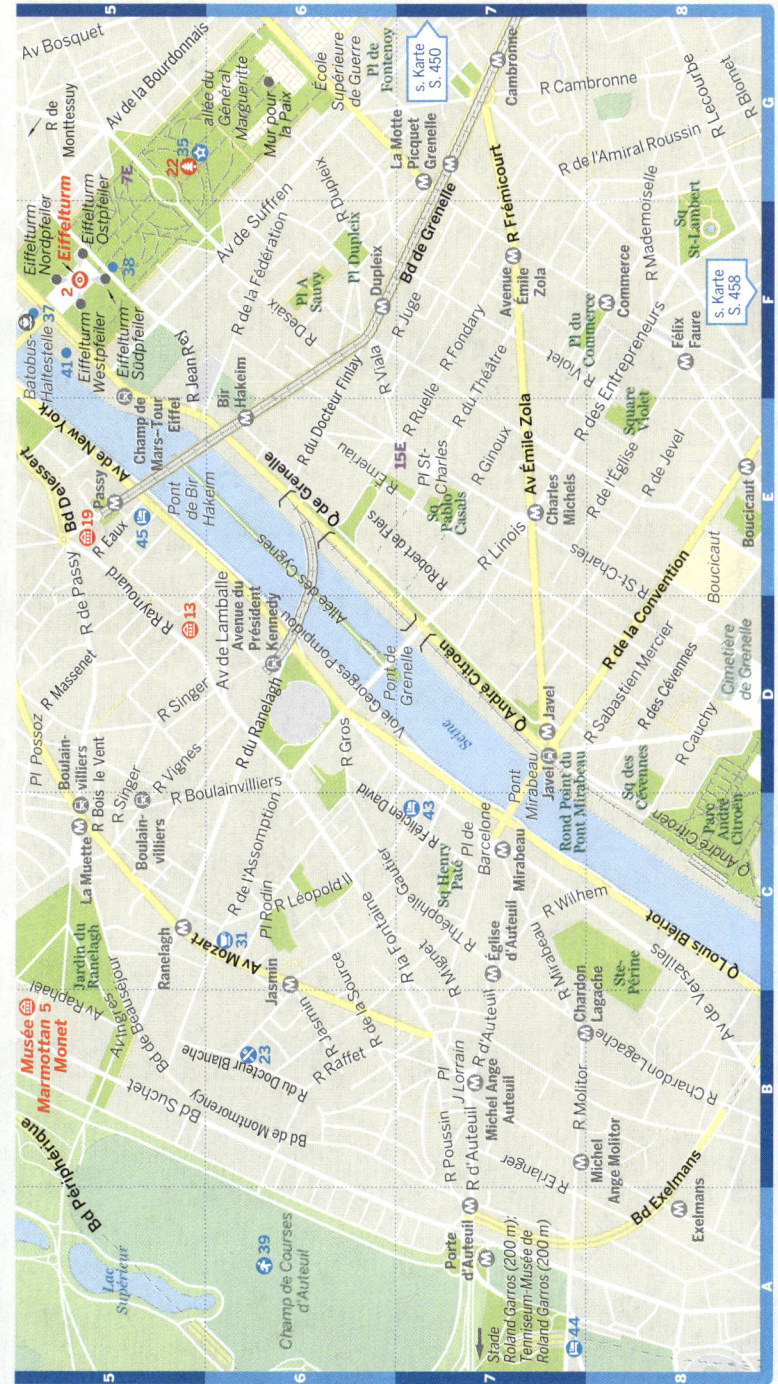

CHAMPS-ÉLYSÉES

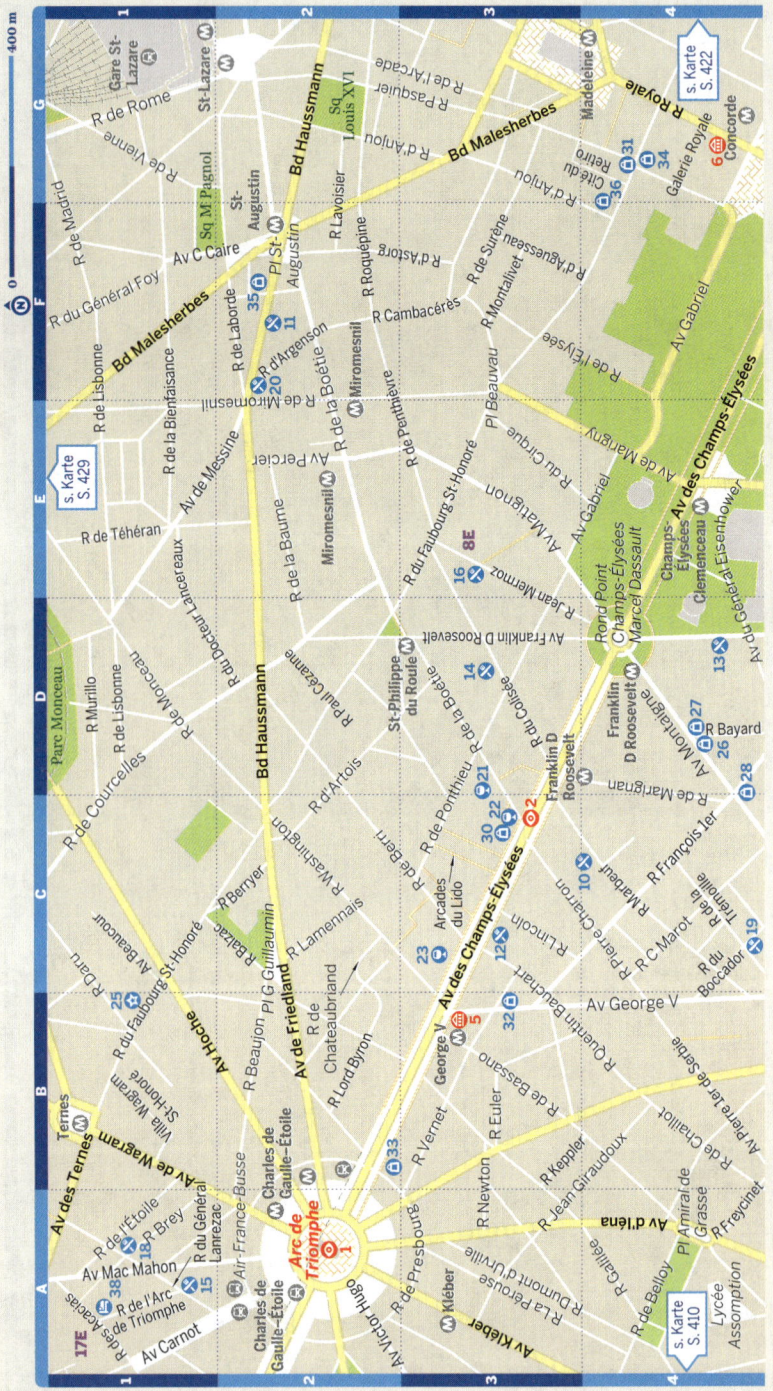

GRANDS BOULEVARDS

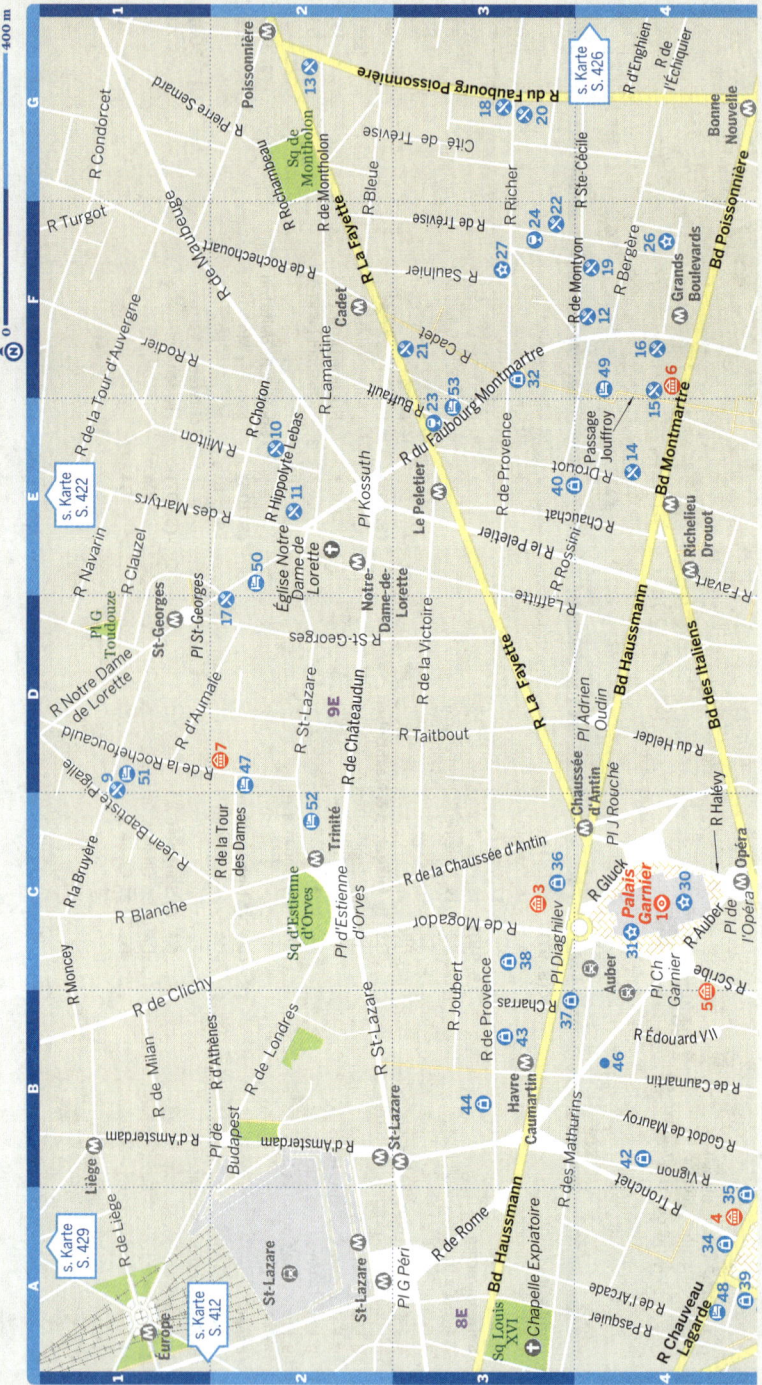

GRANDS BOULEVARDS

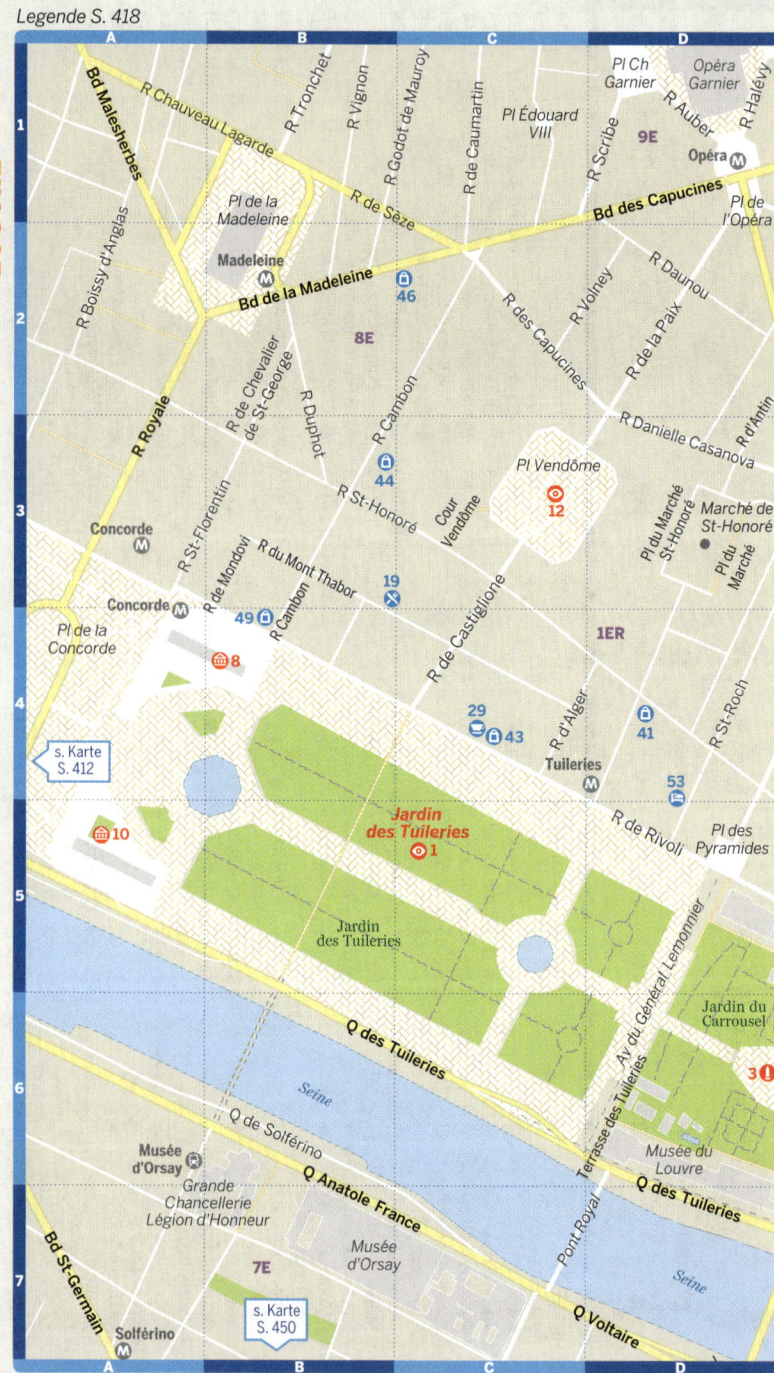

Legende S. 418

A   B   C   D

1

Bd Malesherbes
R Chauveau Lagarde
R Tronchet
R Vignon
R Godot de Mauroy
R de Caumartin
Pl Édouard VIII
R Scribe
Pl Ch Garnier
Opéra Garnier
R Auber
R Halévy
9E
Opéra
Bd des Capucines
Pl de l'Opéra

Pl de la Madeleine
R de Sèze

Madeleine
Bd de la Madeleine
46
R des Capucines
R Volney
R Daunou
R de la Paix

2

R Boissy d'Anglas
8E
R de Chevalier de St-George
R Duphot
R Cambon
R Danielle Casanova
R d'Antin

R Royale
R St-Florentin
R St-Honoré
44
Cour Vendôme
Pl Vendôme
12
Pl du Marché St-Honoré
Marché de St-Honoré
Pl du Marché

3

Concorde
R de Mondovi
R du Mont Thabor
Cour Vendôme
19
1ER
R St-Roch

Concorde
49
R Cambon
8
R de Castiglione
29
43
R d'Alger
41
Tuileries
53
Pl de la Concorde

4

s. Karte S. 412
10
Jardin des Tuileries
1
R de Rivoli
Pl des Pyramides

5

Jardin des Tuileries
Av. du Général Lemonnier
Jardin du Carrousel

Q des Tuileries
Seine
3
Musée du Louvre

6

Q de Solférino
Musée d'Orsay
Grande Chancellerie Légion d'Honneur
Q Anatole France
Pont Royal
Terrasse des Tuileries
Q des Tuileries

7

Bd St-Germain
7E
Musée d'Orsay
s. Karte S. 450
Seine
Q Voltaire

Solférino

A   B   C   D

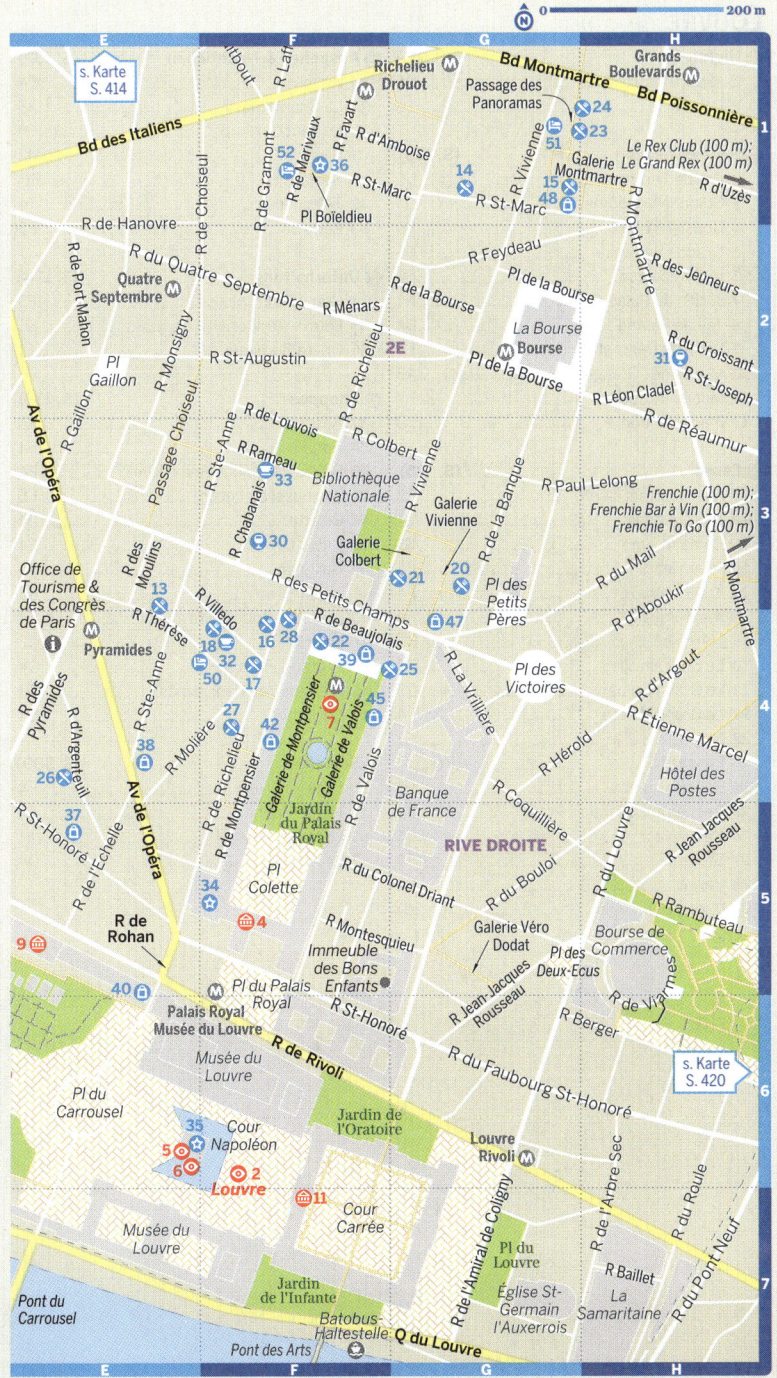

LOUVRE *Karte S. 416*

LES HALLES *Karte S. 420*

LES HALLES

Legende S. 419

N
0 — 200 m

s. Karte S. 431

s. Karte S. 414

s. Karte S. 416

Bd de Sébastopol

Réaumur Sébastopol

Sq. Émilie Chautemps

R de Tracy

R du Roi François

R d'Alexandrie

R St-Denis

R du Caire

Passage du Caire

R Dussoubs

R de Réaumur

Passage Bastour

R de Palestro

R Greneta

R de Turbigo

R de Turbig

R St-Martin

R du Bourg l'Abbé

R de Montmorency

R aux Ours

St-Leu St-Gilles

R du Cygne

R Étienne Marcel

Impasse des Peintres

R St-Denis

R Greneta

R Dussoubs

Allée Pierre Lazareff

R St-Sauveur

R Marie-Stuart

R Tiquetonne

R Française

Étienne Marcel

R d'Aboukir

R du Nil

R des Petits Car

Sentier

R Léopold Bellan

R Montorgueil

R Bachaumont

R Mandar

R Montmartre

R de la Jussienne

R du Louvre

R d'Aboukir

R de Réaumur

R de Cléry

R Montmartre

R du Mail

R Paul Lelong

R Notre Dame des Victoires

Pl des Petits Pères

Pl des Victoires

R Étienne Marcel

R Hérold

R La Vrillière

R Croix des Petits Champs

R des Petits Champs

R Vivienne

Pl de la Banque

Jean-Jacques Rousseau

Impasse St-Eustache

R du Jour

R Montmartre

R Rambuteau

Pl René Cassin

Église St-Eustache

R Coquillière

R Coq

R Héron

R du Louvre

R du Bouloi

R Coquillière

R du Colonel Driant

Pl des Deux-Écus

R de Viarmes

Galerie Véro Dodat

66

46

2E

24
23
25

19

27

62

22
65
15

42
45

64
61
53
12

39

40

38

71

10
59

35

16
13

55

60

56

63

47

30
54

8

69

57

14

67

58

5

2

73

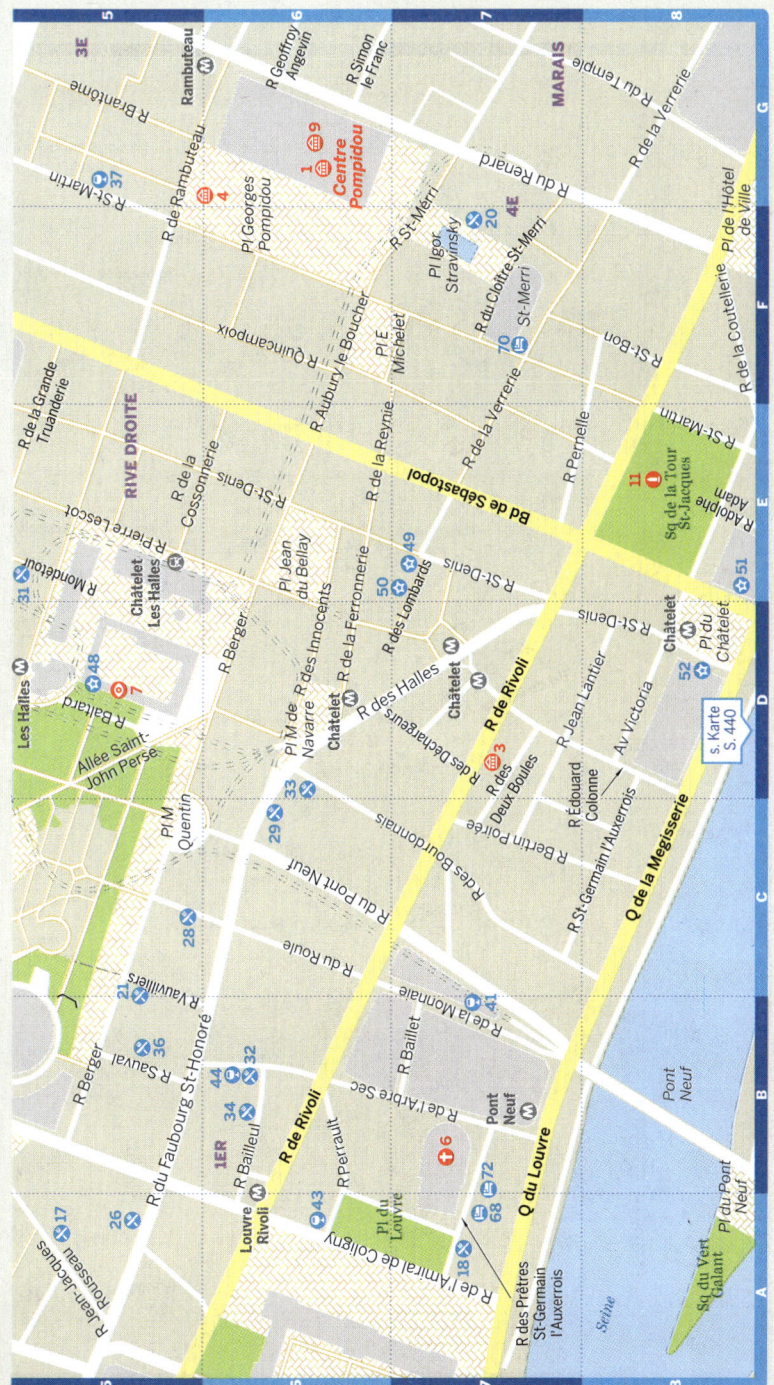

3E

Rambuteau

R Geoffroy
Angevin

R Simon
le Franc

R du Temple

MARAIS

R de la Verrerie

Pl de l'Hôtel
de Ville

R de la Coutellerie

G

R Brantôme

1
Centre
Pompidou

4

Pl Georges
Pompidou

R St-Merri

R Igor
Stravinsky

R du Cloître St-Merri

20

4E

St-Merri

R de la Verrerie

R St-Bon

R St-Martin

37

R de Rambuteau

70

R Aubry le Boucher

Pl E
Michelet

R Quincampoix

R de la Grande
Truanderie

RIVE DROITE

R de la
Cossonnerie

R St-Denis

R Aubry le Boucher

R de la Reynie

Bd de Sébastopol

R de la Verrerie

R Pernelle

R St-Martin

R Adolphe
Adam

11

Sq de la Tour
St-Jacques

R de la Coutellerie

R St-Denis

51

F

E

R Pierre Lescot

R de la
Cossonnerie

R Berger

Pl Jean
du Bellay

R de la Ferronnerie

49

50

R des Lombards

R St-Denis

Châtelet

Pl du
Châtelet

52

s. Karte
S. 440

D

Châtelet
Les Halles

R Mondétour

31

Les Halles

48

7

R Ballard

Allée Saint-
John Perse

Pl M de
Navarre

Pl des Innocents

R des Déchargeurs

R des Halles

Châtelet

R de Rivoli

R des
Deux Boules

3

R Jean Lantier

R Édouard
Colonne

R Bertin Poirée

Av Victoria

R St-Germain l'Auxerrois

Q de la Mégisserie

C

Pl M
Quentin

33

29

R des Bourdonnais

R du Pont Neuf

28

R du Roule

R Vauvilliers

21

36

R Berger

R Sauval

32

R de la Monnaie

41

R Baillet

Pont
Neuf

Pont
Neuf

B

44

34

1ER

R Bailleul

R du Faubourg St-Honoré

R de Rivoli

R Perrault

R de l'Arbre Sec

6

Q du Louvre

Pont
Neuf

Pl du Pont
Neuf

Louvre
Rivoli

43

Pl du
Louvre

72

68

R des Prêtres
St-Germain
l'Auxerrois

Sq du Vert
Galant

Pl du Pont
Neuf

A

17

26

R Jean-
Jacques
Rousseau

R de l'Amiral de Coligny

18

St-Germain
l'Auxerrois

Seine

5

6

7

8

MONTMARTRE & PIGALLE

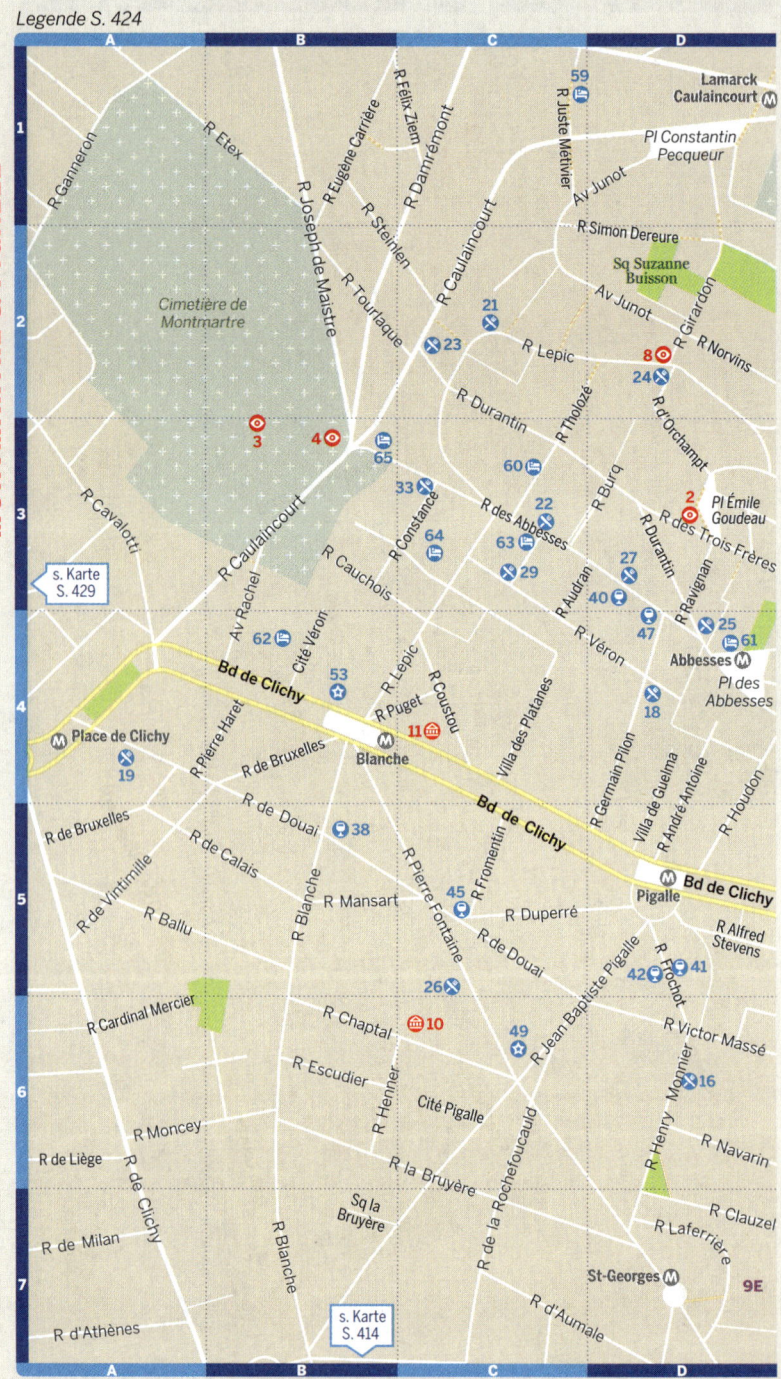

s. Karte S. 429

s. Karte S. 414

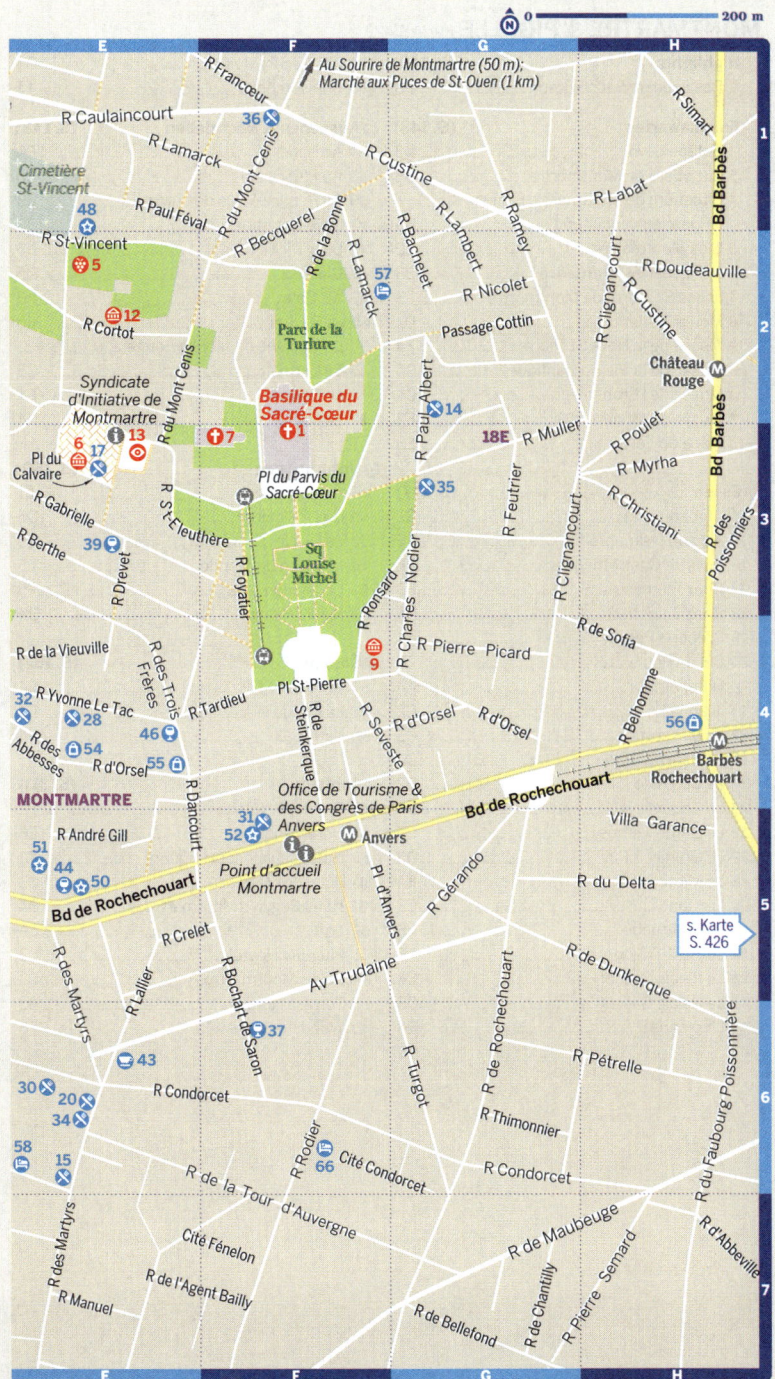

MONTMARTRE & PIGALLE *Karte S.422*

GARE DU NORD & CANAL ST-MARTIN *Karte S. 426*

GARE DU NORD & CANAL ST-MARTIN

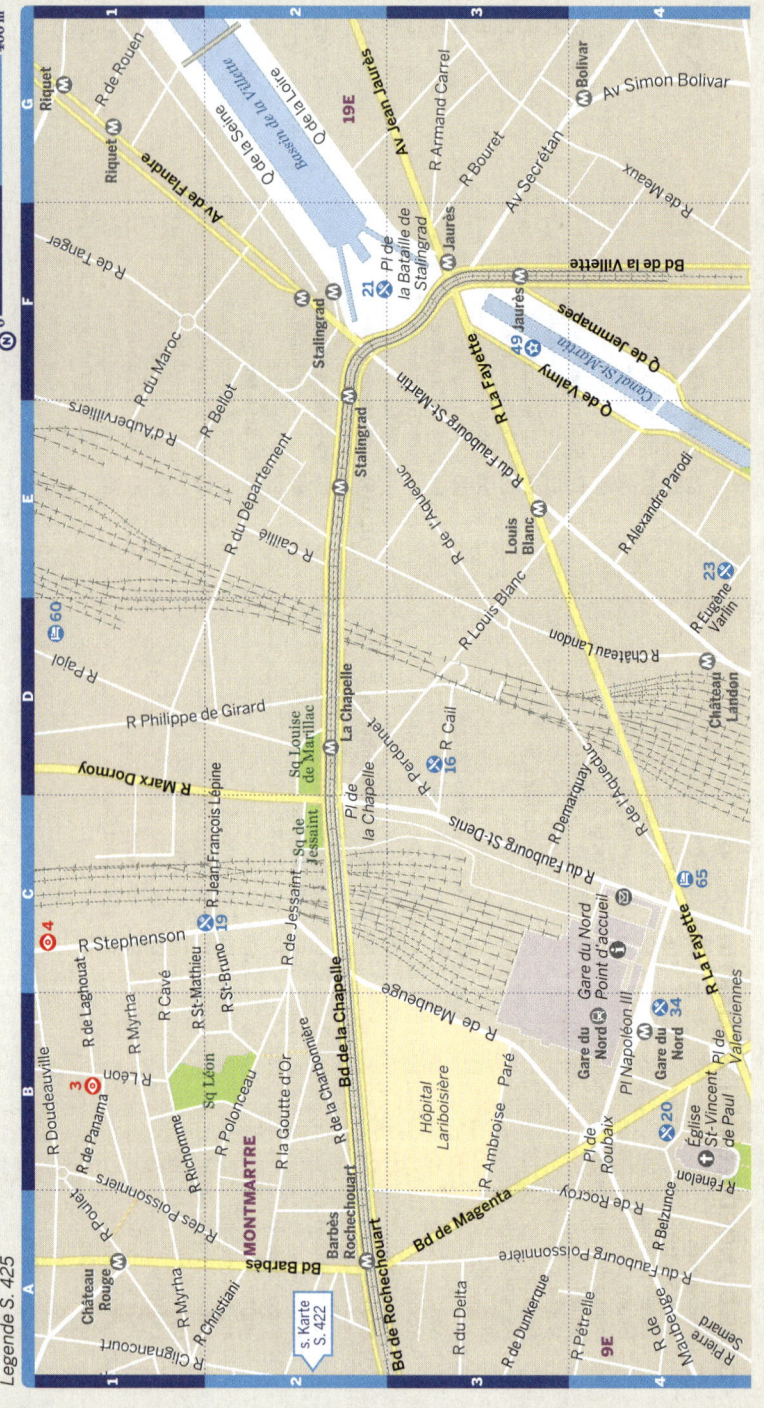

Legende S. 425

400 m

N

s. Karte S. 422

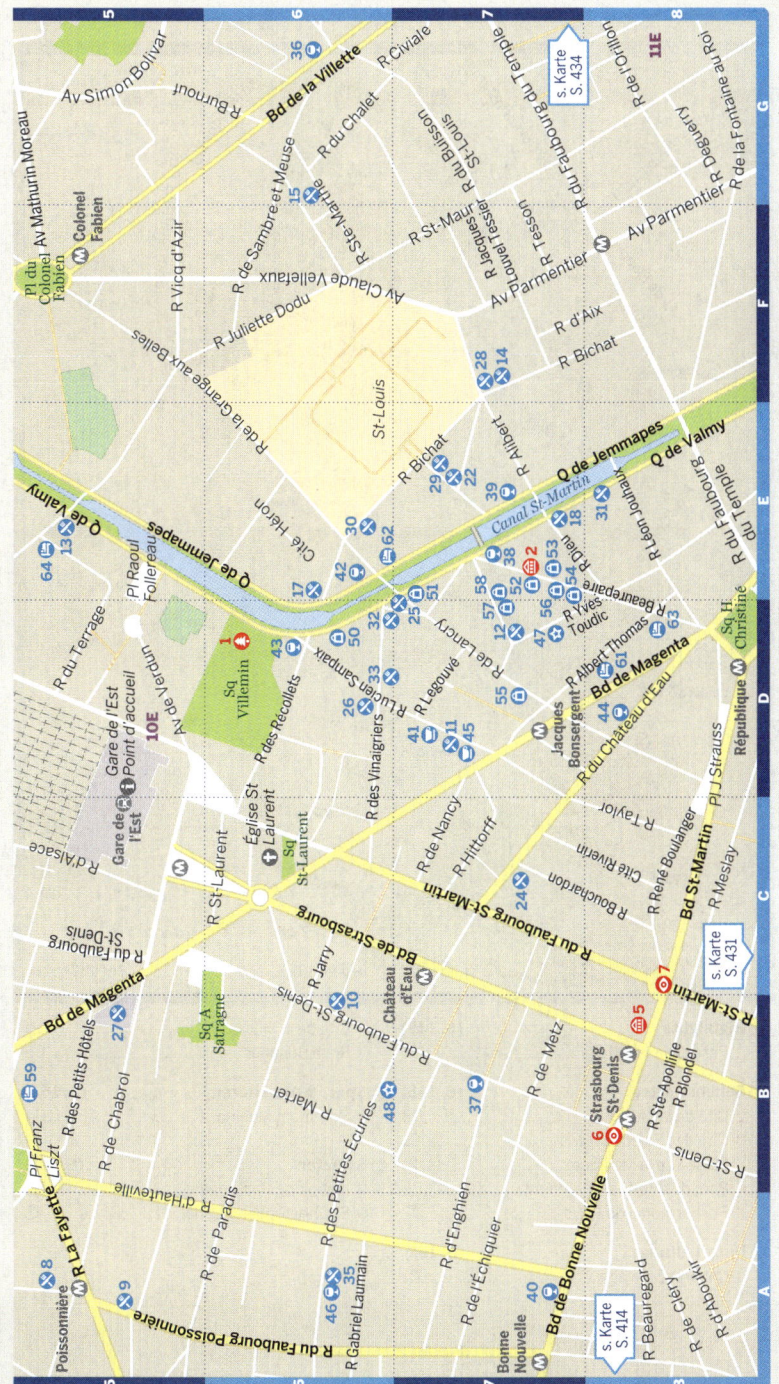

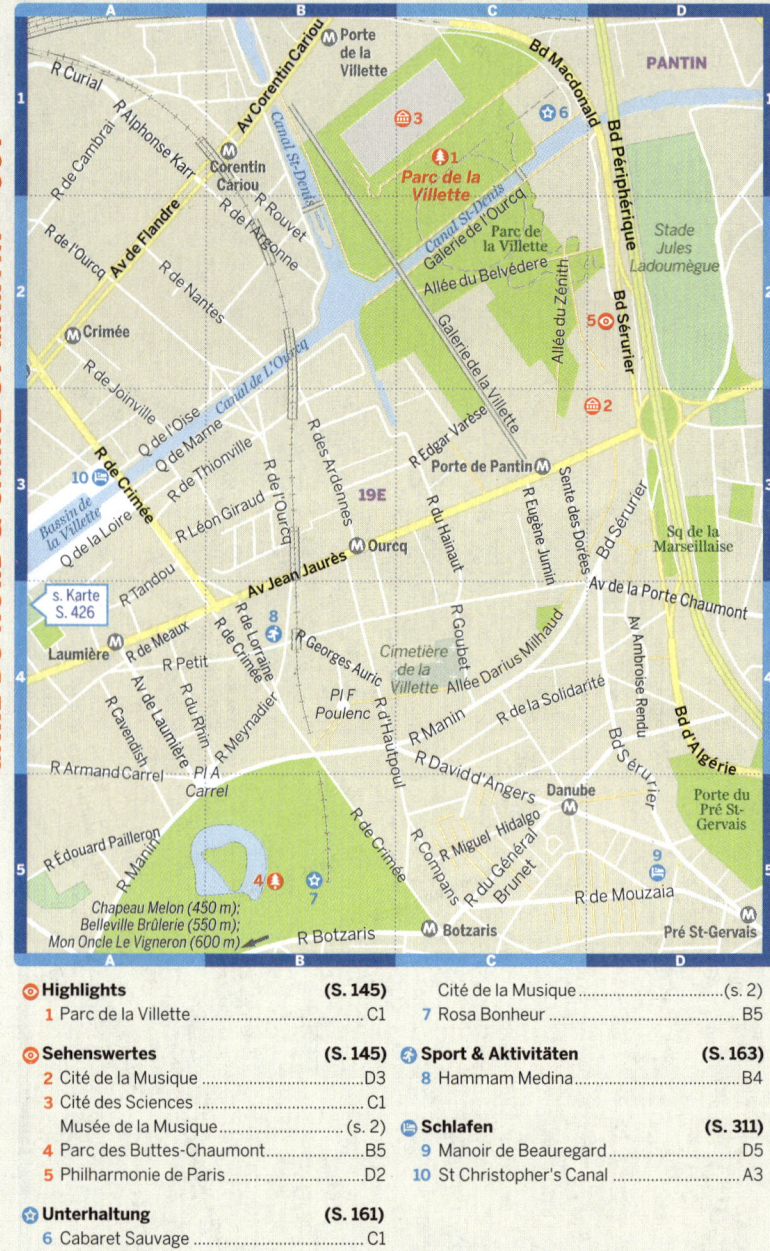

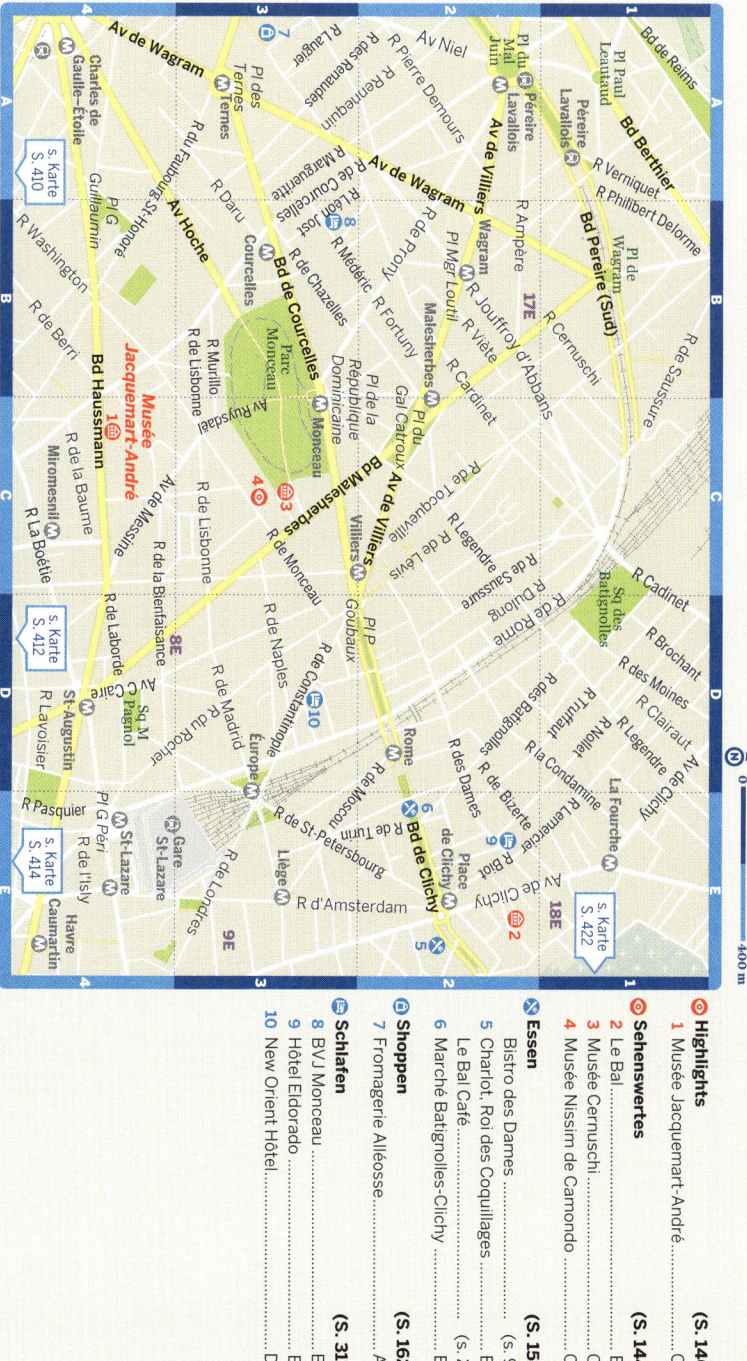

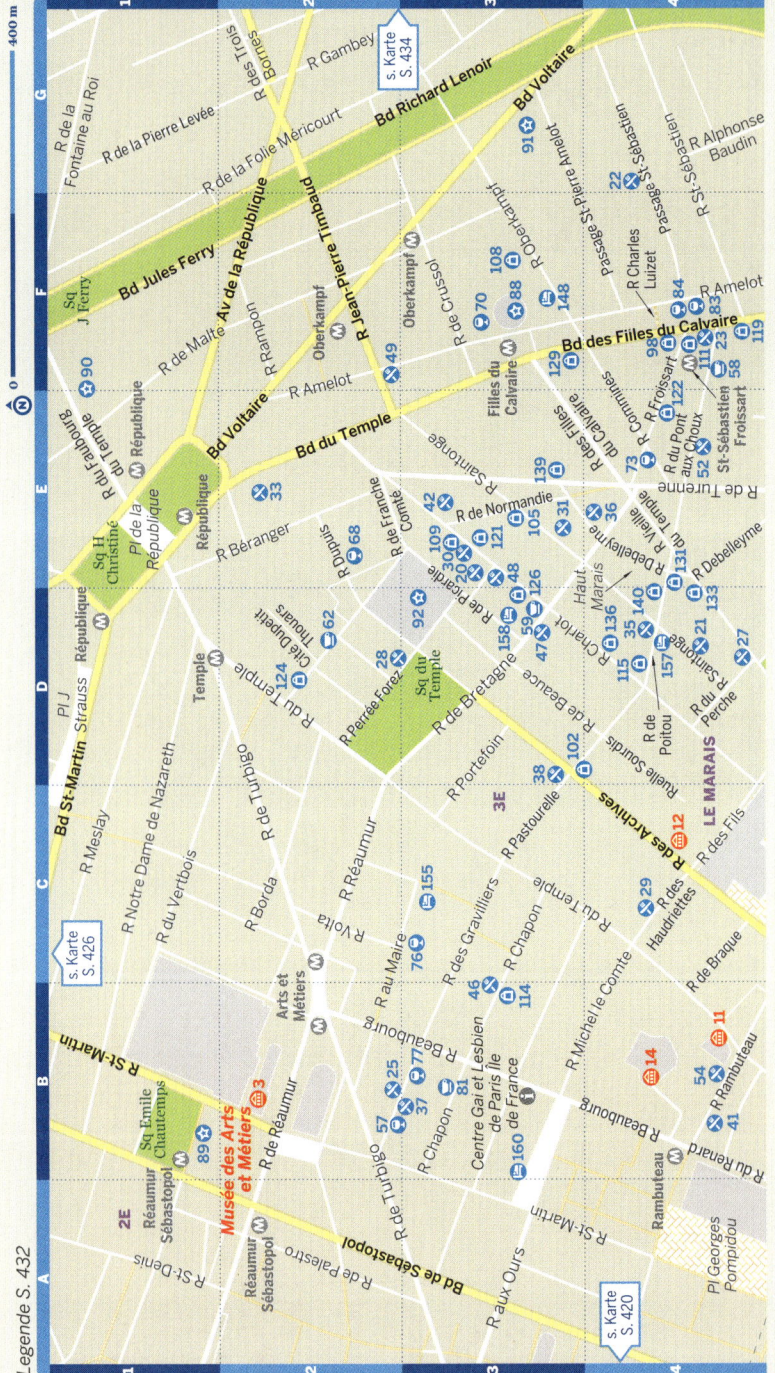

MARAS

400 m

Legende S. 432

s. Karte S. 434

s. Karte S. 426

s. Karte S. 420

s. Karte S. 432

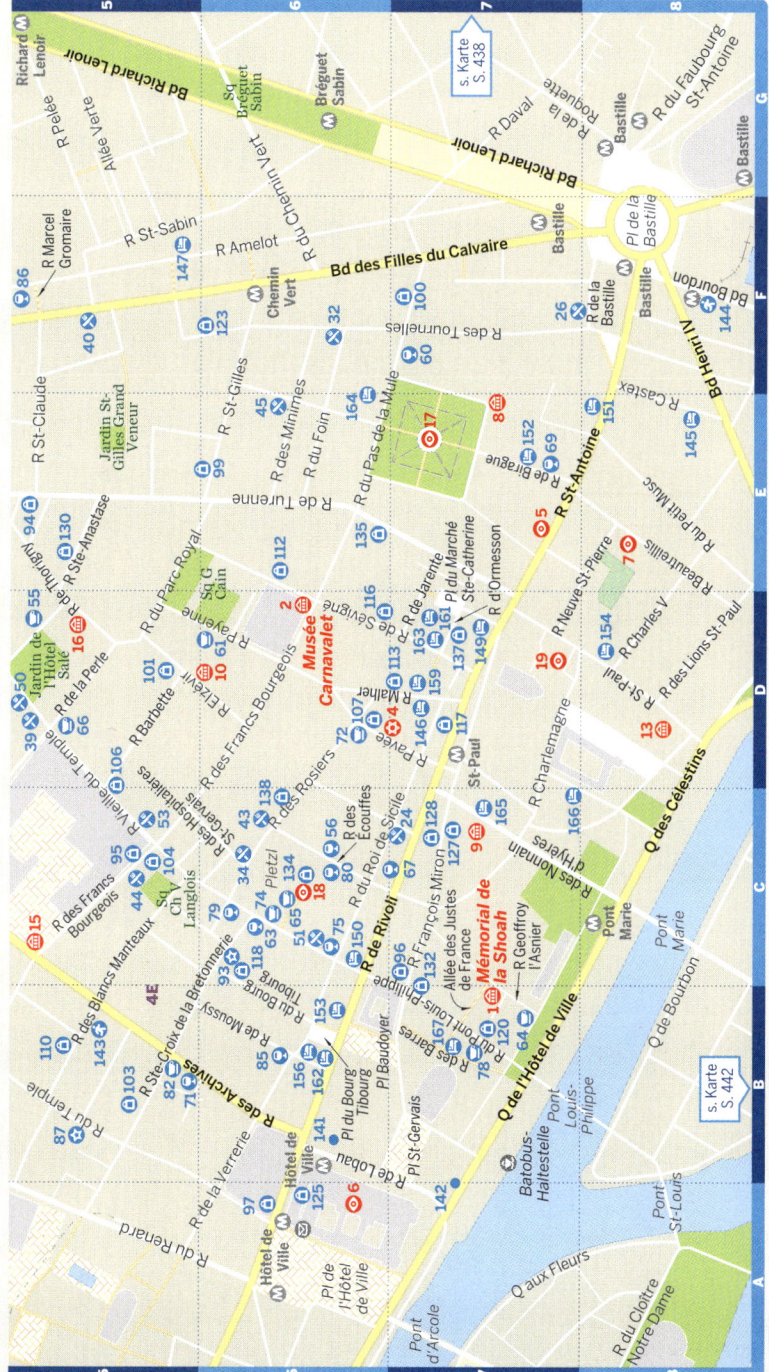

LE MARAIS *Karte S. 430*

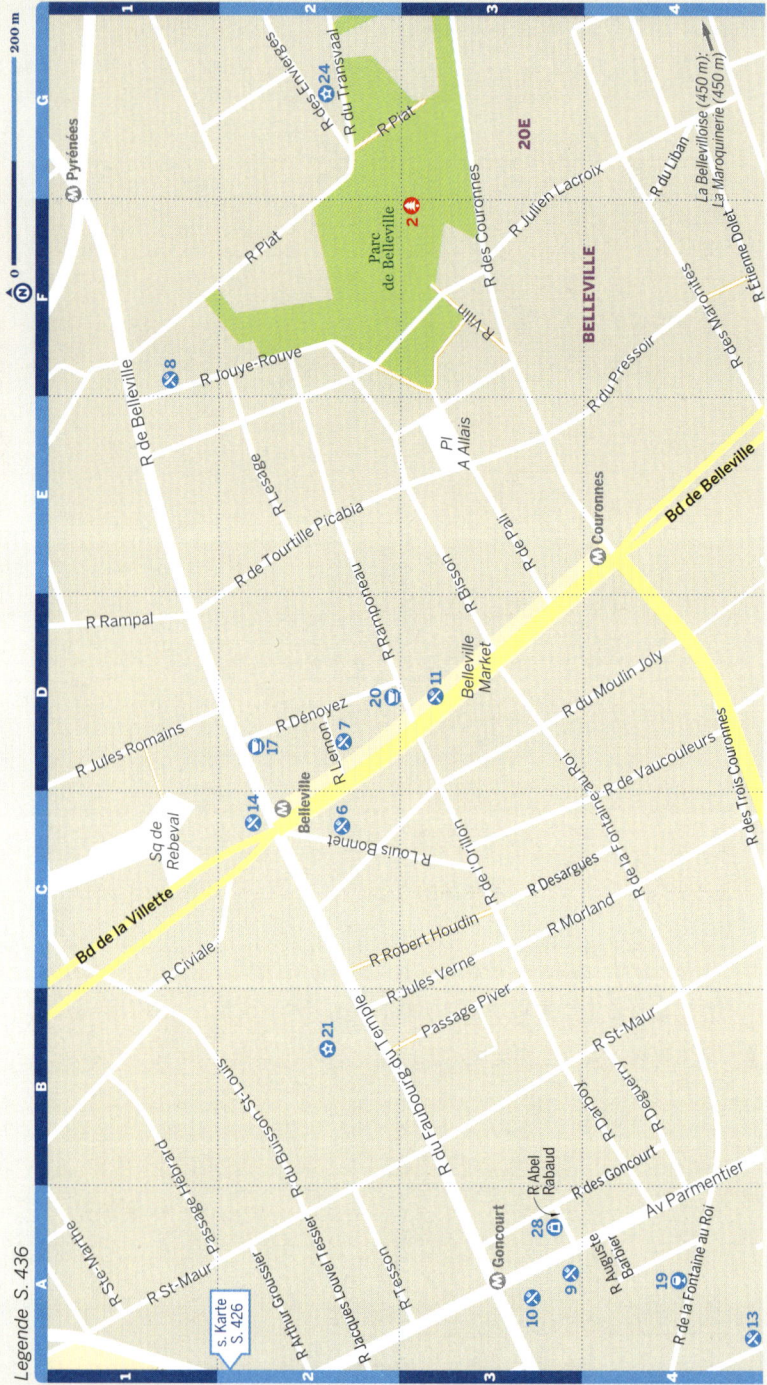

MÉNILMONTANT & BELLEVILLE

Legende S. 436

200 m

s. Karte
S. 426

20E

BELLEVILLE

Parc
de Belleville

Bd de Belleville

Bd de la Villette

M Pyrénées

R des Envierges

R du Transvaal

R Piat

R Piat

R Julien Lacroix

La Bellevilloise (450 m);
La Maroquinerie (450 m)

R du Liban

R des Maronites

R Étienne Dolet

R des Couronnes

R Vilin

R du Pressoir

M Couronnes

R Jouye-Rouve

R de Belleville

Pl
A Allais

R de la Mare

R de Pali

R de Bisson

R de Tourtille   Picabia

R Lesage

R Rampal

R Jules Romains

Sq de
Rebeval

R Civiale

R Rampoheau

Belleville
Market

R Dénoyez

R Lemon

Belleville

R Louis Bonnet

R du Moulin Joly

R de Vaucouleurs

R de la Fontaine au Roi

R Desargues

R de l'Orillon

R Morland

R des Trois Couronnes

R Robert Houdin

R Jules Verne

Passage Piver

R St-Maur

R Dagorno

R Deguerry

R Desnoyez

Av Parmentier

R Ste-Marthe

R St-Maur

Passage Hébrard

R Arthur Groussier

R Jacques Louvel Tessier

R du Buisson St-Louis

R Tesson

R du Faubourg du Temple

R des Couronnes

R Abel
Rabaud

R des Goncourt

M Goncourt

R Auguste
Barbel

R de la Fontaine au Roi

24

2

8

20

17

7

11

14

6

21

28

10

9

19

13

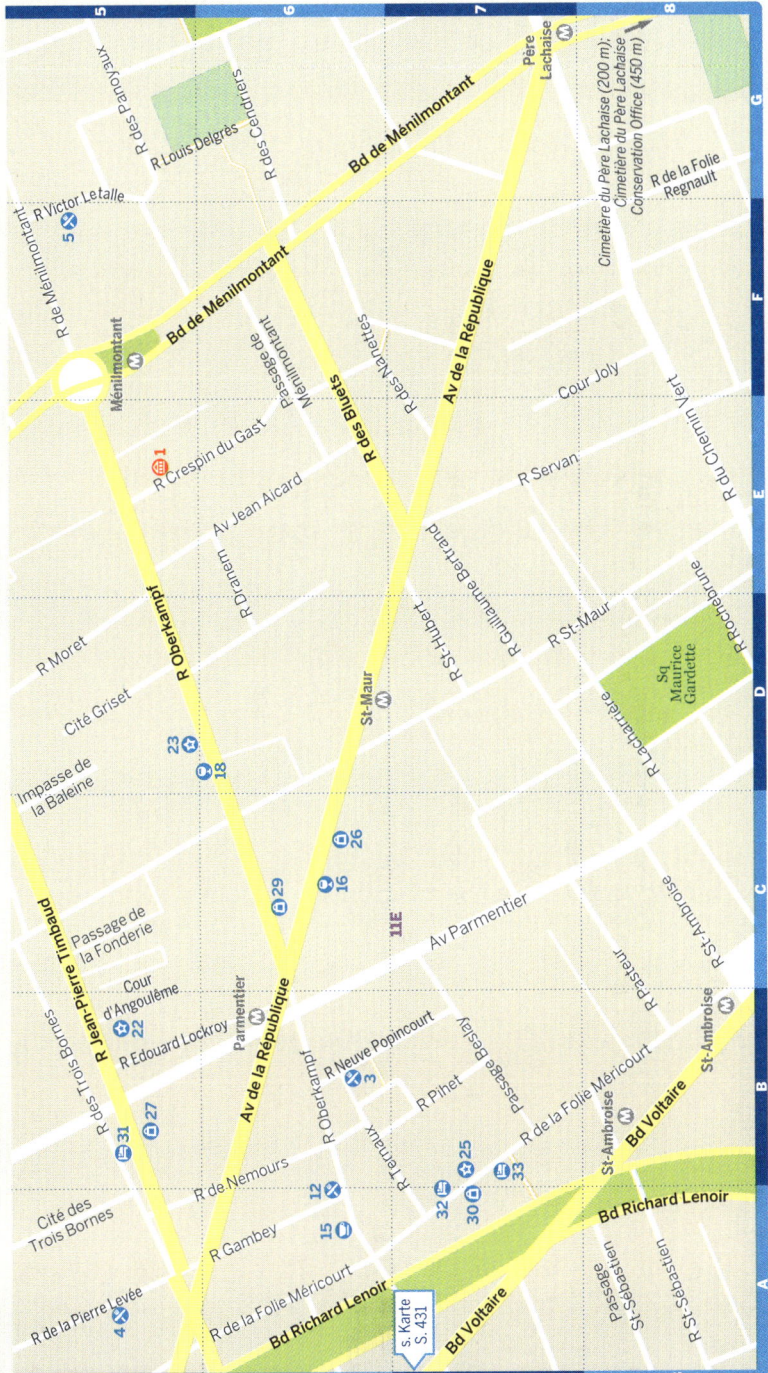

5 6 7 8

Père Lachaise

R des Panoyaux
R Louis Delgrès
R des Cendriers
Bd de Ménilmontant

Cimetière du Père Lachaise (200 m);
Cimetière du Père Lachaise
Conservation Office (450 m)

R de la Folie
Regnault

R Victor Letalle
5

R de Ménilmontant

Ménilmontant

Bd de Ménilmontant

Passage de Ménilmontant

R des Bluets

R des Nanettes

Av de la République

Cour Joly

R Crespin du Gast
1

Av Jean Aicard

R Dranem

R Servan

R Guillaume Bertrand

R St-Hubert

R St-Maur

R du Chemin Vert

R Moret

R Oberkampf

Cité Griset

St-Maur

R Rochebrune

Sq
Maurice
Gardette

R de la Chine

23
18

Impasse de
la Baleine

16 26

29

16

Av Parmentier

11E

R St-Ambroise

R Jean-Pierre Timbaud

Passage de
la Fonderie

Cour
d'Angoulême
22

R Edouard Lockroy

Parmentier

Av de la République

R Neuve Popincourt

R Oberkampf

3

R Pihet

Passage Beslay

R Beslay

R Pasteur

R de la Folie Méricourt

St-Ambroise

St-Ambroise

Bd Voltaire

R des Trois Bornes

27

31

R Ternaux

32

25

33

30

Bd Voltaire

Cité des
Trois Bornes

R de Nemours

12

R Gambey

15

R de la Pierre Levée
4

R de la Folie Méricourt

Bd Richard Lenoir

s. Karte
S. 431

Bd Voltaire

Bd Richard Lenoir

Passage
St-Sébastien

R St-Sébastien

5 6 7 8

MÉNILMONTANT & BELLEVILLE *Karte S. 434*

BASTILLE & ÖSTLICHES PARIS

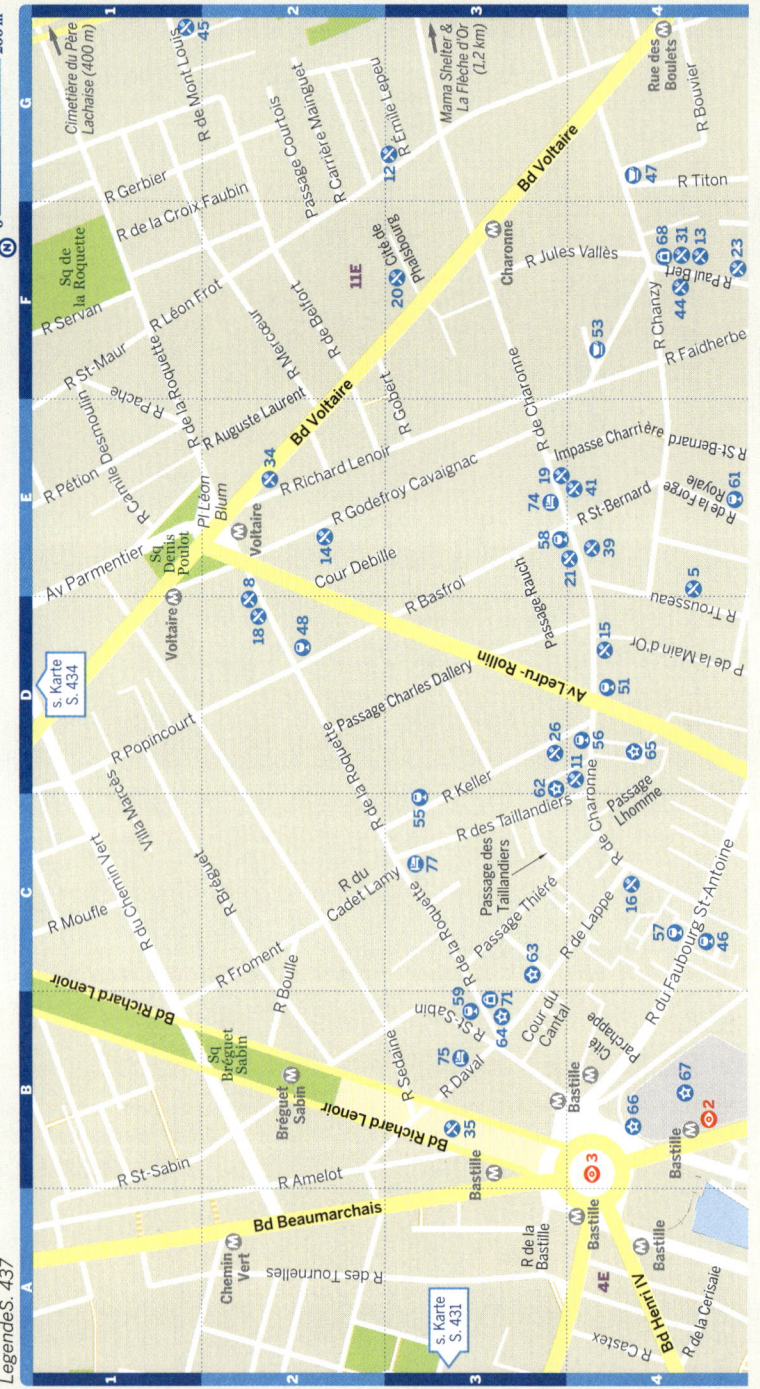

Legende S. 437

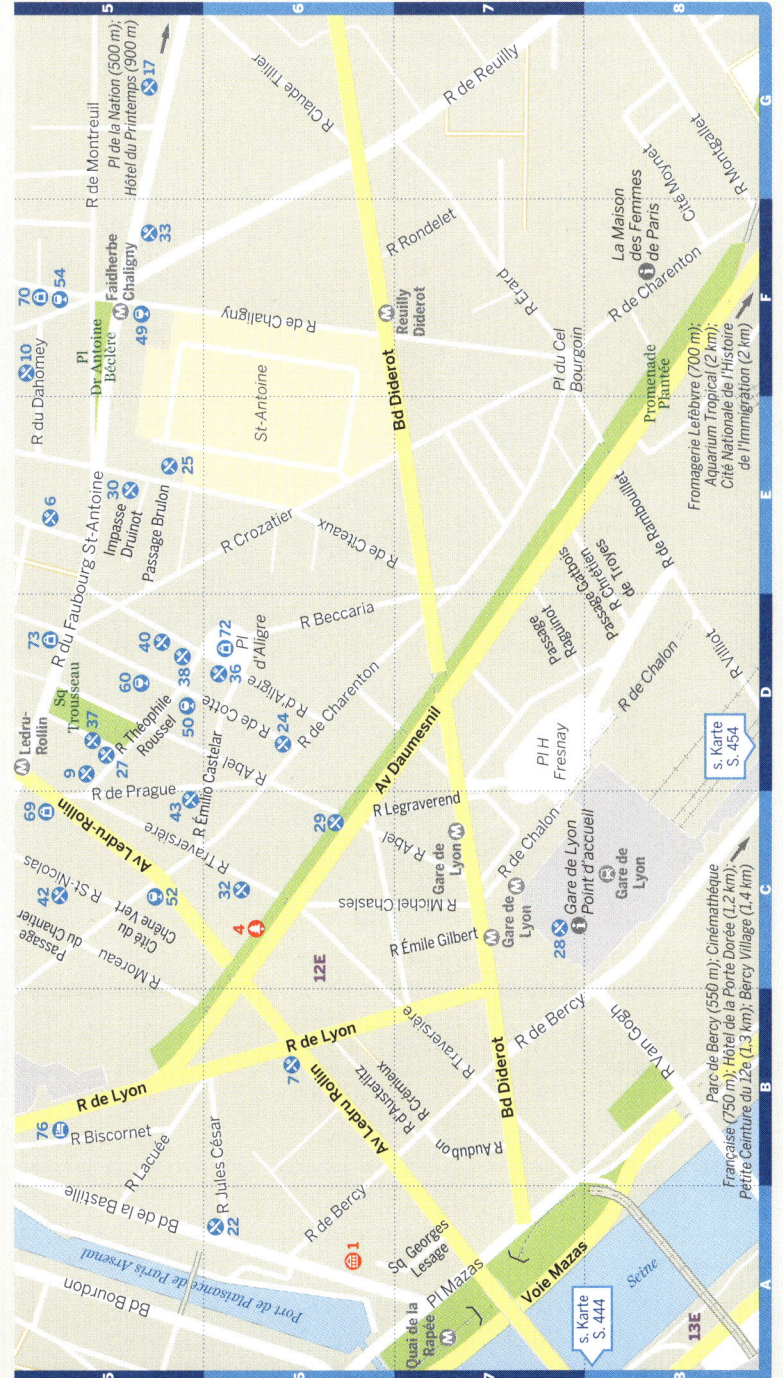

R de Montreuil

Pl de la Nation (500 m);
Hôtel du Printemps (900 m)

🚫17

R Claude Tillier

R de Reuilly

R de Reuilly

Cité Moynet
R Montgallet

G

🚫33
Faidherbe
Chaligny
Chaligny

70
🚫54

R du Dahomey

Pl
Dr-Antoine
Béclère
🚇
49

R de Chaligny

Bd Diderot

Reuilly
Diderot

R Rondelet

R Erard

R de Charenton

La Maison
des Femmes
de Paris

Pl du Cel
Bourgoin

Promenade
Plantée

F

🚫10

St-Antoine

🚫25

🚫6

R du Faubourg St-Antoine

Impasse 30
Druinot

Passage Brulon

R Crozatier

R de Crêteaux

R Beccaria

Av Daumesnil

Passage
Raguinot

Passage Chanzy
R de Tréves

Passage Gatbois

R de Raimbouillet

Fromagerie Lefèbvre (700 m);
Aquarium Tropical (2 km);
Cité Nationale de l'Histoire
de l'Immigration (2 km)

E

73

🚫40

72
Pl
d'Aligre

R de Chalon

R Villiot

D

60
🚫37
🚇 Ledru-
Rollin
9

Sq
Trousseau

R Théophile
Roussel

38
50
36
🚫24

R de Prague

R d'Aligre
R de Cotte

R de Charenton

R Legraverend

Pl H
Fresnay

s. Karte
S. 454

69

43

27

R Émilio Castelar

R Abel

🚫29

R Abel

Gare de
Lyon 🚇

R de Chalon

Gare de Lyon 🚇

Point d'accueil

Gare de
Lyon

C

Av Ledru-Rollin

42

R St-Nicolas

32

R Traversière

R Michel Chasles

🚫28

Cinémathèque

52

Cité du
Chêne Vert

4

12E

R Émile Gilbert

Passage
du Chantier

R Moreau

Parc de Bercy (550 m); Cinémathèque
Française (750 m); Hôtel de la Porte Dorée (1,2 km);
Petite Ceinture du 12e (1,3 km); Bercy Village (1,4 km)

B

76

R Biscornet

R de Lyon

R de Lyon

7

Av Ledru Rollin

R d'Austerlitz

R de Crémieux

R Traversière

Bd Diderot

R de Bercy

R Van Gogh

R Lacuée

Bd de la Bastille

22

R Jules César

R de Bercy

Sq Georges
Lesage

R Audubon

A

Bd Bourdon

Port de Plaisance de Paris Arsenal

1

Pl Mazas

Quai de la
Rapée 🚇

Voie Mazas

Seine

s. Karte
S. 444

13E

5   6   7   8

DIE SEINE-INSELN

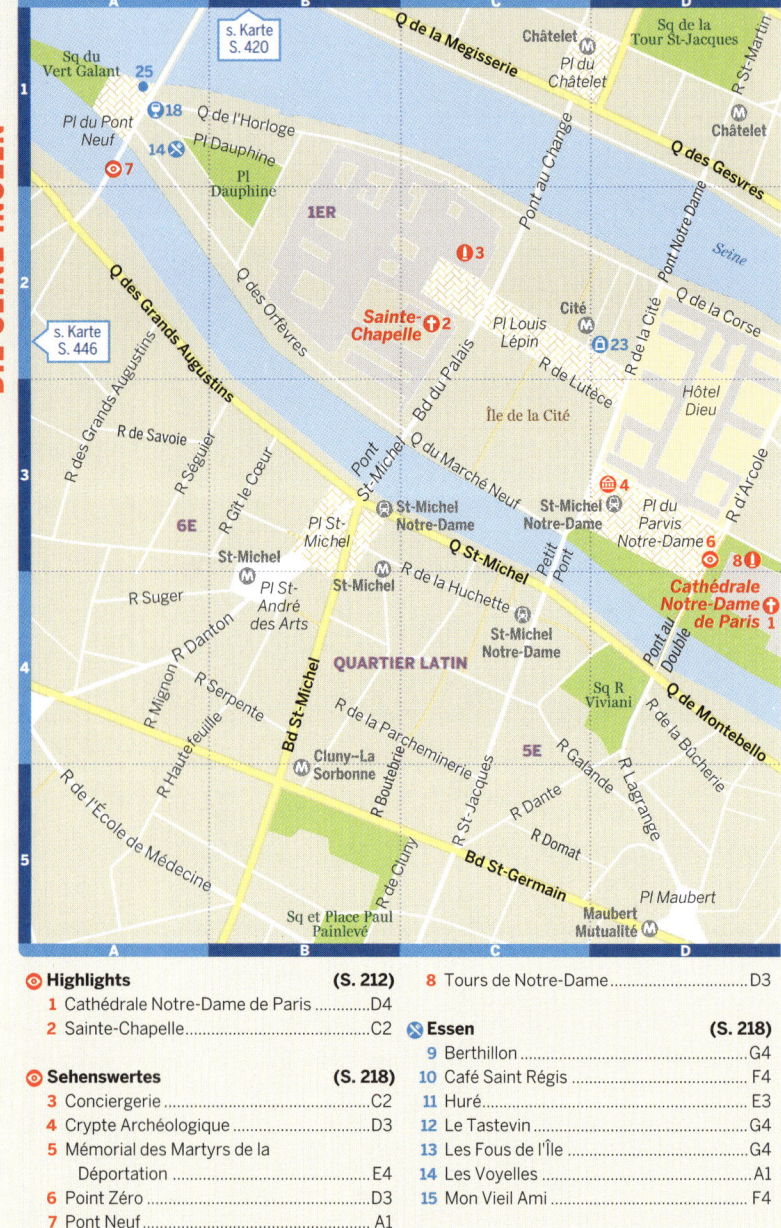

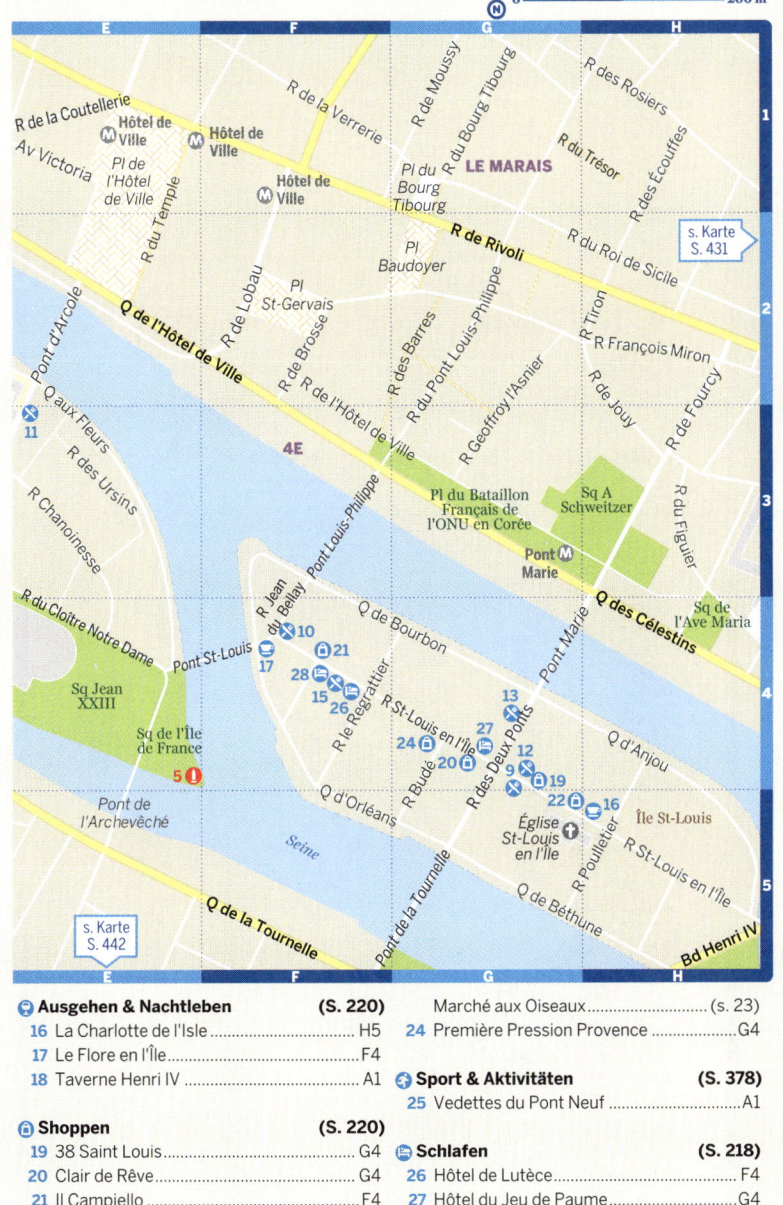

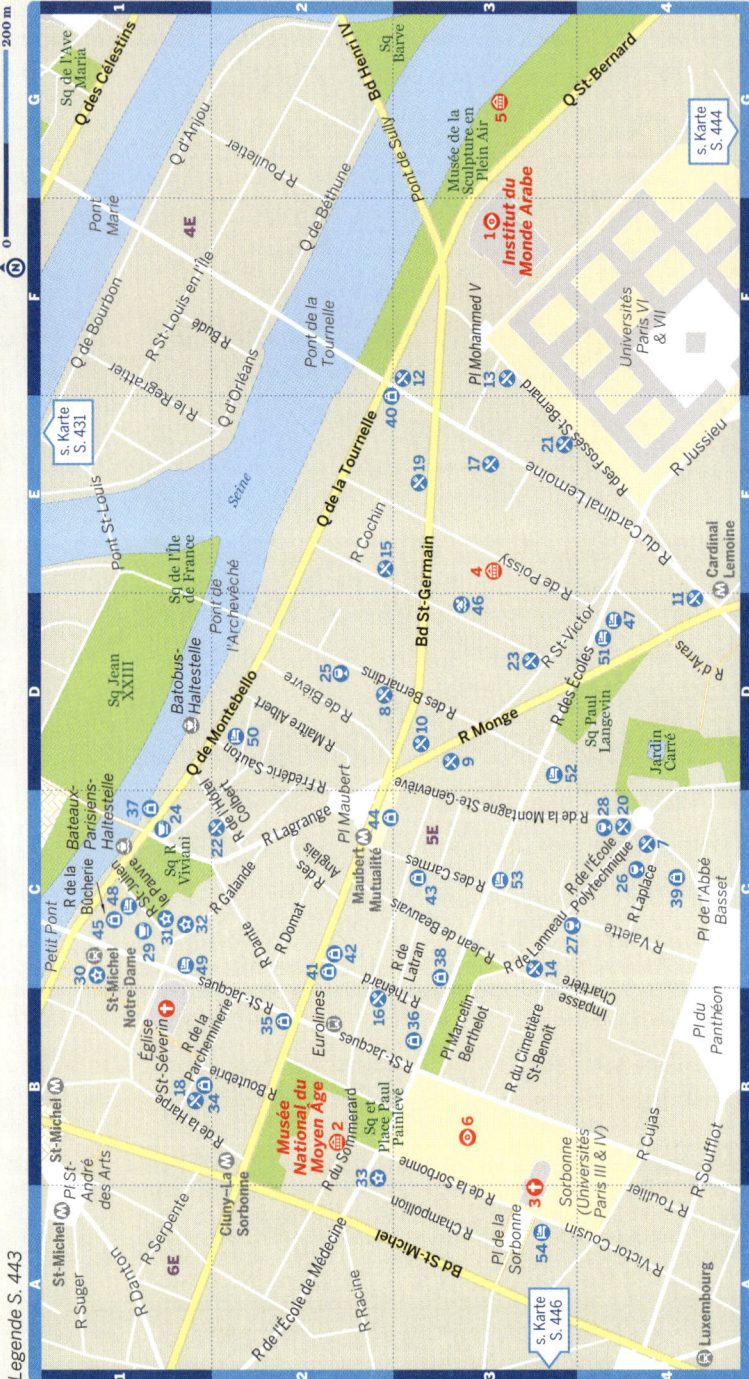

NÖRDLICHES QUARTIER LATIN

Legende S. 443

200 m

s. Karte S. 444

s. Karte S. 431

s. Karte S. 446

Institut du Monde Arabe

Musée National du Moyen Âge

NÖRDLICHES QUARTIER LATIN *Karte S. 442*

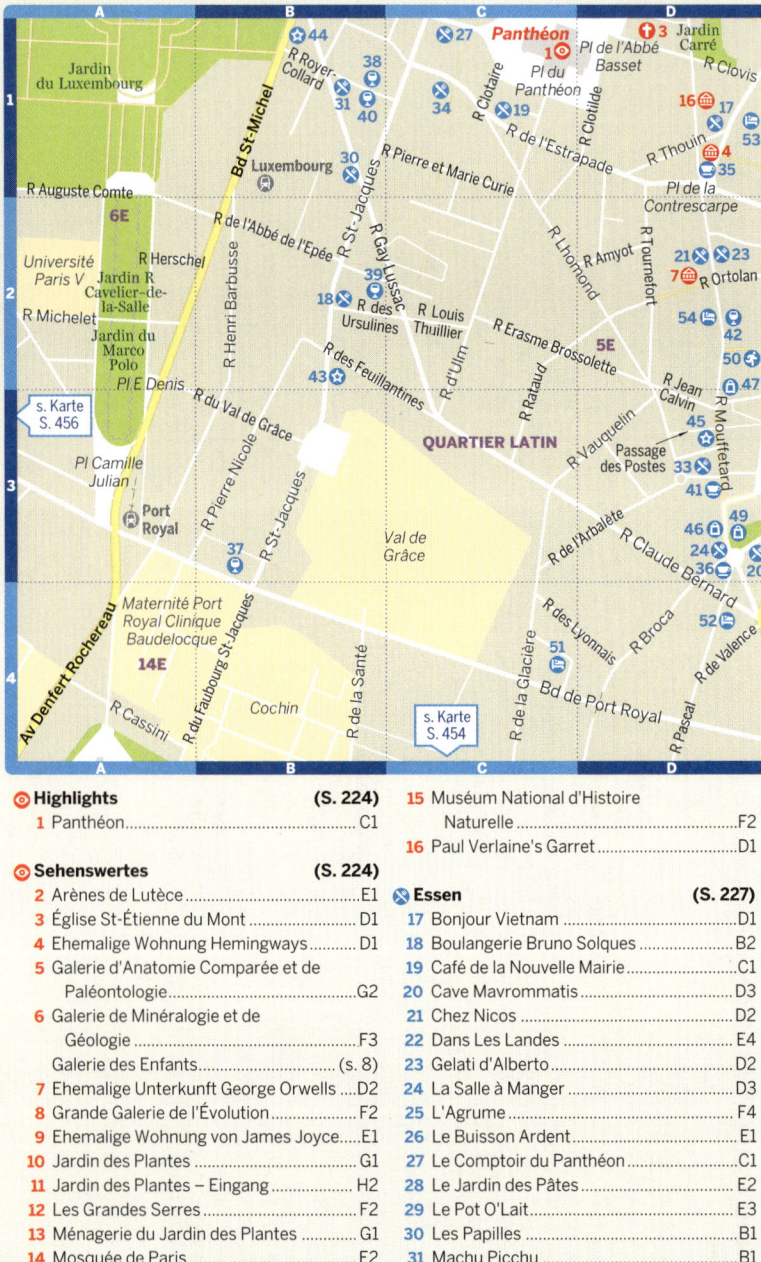

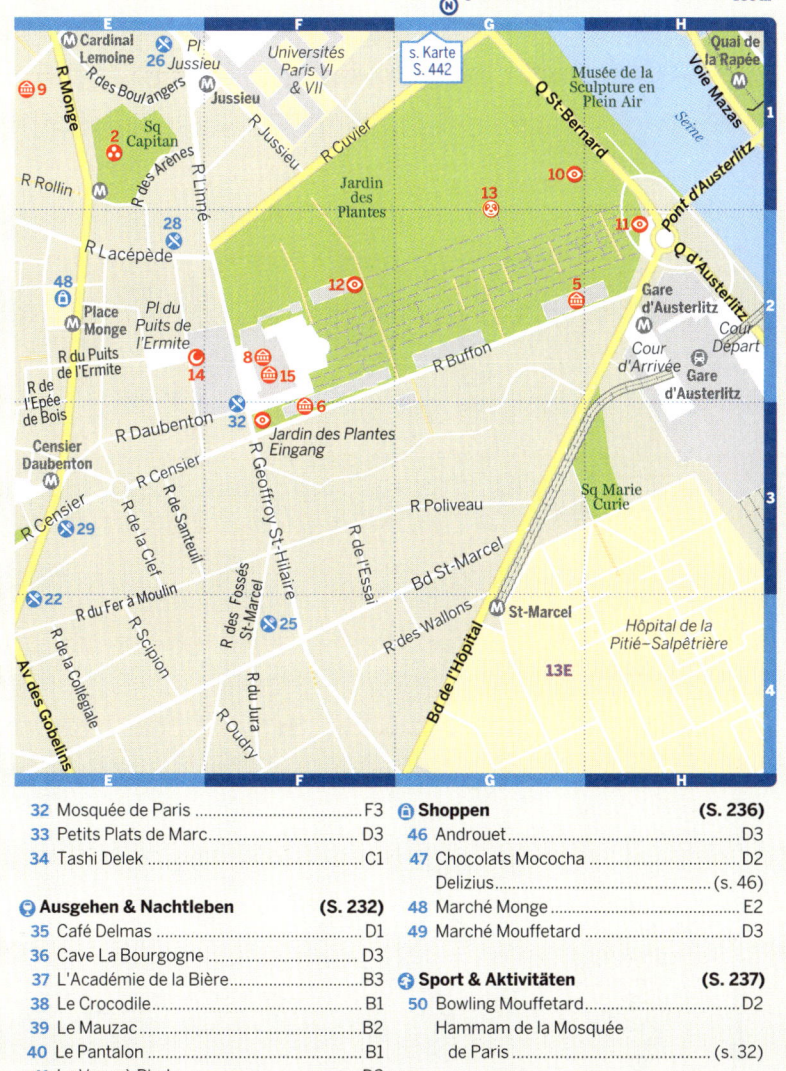

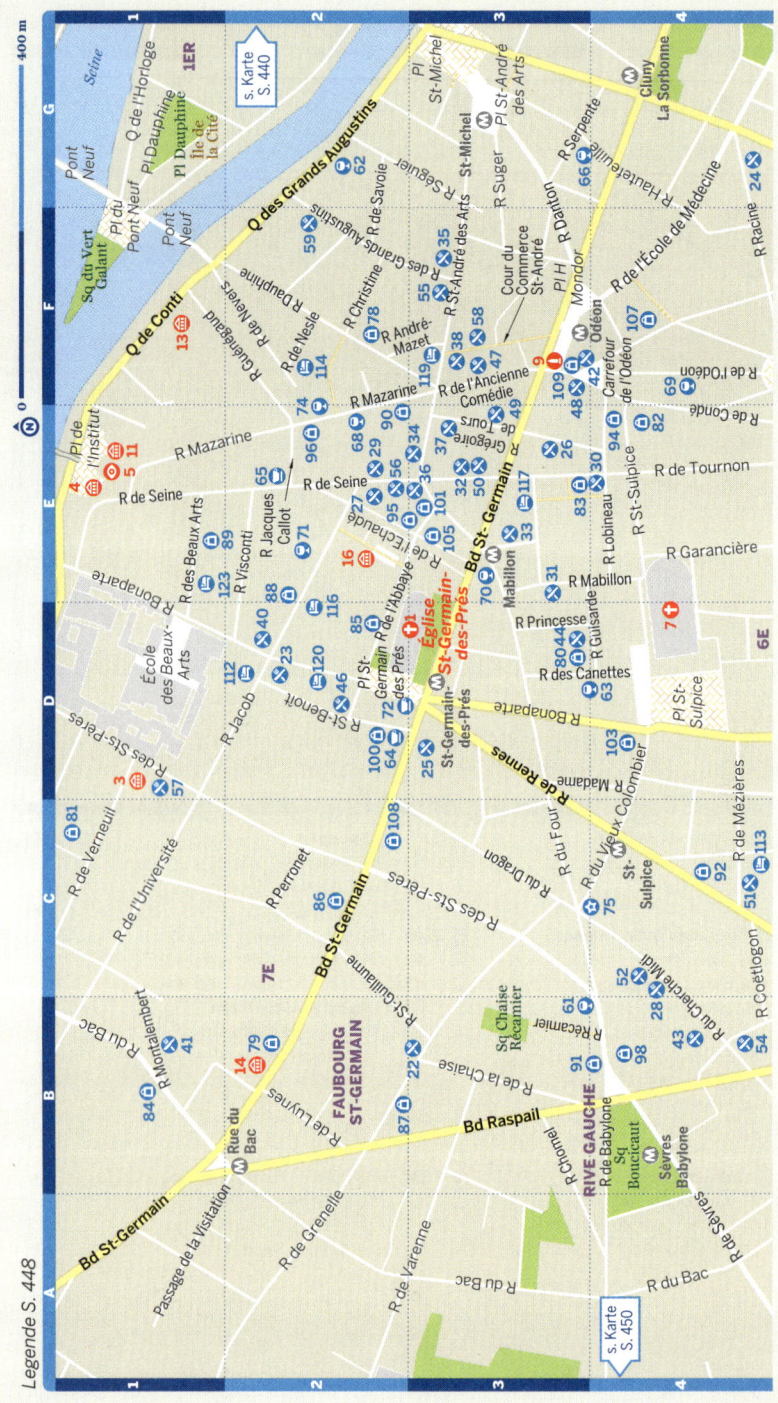

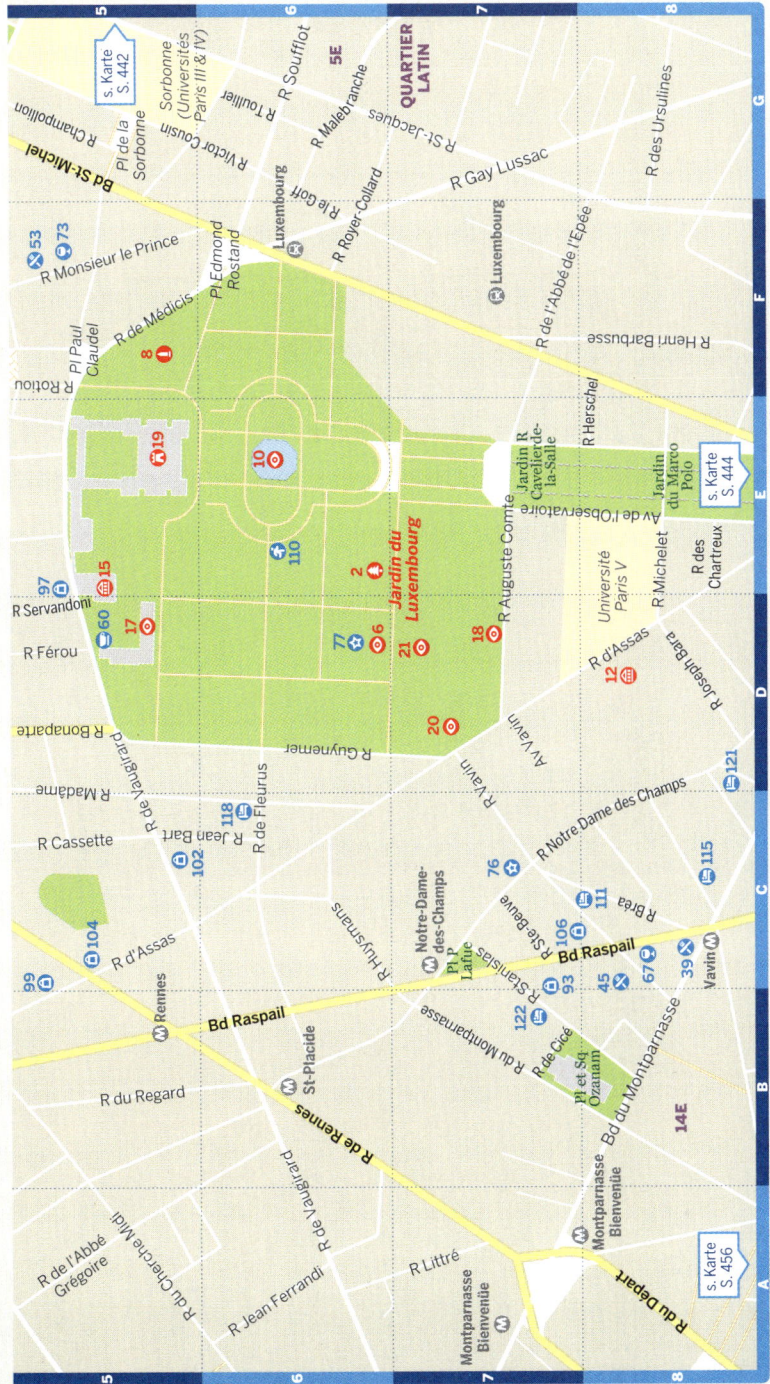

s. Karte
S. 442

s. Karte
S. 444

s. Karte
S. 456

5E

QUARTIER
LATIN

14E

Bd St-Michel

R de Champollion

Pl de la
Sorbonne

Sorbonne
(Universités
Paris III & IV)

R Victor Cousin

R Toullier

R Soufflot

R Malebranche

R St-Jacques

R Le Goff

R Royer-Collard

R Gay Lussac

Luxembourg

R des Ursulines

R de l'Abbé de l'Épée

R Henri Barbusse

Luxembourg

R de Médicis

Pl Edmond
Rostand

Luxembourg

R Monsieur le Prince

R Rotrou

Pl Paul
Claudel

R Herschel

Jardin R
Cavelier-de-
la-Salle

Jardin
du Marco
Polo

Av de l'Observatoire

Université
Paris V

R Michelet

R des
Chartreux

R Servandoni

R Férou

R Bonaparte

Jardin du
Luxembourg

R Auguste Comte

R d'Assas

R Joseph Bara

R Madame

R de Vaugirard

R Guynemer

R de Fleurus

R Vavin

Av Vavin

R Cassette

R Jean Bart

R Notre Dame des Champs

R Bréa

R d'Assas

R Huysmans

Notre-Dame-
des-Champs

R Stanislas

R Ste-Beuve

Bd Raspail

Vavin

R du Départ

R de Rennes

Rennes

Bd Raspail

St-Placide

R du Regard

R de l'Abbé
Grégoire

R du Cherche Midi

R de Vaugirard

R Jean Ferrandi

R Littré

Pl et Sq
Ozanam

R du Montparnasse

R de Clée

Bd du Montparnasse

Montparnasse
Bienvenüe

Montparnasse
Bienvenüe

S 53 S 73 S 8 S 19 S 10 S 110 S 2 S 15 S 97 S 60 S 17 S 6 S 77 S 21 S 18 S 20 S 12 S 121 S 118 S 102 S 115 S 104 S 99 S 76 S 111 S 106 S 122 S 93 S 45 S 67 S 39

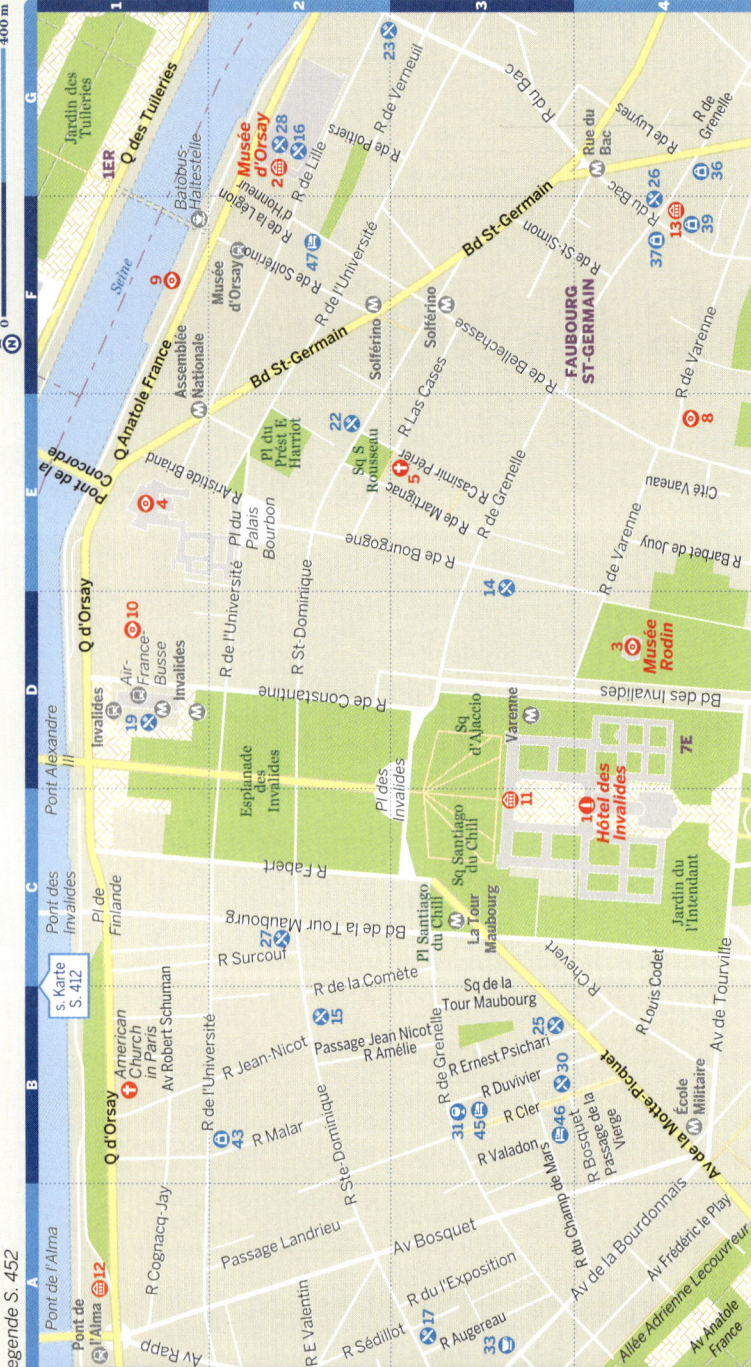

INVALIDES

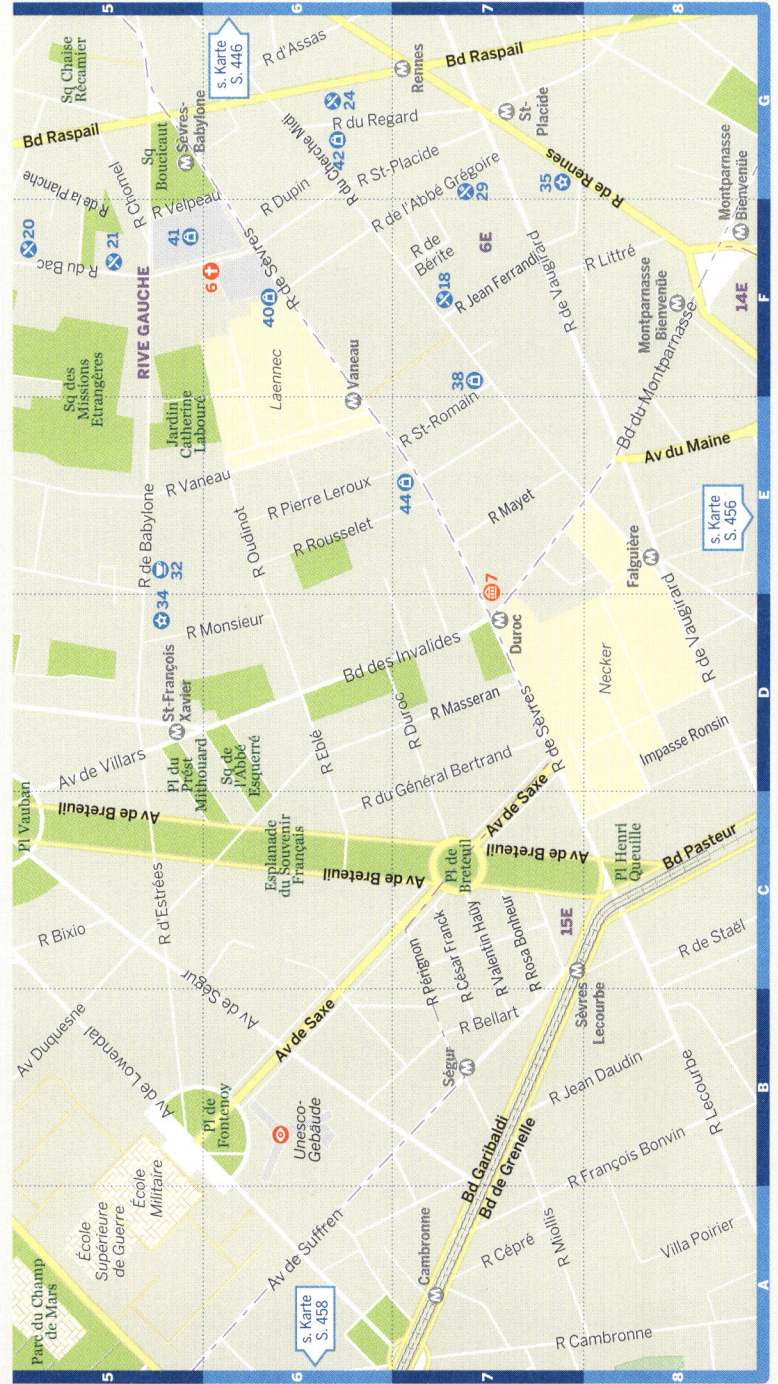

PLACE D'ITALIE & CHINATOWN *Karte S. 454*

Legende S. 453

PLACE D'ITALIE & CHINATOWN

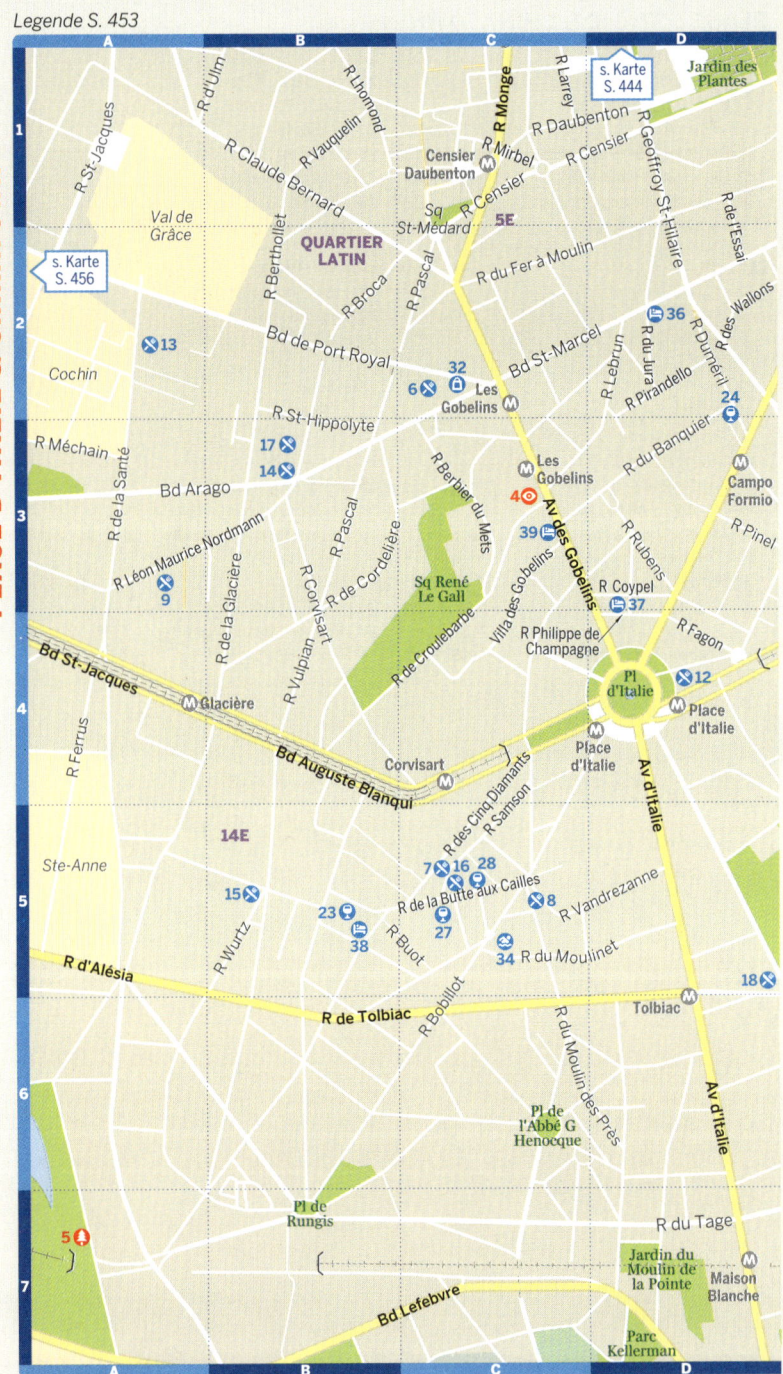

0   400 m

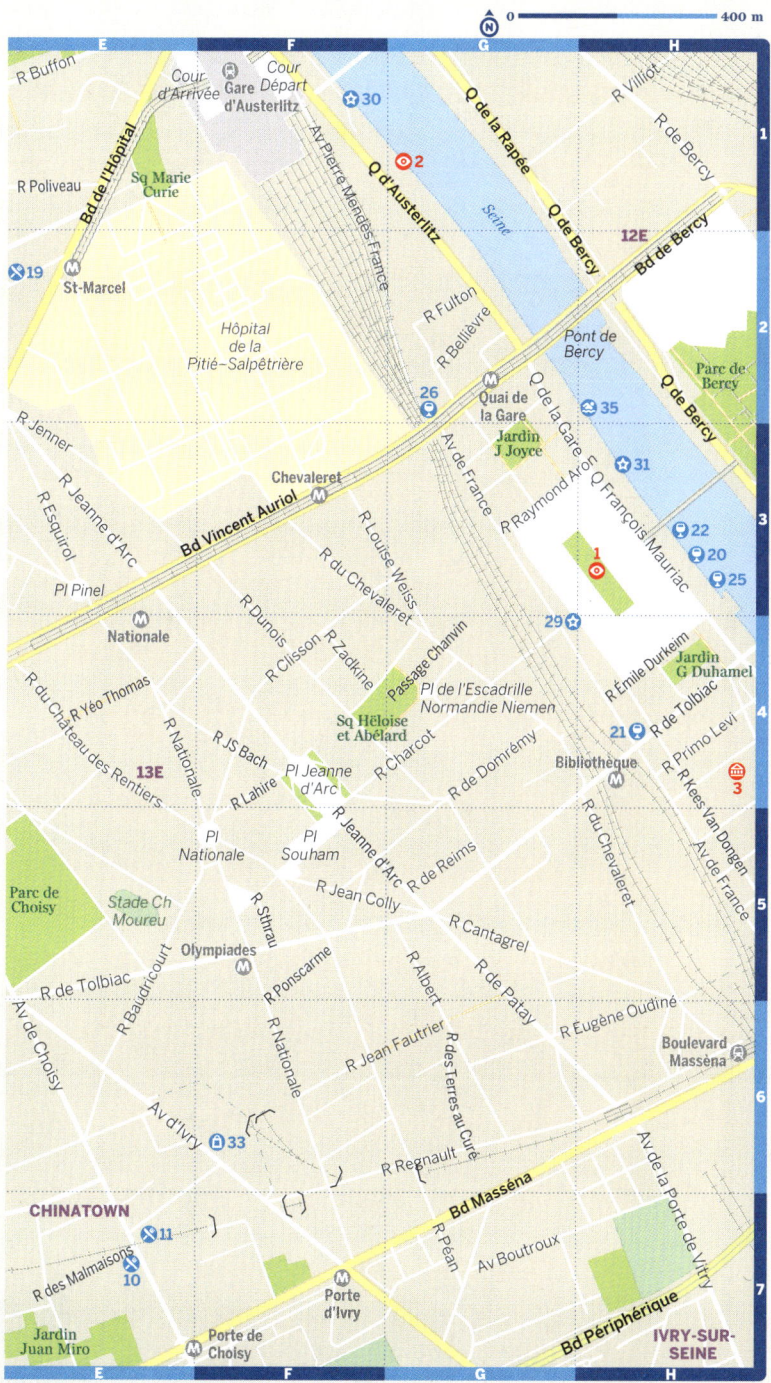

R Buffon

Cour d'Arrivée
Gare
d'Austerlitz
Cour Départ
⭐ 30

Sq Marie Curie

R Poliveau

Bd de l'Hôpital

Av Pierre Mendès France

Q d'Austerlitz

◎ 2

Q de la Râpée

Seine

R Villiot

R de Bercy

✕ 19
Ⓜ St-Marcel

Hôpital de la Pitié–Salpêtrière

Bd de Bercy

12E

Q de Bercy

Parc de Bercy

R Jenner

R Fulton
R Bellièvre

Pont de Bercy

R Jeanne d'Arc
R Esquirol

Bd Vincent Auriol

Chevaleret
Ⓜ

Av de France

Ⓜ 26

Quai de la Gare

Ⓜ

Jardin J Joyce

Q de la Gare Q François Mauriac

◎ 35

◎ 31

Q de Bercy

Pl Pinel

R Louise Weiss

R du Chevaleret

R Raymond Aron

⭐ 29

◎ 22
◎ 20
◎ 25

Ⓜ Nationale

R Yéo Thomas

R Dunois

R Clisson

R Zadkine

Passage Chanvin

Pl de l'Escadrille Normandie Niemen

R Émile Durkeim

Jardin G Duhamel

R du Château des Rentiers

R Nationale

R JS Bach

R Lahire

Sq Héloïse et Abélard

Pl Jeanne d'Arc

R Charcot

R de Domrémy

Bibliothèque
Ⓜ

◎ 21

R de Tolbiac

R Primo Levi

R Kees Van Dongen

🏛 3

13E

Pl Nationale

Pl Souham

R Jeanne d'Arc

R de Reims

R du Chevaleret

Av de France

Parc de Choisy

Stade Ch Moureu

R Sthrau

Olympiades
Ⓜ

R Ponscarme

R Jean Colly

R Cantagrel

R de Tolbiac

Av de Choisy

R Baudricourt

R Nationale

R Jean Fautrier

R Albert

R de Patay

R des Terres au Curé

R Eugène Oudiné

Boulevard Masséna
Ⓜ

Av d'Ivry

🔒 33

R Regnault

Bd Masséna

Av de la Porte de Vitry

CHINATOWN

✕ 11

R des Malmaisons

✕ 10

R Péan

Av Boutroux

Bd Périphérique

Jardin Juan Miro

Porte de Choisy
Ⓜ

Porte d'Ivry
Ⓜ

IVRY-SUR-SEINE

MONTPARNASSE

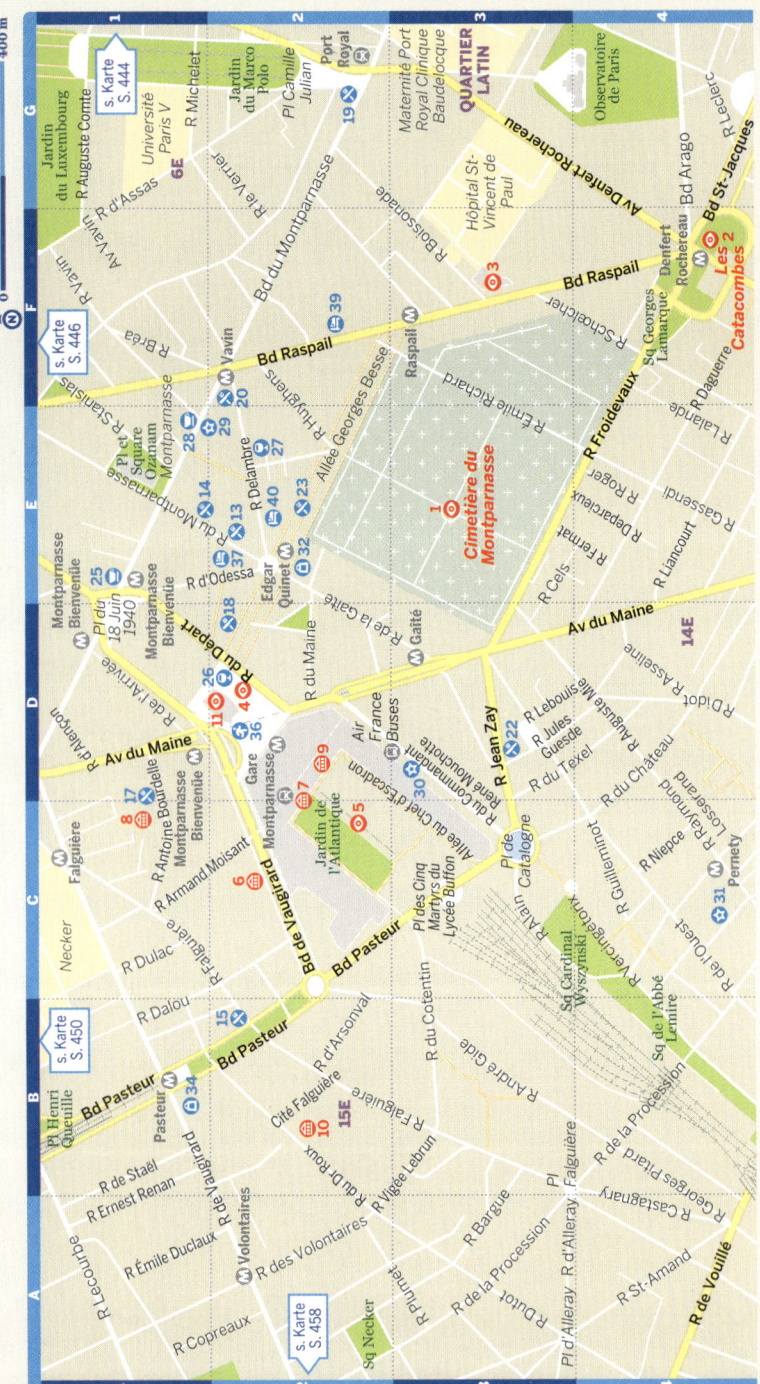

400 m

s. Karte
S. 444

s. Karte
S. 446

Jardin
du Luxembourg

Université
Paris V

6E

QUARTIER
LATIN

Maternité Port
Royal Clinique
Baudelocque

Observatoire
de Paris

Jardin
du Marco
Polo

Pl Camille
Julian

Hôpital St-
Vincent de
Paul

Port
Royal

19

R Michelet

R Auguste Comte

R d'Assas

R le Verrier

R d'Alençon

R Brea

R Stanislas

R Vaun

Av Vaun

Bd du Montparnasse

R Boissonade

Av Denfert Rochereau

Denfert
Rochereau

Bd Arago

Bd St-Jacques

Bd Raspail

3

Bd Raspail

39

Vavin

20

29

28

Pl et
Square
Ozanam

Montparnasse
Bienvenüe

R du Montparnasse

R Huyghens

R d'Assas

Raspail

R Émile Besse

Allée Georges Besse

R Émile Richard

Cimetière du
Montparnasse

1

R Schoelcher

Sq Georges
Lamarque

Catacombes

Les 2

R Daguerre

R Lalande

R Gassendi

R Liancourt

R Boulard

R Froidevaux

14

13

R Delambre

27

R Delambre

40

23

32

Edgar
Quinet

Gaîté

R de la Gaîté

R Cels

R Fermat

R Deparcieux

Av du Maine

14E

R Didot

D Asselle

25

18

37

R d'Odessa

Pl du
18 Juin
1940

Montparnasse
Bienvenüe

R du Départ

R du Maine

Montparnasse
Bienvenüe

R de l'Arrivée

Gare
Montparnasse

Jardin de
l'Atlantique

26

4

11

36

5

9

7

R France
Buses

Air

Allée du Chef d'Escadron
René Mouchotte

R du Commandant
René Mouchotte

Pl de
Catalogne

R Jean Zay

22

30

R Leboulsie
R Jules
Guesde

R du Texel

R Guilleminot

R du Château

R Niepce

R Raymond
Losserand

Pernety

31

R de l'Ouest

Av du Maine

17

8

Necker

Falguière

R Antoine Bourdelle

Montparnasse
Bienvenüe

R Armand Moisant

6

Bd de Vaugirard

Bd Pasteur

Pl des Cinq
Martyrs du
Lycée Buffon

R Alain

R du Cotentin

Sq Cardinal
Wyszynski

R Vercingétorix

Pl
Sq de l'Abbé
Lemire

Falguière

R Dulac

R Falguière

R Dalou

s. Karte
S. 450

15

Bd Pasteur

R d'Arsonval

Pasteur

34

Pl Henri
Queuille

Bd Pasteur

Cité Falguière

10

15E

R du Roux

R Falguière

R Vigée Lebrun

R du Cotentin

R André Gide

R Georges Pitard

R de la Procession

R de la Procession

R de Staël

R Ernest Renan

R de Vaugirard

Volontaires

R Émile Duclaux

R des Volontaires

R Copreaux

s. Karte
S. 458

Sq Necker

R Plumet

R Dutot

Pl d'Alleray

R d'Alleray

R Bargue

R Castagnary

R St-Amand

R de Vouille

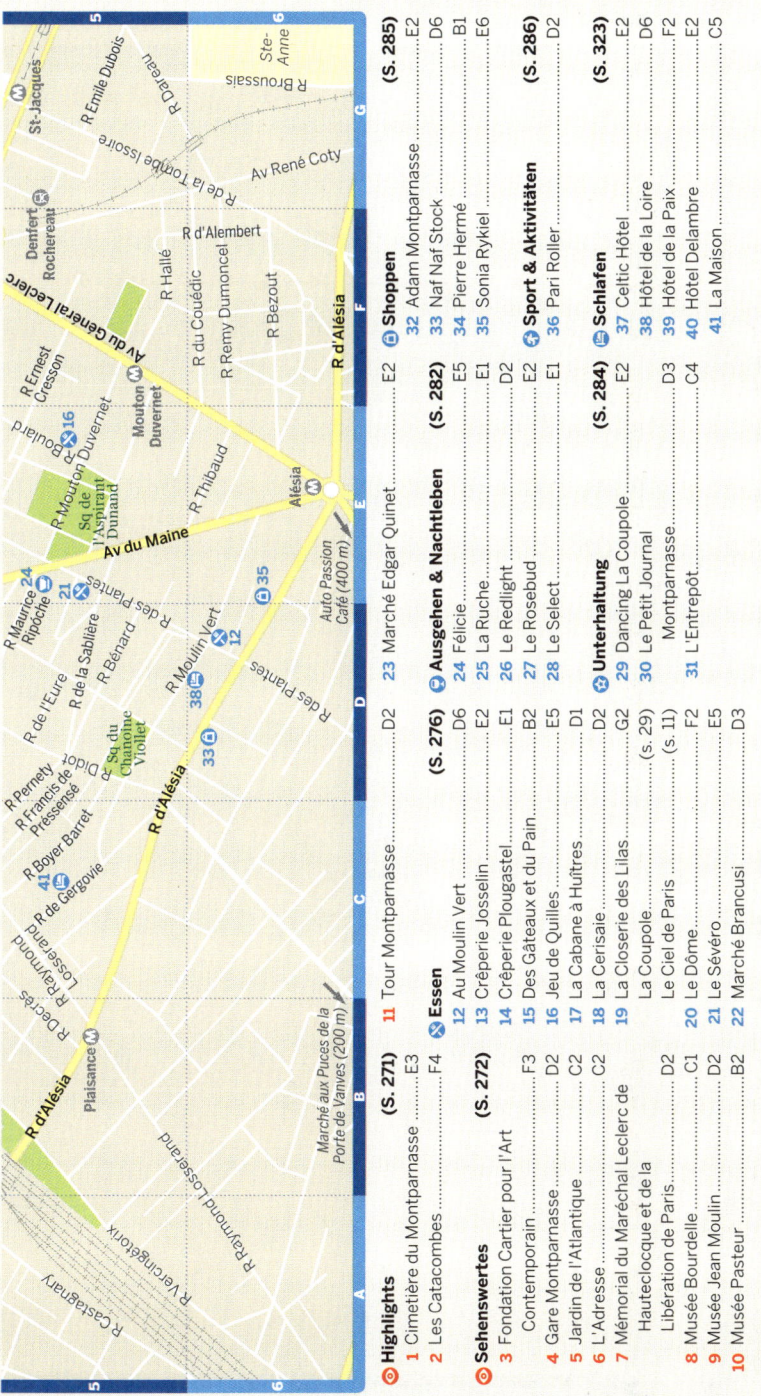

15. ARRONDISSEMENT

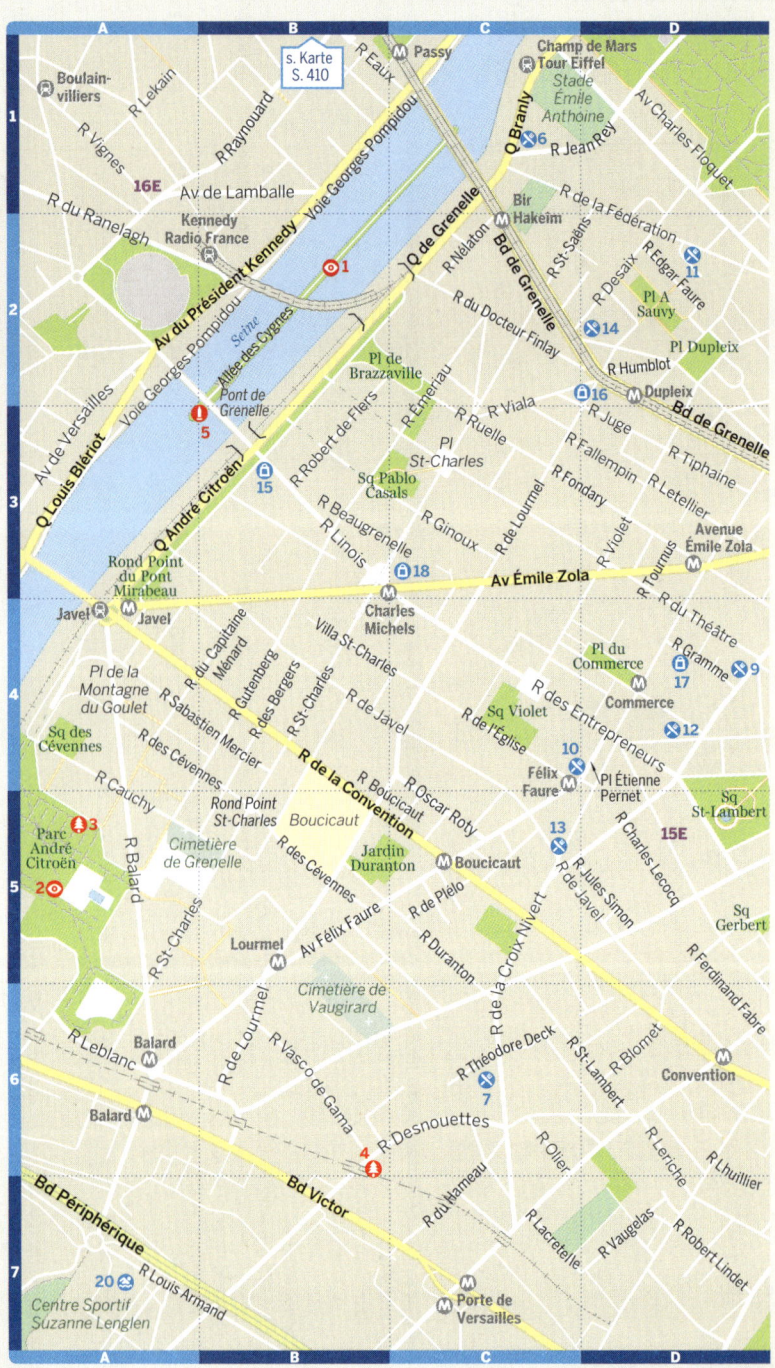

A

Boulain-villiers
R Lekain
R Vignes
R Raynouard
R du Ranelagh
16E
Av de Lamballe
Kennedy
Radio France
Av du Président Kennedy
Av de Versailles
Q Louis Blériot
Voie Georges Pompidou
Seine
Allée des Cygnes
Pont de Grenelle
Q André Citroën
Rond Point
du Pont
Mirabeau
Javel
Javel
Pl de la
Montagne
du Goulet
Sq des
Cévennes
R Cauchy
Parc
André
Citroën
Cimetière
de Grenelle
R Balard
R St-Charles
R Leblanc
Balard
Balard
Bd Périphérique
Centre Sportif
Suzanne Lenglen
R Louis Armand
20

B

s. Karte
S. 410
R Eaux
Voie Georges Pompidou
R Raynoud
Q de Grenelle
Pl de
Brazzaville
R Robert de Flers
R Émeriau
Pl
St-Charles
Sq Pablo
Casals
R Beaugrenelle
R Linois
R du Capitaine
Menard
R Sabastien Mercier
R Gutenberg
R des Bergers
R St-Charles
R de Javel
R de la Convention
Rond Point
St-Charles
R des Cévennes
Lourmel
Av Félix Faure
R de Lourmel
R Vasco de Gama
Bd Victor
Boucicaut
Jardin
Duranton
R de Plélo
Cimetière de
Vaugirard
R Théodore Deck
R Desnouettes
R du Hameau
Villa St-Charles
R Oscar Roty
R Boucicaut

C

Passy
Champ de Mars
Tour Eiffel
Q Branly
R Jean Rey
Bir
Hakeïm
R Nélaton
Q de Grenelle
R St-Saëns
Bd de Grenelle
R du Docteur Finlay
R Viala
R Ruelle
R Juge
Pl
St-Charles
R Ginoux
R de Lourmel
Av Émile Zola
Charles
Michels
Pl du
Commerce
Commerce
Sq Violet
R de l'Église
R des Entrepreneurs
Félix
Faure
Pl Étienne
Pernet
Boucicaut
R de la Croix Nivert
R de Javel
R Jules Simon
R Lacretelle
R Ollier
Porte de
Versailles

D

Stade
Émile
Anthoine
Av Charles Floquet
R de la Fédération
R Desaix
R Edgar Faure
Pl A
Sauvy
Pl Dupleix
R Humblot
Dupleix
Bd de Grenelle
R Fallempin
R Fondary
R Tiphaine
R Letellier
R Violet
Avenue
Émile Zola
R Tournus
R du Théâtre
R Gramme
Sq
St-Lambert
15E
R Charles Lecocq
R St-Lambert
R Blomet
Convention
Sq
Gerbert
R Ferdinand Fabre
R Leriche
R Lhuillier
R Vaugelas
R Robert Lindet

1 · **2** · **3** · **4** · **5** · **6** · **7**

N 0 ————— 400 m

E   F

7E

Av de la Bourdonnais
Av Émile Deschanel
Av Bosquet

Parc du
Champ de
Mars

s. Karte
S. 450

1

Av du Général Détrie
R. Jean
Carriès

Ⓜ École
Militaire

Av de la Motte-Picquet

Av Duquesne

École
Supérieure
de Guerre

Av de Lowendal

2

Av de Suffren

Pl de
Fontenoy

Av de Saxe

Av de Ségur

R du Laos

8 Ⓜ
La Motte
Picquet Grenelle

Sq
Cambronne

R Frémicourt   Pl
Cambronne

Cambronne

R Cépré

Bd Garibaldi

Ⓜ
Ségur

3

R de la
Croix Nivert

R Miollis

R Quinault

R Cambronne

Villa Poirier

R François Bonvin

R Émile Duclaux

4

R Mademoiselle

R Lecourbe

🛏 **21**
23

Sq
Blomet

R Borromée

Ⓜ
Volontaires

5

R Péclet
R Pétel

R Bausset

Pl et Square
Adolphe
Chérioux

R de Vaugirard

Ⓜ
Vaugirard

R Ste-Félicité

Sq
Necker

R de la Procession

6

19

R de l'Abbé Groult

R Yvart

R Corbon

R la Quintinie

R Paul Barruel

R d'Alleray

Pl
d'Alleray

R de Dantzig

R de Cronstadt

R Brancion

R de Vouillé

s. Karte
S. 456

R des Morillons

R Franquet

14E

🛏 **22**

Parc
Georges
Brassens

7

E   F

15. ARRONDISSEMENT

Die Lonely Planet Story

Ein ziemlich mitgenommenes, altes Auto, ein paar Dollar in der Tasche und Abenteuerlust – 1972 war das alles, was Tony und Maureen Wheeler für die Reise ihres Lebens brauchten, die sie durch Europa und Asien bis nach Australien führte. Die Tour dauerte einige Monate, und am Ende saßen die beiden – erschöpft, aber voller Inspiration – an ihrem Küchentisch und schrieben ihren ersten Reiseführer *Across Asia on the Cheap*. Innerhalb einer Woche hatten sie 1500 Exemplare verkauft. Lonely Planet war geboren. Heute hat der Verlag Büros in Melbourne, London, Oakland, Franklin, Delhi und Beijing mit mehr als 600 Mitarbeitern und Autoren. Und alle teilen Tonys Überzeugung, dass ein guter Reiseführer drei Dinge erfüllen sollte: informieren, bilden und unterhalten.

Lonely Planet Publications
Locked Bag 1, Footscray,
Melbourne, Victoria 3011,
Australia

Verlag der deutschen Ausgabe:
MAIRDUMONT, Marco-Polo-Str. 1, 73760 Ostfildern,
www.lonelyplanet.de, www.mairdumont.com, info@lonelyplanet.de

Chefredakteurin deutsche Ausgabe: Birgit Borowski

Redaktion: Bintang Buchservice GmbH, www.bintang-berlin.de
Übersetzung: Petra Dubilski, Dagmar Klotz, Inga-Brita Thiele, Katja Weber
An früheren Auflagen haben außerdem mitgewirkt: Günter Feigel, Katharina Grimm, Gabriela Hallas,
Rainer Höh, Silvana Höh, Iris Konopik, Elsa Laudan, Gunter Mühl, Julia Rickers, Nicole Stange-Egert
Lektorat: Dorit Aurich, Kirsten Gleinig
Satz: Stefan Müssigbrodt
Technischer Support: Typopoint, Ostfildern/Kemnat

Paris
5. deutsche Auflage Mai 2015,
übersetzt von *Paris, 10th edition*, Januar 2015
Lonely Planet Publications Pty
Deutsche Ausgabe © Lonely Planet Publications Pty, Mai 2015
Fotos © wie angegeben 2015

Printed in China

Obwohl die Autoren und Lonely Planet alle Anstrengungen bei der Recherche und bei der Produktion dieses Reiseführers unternommen haben, können wir keine Garantie für die Richtigkeit und Vollständigkeit dieses Inhalts geben. Deswegen können wir auch keine Haftung für eventuell entstandenen Schaden übernehmen.

MIX
Paper from
responsible sources
FSC® C021256
FSC
www.fsc.org